MICHAEL VOIGT

Der Händler

Band 1–3

Band 1 *Ein ganz normaler Tradingtag und Menschliches, allzu Menschliches*

Band 2 *Lieber einen Monat in der Hölle, als einen Tag Trader sein*

Band 3 *Zurückhaltung ist der bessere Teil von Tapferkeit*

Die Michael Voigt Trading Edition beinhaltet die folgenden Bände, die aufeinander aufbauen

1. Das große Buch der Markttechnik
2. Der Händler, Sammelband 1
3. Der Händler, Sammelband 2
4. Der Händler, Sammelband 3
5. Das große Arbeitsbuch der Markttechnik

Alle 5 Bände sind auch im exklusiven und hochwertigen Schuber mit 20% Preisvorteil gegenüber den Einzelbänden erhältlich.

FBV

Bibliografische Information der Deutschen Nationalbibliothek
Die Deutsche Nationalbibliothek verzeichnet diese Publikation in der Deutschen Nationalbibliografie; detaillierte bibliografische Daten sind im Internet über http://d-nb.de abrufbar.

Für Fragen und Anregungen:
info@finanzbuchverlag.de

5. Auflage 2022

ein Imprint der Münchner Verlagsgruppe GmbH
Türkenstraße 89
80799 München
Tel.: 089 651285-0
Fax: 089 652096

Redaktion: Marion Reuter
Korrektorat: Sonja Rose
Umschlaggestaltung: Maria Wittek, München
Umschlagabbildung: D. Lieske
Satz: inpunkt[w]o, Haiger
Druck: Florjancic Tisk d.o.o., Slowenien
Printed in the EU

ISBN Print 978-3-89879-936-2
ISBN E-Book (PDF) 978-3-86248-785-1
ISBN E-Book (EPUB, Mobi) 978-3-86248-786-8

Inhalt

Hinweise zu den Charts und Tradingplattformen

Alle in diesem Buch verwendeten Charts und Kurse sind von den nachfolgend genannten Firmen zur Verfügung gestellt worden:

Nanotrader ist ein Produkt der Firma Fipertec S.à.r.l., Anbieter von Systemen zur technischen Analyse. Die Software kann unter dem Namen NanoTrader über den Broker WH Selfinvest bezogen werden und ist für den CFD-, Forex-, Options- und Futureshandel geeignet. Die Lieferung der Realtime-Daten im Futuresmarkt erfolgt wahlweise über Pats oder CQG, die Lieferung der historischen Futuresdaten über VWD.

NanoTrader – für ganzheitliche Chartanalyse, intuitives Trading und halb- sowie vollautomatischen Handel.

WH Selfinvest

WH SELFINVEST
Niederlassung Frankfurt a. M.
Münchenerstr. 7–9
60329 Frankfurt a. M.
Telefon: +49 (0)69 27 13 97 80
info@whselfinvest.de
www.whselfinvest.de

FIPERTEC
Financial Performance Technology

Fipertec S.à.r.l.
5 Avenue Gaston Diderich
R.D.C.
L 1420 Luxembourg
Telefon: +352 691 657 353
info@fipertec.de
www.fipertec.de

Sie können den NanoTrader inklusive dem Markttechnik-Paket kostenlos testen: www.whselfinvest.de/demos

worldoftrading Award 2013
1. Platz
Plattform
WH SelfInvest

»Erstklassige Trading-Plattform, die ich seit Jahren nutze und empfehle.«

Michael Voigt

MICHAEL VOIGT

Der Händler

Band 1 – 3

Band 1 *Ein ganz normaler Tradingtag und Menschliches, allzu Menschliches*

Band 2 *Lieber einen Monat in der Hölle, als einen Tag Trader sein*

Band 3 *Zurückhaltung ist der bessere Teil von Tapferkeit*

FBV

Ich bin überzeugt,
dass diese Buchreihe besonders anziehend für jene Händler ist,
die Antworten suchen,
aber keine finden können,
die den Erfordernissen der Vernunft und der Erfahrung entsprechen;
für Menschen, die aus demselben Grund nicht an Geister und Engel glauben,
aus dem sie nicht an den Weihnachtsmann glauben,
und für Trader, die nicht glauben,
es gebe auf die schwierigen Probleme des Lebens als Trader einfache Antworten.

Diese Buchreihe bietet eine Antwort,
indem sie in Abrede stellt,
dass nur eine Antwort nötig oder möglich sei.
Stattdessen vertritt sie die These,
keinerlei Regelwerk oder Strategie sei in der Lage,
die Wirklichkeit des Börsenhandels angemessen zu beschreiben.
Sie geht so weit, dies auch auf sich selbst anzuwenden:
Man müht sich und plagt sich, das Rätsel zu lösen,
bis man nicht nur sieht, sondern auch spürt,
dass es keine Lösung gibt –
dass das Problem in der eigenen Denk- und Handlungsweise
und nicht im Regelwerk als solchem liegt.

Michael Voigt

VORWORT

Die Geschichte von Philip, einem einfachen, aber interessanten jungen Mann, wird hier nicht um seinetwillen erzählt, sondern um der Geschichte willen, die in hohem Grade erzählenswert scheint: Diese Geschichte hat sich vor nicht allzu langer Zeit ereignet, dennoch ist sie nicht aktuell und wird daher in der Zeitform der Vergangenheit erzählt. Fehlende Aktualität jedoch ist kein Nachteil für eine Geschichte rund um den Börsenhandel, eher ein Vorteil; denn je eher Geschichten um Trades vergangen sind, desto besser ist es für sie in ihrer Eigenschaft als zum Nachdenken anregende Geschichten, die vom Leben und Bewusstsein tief zerklüftender Emotionen und deren Grenzen erzählen.

Es steht mit diesem Buchband – der aufbauend und nahtlos an das Große Buch der Markttechnik anschließt – so, wie es heute auch mit jedem Händler steht: Die Tiefe und Tragweite seiner Gedanken und das Maß seiner Fähigkeiten als kluger Händler sind nicht nach Tagen oder der auf jedem Trade liegenden Erfahrung, nicht nach Sonnenumläufen zu berechnen; kurz gesagt: Die Geschichte verdankt den Grad ihres Vergangenseins nicht eigentlich der Zeit – eine Aussage, mit der auf die Fragwürdigkeit und eigentümliche Zwienatur dieses geheimnisvollen Elements Trading angespielt und hingewiesen sei. Denn ist es nicht so, dass der Lerncharakter eines Trades und die diesbezüglich umherschweifenden Gedanken des Traders nicht umso tiefer, vollkommener und deutlicher werden, je größeren Abstand man dazu gewinnt? Denn fachliche oder mentale Prinzipien sind schnell formuliert, doch sie müssen umgesetzt, angepasst, erneut umgesetzt und im Einzelfall wieder konkretisiert werden. Und genau da liegt die eigentliche Schwierigkeit.

Die Geschichte – sie besteht aus sechs Bänden und zwei Sonderbänden – wird ausführlich erzählt, genau und gründlich, denn wann wäre je die Kurz- oder Langweiligkeit im Trading abhängig gewesen von Raum und Zeit, die es in Anspruch nahm? Ohne jegliche Furcht vor Direktheit wird vielmehr zu der Ansicht geneigt, dass nur das Gründliche wahrhaft unterhaltend im Börsenhandel und im Trading ist.

Also, gelesen sind die Bände schnell, aber im Handumdrehen wird der Leser gedanklich mit diesen Zeilen nicht fertig werden. Ein paar Stunden werden dazu nicht reichen – und auch die fünf Tage einer Handelswoche nicht.

Ein Hinweis zu guter Letzt: Es soll auf den Namen der Handelsbüros und die Stätten des Geschehens kein besonderer Wert gelegt werden. Wie in allen Handelsbüros rund um die Welt fanden dort Plustrades- und Minustrades, mentales Vorgleiten, Zusammenstöße zwischen der menschlichen Psyche und Regelwerken, Aktionismus und Langeweile, dazwischen ständiges Flackern der Kurse, Verstimmung und Verschiebung aller Rhythmen gegeneinander statt. Das alles glich im Ganzen einer Blase, die in einem aus dem dauerhaften Stoff von Kursen, Charts, Handelslogiken, Nachrichten und Orders bestehenden Gefäß kocht.

Die Händler in der Geschichte, die in dem Handelsbüro arbeiteten, hatten diesen Eindruck natürlich überhaupt nicht. Sie gehörten scheinbar einer bevorzugten Berufsschicht an, waren vornehm in Kleidung, Haltung und vor allem in der Art, wie sie ehrlich miteinander sprachen, trugen die Anfangsbuchstaben ihrer Namen bedeutsam auf ihre Hemden gestickt. Und ebenso, das heißt nicht nach außen gekehrt, wohl aber in der feinen Unterwäsche ihres Bewusstseins, wussten sie, dass sie auch nur Menschen und keine Maschinen waren und der Börsenhandel einer der schwersten Jobs war unter Gottes Himmel. Sie arbeiteten in unerwähnten Städten, denn auch diese bestanden wie jede Stadt der Welt aus Unregelmäßigkeiten, Wechseln, Duellen von Dingen und Angelegenheiten mit Punkten der Stille dazwischen, aus ungebahnten Wegen und kurvenreichen Straßen.

Und somit fangen wir – aufbauend auf Das Große Buch der Markttechnik – erneut an, das Trading zu erforschen, die seltsame Hartnäckigkeit der Unvernunft zu verstehen, mit der es den Globus der Börsen umspannt. Wir wollen ihm auf die Schliche kommen!

Zudem könnte es sein, dass diese Geschichte auch mit Ihrem Trading, lieber Leser, das eine oder andere zu schaffen hat …

Michael Voigt

DANKSAGUNG

Ich möchte mich bei allen Beteiligten, die bei der Umsetzung des Buches geholfen haben, ganz herzlich bedanken. An erster Stelle möchte ich meiner Familie und Tina danken. Sie haben mir für den Zeitraum der Bucherstellung den Rücken freigehalten und mich in diesem Vorhaben unterstützt und bekräftigt. Einen großen Dank gilt es auch meiner Assistentin Frau Posselt auszusprechen, die sich in unzähligen Stunden mit meiner Handschrift auseinandersetzen musste. An dieser Stelle möchte ich ebenso Holger und Erdal für ihre vielen Bemühungen und Hinweise meinen Dank aussprechen, sowie: Herrn Aderhold, Frau Auer, Frau Boettger und Herrn Rudolf.

Was bisher geschah ...

Das Große Buch der Markttechnik

Alles war eigentlich so, wie es sich Philip erträumt hatte: Er wusste, was eine Aktie war, am Terminmarkt long und short gehen konnte er auch, und mit technischer Analyse kannte er sich ebenfalls schon ein bisschen aus. Alles war eigentlich perfekt! Doch als Philip sein Praktikum in einem Handelsbüro begann, merkte er, dass da irgendetwas nicht stimmen konnte! Denn: Immer, wenn er in den Markt ging, machte der genau das Gegenteil von dem, was er sich vorstellte.

Doch mit den Jahren seiner Ausbildung änderte sich alles: mehr Fachwissen, mehr Logiken, weniger mentale Verfangenheit. Mit Witz, ungestümen Emotionen und vielen Denkübungen schlug sich Philip durch den Dschungel des markttechnisch orientierten Tradings. Als Reiseführer dienten ihm einst wie auch heute noch seine Kollegen Hofner und Sander. Mit dem umfangreichen Wissen der beiden und den Abhandlungen über Markttechnik im aktiven Börsenhandel gelang es Philip, seinen Weg zu finden.

Nun, Jahre später, bekommt Philip die Chance, selbst ein Reisebegleiter für den neuen Praktikanten Stan zu sein ...

Auszug aus Hofners Tagebuch:

»… das Leben als Trader ist eine missliche Sache;
ich habe mir vorgenommen,
es damit hinzubringen,
über dasselbe nachzudenken.«

*

Würdest du dich als gestresst bezeichnen?

Nein. Ganz sicher nicht. Ich habe nur … einfach viel zu tun. So ist das nun mal, wenn man einen anspruchsvollen Job hat. Ich bin ehrgeizig und habe Spaß an meiner Arbeit.

Na gut, manchmal fühle ich mich schon etwas unter Druck. Ich bin schließlich Berufshändler, genau genommen Trader, habe also immer den Finger direkt am Puls des ganzen Finanzmekkas. Hat eigentlich irgendjemand da draußen einen Schimmer, was das heißt? Nein?

Philip unterbrach seinen inneren Monolog, schaute kurz auf die Fragen, die vor ihm lagen, und fixierte den äußeren rechten Bildschirm. Der DAX-Future stieg um weitere 13 Punkte. Kurz darauf erblickte ein neuer Bar des 10-Minuten-Charts das Licht der Welt. Durch diesen Anstieg rückte der letzte lokale Tiefpunkt von 6.808 noch weiter in die Trading-Ferne. Gut. Egal, jetzt weiter zur nächsten Frage.

Wie viele Stunden verbringst du tagtäglich am Arbeitsplatz?

12

8

Na ja. Wie man es nimmt, überlegte Philip. Rein körperlich nicht so viele. Aber geistig …

Treibst du regelmäßig Sport?

~~Ich jogge regelmäßig.~~

~~Ich jogge, so oft ich kann.~~

Ich habe vor, demnächst mal wieder joggen zu gehen. Sobald ich Zeit habe.

Im Moment ist aber an den Märkten viel los.

Philip setzte den Stift kurz ab, räusperte sich und warf einen Blick auf den Chart. – Heiliger Bimbam, wie lange dauert das denn noch, bis der Markt mal fällt?

Hofner, vier Meter hinter ihm, klickte gerade eine Stopp-Sell-Order in den Markt und schaute kampfbereit von seinem Arbeitsplatz auf. »Komm schon, komm schon …«, feuerte der erfahrene Händler den Euro-FX-Future zum Spaß an und griff sich in sein kurzes, dunkles Haar. »Fall unter die zwölf!«

Der Euro-FX-Future pendelte seit beinahe sieben Minuten zwischen 1,5813 und 1,5820. Die Stopp-Sell-Order zur Eröffnung der Short-Position lag auf dem Kurs von 1,5795. Dieser geplante

Trade resultierte aus der 20-Pips-Korrektur innerhalb des sauberen Abwärtstrends auf Tickbasis. Hofner hielt die Korrektur offenbar für beendet, denn der Markt drehte bereits wieder in Richtung des letzten Tiefpunkts, legte jedoch auf diesem Weg eine kurze Zwischenpause ein.

Hofner war Philips Arbeitskollege und langjähriger Freund. Hofners Ruf? Ein Notarzt für Trader, ohne Wenn und Aber. Ein Retter in letzter Minute, ein gerissener Meister seines Fachs, der willens war, alles zu tun, um sich, seine Ideen und Emotionen in den Griff zu bekommen. Philip empfand es immer als einen großen Glücksfall, mit einem solchen Trader zusammen durch das Universum von Märkten und Zeiteinheiten zu surfen. Händler vom Schlag eines Hofner hatten von klein auf gelernt, jedem Trader mit Rat und Weitsicht beizustehen. Er kannte alle Facetten und sämtliche Betrachtungen des Tradings. Er kannte die riesigen Gewinne und großen Verluste so gut wie sonst kaum jemand. Er stimmte mit den anderen alten Hasen des Börsenhandels überein, die da sagten: »Sobald wir anfangen zu traden, fangen wir an, uns zu verändern …« Als erfahrener Händler hatte er jene Veränderung unzählige Male bei anderen, unter anderem auch bei Philip, miterlebt.

Obwohl Philip das Motto »Wir verändern uns beim Trading …« im Falle des Börsenhandels für richtig hielt, hätte er nie geglaubt, dass dies hier und jetzt etwas mit ihm und seiner Arbeit zu tun haben könnte. Das heißt – bis zum heutigen Tag, an dem sich seine Persönlichkeit wieder ein Stück weiterentwickeln sollte.

»Na, Philip, kommst du voran?«, fragte Hofner grinsend und warf zeitgleich einen Blick in Richtung des Euro-FX-Future-Charts.

»Äh, ich bin ein wenig im Stress«, erwiderte Philip leicht irritiert. »Außerdem hab ich meine Sachen noch nicht alle gepackt. Muss ich da wirklich alle Fragen beantworten?«

»Ich fürchte, ja …«, antwortete Hofner mit einem Hauch von gekünstelter Strenge. Schließlich war das Beantworten dieser »Wie steht es um Ihr Leben?«-Fragen, wie man sie aus den üblichen Frauenzeitschriften kennt, ein heiß geliebtes Ritual der Trader. Da Ehrlichkeit vorausgesetzt war, hatten diese Fragen Philip das ein oder andere Mal in tiefste Grübeleien gestürzt, aber gelegentlich zeigten die anschließenden Gespräche mit Hofner und Sander ihm auch Mittel und Wege, mit der Arbeit und den damit verbundenen Schwierigkeiten besser umgehen zu können, und schenkten ihm hin und wieder einen wertvollen Blick in die Abgründe, auf die Berggipfel und Geheimnisse des Berufsalltags eines Traders. Natürlich gab es auch einen Haken an der Sache: Wer die schlechtesten Antworten hatte, musste jedes Mal das Mittagessen bezahlen.

Philip warf einen Blick auf seine Uhr. Schon halb zehn. Er hatte heute eigentlich wirklich keine Zeit für dieses Spiel. – Echt!

Sicherlich lag das daran, dass er in Gedanken bereits in der Luft war – und in Bangkok. Momentan interessierten ihn Fragen zur Luftfeuchtigkeit im asiatischen Raum und nach thailändischem Leben mehr als die zu seinem gewohnten Leben. Ab morgen würde nichts mehr sein wie gewohnt. Morgen würde er für mehrere Wochen nach Bangkok fliegen. Und zwar dienstlich.

Ein Blick auf den DAX-Future musste dennoch sein. 6.829 Punkte. Das Ding blieb momentan einfach stehen. Keinen Punkt rauf, keinen runter. Also gut. Nächste Frage.

Rauchst du heimlich?

Nein!

Trinkst du viel Alkohol?

Hin und wieder. Logisch. Aber bin ich deswegen gleich Alkoholiker?

Isst du regelmäßig gesundes Essen?

Was soll denn das schon wieder heißen?

Philip blickte erneut auf. Der DAX zeigte immer noch null Reaktion. Dagegen hüpfte der Schweizer SMI-Future seinem Tagestief entgegen.

... 7310 ... 7311 ... 7309 ...

»*Ich ernähre mich gesund und ausgewogen...*«, kritzelte Philip schließlich hin.

Hast du das Gefühl, ein ausgeglichenes Leben zu führen?

Klar.

N...

Ja.

Manchmal.

Scheiße, ich bin Trader ... Was soll die Frage? Hat hier überhaupt jemand eine Ahnung, wie das ist?!

»Fertig!«, verkündete Philip, wedelte mit dem ausgefüllten Fragebogen und schaute entspannt auf seine Bildschirme. Der DAX-Future stand sieben Punkte vor Philips Stopp-Order, welche er kurz unter das aktuelle Tagestief, das zeitgleich einen Punkt 2[1] darstellte, in den Markt legte.

»Na dann, mal sehen, wer das Mittagessen zahlt«, erwiderte Sander dröhnend und blickte gelangweilt nacheinander auf die Monitore seiner zwei Rechner, von denen allerdings einer viel langsamer agierte als der andere. Ein Netzwerkfehler, der Sander jedoch kaum aus der Ruhe bringen konnte, denn der Techniker war bereits gerufen und musste jeden Moment hier eintreffen.

Auch Sander, ebenso wie Hofner, konnte nichts mehr ängstigen, nichts mehr bewegen. Alle tausend Fäden des Wollens, welche einen Trader an die Welt der Kurse und Charts gebunden halten und ihn in Form von Begierde, Furcht, Neid und Zorn hin und her reißen, hatte er unter beständigem Schmerz bereits vor vielen Jahren durchtrennt.

Er blickte nun ruhig und lächelnd zurück auf die unzähligen Gaukelbilder dieser Trading-Welt, die jetzt so gleichgültig vor ihm standen wie Schachfiguren. Philip war nach all diesen Jahren immer noch verblüfft über die Besessenheit Sanders, sämtliche Risiken ständig vor seinem geistigen Auge durchzuspielen – er dachte buchstäblich an alles, was möglicherweise jedem Chartbild und jeder Marktsituation zustoßen könnte. Sander hatte Philip seit Beginn seines Praktikums gezwungen, immer einen Alternativplan aufzustellen – für den Fall, dass ein Chart sich anders verhielt als angenommen –, und tobte jedes Mal, wenn Philip ihm antwortete, bei dieser aktuellen Chartkonstellation sei gar nicht daran zu denken, dass der Markt sich möglicherweise anders verhalten könnte, und ihn daher ein »Plan B« wenig interessiere.

---

1 Siehe Erläuterungen ab S.85

Sander war ein begnadeter Trader, der nie aus einer Laune heraus einen Trade in den Chart feuerte – und dennoch hörte er jedem Anfänger geduldig zu, verstand jedes Wort von dem, was dieser sagte, und ermutigte auch Philip, im Studium seines Egos noch einen Schritt weiterzugehen. Er lehrte Philip, bei jedem Trade die unsichtbaren Selbstzerstörungsrisiken zu suchen.

Sander war groß gewachsen und voller Selbstbewusstsein, was die Frauenwelt anging. Gelegentlich kam er morgens in den Klamotten vom vorigen Tag ins Büro, etwas zerknautscht und übernächtigt aussehend, aber nichtsdestotrotz hochkonzentriert, wenn es um die Arbeit ging.

»Auf Tagesbasis im Bund-Future und Dow Innenstäbe[2]«, bemerkte Sander und kippte in einem Zug seinen Kaffee runter. »Das wird ein witziger Tag.« Witzig war auch die Tasse, aus der er seinen Kaffee trank. Zumindest hatten Philip und Hofner lauthals gelacht, als sie diese das erste Mal sahen. Da stand »Männlich, ledig, jung sucht ...«. Die Tasse war ein Geschenk seiner Mutter, ein Wink mit dem Zaunpfahl, dass er an seine Zukunft und an die seiner Mutter als Großmutter denken sollte. Sander hielt jedoch nicht viel von Familie. Aber er trank trotzdem aus der Tasse seiner Mutter, schon allein um die Stimmung im Büro hochzuhalten.

»Der SMI-Future hat auch *Innenstäbe*«, meinte Philip nachdenklich.

»Na ja!«

Aber der Handelstag ging ja erst los. Der DAX-Future hatte heute Morgen um acht Uhr 31 Punkte tiefer eröffnet, zog dann sofort um 37 Punkte an und stand nun wieder kurz vor seinem Eröffnungskurs. Der Bund-Future eröffnete auf Höhe des gestrigen Schlusskurses um 22 Uhr, bei 113,91. Wie jeden Mittwoch standen einige Wirtschaftsnachrichten an.

Philip überprüfte die offenen Overnight-Positionen seiner Konten. Vier Konten bei drei verschiedenen Brokern, das brachte zwar den kleinen Nachteil, dass drei verschiedene Handelsplattformen gleichzeitig bedient werden mussten, hatte aber den Vorteil, dass neben dem zeitgleichen Handel unterschiedlicher Zeiteinheiten in ein und demselben Markt auch ein möglicher Ausfall eines Brokers keine generelle Handlungsunfähigkeit nach sich zog.

Piep, Piep, Piep.

– Hoppla, das ging jetzt aber zügig.

Order Filled

Sell FDAX 20@6808 ID=7261168.

Ein gelb hinterlegtes Fenster tauchte am oberen Rand des linken Bildschirms auf. Diese Info bestätigte Philip die Ausführung der Order »Sell« des DAX-Futures »FDAX« mit der entsprechenden Laufzeit. Philip verkaufte 20 Kontrakte »20@...« zu 6.808 »...@6.808«. Die letzte Information des Fensters dokumentierte die Ordernummer »ID=7261168«.

Da er keine offene Position in dem Markt besaß, war er somit 20 Kontrakte zu 6.808 im DAX-Future short. Er kontrollierte mit gewohnt peniblem Blick, ob sein Rechner den Stopp an die richtige Stelle setzte.

Trade-Guarde-Modus: ON

Stopp Buy FDAX @6.819.

– Passt. Auf den Rechner war halt Verlass. Klare Regel, klare Ausführung. Wie ein treuer

2 Siehe Erläuterungen ab S.85

Freund, still und ohne zu murren. Ein Computer machte alles: Er führte Trading-Befehle aus, bestellte Blumen für Geliebte und Familien, wenn man Geburtstage vergessen hatte, orderte Pizza, wenn es abends spät wurde, war das Tor zur Welt, wenn man kaum noch Kontakt zu anderen hatte. Ein Computer schlief nicht. Ein Computer eierte nicht rum.

»Gott, bitte fall!«, stöhnte Philip und starrte auf das Positionsfenster. Ihn interessierte die wunderbare Mauer aus Abkürzungen, FDAX, FSMI, FESX, FGBL etc., hinter der eine große Zahl, der Punktestand, zu sehen war, dann eine weitere Zahl und davor das entscheidende Plus- oder Minuszeichen.

Name	Position	Traded	P/L Points	P/L	Time	Last Quote	Bid	Ask
FDAX	–20K	6.808	+02	+1000 Euro	09:40:12	6.806	6.806,0	6.806,5

Und – schwupp! – schon tauchte eine riesige fallende Periode auf Philips 10-Minuten-Chart auf. »Wow … Ich kann`s nicht fassen, das ging fix!« Mit einem zufriedenen Grinsen begrüßte Philip jeden neuen weiter fallenden Kurs.

… 6.805 …6.804 … 6.802 … 6.798

Wenn ihn nicht alles täuschte, stand der DAX-Future wenige Punkte vor dem Durchbruch der fetten Aufwärts-Trendlinie! – Ja, ganz eindeutig. Kein Wunder. Sie war die reinste Augenweide und erstreckte sich über zwei Tage auf den 10-Minuten-Charts. Durch die Time & Sales-Liste[3] ging ein kräftiger, wenn auch kurzer Ruck, und innerhalb von zwei Sekunden katapultierte es den Markt unter die Trendlinie. Stopp-Orders wurden ausgelöst und Market ausgeführt. – *Das klappte ja hervorragend!* Philip reckte zufrieden den Daumen in die Höhe. Sachte schob er die Maus auf das Ordermenü, bis der Zeiger direkt auf »Buy« stand. Jetzt musste er nur noch den richtigen Zeitpunkt abwarten. Sein Freund, der Computer, lauerte mit ihm.

Zack!

Eine schnelle Handbewegung und die Order segelte durch den Datenhighway zum Broker. Im Handumdrehen halbierte er die Position und nahm 20 Punkte Gewinn mit, während der Computer für die verbleibende Restposition von zehn Kontrakten den Stopp automatisch der neuen Positionsgröße anpasste und zielsicher nachzog. Philip handelte die Bewegung[4] und daher wurde für jede weitere Periode unter Beachtung möglicher Innenstäbe der Stopp auf die vorhergehende Periode gesetzt. Alles wird ganz wunderprächtig an meinem letzten Tag, dachte Philip und vergaß dabei, dass man den Tag nicht vor dem Abend loben soll.

Philip war nun seit mehr als drei Jahren fest angestellter Händler. Hofner und Sander waren von Anfang an davon überzeugt gewesen, dass ein guter Trader aus ihm werden würde, und so waren die zurückliegenden vier Lehrjahre nach ihrem Wunsch verlaufen. Vor nunmehr fast sieben Jahren, als Philip seinen ersten Praktikumstag hinter sich hatte, hatte Hofner Sander zugeraunt: »… Philip ist aufgeweckt. Denkt gern mit. Dürfte nicht schwerfallen, den Jungen zum Trading zu ver-

3 Siehe Erläuterungen ab S. 85
4 Ebd.

führen.« Denn um nichts anderes als Verführung handelt es sich, wenn man einem Neuling das Trading beibringt. Es ist Verführung, ihn zu einer bestimmten Wahrnehmungsweise zu locken, die er zunächst nicht gesucht hat, das ist es! Und schließlich … ihm aus einem bestimmten Blickwinkel, aus einer Richtung, aus der er es gar nicht erwartet hätte, Hilfestellung zu leisten.

»Zunächst einmal«, erklärte Hofner immer, »gilt es, die Grenzen im Trading genau zu bestimmen. Dann muss man lernen, sich selbst aus der Ferne zu betrachten – obgleich Gier und Angst jedem Trader leider gelegentlich die Perspektive verstellen.« Damit empfahl Hofner nichts anderes, als die hastige Jagd nach dem ultimativen, gewinnbringenden Monster-Trade aufzugeben und sich stattdessen zu Beginn aus der riesigen Anzahl von Märkten und Handelsmöglichkeiten auf eine kleine Anzahl von Set-ups zu konzentrieren und dort nun vom Jäger zum Sammler zu werden. Niemand konnte es einem Trading-Anfänger abnehmen, sich in der Vielzahl von Märkten, Zeiteinheiten, dem gigantischen Universum von Handelsregeln, den Positionsgrößen, Arbeitszeiten, der Anzahl der Positionen, Gewinnabsichten pro Trade, pro Woche, pro Monat und pro Jahr festzulegen.

Hofner brachte es schnell auf den Punkt, worin der prägende, der essenzielle Unterschied zwischen einem Trading-Anfänger und einem Profi bestand: in der Wahrhaftigkeit. Hofner nannte es »meine Suche nach der Wahrheit, der ich mich unterordnen muss«, und damit formulierte er das, was jeden Händler beim Traden berührte, weil es plötzlich Wörter und damit Bilder gab für Situationen, weil Lebenszusammenhänge und -gefüge auftauchten, die bisher namenlos und trotzdem bekannt, vertraut waren – ein einzigartiger, berührender, verdichteter Punkt. Wie im richtigen Leben, wo wir ja auch den Unterschied zwischen einer durchaus gut geführten Unterhaltung mit Menschen und dem vertrauten, intensiven Gespräch mit Freunden spüren. »Es geht doch um die Wahrhaftigkeit, um nichts anderes!«

Die Monate und Jahre von Philips Praktikum vergingen, und mit ihnen auch die Vorstellung von immensen Gewinnen mit nur einem einzigen Trade.

Diese Vorstellung hatte anfangs einen Sog auf ihn ausgeübt, einen machtvollen Sog. Doch dann rissen ihn jedes Mal Hofners Worte aus seinen Fantastereien: »Nun …, mein Junge«, blieb er immer geduldig, »haben wir jetzt genügend Zeit darauf verschwendet, einen Anflug von Gier zu bekommen?« Philips Räuspern bei diesen Worten, sein verlegenes Hin- und Herrutschen auf dem Schreibtischstuhl brachte Hofner nur allzu oft zum Schmunzeln. – *Dem entging ja wohl gar nichts!* Was für einen hervorragenden Diagnostiker dieser Mann abgäbe! Ob er jemals an eine psychologische Laufbahn gedacht hatte? Könnte das eigentlich nicht jeder fortgeschrittene Trader in Betracht ziehen?

Aber jetzt war Philip als Trader im letzten Stadium angelangt. Er wusste, welche handwerklichen Fertigkeiten im Trading gefordert waren. Er konnte sie einordnen, zielführend anwenden, hatte alle mentalen Höhen und vor allem die Tiefen als Trader miterlebt. Er hatte Erfahrungen gesammelt, sowohl mit sich als auch mit den verschiedenen Techniken, und er hatte gelernt, auf sich selbst zu reagieren. Jetzt war er an dem Punkt angelangt, an dem nicht mehr das Handwerk, sondern einzig und allein sein Kopf und infolgedessen seine innere Ruhe für Gewinne und Verluste sorgten.

Dennoch – hin und wieder genügte das Eingehen eines Trades, ja oftmals nur ein Blick auf einen Chart, und es setzte, trotz der vielen Lehrjahre, bei Philip eine scheinbar nie enden wollende Flut von Fragen ein:

Was greift nach mir?

Wer hat mich im Griff?

Beherrscht mich der Chart, der Börsenverlauf im Allgemeinen?

Oder ist es einfach nur schlichte Gier, der Lotteriegedanke, das Lauern auf die Millionen, den Riesen-hyper-mega-mehr-geht-nicht-Trade, den Monster-Trade?

Klopfte mit jeder Marktbewegung, mit jedem Trade der Wunsch nach einem Luxusleben an und bat um Einlass?

Warum war das Gängelband der Emotionen so eng, fest und vor allem kurz?

Inzwischen kamen solche Fragen nicht mehr mit der Intensität von einst, aber von Zeit zu Zeit krabbelten sie dennoch in Philips Bewusstsein. Dann warf er gerne den Kopf hin und her, um die Gedanken abzuschütteln. Wo kamen sie bloß her? Es musste ein Reservoir komplexer Vorstellungen im Gehirn eines Traders geben, außerhalb des Bewusstseins, doch immer in der Nähe, jederzeit bereit zur Musterung und zum Aufmarsch auf der Bühne bewussten Denkens, aktiviert beim Anblick eines Charts.

Im Großen wie im einmal erfassten ganz dezidierten Kleinen hatte Philip seit Langem erkannt, dass nicht die fehlenden Antworten auf diese Fragen für Unruhe sorgten, sondern die Fragen selbst. Wer, wenn nicht der eigene Wille, musste Interesse daran haben, Disziplin zu erreichen, indem Aktionismus vereitelt wurde, Minustrades unterbrochen und irreführende Gedanken richtig herum dargestellt wurden? Doch wer verteilte eigentlich diese für Trader lebensnotwendigen Gedankenbrocken? – Mhm?!

So vergingen die Wochen, Monate, Jahre, und das jämmerliche Bild eines Mannes – ein unters Joch gezwungener Riese unter der Knute eines winzigen Chartverlaufs mit winziger Peitsche – beunruhigte Philip von Trade zu Trade mehr. Diese Vorstellung fraß sich wie Säure in sein Bewusstsein, und daher studierte Philip seine Gedanken seit Jahren immer aufmerksamer.

Philip war so versunken, dass er Claudias Anwesenheit gar nicht gleich bemerkte. Die gute Seele des Teams war mittlerweile im Büro eingetroffen, und er spürte dies nur am Duft ihres Parfums, der ihr bereits vorausgeweht war. Claudia war eine bemerkenswerte Frau. Sie trug eng anliegende Designerjeans, die ihren Hüften kecke Rundungen verliehen. Ihre frischen, weißen Blusen raschelten stets leise bei jeder ihrer Bewegungen, und die Absätze ihrer Schuhe waren so hoch, dass Philip sich regelmäßig fragte, wie sie darin gehen konnte, ohne sich die Füße zu brechen. Um ihren langen, schlanken Hals hatte sie oft ein buntes Seidentuch geschlungen. Als sie sich zu Philip beugte, um ihm ein Küsschen auf die Wange zu geben, streifte eine Strähne ihrer blonden, glänzenden Haare sanft seine Nase.

»Entschuldigt, dass ich zu spät komme«, zwitscherte sie und sah abwesend auf ihre Armbanduhr. »Es war irre hektisch heute Früh – ich musste so viele Leute anrufen, um sie über die große Neuigkeit zu informieren!« Sie seufzte. »Ihr habt ja keine Ahnung, wie stressig so eine Geburtstagsparty für eine Freundin sein kann. Riesen Organisation.« Dann ging sie hinüber zu Hofner,

Sander und den anderen beiden Jungs, um sie ebenfalls mit einem Küsschen von ihren rot schimmernden Lippen zu begrüßen.

Claudia hatte die Männer fest im Griff. Sie hatte Kommunikation studiert und als Beraterin bei namhaften Firmen gearbeitet. Sie war extrem schnell in allen Büroangelegenheiten und brachte von ihren Touren immer wieder irgendwelche netten Geschenke und Bücher mit. Vielleicht war ihre Arbeitsweise hin und wieder etwas unkonventionell, aber sie war sehr effektiv. Nicht nur die Männer im Büro, auch die Geschäftskollegen liebten Claudia. Sicherlich hatte schon der eine oder andere mindestens einmal darüber nachgedacht, wie sie ohne ihre Designerjeans und die weiße Bluse aussah, und was passierte, wenn sie mit ihrem Halstuch Traderhände an Bettpfosten fesselte, aber sie war tabu für die Männer. Ihr Freund errang eine Medaille nach der anderen in einer dieser unaussprechlichen asiatischen Kampfsportarten, was sogar Sander gewaltig beeindruckte. Sie war definitiv *off limits*.

Fünf Minuten vergingen, zehn. Philip blickte auf den offenen Trade. *Och, nee!* Die Periode seines 10-Minuten-Charts schloss innerhalb der Hoch-/Tiefspanne der vorherigen Periode. Also: Innenstab.

Philip bekam trotz seiner Erfahrung immer noch, wenn auch mittlerweile tief im Inneren, ein leichtes Zucken bei dem Gedanken, dass sein Rechner nach diesem imposanten Kursrutsch den Stopp aufgrund des Innenstabs nun auf die vorletzte Periode zurücksetzte, statt auf die letzte Periode nachzuziehen. Früher, vor Jahren, hätte er, rein aus dem Bauch heraus, den Trade abgebrochen, die Kohle erst einmal mitgenommen und wäre zunächst flat geblieben. Aber wie es oft ist im Leben: Kneifen galt nicht, und das insbesondere deshalb nicht, weil er es ja war, der einen *duplizierbaren* und somit *beständigen* Börsenhandel anstrebte. Denn um nichts anderes ging es in diesem Geschäft.

Aber was soll's, dachte Philip. Er handelte innerhalb eines markttechnisch definierten Trends die Bewegung zwischen dem ehemaligen *Punkt 3*[5] und dem neuen *Punkt 2*. Somit musste er auf Innenstäbe – also jene Perioden, die es nicht schafften, mit ihrem Schlusskurs über dem Hoch beziehungsweise Tief ihrer vorherigen Periode zu schließen – genau achten. Denn diese Konstellation von Bars selbst wiederum stellte auf der tieferen Zeiteinheit, beispielsweise Tickbasis, die Korrektur des dort intakten Trends dar. Wurde ein Bewegungsschub innerhalb eines Trends aufgeklappt, sprich in einer untergeordneten Zeiteinheit dargestellt, so wies diese Bewegung hier bereits eigene Trendeigenschaften auf. Daher galt es, den Stopp nicht heran-, sondern wegzuziehen. Sonst lief man Gefahr, dass die lebensnotwendige Korrektur innerhalb der Zeiteinheit, die unterhalb des Trades lag, also die dem Trade zugehörige Zeiteinheit, den Trade unbegründet ausstoppte.

Beruhigt meldete sich Philip auf seinem privaten Laptop an und bekam über Outlook sechs neue Nachrichten präsentiert.

Von	Alran Guan
Betreff	No doctor visits, Viagraaaa
Erhalten	Gestern, Di, 23:21

5 Siehe Erläuterungen ab S. 85

Von	Steve
Betreff	Big Pick. CHVS. Stocks climbing as high 400 %.
Erhalten	Heute, Mi, 07:12
Von	Watch Guide
Betreff	Absolutely 100 % Breitling and Rolex
Erhalten	Heute, Mi, 08:45
Von	Trading-Meister
Betreff	Trend Mega 100 % Musterdepot
Erhalten	Heute, Mi, vor 12 Minuten
Von	Amazon.de
Betreff	Amazon empfiehlt: DVD-Blockbuster unter 10 EUR
Erhalten	Heute, Mi, vor 3 Minuten

Philip klickte auf die erste Mail: *Viagraaaa.*

Löschen.

Inzwischen wusste doch jedes Kind, dass die Schreibweise Viagraaaa oder so ähnlich ein ebenso dämlicher wie leider auch effektiver Versuch war, die Spamfilter dieser Welt zu umgehen. – *Was soll's.* Philip klickte weiter.

Aktie CHVS? Kaufen? 400 % in wenigen Tagen.

Gott, oh Gott. Auch heute würden wieder genügend Leute auf solch eine Mail reinfallen und die Aktie kaufen, natürlich in dem Glauben, dass sie in einer Woche stinkend reich sein würden. Der uralte, wenngleich immer wiederkehrende schöne Effekt einer solchen Aktienempfehlung war, dass der versprochene exorbitante Kursanstieg sogar eintreten konnte, wenn nur genug Leute diesem »Spam-Scheiß« glaubten. Angebot und Nachfrage gleich Kurs. Warum auf einmal die Nachfrage nach der Aktie stieg – und sei es nur aufgrund einer beschissenen Spam-Mail –, interessierte keinen Kursmakler oder Börsenplatz der Welt. Viel Nachfrage gleich hoher Kurs. So viel zur einen Seite der Medaille. Hohes Angebot gleich Kursrutsch war die andere Seite, denn die Prozentreise ins Glück ging natürlich auch in die andere Richtung. Logisch! In einem illiquiden, hochgepuschten Wert reichten wenige Orders aus, und der Wert fiel in sich zusammen. Wurde dann halt doch nichts mit Pool und Ferrari.

Nächste Mail: *Breitling Watch.*

Klick. Papierkorb!

Moment – Philip schaute fix an sein linkes Handgelenk. Dort klapperte die echte. Schließlich muss man aufpassen, welche man nun in den Müll schmeißt. Warum falsch, wenn es auch echt ging? Philip schüttelte kurz das Handgelenk und ließ das gute Stück klappern. Seine schlichte

Breitling zeigte sich unbeeindruckt von der billigen Konkurrenz und glitzerte sanft im Bürolicht. Philip hatte sie sich nach seinen ersten Super-Monster-Trades zu Beginn seines Praktikums geleistet, denn er dachte, das werde jetzt nur noch so laufen …

– *Na ja …*

Schließlich öffnete er die Nachricht von Trading-Trend-Super-Signal. Die Firma wollte ihn schon vor einer Woche darauf hinweisen, dass sie ein Musterdepot führte, das bis jetzt stolze 1020 % erreicht hatte. Philip überflog gelangweilt die Mail-Vorschau:

Wie wir aus 1.250 Euro binnen 21 Wochen nachweislich 12.338 Euro gemacht haben. Lesen Sie mehr …

Wie viel Dummheit – oder Klugheit? – brauchte man eigentlich, um einen derartigen Stuss inklusive Schreibfehlern ins Netz zu stellen? Philip wollte dem »großen Trading-Guru« so einen Werbemüll nicht durchgehen lassen, sonst glaubten die am Ende, ihr Scheiß sei eine Sensation, und dann litt er jahrelang Tag für Tag, weil er solchen Schwachsinnskram wie »In weniger als drei Monaten auf die Überholspur des Lebens« und weitere Glücksbotschaften nicht schnell genug aus dem E-Mail-Postfach gelöscht kriegte. – *Klick.* Grinsend drückte Philip den Antwort-Button:

Sehr geehrter Herr Peters,

mit Bedauern nehme ich tagtäglich zur Kenntnis, dass ich über wenig Geld verfüge und sehe daher den Börsenhandel als ein tolles Sprungbrett.

Mit Begeisterung und großer Faszination habe ich Ihre Werbemail (deren Zusendung – nur so ganz nebenbei bemerkt – zwar in mein Recht der freien Berufsausübung eingreift und nicht zulässig ist, da wir in keinerlei Geschäftsbeziehung stehen, laut LG Berlin, Beschluss v. 30.4.1999 – 15 O 277/99 sowie LG Berlin, Beschluss v. 13.7.1999 – 16 O 367/99. Ich drücke aber ein Auge zu und sehe von einer Unterlassungserklärung ab) gelesen und bin mithilfe meines Taschenrechners zu dem Ergebnis gekommen, dass ich mit meinen 3.400 Euro Sparbuchguthaben bereits – nach Ihrer Rechnung – 346.800 Euro verdient haben müsste. Bei diesem Gedanken bekomme ich Schmetterlinge im Bauch. Gut, eigentlich bräuchte ich gar nicht so viel Geld, aber man soll ja einem geschenkten Gaul … Sie wissen schon.

Dennoch habe ich vor der Buchung Ihres Abonnements einige Fragen und wäre Ihnen dankbar, wenn Sie mir diese ausführlich beantworten könnten:

1. Wie sähe die Performance aus, wenn ich nicht seit Start des Musterdepots, sondern erst vor – sagen wir – zwei Monaten eingestiegen wäre?
   Ich meine damit, dass ich einen Graph vermisse, welcher die Performance jedes Trades seit Auflegung des Musterdepots darstellt. Sie wissen schon, mir geht es um den Drawdown. Wäre schon gut, bevor man für einen Newsletter stolze 500 Euro pro Monat auf den Tisch legt, nicht nur das Ziel zu sehen, sondern auch das »Wie« zum Ziel zu kennen. Womit es mich auch schon zur nächsten Frage drängt:

2. Welches Management wurde angewandt, um diese 1.020 % zu erreichen? Ich bräuchte bitte einfach ein paar Kennzahlen. Sie wissen schon, so einen Tradereport. Also die Frage nach der Stabilität Ihres Systems.
3. Wie können Sie als Herausgeber der Signale davon ausgehen, dass ich als Nutzer Ihres Services beständig handele? Die Sache ist doch die: Wenn Sie mich als Nutzer Ihres Börsenbriefs nicht mit unzähligen Zeilen, Hinweisen und Plakaten aufklären, dass das Money-Management irre wichtig ist, wie wollen Sie dann sicherstellen, dass ich nicht mal den einen Trade mache, dort verliere, den nächsten Trade auslasse, um meine Wunden zu lecken, dieser Trade wiederum den irren Profit bringt, ich daraufhin beim nächsten Signal wieder mitmache, dieses dann wieder in die Hose geht und so weiter ...? Das ist doch wichtig, finden Sie nicht? Denn sonst wäre es ja durchaus möglich, dass ich, obwohl ich Ihren Brief abonniert habe, eine von Ihrer total abweichende Performancekurve habe.
4. Wie wollen Sie verhindern, dass ich, aufgrund meiner riesigen Depotschwankungen, völlig genervt Ihren Newsletter abbestelle, weil mir ja nie ausführlich erklärt wurde, dass ich auf keinen Fall mit unterschiedlichsten Beträgen handeln darf?
5. Können Sie einen Maximalverlust sicherstellen oder garantieren? Was mich gleich zur letzten Frage führt:
6. Wenn es stimmt, dass dieses Abo bereits von Zehntausenden zufriedener Kunden gelesen wird, wieso kaufen Sie dann die von Ihnen empfohlenen illiquiden Aktien nicht bereits vor Erscheinen Ihres Signals?

Ich bedanke mich für die Beantwortung meiner Fragen schon im Voraus.
Sonnige Grüße
Philip

– *Ha!* Die Kritik hat gesessen. Obgleich die Mail nur aus sechs kleinen Fragen bestand, wusste er doch, dass es genau jene Fragen waren, welche die wenigsten Trading-Neulinge interessierten und welche die wenigsten in ihrer ganzen Tiefe nachvollziehen konnten oder wollten; und auch wenn es bloß ein Tropfen auf den heißen Stein war – aber wenn sich nur jeder zehnte genervte oder auch bereits geprellte Trader mal zu seinem Computer statt in die Arme des nächsten Gurus schleppen würde, um sich zu beschweren, dann sähe weltweit die Trading-Werbung schon ganz anders aus.

– *Na wie auch immer!* So wie vielen anderen Tradern fiel es auch Philip schwer, sich von den unablässigen Angriffen abzuschotten, die gegen das tagtägliche schwere Geschäft des seriösen, des echten Börsenhandels gerichtet waren. Sie kamen aus vielen Richtungen: Von so mancher Broker-Industrie, die riesige Werbekampagnen startete, um die Effektivität des Handelns als möglichst einfach darzustellen; von den Medien, die nie der Behauptung überdrüssig wurden, jede Bewegung erahnt zu haben und nachträglich interpretieren zu können; von Behavioristen, von Börsengurus, von den Horden der New-Age-Trader und von Börsenbriefanbietern, die um Konten und Hirne der Mühseligen und mit viel Geld Beladenen wetteiferten.

– Oh! Amazon hatte sich auch gemeldet, sehr schön.
Klick!

Philip ließ den Kopf gegen die weißlederne Rückenlehne sinken und warf einen schnellen Blick auf seine halbierte Position im DAX-Future.

Name	Position	Traded	P/L Points	P/L	Time	Last Quote	Bid	Ask
FDAX	–10K	6808	+38	+9500 Euro	10:10:36	6770	6769,0	6770,0

Er betrachtete die Charts des Euro-FX-Futures, des SMI-Futures und des Bund-Futures. Trotz ihrer Ausschläge erkannte er aus kurzfristiger Sicht kein Signal, das er bevorzugte. Philip schloss die Augen, hörte, wie ein Lieferwagen über die etwas entfernt von den Büroräumen liegende Straße rumpelte und entsann sich, dass er zu Beginn seines Praktikums jene Trader immer verachtet hatte, die sich mit dem Spruch »Weniger ist mehr« der Freiheit unendlicher Marktbewegungen beraubten. Aber nun, seit Jahren des aktiven Handels waren die verschiedenen Märkte – ob DAX-, Dow-Jones- und Co.-Future, ob Aktie oder Zertifikat – für ihn nur noch Utensilien, die den in sich ruhenden und daher erfolgreichen Tradern Macht verliehen und auf der anderen Seite die Lust der Zocker-Gemeinde an emotionaler Unterwerfung befriedigten. Er bemerkte in letzter Zeit, dass seine Vehemenz gegenüber dem Ausgang jeder einzelnen Periode an Heftigkeit verloren hatte. Vielleicht war es früher lediglich das aufgezwungene Spiel, das ihm gefiel. Und vielleicht ehrte er mit dem erlernten Anti-Aktionismus über die Jahre auch sein eigenes Leben als Trader, dachte Philip. – *Was hab ich denn sonst als Trader?* Was hat ein Trader sonst, außer diesem wunderbaren, begnadeten Intervall der Charts und seinem eigenen Selbstbewusstsein? Wenn etwas geehrt und gesegnet werden kann, sollte es das sein – das kostbare Geschenk der bloßen Existenz der Börse. Zu verzweifeln, weil das Trading unendlich war oder weil es keinen höheren Zweck oder schon gleich gar nicht einen festen Entwurf hatte, empfand Philip mittlerweile als pure Undankbarkeit. Sich einen allwissenden Trader zu erträumen und jedem Trading-Guru endlose Kniefälle zu widmen, schien sinnlos. Und außerdem verschwenderisch: Warum all diese Energie an ein Phantasma, an ein imaginäres Trugbild vergeuden, wenn doch eigene Disziplin und Aktionismus jedem »Super-Super-Millionen-Handelssystem« dem grundsätzlich entgegenstünden? Besser war es, sich stattdessen Hofners Haltung zu eigen zu machen: »... sich einfach verneigen, den eleganten Gesetzen und Mysterien der Natur seine Reverenz erweisen und sich der Aufgabe des Nachdenkens über sich als Trader zu widmen.«

Dies waren keine neuen Gedanken für Philip – er hatte immer wieder von Hofner und Sander erklärt bekommen, dass alles im Börsenhandel endlich und dass selbst die eigene Selbstbewusstheit tagtäglich vergänglich war. Doch es gab Wissen und Wissen. Und die tagtägliche nahe Gegenwart eines einzigen unüberlegten, ruinösen Trades förderte sein Wissen. Nicht etwa, dass er weiser geworden wäre; es war nur so, dass mit den Jahren immer mehr das Wegfallen von Ablenkungen – Gedanken an immensen Reichtum, Prestige, Applaus, Popularität als Trader – ihm

Stück für Stück ein unverfälschteres Bild des Börsenhandels bot. War ein derartiges Loslassen nicht die eigentliche Wahrheit im Trading, die nur niemals öffentlich gemacht wurde?

Philip warf einen Blick auf den kleinen Buddha, der neben seinen Bildschirmen saß und ihn anlachte, und freute sich auf den morgigen Flug. Er erinnerte sich, einmal gelesen zu haben, Buddha habe in seiner Erleuchtung erfahren, dass es für alles einen Ausweg gibt, nämlich das Loslassen von allem, was Leiden schafft. Der Mensch kann sich nur durch eigene Anstrengungen aus dem Kreislauf von Werden und Vergehen befreien, so in etwa lautete die Erkenntnis. – *Passt ja gut auf den Handel.* Oder mit den Worten der Griechen: alles in Maßen. Morgenland oder Griechenland – Philip musste kurz seine Positionen checken. Er schaute auf seine Bildschirme.

Name	Position	Traded	P/L Points	P/L	Time	Last Quote	Bid	Ask
FDAX	–10K	6808	+30	+7500 Euro	10:16:02	6778	6778,0	6779,0

– *Hmpf …*

Das sah nicht nach dem Trade aus, den er sich vorgestellt hatte. – Bah. Der Markt schoss nach oben, stieg über die Hochs der letzten beiden Perioden.

Ring. Ring. Ring.

Die Position im DAX-Future war ausgestoppt. – *Scheiße Herrgott, aber okay.* Das war zwar nicht gerade ein Volltreffer, aber er kam noch mit fünf Punkten Gewinn raus. Philip konnte nichts dafür, dass er ausgestoppt wurde – der Trade war okay, dennoch ausgestoppt. Schulterzucken. Wie hätte er das auch ahnen sollen? Solche Trades konnten und würden echt jedem unterlaufen. Ob ein Trade ins Plus oder Minus lief, konnte kein Trader beeinflussen. Alles, was er konnte, war, einen Trade zu schließen. Dies konnte jeder Trader zu jedem Zeitpunkt. Klar. Die interessante Frage, die gut von schlecht unterschied, lautete: Ab wann lag man falsch? Denn ihre Beantwortung konnte man nicht durch reines Beobachten von Profit oder Loss erkennen.

Philip prüfte die Taskleiste seines Rechners: 10:17 Uhr. – Das tat er wirklich nicht jede Sekunde, obwohl er zugegebenermaßen ohne sie ziemlich aufgeschmissen gewesen wäre. Aber das wären alle Menschen, wenn man ihre Zeit in Sekunden- und Minutensegmenten messen würde, denn genau das war das Los eines jeden Traders: Sein Alltag war in Zeitspannen und Perioden unterteilt. Je nach der getradeten Zeiteinheit mal im 10-Minuten-Takt, 60-Minuten-Takt oder im Umlauf eines kompletten Tages. Nach beendeter Periode klingelte die Kasse. Oder sie sollte zumindest hin und wieder klingeln.

10:00–10:09	E-Mail lesen
10:10	Chart lesen
10:10–10:19	Telefonat mit Ron, einem Kollegen
10:20	Chart lesen
10:20–10:29	Verbesserungen an einer Excel-Tabelle
10:30	Chart lesen

Als Philip mit dem Börsenhandel anfing, fand er den Gedanken, dass er über den Kursverlauf zwischen Eröffnungs- und Schlusskurs einer Periode keine Rechenschaft ablegen könnte, gelinde gesagt erschreckend. Er dachte: Wenn ich nicht den Verlauf zwischen Beginn und Ende einer Periode beobachte, bin ich dann als Händler die Kohle überhaupt wert, die aus diesem Trade resultiert? So oder ähnlich dachte er immer wieder. Mittlerweile hatte sich diese Ansicht geändert. Je nach gehandelter Zeiteinheit – denn es gab da Ausnahmen – weigerte sich Philip inzwischen sogar, diese ständig mitzuverfolgen, beispielsweise gerade auf der 10-Minuten-Zeiteinheit. Vorteil dieses Verhaltens war, dass der Drang, den Ausgang der Periode vorwegzunehmen, unterbunden wurde.

10:30–10:39	dumm aus dem Fenster schauen, den Vögeln beim Fliegen zuschauen
10:40	Chart lesen
10:40–10:49	davon träumen, Trader des Jahres zu werden
10:50	Chart lesen
10:50–10:59	versuchen, Nasenspitze mit der Zunge zu berühren
11:00	Chart lesen

Nun, die Wahrheit war, man gewöhnte sich als Trader daran. Man gewöhnte sich daran, den Tag in kleine Zeitabschnitte zu zerhacken. Und man gewöhnte sich daran, auch mal nichts getan zu haben, manchmal sogar den ganzen Tag lang. In Philips Handelsbüro wurden tatsächlich oft Däumchen gedreht. Da wurde aus dem Fenster geschaut und sich Tagträumen hingegeben. Da war die Zeit zwischen Eröffnungs- und Schlusskurs der jeweils betrachteten Zeiteinheit richtig viel wert. Es war die eigene Zeit. Man musste das so sehen: Wenn man in diesen Minuten oder Stunden bis zum Schlusskurs statt abzuwarten aktiv die Marktverläufe verfolgte und sich daraufhin zu sinnlosen Trades hinreißen ließ, würde dies die Firma oft richtig Geld kosten. Ach, wie viele Trades landeten durch die Ungeduld der Trader zu früh auf dem Börsenfriedhof. Und wie viele Trades erblickten zu früh das Licht der Trading-Welt, nur weil man dachte, der Markt läge in den Wehen, die Periode werde drehen oder höher oder tiefer schließen. Wie gesagt, bei Philip im Büro war Däumchen drehen der Dauertagesbefehl, da man die Wirklichkeit wirklich real bewertete, statt sie zu antizipieren.

Philip sah gedankenverloren auf und verschluckte sich um ein Haar an seinem Wasser … *Huch!* Der gerufene Telekom-Techniker stand plötzlich vor ihm im unscheinbaren grauen Anzug und sah ihn so durchdringend an, als wüsste er ganz genau, dass sein Trade gerade ausgestoppt worden war.

»Du kennst doch noch Herrn Farei, oder?« Claudia trat hinzu und deutete auf den Mann neben sich, der mit einem Werkzeugkasten bewaffnet auf seinen Kampfeinsatz am Büronetzwerk wartete.

Philip kannte ihn flüchtig, hatte ihn erst einmal gesehen. Aber das war egal, Hauptsache, der Typ war zuverlässig in seinem Job. Aber bereits beim ersten Treffen erschien er absolut humorlos, erinnerte sich Philip.

»Sehr schön, dass Sie kommen konnten«, sagte Philip. »Ich weiß ja, wie viel ihr Jungs immer zu tun habt.«

»Ach, kein Problem«, tönte Farei, während er ehrfürchtig auf die gerade frisch erschienene bunte Börsenzeitung – eine allwöchentliche, aber dennoch regelmäßig ungelesene Gratissendung – auf Philips Schreibtisch starrte.

Ein oft beobachtetes Phänomen war, dass, wenn man mit einer Börsenzeitung oder einer *Financial Times* einen Raum betrat, die Leute einen ernst nahmen. *Echt!* Wenn man eine Fachzeitung unter dem Arm hatte, konnte man über die dämlichsten Themen reden, ohne dass die Leute einen für beschränkt hielten. Sie glaubten dann vielmehr, man sei unglaublich informiert und vielseitig interessiert.

Ohnehin lesen viele Trading-Anfänger mit Begeisterung die Tops und Flops der letzten Tage oder Wochen, starren fasziniert auf im Nachgang eindeutig zu analysierende bewegungsreiche Chartverläufe, lesen begeistert über nicht alltägliche Kursanstiege oder Crashs. Aber die Wahrscheinlichkeit, etwas Ungewöhnliches durch die Zeitung oder das Internet zu erfahren, ist im Börsenhandel weit größer als die, es live innerhalb der eigenen Position zu erleben; mit anderen Worten: Im Trading ereignet sich das Erstaunliche, oftmals Aufregende im Abstrakten und das Eigentümliche – auch Langweilige genannt – im Wirklichen.

»Sagen Sie, was halten Sie eigentlich von der Wahnsinnsneuigkeit von heute?« Farei deutete auf die Börsenzeitung. »Das war ja eine ganz schöne Überraschung, finden Sie nicht?«

– *He?*

»Eh … eine interessante Entwicklung«, sagte Philip lächelnd, um kurz Zeit zu gewinnen. Er sah sich auf der Suche nach irgendeinem Hinweis im Büro um – vergeblich. Niemand hörte zu. Sander am rechten Arbeitsplatz legte zwar sein Buch kurz beiseite und griff nach seiner seitlich am Tisch stehenden Wasserflasche. Er wischte sich kurz die Lippen ab, nahm das Buch wieder zur Hand, warf einen Blick auf seine Bildschirme, sah in Bruchteilen von Sekunden, dass keiner der von ihm beobachteten Charts sein Eingreifen erforderte, und las in aller Seelenruhe weiter. Das Ganze dauerte keine zehn Sekunden, die Handgriffe waren, ebenso wie die tägliche Taktik, die er Tag für Tag im Trading anschlug, Teil eines mechanischen Ablaufs geworden. Vom Gespräch zwischen Philip und Farei bekam er nichts mit.

Worum geht es? Sind die Zinsen erhöht oder ist ein Krieg erklärt worden?

»Also, ich muss schon sagen, ich fürchte, dass das für die Wirtschaft nicht gut sein wird«, fuhr der Techniker todernst fort. »Aber dazu haben Sie sicher Ihre eigenen Ansichten.« Er sah Philip begierig an und wartete auf eine Antwort.

– *Meine Güte, wovon redet der bloß?* Philip schaute sich schon seit Jahren keine Marktberichte und Analysen mehr an, denn es hatte einen gewaltigen Nachteil, den Trading-Tag mit so etwas zu beginnen. Zu viele Autoritäten, zu viele gewichtige Ansichten und Diagnosen verschatteten möglicherweise die eigene Findigkeit und Kombinationsgabe. Er und der Chart. Das war alles. Kein Dritter, der ihm noch windige Analysen ins Ohr säuselte. Trotzdem schwor sich Philip in diesem Moment, von morgen an die Zeitung wenigstens mal durchzublättern. »Ich bin da ganz Ihrer Meinung«, würgte Philip schließlich hervor. »Ich fürchte auch, dass das für die Wirtschaft gar nicht gut sein wird.« Dabei sah er ganz wichtig auf seine Charts, nippte an seinem Wasser, klickte geschäftig in irgendwelchen Menüs rum und betete um ein Erdbeben.

»Haben Sie als Profi denn damit gerechnet?«, fragte Farei. »Ich weiß ja, dass ihr Trader uns Privaten immer um eine Nasenlänge voraus seid.«

»Ich ... ja, doch, ich habe es kommen sehen«, erwiderte Philip, lehnte sich gewichtig in seinem Stuhl zurück und fand, dass er ziemlich überzeugend klang.

Farei nickte ernst, als sei jedes Wort, das Philip sagte, unglaublich wichtig. »Und jetzt auch dieses Gerücht darüber, dass die alle an einem Strang ziehen wollen!« Durchdringend sah er Philip an. »Glauben Sie, da ist was dran?«

»Das ist ... das ist schwer zu sagen«, entgegnete Philip und trank einen ordentlichen Schluck Wasser. – *Was für ein Gerücht? Herrgott, kann der nicht einfach anfangen, das Netzwerk zu reparieren? Herrgott noch mal, ich handle gerade kurzfristige Minutencharts und T-I-C-K-C-H-A-R-T-S. Ticks! Ich hole hier gerade einige Punkte aus dem Markt. Rein, raus ... fertig. Was interessieren mich irgendwelche Gerüchte und fundamentalen Nachrichten?* Philip sah zu Farei auf und merkte, dass dieser ihn mit einem merkwürdigen Gesichtsausdruck anstarrte, als wolle er seine Gedanken lesen. Philip schluckte kurz. – *Mist. Der weiß wohl, dass ich keine Ahnung habe, oder?*

»Claudia, Telefon!«, rief Hofner quer durch den Raum und hielt den Hörer in die Luft, »würdest du bitte ...«

»Komme!«, erwiderte Claudia, machte auf der Stelle kehrt und ließ die beiden allein. Ein Hauch ihres Parfums wehte an Philips Nase vorbei, als sie an ihm vorbeiging. Jetzt war er allein mit Farei. – Philip fluchte innerlich.

»Ach, sagen Sie, sehen Sie auch so ein hohes Kurspotenzial bis Ende des Jahres bei VW?« Der Kerl ließ einfach nicht locker.

»Ähm, ja.« Philip schluckte und verkroch sich in seine Menüs. *Mann, war das gruselig. Wovon redet der nur? Ich muss jetzt echt was machen.* »Ja, dann ...«, sagte Philip förmlich. »Ich muss hier was tun, da kommt grade Bewegung rein ...«

Aber Farei war schneller und beugte sich seitlich an den Bildschirmen vorbei zu ihm. »FBD hat heute bekannt gegeben, dass sie die SDF übernommen haben«, flüsterte er ganz leise hinter vorgehaltener Hand und deutete mit einem geheimnisvollen Blick die enorme Brisanz seiner Information an.

Natürlich, jetzt, wo er es sagt ... FB – waaas hat SD – weeen übernommen?

»Oh, wow«, log Philip. Und bevor er noch etwas sagen konnte, ließ Farei seinen Blick wie eine Radarantenne im Büro umherschweifen und auf Philips Bildschirmen landen. Philip konnte sehen, wie der Servicemann den großen Chart auf dem mittleren Bildschirm fixierte, und hörte ihn förmlich im Geiste »tzzz, tzzz« sagen.

»Wie viel Prozent macht ihr Jungs denn so?«, fragte Farei herausfordernd.

»30 bis 35.«

Der Techniker schaute mitleidig. »Is' aber nich so viel!«

»Is' aber nich so viel!«, äffte Philip ihn in Gedanken nach. – *Bla bla bla.* Da schaute er sich doch lieber seine eben eingegangene SMI-Position an.

Name	Position	Traded	P/L Points	P/L	Time	Last Quote	Bid	Ask
FSMI	+20K	7311	+1	+200 SFR	11:08:19	7312	7311	7312

Philip hatte aber angesichts der Position und des Zeitdrucks – schließlich musste er heute früher nach Hause, um den Rest seiner Sachen zu packen, ein paar Telefonate zu erledigen und dann zu schlafen, schließlich rief Bangkok – keine Lust, dem Typen zu erklären, dass diese Prozente ein definierter Zielwert waren und nicht das Höchstmaß seiner Möglichkeiten. So schlau, wie Herr Telekom-Techniker tat, hätte er wissen müssen, dass ein Vergleich von Renditen an Terminmärkten ohnehin totaler Quatsch war.

»Dann können Sie mich ja sofort einstellen«, raunte der Techniker leise Claudia zu, die nach dem Telefonat wieder zurückgekehrt war und nun neben ihm stand. Auch der Duft ihres Parfums war wieder da. Es lag leicht in der Luft, setzte sich zart auf die Haut und prickelte sanft in der Nase. Philip war froh über ihre Rückkehr, sie konnte sich jetzt um den neugierigen Typen kümmern.

»Wie kommen Sie denn darauf?«, fragte sie retour in einem spitzen Tonfall und versuchte ihrerseits ohne Erfolg, Farei in Richtung Serverraum abzudrängen, da sie Philips Hilfe suchenden Augenaufschlag verstand.

Doch Farei gab nicht so schnell auf. »Nun, ich habe allein im letzten Monat 45 Prozent gemacht«, gab er stolz von sich. »45 Prozent!«

Philip schaute auf. »45 P-r-o-z-e-n-t …? Nicht schlecht!« Die Position im SMI fiel in diesem Moment um fünf Punkte. »Wie lange handeln Sie schon?«

Farei nahm sich für die Antwort ein paar Sekunden Zeit, um die Spannung zu erhöhen. »Erst zwei Monate!«

»Zwei Monate?«

»Zwei Monate!« Farei nickte sichtlich stolz. Immerhin machte er in gerade mal acht Wochen mehr Rendite als alle hier im Raum innerhalb eines Jahres.

»Und was handeln Sie?«, fragte Philip geduldig, der das Ganze höchst lächerlich fand und nicht weiter über Fareis Anfrage einer Anstellung nachdachte.

»Ausschließlich CFDs. Alles andere ist doch Kindergarten.«

So, so … Kindergarten.

»Großes Konto?«

Farei kniff die Augen leicht zusammen, als müsste er gedanklich erst mal die vielen Nullen zählen. »Nun ja, denk schon.«

Also klein.

»Wie viele Märkte handeln Sie denn gleichzeitig?«

»Einen.«

»Einen? Wieso einen?«

»Ich hab nur einen abonniert.«

»… nur einen WAS?«

»Abonniert«, wiederholte Farei.

»Sie haben *einen CFD abonniert?*«, fragte Philip betont langsam und sah interessiert auf. »Heee?«

Farei merkte, dass er an Boden verlor, und lenkte ein. »Ich hab da so eine Veranstaltung besucht, auf der man alles erklärt bekam. Das gekaufte Programm generiert jeden Tag nur ein Signal.«

»Okay, Sie handeln *einen* Wert. Und wie viel Ihres Kontos packen Sie in diesen Wert?«

»Kommt drauf an. Meistens alles.«

Bingo …

Philip schnalzte mit der Zunge und hielt das Gespräch nun wirklich für beendet. Farei hatte, wie so manch anderer Trading-Anfänger, bei seinem Renditevergleich eines völlig außer Acht gelassen: Bei einem größeren Konto bedeutete eine Rendite von beispielsweise 35 Prozent ja eine ganz andere absolute Zahl als bei einem kleinen. Sicherlich würde es einen Kapitalgeber oder Fonds freuen, wenn Renditen von 300 Prozent bekannt gegeben würden. Aber die Freude würde nur kurz anhalten. Denn eine Frage würde sofort kommen: »Wie habt ihr das geschafft?« Nun – wenn jetzt die Kapitalgeber erfuhren, dass ihr Kapital mit hohen Positionsgrößen jedes Mal bis zum äußersten Limit ausgereizt worden war, dann würden schon die ersten Köpfe rollen. Und wenn die Kapitalgeber dazu noch den Kontoverlauf der letzten Monate zu Gesicht bekämen, würden sie nach der Devise verfahren: Rette sich, wer kann. Denn durch die zwischenzeitlichen Drawdowns, also die maximalen Rücksetzer im Kontostand durch Verlusttrades, würde immer das Bild einer höllischen Achterbahnfahrt entstehen.

»Wie viele Werte handeln Sie denn so?«, zog Farei das Gespräch wieder an sich.

»Zu guten Zeiten bis zu 150.«

»*H-u-n-d-e-r-t-f-ü-n-f-z-i-g-!?*« Farei blies die Backen auf. »Und trotzdem nur so wenig Prozente?«

Nicht schon wieder …!!!

Rendite? Ja. Rendite um jeden Preis? Nein. Wenn ein Trader mit 2.000 Euro auf Hopp oder Top setzte, also auf Verdopplung oder auf »alles futsch«, dann mochte das noch in die Definition »Spielreiz« passen. Aber wenn Philips Handelsbüro oder ein vergleichbares mit 80 Millionen Euro Kapital den Kapitalgebern den Vorschlag unterbreitete »Alles oder nichts, 160 Millionen oder null« – nun ja, dann durfte man sich über ungläubige Blicke nicht wundern oder über Kunden, die die Flucht ergriffen. Zum anderen war es aber für ein Handelsbüro und die jeweiligen Händler so: Ein anteiliger Bonus beziehungsweise eine Gewinnbeteiligung für eine Rendite, beispielsweise 35 Prozent im Jahr, fiel als absoluter Geldbetrag bei einem Millionenkonto immer noch höher aus als bei einer 500-prozentigen Rendite auf einem 10.000-Euro-Konto. Und was kam da noch hinzu? Der Unterschied im Hinblick auf Stress und natürlich, niemals zu vergessen: das Risiko. Diese beiden Faktoren öffneten einer Großzahl vermeidbarer Trading-Fehler die Türen.

»Also echt!« Farei schüttelte verständnislos den Kopf und fügte dann mit missionarischem Eifer hinzu: »Sie müssen das mit dem SRI-ARX machen. Echt, dann haben Sie auch so viele Prozente.«

»Den *was,* bitte?« Philip ließ, während er nahezu gelangweilt fragte, den Bildschirm nicht aus den Augen.

Name	Position	Traded	P/L Points	P/L	Time	Last Quote	Bid	Ask
FSMI	+20K	7311	+6	+1200 SFR	11:11:51	7317	7317	7319

»SRI-ARX!«

»Wer oder was soll das sein?«

»Auf dieser Veranstaltung haben die mir einen Indikator an die Hand gegeben, mit dem man jeden Chartverlauf weichkochen kann. Echt! Man muss morgens bloß noch irgendwelche Linien in den Chart reinwerfen, ein paar Parameter hin und her schieben und abends hat man sich ganz bequem eine warme Mahlzeit verdient. Und ein paar Parameter hin und her schnippeln dauert doch sicher nicht lange, oder?«

»Das fragen Sie mich?« Philip fragte, ob Farei nicht einfach nur auf den Chart schauen wolle. Das sei nicht nötig, entgegnete dieser, heute werde man den DAX fallen sehen, und morgen werde er die 6.500 erreichen. Sein Indikator habe es ausgerechnet. Stirnrunzelnd fragte Philip, ob Farei sich über ihn lustig mache. »Keineswegs«, lautete die Antwort. Der Mann schien felsenfest davon überzeugt zu sein, dass er das Richtige tat und alle anderen keine Ahnung hatten.

– *Hmpf.*

»Sie machen wohl nichts mit Indikatoren?« Farei beäugte Philip vorwurfsvoll. »Ich will mich ja nicht einmischen, aber ohne Indikatoren ist das doch alles Quatsch ...«

Philip starrte ihn verständnislos an. – *Alles Quatsch ...?* Der Mann hatte echt Nerven. Es war unfassbar. Er hätte seinem Zuhörer jetzt in aller Breite die Kluft zwischen Theorie und Praxis erklären können, doch das hatte wahrscheinlich keinen Sinn. Farei war zu überzeugt von sich und dieser dubiosen Veranstaltung, bei der er scheinbar quasi über Nacht das Trading gelernt hatte. Philip versuchte dennoch, ruhig zu bleiben, und erwiderte stattdessen in aller Seelenruhe: »Berechnungen von supergeheimen Indikatoren in Ehren, aber das hier ist keine Schulaufgabe, das ist Börsenhandel. Niemand kann Strömungen und Kursverläufe im Börsenhandel punktgenau voraussagen.«

Farei ließ sich jedoch nicht beirren: »Dieser Indikator sagt doch aber, dass der Markt heute fallen müsste!«

»Super!«, entgegnete Philip. Er war mittlerweile echt genervt. »Wenn das so sein sollte, werden wir es auf dem Chart sehen.«

»Chart? Nix Chart. *Indikatoren!!* Kommen Sie, ich zeig es Ihnen gern!« Farei brannte darauf, Philip zu überzeugen. »Das geht blitzschnell. Sie können doch sicherlich schnell den SRI-ARX reinbasteln?«

»Wir haben keine Indikatoren im normalen Handel«, entgegnete Philip so höflich wie möglich. »Wir lesen den Chart. Basta. Ist doch aussagekräftig genug.« Philip wollte sich auf kein längeres Gespräch einlassen. Warum auch sollte er dem Servicemenschen stecken, dass sein Büro zwar Indikatoren verwendete, diese auch für gut befand, allerdings unter völlig anderen Voraussetzungen und mit anderem Endziel – Stichwort halb- und vollautomatischer Handel?[6]

»Aber Sie haben doch sicher schon vom SRI-ARX gehört?«, insistierte sein Gegenüber.

– *Hmpf, langsam wird es anmaßend.* »Nein«, entgegnete Philip, ein wenig gereizt über dessen schockierte Miene. »Aber das macht nichts. Wir kommen echt auch so zurecht!«

»Also …«, begann Farei erneut und fasste zusammen: »Mir hat man beigebracht, nur mit den SRI-ARX und der Tricky-Linie zu handeln. Das war eine Wahnsinnsveranstaltung mit Hunderten von Leuten und ich bekam ein tolles Abo. Ich habe schon fast fünfzig Prozent plus. Von dem ganzen Hokuspokus Chart lesen und so halte ich gar nichts.«

Für Philip war das reines Chinesisch. *Tricky-Linie?* SRI-ARX? »Nun, uns hat man was anderes beigebracht«, entgegnete er äußerlich gelassen, noch immer um Höflichkeit bemüht, woraufhin er von Farei einen Augenblick wortlos gemustert wurde. Dann ging er endlich in den kleinen Raum, um am Server rumzubasteln. Zehn Minuten und einen kurzen Trade im DAX-Future später kam Farei mit dem Grund für die mittlerweile behobene Netzwerkstörung zurück. Seine Schritte waren laut, als würde er unachtsam über bereits erobertes Gebiet trampeln und hätte jeglichen Respekt vor dem Gegner verloren. Und der Grund für die Netzwerkstörung war genauso niederschmetternd für Philip: Ein beim Umrücken locker gewordenes Kabel hatte einige Rechner, die Drucker und das Faxgerät des Büros lahmgelegt.

»Echt Pech für Sie, dass Sie den Indikator nicht kennen«, sagte er dann und tätschelte mitleidig Philips Monitor. »Na, dann noch einen schönen Tag!«

»Es ist kein Pech«, knurrte Philip.

»Hey, 500 Prozent im Jahr. 500!«, sagte Farei verschwörerisch und wendete sich in Richtung Ausgangstür. »Überlegen Sie doch mal! Eine Schande, wenn ihr Profis euch mit weniger zufrieden gebt.«

Irgendwie erboste Fareis scheinbar nicht zu erschütternde Selbstgefälligkeit Philip nun doch. »Wieso ist es eine Schande?«, fragte er herausfordernd. »Wieso, bitteschön?« Kaum ausgesprochen, ärgerte sich Philip über seine Frage, denn damit ließ er sich schon wieder auf eine endlose Diskussion mit dem Techniker ein.

Doch Farei machte es kurz, musterte Philip, und seine Miene schien nur noch mitleidiger geworden zu sein. »Soll ich Ihnen mal die Website von dem Superindikator geben? Der ist echt zuverlässig. Glauben Sie mir. Gehen Sie mal auf so eine Veranstaltung. So mit Motivation und so 'nem Tamtam.«

»Nichts ist zuverlässig«, warf Philip nun dem Techniker an den Kopf. »Die Tabellen nicht, nicht die Computer, nicht einmal der Himmel, erst recht nicht die Börse. Man muss selbst so genau sein, dass einem die Unordnung nichts anhaben kann.«

Farei lächelte milde. Offenbar konnte er mit dieser Antwort gar nichts anfangen, was wiederum Philip in seiner Meinung bestätigte.

»… vielen Dank noch mal, dass Sie den Netzwerkfehler so schnell gefunden haben.« Claudia gab Farei hastig die geforderte Unterschrift und drängte ihn aus dem Büro.

---

6 Siehe dazu ausführlich DER HÄNDLER, Band 5

Hofner, der das Ende des Gesprächs und Philips Argumentation mitbekommen hatte, munterte Philip kopfschüttelnd auf: »Es muss leicht für so jemanden sein, sich als Held im Börsenhandel zu fühlen, wenn man von Beginn an unempfindlich ist, in Kilometern denkt und gar nicht weiß, welche Fülle jeder Millimeter im Trading verbirgt. Du weißt, es gibt viele Leute, die alles wissen möchten, aber nichts lernen wollen. Aber um sich den Traum, vom Trading zu leben, erfüllen zu können, braucht man 1 Prozent Talent und 99 Prozent Schweiß. So ist das. Jeder, der etwas anderes sagt, hat geerbt oder lügt.«

Philip grinste und machte sich an seinem Rechner zu schaffen. Ein Blick auf seine Position im SMI-Future verhieß zwar keinen riesigen Gewinn, dennoch war er zuversichtlich, dass sein letzter Arbeitstag gut ausklingen würde. Sein Stopp lag bei 7.303, der aktuelle Markt eierte nun wieder bei 7.317 rum. Der kürzlich entstandene und von ihm gehandelte Aufwärtstrend auf Tickbasis wollte zwar im Moment nicht so recht an Fahrt gewinnen, aber was nicht ist … Und während Philip gelangweilt auf eine einsetzende Bewegung im SMI-Future wartete und den Stift zwischen den Fingern drehte, machte Hofners Rechner durch ein lautes Piepen auf sich aufmerksam. Hofner wurde am Tageshoch im Bund-Future eingestoppt.

Order Filled Long

FGBL 200@114,13 ID=7461268.

Der Durchbruch durch das Tageshoch bei 114,12 hätte Hofner allein noch nicht zu einem Trade hingerissen. Was ihn faszinierte, war die Tatsache, dass an diesem Hoch auch ein größerer lokaler Hochpunkt des Aufwärtstrends – *ein Punkt 2* – lag. Somit trafen sich an diesem Punkt Marktteilnehmer verschiedenster Couleur. *Klasse!* So etwas brauchte ein Trader. Viele Marktteilnehmer eröffnen Positionen auf unterschiedlichsten Zeiteinheiten, andere werden ausgestoppt und sind teils auch bereit, die Positionen aufgrund des neuen Chartbilds zu drehen. Genau an solchen Punkten kann Bewegung, das Lebenselixier eines Trades, entstehen. Sieben Sekunden später meldete Hofners Computer sich erneut.

Order Filled Sell

FGBL 200@114,17 ID=7468448.

Zufrieden nahm Hofner die Orderausführung zur Kenntnis: 8.000 Euro in sieben Sekunden. Hofner liebte diese Ausbruchs-Trades. Man brauchte viel Geduld, zu viel, würde ein Trading-Anfänger sagen.[7] Vor vielen Jahren hätte Hofner in einem solchen Moment wahrscheinlich die Augen vor Glück geschlossen. Dieser herrliche Augenblick, in dem ein Trade durch einen einzigen Mausklick beendet wurde und all die wunderbaren Zahlen, die durch ihn ausgewiesen wurden, ihm gehörten! Wie ließ sich das beschreiben? Vielleicht so: Das war wie … mehrere Tage gehungert haben und sich dann den Mund mit gebuttertem Toast vollstopfen, wie aufwachen und sich darüber klar werden, dass Wochenende ist, oder wie guter Sex. Nichts anderes hatte mehr Platz im Kopf. Es war das pure, manchmal selbstsüchtige Vergnügen.

Zeitgleich bemerkte Hofner, dass die Währung GBP/USD nach unten durchstartete. Der schnelle Lauf des *Cabel*, so der Slangausdruck der Händler für diesen Wechselkurs, brachte Hofner etwas in Schwierigkeiten, immerhin fast 55 Pips innerhalb von drei Minuten, doch er schaff-

7 Ausführliche praktische Hinweise zum Ausbruchhandel sind in DER HÄNDLER Band 4 nachlesbar.

te es elegant, diese von Aktionismus geprägte Klippe zu umschiffen. Noch vor 25 Jahren hätte er diese Herausforderung willig angenommen und daraus wäre einer jener begeisternden Sinnlos-Trades entstanden, die das Trading des Anfängers so oft ausmachten. Der Markt machte zwar eine rasante Kursbewegung, aber das allein reichte noch lange nicht für einen Trade, denn es musste auch das Chartbild dazu passen. Hofner setzte die Maus kurz ab, deutete eine Verbeugung an, ohne dass dies von den anderen Tradern wahrgenommen wurde, und genoss den spärlichen Beifall seines inneren Egos, welches nicht mehr nur damit beschäftigt war, Geld zu sehen.

»Mittagessen wäre auch nicht schlecht…«, überlegte Hofner, bevor er sich nach dem obligatorischen Betrachten der lokalen Hochs und Tiefs den Verlauf im *Cabel* durch den Kopf gehen ließ. Er ließ die schnelle Bewegung von nunmehr bereits 67 Pips weiterhin still und aktionslos an sich vorbeiziehen. Je schneller ein Markt fiel, umso rasanter wuchsen die Gewinne derer, die *short* waren. Einer von denen würde der Erste sein, der seine aufgelaufenen Gewinne mitnahm, ungeachtet dessen, ob der Markt noch weiter fallen könnte, und so den Markt nach oben ziehen, sofort gefolgt vom Heer derjenigen, die es ihm wie die Lemminge gleichtaten. Resultat: Der Markt stieg wieder an. Ein Verständnis dieses Anstiegs und vor allem der daraus resultierenden Logik würde vielen für teures Geld verkauften goldenen Börsenregeln, allen gut gehüteten Geheimnissen selbsternannter etwaiger Super-Gurus und allen Super-Super-Super-Top-Börsenbriefen mit einem Schlag den Glanz nehmen. Denn während die einen diesen Anstieg als »Holla-der-Markt-dreht« deuteten, verstanden die anderen ihn gemäß seiner wahren Natur als pure, nackte, reine *Korrektur*. Eine Korrektur der vorherigen Bewegungen, ausgelöst durch Gewinnmitnahmen, dankend angenommen von jenen Tradern, die am Tribünenplatz des Handels auf ihre Kür in Richtung Trend warteten.

Idioten-Trades nannte man hier im Büro namentlich die Trades, die auf eine laufende Bewegung hin noch platziert wurden, und ebenso war Idioten-Trades die treffende Formulierung für jene Art von Trades, die in Richtung einer Korrektur eröffnet wurden. Beide Arten sahen generell weder die Börsenhändler hier im Büro noch die in der professionellen Gemeinde gern. Der Trading-Anfänger hingegen liebte sie so sehr, dass er diese Trades, trotz negativer Auswirkungen auf Konto und Psyche, ständig wiederholte und in der Folge den Spruch aller Sprüche hatte: »Immer, wenn ich in den Markt gehe, macht der Markt genau das Gegenteil von mir.« Es ist ein Phänomen, dass der Anfänger gern auf entstandene Bewegung aufspringt. Dabei vergisst er jedoch, sich in die bereits positionierten Marktteilnehmer hineinzudenken, welche durch die entstandene Marktbewegung möglicherweise bereits das gefunden haben, was der Anfänger gerade sucht – den Punktgewinn – , und dass diese Marktteilnehmer nun bereit sind, ihren bereits aufgelaufenen Gewinn zu realisieren, sprich ihre Position zu schließen. Der daraufhin korrigierende Markt wird unter Weh und Ach vom Trading-Anfänger beäugt, die Position kurz drauf mit Minus geschlossen, wobei er auch hier wieder vergisst, sich in die anderen Marktteilnehmer hineinzudenken, welche nämlich ihrerseits den korrigierenden Markt dankend annehmen, sich nun erneut oder erstmalig positionieren und den Markt damit zurück in die Ursprungsrichtung treiben. Dies hat nun zur Folge, dass der Trading-Anfänger sich gleich zweimal ärgert, zum einen darüber, dass der Markt nun doch in die angedachte Richtung läuft, und zum anderen darüber, dass ein Minus realisiert wurde, welches aus seiner Sicht *jetzt* nicht hätte sein müssen, da die ursprüngliche Position nun bereits ein Plus aufgewiesen hätte.

Auf Hofners Bildschirm fiel das GBP/USD noch weitere acht Pips, um in den kommenden zehn Minuten dann langsam wieder um 36 Pips anzusteigen.

»Okay, okay, okay. Hör zu, du Drecksmarkt! …« Philip verschränkte demonstrativ die Arme hinter dem Rücken wie ein Soldat. »Tut mir leid, aber heute ist mein letzter Arbeitstag! Du wirst dich schon nach mir richten müssen!«, sagte er gekünstelt frostig. Es war wie verhext, sein SMI-Trade kam überhaupt nicht in die Gänge.

»O-och … weigert sich die Börse deinen Trade ins Plus laufen zu lassen?«, lachte Hofner von hinten.

»Unfassbar. Ist die Börse nicht auch nur ein Dienstleistungsunternehmen? Was war denn bitte mit ›der Kunde ist König‹?«, stöhnte Philip. »Ich meine, die Börse muss sich ja nicht unbedingt vor Freundlichkeit überschlagen, aber wenigstens mal *ein* positiver Trade am Tag muss einem doch zugestanden werden!«, fluchte er, schnappte sich seinen Stift und ließ ihn zwischen zwei Fingern über dem Schreibtisch baumeln. »ICH. WILL. DASS. DER. MARKT. STEIGT.«

… 7.320; … 7.319; … 7.321

Der Chart blieb einfach stehen, wie festgefroren. »Hallo!«, sprach er zum Spaß den aktuellen Bar direkt an. »Verstehen du denn nicht? *Ich* Trader! Du *scheiß* Candle! *Du steigst! Ich* Plus! Hast du's jetzt kapiert?«

Keine Reaktion.

… 7.320; … 7.320; … 7.321

»Hör zu, ich rühr mich keinen Zentimeter hier weg«, zischte Philip, »bis du nach oben rutschst. Klar?«

Nichts.

Das darf doch nicht wahr sein! Absolut lächerlich!

»Du musst den Markt bestechen!«, empfahl Sander das Spiel mitspielend und steckte die Nase sofort wieder in sein Buch.

Philip wühlte in seiner Hosentasche nach einem 50-Euro-Schein und klatschte ihn auf den Schreibtisch. »Hier ist ein netter Schein als Bestechung! Kann ich jetzt endlich meine Long-Position mit Plus eindecken?«

Null Reaktion.

Philip beäugte den Fünfziger und richtete dann den Blick wieder auf den Chart. – *Nicht zu fassen, was ich hier mache. Ich besteche die Börse.* Er klatschte noch einen zweiten Fünfziger neben seine Tastatur. »Und jetzt?« Ein kleines Zucken ging durch die Time & Sales-Liste des SMI-Futures. Der Markt fiel um drei Punkte. Für Philip und seine 20 Kontrakte hieß das ein Minus von 600 SFR. – WAAAS? *Unglaublich*. Somit war er inklusive Bestechung circa 500 Euro los. *Toller Scheiß*. Die Börse war halt unbestechlich. – *Pfffh*. Pikiert griff Philip nach den beiden Scheinen und ließ sie wieder in der Tasche seiner Jeans verschwinden.

»Danke«, knurrte Philip die letzte Periode an. Scheinbar verstand sie das nun, denn die Dramatik im Chartverlauf der kommenden halben Stunde nahm Philip so gefangen, dass er seinen knurrenden Magen vergaß. Das war nicht ungewöhnlich, jeder Trader kannte die wunderbaren, aber auch seltsamen Kräfte, die der Atmosphäre eines Live-Chartverlaufs eigen waren.

Nachdem Philip einen Trade im DAX-Future beim Durchbruch durch das Tagestief auf Tickbasis und den noch offenen Trade im SMI-Future mit einem kleinen Plus erfolgreich beendet hatte, schnappte er sich seine Jacke. Ein Blick auf die Uhr.

– *Verflixt!*

»Wir kommen zu spät zum Mittagessen!« Philip hatte eigentlich kaum Zeit für eine Mittagspause, aber abgemacht war abgemacht. Philip sprang zur Tür, vorbei an Claudia. Aus den Augenwinkeln erspähte er Hofner und Sander. Die beiden anderen Kollegen aus dem Büro wollten Asiatisch vom Lieferservice, die blieben außen vor. »Los jetzt, hopp!« Claudia und Sander rappelten sich auf.

Hofner sah auf den Tickchart. Wie töricht, zu bedauern und zu beklagen, dass man hier und jetzt oder in vergangener Zeit die Gelegenheit zu diesem oder jenem Trade oder Gewinn ungenutzt gelassen hatte! Was hätte man denn jetzt mehr daran? – Die dürre Mumie einer Erinnerung. Ein Trader verpasste zu viel von dem, was das Trading zu bieten hatte, wenn er nie Trades weglassen konnte und als Außenstehender an den allgemeinen herzhaften Belustigungen im Börsenhandel teilnahm. Hofner stand auf, ohne den Chart noch eines einzigen Blickes zu würdigen, und nahm sein Handy. »Auf geht's.«

*

Als Stammgäste wurden sie bei ihrem Lieblings-Italiener in der Nähe des Büros von Valerio, dem Küchenchef, beim Eintreten lautstark begrüßt. Das Restaurant war zur Mittagszeit nie zu voll, sodass sie sofort Platz fanden und sich dabei auch noch unterhalten konnten. Es war eine gemütliche Pizzeria, mit Bildern von Rom, Mailand und Neapel an den Wänden, in einer Ecke stand ein Regal mit Weinflaschen aus allen Weinregionen Italiens, und die Säulen und Fenster erinnerten an die Villen und Paläste aus der Zeit Cäsars. Valerio behauptete, aus Kalabrien zu stammen und der Ururenkel eines sizilianischen Mafiaoberhaupts zu sein, aber wenn man genau hinhörte, klang sein Akzent eher deutsch als italienisch, und er kochte viel zu gut und lecker, als dass man ihm seine kriminelle Herkunft abnahm. Aber jeder neue Gast verstummte erst einmal, wenn er diese Geschichte hörte, und betonte am Ende noch einmal besonders das leckere Essen und den ausgezeichneten Service, nur um auf Nummer sicher zu gehen.

Philip und Claudia bestellten das Übliche: Fettuccine Mare. Sander war nach Salat, Hofner nach Pizza zumute. Zum Nachtisch wollten alle Valerios Spezialität: das Tiramisu. Sie scherzten und alberten ein bisschen herum, und ehe sie es sich versahen, waren sie in eine angeregte Unterhaltung über alles Mögliche vertieft. Bei der Schilderung von Philips letztem Horror-Trade im Öl lachte Sander Tränen.

»Oh nein!« Philip legte zum Spaß stöhnend das Gesicht in die Hände. Um es kurz zu machen: Philip war vor Tagen short im Öl und jedes Mal zusammengezuckt, wenn sein Stopp fast geholt wurde. Rolf, ein Mitarbeiter aus dem Büro in der ersten Etage, hörte Philip jedes Mal »Ach du liiieber Himmel, ach du liiieber Himmel!« quieken.

Philip kam daraufhin auf den Zufall zu sprechen, dem Feind und Freund aller Trader, den er einst als Anfänger immer habe besiegen wollen. Aus der Nähe betrachtet, warf Hofner dann ein, sehe man hinter jedem Trade die unendliche Feinheit des Kausalgewebes von Chart- und Markttechnik und demnach das Zusammenspiel von Orders, Bewegung und Korrektur. Trete man weit genug zurück, offenbarten sich die großen Muster. Regelwerk und Zufall seien eine Frage der mittleren Entfernung, eine Sache des Abstands. Ob das je ein Trading-Anfänger verstehen werde?

Inzwischen hatte Valerio die großen Teller mit Verbeugung serviert. Der Duft des Essens zog verführerisch in die Nasen der vier am Tisch, sodass sie sich sofort darauf stürzten, und während sie ihr Essen genossen, unterhielten sie sich über alles Mögliche – über den Handel auf dem Chicagoer Parkett, die neue Bar, die demnächst um die Ecke eröffnen würde, und natürlich über Philips bevorstehende Reise.

»Und du glaubst wirklich, dass sich der Aufwand lohnt?«, fragte Claudia schließlich mit großen Augen.

Philip schenkte ihr sein entwaffnendes Lächeln. »Oh ja, davon bin ich überzeugt. Wie gesagt: Stan ein bisschen beim Handel unterstützen wird sich schon lohnen!«

Claudia seufzte ergeben und ignorierte lässig die Flirtversuche eines unscheinbaren jungen Mannes am anderen Ende des Lokals. »Du Glückspilz, ich beneide dich! Ich könnte auch ein paar Wochen Sonne und Strand vertragen.«

»Ja, das wird bestimmt toll.« Philip wischte sich mit einer Serviette den Mund ab und schob seinen Stuhl ein Stück zurück. »Ich werde mir unseren Bambino richtig vornehmen!«

»Und dass du ja John von mir grüßt. Ich geb dir auch noch eine Kleinigkeit mit für seine Frau«, erinnerte Hofner.

Vor rund zwanzig Jahren hatte Hofner John Durham kennengelernt, einen schlanken, gut aussehenden Mann mit gesunder Gesichtsfarbe, damals Anfang vierzig. Sie wurden Freunde fürs Leben, hatten bereits einmal gemeinsam die Welt umsegelt und im Börsenhandel mehr gesehen als die meisten anderen Trader. Beide, Hofner und John, erzählten gern von Schieflagen, aber auch von grandiosen Gewinnen, von überaus höflichen Marktbewegungen, von Tagen, an denen der Chart so klar war, dass man meinte, über einem Bilderbuch zu schweben, und von stürmischen Handelstagen, so heftig, dass man nicht zu beten wagte. Tiefsinn umgab John wie ein feiner Nebel. Er habe zu viel im Börsenhandel gesehen, sagte er. »Du findest kaum mehr Schlaf, die Erinnerungen an deine vergangenen Trades, die Gewinne und Verluste sind zu stark«, warnte er jeden Trading-Anfänger, der nach einem Ein-Tages-Seminar oder auf Messen mit einer Kontoeröffnung in der Hand rumwedelte. Man müsse einen Trading-Anfänger ein halbes Jahr an einem Stuhl vor einem Chart festbinden. Aber traden dürfe er nicht. Wenngleich ... selbst das hin und wieder auch nichts bringen würde: Ein Trading-Anfänger müsse es so verstehen, dass es nichts hilft, sich an den Mast zu binden, denn auch als Davongekommener erhole man sich nicht von der Nähe des Fremden. Eben davon handele das Geheimnis von Odysseus und den Sirenen. Daher meinte er immer, dass die edelste Stütze im Trading die Gabe zur Selbstbeobachtung sei und die Reaktion auf sich selbst.

Sander verputzte die Reste seines Salats, während er mit Philip über einige Highlights von Bangkok fachsimpelte – den Wat Po etwa, einen Tempel aus dem 17. Jahrhundert, somit älter als

Bangkok selbst, oder die faszinierenden königlichen Barken, 51 wundervolle Boote, alle verziert mit atemberaubenden Schnitzereien, Lackierungen und Goldarbeiten. Abends, so Sander, müsse Philip unbedingt über den beliebten Suan-Lum-Nachtmarkt an der Wireless Road schlendern.

In diesem Moment klopfte jemand Philip von hinten auf die Schulter. Er drehte sich um und erblickte am Nachbartisch neben zwei Fremden ein bekanntes Gesicht.

Moment mal. Ist das nicht …?

Philip kannte den Mann. Auf einmal fiel es ihm wie Schuppen von den Augen. – *Himmel!* Er verschluckte sich so, dass ihm beinahe das Wasser aus der Nase schoss.

Das war Ecki! War das die Möglichkeit? Diese dunklen Augen, der Dreitagebart. Die coole Brille fehlte, aber es bestand kein Zweifel: Er war es, hundertprozentig.

»Was machst du denn hier?«, stieß Philip freudig überrascht hervor. Schließlich hatte er Ecki, einen privaten Trader, seit mehreren Monaten nicht mehr gesehen, nachdem dieser das Handelsbüro nach etlichen Wochen des Coachings verlassen hatte.

»Hallo, ihr vier«, erwiderte Ecki und fuhr sich mit der Hand durch die dunklen Haare.

»Ähm. Hi!« Hofner grinste zurück.

»Was macht der Handel?«, fragte Philip die Standardfrage zweier Händler, während er in seinen Nachtisch piekste.

Stille.

»*Börse?* ... Hab ich hinter mir gelassen. War nicht das Richtige.«

»He? Wie jetzt …?«, fragte Philip verwirrt.

Ecki legte den Kopf schief und musterte Philip mit Befremden. »Hab's nicht hinbekommen«, brummte er. »Alles verloren!«

Philips Kinnlade klappte nach unten.

Soll das etwa …? Das darf nicht wahr sein!

Ecki pleite?

»Red kein' Blödsinn!«, platzte es aus Philip heraus. In Philips Kopf herrschte plötzlich gähnende Leere.

Hofner nahm den losen Gesprächsfaden auf: »Übertradet?«

Ecki nickte und zupfte verlegen am Kragen seines beigefarbenen Hemdes. »Kam da in so eine Art *Spirale* rein ...«

– Himmel!

Philip hörte die Anspannung und gezwungene Beiläufigkeit in Eckis Stimme. Doch er ließ sich nicht täuschen; die Worte »… kam in so eine Art Spirale rein …«, gesprochen von einem gestandenen Mann Mitte vierzig, gaben irgendwie Grund zu großer Besorgnis. Sie waren der Code für eine schwierige, hinter sich gelassene Zeit, für den einmaligen Zeitpunkt, an dem ein sorgenfreies Leben geendet und sich eine Verlustserie sondergleichen materialisiert hatte. Des Traders Tod war gekommen, um zu bleiben, er wich nicht mehr von seiner Seite, und all die Schrecken, die folgten, waren vorhersehbare Nachwehen bis zum letzten Atemzug und Trade.

»Ist wohl nicht so gut gelaufen?«, stotterte Philip.

»Nicht gut?«, wiederholte Ecki Philips Frage mit müder Ironie. »Alles verloren. Bin pleite.

Konto hinüber. Familie hinüber. Haus weg. Na ja ... halt das volle Programm.« Man konnte sehen, dass die hervorgekramte Zigarettenschachtel und das umständliche Zigarettenanzünden ihm helfen sollten, seine Gefühle wieder unter Kontrolle zu kriegen.

»Du rauchst?« Philip erinnerte sich, dass Ecki eigentlich immer ein entschiedener Nichtraucher gewesen war.

»Tja, das Rauchen hatte ich damals zur Geburt unserer ersten Tochter aufgegeben, aber nachdem meine Frau vor einigen Monaten mit den Kindern ausgezogen ist ...«, seufzte Ecki, ließ den Rest des Satzes offen im Raum stehen und genoss den warmen, erdigen Geschmack des Tabaks.

Philip war geschockt. – *Geld weg, Frau weg?* Das gefiel ihm nicht. Ganz und gar nicht. Er blickte kurz zu Ecki hinüber. Was er sah, war ein gebrochener Mann mit hängenden Schultern. Und Philip wusste: Es gab nur zwei Sachen auf der Welt, die einen Mann brechen konnten, entweder eine Frauengeschichte oder das Geld. Was, wenn also an diesen ganzen Worten von *Pleite* und *Familie kaputt* etwas Wahres dran war? Philip hatte ein flaues Gefühl in der Magengegend. Und ... okay, Philip wollte ehrlich sein – nicht nur wegen Ecki, sondern weil er sich die Frage stellte: Was bedeutete diese Neuigkeit für ihn? Für ihn als *Trader*?

»Wie meinst du das – übertradet?«, wollte Philip wissen und erhielt als Antwort von Hofner prompt einen Tritt gegen das Schienbein. Sicherlich konnten so ein paar fragende Worte, an der rechten Stelle eingestreut, für einen Trader fruchtbar wie lockere Gartenerde sein, aber zu diesem Zeitpunkt wirkten sie wie ein Häufchen Erde, das einer versehentlich an den Schuhen ins Zimmer getragen hatte.

»Frag besser nicht«, sagte Hofners Blick, als sehe und wisse er etwas, was Philip selbst nicht erkannte. Hofner schaute auf die Uhr und klatschte in die Hände. »Wir müssen los! Der Markt ruft.«

– *Puh.* Verlegene Stille. »Nun komm schon, Ecki, sag etwas«, dachte Philip. Ecki brachte das Stichwort aber sichtlich durcheinander, denn er sog mehrmals schnell und heftig an seiner Zigarette, warf den Stummel dann achtlos in den Aschenbecher und ließ ihn dort einfach verglimmen, ohne ihn auszudrücken. Philip war froh, dass genau in diesem Augenblick die Bedienung an den Tisch kam, um abzukassieren. Er hätte jetzt nämlich nicht mehr weitergewusst.

Als Hofner, Sander und Claudia schon in Richtung Ausgang gingen, sagte Ecki zu Philip, dass er es ihm später mal erkläre, deutete dann auf die beiden Bekannten an seinem Tisch und widmete sich wieder deren Anwesenheit.

Oh, Mann! Philip musterte Ecki aus den Augenwinkeln: Jedem Trading-Anfänger passierte es mal, dass er ein Konto plattmachte. Aber Ecki war kein Anfänger! Er tradete seit drei Jahren, hatte alle möglichen Seminare besucht und war sogar drei Monate so eine Art Praktikant in Philips Handelsbüro gewesen. Das war nun einige Monate her. Man hatte sich dann leider aus den Augen verloren, bis zu der Begegnung heute. – *Was hatte ihn wohl in den Ruin getrieben?* Philip ging die letzten krassen Börsenereignisse durch: Hatte er einen Trade in einer dieser Bankaktien, die in die Bankenkrise verwickelt waren? Hatte er vielleicht eine Schieflage im Öl, das in letzter Zeit so massiv angestiegen war? Oder war er short im Euro gewesen? Philip grübelte, welches Ereignis in der Welt einen Trader ruinieren konnte, wenn dieser sich an eine *vernünftige* Positionsgröße hielt. An sich keines, es sei denn, der Trader haderte mit dem Stopp und dessen Einhaltung. Wie es

Philip auch drehte, er kam nur auf zwei mögliche Begründungen für Eckis Ruin: Entweder waren die Positionen zu groß gewesen oder der *Stopp zu weit* oder *beides zusammen. – Au Mann!* Philip verabschiedete sich von Ecki und zahlte fix die Rechnung.

»Ach du Scheiße ... Was war das denn?«, platzte Philip vor dem Restaurant los. Sander gab ihm einen kräftigen Klaps auf die Schulter. »Pass nur auf, dass dir das nicht passiert!«

He?

»Wieso hast du mich vorhin unterbrochen?«, fragte Philip an Hofner gewandt.

»Na, hör mal, würdest du antworten, wenn mehr als zwei Leute dich gebannt anschauen und du sagen sollst, wieso dir deine Frau weggelaufen ist und du dein Konto geerdet hast?«

»Der Börsenhandel schafft es, dass die Frau wegläuft? Schon krass!«

»Klaro«, prustete Claudia hervor und unterstrich ihre Bemerkung mit einem Pfiff.

Philip überholte sie. »Was meinst du denn damit?«

»Na, manch eine Frau sitzt auf einem sinkenden Schiff, sobald ihr Mann mit dem Börsenscheiß anfängt!«

»... einem *Schiff*?«

»Ja«, sagte Claudia achselzuckend, als sei dies das Klarste in der Frauenwelt.

»Du würdest dich also nie mit einem Trader einlassen?«, hakte Philip nach, nachdem ein knatterndes Mofa an ihnen vorüber war.

»Nicht, wenn er noch aktiv ist«, kicherte sie. »Wenn er nicht mehr traden muss, dann schon ...«

»– Wie jetzt?«

»Ein Kerl ist zu Beginn des Tradings besonders unfähig, einer Frau zu geben, was sie braucht, weil er mit der Fracht vergangener Trades und den Achterbahnfahrten des Kontos so schwer beladen ist. *Okay?* Er ist ein sinkendes Schiff. Er geht unter. Deshalb trennt sich so manche Frau. Springt über Bord, um loszuschwimmen.«

»Wow ... du hast wohl heute morgen noch fix eine Psycho-Vorlesung besucht?«, meinte Philip kopfschüttelnd und blickte skeptisch, während Sander sich vor Lachen den Bauch hielt. Ihm war zu Beginn seiner Karriere tatsächlich mehr als eine Frau davongelaufen, daher wusste er, was Claudia meinte. Erging es doch seiner damaligen Frau einst auch so, dass er abends nach einem misslungenen Trading-Tag lustlos im Essen stocherte und selbst ein Glas 86er Château Mouton-Rothschild ihn nicht aufheitern konnte. Es war ganz klar: Langfristig musste der Börsenhandel so gelebt werden, dass nach einem gescheiterten Trade das Essen abends genauso gut schmeckte wie nach einem immensen Gewinn. »Wenn der Handel sich auf die Geschmacksnerven – in jeglicher Hinsicht – legt, dann läuft was falsch ...«, murmelte Sander vor sich hin.

»Eine Frau merkt«, kicherte Claudia mit erhobenen Armen, »wenn ihr Lover mehr in der Chartwelt als im Hier und Jetzt mit ihr lebt, und sie spürt, dass er beim Untergehen eine mächtige Woge erzeugen wird. Daher wird eine kluge Frau so schnell und kraftvoll wie möglich wegschwimmen.«

»Das ist das Entscheidende«, unterstrich Sander Claudias Worte. »Über uns Tradern schwebt immer ein Todesurteil – ich weiß, es gibt fröhlichere Verlautbarungen. Aber – wie gerade vorhin bei Ecki live zu erleben – dass es bei einem befreundeten Trader beglaubigt, abgestempelt und sogar datiert wird, gibt einem schon ein mulmiges Gefühl.«

Philip nickte stumm, denn Sander hatte den Finger genau auf die wunde Stelle gelegt. Im Restaurant war es Philip vorgekommen, als würde er mit jemandem sprechen, der eine lebensbedrohliche Krankheit hatte – jeder weiß, wie schwierig so etwas ist. Die Leute haben dann die Tendenz, leise zu reden; sie wissen nicht, was sie sagen sollen. Man fürchtet den Kontakt mit Schwerkranken, weil man nicht mit dem Tod konfrontiert werden will.

Die vier überquerten die Straße in Richtung des Parks, vorbei an den beiden kleinen Teichen. Es war so friedlich hier im Park, nichts zu spüren vom Trading-Alltag. Vögel zwitscherten in den Bäumen und Hecken, Enten zogen Spuren über das glatte Wasser der Teiche. Hand in Hand spazierten Liebespaare vorüber, ein paar Mütter schoben ihre Kinderwagen über die Kieswege, sodass es leise unter den Reifen knirschte. Ein paar sonnenhungrige Büroangestellte hatten sich auf der Wiese niedergelassen, ihre Blusen- und Hemdsärmel hochgekrempelt und genossen die Sonnenstrahlen, bevor es wieder an Computerbildschirme, Tastaturen und klingelnde Telefone zurückging.

Hofner blieb ein Stück hinter den anderen zurück, beobachtete die drei, wie sie noch weiter herzhaft über den Einfluss des Tradings auf eine Beziehung debattierten, kramte ein Stück Weißbrot hervor, das er aus dem Restaurant mitgenommen hatte, und brach es in kleine Teile. Als wüssten die Enten, dass Hofner an sie dachte, schnatterten sie ihm schon entgegen. Hofner beobachtete mit Freude, wie die kleinen Viecher gierig und gefräßig um jeden Krümel kämpften. Als alles verteilt war, nahm er seinen Stift und sein kleines Notizbuch aus der Brusttasche und kritzelte im Stehen:

> *Treffen Ecki 12:54 Uhr*
> *… je besser ein Trading-Anfänger die wahrhaft grässliche Natur seiner Trades erfasste, desto mehr erschien ihm das Trading als eine gefräßige Kreatur, die ihre Fänge tief in die Psyche eines Traders schlug. Wie erschreckend zu erkennen, dass er plötzlich nicht mehr die höchste Lebensform war. Er diente nur noch als Gastgeber, war Nahrung für das Verlustmonster. Handlanger für einen perfekt angepassten Feind, dessen verwirrende Gedanken ein schwindelerregendes Minus ergaben; eine Psyche, die einen Blitzkrieg führte und gedankliche Kreuzzüge kämpfte …*

Dieser und andere Notizzettel wanderten regelmäßig in ein großes braunes Heft, dem Hofner den Titel »Das Leben als Händler« gegeben hatte. Jeder erfahrene und nachdenkliche Trader hat so ein Tagebuch. Es handelt eigentlich von nichts und kommt überhaupt nicht voran, denn jeder Tag ist anders. Jeder Tag verschieden. Das Schreiben, sagte Hofner einmal, erscheine ihm als Königsweg, um auch das Flüchtigste im Trading der Gegenwart für die Zukunft festzuhalten.

Dann holte Hofner die anderen wieder ein, und sie betraten einen prächtigen, in der Spätrenaissance angelegten, kopfsteingepflasterten Innenhof. Über von stattlichen Pilastern unterteilten Arkaden erhoben sich zwei Geschosse mit großen Fenstern. Hier befand sich ihr Büro. Es war ein pompöser Bau, dem man von außen gar nicht sein modernes und geschäftiges Innenleben ansah. Früher hatten sich hier blaublütige Generäle und Geheimräte über Wohl und Wehe der abendländischen Welt unterhalten, jetzt herrschten Zahlen und Charts in diesem Gebäude.

Während die Händler sich ihren Monitoren widmeten, spürte Philip, wie sich nach dem kurzen Treffen mit Ecki ein schwarzer Vorhang des Selbstzweifels über ihn senkte. Rasch versuchte er sich abzulenken, indem er seine Aufmerksamkeit dem Chart zuwendete. Trotzdem konnte er seine Gedanken nicht ganz von Ecki losreißen: Er hatte Ecki als intelligenten Menschen in Erinnerung, der nicht viele Worte machte. Dem Treffen nach zu urteilen, hatte er sich nicht sehr verändert. Philip rollte seinen Stuhl zum Tisch und schüttelte immer wieder ungläubig den Kopf, während er den Browser seines Rechners öffnete und fortfuhr, die benötigten Daten für seine Bangkok-Reise zu kopieren und zu sichern.

Dennoch – Philip war in seinem Glauben erschüttert. Nicht in seinem Glauben an Gott, aber – und daran hatte er bisher noch nie gezweifelt – im Glauben daran, dass die Anzahl der Jahre, Trades und Erfahrungen einen Trader vor dem Totalverlust schützte. – *Kann mir das auch passieren*? Seit nun bald mehr als einer Stunde kämpfte er gegen eine Flut von ungeordneten Gedanken und vergaß vor lauter Grübeln fast, dass er vor zehn Minuten erneut eine Position im SMI-Future eröffnet hatte. Er beobachtete schon seit elf Uhr den sauberen Aufwärtstrend im SMI-Future und hatte sich vorhin einfach long in die Korrektur positioniert.

Vier Minuten später stieß der Rechner ein Piepsen aus. – *Herrgott, schon wieder ausgestoppt*. Der Markt rutschte mit einem Schlag unter den letzten lokalen Tiefpunkt. Zwei Punkte tiefer schlummerte auch Philips Stopp-Sell-Order. Philip legte diese nicht genau an die lokalen Punkte, sondern immer kurz darunter beziehungsweise darüber. »Stopp lag aber richtig«, sagte Philip möglichst lässig zu sich selbst. »Und nu?« Zum Spaß verengte er seine Augen zu Schlitzen. »Hör zu«, begann er den Chart anzusprechen, »hör genau zu, du Scheißmarkt. Verarschen kann ich mich allein. Da brauch ich dich nicht dazu. Also, noch mal so ein Rücksetzer, bei dem ich rausfliege, dann ... – *Ja ... was dann* ...?« Philip zog die Augenbrauen hoch und grübelte.

Nachdem er in zwei weiteren Trades im DAX-Future auf Tickbasis und einem im S&P-500-Future auf 10 Minuten beim Durchbruch des Tageshochs erfolgreich mit kleinen Minusbeträgen ausgestoppt wurde, kamen ihm die Gedanken um Ecki wieder in den Sinn. Er schüttelte heftig den Kopf, als könnte er sie damit verscheuchen. Wo kamen sie nur her? Das kurze Gespräch am Mittag konnte sie allenfalls freigesetzt haben; eigentlich waren sie wohl schon länger da gewesen, er hatte sie alle bereits gedacht. Kann man jemandem langfristigen erfolgreichen Börsenhandel beibringen? Ist Börsenhandel überhaupt erlernbar?[8] Philip suchte nach einer Analogie für den Begriff Lernen. Kurz darauf hatte er einen bildlichen Vergleich: Der Übergang zum aufrechten Gang bedeutet für ein Kleinkind einen enormen Gewinn. Hochstemmen, das Stehen mit Hilfe, Entlangtasten an Tischkanten sind Stationen auf dem Weg zum Laufen. Jeder Schritt will erarbeitet, jeder Fortschritt erprobt sein. Kleine Hilfen von Erwachsenen unterstützen dabei. Doch entscheidend ist die eigene Initiative des Kindes. Durch ständiges Üben gewinnt es Sicherheit. Es wird schneller in der Bewegung. Nach einiger Zeit kann es frei stehen. Es folgen die ersten eige-

8 Ausführliche praktische Hinweise hierzu sind in DER HÄNDLER Band 4 und Band 6 nachlesbar.

nen Gehversuche. Die Schritte sind noch kurz und wackelig, es plumpst oft hin. Die Schritte werden regelmäßiger, Geradeauslaufen funktioniert schon, beim Treppensteigen wird ein Fuß benutzt, der andere nachgezogen. Wenn das Kind etwas aufheben will, bückt es sich, anstatt in die Hocke zu gehen. Bedeutet das Gehen endlich keine Anstrengung mehr, geht's richtig los: laufen, rennen, schnell um Kurven flitzen, balancieren, springen, auf einem Bein stehen, klettern, Treppen steigen, Dreirad fahren ... All diese Dinge werden plötzlich mit Begeisterung gemacht. Das Kind erobert sich einen großen Raum und ... testet seine Grenzen aus! Manche Kurve wird noch zu schnell genommen, mancher Baum ist noch zu hoch.

Ist es im Börsenhandel nicht ähnlich?

Kann man das Erlernen des Handelns wirklich mit dem Laufenlernen vergleichen?

Mhm...?!

Philip kam zu keinem Ergebnis und kümmerte sich wieder um die Märkte. Leider ging es nach seinen bisherigen Minustrades keineswegs bergauf. Nach 30 Minuten hatte er auf dem Tickchart des SMI-Futures zwei weitere Fehltrades hinnehmen müssen, und im DAX-Future wurde er auch nochmals ausgestoppt. – Rumms ... wieder 18 Punkte eingezahlt. Sein Gesamtergebnis belief sich nun auf rund 12.500 Euro minus und der noch offene Short-Trade im Euro-FX-Future schien daran auch nichts mehr zu ändern. Nicht dramatisch, aber für den letzten Arbeitstag nicht akzeptabel.

Philip ging der aufkommenden Unruhe und dem Drang, das entstandene Minus der bisherigen Trades hier und jetzt ausgleichen zu wollen, aus dem Weg, so lange er konnte, um sich nicht vom Ausgang eines Trades reizen zu lassen. Aber nicht immer war das möglich, und genau das war die letzte Hürde, die es fur Philip noch zu nehmen galt. Die Frage, wie lange man nun diesen Zustand aushielt, gab Auskunft über den Grad der Reife. Während ein Trading-Anfänger sofort wie besessen und falsch agierte, würde ein fortgeschrittener Händler diesen Zustand schon eine ganze Weile, ein vollendeter Trader aber für alle Ewigkeit aushalten können. Philip kam hier zwar schon sehr, sehr weit, aber war immer noch nicht ganz immun dagegen. Es sind jene Tage und Situationen, die einen Trader ganz dumm im Kopf machen können, sodass er in Sachen Trading nichts mehr vernünftig anpacken kann, weil vor Unruhe seine Hände schwitzen und sein Kopf glüht.

Hatte man dann als fortgeschrittener Trader – der eine eher, der andere später – seinen bisherigen Tradeverläufen doch nachgegeben und begonnen, aus lauter Frust zu traden, so konnte man sich sicher sein, dass einem schon beim ersten Orderklick eine Art Vorpatrouille, welche die eigene Vernunft geschickt hatte, begegnete, die den Trader heimlich auslachte und wie ein Betrüger mit schleichendem Gift den weiteren Weg kreuzte. Dieses Gift schwächte den Trader emotional und veranlasste ihn im weiteren Verlauf gewissenlos und noch dazu rücksichtslos, sich in steter Folge das verwirrende Rein-Raus-Drehen-Rein-Raus-Drehen-Positions-Theater anzutun.

Philip war aber in jener Hinsicht bereits hundertprozentig ausgereift, sodass er sich – auch bei emotional beeinflussten Trades – immer an seine Positionsgröße hielt und sein Konto nicht mehr unverhältnismäßig ausreizte, wie ihm das früher schon mal passiert war. »... kein noch so hoher Profit ist es wert, dass man sein ganzes Vermögen dafür einsetzt«, hatte Hofner einmal gesagt. Das hatte sich Philip hinter die Ohren geschrieben. Wie viele Händler würde es wohl noch geben, wenn diese simple Grundwahrheit beherzigt und angewandt worden wäre?

Der Euro-FX-Future blieb nun auch noch ohne ersichtlichen Grund mitten in der Spanne zwischen 1,5731 und 1,5740 stehen. Fünf Minuten vergingen, dann zehn. Philip konnte sein Pech kaum fassen. Normalerweise sehnte er einen solchen Zwischenfall sogar herbei, nur um eine Entschuldigung dafür zu haben, mal was anderes zu tun, als auf den Schirm zu starren. Aber heute Nachmittag führte er sich auf wie ein gestresster Geschäftsmann mit einem Magengeschwür: Er trommelte mit den Fingern, grabschte nach seiner Wasserflasche, nahm wütend einen Schluck, blickte immer wieder hektisch auf seine Monitore und stöhnte genervt. Als der Zug im Euro-FX-Future sich endlich wieder in Bewegung setzte, sank Philip mit einem dramatischen Schnaufen in seinen Stuhl zurück und musste dann drei Minuten später miterleben, dass auch diese Position, trotz nachgezogener Stopps, mit einem spärlichen Plus ausgestoppt wurde.

Philip wankte auf die Toilette, um ein wenig herunterzukommen. Trotz all der Jahre: Nicht zu fassen, wie schwierig dieser Job war! Dabei hatte er zu Beginn seines Praktikums immer gedacht, es sei alles ein Kinderspiel – man schlürfte ein paar Drinks, lachte, redete mit interessanten Leuten und stellte ein paar Orders in den Markt. Kleinigkeit! Aber leider hatte die Börse keine Lust, gutes Geld an schlechte Trader auszuzahlen. Was soll ein Trader dann tun? Alles hinschmeißen? Ein Teil von Philips Gehirn wusste, dass er heute noch Zeit genug haben würde, um vor Börsenschluss locker wieder auf Null zu kommen. Und ein anderer Teil wusste: Selbst wenn er es heute nicht schaffen sollte, hatte die Börse ja Gott sei Dank auch noch morgen, übermorgen und nächsten Monat geöffnet. – *Mhm ...!* Die Möglichkeit besteht aber trotzdem, es heute noch zu schaffen, dachte sich Philip mit leicht geröteten Augen und angekratztem Ego.

Ich will nicht den Tag mit Minus beenden!

Das Treffen mit Ecki hatte ihn irgendwie in Unruhe versetzt. Und eine solche Unruhe war im Trading Gift für die lebensnotwendige Geduld, denn es folgte dann oft, dass man am Ende einer Bewegung noch aufsprang, ... *hmpf* ..., um daraufhin zuzuschauen, wie die Korrektur ein derart großes Minus aufbaute, dass man nur noch das Handtuch schmeißen konnte. Die Korrektur fraß sich in das Fleisch des Traders unbarmherzig immer tiefer, immer fester, bis er schließlich verblutete. Die letzten Atemzüge gingen einher mit dem letzten Zucken der Korrektur. Dann, kurz bevor der Markt wieder volle Fahrt in Trendrichtung aufnahm, unterschrieb der Trader sein eigenes Todesurteil: Er drehte die Position. Denn der Trader will nur eines: Er will grüne Zahlen sehen. Er will Plus, kein Minus mehr sehen. Einfach nur noch grün. Also raus und in genau die Richtung die Position eröffnen, die ihm diesen unsagbaren Minusbetrag beschert hat. Resultat? Während der erste Trade zwar am Ende einer Bewegung, aber immerhin noch in Trendrichtung eröffnet wurde, stand nun die gedrehte Position dem Trend entgegen.

Das Gefühl, aus dem heraus man die Position gedreht hatte, könnte man als Überraschung, gepaart mit Bedrohungsgefühlen und Verlustangst beschreiben, die in die Befreiungshandlung der Positionsdrehung mündete. Was aber an Gefühlen in einem Trader freigesetzt wurde, wenn die Verluste durch die nun gegen den Trend gedrehte Position noch größer wurden, ließ sich vielleicht so beschreiben: erst Unmut, dann Unglaube, verzweifelte Hoffnung, ohnmächtiger Groll,

Verbitterung und zum Schluss Hass. Hass auf sich selbst. Hass auf den Markt. Hass auf die Kontraktgröße. Hass auf bisher geübte Disziplin. Hass auf den Trade. Hass auf den Börsenhandel. Hass auf alle anderen Börsenhändler. Hass, dass man mit dem ganzen Scheiß überhaupt angefangen hatte. Kurz: tiefer Hass auf die eigene Ungeduld.

»Warum mussten diese Minustrades hier und jetzt ausgerechnet mir passieren?«, fragte sich Philip erneut. Dabei hatte der letzte Arbeitstag so vielversprechend begonnen! Na ja, teilweise zumindest. Okay, okay ..., das Treffen mit Ecki hat einen bitteren Nachgeschmack hinterlassen, aber das war doch mehr als verständlich, oder? Philip erlebte schließlich zum ersten Mal hautnah im Bekanntenkreis, dass jemand trotz vermeintlichen Fachwissens Haus und Hof verlor!

War das scheinbar menschlich, allzu menschlich?

Kann mir das auch passieren?

Philip wusch sich die Hände, spritzte sich kaltes Wasser ins Gesicht und griff sich ein Papierhandtuch. Dennoch: seine Unruhe blieb. Er war im Moment so außer Kontrolle, dass er sich nun doch zu einer Art Kampfansage hinreißen ließ.

– Ausgeschlossen! Jemand wie ich schmeißt nichts hin. Ich werde jetzt da rausgehen und allen zeigen, was am letzten Tag in mir steckt.

Schwungvoll drückte er die Tür auf und stürzte sich mit frisch gestärktem Selbstbewusstsein erneut ins Chartgetümmel. Die Bars und Kurse johlten und kreischten zum durchdringenden Takt der Time-&-Sales-Liste. Philip blickte auf die Uhr: 14:28 Uhr. Er hatte noch ungefähr zwei Stunden Zeit, bevor er losmusste. Zwei Stunden, das müsste reichen, um das Minus rauszuholen, dachte Philip und betrachtete den DAX-Chart. Dreimal war er aus seinen Long-Trades ausgestoppt worden. Dreimal!

Mal sehen, Drecksmarkt. Dann halt eben short!

Hauptsache, ich komme aus den roten Zahlen.

Völlig gefrustet von den Ziffern, die ihn rot anstarrten, ging Philip einfach short, ohne den Chartdetails Beachtung zu schenken. Philip übermannte nun doch komplett der Aktionismus. Er wollte nur eines: das Minus ausgleichen und endlich nach Hause.

14:29 Uhr ...

Order Filled Sell

FDAX 20@6874 ID=7291239.

Philip stand auf, zeigte dem Markt den Mittelfinger und schlenderte zu Claudia ins Büro.

»Morgen um diese Uhrzeit sitze ich im Flieger. Zum Glück«, seufzte er.

»Und während ich mich hier mit den Jungs darum streite, wer zuerst nach Hause geht, liegst du am Strand und lässt dir die Sonne auf den Bauch scheinen.« Claudia seufzte ebenfalls, aber längst nicht so entspannt wie Philip. Sie reichte ihm sein Flugticket. »Dein Leben möchte ich haben. Acht Wochen Bangkok, Neid ...«

»Purer Stress!« Philip wischte sich demonstrativ über die Stirn. »Von wegen Strand. Kein Baden. Kein Sonnen. Keine Frauen ...«

»Ja, ja«, unterbrach ihn Claudia, »nur Arbeit. Nur du und Stan und die anderen Verrückten.«

Zehn Minuten später kehrte Philip zurück, holte sich ein Glas Wasser, versuchte, ein Gefühl der Kontrolle zu gewinnen, indem er in der Küche noch einige Artikel aus dem Börsenmagazin überflog, das Farei so fasziniert hatte, doch das erwies sich als fruchtlos – es machte sogar alles noch viel schlimmer, da er dabei ständig an Ecki denken musste.

Kann mir das auch passieren, dass ich alles plattmache?

Philip schlurfte an seinen Platz zurück. Aber als er jetzt auf den Chart blickte, reduzierte sich das Grinsen zu einem gequälten Lächeln und verschwand schließlich ganz. Etwas schnürte ihm die Kehle zu. Könnte Panik sein.

Was zum Henker …?

Oh mein Gott!

Philips Herz klopfte zum Zerspringen. Er stand vor seinen Bildschirmen und starrte auf den aktuellen Chart des DAX-Futures. Entsetzt schnappte er sich die Maus und überflog im Internet Explorer die Terminübersicht für den heutigen Tag.

Das darf nicht wahr sein!

SCHEISSE!!!

Er surfte durch die anderen Charts, um das haarsträubende Bild genauer in Augenschein zu nehmen. Auf allen Charts prangte der schlimmste Albtraum eines jeden Traders: ein riesiger steigender Bar, pünktlich um 14:30 Uhr.

Scheiße … 14:30 Uhr.

DIE ZAHLEN!!!

Himmel!

Ein gewaltiger grüner Bar, dessen aktueller Kurs immer wieder neue Hochs anzeigte, sodass die ganze Welt sehen konnte: Alle Short-Trader fliegen raus. Alle … Nur nicht Philip. Der sperrte den Mund auf, als wollte er einen Schrei imitieren.

… DAX-Future … 48 Punkte gestiegen

… SMI-Future … 37 Punkte rauf

… Bund-Future … 42 Ticks gefallen

Das ist doch nicht möglich!

Das darf doch echt nicht … Ähm, ich Ars… war … short …

Allerdings bekam Philip, abgesehen von der immer größer werdenden Minusposition, Bedenken ganz anderer Art. – Wo war der Stopp? Hatte er ihn nicht gesetzt, weil er sich später darum kümmern wollte? Philip wusste es nicht mehr. Er wusste es, verflucht noch mal, nicht mehr.

Okay. Ruhig.

Es ist ein ganz normaler Handelstag.

Wird schon gut gehen.

Natürlich wird es das.

Natürlich!

Mit feuerroten Wangen inspizierte Philip jeden Millimeter dieses riesigen Bars im DAX-Future. Seine Hände zitterten, sein Kopf dröhnte.

Panik!

PANIK!!

RIESIGE PANIK!!!

Das war ja der reinste Albtraum.

War das … menschlich, allzu menschlich?

– *Ahhh!* Sah Philip da nicht etwa noch, dass der Markt kurz vor einem riesigen *Punkt* 2 auf dem Tageschart stand? Er kniff die Augen zusammen und drehte den Kopf langsam von rechts nach links, von links nach rechts. – *Tatsächlich! Auch das noch! Nicht zu fassen.* Er schloss gequält die Augen.

In diesem Moment stelzte Hofner an ihm vorbei, der den 14:30-Uhr-Kurssprung schon von Weitem erspäht hatte und sich sogleich mit Geklimper an seine Tastatur stürzte. »Seht euch das an!«, kreischte er begeistert, wohl wissend, dass es sich dennoch nur um eine kleine 14:30-Uhr-Reaktion handelte. Hofner wusste nur allzu gut, dass das Bekanntgeben von wichtigen Wirtschaftszahlen – seien es nun Sitzungsergebnisse von Zentralbanken, Handelsbilanzen oder die allzeit beliebten Veröffentlichungen der *Unemployment Rate,* also der Zahlen zur US-amerikanischen Arbeitslosenquote – beim Trading-Anfänger Faszination, beim erfahrenen Trader pure Gänsehaut verursachten. Denn während die einen von dem unendlichen Marktschub und Hunderten von Ticks binnen Sekunden träumten, wussten die anderen um deren schnellen und vor allem detaillierten Verlauf. War es doch allzu oft so, dass die extreme Kursveränderung erst in die eine, dann binnen Sekunden in die andere Richtung ging, um dann erneut in die ursprüngliche Richtung auszuschlagen. Im Nachgang, je nach betrachteter Zeiteinheit, sah man eine klare, oftmals ach so deutliche Marktbewegung, welche im Detail betrachtet aber ihre Opfer fand. Und diese Opfer starben nicht etwa durch einen sauberen Schuss, nein, sie wurden gequält und vom Markt gegrillt. Binnen Sekunden wurden Positionen gedreht, ausgelöst vom Blick auf den negativen Positionsertrag, welcher nach der Drehung erneut erschien, um dann erneut gedreht zu werden. Binnen Sekunden wurde so auf manchen Grabstein eines Traders der Todeszeitpunkt gemeißelt: VERSTORBEN UM 14:32 UHR.

»*Huiii!*«, quietschte Sander. »Philip, der Euro macht neue Tagestiefs!«

Philip wirbelte herum, skalierte hastig den Chart auf und zu und zog den Kopf ein, sodass seine Schultern beinahe bis über die Ohren reichten. – *Ergeht es mir grade wie Ecki?* Fast bekam er Tränen in die Augen, als er noch einmal seine Positionen betrachtete. Wenigstens sah sie jetzt niemand! Aber früher oder später würde die Sache ans Licht kommen. Spätestens morgen, beim Durchsehen der Abrechnungen. Oder irgendeiner riskierte noch einen Blick auf Philips Rechner.

– *Wetten? Jemand würde seinen Trade erkennen. Man wird mich entlarven. Ich, Philip, werde in die Geschichte eingehen als der Trader mit dem dümmsten Trade!*

»Philip, hör doch mal zu. Schau mal auf den Dow … – Philip, du hörst mir ja gar nicht zu!«, rief Hofner.

»Mhm ... Sieht gut aus. Ich muss mich aber mal um meine Sachen für morgen kümmern. Flugdaten und so ...« Ein schneller Themenwechsel war wohl beim Anblick der Position angesagt.

Schluck.

Name	Position	Traded	P/L Points	P/L	Time	Last Quote	Bid	Ask
FDAX	–20K	6774	–46	–23.000 Euro	14:43:09	6820	6820,0	6821,0

Zwanzigtausend Euro Minus!

Ach du Schande.

Ich hätte es wissen sollen.

Schließlich reden wir hier vom DAX-Future.

Da gibt es kein »schlicht« oder »klein«!

Philip zwang sich zu einem Lächeln. Wo zum Teufel hatte er sich da bloß reinmanövriert? Er wusste, dass er gerade über die letzte Stufe zum erfolgreichen, beständigen Trader gestolpert war: den verzweifelten Versuch, ein Minus auszugleichen. Während der bisherige entstandene Minusbetrag, wenn auch ausgestoppt, dennoch durch saubere Trades entstanden war, hatte ihn bei dem letzten Trade zur Kontorettung blinde Wut getrieben. Was war nur los mit ihm?

War es möglich, dass ihn plötzlich schlichtweg fachliche Unkenntnis überwältigte? Unwahrscheinlich. Nein, vermutlich war er wütend darüber, dass er aus den letzten Trades ausgestoppt worden war, und er zeigte nun dem Markt und der gesamten Börse auf seine aggressive Weise den Stinkefinger. Mein Gott, dachte Philip, am liebsten würde ich den Markt sich selbst überlassen. Einfach gar nichts tun. Aber genau das war die Schwierigkeit, denn die zentrale Frage nach einigen Minustrades in Folge war: Sollte man untergehen oder weiterschwimmen? Klar, es wäre ein Vergnügen, sich zurückzulehnen und die heftigen Attacken seiner eigenen Psyche auszukosten, die auf jeden Trader zukamen.

Ein plötzliches Gefühl von Leere und Einsamkeit waberte Philip entgegen. Er versuchte, es zu ignorieren, doch es hatte ihn schon umhüllt.

Was wäre, wenn ich den Stopp jetzt weit weg setzen würde?

So richtig weit.

Bis dorthin kommt der Markt mit Sicherheit nicht!

Philip schoss es kurzzeitig durch den Kopf, dem Markt jene Zeit zu geben, um in Positionsrichtung zu drehen ... Gottlob hütete er sich davor, das laut auszusprechen. Stattdessen knurrte er den Bildschirm an: »So, du willst doch nicht etwa noch höher ...!?« Gleichzeitig nahm er den Chart mit einem Blick ins Visier, der zur Sorte »Wenn Blicke töten könnten« gehörte. Zu seinem Glück trug Philip seine innere Ritterrüstung. So trat denn der von ihm kurzzeitig gedachte »Ich setze den Stopp gaaanz weit weg und warte auf die Drehung«-Effekt zu seinem Glück nicht ein, sondern er schaffte es innerlich, wenn auch auf etwas wackligen Beinen, weiterhin aufrecht zu seiner Ansicht zu stehen, dass der Markt weiter gegen ihn laufen werde. Obwohl psychisch leicht angeknackst, blickte Philip sogar erstaunlich mutig vorwärts. Als der DAX-Future in den folgenden Minuten mit einer kleinen Korrektur von zehn Punkten nach Süden bog, schloss Philip seine Position, was sich im Nachgang als richtig herausstellte, da der Markt kurz darauf, getrieben durch die Eröffnung des amerikanischen Kassamarktes, richtig nach oben durchstartete.

Philip war beim Anblick des Chartverlaufs heilfroh, dass er nicht – was den Ausgang des Trades betraf – mehr wie ein Anfänger handelte, denn er wusste um den mentalen *Point of no return*. Wie im Trading, so ist dieser Begriff auch in der Luftfahrt gebräuchlich, denn auf einer Startbahn gibt es einen Punkt, hinter dem der Start nicht mehr abgebrochen werden kann, weil die verbleibende Länge nicht mehr ausreicht, um das Flugzeug sicher abzubremsen. Es muss gestartet und gegebenenfalls eine Notlandung versucht werden. Im Trading wird dieser Punkt als ein mentaler Zeitpunkt bezeichnet, ab dem die Entwicklung einer Verlustposition nicht mehr realisiert wird oder ab dem Entscheidungen zur Positionsschließung nicht mehr rational getroffen werden können, da das Minus bereits zu hoch ist.

Philip legte das Trading für ein paar Minuten beiseite. Es wurde Zeit, den Tatsachen ins Auge zu blicken und zu realisieren, was wirklich hier auf seinen Bildschirmen geschah. »Setz dich hin«, Philip, befahl er sich. »Setz dich hin und denk mal kurz in Ruhe nach«. Er schloss die Augen: So zeigte sich also mal wieder die letzte Hürde des Tradings auf der Bühne. Aber was für ein banaler Auftritt – die Vorhänge mit einem Ruck weggerissen vor einer Serie sinnloser Trades … Und wie könnte die Schlussszene aussehen? Höchstwahrscheinlich ebenso banal. Handlung? Eine Serie weiterer Trades mit ständig erhöhter Kontraktanzahl. Als Kostüm ein durchgeschwitztes T-Shirt, blasses Gesicht und zitternde Hände. Kulisse? Derselbe Rechner, an dem er seit Jahren saß, derselbe Stuhl, dasselbe Büro, auf dem Tisch daneben ein Stapel Trading-Tagebücher mit Ideen und Vorschlägen, die ihre Zeit jetzt scheinbar nie mehr bekommen würden. Ein jämmerliches und vor allem enttäuschendes Finale. Bestimmt verdiente das glorreichste Abenteuer seines Lebens – das Trading – doch etwas mehr … mehr … mehr wovon?

Philip kam eine Szene in den Sinn, die er vor Jahren in den ersten Tagen seines Praktikums im Handelsbüro erlebt hatte. Im Park Café, 200 Meter vom Büro entfernt, sah er vormittags gegen 11 Uhr ganz zufällig Hofner sitzen, der in aller Seelenruhe aus dem Fenster schaute und sich ganz offensichtlich über die Leute freute, die da vollgestopft mit Terminen vorbeihasteten. Dass der Markt sich zwischenzeitlich um Hunderte von Punkten nach oben oder auch nach unten hätte bewegen können, schien ihm völlig egal zu sein. »Trader …? Elf Uhr …? Café …? Loser!«, hatte Philip damals gedacht. »Dem war der Markt wohl egal, und dennoch nahm er sich das Recht, sich Trader zu nennen!?«

Philips Reaktion war irgendwo zwischen Spott und Abscheu angesiedelt. Er fragte sich bei diesem Anblick insgeheim, was er hier schon lernen könne. Kaffeetrinken vielleicht? Aber mit den Wochen, Monaten und Jahren des aktiven Handelns änderten sich seine Ansichten. Er dachte jetzt gern an jene Szene zurück und empfand nun so etwas wie höchste Anerkennung, ja sogar Ehrfurcht. Gleichzeitig verspürte er Mitgefühl für all die fortgeschrittenen Trader, die trotz umfangreichen Fachwissens Opfer ihrer eigenen Launen waren, sodass sie zwar selbstbewusst genug waren, um freiwillig an jedem Handelstag teilzunehmen, jedoch nicht die erforderliche psychische Ausstattung hatten, um mit dem Schmerz über die Vergänglichkeit von lieb gewonnenen Gedankengängen und guten Vorsätzen sowie der Flüchtigkeit von Geld fertig zu werden. Philip musste obendrein an die Schachpartien mit seinem Vater denken, bei denen er unweigerlich die gleichen Fehler gemacht hatte: sich zu stark auf den Angriff zu konzentrieren, diesen zu weit voranzutreiben, die eigene Deckung zu vernachlässigen, bis seines Vaters Dame wie der Blitz hinter seine schwache Verteidigung fuhr und Schach bot.

Philip verscheuchte das Bild – allerdings nicht, ohne zuvor dessen warnende Botschaft klar erfasst zu haben: Wenn er dieses letzte kleine Übel vermeiden konnte, dann war er im Trading zur Vollendung gereift. Er öffnete sein Trading-Tagebuch und schrieb in einem Satz den Tag zusammenfassend:

> *... Trading ist zu jedem Zeitpunkt ein entscheidender Moment. Entweder du entscheidest über den Moment oder der Moment entscheidet über dich!*

Er kopierte dann noch einige Dateien für seine Reise, und ehe er sich's versah, war es bereits 17 Uhr. Philip verabschiedete sich schließlich von seinen Kollegen.

»Mach dir keinen Kopf wegen Ecki. Uns oder dich trifft keinerlei Schuld. Wir haben alles Mögliche für ihn getan«, sagte Hofner.

»Alles? Wirklich alles?«

»Ja. Wir haben in den vielen Wochen versucht, ihm Lernen beizubringen. Zu lernen und selbst mitzudenken, das ist die einzige Aufgabe, das Einzige, was zählt.«

»Ich denk' mal drüber nach«, versicherte Philip und klopfte Hofner zum Abschied auf den Arm.

»Bringen wir es auf den Punkt ...« Hofner wandte sich ihm erneut zu: »Der Trader kommt wegen Geld und bleibt wegen der Erkenntnis!«

– *Holla!* Hofners Äußerung erschien Philip unerhört gewagt. Und doch klangen diese Worte aus seinem Mund passend, ungekünstelt. Kein einziger der Trader, kein Broker, kein Börsendienstleister, keine Bank, die er kannte, hätte das mit dieser Deutlichkeit ausgesprochen. In Hofner hatte er eben einen vollkommen ehrlichen und deshalb freien Trader vor sich.

»Ich selber habe meine Pflichten als Trader auf eine einzige zusammengestrichen: die, meine persönliche Freiheit zu wahren. Das Trading mit seinem ganzen Gefolge von Besitzdenken und Endlosigkeit hat die Macht, den Geist zu versklaven. Das soll mir nie passieren. Jeder Trader war mal Sklave. Glaub mir!« Hofner schaute Philip fest in die Augen. »Jeder! Der eine schafft es, sich von den Ketten zu befreien, der andere geht an ihnen zugrunde.«*

Philip nickte und dachte an seinen sinnlosen Trade im DAX. Unterdessen sah Hofner gedankenverloren aus dem Fenster. Angestellte des Nachbarbüros strebten über den Innenhof nach Hause. »Ich wünsche jedem Trader da draußen in der Welt, dass seine Zeit kommt, in der er sich nicht mehr zum freiwilligen Opfertier seiner Schwächen herabwürdigt. Bevor du aber nun gehst, habe ich noch eine Bitte an dich ...« Hofner ging auf seinen Schreibtisch zu, blieb dort stehen und griff in eine der Schubladen. Den schmalen Band, den er daraus hervorzog, drückte er Philip in die Hand. »Gib dies in einem passenden Moment Stan! Unser Bambino kann es gebrauchen. Und jetzt: Adieu, Philip. Und gute Reise.«

Nachdem Philip die Bürotür geschlossen hatte, besah er sich den schmalen Band und las den Titel: Der Kerngedanke der *Technischen Analyse*. Philip steckte das Büchlein in seine Tasche, trat auf den Hof hinaus und schaute zurück nach oben, um einen letzten Blick von Hofner zu erhaschen, der am Fenster stand. Dann eilte er auf die Straße und stieg in das bereits wartende Taxi ...

*

Philip konnte, wie an so manchem verhauenen Trading-Tag, nicht zur Ruhe kommen. Er stand im Wohnzimmer seiner Wohnung und starrte auf seine gepackten Koffer. Alles war fertig für die Reise, er brauchte sich nur noch einmal hinzulegen und dann am nächsten Morgen ins Taxi zu steigen. Doch zusätzlich zum »normal« erhöhten Pulsschlag nach diesem Tag hielt ihn die Aufregung vor der Reise davon ab, den letzten Abend in der Heimat entspannt genießen zu können. Er sehnte sich nach etwas Tröstlichem und trat an seine beiden riesigen Bücherregale heran, die an einer der Wände im Wohnzimmer standen und von A wie Albert Camus bis Z wie Juli Zeh alles enthielten, was er jemals gelesen hatte oder noch lesen wollte. Er hielt seine Nase dicht an die Reihe der in Leder gebundenen Bücher und erfreute sich an dem Zusammenspiel der Gerüche – nein, der Düfte! – von Leder, Papier und Holz. Eifrig studierte er die Titel in den Regalen, fand aber nichts, was für seine aktuelle Situation auch nur im Entferntesten geeignet erschien. Nichts, woraus sich ableiten ließe, wie man bei der Fülle von Fragen, die der Börsenhandel tagtäglich mit sich brachte, seine restlichen Tage als Trader leben könnte oder Sinn in diesem Beruf finden sollte.

Philip schüttelte den Kopf und überlegte einen Moment. – *Wo war denn noch mal ... Ah ja, da steht es ja!* Sein Blick fiel auf die mittlerweile eselsohrige Ausgabe eines Buches von Nietzsche. Dieses Buch kannte Philip gut. Vor einigen Wochen erst hatte er es zwischen langweiligen Handelsphasen während der Arbeit mal wieder angelesen. Ein mutiges Buch, dachte Philip, das mehr als jedes andere Buch lehrt, wie sehr man das Leben ehren und verfeinern muss. – Ja, das könnte das Richtige sein. Der Sinn des Tradings ergibt sich über den Sinn des Lebens, dachte Philip.

Aber zu unruhig, um systematisch zu lesen, blätterte er jetzt nur willkürlich in den Seiten von »Also sprach Zarathustra« und überflog einige Zeilen, die er bei vorherigem Lesen bereits hervorgehoben hatte: »... alles *Es-war* umzuschaffen in ein *So-wollte-ich-es!* – das hieße mir erst Erlösung ...« Philip blickte vom Buch auf und dachte nach: Betrachtete er Nietzsches Worte auf seine Situation umgemünzt, so würde dies bedeuten, dass er sich entscheiden sollte, welche Art von Trading-Stil er für sich am geeignetsten hielt. Dann sollte er diese Erkenntnis gewollt und bewusst umsetzen und natürlich auch die Verantwortung dafür übernehmen, statt von den Ereignissen gelebt zu werden, also nur auf diese zu reagieren. Anders gesagt, er musste sein momentanes Schicksal lieben. Da war sie nun: Philips sich oft selbst gestellte Frage, ob er willens sei, das Trading, das er führte, genauso bis in alle Ewigkeit zu wiederholen. Ein seltsames Gedankenexperiment – dennoch, je mehr er darüber nachdachte, desto mehr Anleitung bot es ihm: Nietzsches Botschaft an ihn als Händler lautete, das Trading so in allen fachlichen und persönlichen Details anzugehen, dass er bereit sei, es auf dieselbe Weise ewig zu wiederholen. Nietzsches »Zarathustra« war ein tolles Buch. Es ermöglichte dem Leser so viele Sichtweisen, dass es von seiner geistigen Verfassung abhing, was er damit anfing.

Philip blätterte weiter und blieb an zwei weiteren Sätzen hängen, die er deutlich hervorgehoben hatte. In einem hieß es, »... man solle sein Leben ausschöpfen ...«, im anderen: »... Stirb zur rechten Zeit ...«. Die Zeilen trafen ins Schwarze. Lebe dein Leben bis zum Äußersten. Lass kein ungelebtes Leben zurück. Philip verglich Nietzsches Worte weiter mit dem Trading und seinem Leben als Trader: Heute las er sie gegenüber den früheren Gelegenheiten in einer ganz anderen geistigen Verfassung. Die Abwesenheit laufender Charts und Kurslisten führte zu einem viel besseren Verständnis des Gelesenen: Auf fast jeder Seite erkannte er nun verblüffende Zusammenhänge, die ihm vorher entgangen waren. Plötzlich verstand er Hofners Worte, in denen er zum einen sehr die Einsamkeit im Trading pries, sie sogar glorifizierte, diese für erforderlich hielt, um große Gedanken und gute Trades hervorzubringen; auf der anderen Seite fühlte er sich dennoch irgendwie teilweise dazu verpflichtet, anderen Tradern dabei zu helfen, sich zu vervollkommnen und an der eigenen Reife teilhaben zu lassen. An der eigenen Reife teilhaben lassen – das traf auf jeden Fall ins Schwarze, aber da waren sie wieder, jene Fragen: Kann man denn Börsenhandel wirklich jemandem beibringen?

– Kann mich dasselbe Schicksal wie Ecki ereilen?

Philip liebte es, Trader zu sein; er liebte es, eine Verbindung mit den Charts zu knüpfen und mit seinen Orders auch dazu beizutragen, dass diese zum Leben erwachten. Vielleicht war seine geistige Arbeit eine Sublimierung für die vielen Verluste, die er in den ersten Jahren gemacht hatte; vielleicht brauchte er den leisen Applaus, die leise Bestätigung und Dankbarkeit. Trotzdem – selbst wenn unklare Motive eine Rolle spielen sollten, war er dankbar für seine Arbeit.

Philip dachte an die bevorstehende Reise und daran, dass er die Aufgabe hatte, innerhalb weniger Wochen das Thema des markttechnischen Handelns aufbauend auf sein bisheriges Wissen umfänglich darzulegen und Stan an die Hand zu nehmen. Er musste an sein eigenes Praktikum denken: Wie schwer oder leicht mochte es wohl für Hofner und Sander gewesen sein, ihm aktiven Börsenhandel beizubringen? Wer konnte den Erfolg bei einem solchen Lehrstoff wie dem Börsenhandel garantieren? Nun, er selbst war ein Beispiel dafür, dass es funktionierte. Sogar sein Schnitzer heute Nachmittag hatte gezeigt, dass er ein guter Händler war, da er gelernt hatte, auf sich selbst zu reagieren. In ihm kamen die Bilder und Worte von Ecki erneut hoch.

War dieses Treffen ein Zufall gewesen?

»Willst du einen Beweis dafür, dass Trading nicht beigebracht werden kann?«, fragte Philip sich. – Ecki war scheinbar einer. Ein klassischer, grandioser Misserfolg. Er entsann sich, wie sehr Ecki in den unzähligen Gesprächen mit Hofner oder Sander deren Aussagen über die psychologischen Aspekte im Trading missfallen hatten:

»Ihr mit euren Ansichten zur Psyche eines Händler ... alles Quatsch ..., alles was ich brauche, sind vernünftige Signale, dann gibt es nur Plustrades, und eure Psychokiste könnt ihr euch wer weiß wohin stecken ...«, waren immer Eckis spaßige Worte gewesen. Ihm kam anscheinend während des Tradings nie der Gedanke, in sich hineinzuschauen; stattdessen glitt er lieber auf der Oberfläche des Charts dahin und widmete seine Energie der Ausschweifung seiner von Aktionismus und Rechthaberei geprägten Trades. Dank seines dicken Kontos hatte er keinen Mangel an Pulver, das er verschießen konnte.

Philip trat an die andere, mit Sideboards zugestellte Wohnzimmerwand und öffnete die oberste Schublade des Schrankes. Hier bewahrte er die Aufzeichnungen auf, die er seit langer Zeit führte. Sein Blick fiel auf seine Trading-Tagebücher. Es waren mittlerweile elf Bände. Manchmal, wenn er einen brillanten oder auch total idiotischen Trade hatte, schrieben sich die Seiten wie von selbst voll. Auch am heutigen Tag werden wohl wieder viele Zeilen hinzukommen, überlegte Philip.

Wenn man einen erfahrenen Trader nach frühen Erinnerungen fragte, bekam man etwas in der Art zur Antwort, dass es so etwas nicht gebe. Erinnerungen seien, anders als Kupferstiche oder E-Mails, undatiert. Man finde Dinge in seinem Gedächtnis vor, welche man manchmal nur durch konzentrierte Überlegung in die richtige Reihenfolge bringen könne. Daher machten sich Philip und alle Kollegen, die er kannte, Notizen oder führten Tagebücher. Manchmal waren es einfach ein paar Zeilen auf einem losen Papier, der Rückseite eines Kalenderblatts oder einer Serviette. Philip grinste, als er an die bescheidenen Anfänge seines mittlerweile beachtlichen, machtvollen Werkes zurückdachte.

Endlich, da waren sie ja, die Zeilen zu Ecki: mehrere Seminare, ein Vierteljahr betreutes Handeln im Büro neben Hofner und Sander, viel Zuhören und Unterstützung und Anteilnahme, viele Interpretationen – und doch scheinbar alles ohne einen Hauch von Fortschritt. – Erstaunlich! Philip nahm das Tagebuch, dessen Schriftbild schon von großer Anspannung zeugte – eine unruhige Handschrift, viele Wörter abgekürzt oder mehrfach unterstrichen, sodass vieles kaum zu lesen war. Die Unterschrift eines Arztes war nichts dagegen. Während er versuchte, seine Notizen zu entziffern, ging er im Raum auf und ab wie Hamlet:

Liegt es an der Komplexität des Börsenhandels, dass ein und derselbe Lehrer bei unterschiedlichen Schülern unterschiedliche Ergebnisse bewirkt?

Vielleicht sind Hofner und Sander doch nicht die idealen Lehrer, für die ich sie immer gehalten habe?

Oh, mein Gott! Dann steht mir Eckis Schicksal also noch bevor?

»Zieh keine voreiligen Schlüsse«, sagte er sich laut. Warum hätte Ecki sonst so viele Wochen jeden Morgen ins Büro kommen sollen, wenn er nichts davon gehabt hätte? Warum hätte er all das Geld für das Coaching zum Fenster rauswerfen sollen? Vielleicht hatten die vielen Gespräche und Trading-Tage Ecki ja doch verändert. Vielleicht war er ein Spätzünder – einer jener Menschen, die Zeit brauchten, um die Nahrung zu verdauen, die ein anderer ihnen verabreichte, einer von denen, die sich einige der Leckerbissen des Gegenübers aufbewahrten, sie mit nach Hause nahmen wie einen Knochen, an dem sie später ganz allein herumnagten.

Mhm … Aber trotzdem – jetzt war er pleite!

Egal wie, seit dem zufälligen Treffen heute Mittag ging Philip Ecki nicht mehr aus dem Kopf. Der Misserfolg Eckis hatte sich in ihm eingenistet und Wurzeln geschlagen und wurde plötzlich zu einem Symbol für die eigene Angst und zu einem Symbol, das all seine Fragen über die Erlernbarkeit des Tradings verkörperte. Der Fall Ecki hatte für Philip etwas Besonderes. Philip suchte in seinem Tagebuch nach der Eintragung, die er nach dem ersten gemeinsamen Tag mit Ecki geschrieben hatte, und las:

> *... Ecki: anscheinend intelligent, beruflich gut aufgestellt und erfolgreich, hat sich mit einem Batzen Geld ein Coaching bei Hofner und Sander gekauft. Philip las weiter: Ecki beschreibt sein bisheriges Trading mit »Ich werde gegen meinen Willen von optischen Impulsen des Charts gesteuert.«*

Philip blätterte weiter und entzifferte einen Eintrag, den er einige Tage später zu Ecki gemacht hatte:

> *E. kommt morgens schon unter Spannung ins Büro. Fährt als Erstes seinen Rechner hoch und stürzt sich sofort in den ersten Trade des Tages. Klappert sofort weitere Märkte ab und tradet drauflos, was die Bildschirme hergeben. Scheint das Ganze als Abenteuer zu betrachten. Ist auf jeden Fall sehr ungeduldig!*

Philip starrte angestrengt auf weitere Passagen. Da er jedoch kaum mehr als vereinzelte Wörter zu entziffern vermochte, blätterte er weiter, und ihm fiel eine weitere Stelle auf:

> *... Scheint zur Gewohnheit zu werden! E. hat heute schon wieder fast all seine Trades so kommentiert: »Ich habe nie Glück! Ich hab's gewusst, dass ich den Trade nicht hätte machen sollen.« Und als er den Rechner heute Abend runterfuhr, kam schon wieder der Satz: »Gott sei Dank, jetzt kann ich mich endlich meiner Familie widmen, ein Buch lesen und anschließend schlafen, was ich eigentlich sowieso tun wollte.«*

Philip hatte diesen letzten Halbsatz sogar mehrfach unterstrichen. Dieser Satz, dieses Paradoxon – » ... was ich eigentlich sowieso tun wollte.« – hatte Ecki, so erinnerte sich Philip, die ganze Zeit verfolgt. Das war auch genau der Grund dafür, dass Ecki fast verrückt wurde. »Darauf konzentrierten sich seine ganzen Gedanken«, dachte Philip laut. »Wenn es das war, was er wollte – Familie, seinen Hobbys nachgehen, lesen und danach schön schlafen ... bitte, warum konnte er das dann nicht einfach tun? Warum schaffte Ecki es nicht, dass der Handel nur Mittel zum Zweck war, nicht der Zweck selbst?«

– Kann mir das auch passieren?

Philip schloss das Tagebuch, klemmte aber seinen Finger zwischen die zuletzt gelesenen Seiten. Dann knipste er den Fernseher ein, schaltete den Ton leise und machte es sich auf dem Sofa bequem. Er öffnete das Tagebuch wieder und las den letzten Satz noch einmal: »Wenn es das ist, was ich will ... warum tue ich es nicht?«, sprach er leise vor sich hin. Dann hatte er einen Einfall: »Die Wollust, der Rausch im Akt des Chart-Orakelns.« – *Das könnte es sein*! Das könnte das wahre Wesen, der echte Kern des Antriebs und Verlangens vieler Trader sein. Das Ziel und der Zweck des ersten Daseins als Trading-Anfänger.

Philip erinnerte sich an seine eigenen ersten Wochen und Monate. Er hatte Spaß am Traden, verband jedoch damit kein konkretes Ziel, abgesehen von der gängigen, gleichwohl im höchsten Maße unkonkreten Vision immensen Reichtums, vom Zweck ganz zu schweigen. Ein darauf aufbauender Gedanke kam ihm: *Wollust im Akt des Chart-Orakelns* findet zu Beginn des Tradings statt. Und am Ende, im Status als Fortgeschrittener. Zwischendrin erlebt man als Trader eine Art *doppelte*

Verzweiflung, das heißt, man ist verzweifelt, unterliegt aber einer derartigen Selbsttäuschung, dass man das nicht einmal weiß! Philip erinnerte sich daran, dass sein eigenes Leiden überwiegend daher rührte, dass er vom Verlangen getrieben wurde, den ursprünglichen Kontostand wiederherzustellen. Sobald er einen Trade gemacht hatte, genoss er einen Moment der Sättigung, der sich aber bald in Langeweile verwandelte, welche von einem erneuten Verlangen, das Konto weiter aufzubauen, durchbrochen wurde. Hofner meinte damals, dies sei der universelle Zustand so manchen Trading-Anfängers – Wollen, vorübergehende Befriedigung, Langeweile, weiteres Wollen.[9]

Zurück bei Ecki fragte sich Philip, ob dieser den Zyklus des endlosen Verlangens in sich bereits erforscht hatte. – War das vielleicht die Ursache für sein Scheitern? Verhinderte vielleicht die starke Bezugnahme auf den Kontoverlauf, dass sich ein Trader genügend mit dem eigenen Ich vertraut machte? Wurde die Arbeit am Ich des Traders durch die Fixierung auf den Ausgang des einzelnen Trades behindert? Oder war es die Wunschvorstellung in Sachen Trading, die einen daran hinderte, zu erkennen, wie scheiße verkorkst man eigentlich handelte? Wofür würde einem denn ein erfahrener Trader mehr Beifall spenden? Für die fixe Idee, schnell ein dickes fettes Konto aufzubauen, oder dafür dass man sich weigerte, sein Handeln von dem Verlauf des letzten Trades definieren zu lassen?

– Mhm …

Philip fröstelte es, als er das Tagebuch beiseitelegte. Ohne sich dessen bewusst zu sein, spielten seine beiden Hände nun mit der Fernbedienung. Auch dass der Fernseher lief, entzog sich seiner Wahrnehmung. In irgendeiner Spielshow stritten sich Paare darüber, wer die meiste Ahnung im Haushalt hatte und besser kochen und putzen, Slalom um Spielsachen im Flur laufen und die Kinder versorgen konnte, aber Philip sah nicht zu. Stattdessen fragte er sich, warum er das Bild Eckis mit solch unheimlicher Deutlichkeit heraufbeschwören konnte. »… warum kann ich nicht das tun, was ich eigentlich tun will?« Diese Frage hatte sich Philip selbst auch schon gestellt. Er erinnerte sich an eine Aussage Sanders, dass der Börsenhandel ein spannendes Beispiel für Willenslähmung sei.

Philip ließ die ganze Sache um Ecki nun keine Ruhe mehr. Energisch klappte er das Tagebuch zu. Nachdem er es an seinen Platz zurückgelegt hatte, stellte er sich ans Fenster. Vor dem Haus fuhr gerade ein Transporter vorbei. Gedankenverloren verfolgte er dessen Weg mit den Augen, dachte dabei aber weiter über Eckis Worte und Sanders Aussage nach. Nach ein paar Minuten wurde immer deutlicher: Er musste mit Ecki reden! Philip musste herausbekommen, warum ihn das Trading ruinierte und ob ihm das auch passieren konnte. Er musste sich hier und jetzt Gewissheit verschaffen – und sei es nur durch ein kurzes Telefonat.

Scheiße, das kannst du nicht tun! Das sieht nach Sensationshascherei aus.

Philip wog das Für und Wider ab. Das Bedürfnis, die Last der Fragen rund um Eckis Scheitern abzuschütteln und stattdessen Klarheit zu erlangen, ließ seinen vorhandenen Widerstand gegen ein Telefonat jedoch ins Wanken geraten. Langsam kristallisierte sich in ihm ein Plan heraus, der zwei Zwecke erfüllen würde: Seine innere Stimme wäre zufrieden und das Dilemma hinsichtlich der Frage nach einem eigenen möglichen Versagen könnte eventuell gelöst werden.

---

9 Ausführliche praktische Hinweise hierzu sind in DER HÄNDLER Band 5 nachzulesen.

In einer der vielen Excel-Tabellen seines Laptops fand er die frühere Handynummer Eckis und wählte diese in der Hoffnung auf die Aktualität der Liste. Üblicherweise hielt Philip sich in Gesprächen um das Trading selten zurück. Das war eine seiner Stärken – die Leute wussten, dass er offen und ehrlich war. Doch für dieses Telefonat erlegte er sich Zurückhaltung auf. Dass Ecki pleite war, war schlimm genug, und Philip wollte auf keinen Fall Salz in die Wunde streuen, indem er Ecki im Nachhinein Ratschläge erteilte. Was er mit diesem Anruf bezweckte, war schließlich, Eckis aufrichtige Version ihrer damaligen gemeinsamen Arbeit zu erhalten, und je weniger Philip über seine eigene momentane seelische Verfassung sagte, desto besser.

Tatsächlich – Ecki ging nach kurzem Läuten dran. Ein paar Worte Smalltalk, dann kam Philip gleich auf den Punkt: »Super zunächst, dass du so nett bist, dir ein wenig Zeit für mich zu nehmen. Ich möchte gern Folgendes: deine Ansicht über die ehemalige gemeinsame Arbeit hören – wo sie dir geholfen hat und wo nicht.«

Falls Ecki von dieser Bitte überrascht war, ließ er sich nichts anmerken. Philip hörte das Atmen am anderen Ende der Leitung, dann begann Ecki: »Unter meinem Geld ist das Massensterben ausgebrochen wie die Pest. Eine Welt brach für mich zusammen. All mein schönes Geld, die Familie und mein Haus, weg! Zerscheppert an der Börse. Ich dachte, ich träume nur und wache gleich auf, und alles ist wieder schön und kuschelig. Kann doch nicht alles weg sein. Kann sich doch nicht in Luft auflösen. Doch, es kann, es kann, *ES KANN!!!* Mein Leben hat in den letzten Monaten eine so scheiß dramatische Wendung genommen, dass ich eigentlich das Gefühl habe, es fängt eben erst an. Alles in allem muss ich daher sagen, dass all die Seminare, ebenso das Praktikum bei euch, ein kompletter Misserfolg waren.«

Autsch.

»Inwiefern?«, versuchte Philip sein Erstaunen über Eckis Antwort zu kaschieren.

»Nun ja, ich bin pleite. Daher kann man das ja wohl nicht als Erfolg bewerten.«

»Da siehst du einen kausalen Zusammenhang? Ich meine, du warst da, um zu lernen. Um zu üben!«

»Ich glaube, ich habe meine Aufgabe als Lernender erfüllt. Soweit ich mich entsinne, war ich äußerst kooperativ, kam regelmäßig, bezahlte meine Rechnungen, lernte eure Überlegungen und war den ganzen Tag dem Markt nahe. – Stimmt doch, oder?«

»Dass du den ganzen Tag dem Markt nahe warst? Absolut! Ich würde sogar weiter gehen: Ich würde sagen, du warst ein sehr ausdauernder Trader, was die Stunden vor dem Rechner betraf.«

Philip konnte es fast vor sich sehen, wie Ecki am anderen Ende der Leitung zur Decke schaute und nickte. »Ja, soweit ich mich entsinnen kann, war ich ungefähr drei Monate bei euch. Das sind eine Menge Stunden. Rund 50.000 Euro.«

Philip hätte ihn beinahe unterbrochen. Das Geld war ein Tropfen auf den heißen Stein. Ein Trader sollte immer so viel für Bildung ausgeben, wie er von dem vermittelten Fachwissen zu profitieren gedachte, aber auch nicht mehr. Philip wies üblicherweise dann darauf hin, dass das Wissen, das in einem Seminar, durch ein Buch oder Ähnliches vermittelt wurde, im ganzen restlichen Leben als Trader auf ewig eine Rolle spielen würde und dass man daher kaum erwarten konnte, dieses umsonst zu bekommen. Doch Ecki war gerade weder Seminarteilnehmer noch

Praktikant, und Philip telefonierte nicht, um Ecki zu belehren, sondern um zuzuhören. Deshalb biss er sich wortlos auf die Lippen.

Ecki sprach weiter. »Als ich bei euch anfing, war ich am Wendepunkt meiner Existenz angelangt. Ich war beruflich zwar sehr erfolgreich, aber gelangweilt von meiner Karriere, gelangweilt von meinem Leben. Gelangweilt von allem außer dem Auf und Ab der Börse und dem Versuch der Erahnung des zukünftigen Kursverlaufs. Aber der Grund dafür, dass ich zu euch kam, war, dass ich irgendwie doch noch keinerlei Ahnung vom echten Handel hatte!«

Philip nickte, auch wenn Ecki es nicht sehen konnte.

»Ich hatte ja schon getradet, bevor ich zu euch kam. Aber eben ohne jedes tiefgründige Fachwissen. Und zum anderen hatte ich mich nicht unter Kontrolle. Alles, worauf ich aus war, war Traden. – *Scheiße*! Ich war besessen davon. Ich war in den Vorhersagen von Charts unersättlich. Es schüttelt mich, wenn ich daran denke, wie ich damals war, und an das Leben, das ich führte. Ich versuchte, so viele Trades wie möglich durchzuführen. Aber nach der Beendigung eines Trades hatte ich nur für kurze Zeit Ruhe, bald überwältigte mein Verlangen mich wieder. Börse, Börse, Börse … Es war wie eine Sucht.«

Philip unterdrückte ein Lächeln, denn dies konnte er nur allzu gut nachvollziehen.

»Nur in dieser kurzen Zeit abends nach Börsenschluss oder am Wochenende, wenn die Charts ruhten«, fuhr Ecki fort, »konnte ich richtig leben, in Harmonie mit mir. Da konnte ich mich meiner Familie widmen oder meinen Hobbys nachgehen.«

– Ha, da sind sie wieder, die Worte aus dem Tagebuch!

Ecki hielt kurz inne, bevor er weitersprach: »Tja, und nun bin ich pleite. Mein schönes Trading Konto hatte sich atomisiert und in seine Bestandteile aufgelöst. Alles, was ich dann erneut auf meinem Konto einzahlte, ging auch in die ewigen Jagdgründe. Ich kann gar nicht so traurig sein, wie ich mich fühle. Alles verzockt. Alle Ersparnisse in nichts aufgelöst. Familie kaputt und psychisch bin ich voll am Ende. Ich erinnere mich, dass ich von euren Ausführungen zum Handel und euren Erfahrungen sehr gefesselt war. Das Aufsaugen von Fachwissen wurde zu einem weiteren Zwang, aber leider ersetzte es meine Zwanghaftigkeit im Trading nicht, sondern existierte bloß parallel zu ihr. Ich weiß noch, dass ich jeden Morgen dem Börsenbeginn mit großen Erwartungen entgegensah, und trotzdem endete fast jeder Tag in der Regel mit Enttäuschungen.«

»Ich glaube, dass dein Zwang zum permanenten Traden vom stetigen Fall des Kontostands her zu begreifen war.«

»Ja, zu dem Schluss bin ich jetzt, wo aufgrund der erzwungenen Abstinenz genügend Abstand vorliegt, auch gekommen.«

»Wir wollten während deiner Zeit bei uns nur eines: Dass du dein ständiges Scheitern und deine Verzweiflung ergründest, verstehst und damit umzugehen lernst.«

»Aber offensichtlich habt ihr es nicht hinbekommen!«

»Moment«, unterbrach Philip. »Dir schien ja jede unserer Lösungen verdächtig!«

Stille.

»Ja, so könnte man es auch sagen!«

So könnte man es auch sagen? – Philip wusste es und Ecki, so war anzunehmen, doch eigentlich auch: dass Ecki aus keinem Regelwerk richtig gefolgert und keinen seiner Trades gut begründet durchgeführt hatte. Und, was noch schlimmer war, kein einziger der Tage hatte, trotz Zunahme an Fachwissen, die leiseste Auswirkung auf Eckis Trades der darauffolgenden Tage gehabt.

»Tja, ich musste schmerzhaft lernen, dass die Börse ein Profi ist. Sie weiß, wie sie dich packen und filetieren kann. Jeder Trader hat eine wunde Stelle. Die sucht sie, und dann würgt sie dich so lange, bis du da bist, wo sie dich haben will, am Boden«, gab Ecki zu. »Börsenhandel wurde wie zu einer Sucht, wie bei einem Spieler, und das wusste ich. Und ich glaubte, dass ich sie nur durch abrupte Disziplin oder gänzlichen Entzug wieder loswerden könnte.«

Philip schluckte und grübelte, wo seine wunde Stelle sei. »Aber dann musste dir auch irgendwann klar werden, dass nicht wir daran schuld waren, wenn du das Vertrauen in dich und deine Arbeit verloren hast«, bemerkte Philip. Ein leichtes Brummeln wollte ihm als Antwort hierzu nicht genügen, sodass er nachhakte: »Ich erinnere mich, dass Hofner sehr viel Zeit darauf verwendet hat, dich dazu zu animieren, deine Trades zu erkunden. Du hast es aber nie getan. Das hat mir, ehrlich gesagt, nicht eingeleuchtet. Damals nicht und auch heute nicht.«

»Was denkst du, warum das so war?«, fragte Ecki mit einem bitteren Lachen. »Aber ehrlich!«

Philip hielt kurz inne, ging zum Fenster und schaute in die untergehende Sonne. »Im Lauf der Zeit wurde es sehr anstrengend für uns, dass du bei uns warst. Täglich wiederkehrend und ohne jeglichen Anflug von Verbesserung deine sinnlosen, weil unbegründeten Trades zu sehen und gleichzeitig deinen ständigen Wunsch nach neuen, anderen Regelwerken und Signalen zu vernehmen. Aus deiner Sicht war es doch bestimmt auch quälend, oder?« Philip machte eine Pause, überlegte kurz und fuhr dann fort: »Was sollten wir dir noch weiter beibringen, als dass du selbstständig anfängst, deine Trades zu ergründen. Aber du hast die Ausschau nach neuen Chartanalysen vorgezogen. Aber egal, was an Wissen neu hinzukam, dies hat den wahren Grund deiner Trades nicht verändert. Der ist geblieben, was er tatsächlich war: *der erbarmungslose Drang, das verlorene Geld zurückzubekommen*. Entschuldige, Ecki! Du wolltest eine ehrliche Antwort – das war sie!«

Ecki war wie betäubt. Die Stimme eines anderen antwortete für ihn: »Okay, das war wirklich sehr offen. Danke!« Ecki schluckte, und Philip hörte, dass er sich eine Zigarette anzündete. »Ich war während des Tradings eigentlich immer unglücklich«, gestand Ecki schließlich. »Ich wurde immer mehr von reinen Zwängen getrieben. Nachdem ich die Zeit bei euch nicht mehr für sinnvoll hielt, probierte ich weitere Seminare und Trader-Coaches, Signale und Bücher aus. Ich wollte die Gedanken der klügsten Trader absorbieren, die die Börse hervorgebracht hat.«

»Und keiner konnte dir helfen?«, fragte Philip zwar voll Mitleid, aber eher rein rhetorisch, denn er wusste, dass Hilfe von außen in diesem Fall nicht von Nutzen sein konnte.

»Nein. Ein Misserfolg. Zeitraubend und teuer.«

»Alle anderen Systeme, Ideen und Ansätze haben es auch nicht geschafft, deine Zwänge und deine Sucht zu beseitigen oder gar zu erklären? Nichts milderte deine Besessenheit?«, fragte Philip, die Antwort bereits kennend.

»Genau.«

Philip erinnerte sich an seine eigenen Anfänge: »Achte darauf, dass du nicht anfängst, den Wechsel von Ansätzen, Seminaren und die Suche nach externen Signalen nur dazu zu benutzen, einer echten Analyse deiner selbst aus dem Weg zu gehen«, hatte damals Sander ihm immer mit auf den Weg gegeben.

»Jetzt, im Nachhinein betrachtet …«, Ecki stockte erneut kurz, »… ja! Aber vielleicht wäre es an der Zeit für eine kleine Relativierung. Es stimmt nicht ganz, dass ich gar nichts von euch bekommen habe. Hofner hat zwei Äußerungen gemacht, die sich in mir festgesetzt haben und die womöglich einen wesentlichen Teil zu meinem heutigen Erkenntnisstand beitrugen.«

»Und welche waren das?«

»Na ja, die erste hört sich nach nichts Besonderem an, aber sie tat ihre Wirkung. Ich hatte Hofner von einem meiner typischen Trades erzählt – du weißt schon, irgendwo in den Markt hüpfen und dann beten, dass man Recht hat. Ich erinnere mich, dass ich ihn um seine Meinung dazu gebeten habe und wissen wollte, ob er das Ganze fachlich oder klug fände.«

»Und? Was hat er dir geantwortet?«

»Er sagte, er fände es weder fachlich noch klug, sondern mittlerweile nur öde. Der Gedanke, als Trader ein ödes Leben zu führen, versetzte mir einen Schock.«

»Man will nicht gern von Zuständen hören, gegen die man was tun muss.« Philip sprach aus eigener Erfahrung.

»Nun, Hofner schlug vor, ich sollte mir den Satz: ›Handelte ohne Sinn und vor allem ohne Verstand‹ auf meinen Grabstein meißeln lassen. Und fügte dann noch hinzu, diese Inschrift könnte man ohne Weiteres auch für meinen Goldfisch nehmen – ich könnte den gleichen Stein also für mich und für meinen Goldfisch verwenden.«

»Ziemlich hart. War er wirklich so direkt?«

»Ja, aber ob direkt oder nicht, wichtig waren Effektivität und Wirkungsdauer von Hofners Äußerung. Ich habe sie heut noch im Ohr, aber leider erst zu spät verstanden.«

»Nun ja, Hofner sieht im Trading schon immer eher die Berufung als den Beruf, eine Beschäftigung für Menschen, die gern geistig arbeiten. Bei dir erkannte er nicht genügend jene eigene Fürsorglichkeit. Ein guter Trader will sein eigenes Leiden lindern, will sich selbst dabei helfen, zu wachsen.«

Eine kurze Pause entstand, bevor Ecki Philip von seinen Wochen auf dem Land erzählte. Nachdem er sein Konto plattgemacht hatte und dann auch noch seine Frau mit den Kindern auszog, brauchte er Abstand, Abstand zu allem.

»Das war bestimmt nicht uninteressant, mal in sich reinzuhorchen?«

»Ich habe das Gefühl, dabei auf etwas Wichtiges gestoßen zu sein …« Ecki machte eine lange Pause, während der er nach den passenden Worten suchte. So wie an Sterbenden das Leben noch einmal vorbeizog, schossen ihm innerhalb weniger Sekunden nochmals die Erinnerungen an die Zeit auf dem Lande durch den Kopf: an die Gedanken und Gefühle, die er dort zu den vielen Hundert, vielleicht sogar etlichen Tausend Trades gehabt hatte; an die unzähligen Stunden, Tage und Abende, die er tradend vor dem Rechner zugebracht hatte. Zunächst hatte Ecki über seine damaligen kopflosen Trades und Reaktionen lachen müssen. Doch je länger er gegrübelt hatte, desto klarer hatte er erkannt, dass er, obschon Verstandesmensch und erfolgreicher Unternehmer, doch auch Wucherungen abergläubischer Leichtfertigkeit und blinden Aktionismus im Kopf beherbergte. Und nicht einmal in allzu großer Tiefe, sondern knapp unter der Oberfläche harrten diese auf ihren Auftritt. Ausgelöst durch zum Beispiel so nichtige Anlässe wie einen Minustrade, den es dann galt, auf der Stelle wieder auszugleichen. Ach, gäbe es doch eine spezielle OP für Trader, die Ecki rechtzeitig von all den tausend Fäden befreit hätte, welche ihn an die Welt der Charts und ständigen Kursveränderungen gebunden hielten und ihn unter dem beständigen Schmerz von Begierde, Furcht, Neid und Zorn hin und her gerissen hatten.

Diese Erkenntnis, dieser Wunsch Eckis, war nicht ungewöhnlich. Anfänger treten fast immer mit einem arg begrenzten Ziel in die Materie ein; zum Beispiel, um schnell irre viel Geld zu erwirtschaften, ein freies Leben zu führen oder ihre Unabhängigkeit zu erreichen. Nach wenigen Monaten formulieren sie dann häufig andere, weit grundlegendere Ziele, etwa das Erlangen von Disziplin, das Wiederfinden ihrer Lebensfreude und ihres Selbstwertgefühls.[10]

»Ecki? Bist du noch dran? Auf was bist du gestoßen?«, hakte Philip nach.

Ecki tauchte seufzend aus seinen Erinnerungen auf, setzte sich vor seinen dunklen Bildschirm und sprach in den Hörer. »Ich … ich, ich war leider noch nicht reif dafür …« Er schob die Maus, welche der verlängerte Arm für unzählige Trades war, hin und her. »Mein Konto ging schneller zur Neige, als ich zur inneren Reife gelangt bin.« Philip lauschte den Worten von Ecki, denn auch er hatte das Wort »Reife« unzählige Male im Büro gehört und fragte sich, wie es um seine eigene Reife stand. Ecki war zwar nicht nach Scherzen zumute, trotzdem hatte er gerade ein Bild von sich vor Augen, über das er wehmütig schmunzeln musste und das er Philip beschrieb: »Nachdem ich all mein Geld in den Börsenhandel eingezahlt und so viele Tage sinnlos vertan habe, komme ich mir nachträglich wie eine mechanische Puppe vor. Eine Puppe, der ein großer Schlüssel aus dem Kopf ragte und über die die Börse jeden Morgen erneut sagte: Zeit, sie wieder aufzuziehen …«

»Also hast du erkannt, dass dir ab einem gewissen Punkt auch die weitere Ansammlung von Wissen keine Lösung bot?«

»Ja. Erst jetzt, wo ich durch meine völlig unproduktive Sucht nach Trades keine Möglichkeit mehr habe, am Börsenhandel teilzunehmen, ist mir der Sinn der Worte klar geworden, die Hofner mir bei meinem freiwilligen Abschied mit auf den Weg gab: Das Talent gleicht dem Schützen, der ein Ziel trifft, welches die übrigen nicht erreichen können; das Genie dem, der eines trifft, bis zu welchem die übrigen nicht einmal zu sehen vermögen …«

»*… und dieses Genie zu werden ist die Hauptaufgabe eines Traders. Und lass dir gesagt sein, das Ziel besteht nicht in der Interpretation von Signalen …*«, vervollständigte Philip den Satz, denn auch er hatte diese Worte unzählige Male zu hören bekommen. Keiner wusste übrigens, ob Hofner diese Weisheit selbst entwickelt hatte oder ob er sie nur aus einem Buch zitierte.

Philip hatte das Gefühl, dass er allmählich Schluss machen musste. Er spürte, dass das Telefonat in Ecki vieles aufwühlte. »Wie müsste sich nach deiner Meinung diese *innere Reife* eigentlich äußern? Woran erkennt man sie?«, wollte er von Ecki zum Abschluss wissen.

10 Siehe hierzu ausführlich DER HÄNDLER Band 5.

Diesmal kam die Antwort sofort. »Ganz klar! Für mich ist es der freiwillige Verzicht auf mehr.«

»Okay, nur eine Frage noch«, drängelte Philip. »Wenn du erkannt hast, dass es die fehlende innere Reife, der fehlende Mut zum freiwilligen Verzicht waren, die dich in die Pleite trieben, wieso gibst du uns dann die Schuld an deinem Scheitern? Schließlich kamst du doch ohne Zwang, ganz aus freien Stücken auf uns zu. Daher hatten wir auf deinen Eintritt und Austritt aus dem Trading doch keinerlei Einfluss.«

»Nun, ihr habt mich mehr als alle anderen zum Nachdenken angeregt und angehalten, den Blick auf das Wesentliche zu richten. Aber: Als ihr gesehen habt, dass ich es nicht hinbekomme, hättet ihr mich aufhalten müssen. Eure Erfahrung hätte euch sagen müssen, dass ich noch nicht reif dafür war!«

Heiliger Bimbam! He?

Philip runzelte die Stirn, versuchte aber ruhig zu bleiben, obwohl ihm das gerade alles zu viel wurde: Die Anspannung des Tages, sein riesiger und vor allem mega-dummer Minustrade um 14:30 Uhr, das Kofferpacken für morgen, dazu war er hundemüde und kam um vor Hunger … und jetzt warf Ecki ihm vor, dass er und seine Kollegen ihn hätten aufhalten müssen? – *Oh, nee!* »Wie hätte das denn gehen sollen?«, wollte Philip daher noch unwillig zum Abschluss wissen.

»Ihr hättet ganz genau sagen müssen, dass das Trading nichts für mich ist und dass ich verdammt noch mal besser die Finger davon lassen soll!«

»Wie hätten wir das tun sollen? Hätte das denn geholfen – ein paar nichtssagende, mitleidige Worte zu murmeln? Hättest du uns denn geglaubt, nachdem du sonst schon nicht auf uns gehört hast? Und vor allem … Wem von uns hättest du denn genügend Autorität zugebilligt, dass der dir seine Meinung hätte sagen dürfen und du diesen Rat beherzigt hättest?«

»Ach, keine Ahnung«, sagte Ecki. »Ihr hattet die Erfahrung, und ihr habt doch gesehen, dass ich mit dem Handel nicht zurechtkam. Ihr hättet mich irgendwie stoppen müssen!«

Der plötzlich gereizte Tonfall Eckis sagte Philip, dass es besser sei, das Telefonat nun zu beenden. Er bedankte sich trotz seiner Verärgerung bei Ecki für das offene Gespräch, wünschte alles Gute und bot ihm an, nach seiner Rückkehr aus Bangkok jederzeit anrufen zu können, um das Gespräch fortzusetzen.

Nach diesem Telefonat brauchte Philip dringend einen doppelten Espresso. Er ließ sich mit seiner Tasse in der Küche nieder, ging dann zurück ins Wohnzimmer, wo er den Fernseher laut stellte. Doch die Spielshow interessierte ihn nicht, deshalb schaltete er um und erwischte eine Folge von »Gute Zeiten, schlechte Zeiten«. Das war genau die Höhe von Anspruch, die er jetzt brauchte, mehr hätte er heute auch nicht mehr verkraftet. Philip ärgerte sich trotzdem weiter über Eckis letzte Aussage und versuchte daher, diese aus seinen Gedanken zu verdrängen. Zum anderen fragte er sich nach wie vor, ob ihn nicht auch dasselbe Schicksal wie Ecki ereilen konnte. Nach einer Weile stand er auf, ging auf die Terrasse und blieb vor den kräftig blühenden Rosenbüschen im Garten stehen. Es kündigte sich ein schöner, klarer Sommerabend an, aber Philip konnte sich nicht darauf konzentrieren.

Okay.

Gaaanz ruhig. Tief durchatmen.

Wie spät ist es?

Ich muss unbedingt mit Hofner sprechen!

Während er Hofners Nummer wählte, kaute Philip an seinem Daumennagel. – Komm schon, Hofner. Geh ran! Nach längerem Läuten meldete sich leider nur die Mailbox: »Hi. Hinterlassen Sie mir bitte eine Nachricht.«

Mist. Und was jetzt?

Philip ließ sich ein Bad ein, um sich etwas zu beruhigen. Während das Wasser in die Wanne rauschte, untersuchte er sein Gesicht im Spiegel über dem Waschbecken. – *Werde ich tatsächlich alt? Oder wird ein Trader eher alt als andere Leute?* Philip ging ganz nah an den Spiegel heran und legte den Kopf schief. Um seine Augen herum zeichneten sich ein paar feine Fältchen ab. Er zog die Nase kraus, worauf sich die Fältchen zu seinem Missfallen vertieften. – *Iiii! Traderfalten?!* Seufzend trat er einen Schritt zurück. Wenigstens war sein Körper ansonsten gut in Schuss. Er hob sein T-Shirt und klopfte sich auf die Bauchmuskeln. – *Hmm.* Zugegebenermaßen nicht mehr ganz so fest wie früher, aber alles in allem war er zufrieden. Schließlich saß man als Trader den halben Tag nur rum. Keine Bewegung. Kein Schritt. Keine körperliche, nur geistige Anstrengung. Langsam drehte er sich zur Seite, um sein Profil im Spiegel zu betrachten. *Einziehen. Ein-zii-eh-en.* Philip atmete ruckartig aus und beobachtete zu seinem grenzenlosen Entsetzen, wie sich unter dem Bauchnabel eine kleine Falte bildet. *Neiiin Das darf doch nicht wahr sein! Scheiß Rumgesitze!*

Philip plumpste auf den Boden und begann fieberhaft, Sit-ups zu machen.

Eins – zwei – drei– vier. Jawohl. Weg mit dem Bauch!

Neun– zehn– elf. Das sollte ich jeden Tag machen, dann habe ich in Nullkommanix wieder einen perfekten Waschbrettbauch, wie es sich für einen dynamischen Händler gehört.

Zwölf – dreizehn – vierzehn. Ha! Von wegen, Trader bewegen sich nicht.

Fünfzehn – sechzehn. Puh. Jetzt fangen meine Muskeln richtig an zu brennen.

Siiiiebzehn ... aaachtzehn. Meine Güte. Diese Schmerzen! Das ist ja nicht auszuhalten.

Ächzend streckte Philip alle viere von sich. Jämmerlicher Auftritt. Absolut jämmerlich. Er merkte, dass er wieder an Ecki denken musste. Eine Krise kam eben selten allein. Erst der riesige Minustrade, dann die Sache mit Ecki und jetzt noch Falten! Philip beschloss, es noch einmal bei Hofner zu versuchen. Er ging nach drinnen, kramte sein Handy hervor und klickte auf Wahlwiederholung. Diesmal hatte er Glück.

»Hey ...«, sagte Hofner. Er war gerade beim Essen, Philip hörte, wie er das Besteck beiseitelegte und seiner Frau zu verstehen gab, wer dran war. – »Was gibt's?«

Philip berichtete von seinem Telefonat mit Ecki und dessen zwei Highlights: der inneren Reife beziehungsweise dem freiwilligen Verzicht und Eckis Vorwurf zum Ausgang des Gesprächs, ihn nicht rechtzeitig vom Handel ferngehalten zu haben.

Hofner kannte diese Art Gespräche. Wie von so manchem Trading-Anfänger konnte er sich auch Eckis Meinung im Kopf gut vorstellen: »Das zwischen Ihnen und mir war eine kommerzielle Transaktion. Ich habe Ihnen Geld gezahlt und Sie haben mir Fachwissen mitgeteilt. Ich habe für das Seminar und die Beratungsstunden prompt bezahlt. Die Transaktion ist vorbei und wir sind quitt; ich schulde Ihnen nichts. Aber: Sie sind der Gewinner bei diesem Geschäft. Denn Sie haben Ihr Honorar erhalten, während ich aus dem von Ihnen Mitgeteilten für mich nichts von nachhaltigem Wert aufbauen konnte. Stattdessen habe ich jetzt zum Traden weniger Geld als zuvor.«

Hofner gab Philip zu verstehen, das Schlimmste für Ecki, wie auch jeden anderen Trader, der diese Meinung vertrat, sei, dass der Zahlende im Nachgang keinen eigenen Mehrwert aus dem Kauf einer Fachzeitung für 10 Euro, eines Buches für 40 Euro, aus dem Besuch eines Vortrags für 200 Euro, eines Tagesseminars für 500 Euro, eines Coaching-Tages für 2.500 Euro oder eines großen Seminars für 5.000 Euro generieren könnte. Aber: Der Wissen vermittelnde Trader, der Referent oder der Autor schuldete dem Wissen nehmenden Trader tatsächlich nichts. Vorausgesetzt, die Dienstleistung war qualitativ hochwertig und vor allem das Wissen fachlich tiefgründig hergeleitet und erbracht worden. Der, der Fachwissen, seine Erfahrungen und seine Gedanken an einen anderen Trader weitergab, stand im Falle des Misserfolgs nicht in dessen Schuld. Hofner betonte dabei, dass seine Worte nur dann Gültigkeit hätten, wenn das Buch dem Leser oder der Seminarleiter beziehungsweise Coach mit seinen Worten dem Zuhörer den Börsenhandel nicht als *einfachste Sache der Welt* darstellten, sondern den Leser oder Zuhörer zum Nachdenken anregten. Kurz: Man sollte etwas nicht nachahmen, weil man daran glaubte, sondern weil man es verstanden hatte.

»Der Vorwurf wird dennoch hin und wieder im Raum stehen«, fuhr Hofner fort, »denn das, was sich so mancher Trading-Anfänger ersehnt, können wir sowieso nicht geben, weil wir es nicht haben!«

»Wir können es nicht geben, weil wir es nicht haben?«

»Ich meine die *selbst gemachten Erfahrungen*, die Erfahrungen, die man beim Trading mit dem Trading macht, also die allgemeinen Erfahrungen und diejenigen, die man beim Trading mit sich als Person macht, also die speziellen Erfahrungen. Jene seltsamen Erfahrungen – wie gedankliche Geburtswehen beim ersten freiwilligen Zusammentreffen mit dem Recht auf den eigenen Verzicht. Wie soll ich es beschreiben ...«, Hofner nippte kurz an seinem Wein, »... jener Mut zu den Mitternächten der Seele. Ein wahrer Trader ist ein Mann von Geist. Nur fragt sich ein Trader zu Beginn seiner Karriere ständig, *ob verwirrter Geist oder geistvolle Verwirrung.*«

Philip hörte, wie Hofner sein Glas auf den Tisch stellte, während seine Frau ihm liebevoll zu verstehen gab, dass das Abendessen dabei war, langsam kalt zu werden. »Bringen wir es auf den Punkt ...«, meinte Hofner. Philip liebte diese Aussage, denn Hofner verstand es wirklich, ein Problem kurz und knapp auf den Punkt zu bringen. »Du grübelst darüber nach, ob ein erfahrener Trader gegenüber seinen Schülern in der Folge eine mögliche moralische Verpflichtung hat!?«

Ja. Genau.

Das war es!

Entsteht durch das Weitergeben von Wissen eine unausgesprochene spätere Verpflichtung?

»Philip, eine kurze Frage: Warum verdienst du Geld im Börsenhandel?«

Philip kam ins Grübeln und antwortete nicht gleich, daher konkretisierte Hofner: »Verdienst du Geld aufgrund deines Einsatzes im Börsenhandel oder wegen deiner Persönlichkeit?«

Hofner, das fiel Philip in diesem Moment wieder auf, beherrschte es meisterlich, mit einer ganz einfach klingenden Frage auf das Wesentliche einer Sache hinzuweisen. Für alle, die es dann immer noch nicht verstanden, hob er im nächsten Zug die einzig mögliche Antwort umso deutlicher hervor.

»Ich denke, ich weiß, was du sagen willst!«

Hofner wusste, dass die Antwort hierauf einem Trading-Anfänger selten gefiel. Aber so lautete sie nun mal. Man durfte einem Trading-Anfänger niemals vorschreiben, was er schlussendlich tun sollte: Das war seine Aufgabe, seine Entscheidung, nicht die des Lehrenden. Ein Grund, dass viele Trading-Anfänger scheitern, ist der, dass sie lernen müssen, ihrem eigenen Urteil zu vertrauen. Ein weiterer Grund ist der, dass alles, was man über Trading und den Börsenhandel lernen kann, durch Erfahrenere vermittelt wird. Und diese sind in dieser Hinsicht einfach befangen, da sie bereits wissen, dass das Fachwissen der kleinste Teil des Projekts »Börsenhandel« ist. Man kann als Lehrer nur nachhaltig helfen, indem man sich auf den eigenen Anteil an der misslichen Lage zu konzentrieren versucht.

»Die Handelsregeln, ob nun Markttechnik, Indikatoren, Candlestick-Muster, Fibonacci, Elliot-Wave, nach den Mondphasen oder was weiß ich, kann man im Großen und Ganzen nicht ändern. Die eigenen Gefühle, das eigene Verhalten – das ist es, worauf es hier ankommt, denn *sich selbst* kann man verändern.« Hofner unterbrach sich und raunte seiner Frau zu, dass es nur noch drei Minuten dauern werde. Offenbar wurde sein Essen kalt. »Man kann einen Trading-Anfänger über Tage, Wochen, Monate und Jahre ganze Trading-Bibliotheken studieren lassen. Aber in welchem Regal steht das Buch mit dem Titel *Veränderung der Persönlichkeit*? Selbst wenn es jenes Buch gäbe, nach wie viel Seiten, oder anders gesagt, nach wie viel Wochen tritt eine nachhaltige Änderung ein?«

Philip blieb still.

»Überleg mal, wie sich deine Persönlichkeit in den letzten Jahren wirklich geändert hat. Die Betonung liegt auf geändert, gewandelt!«

Die Persönlichkeit ändern? – Das war es!

Philips Blick fiel, von einem wiederkehrenden Geräusch angezogen, auf eine Fliege, die wiederholt gegen das geschlossene Fenster flog, obwohl nur zwei Meter weiter die große Terrassentür offen stand. Ähnlich war es ihm am Anfang auch ergangen. Er hatte den Blick auf das Wesentliche noch nicht gehabt. Aber im Lauf der Jahre veränderte sich seine Persönlichkeit tatsächlich. Trades mit unkontrollierbaren Risiken verabscheute er nun geradezu. Vom ehemaligen Ziel der permanenten Maximierung seiner Gewinne abgekommen, galt es stattdessen nun tagtäglich zu vermeiden, dass man ihm diese amüsante Geldmaschine namens Börsenhandel wegnahm. In die Langeweile irgendeines Büroalltags in der Welt außerhalb des Börsenhandels zurückkehren zu müssen, würde ein Fiasko für ihn bedeuten. Und zu guter Letzt war es genau dieser Weiterentwicklung seiner Persönlichkeit zu verdanken, dass er nun stolz sein konnte, seine Strategie so lange durchgehalten zu haben – trotz des immer wieder empfundenen Drucks, bei jedem Trade und jeder Chartkonstellation seine Männlichkeit unter Beweis stellen zu müssen. Er stellte seinen

Trading-Stil nicht mehr infrage, auch wenn andere mit anderen Ansätzen reich wurden oder die Natur des Zufalls missverstanden und so urplötzlich Geld anhäuften.

»Hey, Philip. Wie lange hast du dich denn bereits dem Börsenhandel verschrieben?«, wollte Hofner wissen. »Sechs Jahre? Oder sind es schon sieben? Na, egal. Überleg mal: Was wäre geschehen, wenn wir Ecki wirklich zum Aufhören gedrängt hätten?« Hofner ließ Philip kurz nachdenken und fuhr, ohne auf dessen Antwort zu warten, fort. »Nichts wäre geschehen. Rein gar nichts! Es wäre einem Anschlag auf sein Selbstwertgefühl, auf seine Integrität gleichgekommen. Er hätte die Verbindung zu uns sofort abgebrochen und hätte dennoch, oder ...« Hofner betonte die folgenden Worte besonders, » ... er hätte dann erst recht weitergehandelt.«

Philip dachte darüber nach: *Würde ich einen Dritten um Hilfe bitten und dieser meinte nach einiger Zeit: Lass es lieber, dafür bist du nicht geeignet ... ich würde auch denken: Das kann ich doch wohl selbst besser entscheiden!*

»Das Leben eines jeden Traders verläuft konzentrisch und ist nicht umkehrbar«, fuhr Hofner noch fix fort. »Die verschiedenen Stufen und Einsichten kommen zeitlich nacheinander, und vielen Tradern bleibt das innere Wachstum verschlossen, weil ihr Kontoverlauf diese Erkenntnis nicht mehr hergibt beziehungsweise zulässt. Das ist wie bei der Diagnose Krebs. Es ist eine Frage der Zeit, wer gewinnt: Der Tumor oder die Therapie.« Hofner hielt kurz inne. Er wusste, dass genau dieses konzentrische Lernen im Trading für die emotionale Abwechslung und Achterbahn sorgte, denn an jede gehörte oder gelesene Theorie schließen sich jeweils praktische Wochen an. Die Trades geben ein Feedback über das Gelernte, und individuelle Zugänge zum erlernten Stoff tun sich auf. Das Lernen im Trading erfolgt mit steigenden Ansprüchen, womit das Lernen auf dem Gebiet des Börsenhandels nicht zu einem bestimmten Zeitpunkt, bei einer bestimmten Anzahl von Trades ein Ende hat. Es kann auch nicht begriffen werden im Sinne eines stufenweisen linearen Erklimmens einer Leiter, da das Lernen in konzentrischen Kreisen auf jeweils wichtige neue, früher unbekannte Lernfelder ausgeweitet werden muss.[11]

Hofner gefiel schon immer dieses Symbol der »wachsenden Ringe« und damit die Vorstellung, dass sich das Trading in konzentrischen Kreisen, vom Nahen zum Fernen, erschloss und dass ein Trader den nächsten Erfahrungskreis erst betrat, wenn er den weiter innen liegenden ausgeschritten hatte. Jede Mitte, von dem diese konzentrischen Ringe ihren Ausgang nehmen, ist bereits mit der eigenen Psyche verflochten, von dem Hadern des Händlers mit sich selbst durchdrungen. Jede Trading-Phase, jeder Trade, jedes Interpretieren eines Charts muss daher als Hologramm begriffen werden: Jeder Verlauf eines Trades und die dabei aufkommenden Gedanken, die wie Bindfäden sind und sich in endlosen Schlingen um Kopf und Körper legen, prägen die Psyche eines Traders; die Psyche als Ganzes wiederum ist zugleich immer in jedem der getätigten Trades präsent.

»Erst vor Kurzem wurde ich gefragt, ob ich das Trading irgendwann einmal auch gehasst habe ... Diese grausame Art der Beschäftigung. Einzig und allein getrieben von Torheit und Missverständnissen.«

»– Was hast du geantwortet?«, wollte Philip wissen.

11 Ausführliche praktische Hinweise hierzu sind in DER HÄNDLER Band 3 und 6 enthalten.

»Nur mich habe ich gehasst, dafür, dass ich es nicht ertragen konnte.« Hofner hielt kurz inne, um sich die nächsten Sätze genau zu überlegen. »Schau! Jeder Trader, also auch Ecki, ist ein Mensch aus Fleisch und Blut, und wir Menschen neigen leider dazu, unseren Gedanken freien Lauf zu lassen. Also müssen wir, und damit auch Ecki, immer damit rechnen, dass diese nach Belieben in unser durch Erkenntnis erbautes Gefängnis der Disziplin herein- und ebenso wieder herausflattern. So, und dann gibt es im Börsenhandel schon von jeher grundsätzlich noch jene Trader, die so sehr mit dem Fachwissen und den Gedankenanstößen der Erfahreneren konkurrieren, dass sie ihre positive Entwicklung verheimlichen, nur weil sie den Lehrenden die Befriedigung und das Bewusstsein darum, ihnen geholfen zu haben, nicht gönnen.«

»Er brachte übrigens auch dein Gleichnis mit dem Genie an.«

»Nun, jetzt, wo er seit Monaten Abstand zum Handel hat, wird er es verstehen. Man muss als Trader anders vorgehen als sonst und sich auf sehr indirektem Weg an seine Beute anschleichen. Wissen kann man es recht schnell. Aber es ist schwer auszusprechen und noch schwerer, es tagtäglich umzusetzen.«

Philip seufzte innerlich: Irgendwann im Leben kam man als Trader bestimmt an einem Punkt an, an dem keine Fragen mehr offen waren. Dann herrschte wahrer Friede. Man hatte keine Angst mehr vor Entscheidungen, empfand keine Orientierungslosigkeit – nur noch Ruhe. Bereits frühmorgens, direkt nach dem Aufstehen wäre man mit einer Spezial-Ritterrüstung bekleidet und durch sie geschützt, extra entworfen für das markttechnische Nervenkostüm und erworben durch – neben unzähligen Dollars und Euros – aberwitzigerweise jede Menge Nerven. Der Vorteil dieses schicken Outfits: Es wog kein einziges Gramm, war aber gottlob von enormer Gewichtigkeit.

»Philip, soll ich dir sagen, warum du so deprimiert bist?« Hofner wartete Philips Antwort gar nicht erst ab, sondern fuhr fort: »Vielleicht, weil du heute Mittag gesehen hast, wie Ecki litt. Und du dich fragst, ob dir das auch passieren kann. – Stimmt's?«

Schluck.

»Du bist deshalb bedrückt, weil der Börsenhandel, speziell das Trading, sich plötzlich so enttäuschend darstellt, sobald man erkennt, wie dünn und fadenscheinig das Gewebe, wie grob gestrickt die Illusion, wie laienhaft vernäht die Rückseite ist. Weil bei so manchen privaten, aber auch professionellen Händlern deren Trades nur durch Geheimnistuerei und Vergessen erträglich werden. Weil man es als Trading-Anfänger ohne den Schlaf, der einen jede Nacht aus der Wirklichkeit der Charts reißt, nicht aushält. Nicht wegsehen zu können, macht traurig. Dabei sein macht aber auch traurig. Erkenntnis lässt einen verzweifeln. – *Warum das so ist?* Weil man erkannt hat, dass der Börsenhandel nur von *Beständigkeit* lebt.

Aber, wie es halt im Leben, so auch im Trading, ist, man macht oft kurz vor der Zielgeraden die größten Fehler. Und so verzichtet man selbst als erfahrener Trader gern mal auf den Rat aller, die sich auskennen, eingeschlossen sich selbst. Man riskiert zu viel oder hadert mit dem Stopp, und ... will daraufhin den entstandenen Minustrade wieder rausreißen und ... und ... ? Das Schicksal ist besiegelt!« Hofner spielte hier auf das ganze Thema des Geldmanagements an.[12]

---

12 Ausführliche praktische Hinweise hierzu enthält DER HÄNDLER Band 4.

Mhm.

Hofner fuhr fort: »Und daher ist die einzige Pflicht als Lehrer, sowohl Trading-Anfängern als auch -Fortgeschrittenen das Mitdenken beizubringen, damit sie so auf ihrem Weg zum und durch das Trading das fachliche wie geistige Vermögen erwerben, auf sich selbst zu reagieren.« Hofner wusste, dass dies leider nur sehr wenige Seminare, Vorträge und Coaches wirklich leisten konnten. »Ich weiß nicht, ob und wie vielen Tradern ich im Laufe meines Lebens geholfen habe. Aber ich weiß, dass ich, wenn überhaupt, dann einen nachhaltigen Einfluss gehabt haben werde«, fuhr Hofner fort. »Denn ich habe jedem das Thema der *Beständigkeit* und *Duplizierbarkeit*, verbunden mit dem entsprechenden Fachwissen, erklärt und ans Herz gelegt.«

Wenn Hofner morgens aufstand und ins Büro schlenderte, wenn er tagsüber mit anderen Menschen sprach und wenn er nachmittags wieder nach Hause ging, fühlte er, dass er ein besonderer Mensch war. Aber nicht, weil er Trader war, nein. Er sah nur einfach viele Dinge anders; ihn konnte genau das ergreifen, woran andere achtlos vorbeigingen. Menschen wie Hofner übten generell eine ungewöhnliche Anziehungskraft und Faszination auf andere aus, weil sich die gedankliche, philosophische, mitunter auch moralische Bewegung, in der sie sich unausgesetzt befanden, diesen mitteilte. Hofner verhalf anderen Menschen dazu, darunter nur allzu oft auch Philip, sich aus Gründen, die ihnen bisher entgangen waren, wieder selbstbewusst und wichtig vorzukommen. Mit dieser Eigenschaft, geistige Selbstbeschäftigung zu verbreiten, hatte er auch damals Philips grenzenlose Aufmerksamkeit erobert.

Hofner beendete das Telefonat, verbunden mit den besten Wünschen für den morgigen Flug.

Philip ging in die Küche, in der er eine offene Flasche Rotwein fand. Er nahm sein Trading-Tagebuch und machte es sich auf der Couch bequem. »Warum verdienst du Geld im Börsenhandel?«, hatte Hofner gefragt.

Wow, die Frage hat es in sich. Weshalb bin ich im Lauf der Jahre immer besser geworden?

Mal seh'n ... Weil ich Tausende von Charts angeschaut habe?

Quatsch! Deswegen kann ich trotzdem noch Blödsinn machen, siehe heute Nachmittag.

Weil ich acht Stunden ununterbrochen vorm Bildschirm sitze, also wegen meiner Ausdauer?

Ebenfalls Quatsch!

Dann hatte Philip es! Er schrieb die Antwort in sein Tagebuch:

> *Weil ich angefangen habe, damit aufzuhören, mir behelfsmäßige Leugnungen über die Endlichkeit der Wissensaufnahme im Trading zu konstruieren.*

Genau!

Das war es!

Das ist der Unterschied zwischen Ecki und mir. Daher kann mir nicht dasselbe passieren wie ihm.

Philip prostete sich zu und versank in Gedanken: Früher schreckte er generell vor der Vorstellung des freiwilligen Verzichts zurück, als hätte er sich versengt, so durch und durch war er gefangen in seinem Aktionismus beim Trading. Aber mit den Jahren, und insbesondere heute, als er zum einen Ecki und zum anderen seinen heutigen eigenen sinnlosen 14:30-Uhr-Trades gegenüberstand, bemerkte Philip, dass seine Vehemenz gegen den freiwilligen Verzicht an Schärfe verloren hatte. Und als er sich erinnerte, dass er heute Nachmittag kurzzeitig seinen Namen auf der Liste der »sinnlos Einzahlenden« gesehen hatte, fragte er sich erneut, ob der Begriff *Demut* womöglich gar nicht so schlecht in Bezug auf Trading wäre.

Philip nahm einen großen Schluck Wein und dachte an das Telefonat mit Ecki zurück. Vielleicht waren es lediglich der aufgezwungene Verzicht und die aufgezwungene Anwendung des Regelwerks, die den meisten Tradern missfielen. Vielleicht ließ sich daher immer zu schnell fälschlicherweise ein gutes Wort für ein »klein wenig kreatives persönliches« Trading einlegen. Gemeint war also der Handel mal eben aus dem Bauch heraus.

Philip griff nach seinem Stift und schrieb:

> *Was ist schlimm daran für einen Trader, nach einem abgeschlossenen Trade ergriffen aufzustehen und dem Himmel zu danken für die Möglichkeit, an der Börse Geld zu verdienen? Es ist doch nichts Verkehrtes daran, die Börse zu ehren.*

Moment ... Philip strich den »abgeschlossenen Trade« durch und schrieb stattdessen:

> *... nicht den Trade, sondern die erforderliche Disziplin zu ehren, die aufgebracht worden ist. So eine Art eigenes Heiligsprechen?*

Philip stand auf, ging rüber zum Fenster, sah durch den zartgrünen Filter der Gartenluft auf die gräuliche Straße, wo nur noch wenige Autos, ein paar Mopeds und hin und wieder ein Fahrrad vorbeifuhren. Der Abend war angebrochen. Auf dem Dach sang eine Amsel, es roch nach warmer Erde und frischem Grün. Hinter Philip, auf dem Wohnzimmertisch, nahm sein aufgeklappter Laptop müde die letzten Daten des Handelstags in Empfang. Philip schätzte die Geschwindigkeiten, die Winkel, die lebendigen Kräfte auf- und absteigender Kurse, die das Auge blitzschnell auf sich zog, festhielt, losließ, die während einer Zeit, für die es kein fest definiertes Maß gab, die Aufmerksamkeit zwangen, sich für eine Richtung zu entscheiden, auszuharren, auf die nächsten Kurse zu starren, mitunter ihnen hinterherzuspringen, sich ihnen nachzuwerfen.

Er wandte sich ab und setzte sich vor den Rechner, schob, nachdem er eine Weile den Chart betrachtet hatte, grinsend die Maus beiseite und stellte fest, dass er, wenn er jetzt getradet hätte, Unsinn gemacht hätte.

Könnte man die Sprünge der Aufmerksamkeit messen, die Leistungen der Augenmuskeln, die Pendelbewegungen der Seele und all die Anstrengungen, die ein Trader vollbrachte, um den Fluss seiner Trading-Tätigkeit aufrechtzuerhalten, es käme vermutlich – so hatte Philip gedacht und spielend das Unmögliche zu berechnen versucht – eine Größe heraus, mit der verglichen die Kraft, die ein Mensch braucht, um die Sonne oder die Sterne zu stemmen, gering war, und man könnte vor allem ermessen, welch noch viel größere ungeheure Leistung ein Trader vollbrachte, der einen Chart betrachtete und vorsätzlich gar nichts tat. Philip war gerade augenblicklich ein solcher Trader. »Man kann zwei Schlüsse daraus ziehen«, sagte er sich: Die Denkleistung und

Disziplin eines Traders, der eine Zeitlang ruhig und ohne Position im Markt dem Fortlauf einer Marktbewegung, sozusagen auf dem Tribünenplatz, beiwohnte, waren bedeutend größer als die eines Sportlers, der einmal am Tag ungeheure Gewichte stemmte. Also besitzen wohl nicht nur die aktiven Trades, sondern auch die kleinen Alltagsleistungen eines Traders in ihrer nicht jeder Marktbewegung hinterherlaufenden Summe oder besser Nicht-Summe durch ihre Eignung für diese Summierung viel mehr Potenzial für das Konto als die heroischsten Trades. Jene von Aktionismus getriebene nutzlose Leistung erscheint dagegen geradezu winzig; klein wie ein Sandkorn, das mit ungeheurer Illusion auf einen Berg namens Trading-Konto gelegt wird.

Dieser Gedanke gefiel Philip. Aber es muss hinzugefügt werden, dass er ihm nicht etwa deshalb gefiel, weil er das Nichtstun im Trading liebte; im Gegenteil, es gefiel ihm, seinen von Aktionismus getriebenen Neigungen von einst, die größtenteils ohnehin nur für Minus sorgten, Schwierigkeiten zu bereiten.

Vielleicht war es gerade das Spießbürgertum im Trading, das den Beginn eines besseren, vor allem duplizierbaren und daher beständigen Heldentums vorausahnen ließ? Hofner nannte es irgendwann mal ein *rationalisiertes oder qualitatives* Trading. Kurz: die Neigung zum freiwilligen Verzicht. Aber welcher Trading-Anfänger schaffte den Weg bis dorthin?! Solche unbeantworteten Fragen größter Wichtigkeit gab es Hunderte im Trading. Sie lagen in der flimmernden Luft der Charts, sie brannten förmlich unter den Füßen und Fingernägeln … und was Philip noch nicht wusste: Er sollte die kommenden Wochen in Bangkok ausreichend Gelegenheit haben, auf all diese Fragen eine ausführliche Antwort zu erhalten.

Philip trank seinen Wein aus und lächelte seine gepackten Koffer an. Ein paar Wochen Thailand ... warmer Wind, Sonne, Pagoden, Mönche, leckeres Essen, meditativ angehauchtes Flair. Ein paar Wochen Luxushotel. – *Au ja!* …

Und nicht zu vergessen: ein paar Wochen mit Bambino Stan ... *yep.* Eine Stunde später piepste sein Outlook. Philip begann, die neue E-Mail zu lesen.

FACHTEIL DER HÄNDLER

Von Hofner@yahoo.net
Betreff: Ein paar Tipps für die kommenden Handelstage mit unserem Bambino …
Erhalten: Heute, 23:11 Uhr

Hallo Philip,

nachdem wir uns vorhin verabschiedet hatten, beschäftigte mich, unabhängig von unserem späteren Telefonat, mal wieder lange die Frage deiner emotionalen Achterbahnfahrten und warum diese vom Trading so unheimlich begünstigt wurden – und manchmal auch heute noch werden. Andererseits: Man kommt immer gerade dann einen gedanklichen Schritt vorwärts, wenn die Börse wieder einmal eine teure Lektion vom Konto abzieht. – Stimmt's?

Von daher möchte ich dir, inspiriert von den heutigen Ereignissen, noch ein, zwei Anmerkungen für die kommenden Wochen mit unserem Bambino Stan auf den Weg geben.

Bei allem, was du sagst und tust, vergiss nie: Auch du warst zu Beginn wie Stan ein leidenschaftlicher Händler. Okay, man darf dabei unter Leidenschaft im Börsenhandel nicht das verstehen, was man sonst allgemein üblich »Leidenschaft« nennt. Es hat nichts mit Sex oder Liebe zu tun. Aber es muss bei dir, wie bei jedem anderen Trader, zu Beginn etwas gegeben haben, das dich immer wieder in jene Disziplinlosigkeit hineintrieb. Und vielleicht war das eine Leidenschaft – eine Art Sucht, ein heißes Verlangen nach dem Abenteuer *Börse*. Bemerkenswert war, dass im Zustand der Erregung eines laufenden Trades und des erregten Chartverlaufes selbst dein Verhalten zwar leidenschaftlich, aber zugleich auch teilnahmslos war. Denn während jeder Trade leidenschaftlich begann, endete er allzu oft teilnahmslos. Ich erinnere mich gut, wie du in den ersten Monaten so ziemlich jede Marktbewegung, die der Handelstag hergab, mit Trades bombardiert hast. Nach zehn Stunden Trading warst du dann zwar völlig ausgelaugt, hast dich aber trotzdem immer noch in weitere neue Trades hineingestürzt.

Mit ein wenig Übertreibung müsstest du darum von deinen ersten Trading-Monaten eigentlich sagen, dass sich alles darin so vollzogen hat, als ob die ganzen Trades mehr zueinander als zu dir gehörten. Auf Trade eins ist immer direkt Trade zwei gefolgt. Und zwar unabhängig davon, ob das nun aus Freude über den Gewinn aus Trade eins oder aus Frust über den Verlust daraus geschah. Oder anders: Du brachtest lieber die Leidenschaft für einen weiteren Trade auf als den Mut zur Langeweile und das geduldige Warten auf das Lieblingssetup.[13]

---

13 Ausführliche praktische Hinweise hierzu enthält DER HÄNDLER Band 4.

Und so wird unser Bambino Stan wohl aktuell auch glauben, dass sein an den Tag gelegtes Fehlverhalten und sein Aktionismus, der ihn dabei unterstützt, mehr zum Trading an sich als zu ihm selbst gehören. Aber jedes einzelne Fehlverhalten von ihm hat, wenn er sich genau überprüfen würde, mit ihm viel mehr zu tun, als er zu glauben bereit ist – genau wie bei jedem anderen Trading-Anfänger, der dieselben Symptome zeigt. Und ohne Zweifel wird er durch dieses Fehlverhalten als Trading-Anfänger bestimmt und besteht aus diesem – auch wenn ihm dies nicht bewusst ist, und so kommt er sich manchmal nach dem Trading genau so fremd vor wie während des Tradens.

Du weißt, wie es in der Regel ist: Die Verwandten und Freunde eines Trading-Anfängers – so also auch bei Stan – warten nur darauf, dass er einknickt, und das ist auch die erste Trainingseinheit, die einen auf das spätere Trading vorbereiten sollte. Für Stan gibt es momentan nur einen, der Recht hat, und das ist er selbst. Damit ist er eigentlich immer auf Irrwegen, das aber mit Höchstgeschwindigkeit. Nachgegeben wird nicht und zugegeben schon gar nicht. Also sitzt Stan, so wie du damals auch, jeden Trading-Tag da und würde so gerne zeigen, wie gut er die Börse vorhersagen kann, aber der Chart lässt es einfach nicht zu. Deshalb motzt er den ganzen Tag rum, und der Chart setzt ihn jedes Mal wieder neu vor die Tür. 1:0 für den Chart; nächster Trade zu früh rein, 2:0; nächster Trade zu früh raus, 3:0; nächster Trade kein Stopp, 4:0; nächster Trade kleiner Gewinn, 4:1; nächster Trade Monster-Loss, 5:1; nächster Trade super Signal, aber mangels Mut dieses nicht gehandelt, 6:1 für den Chart.

Während du also mittlerweile nahezu in Ruhe und Frieden jedes vorgesetzte Regelwerk der Welt nahtlos traden würdest, steht sich Stan vor dem Chart die Beine in den Bauch, und die Haare stehen ihm zu Berge. Seine Sprüche werden dieselben sein wie deine damals. Soweit ich mich erinnere, hier die Highlights: »Wie? Ich soll warten, bis ein eindeutiges Signal kommt? Was ist das für ein total bescheuertes Trading? Warum sollte ich so viele Punkte verschenken, wenn in jeder einzelnen Periode Hunderte von Euros ›herumliegen‹? *Warum?* Nur weil die Disziplin das verlangt? Niemals!« ... Und was hast du gemacht? Du hast auch bereits in der nächsten Periode bewusst das Desinteresse an Disziplin heraushängen lassen. Wolltest uns zeigen, was da so geht. – *Bums,* Minustrades ...

So wie du damals wird auch Stan heute »keine Gefangenen machen« und schon gar keinen Kompromiss, besser man bleibt weiter auf Protestkurs. Stan wird weiter vor lauter Stolz seine Minustrades kassieren, später vor Wut fast heulen und von der Familie oder von Freunden später den Kommentar reingewürgt bekommen: »Siehst du, das mit der Börse hast du nicht drauf. Vergiss das Trading und mach was Anständiges.« So was tut natürlich weh. Vor allem, wenn man sich in seiner Freizeit mit nichts anderem mehr beschäftigt als mit Börsenhandel. Stan werden solche negativen Tage vorkommen wie ein herausgerissenes Kalenderblatt, zwar belebt von allerhand tollen Einfällen und heroischen Gedanken zum Chartverlauf, aber beim Anblick des für ihn noch unkontrollierbaren Eigenlebens des Charts auch geprägt von Hilflosigkeit und einem Gefühl der Lähmung.

So, nun gab's damals für dich, wie es sie auch heute für Stan gibt, eine ganz einfache Entscheidung: Entweder man lernt oder – *Rumsbums* – macht man das Konto dem Erdboden gleich – und auch alle Konten danach. Okay, Stan gehört sicherlich auf längere Sicht nicht zu jenen Tradern, die klein beigeben und das tun, was die Börse zu erwarten scheint: nämlich zu Kreuze zu kriechen.

Wenn du mit Stan die kommenden Wochen zusammenarbeitest, solltest du ihn also zu geschicktem Verhandeln und einer Portion Diplomatie mit sich selbst drängen, damit er irgendwann im Einklang mit dem Chart leben und seine Plustrades kassieren kann.

Aber was ist Diplomatie? Was ist Reaktion auf sich selbst? Du wirst sehen, Stans Selbstbewusstsein ist in den ersten beiden Monaten im Büro Bangkok arg beschädigt worden. Stan hat sich verzettelt und ist unruhig, hat aber tief versteckt im Inneren das Bedürfnis nach jener Wiederinstandsetzung, die man möglicherweise Gewissenserforschung nennt. Dennoch, wenn Stan hier und jetzt erklären müsste, wie er als Trader eigentlich sein möchte, er würde in Verlegenheit geraten. Denn er hat, wie viele Trading-Anfänger, wahrscheinlich weder sich noch sein Verhältnis zur Börse richtig geprüft. Oder zumindest nicht oft oder tiefgreifend genug und eigentlich genau da drängt sich die Frage auf: *Kann nur ein starker Mensch ein guter Trader sein?* Sicher ist eines: Stan konnte in seinem bisherigen Leben, also bevor er mit dem Trading begonnen hat, seinem Können stets vertrauen. Er wusste, wie er in bestimmten Situationen reagieren oder agieren musste. Also wird er nicht daran zweifeln, dass der Unterschied zwischen seinen bisherigen Erlebnissen als Trading-Anfänger und den erforderlichen Eigenschaften eines Profi-Traders (und seine momentane Entferntheit davon) *nur* ein *Haltungsunterschied* ist. Daher, lieber Philip, ist es deine Pflicht und Aufgabe, Stan in diesem Zusammenhang zur Entwicklung und Anwendung eines gewissermaßen *aktiven Willensbeschlusses* zu bringen.

Und genau hierzu möchte ich dir ein paar kurze Tipps geben: Das momentane Problem von Stan ist, in der Unendlichkeit der Chart-Interpretationsmöglichkeiten einen Anhaltspunkt zu finden. Stan möchte momentan noch seine Fantasie beflügeln, seine freie Kreativität im Chart-Orakeln ausleben und gleichzeitig traden. Aber, Fakt ist eines: Das zusammen ist nun mal nicht machbar. Diese Eigenschaft müssen wir ihm abgewöhnen, sonst bleibt für ihn jeder verdammte Trading-Tag im Ergebnis ein intellektuelles Verwirrspiel mit Dimensionen und Perspektiven, das ihm die Gewohnheiten und Grenzen seiner Sinne und Gedanken vor Augen führt.

Daher ist es nun wichtig, dass du, wie es vor Ort John und Nick bereits tun, Stan nicht in seinen Ausflüchten bestätigst, sondern ihm immer wieder sanft den Hauptunterschied zwischen ihm und – in dem Fall – dir als gestandenem Trader vor Augen führst. Wie auch du damals, so träumt Stan heute davon, später einmal ein toller, unabhängiger *Magier der Märkte* zu werden. Damit ist zu jedem Zeitpunkt die Frage legitim: »Was unterscheidet das, was ich bin, von dem, was ich werden will?« So, und bei seinen Antworten musst du nun genau hinhören und geschickt und sanft einlenken. John und Nick stehen dir ja ohnehin zur Seite. Aber dennoch hier ein paar der klassischsten Antworten – die du ja auch ganz gut kennen müsstest:

»… ihr Profi-Händler habt ja den ganzen Tag Zeit und könnt außerdem mehrere Märkte gleichzeitig beobachten …«

Stan will damit sagen, dass die meisten privaten Trader nicht Vollzeit dem Handel nachgehen, also nur nebenbei ein paar Stunden traden und daher nur sehen, was die Märkte an Bewegung noch übrig lassen.

Dir brauche ich ja nicht zu erklären, dass dieser Punkt nicht das Entscheidende ist. Denn: Kein Trader ist mangels Zeit direkt im Nachteil. Angesichts der heutigen Soft- und Hardware kann auch der private Trader, obwohl nicht anwesend, ohne Weiteres zig Märkte gleichzeitig analysieren und recherchieren. Er müsste sich dazu nur entsprechend seinen finanziellen Möglichkeiten mit dem minimal notwendigen, dem angemessenen oder gar einem übertriebenen System versorgen. Zum anderen: Was ist schlecht daran, etwas Abstand zum Markt zu haben, denn so umgeht der Feierabend-Trader die Gefahr, dass er den Wald vor lauter Bäumen nicht mehr sieht. Frag Stan doch mal, ob er nur allein durch den Fakt besser wird, dass er, statt bisher sechs, nun zwölf Stunden vor dem Monitor sitzt, beziehungsweise ob ein Profi schlechter würde, wenn er abends nur noch drei Stunden handeln dürfte?

Es ist auch denkbar, dass Stan auf die Frage »Was unterscheidet das, was ich bin, von dem, was ich werden will?« antwortet: *»Der Profi hat mehr Erfolgsdruck als ein Anfänger!«* Stan will damit ausdrücken, dass ein Berufshändler jeden Abend konkrete Ergebnisse aufweisen muss, während der Neuling und Anfänger sich mehrere Wochen Zeit nehmen kann, um Erfolge zu erzielen.

Erinnere Stan daran, dass der von ihm angenommene Erfolgsdruck sich relativiert, wenn er ihn im Kontext eines genauen Zielwerts betrachtet. Was ich damit meine, weißt du ja: Während der Großteil der Berufshändler einen konkreten Zielplan mit Wochen-, Monats- und Jahreszielkennzahlen hat, wird die Zieldefinition von Stan bisher noch so aussehen, möglichst schnell reich zu werden. Während wir also wie einen Leuchtturm eine Zielfahne definieren, welche es effektiv und auf dem risikolosesten Weg anzusteuern gilt, schippert Stan eigentlich nur ziellos durch das riesige Chartuniversum. Frag Stan, ob er schlagartig besser werden wird, wenn wir ihm nur einen oder mehrere Zielwerte vorgeben, beziehungsweise ob ein Berufshändler schlagartig schlechter würde, wenn er den Handelstag plötzlich ohne Zielfahne bestreiten müsste. Die Antwort wird wohl in einem Stottern enden.

Es ist auch denkbar, dass Stan auf die Frage »Was unterscheidet das, was ich bin, von dem, was ich werden will?« antwortet: *»Ihr habt ja die Millionen und könnt die Märkte beeinflussen!«* Okay, zu der Frage, ob es gut oder schlecht ist, wenn man größere Konten handelt, brauche ich dir keine Tipps mehr zu flüstern. Interessant ist dabei nur, dass Trading-Anfänger immer neidisch auf größere Konten sind, die Händler eben jener großen Konten hingegen neidisch auf die kleinen Konten äugen. Die Begründung ist beidseitig ganz einfach: Während Stan sich als Trading-Anfänger allein durch seine Kontogröße noch als kleines Licht empfindet und seinem inneren Wunsch nach Bedeutung und Anerkennung dadurch Ausdruck gibt, dass er den Großen vorwirft, was er vielleicht selbst ganz gerne machen können würde – nämlich die Märkte zu bewegen – , sagt die Gegenseite: »Der Anfänger hat es ja einfach, der kann lautlos in jeden Markt, in jede Zeiteinheit rein und raus.« Jeder muss seine Einstiegs- und Ausstiegsfrequenzen der Logik des jeweils zu bewegenden Kapitals unterordnen. Der eine hat einen riesigen Sandhaufen zu bewegen und benötigt daher einen großen Bagger, dem anderen reicht bereits ein Handspaten. Aber unabhängig davon: Frag Stan, ob er schlagartig besser würde, wenn er ab sofort zehn Millionen auf dem Trading-Konto hätte, beziehungsweise ob der erfahrene Händler schlechter würde, wenn er plötzlich nur noch mit 10.000 Euro handeln darf.

Wenn du Stan die Frage danach noch mal stellst, hast du vielleicht Glück, und er antwortet mit dem Stichwort *Psychologie*. Jetzt wird es schon spannender. Tipp von mir: Antworte ihm, sofern es Nick oder John nicht bereits getan haben, mit folgender Gegenfrage: »Wo lernt man langfristig mehr für die Psyche: beim Handel mit fremdem oder eigenem Geld?« Ich wette, dass Stan die höhere Lernkurve im Handel mit dem eigenen Geld sieht. Begründen wird er das möglicherweise zum einen damit, dass man sich dabei mental mehr an den Handel gebunden fühle, dem Profi-Händler hingegen der Ausgang der Trades eigentlich egal sein könne, da er ja nicht mit seinem eigenen Geld handelt. Und zum anderen damit, dass das Handeln mit dem eigenen Geld deshalb mental schwieriger sei, weil die riesige Anzahl von möglichen Ausreden fehle. Denn wenn es mit fremdem Geld in die falsche Richtung läuft, könne der Berufshändler für die Millionenverluste unzählige Ausreden haben. Er kann die Schuld hin und her schieben: »Och, der Chef hat gesagt …« Ist eigenes Geld futsch, muss man sich hingegen eingestehen: »Selbst dran schuld …«

Philip, an dieser Stelle sei mir noch ein Tipp erlaubt, um eine gute Überleitung zum Wesentlichen hinzubekommen: Stan soll sich vorstellen, er sei ein Trading-Neuling, der ein Börsenbuch gelesen und den einen oder anderen Vortrag über Trading besucht hat, und gerade eben käme ein Nachbar bei ihm vorbei mit der Bitte, 20.000 Euro für ihn zu verwalten, schließlich habe Stan doch Ahnung. Baue diesen Gedanken mit ihm weiter aus, und Stan wird der Unterschied zwischen der Verwaltung von eigenem und fremdem Geld besser deutlich werden. Seine banale Annahme, dass es dem Trader bei Fremdgeld nicht so wichtig zu sein braucht, ob dies den Bach runtergeht, ist dann so nicht mehr haltbar, denn mit welchem Konto würde er selbst sensibler umgehen? Mit dem des Nachbarn oder mit dem eigenen? Wenn er ehrlich mit sich selbst ist, dann gesteht er sich ein, dass er mit dem Geld des Nachbarn bewusster umgehen wird, denn: Würde er Woche für Woche mit dem vom Munde abgesparten Geld des Nachbarn hart gegen den Börsenwind segeln und dessen Konto plattmachen, dann wäre die Wahrscheinlichkeit groß, dass die angenehme Nachbarschaft zu Ende ist und sich wie ein Lauffeuer in der Gemeinde verbreitet, wie Stan den armen Nachbarn um sein Geld gebracht hat. Gar nicht zu reden von der Schadensersatzklage, den Anwaltskosten und dem Morgen, an dem Stan sein schönes neues Auto mit zerkratztem Lack vorfindet.

Hat er sich das eingestanden, ist es wichtig, die Frage, warum mit Fremdgeld sensibler umgegangen wird, sauber herauszuarbeiten. Erinnere dich daran, was bei dir geschah, als wir dir immer größere Handelsvollmachten ausstellten. Ich sage als Stichwort nur: *Verantwortungsbewusstsein*. Der Punkt ist doch der: Wenn Stan mit Fremdkapital handelt, wird er jemandem *Rechenschaft* schuldig. Erkläre Stan, dass genau dies, die Rechenschaft, das Trading-Verhalten enorm verändert. Stan, wie auch jeder andere private Trader, hat diese Rechenschaftspflicht in der Regel nicht. Okay, eventuell der eigenen Familie gegenüber. Aber wie viele treue Ehefrauen wissen schon detailliert über die Trades ihres Gatten Bescheid? Erkläre ihm, dass genau hier das Problem steckt: In dem Moment, in dem man keine Rechenschaft schuldig ist, öffnen sich Tür und Tor für … ja, für was? Na klar: Dafür, dass man zehn Mal den gleichen Fehler immer wieder wiederholt. Das kennst du doch? Es ist ja keiner da, der sagt: »Soso?! Schon wieder …?!« Oder anders: Was fehlt, ist die Kontrollfunktion. Da Stan momentan noch, wie auch viele private Trader, für nichts und vor niemandem rechenschaftspflichtig ist, wiederholen sich Fehler und schleichen sich unproduktive Gewohnheiten ein. Später, wenn wir dahinter stehen, werden sicherlich auch Fehler passieren. Vielleicht sogar zwei-, dreimal, aber kein viertes Mal und schon gleich gar kein zehntes Mal. Es ist dann jemand da, der ihm mal zehn Minuten den Kopf unter kaltes Wasser hält, damit sein Schädel wieder ein wenig abgekühlt wird. Oder wenigstens für fünf Minuten, damit er merkt, dass alles, was er gemacht hat, echt einfach nur Mist war.

Wenn Stan dann seine ersten Lehrmonate hinter sich hat, wird er, wie du einst auch, schon all sein Tun und Handeln auf- und erklären, während er momentan seine Fehltrades noch einfach so abhaken kann. Schimpft ja keiner. Später wird dann aber einer schimpfen, und er wird es sich gut überlegen, ob er den Stopp nachzieht oder nicht. Denn irgendwann wird es einfach nur peinlich, wenn er zum hundertsten Mal hört: »Man macht es so …«, und klar wird: »Oh, nein … nicht schon wieder.« Daher, Philip, frag Stan, ob er schlagartig besser würde, wenn er über eine Million Euro Fremdkapital verfügte, beziehungsweise ob ein Profi-Händler schlagartig schlechter würde, wenn er nur noch mit seinem eigenen Geld tradet. Zeig ihm auf, dass nicht die Herkunft des Geldes, sondern die Verantwortlichkeit den Umgang mit Geld verändert.

Vielleicht antwortet Stan auf unsere alte Frage »Was unterscheidet das, was ich bin, von dem, was ich werden will?« aber auch mit dem Stichpunkt *Ausbildung* und *Regelwerke*. – *Klasse.* Jetzt musst du dranbleiben und das mit Stan nacheinander näher beleuchten. Während sich der klassische private Trader dem Thema in der Regel autodidaktisch nähern muss, hat Stan – so wie du bereits auch schon – Kollegen zur Seite, mit denen er im ständigen Dialog steht und von denen er althergebrachtes Fachwissen und die von selbst fast nie zu findenden Tipps und Tricks mitbekommt. Für den Privaten, den einsamen Wolf zu Hause, ist es wirklich schwer. Wenn ich mir vorstelle, ich hätte keine Ausbildung und würde von zu Hause aus durch die Märkte surfen … *Oh je!* Kein Dialog, ebenso keine der erwähnten Kontrollfunktionen. Ich würde, wenn ich ehrlich bin, gerade beim kurzfristigen Börsenhandel schnell der Tendenz erliegen, asozial zu werden. Ich würde mich früh um 7 Uhr unrasiert und im Pyjama vor den Rechner setzen, irgendwann mittags gäbe es schnell eine aufgewärmte Pizza, und vielleicht würde ich gegen 21 Uhr noch ein paar kurze Worte mit der Familie wechseln – oder auch nicht. Nachts würde ich erschöpft ins Bett fallen und dann statt von der Ehefrau von Börse, Trades und Orders träumen und um 7 Uhr, *ring, ring*, würde dasselbe Spiel von vorn beginnen, ohne dass dies zu einem Mehrwert an Wissen und sachlichen Zusammenhängen führen würde. *Autsch.*

Wenn Stan in diesem Zusammenhang das Stichwort *Regelwerke* anbringt, geh auf jeden Fall ins Detail! Frag ihn unbedingt, warum du, Philip, dich als fortgeschrittener Trader freiwillig und immer einem Regelwerk unterziehst, während er sich auf den ersten Blick zum Thema *Regelwerke* zwar auch alles massiv reinzieht, aber im konkreten Fall dann doch live aus dem Bauch entscheidet, was und wie er tradet. Wichtig ist, dass ihr beide – Stan genauso wie du – das gleiche Endziel habt: Ihr wollt Geld verdienen. Während es dir jedoch ein inneres Bedürfnis ist, nach Regelwerken zu handeln, empfindet Stan deren strikte Befolgung momentan noch eher als einen Anschlag auf seine Unabhängigkeit und seine Selbstbestimmtheit und damit auf sein Selbstwertgefühl. Du könntest ja auch aus dem Bauch raus handeln, würdest es aber in der Regel (es gibt gelegentlich noch Ausnahmen, ich weiß ...) nicht mehr so machen wollen. Lass ihn erst mal grübeln, warum das so ist. Dann arbeite das Thema *Duplizierbarkeit* mit ihm heraus! Stupse den Bambino mit der Nase drauf, dass es dir mittlerweile ein inneres Bedürfnis ist, den Trade, den du gerade machst, nicht dem Zufall zu überlassen. Wenn der Einstieg, der Ausstieg und zwischendrin die Stoppversetzung rein zufällig waren, könntest du dein Vorgehen keinem Dritten, also auch nicht Stan, erklären. Zwangsläufig könntest du diesen Trade an einem anderen Tag, an einem anderen Ort, zu einer anderen Zeit nicht wiederholen, kurzum: Das Geld, das er heute gewonnen hat, zahlt er dann halt am nächsten Tag wieder ein. Du weißt ja bestimmt noch, wie ich dir diesen wirklichen, elementaren und entscheidenden Unterschied in den ganzen gemeinsamen Jahren immer wieder hergebetet habe: Während du – auch das ist völlig normal, denn mir erging es ebenso – am Anfang vordergründig das Geld sahst und es dir daher oftmals völlig egal war, wie du es erhandeln willst, betrachtet der Profi mehr das *Wie* und sieht das Geld nur als Nebenprodukt dieser *Duplizierbarkeit*.

Wenn Stan dann für einen Moment mal nicht auf den Chart stiert, schnapp ihn dir und sage ihm, dass es bei dem Bedürfnis, *duplizierbar* zu handeln, nicht bleibt, da dies nur der erforderliche Zwischenschritt zur *Beständigkeit* ist. Bei dem Thema *Beständigkeit* mach dich aber auf so einiges gefasst ... Ich erinnere mich noch gut an deine stundenlangen Einwendungen. Für dich war es das Unwort schlechthin, für mich und die anderen Kollegen hingegen das Zauberwort. Daher wird es Stan nicht anders ergehen als dir: Wenn er einen Trade wegen fehlender *Duplizierbarkeit* auslassen soll, so wird er stöhnen, weil er noch nicht wirklich begriffen hat, dass die Börse auch noch morgen, übermorgen und nächstes Jahr geöffnet hat.

Nutze einfach bei deinem Aufenthalt in Johns Büro die Chance und beobachte Stan. Schau ihm über die Schulter, auch wenn dich ein Schauer überkommt, weil Stan so handelt, als gäbe es kein Morgen. Immer Vollgas. Immer am Limit. Jeden Kursruck analysierend, jede Zuckung des Kurses mit Trades bombardierend. Stan will schließlich reich werden. Das ist ja auch okay und für jeden, der am Spiel der Spiele aus den Reihen der Spekulanten teilnimmt, die Grundlage seiner Existenz. Wir müssen nur erreichen, dass Stan freiwillig den Vorsatz aufgibt, *schnell* reich werden zu wollen, und daher das Risiko so hoch wählt, als gäbe es morgen keine Börse mehr und nur heute und nur noch jetzt wären die Millionen möglich. Stan wird momentan noch argumentieren, dass aufgrund des hohen Risikos und des Trading-Dauerfeuers auch schnell mal ein Konto verdoppelt werden kann. Ob er mit dieser Logik auch noch in ein, zwei Jahren dabei ist – allgemein ist ja bekannt, dass 90 Prozent der privaten Trader über die Zeit hinweg nur in den Börsenhandel einzahlen und Geld verlieren – , daran denkt er noch nicht. Was ihn treibt, ist Angst. Genauer: die Angst, den großen Gewinntrade zu verpassen, also Versäumnisangst. Logisch. Zeig ihm daher immer wieder, dass der Handel an sich gar nicht so kompliziert ist und die Profis auch keine überstudierten Übermenschen sind. Nein, es liegt nicht am Fachwissen, sondern an fehlender *Beständigkeit*. Um in diesem Beruf gesund alt zu werden, muss man auf ein Normalmaß zurückkommen. Im täglich unterlassenen Gedanken daran, dass es auch noch ein Morgen gibt, liegt eine der Hauptursachen für den Gang zum Börsenfriedhof. Denk an dein Erlebnis heute mit Ecki. Für den gab es in jeder Handelswoche nur fünfmal *Heute*, für den Erfahrenen dagegen gibt es da immer auch noch fünfmal *Morgen*.

Wenn Stan – und das wollen wir ihm in den nächsten Jahren beibringen – duplizierbar handeln kann, wird er auch die Kunst erlernen, *beständig* zu handeln. Vorher geht das nicht. Die Tatsache aber, dass dieser Zusammenhang zu Beginn des Tradings nicht erkannt wird, macht ihn umso bedeutsamer und das schrittweise Heranführen eines Anfängers an den Börsenhandel umso schwieriger.

Philip, als wir heute Abend miteinander telefonierten, musste ich an die vielen Abende denken, in denen ich dich bei einem guten Gläschen Wein mit dem Thema *Stilfindung* fast in den Schlaf geredet habe.

»Schauen Sie her … dies ist die wichtigste Grafik, sobald Sie mit dem Traden anfangen …«, müsste es zu jeder Kontoeröffnung lauten …

Damals mit einem ungläubigen Kopfschütteln abgetan, weißt du nun seit Jahren ebenfalls, dass ein Trading-Anfänger – so wie du zu Anfang auch und Stan heute – in der Regel in der Anfangszeit mehr in die Börse einzahlt, als er herausbekommt. Du erinnerst dich noch an meine Grafik? Der rote Graph stellt den zunächst fallenden Kontoverlauf dar. Aber nach einer gewissen Zeit steigt er kontinuierlich an (siehe schematische Zeitachse meiner Skizze). Dann entsteht durch den Börsenhandel und das Trading ein wirklicher Mehrwert auf dem Konto.

Zeitgleich aber nun die Frage: Wie ist das mit dem Fachwissen rund um das Thema Börsenhandel? Das steht bei jedem – so auch bei unserem Bambino – zu Beginn klar auf null und nimmt etwas zeitversetzt zum Start des Tradings zu. Aber nur bis zu einem gewissen Punkt, wie der blaue Graph zeigt, welcher in dem Zeitraum ansteigt, in dem der Kontostand fällt, um dann, wenn der Kontostand ansteigt, steil nach unten abzufallen.

Wir müssen also bei Stan, wie auch damals bei dir, abwarten, bis er die erste Hälfte der Gesamtgrafik durchlebt hat. Also jede Menge nervenzerrüttende Handelstage, schlaflose Nächte, sinnlose Trades, glückliche Plustrades, nicht enden wollendes Studieren von Zeitungsartikeln und Büchern, ständig wechselnde Regelwerke, Seminarbesuche und Tage des Eigenstudiums. Wir müssen den Tag geduldig abwarten, an dem Stan die Nase gestrichen voll hat vom ansteigenden Fachwissen.

Das heißt, wir müssen Stan dezent dazu verhelfen, freiwillig zu erkennen, dass er mit einem noch Mehr an Wissen auch nicht besser handelt, sondern dass eher das Gegenteil geschieht: Er wird vieles durcheinanderbringen, und es entstehen Blockaden. So kann dann in ihm die unbezahlbare, goldene Erkenntnis reifen, dass viele Elaborate rund um Regelwerke einander ähneln, denselben Ursprung haben und dasselbe Ziel ins Auge fassen. Oder anders gesagt: Stan wird aufräumen. Das viele Wissen muss immer mehr auf den Kontostand drücken wie ein Riesenhaufen aufgestauter Erde, der dann endlich einmal durchsackt. Wissen wird komprimiert. Verdichtet sich. Zeitgleich wird sich das herausbilden, was man den *eigenen Stil* nennt.

Wie lange, Philip, hat es bei dir gedauert, bis sich aus den unendlichen Möglichkeiten die eigene herauskristallisiert hat? Lass mich überlegen … ich denke vier, fast fünf Jahre waren es, oder? Also geben wir auch Stan diese Zeit. Das Trading, das Stan nun Jahr für Jahr entwerfen wird, könnte ihn so befreien, dass er sich fühlt wie ein Maler, der ein perfektes Gemälde vollendet. Von außen reiht sich Trade an Trade, Fachwissen an Fachwissen, doch in seinem Inneren löst sich dabei etwas auf, was Stan aktuell noch nicht bewusst ist. Ich spiele damit auf den grün markierten Wendepunkt in meiner Grafik an.

Vergiss beim Umgang mit Stan niemals, wie es bei dir selbst war! Es ist davon auszugehen, dass auch bei Stan jene dir auch gut bekannte Zusammenhangslosigkeit von Ideen und Einfällen, die sich ohne den für einen duplizierbaren Trader kennzeichnenden Mittelpunkt ausbreiten, stattfindet. Auch er wird vom Hundertsten ins Tausendste kommen, ohne eine geschlossene Einheit zu erreichen. Schließlich werden seine Einfälle zu möglichen Trades immer inhaltsloser, immer abstruser werden. Aber nach vielen, vielen Monaten wird auch Stan endlich den Punkt erreichen, den du bereits seit Langem erreicht hast. – Erinnere dich! Wir hatten dich damals tun lassen, was du wolltest, bis du dir vor Verwirrung bald den Kopf einranntest. So wird es auch bei Stan ablaufen, frei nach dem Motto: Wer sich erfüllen kann, was er mag, weiß bald nicht mehr, was er sich wünschen soll. Wiederholt man diesen längst bekannten Satz, bringt man daraus einen außerordentlich wichtigen Gedanken für das Trading ans Tageslicht. Stan muss in seinen Möglichkeiten, Plänen und Gefühlen zuerst durch Vorurteile, Überlieferungen, Schwierigkeiten und Beschränkungen jeder Art so eingeengt werden wie ein Depp in seiner Zwangsjacke. Erst dann hat das, was Stan hervorzubringen vermag, vielleicht Wert, Reife und Bestand. Es ist in der Tat für einen Trading-Anfänger kaum vorauszusehen, was dieser Gedanke der eigenen *Stilfindung* im Zusammenhang mit dem Thema *Duplizierbarkeit* und *Beständigkeit* bedeutet! – Warum? Weil man es selbst erleben muss.

Irgendwann erkennt unser Bambino das, was auch du nach harten Lehrjahren erkannt hast: Zu allem, was es an Regelwerken und niedergeschriebenen Logiken gab, zog dich etwas hin, dennoch ließ dich etwas Stärkeres nicht dazu kommen. Würdest du Stan fragen, warum er so unklar und unentschieden tradet? Wahrscheinlich wüsste er die Antwort noch nicht: Er lebt in dem Zwang, das Konto zu retten, gepaart mit der Angst, den Super-Super-Monster-Trade zu verpassen. Man beschreibt das mit einem Wort, das der, den es betrifft, nicht gerne hört, und dem man nicht gerne allein begegnet: *Aktionismus*. Auch du, Philip, hattest viele Jahre einfach nicht die Kraft, dich gegen den Chart zu wehren. Du weißt, da ist dieses Gefühl, etwas in einem, das nirgends hatte bleiben wollen. Also jene innere Unrast, hervorgerufen durch ein Gefühl der Unsicherheit, vielleicht des Noch-nicht-Genügens, sowohl im Wissen als auch Können, oder auch das Gefühl, den heiligen Gral noch nicht gefunden zu haben und weitersuchen zu müssen. Du hattest dich an den Regelwerken der Welt entlanggefühlt und gedacht, es gäbe ja noch Millionen anderer Handelslogiken. Es war dieser langsam erkaltende Tropfen Ich, der dein Feuer, den winzigen Glutkern nicht abgeben wollte.

Es dauert seine Zeit, und über die Jahre wird auch Stan hoffentlich erfahren, dass es gute, schlechte, saudumme und bezaubernde Handelslogiken gibt, welche sich wiederum in kleinen, mittleren und großen Zeiteinheiten anwenden lassen und teils eine hohe, manchmal eine geringe Handelsfrequenz nach sich ziehen. Aber sind wir doch ehrlich: Zerlegen wir eine Handelslogik A und eine Handelslogik B – was finden wir? In beiden Demut und Geduld. Untersuchen wir jedes, wirklich *jedes* Regelwerk der Welt, erkennen wir, dass Regelwerke, in großen Mengen verabreicht, ein Gift sind, in kleineren, durchdachten Mengen jedoch ein Genussmittel.

Stan – und das ist völlig normal – wird also in der näheren Zukunft sein ganzes ansteigendes Wissen durcheinanderbringen, er löst es dann auf und fügt es neu zusammen. Stoppgrößen und Zeiteinheiten, Handelsfrequenzen und Handelszeiten sowie Auswahl der Märkte sind für Stan keine abstrakten Vorstellungen, sondern Glieder einer Funktion, Werte, die von dem Zusammenhang abhängen, in dem sie sich befinden. Man braucht lange Zeit, um zu lernen, dass Laster zu Tugenden und Tugenden zu Lastern werden können. Stan hält es im Grunde bloß für eine momentane Ungeschicklichkeit, dass er es noch nicht fertigbringt, innerhalb eines Handelstages aus einem Marktverhalten einen nützlichen Trade zu generieren. Aber er erkennt an seinem Trading wiederum auch nichts Unerlaubtes, denn jeder Trade könnte ja eine Eigenschaft haben, durch die er eines Tages teilhat an einem großen, neuen Zusammenhang.

Philip, du weißt, man könnte zaghaft hinter vorgehaltener Hand flüstern: »Es ist sch… egal, welche Handelslogik man als Trader verwendet. Nimm Candlesticks, nimm einen der über tausend Indikatoren, nimm Trendlinien, nimm Vola-Ausbrüche, nimm von mir aus den Mond! *Wurscht.* Hauptsache, man setzt sich mit einem Thema im Detail auseinander …« Ein Trader muss nicht zeigen, *wo* es klappt, sondern wissen beziehungsweise herausfinden können, wo die Logik *nicht* funktioniert. Es ist nur wichtig, dass man die Rahmenbedingungen für Fehltrades erkennt.[14] Das darfst du natürlich Stan so noch nicht sagen. Klar, oder? Denn er wird seinen Ohren nicht trauen, klingt diese Aussage doch anscheinend nach einem Freibrief.

Stan muss aber erst erkennen, warum er sich immer weiter auf die Suche nach neuem Fachwissen machen wird. Frag ihn, und, was meinst du, wird er wohl antworten? Logisch, die Standardantwort im Börsenhandel: »Na, damit ich kein Minus mache.« *Mhm* … Das ist, als wenn man den lieblichen Duft der Rosen liebt, sie jedoch, sobald man sich das erste Mal an ihren Dornen sticht, plötzlich nicht mehr leiden mag. Aber das ist verständlich, niemand will Minustrades machen …

Nun die schlechte Botschaft, aber auch nur wieder hinter vorgehaltener Hand und momentan noch nicht für Stans Ohren bestimmt: Fehltrades bekommt er doch bei allen Regelwerken der Welt überall als Gratisgeschenk obendrauf. Oder etwa nicht? Natürlich gibt es reihenweise guruhafte Aussagen, dass es mit *diesem* Börsenbrief, *diesem* Regelwerk und weiß Gott womit noch nicht so sei. Fehltrades? Fehlanzeige! Sei ehrlich, auch du verabscheust doch mittlerweile alle Aussagen wie die Pest, die so taten, als stünde ein für allemal etwas fest, als wären sie Gottes Wort auf Moses' Gesetzestafeln. Somit erzeugt jeder Fortschritt im Trading für Stan im Einzelnen einen Gewinn und im Ganzen eine Trennung; er erzeugt einen Zuwachs an Fachwissen, der in einen Zuwachs an Ohnmachtsgefühlen mündet – und Stan kann nicht davon lassen. Fühle dich daher stets in Stan ein; erinnere dich durch ihn an deinen eigenen fast täglich gewachsenen Wulst von Trades, über den dein Geist erst mal herausblicken musste, wenn du irgendeine Frage genauer betrachten wolltest. Unzählige Auffassungen, Meinungen und Gedanken zu allen möglichen

14 Ausführliche praktische Hinweise hierzu enthält DER HÄNDLER Band 5.

Märkten und Zeitzonen, alle Formen des gesunden und kranken, gierigen und ängstlichen Verstandes bevölkern Stans Gehirn wie Tausende kleiner empfindsamer Nervenstränge. Aber der Strahlpunkt, an dem sie sich vereinen, fehlt noch.

Blicken wir zurück auf meine Skizze, so fühltest du dich damals, fühlt Ecki sich aktuell und wird Stan sich zukünftig beim Stichwort *Fachwissen* der Gefahr nah fühlen, dass sich das Schicksal jener Riesentierrassen der Vorzeit wiederholt, die womöglich an ihrer schieren Größe zugrunde gegangen sein könnten. Bedenke daher immer: Nicht das Tier mit dem größten Gebiss hat überlebt, sondern jenes, welches anpassungsfähiger und flexibler war.

Beachte deshalb im Umgang mit Stan immer, was die Schwierigkeit an der Stilfindung ist: den Wünschen ein konkretes Ziel in Zahlen zu stecken, die Begierde beim Anblick eines Charts im Zaum zu halten, den Zorn nach einem beendeten Trade zu bändigen, stets eingedenk sein, dass dem einzelnen Trade und Trader nur ein unendlich kleiner Teil alles Wünschenswerten erreichbar ist.

Wenn Stan über die kommenden Monate und Jahre reifer wird und sich bei längerer Bekanntschaft mit dieser Räucherkammer des Geistes der Wirklichkeit angepasst hat, dann kann er den endgültigen Zustand eines perfekten, geistig ausgebildeten Traders erreichen, beschränkt sich auf seinen »Stil« und wird für den Rest seines Lebens mit dieser Überzeugung – auch wenn das eine oder andere Regelwerk besser sein könnte – im stillen Einvernehmen leben. Und noch mal, weil es so schön klingt … Er wird dann im stillen Einvernehmen leben. Er weiß dann, dass es keinen Zweck hat, permanent über alles nachzudenken, denn es geht einzig und allein um die Beständigkeit. Stan muss somit zum Bewahrer werden. Bewahrer von richtig und wichtig gelebten Wahrheiten.

Während das eine Regelwerk *long* schreit, flüstert ein anderes *short* und stöhnt das nächste *flat*. Das war schon immer so. Das bleibt auch immer so. Entscheidend ist, dass Stan sich nicht wie ein Depp verhält, sondern sich für das entscheidet, welches zu seinem eigenen Ziel passt. Und danach ist es nur noch eine Frage der *Beständigkeit*. Somit drückt der eigene Stil nichts anderes aus als dieses entspannte Wesen, das alle erfolgreichen Trader auf der Welt heute haben: Das Links und Rechts interessiert nicht mehr. Was zählt, ist nur der eigene Stil. Das ist alles. Das Sich-nicht-Kümmern um andere Möglichkeiten lässt dem Konto am ehesten Flügel wachsen.

Wenn Stan dann erst mal ein Stück auf dem Weg der *Duplizierbarkeit* und *Beständigkeit* gelustwandelt ist, wird es noch leichter für ihn. Du weißt: Positive Trades erzeugen weiteren Erfolg, schon allein deshalb, weil man den Druck, das Konto zu retten, nicht mehr so exzessiv verspürt. Positive Trades, gepaart mit Nachvollziehbarkeit, bringen Ruhe und Sicherheit. Hat Stan dann erst mal den Fuß in der Tür zum freiwilligen Antiaktionismus und hat sich eine Weile von dem bisherigen Aktionismus fernhalten können, dann hoffe ich, dass Stan nicht den Fehler macht und dies als »langweilig« bewertet.

Wichtig ist, dass sich bei Stan, nachdem er ein paar Monate nachvollziehbar getradet hat, unabhängig vom Ausgang der Trades eine Art innerer Gleichmut einstellen müsste. Beispiel: Zuerst tradet Stan ein Signal, angenommen einen *Punkt 2*, und wundert sich, dass dieses Signal bereits den vierten Minustrade ergab. *Man hatte doch ein tolles Signal! Markttechnik und so. Wow!* Dennoch klappt es bei ihm einfach nicht. Irgendwann müsste für Stan dann erkennbar werden, dass das Signal das eine ist, hingegen das große Radarbild, in welchem jenes Signal gerade auftaucht, das *andere*.

Stan wird demnach also anfangen, immer mehr die übergeordnete Zeiteinheit und deren Trends zu betrachten. Erweist sich dies dann als erfolgreich, wird es Eingang in seinen eigenen Stil finden. Stan wird anfangen, sich über seine Wahnsinnserfolge nicht nur zu freuen, sondern auch zu wundern, und herausfinden, dass, unabhängig von der Beachtung der übergeordneten Zeiteinheit, bei diesen erfolgreichen Trades in Trade-Richtung fast immer zusätzlich weitere markttechnisch relevante Punkte in unmittelbarer Nähe lagen. Ergo wird Stan immer mehr auf solche Punkte achten und nur noch solche *Punkte* 2 handeln, welche auch diese Zusätze aufweisen. Dadurch wird sich noch größerer Erfolg einstellen. Kurz: Der Filter für die eigene Wahrnehmung ist endlich aktiv.[15]

Stan muss daher also versuchen, sich auf seinem Gebiet, dem von ihm angewendeten Regelwerk, so fit zu machen, dass er mitreden kann. Er muss wissen, welche Zusatzbedingungen ein Signal haben muss, damit es zu einem 5-Sterne-Trade wird. Oder anders herum: Bei welcher markttechnischen Chartsituation er den Trade trotz eines scheinbar positiven Signals besser unterlässt. Resultat: Aufgrund von Filterbedingungen werden Trades einer Signallogik weggelassen. Das Drumherum wird wichtig, wichtiger und schließlich am wichtigsten. Die Trade-Frequenz wird dadurch geringer. Ein Schneeballeffekt setzt ein. Infolgedessen wird bei Stan auch der überlebenswichtige Gedanke an Diversifikation vorbeischauen, und seine Sache läuft und läuft und läuft.[16]

Aber das braucht alles seine Zeit. Wenn Stan momentan so vor dem Chart sitzt, ist er ein *Interpretierender*, nicht nur ein *Suchender*. Da Stan noch nicht mit ausreichend Fachwissen und daher zwangsläufig auch noch nicht mit eigenem Stil ausgestattet ist, torkelt er im Erfolgs- wie im Verlustfall herum wie ein Besoffener auf einem Minenfeld. Es kann ihn bei jedem kommenden Schritt zerreißen. Für ihn sind die Börse und der Chart reine Anarchie, und er glaubt, der Revoluzzer in diesem Spiel zu sein. Wie will er daher entscheiden, was richtig und was falsch ist? Deshalb auch hierzu ein Tipp von mir: Sprich im Beisein von Stan mal John zum Thema an, was das Höchste und über allem Herrschende im Trading ist. John wird dir antworten: der *freiwillige Verzicht*. Ein super Thema. Verzicht ist das am weitesten verbreitete Phänomen im Börsenhandel. Die Disziplin, sich an ein Einstiegssignal zu halten, bedeutet für einen Trader: Er verzichtet auf andere Logiken. Für Stan momentan der Albtraum! Die Disziplin der Stopplogik bedeutet für ihn, auf den hier und jetzt entstandenen Profit zu verzichten, und würde ihn dazu zwingen, den aktuellen Bar nicht mehr so wichtig zu nehmen. Auch das ist, wie gesagt, momentan ein Albtraum für Stan! Die Disziplin, Verluste zu begrenzen, beinhaltet zum einen den Verzicht, darauf zu lauern, dass nach Erreichen des Stoppkurses der Markt dennoch in die Ursprungsrichtung dreht. Ein weiterer von Stans Albträumen, auch wenn dies zum anderen dadurch seine Belohnung findet, dass man auf möglicherweise größer werdende Verluste verzichtet. Die Disziplin, Gewinne laufen zu lassen, ver-

---

15 Ausführliche praktische Hinweise hierzu sind in DER HÄNDLER Band 2 nachlesbar.

16 Ausführliche praktische Hinweise hierzu sind in DER HÄNDLER Band 2 nachlesbar.

zichtet auf den aktuellen Gewinn. Mit der Disziplin, nach Erreichen eines – wie auch immer – definierten Zieles den Markt zu verlassen, müsste Stan freiwillig auf den Rest an Marktbewegung verzichten. Ein weiterer Albtraum für ihn! Du siehst, es gibt viel zu tun …

Für die Umsetzung wird Stan etliche Jahre brauchen. Das hast du ja an dir gesehen. Ist dir mittlerweile bewusst, warum das ganze Unterfangen so lange dauert? Oder anders: Wenn *Disziplin* oder *freiwilliger Verzicht* allein dastehen – als nackte Hauptwörter, kahl wie ein paar Gespenster, denen man ein Leinentuch borgen möchte –, wie ist es dann? Stan kann Fachliteratur lesen, Seminarinhalte studieren, Signale kaufen und nächtelang Gespräche mit anderen Tradern führen; aber gewinnt er dabei den Willen zur Disziplin oder zum freiwilligen Verzicht? Angenommen, er liest und hört tagtäglich durch uns davon, besitzt Stan es dann zeitgleich auch? Nein. Denn der Wille zur Disziplin und zum freiwilligen Verzicht ist zu fest verbunden mit der zufälligen Gestalt seines Auftretens! Dieser Wille geht durch den Trader, der ihn aufnehmen möchte, hindurch und lässt nur ein wenig Erschütterung zurück.

Daher stellt sich die Frage: Was fängt Stan also mit all dem gelesenen und gehörten Fachwissen im Börsenhandel an? Es wird auf Massen von Papier und Beamerleinwänden mit geradezu astronomischen Ausmaßen immer von Neuem gedruckt und reproduziert und wird ebenso unablässig von unzähligen Trading-Anfängern aufgenommen und genossen. Aber was geschieht dann mit diesem Fachwissen? Manchmal könnte man meinen, es entzieht sich beim Betrachten eines Charts dem irdischen Gesetz der Erhaltung. Wie Staubteilchen, die auf einen Trading-Anfänger herabsinken und langsam zur Ruhe kommen, steht dieses Wissen mitunter in keinem Verhältnis zum Aufwand, mit dem man es sich angeeignet hat. Schwupps, entschwindet der Wille, dieses Wissen mittels Disziplin und freiwilligem Verzicht auch anzuwenden.

Wenn Stan tagtäglich mit dem Trading loslegt, wird er noch eine ganze Weile in die erste Wurst beißen, die ihm der Chart hinhält. Klar, er ist hungrig, er will jetzt endlich ans Ziel, aber je länger er dabei sein wird, umso mehr wird er die Alternativen checken und sich nicht des erstbesten Chartgezappels annehmen. Zurzeit nimmt Stan noch das erste Angebot des Charts an und unterschreibt eigentlich alles, was der Chart gerade von ihm will. Er ist als Anfänger so berauscht von der Möglichkeit, jetzt endlich Gas geben zu können, dass er völlig durch den Wind ist. Wenn er dann einige Minustrades hinter sich hat, will er danach erst recht nur noch am Ziel ankommen und endlich mal einen positiven Trade haben. Erwischt er dann einen Trade, der sich positiv entwickelt, hat er Angst, auch dieser Trade könnte plötzlich anders verlaufen, und verstolpert sich. Die Logik – sofern vorhanden – geht deshalb auf den letzten Metern verloren, und er verkauft den Trade und damit sich unter Wert.

Nun gut, es ist schon spät. Hoffen wir also, dass Stan sich nicht als *Perfektionist* … herausstellt. Das wäre dann nämlich für uns ein Albtraum. Dann wären all unsere Mühen, die Zeit und das Geld umsonst investiert. Frag ihn doch mal in Beisein von John: »Wie definiert man Schwachsinn?« Pass auf, Stan wird ein bisschen rumgoogeln und herausfinden, dass es unzählige Definitionen gibt. Eine davon erzählt sicher sinngemäß: Ein Typ macht Hunderte Male haargenau dasselbe, erhofft sich jedoch jedes Mal ein anderes Ergebnis. Mit anderen Worten: Es rennt jemand Hunderte Male vor die Wand und wundert sich jedes Mal neu, dass das schmerzt.

Weißt du, wie ich da jetzt draufkomme? Ich habe mir, nachdem du das Büro verlassen hast, zwei Trades der vergangenen Tage angeschaut. Ich habe sie dir mal mit kurzen Anmerkungen beigefügt. Beide Bilder 1 und 2 zeigen den DAX-Future auf einem 10-Minuten-Chart. In beiden Fällen ersichtlich: Der Markt steht kurz vor einem sauberen *Punkt 2*, ebenso ist in beiden Fällen bereits ein markttechnisch definierter Trend vorhanden, und – auch wenn aufgrund der Skalierung hier jetzt nicht ersichtlich – in beiden Situationen läuft der Trend in Richtung des übergeordneten Trends auf der höheren Zeiteinheit. Jeweils kurz unter dem markierten *Punkt 2* sind in beiden Situationen weitere markttechnisch relevante Punkte vorhanden, beispielsweise das Tagestief.

Bild 1

Bild 2

Beide Charts sehen also nahezu identisch aus, daher habe ich auch beide Signale gehandelt. Den einen vorige Woche und den anderen Anfang dieser Woche. In beiden Fällen handelte ich nur die Bewegung.

Hier der Trade der letzten Woche: Bild 3 zeigt den detaillierten und in Bild 1 gelb abgedeckten Chartverlauf.

Bild 3

(Der blau markierte Einstieg ergibt sich aus dem Vortagestief und dem Punkt 2. Bedingt durch den beabsichtigten Handel der Bewegung werden Trailingstopps, unter Beachtung von Innenstäben, verwendet. Der erste Stopp liegt auf der Vorperiode, in der die Position eröffnet wurde. Üblicherweise wird der erste Stopp auf die Einstiegsperiode selbst gelegt, in diesem Fall liegt jedoch ein zu enger Kursverlauf zwischen Einstieg und aktuellem Hoch der Einstiegsperiode vor, daher wird das Hoch der Vorperiode herangezogen. Die Einstiegsperiode schließt innerhalb der Hoch-/Tiefspanne der Vorperiode und stellt damit einen Innenstab dar. Deshalb muss der Stopp zurückversetzt werden. Im vorliegenden Fall wird der Stopp aufgrund der Volatilität nicht nur um eine, sondern um zwei Perioden zurückversetzt. Aus diesem Grund liegt der Stopp nach Beendigung der Einstiegsperiode am zweiten Periodenhoch nach dem Außenstab. Die sechste Periode (Einstiegsperiode = erste Periode) beendet die Innenstäbe und schließt tiefer. Der Stopp kann nachgezogen werden. Die darauffolgende Periode definiert erneut einen Außenstab. Der Stopp wird zurückversetzt. Gegen 15:20 Uhr schließt die blau markierte Periode über der Hoch-/Tiefspanne des zuvor berücksichtigten Außenstabs. In der kommenden Periode steigt der Markt über das Hoch dieser Periode und die Position wird dort geschlossen.)

Der Markt lief und lief und der erste Teil der Position mit Handelsziel *Bewegung* wurde mit einsetzender Korrektur weit im Plus ausgestoppt. Ein guter Trade.

Beim zweiten Trade, Bild 4, hingegen konnte ich den Chart bereits nach der übernächsten Periode minimieren. Mit dem zugeklappten Chart klappte auch mein Gesicht zu, und ich nahm lächelnd in Kauf, abserviert zu werden, um mich so wieder zwischen allen anderen Tradern dieser Welt einzureihen. Man tradet also und weiß nie, was rauskommt, sondern lässt sich vom Marktverlauf überraschen, selbst wenn die Überraschung heißt: *mit Minus ausgestoppt.*

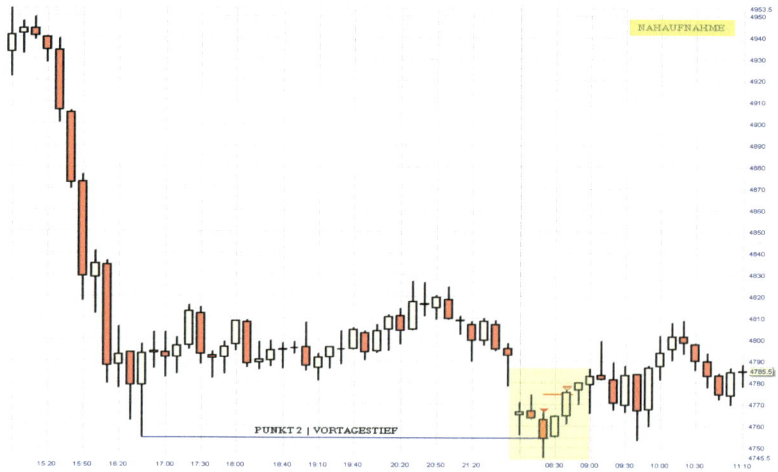

Bild 4

(Auch hier ergibt sich der blau markierte Einstieg aus dem Vortageshoch und einem Punkt 2. Bedingt durch den beabsichtigten Handel der Bewegung, werden Trailingstopps unter Beachtung von Innenstäben verwendet. Der erste Stopp liegt auf der Vorperiode, in der die Position eröffnet wurde. Üblicherweise wird der erste Stopp auf die Einstiegsperiode selbst gelegt, in diesem Fall liegt jedoch ein zu enger Kursverlauf zwischen Einstieg und aktuellem Hoch der Einstiegsperiode vor, daher wird das Hoch der Vorperiode herangezogen. Die Einstiegsperiode schließt innerhalb der Hoch-/Tiefspanne der Vorperiode und stellt damit einen Innenstab dar. Der Stopp muss daher zurückversetzt werden. Im vorliegenden Fall wird der Stopp aufgrund der Volatilität nicht nur um eine, sondern um zwei Perioden zurückversetzt. Dadurch, dass das Hoch der zweiten Periode vor dem Außenstab tiefer liegt, muss zwangsläufig die erste Periode nach dem Außenstab herangezogen werden. Die dritte Periode (Einstiegsperiode = erste Periode) stoppt die Position mit Minus aus.

So, und was sagt uns das?

… *wir, als Trader machen ein und dasselbe, und jedes Mal kommt etwas anderes heraus!* Das hatten wir doch gerade ein paar Zeilen weiter oben schon mal …?! Weißt du, genau das ist der Grund, warum leider 90 Prozent und mehr der Trading-Anfänger auf diesem Planeten die Sonne kurz nach Beginn ihrer Karriere nicht mehr sehen. Sie scheitern als Egomanen. Es geht ihnen oftmals nicht um den *beständigen* Gewinn, also um die Sache, sondern entweder darum, Macht zu demonstrieren, oder darum, Recht zu haben. Ich weiß, das steht in jedem Buch und Newsletter, und wir haben es tausendmal durchgekaut, das ist also so gesehen nichts Neues. Aber anders ausgedrückt bedeutet das: Stan muss sich, so wie wir auch, im Trading eher wie ein *Schwachsinniger* verhalten und, obwohl man tausendmal das Gleiche tut, im stillen Einvernehmen damit leben, dass dabei in der Regel tausendmal was anderes rauskommt.

Gedanken, Ideen und Visionen zu realisieren, macht jedem von uns unheimlich viel Spaß. Die Arbeit an Inhalten und die erfolgreiche Umsetzung dessen, was man in seinem Hirn ausgebrütet hat, ist immer klasse. Stan muss begreifen lernen, dass dies an der Börse aber leider nicht so einfach umsetzbar ist. Da kann die von der Wirklichkeit gegebene Antwort total verletzend wirken, denn es kann der wirklich tolle, gut ausgedachte Super-Perfekt-Trade, den man gerade frisch kreiert hat, der Börse einfach mal nicht schmecken, und der Chart zeigt einem trotz Fachwissen, Erfahrung und Disziplin die rote Karte. PENG. AUSGESTOPPT. Stan muss daher lernen, bei seinen Überlegungen immer der Sache selbst höchste Priorität einzuräumen. Fakt ist, Stan wird die kommenden Jahre nicht überleben können, wenn er nur sein Ego durchsetzen will. Er muss begreifen, dass es ihm egal sein muss, ob er nach unzähligen Minustrades sogar auf dem Bauch kriechen muss, um sein Ziel zu erreichen. Nimm nur allein meine letzte Woche: Mir sind die Fehltrades nur so um die Ohren geflogen, und trotzdem habe ich nicht aufgegeben.

Stan muss also lernen, über seinen Schatten zu springen. Viele Trader schaffen das nicht. Denen ist es wichtiger, dass sie Recht behalten, dafür gehen sie dann zusammen mit ihrem Ego unter. Oder sie wollen einfach nicht zugeben, dass sie keine Ahnung haben oder einfach falschlagen. Anders gesagt: Stan kann einen Fehltrade außer als kleinen Schmerz auch als tiefste Kränkung empfinden, wodurch der Schmerz unerträglich wächst. Stan muss lernen, jeden Fehltrade sportlich zu nehmen, als ein Hindernis, von dem er sich weder einschüchtern noch in blinden Zorn für die nachfolgenden Trades versetzen lassen darf. Im Idealfall bemerkt er ihn emotional überhaupt nicht.[17] *Ihn emotional nicht bemerken* … ein *starker* Gedanke übrigens. Im letzteren Fall ist nämlich nichts anderes geschehen, als dass er den Fehltrade in den allgemeinen Zusammenhang, nämlich das selbst auserwählte Leben eines Traders, eingeordnet hat und sich daher jeder Trade als Aufgabe erweist, die er als Trader zu bewältigen hat.

Und gerade durch diese Einstellung, dass ein Trade seine Bedeutung ja *ohnehin* erst durch seine Stellung in einer Kette *folgerichtiger Handlungen* erhält, wird Stan zeigen, dass er den einzelnen Trade nicht nur als ein persönliches Geschehnis, sondern – durch das Wissen, dass diesem Trade noch Hunderte weitere folgen werden – als eine sachliche, nicht persönliche Herausforderung seiner geistigen Kraft und seines unerschütterlichen Willens ansieht.

Bemerkenswert ist, dass allerhand Unterscheidungen gebräuchlich sind, um je nach der Lage ein sachliches oder ein persönliches Verhalten anzuwenden oder zu fordern. Seltsamerweise wird das, was sich bei uns, und als Ziel künftig auch bei Stan, beim Trading wie auch allgemein im Leistungssport als überlegene mentale Willenskraft definiert und als notwendige Voraussetzung angefordert wird, von Menschen, die nicht traden oder Leistungssport betreiben, als Gefühlskälte, Herzlosigkeit oder Härte empfunden. Ein Mensch zum Beispiel, der präzise, sachlich und willensstark seine Widersacher tötet, gilt entweder als besonders roher und brutaler Killer oder als Held, je nachdem, ob dies in einem Krieg geschieht und Täter und Opfer verschiedene Uniformen tragen, oder nicht.

Einem Physiker, der, in den zarten Armen seiner Frau liegend, an einer Formel weiterrechnet, wird dies als langweilige Trockenheit oder gar als Verschrobenheit ausgelegt, und seiner unbeachteten Frau wird auch der Ruhm unter Gelehrten oder das Preisgeld eines Nobelpreises nicht über ihr Unglücklichsein hinweghelfen. Von Soldaten also, aber auch von Polizisten und Richtern, fordert man diese emotionale Unerschütterlichkeit, die man bei anderen verurteilt, geradezu, und ohne dass wir uns weiter auf die Moral dieser Beispiele einzulassen brauchen, fällt die Unsicherheit auf, mit der jedes Mal ein Kompromiss zwischen *sachlich* richtigem und *emotional*

17 Ausführliche praktische Hinweise hierzu sind in DER HÄNDLER Band 2 und 4 nachlesbar.

korrektem Verhalten geschlossen wird. Trading stellt daher mit seiner Art des Verhaltens nicht eine neue Art des Denkens dar, sondern reiht sich fein säuberlich unter anderen Berufen ein.

Daher hoffe ich, dass Stan einsieht, dass – bezogen auf den Ausgang eines Trades – Perfektionismus im Trading nicht das Optimum sein kann. Klar hätte ich bei dem Fehltrade in Bild 4 auch sagen können: »Hallo Leute, habe ich das nötig? Was soll der Sch… hier?!« Aber was hätte mir das gebracht? Dies zu umgehen, ist Bestandteil der Krankheit, könnte man als Trading-Doc sagen. Für die Signallogik wäre das wirklich super schade gewesen, denn in dieser Woche waren alle anderen Trades so, wie ich sie haben wollte, siehe Bild 3, und es sind aus allen Signalen positive Trades geworden.

Also hoffen wir, dass Stan durchhält! Aber um durchzuhalten – und Stan weiß ja nie, in welcher Reihenfolge die Fehltrades auftauchen –, ist das Geldmanagement so irre wichtig. Aber darüber lasse ich mich heute nicht mehr aus. Das machen wir mal wann anders.[18] Wichtig ist vorerst für Stan, dass er erkennt, dass die wahrhaftigen Unterschiede zwischen ihm als Anfänger und uns weder in der Summe der Handelsstunden noch in der Summe des Geldes oder in der Frage Fremd- oder Eigenkapital liegen, sondern hauptsächlich in dem eigenen Stil und dessen *Beständigkeit*. Gib uns weniger Geld … na und? Gib uns nur eine Stunde am Tag Zeit zum Trading … na und? Lass uns ausschließlich nur mit eigenem Geld traden … na und? Nimm uns den Zielwert und lass uns als Rendite nehmen, was immer wir wollen … na und? Aber: Nimm uns unseren Stil … *Autsch!* Oder: Zwinge uns, die Logik zu wechseln, wenn ein Trade mit Minus beendet wird … *Autsch, Autsch!!*

Also gilt: Wir müssen unserem Bambino, wie auch einst dir, lieber Philip, um durch diese echt brutale Trading-Welt zu kommen, immer wieder den einen besonderen Rat geben: Finde deinen Stil und übe »schwachsinnige Beständigkeit«. Stan wird zwar immer wieder meinen, dass wir gut reden haben und das für alle gelten mag, für ihn jedoch sicher nicht. Das ist aber falsch, es gilt für jeden Trader. Auch für Stan! Er muss nur zeigen, dass er willens ist, besser zu sein als die anderen 90 Prozent Anfänger, dann kommt er weiter. Das nennt man schlicht und einfach Leistungsprinzip!

Auch du, Philip, musstest, um deinen Traum zu verwirklichen, arbeiten wie ein Galeerensklave, und kannst nun mit Gewissheit sagen, dass der liebe Börsengott vor den Trading-Erfolg den Schweiß gesetzt hat. Das ist das Geheimnis der Extrameile. Als andere Trader aufhörten oder aufhören mussten, weil sie nicht auf ihr eigenes Verhalten reagieren konnten, musstest du noch eine Meile extra laufen, um besser zu sein. Oder anders: An der Börse verdientes Geld ist Schmerzensgeld. Erst kommen die Schmerzen, dann das Geld. – Das ist doch fair, oder? Aber ich denke, darin sind wir uns jetzt, wo wir uns so viele Jahre kennen, ja, vollkommen einig. Einzig gültige Autorität ist die Vernunft im Trading, und alle meine Empfehlungen stützen sich darauf.

Und jetzt will ich dich nicht länger quälen mit meinen Gedanken und Ratschlägen. Ich wünsche dir noch einen schönen Abend und morgen einen guten Flug. Und viel Spaß mit den Kollegen in Bangkok und besonders mit dem Bambino!

Sei gegrüßt,
Hofner

18 Ausführliche praktische Hinweise hierzu sind in DER HÄNDLER Band 4 nachlesbar.

ERLÄUTERUNGEN

... Time-&-Sales-Liste (T&S-Liste)

Die Time-&-Sales-Liste zeigt das Ergebnis der Kursfeststellungen. Hier werden nicht die Aufträge dargestellt, sondern die Ergebnisse der Aufträge, also der neue Kurs. Welches Volumen, gleichbedeutend mit dem Begriff Umsatz, zu diesem Kurs umgesetzt wurde, steht hinter dem Kurs. Die Uhrzeit, zu welcher die Kursfeststellung erfolgte, ist ebenfalls einsehbar. Diese Liste ist nicht zu verwechseln mit dem eigentlichen Orderbuch der Börse.

Aus der T&S-Liste ist u. a. die Liquidität eines Wertes erkennbar. In Future-Märkten erfolgt eine neue Kursfeststellung mitunter mehrmals in einer Sekunde (Bild 1), in anderen Werten können aufgrund des geringen Order-Verhaltens der Marktteilnehmer mitunter Stunden vergehen, bis ein neuer Kurs zustande kommt.

(Weitere Details im Fachbuch *Das große Buch der Markttechnik* auf den Seiten 76 ff., 128 ff.)

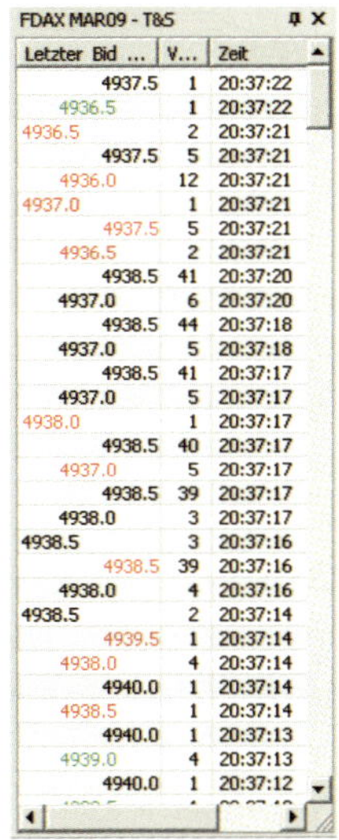

FDAX MAR09 - T&S

Letzter Bid ...	V...	Zeit
4937.5	1	20:37:22
4936.5	1	20:37:22
4936.5	2	20:37:21
4937.5	5	20:37:21
4936.0	12	20:37:21
4937.0	1	20:37:21
4937.5	5	20:37:21
4936.5	2	20:37:21
4938.5	41	20:37:20
4937.0	6	20:37:20
4938.5	44	20:37:18
4937.0	5	20:37:18
4938.5	41	20:37:17
4937.0	5	20:37:17
4938.0	1	20:37:17
4938.5	40	20:37:17
4937.0	5	20:37:17
4938.5	39	20:37:17
4938.0	3	20:37:17
4938.5	3	20:37:16
4938.5	39	20:37:16
4938.0	4	20:37:16
4938.5	2	20:37:14
4939.5	1	20:37:14
4938.0	4	20:37:14
4940.0	1	20:37:14
4938.5	1	20:37:14
4940.0	1	20:37:13
4939.0	4	20:37:13
4940.0	1	20:37:12

Bild 1

... Trend | Bewegung | Korrektur

Ein Trend aus der Sicht der Markttechnik liegt dann vor, wenn lokale Hochs und Tiefs ansteigen bzw. fallen. Zur Trendfindung werden die lokalen Hoch- und Tiefpunkte herangezogen. Vorsicht, es wird oft der Fehler gemacht, sich zu sehr auf die einzelne Periode bzw. den einzelnen Bar zu konzentrieren.

... Bewegung

Ein Bestandteil des Trends ist die Bewegung. Die Bewegung zeichnet sich in der Regel durch einen sauberen, schnellen Chartverlauf in einem Trend aus. Der Bestandteil – Bewegung – eines Trends läuft innerhalb weniger Perioden und mit dem höchsten Momentum ab.

... Korrektur

Die Korrektur ist der zweite Bestandteil des Trends. Diese stellt sich in der Regel als eher unsauberer Chartverlauf dar. Die Korrektur ist ein sehr wichtiger Baustein in einem Trend, denn erst durch Positionsneueröffnungen und -wechsel von Marktteilnehmern ist ein anhaltender Trend möglich.

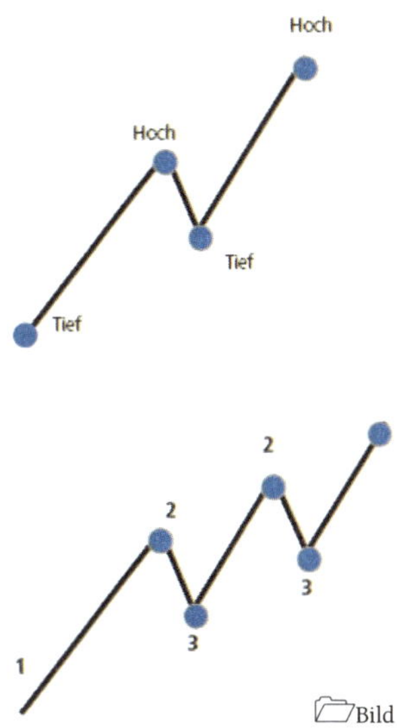

Bild 2

(Details nachzulesen im Fachbuch Das große Buch der Markttechnik auf Seite 106 ff.)

… 1-2-3-Punktzählung

Ein 1-2-3 dient der Definition lokaler Hoch- und Tiefpunkte eines Trends und ergibt sich aus den ersten drei Punkten eines Trends. Durch die Markierung oder Benennung dieser Punkte ist eine eindeutige Zuordnung möglich. Diese Zuordnung könnte auch mit jedem anderen Zahlenwerk oder Buchstaben etc. erfolgen. Die Punkte 1 bis 3 werden nachstehend zusammengefasst.

… Punkt 1

Erster Punkt in der Punktzählung eines Trends. Er markiert im beginnenden Aufwärtstrend den tiefsten bzw. im beginnenden Abwärtstrend den höchsten Punkt und den Beginn der Bewegung.

… Punkt 2

Zweiter Punkt in der Punktzählung. Er ergibt sich als Hochpunkt (Aufwärtstrend) bzw. Tiefpunkt (Abwärtstrend) der Bewegung. Es folgt eine Korrektur. Nach Beendigung der Korrektur und Beginn einer neuen Bewegung dient dieser Punkt u. a. in der Markttechnik als Einstieg.

… Punkt 3

Dieser Punkt ergibt sich als neuer Tiefpunkt (Aufwärtstrend) bzw. Hochpunkt (Abwärtstrend). Dieser Punkt stellt den Hoch- bzw. Tiefpunkt der Korrektur dar. Er kann erst bei Durchbruch durch *Punkt 2* definitiv als *Punkt 3* festgelegt werden, denn erst jetzt würde bei einem erneuten Drehen des Marktes ein neuer *Punkt 2* entstehen. Wie auch *Punkt 1* ist *Punkt 3* der Startpunkt einer Bewegung.

Bild 3

... *Punkt 2* – Bedeutung aus markttechnischer Sicht
Dieser Punkt wurde als Drehscheibe für Positionen erkannt. An diesem Punkt kommt es zum *Ausstoppen*, zum *Positionsdrehen* und zur *Neueröffnung* von Positionen. An diesem Punkt stehen die Marktteilnehmer im Orderbuch kurzzeitig auf derselben Seite. Bei einem Durchbruch durch *Punkt 2* entstehen in aller Regel die größten Bars im Marktverlauf. Beispiel siehe Bild 3-4.
Bild 3 zeigt den großen Trendverlauf des FDAX auf einem 10-Minuten-Chart. Die rote Linie am *Punkt 2* kennzeichnet dessen Durchbruch. Bei Unterschreiten dieses Punktes handelt der Trader eine der drei Handelsausrichtungen *Trend*, *Bewegung* oder *Ausbruch* oder alle gleichzeitig. Dabei beachtet er, dass jede der Ausrichtungen ein anderes Stoppverhalten, *eine andere* zeitliche Ausrichtung und mentale Einstellung erfordert. (Details im Fachbuch *Das große Buch der Markttechnik* auf Seite 217 ff.)

Bild 4

In Bild 4 sind die untergeordneten Trends aus Bild 3 eingezeichnet. Diese liegen innerhalb des großen Trends aus Bild 3. Diese Trends sind zwar auf diesem 10-Minuten-Chart ersichtlich, würden aber weder zum Handel, sprich Einstieg, noch zur Stoppversetzung herangezogen werden können. Aufgrund der fehlenden Deutlichkeit – zeitliche Entstehung sowie die Punktgröße des Spannungsverhältnisses zwischen *Punkt 1, Punkt 2* und *Punkt 3* – gehören diese Trends eher auf die untergeordneten Zeiteinheiten von drei Minuten oder einer Minute oder besser gleich auf den Tickchart.

(Diesem Thema wird in den kommenden Buchbänden von DER HÄNDLER besonderes Augenmerk geschenkt.)

Bild 5

Bild 5 zeigt einen Chartverlauf aus Bild 3 und 4 ohne Hinweise. So erhält der Leser die Möglichkeit, die Hinweise nochmals selbstständig am reinen Chart nachzuvollziehen.

… Punktzählung symbolisiert die Orders

Fassen wir die genannten Positionen zusammen: Entsteht bei einem ansteigenden Markt und einem Durchbruch durch den entstandenen *Punkt 2* folgendes Order-Schema, siehe Bild 6.

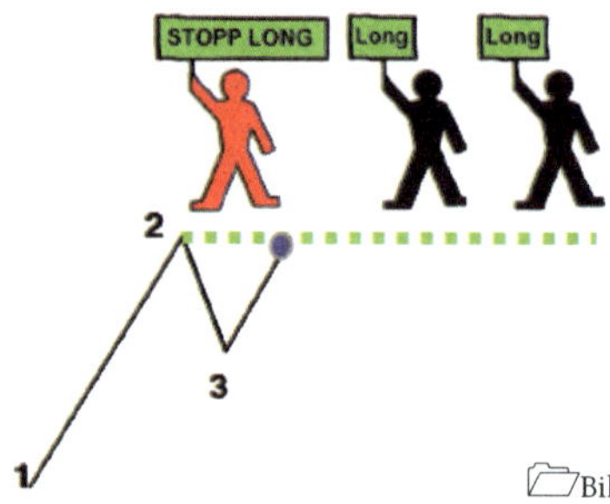

Bild 6

Die Trader, die auf fallende Kurse spekuliert und somit noch offene Short-Positionen haben, hatten diese durch *Stopp-Long-Orders* im Verlust abgegrenzt und werden nun ausgestoppt. Ausgestoppt bedeutet, dass Long-Kontrakte zur Glattstellung geordert werden müssen. Der Markt übersteigt den vorherigen *Punkt 2*.

Somit war die Short-Position tendenziell falsch, und ein Positionswechsel wäre sinnvoll. Diese ausgestoppten Trader sind dann teils auch bereit, ihre Positionen zu drehen. Es wird somit von short positionierten Tradern die doppelte Kontraktanzahl geordert. Diese Orders dienen zum einen der Positionsschließung (*Symbol-Männchen 1*) und zum anderen der Positionseröffnung (*Symbol-Männchen 2*). Trader, die keinerlei Position hatten, eröffnen bei Überschreiten von *Punkt* 2 Long-Positionen und spekulieren auf einen Trend (*Symbol-Männchen 3*).

Die Trader, die bei dem Durchbruch durch Punkt 2 bereits long waren, treten nicht in Aktion, da der steigende Markt ihre Erwartungen erfüllt. Diese Trader werden je nach Handelsausrichtung und -ziel nun lediglich ihren Stopp auf den neu entstandenen Tiefpunkt, *Punkt 3,* nachziehen.

(Weitere Beispiele und aufbauende Gedanken zu den Handelsausrichtungen werden in den kommenden Bänden der Serie DER HÄNDLER erläutert.)

… Innenstab

Der Markt bildet oft Bars aus, die innerhalb der Spanne eines vorherigen Bars schließen. Solche Bars werden Innenstäbe genannt. Innenstäbe haben für das Trading die fatale Eigenschaft, über die Hochs oder Tiefs des Außenstabs gehandelt zu werden und trotzdem innerhalb der Hoch-/Tiefspanne des Außenstabs zu schließen. Ebenso fällt der ständige Richtungswechsel der einzelnen Bars auf. Da diese Eigenschaft und die Beziehung der Eröffnungs- und Schlusskurse der Innenstäbe zur Hoch-/Tiefspanne des Außenstabs auf den ersten Blick selten direkt wahrnehmbar sind und daher auch nur selten erkannt werden, kommen die meisten kurzfristigen Fehltrades innerhalb bzw. während dieser Innenstäbe zustande. Aus diesem Grund erlangen Innenstäbe für das markttechnische Trading, speziell die Stoppsetzung, eine sehr hohe Bedeutung.

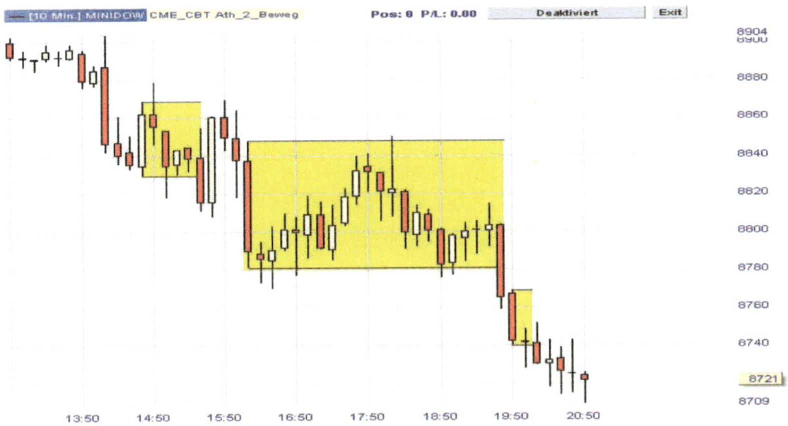

Bild 7

(Detailliert nachzulesen im Fachbuch *Das große Buch der Markttechnik* auf Seite 185 ff.)

Nachgedacht ...

Schreiben Sie doch einfach Ihre wichtigsten fünf Ziele auf und halten Sie bis zum Lesen des nächsten Bandes durch.

Ich, Trader ____,

nehme mir bis zum Lesen des nächsten Bandes Folgendes vor:

MICHAEL VOIGT

Der Händler

Band 1 – 3

Band 1 *Ein ganz normaler Tradingtag und Menschliches, allzu Menschliches*

Band 2 *Lieber einen Monat in der Hölle, als einen Tag Trader sein*

Band 3 *Zurückhaltung ist der bessere Teil von Tapferkeit*

FBV

Man sagt und liest immer wieder,
ein Trader dürfe nie zum Regel-Abenteurer werden,
obgleich sich das Leben als Trader
zu Beginn meist nach frühlingshafter Aufbruchsstimmung,
nach einer immerwährenden Brautzeit anfühlt
und Körper und Kopf des Traders sich sicher sind,
diese Lust auch künftig stets zu spüren.
Aber wie soll ihm das gelingen?

Ist es doch, wenn wir ehrlich sind, so,
dass im Trading der Übergang vom Abenteuer zum Gefühl der Langeweile
ungefähr der gleiche ist wie der Übergang
vom wilden Ungestüm eines jungen Menschen
zu der höheren Besonnenheit des Erwachsenen.
Sie bleibt so lange eine lächerliche Vorhaltung,
bis man sie mit einem Mal selbst hat.

Michael Voigt, 2009

Für meine Familie

und für alle stillen Kämpfer
hinter den Monitoren dieser Welt,
die zwischen den Zeilen dieser Buchserien lesen.

VORWORT

Die Wunder und Abenteuer des Tradings, ob spektakulär oder alltäglich, bieten schon immer ein Fenster zum Glauben und Hoffen. Die Erfahrung von Staunen, Furcht und Faszination, die so manchen Trader überkommen kann, wenn er außer Atem die Positionsveränderung anstarrt oder nachts vor Grübelei, Zorn oder Freude kein Auge zubekommt, ist die Erfahrung, die zu Recht »die Erfahrung mit dem eigenen Ich« genannt wird. Manch eine Stimme behauptet sogar, dass der Teil eines Traders jenseits von Fachwissen und Regelwerken fast manchmal schon un- oder übernatürlich ist. Manch andere hingegen schütteln bei solchen Aussagen lächelnd den Kopf.

Doch eine Ahnung dessen, wie es wohl nun wirklich sein mag, solch ein Hobby kennenzulernen, bekommen wir nur durch die überwältigende, süchtig machende Erfahrung des Staunens über einen Live-Chart.

Schon immer streiten Neulinge in der Materie darüber, wie man – die einen mit, die anderen ohne in dummes Geschwätz abzudriften – die Marktbewegungen am angemessensten, genauesten, widerspruchfreiesten, systematischsten und perfektesten analysieren kann. Mitunter enden solche Diskussionen in solchem unpraktischen Irrsinn gleich dem Streit darüber, wie viele Engel wohl auf einer Nadelspitze Platz finden. Was wohlgemerkt so ganz uninteressant auch wieder nicht ist.

Stellt sich die Frage, ob es eine allgemeingültige Theorie oder eine Art »visuelle Ästhetik« für die *einzig richtige* Wahrnehmung von Charts gibt. Wohl kaum. Sicher ist nur, dass beim Betrachten von flackernden Charts nur das erkennbar wird, was vertraut ist: ein paar Trendlinien, vielleicht ein *Punkt 2* oder eine lang gezogene Korrektur hier und eine *zügige* Bewegung, der niemals überwindbare Widerstand, vielleicht die todsichere Unterstützung irgendeiner tollen Kursmarke oder eines der bekannten Muster aus Candlestick Co. oder, nicht zu vergessen, ein Signal aus dem riesigen Universum der Zauberindikatoren. Und dennoch: Diese Handelsregel, denkt man manchmal, wäre vielleicht ganz gut, aber ist es auch die meine? Ist diese Wahrheit über den Börsenhandel, die ich kennengelernt habe, denn auch meine Wahrheit? Deren Einstiege, Stopps, Set-ups und vor allem deren verführerische Musterbeispieltrades, die zum Folgen locken und in die man sich stürzt – ist das tatsächlich mein Stil oder entpuppt sich dies doch vielleicht nur als eine Verirrung, ein nebliger Hauch, der ungreifbar auf meinen noch verbogenen Handelsstilen ruht?

Es sind die fertigen Einteilungen und Formen des Tradings, die oftmals Misstrauen hervorrufen, aber dennoch ihresgleichen suchen und denen man sich als Trader keineswegs entziehen kann. Denn wir alle sind Menschen und mit der vorgegebenen Prägung ins Leben geschickt worden, fertige Ideen zu bewundern und anzuerkennen. Wir lesen und beschäftigen uns gerne mit logischen und rationalen Trading-Ideen, finden aber seltsamerweise nicht unbedingt Gefallen an ihrer Verwirklichung.

Aber wäre es denn unmöglich, aus den vielfältigen, detaillierten Formeln und dem filigranen Geflecht von Logiken und verworrenen Regelwerken seinen Stil zu kombinieren? Oder ist es lediglich einfacher zu sagen: Ich warte nur noch diesen einen Trade ab, vielleicht wird es der Mega-Monster-Trade … und die ganze Stilsache erübrigt sich.

Zum Glück handelt es sich bei der Technischen Analyse um ein amorphes, seine Gestalt je nach Betrachtungswinkel wandelndes Konzept, das die unterschiedlichsten Interpretationen zulässt und dennoch immer auf denselben Ursprung – Bewegung, Korrektur und das Wechselspiel der Marktteilnehmer im Kontext ihrer Zeiteinheiten – zurückzuführen ist. Jeder Trader wird deshalb früher oder später sein Regelwerk finden – finden müssen.

Im Großen und Ganzen stellt diese Buchreihe einen außerordentlich beharrlichen Versuch dar, klar zu denken. Und ich glaube, dass sich mancher Leser darüber freuen wird, diese Diskussion sozusagen belauschen zu können. Daher habe ich es auch in diesem Band für lohnend gehalten, nicht nur die technische Sichtweise des Börsenhandels auszudrücken, sondern auch hier wieder die Diskussion über die mentale Sichtweise aufzunehmen, wie sie von erfahrenen Tradern geführt wird.

Das alles macht diesen zweiten Band – wie auch die gesamte Buchserie – eher zu einer Einladung und weniger zu einem Traktat oder einer Vorlesung. Sie geht schlichtweg von gemeinsamer menschlicher Erfahrung und Vernunft aus. Es empfiehlt sich daher nach wie vor eine spezielle Auslegung – die Romanform. Doch dabei möchten diese Zeilen sein wie jemand, der versucht, seinen Freund dazu zu bewegen, an seinem Lieblingsmusikstück Gefallen zu finden oder ihm begreiflich zu machen, warum er von einem bestimmten Gemälde schwärmt.

Und somit fangen wir wieder an, das Trading zu erforschen, die seltsame Hartnäckigkeit der Unvernunft zu verstehen, mit der es den Globus der Börsen umspannt. Wir wollen ihm erneut auf die Schliche kommen!

Zudem könnte es sein, dass auch diese Geschichte wieder mit Ihrem Trading – lieber Leser – das eine oder andere zu schaffen hat …

Danksagung

Den vorliegenden Band zu schreiben, war mir ein Vergnügen. Was nicht heißen soll, dass es keine Arbeit war – aber eben sehr angenehme Arbeit.

Selbstverständlich hatte ich auch Hilfe. Die meisten, die mir geholfen haben, haben dies unwissentlich getan – indem sie mich dazu ermuntert und angetrieben haben, den Blick über den Chart-Monitor hinausgehen zu lassen und Sinn in der Gesamtheit des Tradings zu finden. Zwangsläufig am meisten angetrieben haben mich dabei Gespräche mit Kollegen in entspannter Runde nach Feierabend; doch auch manch Seminarteilnehmer und andere Trader haben in dieser Hinsicht mitgewirkt. Dank an Euch alle.

Ein besonderes Wort des Dankes geht an meine Assistentin Frau Posselt, die den Text geduldig getippt und korrigiert hat und sich auch dann noch hartnäckig weigerte zu meutern, als wir abermals von vorn anfingen. Dank geht auch an H. Aderhold, H. Boettger und Frau Braun. Holger danke ich für die Suche nach dem Sinn von »Plitsch, Platsch …«. Erdal, auch Dir vielen Dank für Deine Hinweise und alles Gute für Dein Projekt.

Auszug aus Hofners Tagebuch:

»... jeder Trader wehrt beständig den eindringenden Kontoverlust ab.
Zuletzt muss dieser siegen,
denn 90 % der Trader fallen ihm
– oft schon kurz nach der Kontoeröffnung – anheim
und er spielt nur eine Weile mit seiner Beute,
bevor er sie endgültig verschlingt.
Der Trader setzt indessen sein Trading
mit großer Beflissenheit und Sorgfalt so lange wie möglich fort,
so wie man eine Seifenblase so lange und groß wie möglich aufbläst,
gleichwohl mit der festen Gewissheit, dass sie platzen wird.«

*

Die Tachonadel des Taxis zitterte sich über 120 km/h, während es mit Philip inmitten des Sonnenaufgangs Richtung Flughafen fuhr. Die Sonne färbte den Himmel rosa, sodass er sich nun wie Zuckerwatte in den Dächern und Fenstern spiegelte. Ein paar Wolkenfetzen hingen über dem Horizont, ansonsten war es klar. Die Luft hatte die kühle Frische eines neuen Anfangs nach der Ruhe der Nacht. Philip blickte mit verschlafenem Augen in den erwachenden Tag.

Ihm schossen immer wieder die gleichen Bilder durch den Kopf: Der sinnlose Minustrade von gestern. Der vergessene Stopp und vor allem das Ärgernis, es besser gewusst zu haben. Und natürlich das Treffen mit Ecki.

Mannomann, so viele Seminarstunden, und trotzdem ist Ecki pleite. Himmel-herrgott ...

Als Philip bewusst aus der Seitenscheibe des Taxis blickte, sah er wie jeden Morgen nichts als konzentriertes Unglück. Echt. Es war eine Tatsache: Je früher man aufstand, desto unglücklicher waren die Mitmenschen, die man traf. Das ist so, weil vor sechs Uhr kein normaler Mensch freiwillig irgendwo hin will, überlegte Philip. Weil alle müssen. Weil sie vor ein paar Jahren einen Vertrag unterschrieben haben, in dem steht: Arbeitsbeginn sechs Uhr. Und jetzt fahren sie Tag für Tag, Woche für Woche, Monat für Monat, Jahr für Jahr von A nach B, bevor der Tag überhaupt richtig beginnt.

Philip war froh, ein Berufshändler geworden zu sein. Dennoch war ihm bewusst, dass er jeden Tag nur eine einzige falsche Entscheidung davon entfernt war, ebenfalls um sechs Uhr an der Bushaltestelle zu stehen. Das war so, das ist so und das würde auch immer so bleiben: Der eine Trader stand schneller an der Bushaltestelle, bei dem anderen dauerte es länger. Während beim Anfänger mitunter ein einziger Trade reichte, damit der Wecker ab sofort wieder in aller Herrgottsfrühe klingelte, entschied beim erfahrenen Trader etwas anderes darüber, wann der »Wecker der Fremdbestimmtheit« diesen aus der Kuschelmulde holte. Hier zählte nicht das angeeignete Wissen, sondern es kam auf die daraus resultierenden Entscheidungen an. Das Bindeglied zwischen beiden war, wie sollte es anders sein, die Disziplin. Sollte sie nicht vorliegen, so mochte man zwar tolle Regelwerke haben, traf aber dennoch letztendlich Entscheidungen wie ein fachlich unversierter Anfänger. Dementsprechend konnte jeder Trading-Tag der letzte sein, und am darauf folgenden hieß es wieder sechs Uhr früh: *Ring-ring-ring*, aufstehen!

Das Taxi passierte ein erwachendes Dorf und befuhr die steile Landstraße in Richtung Autobahn. Ein Austräger stopfte bereits die neuesten Werbenachrichten in die Briefkästen der Dorfbewohner, ein Müllauto sammelte die weggeworfenen Reste der Zivilisation ein. In der lang gezogenen Rechtskurve der Autobahnauffahrt musste Philip gähnen. Obwohl sich alle darin einig sind, dass das Leben eines durchschnittlichen Trading-Anfängers aus einem herben Verlust nach dem anderen bestand, sprachen nur wenige darüber, dass in den späteren Jahren eines fortgeschrittenen Traders der schlimmste Verlust der einer gut durchgeschlafenen Nacht ohne Gedanken rund um den Markt war.

Philip hatte diese Lektion in den vergangenen Jahren nur allzu gründlich gelernt. Einst vergingen die Nächte nach halsbrecherischen, von Aktionismus getriebenen Trades mit oberflächlichem Dösen, das fast nie die Sphäre des tiefen, gesegneten Schlummers erreichte; er wachte nachts so häufig auf, dass er oft Angst davor hatte, überhaupt ins Bett zu gehen. Wie die meisten an Schlaflosigkeit leidenden Trading-Anfänger hatte er am Morgen das Gefühl, viel weniger geschlafen zu haben, als es tatsächlich der Fall war; oder die ganze Nacht wach gelegen zu haben. Oft konnte er nur feststellen, dass er überhaupt geschlafen hatte, indem er seine nächtlichen Gedanken einer sorgfältigen Prüfung unterzog und erkannte, dass er in wachem Zustand nie so ausführlich über derart bizarre, irrationale Dinge nachgegrübelt hätte.

Aber heute Morgen wusste er überhaupt nicht, wie lange er effektiv geschlafen hatte. Die Idee eines fliegenden Trading-Büros mit dem Namen »Air-Trade-Force Number One« musste aus dem Reich der Träume stammen; seine sonstigen nächtlichen Gedanken, vor allem jene, die sich mit Ecki beschäftigten, waren im dazwischenliegenden Niemandsland angesiedelt, denn sie besaßen weder die Klarheit und Zielstrebigkeit des vollen Bewusstseins noch die schrullige Launenhaftigkeit von Traumbildern.

Während der Taxifahrer an der Steigung zügig eine Kolonne schnaufender LKWs überholte, schloss Philip die Augen. Das half ihm dabei, sich noch einmal die nächtlichen Fantasien und Bilder beim Einschlafen ins Gedächtnis zu rufen. Besonders die Geschichte um den ruinierten Ecki, dessen Handelstage im Büro und das gestrige zufällige Treffen wollte er sich nochmals vor Augen führen.

Heiliger Bimbam, und erst dieses vorwurfsvolle Telefonat: »… ihr hättet mich doch vom Trading abhalten müssen!«

Philip hatte immer gedacht, Börsenhandel sei grundsätzlich jedem vermittelbar. Doch dann kam Ecki, bewies anscheinend das Gegenteil und warf ihn damit völlig aus der Bahn. Vielleicht war Ecki ja der Beweis dafür, dass mancher Trader zu Beginn dem falschen Mythos huldigt: Schnell ein paar Coachingstunden, ein, zwei Fachbücher und dann ab in ein ruhiges Leben, nur noch ein paar Mausklicks am Tag, um schließlich als Folge dieses Irrglaubens Vermögen, innere Ruhe und die Familie aufs Spiel zu setzen. Philip wusste aus eigener Erfahrung, dass bei vielen

Trading-Anfängern aus den unschuldigen Anfängen und der Munterkeit von einst ein knallhartes Fangen- und Versteckspiel mit den Chartverläufen und dem Bau von emotionalen Festungen wurde. Sie gingen unbelastet ran, dann kam Argwohn ins Spiel und das zu Beginn so leidenschaftliche Feuer verlor im Lauf der folgenden Monate und Jahre an Intensität, das Dasein als Trader wurde unerbittlich komplizierter. Schließlich stellte man fest: Die Zeit vor dem Trading war die beste des Lebens gewesen. Philip dachte an die vorwurfsvollen Worte Eckis, man hätte ihn vom Trading abhalten sollen, man habe doch schließlich seine Misserfolge gesehen. Doch er musste Hofners Ansicht Recht geben: Was hätte der Versuch genützt, Ecki vom Trading abhalten zu wollen? Er hätte es dann doch erst recht weitergeführt.

Philip merkte, dass er mit seinen Gedanken nicht so recht vorankam. Er war wohl einfach noch zu müde und unausgeschlafen, und die wegen der morgendlichen Kühle im Taxi laufende Heizung machte zusätzlich schläfrig. Philip fiel in einen tiefen, 154 km langen Schlaf.

»Äh … 'tschuldigung! 244,50 Euro!«, riss der Taxifahrer Philip aus seinen Träumen und schaltete die Taxiuhr aus.

Philip kramte verschlafen sein Geld hervor. »Danke für die ruhige Fahrt. Stimmt so und einen schönen Tag noch!«

07:44 Uhr. Philip stand rechtzeitig 90 Minuten vor Abflug am Flughafen, genau genommen in der Schlange am Schalter 18, und beobachtete hier Menschen mit verquollenen Augen und hochgezogenen Schultern, die durch das Flughafengebäude stolperten und darauf warteten, von einem ganz wichtigen Termin zum anderen, noch viel, viel wichtigeren zu jetten. Aber er sah auch Menschen mit bunten Rucksäcken, blassen Gesichtern und einem fröhlichen Grinsen, die es offenbar kaum erwarten konnten, von den verschiedenen Airlines in riesigen Jumbojets in den Urlaub gerüttelt zu werden. Er selbst war irgendwo zwischen diesen beiden Gattungen angesiedelt. Er jettete zwar zu einem Termin, trug aber trotzdem einen bunten Rucksack und ein Lächeln.

Nachdem er eingecheckt und den Zoll passiert hatte, saß Philip in einem dieser knallbunten Flughafenbistros, schlürfte einen überteuerten Kaffee und knabberte an einem Croissant herum. Mit dem Ticket in seiner Brusttasche hieß es jetzt nur noch, auf den Aufruf des Fluges zu warten. Leider gab es am Schalter kein Upgrade mehr auf die First Class, und Philip bedauerte es umso mehr, dass die Reise nach Bangkok so kurzfristig angesetzt worden war. Zu diesem Zeitpunkt war die First Class bereits komplett ausgebucht gewesen. Business ist zwar nicht ganz so bequem, aber dafür kommt man eher mit anderen Leuten ins Gespräch, tröstete sich Philip, nicht wissend, dass er genau deshalb 6.000 spannende Flugmeilen vor sich haben würde.

»Willkommen bei den Märkten am Morgen …«, tönte es aus den beiden riesigen Fernsehern an der Decke des Bistros, und die Moderatorin stimmte ihre n-tv-Gemeinde auf die Highlights des Tages ein.

Hin und wieder hörte sich auch Philip vor Handelsbeginn fundamentale Eckdaten zu Aktien an, denn sein Interesse, aus irgendwelchen Schlagzeilen des Tages ein paar ernsthafte Gewinner herauszufiltern, hatte sich nicht verändert. Er kombinierte gerne zufällig erhaltene Fundamentaldaten – er hatte ja nicht primär danach gesucht – mit seinen Erkenntnissen zur Markttechnik, mittels derer er sich in Trendkorrekturen positionierte, Verluste sofort entsprechend abblockte und die Gewinne je nach Handelsausausrichtung des Trades laufen lassen konnte.[19]

Während auf der riesigen Anzeigetafel neue Flugnummern hereinrasselten, nutzten die drei Herren am Nachbartisch die verbleibende Zeit bis zum Boarding offenbar, um sich in Börsenstimmung zu reden. Mit Blick auf die großen Fernsehmonitore, auf denen die Moderatorin nach wie vor Deutschlands Aktiengemeinde auf einen spannenden Börsentag einstimmte, jagte, von der Sendung inspiriert, jetzt eine Börsenanekdote die nächste.

»Wisst ihr noch, als wir die EM-TV bei 25 Euro …?«, lachte einer der drei Burschen. Er hatte auffallend lichtes Haar.

»Oh ja, das Sch…-Ding stand dann irgendwo bei tausend Euro«, kicherte der andere, etwas jüngere mit ebenfalls lichtem Haar.

»Ich hab's gewusst! L-E-U-T-E, ich hab's gewusst! Echt, das war klar! S-o w-a-s v-o-n k-l-a-r …«, fügte nun der offensichtlich älteste der drei hinzu und sprach dabei so verschwörerisch wie ein Astrologe.

Philip verdrehte die Augen. *Ich hab's doch gewusst. Ich hab's gewusst.* Wie er solche Bemerkungen liebte. *Ja, mein Gott, warum hast du denn dann nicht den Millionenkredit aufgenommen und es gemacht!?* Aber warum unnötig aufregen, denn die Antwort wäre die übliche: »Na ja …, aber …, ich konnte nicht …, weil … blablabla.«

»Oder wie ich fast mein ganzes Geld in der Intershop-Aktie verloren habe?«, kicherte der Jüngere mit dem lichtesten Haar.

Philip war nicht ganz klar, was für eine Art von tollem Börsenerlebnis das sein sollte, bei dem man fast sein ganzes Vermögen verloren hätte.

»Das war klar, dass die so weit runter musste … Leute, ich hab's euch gesagt. Wisst ihr noch … Herrgott, ich-hab-es-euch-gesagt«, tönte der Astrologe erneut.

Klar. Und warum hängst du dann hier am Flughafen rum und fliegst nicht mit deinem eigenen Jet durch die Kante? He?

Au Mann, dachte Philip, die Welt, vor allem aber das Internet, war voll von solchen »Wir haben es gewusst …«-Darstellungen von häufig selbsternannten Börsengurus und -yogis, die ihre eigenen Erklärungen dafür boten, warum sie im Börsenhandel und natürlich auch im ganzen Leben so viel erreicht hatten. Nicht immer, aber allzu oft, so wusste Philip, konnte man diese Botschaften jedoch mit dem Ausdruck *zur richtigen Zeit am richtigen Ort* und den daraus zu ziehenden Schlussfolgerungen relativieren.

Nachdem nun eine andere Moderatorin auf den riesigen Monitoren den gestrigen Tag am Frankfurter Parkett zusammenfasste, was für Philip schon schmerzlich genug war, musste nun auch der ältere der beiden Lichten-Haare-Kerle in das Horn blasen. »Weißt du noch, gestern 14:30 Uhr? W-O-W, war das ein Anstieg …!«

Philip wusste es noch genau. Dieser Anstieg hatte ihn schließlich um die 20.000 Euro gekostet. Dass der gestrige Tag für ihn nicht das bei Weitem schlechteste Tagesergebnis der letzten Monate

19 Ausführliche praktische Hinweise hierzu sind in DER HÄNDLER Band 4 und 5 nachlesbar.

aufwies, war ihm dabei nur ein schwacher Trost. *Herrgott, wie kann man nur vergessen, seinen Stopp zu setzen!*

Eine von Philips größten Schwächen und eine der größten Schwächen der meisten Trader war die Unfähigkeit, sich selbst nach etwas anderem zu bewerten als nach dem letzten Trade; und Philips letzter Trade gestern stank nun mal zum Himmel. Aber was ist die Maßeinheit für erfolgreiches Trading? ... Geld? ... Freizeit? ... Beständigkeit? ... Nachvollziehbarkeit? ... Anzahl der Trades? ... Anzahl der Bildschirme? ... Innere Ausgeglichenheit?

Währenddessen ging die Unterhaltung am Nachbartisch munter weiter, und ein paar Sätze später wusste Philip, dass zwei der drei denselben Vornamen hatten: Bernd. Und dass sie nicht wirklich leicht auseinanderzuhalten waren. Aber das war nicht schlimm, weil der einzige Unterschied zwischen Bernd und Bernd darin bestand, dass der Erste eine große rote 13 und der Zweite ein großes L, für was auch immer das stand, auf dem T-Shirt hatte.

»Hört mal, die Bio-Test AG hat schon wieder Zahlen rausgebracht«, sagte Bernd 13 und las laut aus seinem Börsenmagazin vor: »Bio-Test AG hat die Umsatz- und Ergebnisprognose für das laufende Jahr deutlich angehoben. Das Management erwartet für das kommende Jahr einen Umsatz in Höhe von 420 Mio. Euro, nach 326,4 Mio. Euro im Vorjahr. Das Ergebnis vor Steuern und Zinsen (EBIT) soll um 20 % ... Das Kursziel liegt bei 50 Euro.«

»Kursziel 50 Euro steht da?«

»Ja. Die Jungs haben es drauf«, kicherte Bernd 13 und erinnerte an den kurzen Fernsehbeitrag.

»Dort hieß es auch, dass das Kursziel von 50 Euro bereits weit überschritten wäre.«

Stimmt, erinnerte sich Philip, vor 20 Minuten hatte n-tv einen kurzen Beitrag zu dieser Aktie gebracht und daraufhin einen Chart eingeblendet, der einen markttechnisch definierten Aufwärtstrend wie aus dem Bilderbuch aufwies. Lokal ansteigende Hochpunkte folgten lokal ansteigenden Tiefpunkten. Die Aktie hatte ihr lokales Hoch so um die 90 Euro und kam momentan zurück. Gewinnmitnahmen. Korrektur. Geiler Chart, dachte Philip noch. Ideale Long-Position auf Tagesbasis für den Trendhandel mit Stopp unter dem letzten lokalen Tief. Dem *Punkt 3*.

»Die Aktie steht jetzt bei 75!«, informierte Bernd 13 seine Freunde ganz aufgeregt.

»Kursziel 5-0 E-U-R-O?«, fragte der Habs-doch-gewusst-Astrologe sicherheitshalber noch mal nach, woraufhin er nach einem bestätigenden Nicken der beiden und einem kontrollierenden Blick auf den Artikel zu der Aktie spontan sagte: »Na, dann lasst uns doch den Urlaub fix wieder reinholen!«

Urlaub fix wieder reinholen? Du lieber Himmel!

Philip wurde immer hellhöriger, und während Bernd 13 in seinem Rucksack kramte, nach einer Broschüre griff und gezielt darin herumblätterte, rutschte Philip, von den dreien unbemerkt, ein paar Zentimeter näher an sie heran. Den vielen Spalten nach zu urteilen, musste das irgendein Optionsschein-Magazin sein.

»Welchen Schein? Den mit vier Wochen?«, Bernd L hielt Bernd 13 das Heft unter die Nase und deutete auf eine Zeile. »Oder nehmen wir lieber den mit 15 Tagen Restlaufzeit?«

»Auch nicht schlecht«, stellte Bernd 13 nach einem prüfenden Blick fest.

Philip konnte noch nicht beurteilen, ob das Trio sich auskannte mit dem, was es da tat. Im Moment wusste er nur, dass sie offenbar einen Optionsschein auf die Aktie kaufen wollten, denn laut dem ersten Magazin hatte die Aktie ein Kursziel von 50, stand aber aktuell bei 75 Euro.

»Wir nehmen den unteren. Der kostet nur zehn Cent.«

»Hast recht, der ist billiger.«

He? Billiger?

Philip betete, dass das Trio bei der Aussage »teuer« oder »billig« das Bezugsverhältnis beachtete.

»Herzeigen!«, schaltete sich nun der Habs-doch-gewusst-Astrologe ein und drehte das Magazin zu sich. »Okay. Los, den nehmen wir«, entschied er.

Philip hoffte, bei seinem Lauschangriff noch einen Satz zum Basispreis und dem Delta aufzuschnappen, denn schließlich konnte er ja kaum rübergehen, den dreien die Zeitung aus den Händen reißen und selbst hineinschauen und, wenn es der falsche Schein war, den beiden Bernds und dem *Habs-doch-gewusst*-Astrologen das Magazin um die Ohren hauen und sich wieder zurück an seinen Platz setzen.

Was nun abging, war schon seltsam. Alle drei zückten ihre Handys und riefen offenbar ihre Banken an.

»Ich hätte gern eine Order aufgegeben«, hauchte der Astrologe in sein Handy.

Bernd 13 war scheinbar bei einer anderen Bank, denn dieser wurschtelte sich per Tastendrücken durch ein Ordermenü.

»Ich nehme 2.500 Euro«, raunte Bernd L den anderen zu und bedeckte dabei den Lautsprecher seines Telefons mit der Hand.

»Mein derzeitiger Schein läuft super. Wenn ich den gleich noch verkaufe, dann kann ich 4.000 Euro nehmen«, triumphierte der Astrologe.

»*4.000*?« Bernd L war sichtlich begeistert von dem Mut, den sein Freund bei diesem Trade an den Tag legte. »Gut. Ich auch!«

Bernd 13 blickte auf. Irgendwie fühlte er sich wohl als Loser. Ein Stöhnen, ein Kopfkratzen und ein »Okay, okay …« ließen Philip annehmen, dass er nun auch 4.000 Euro einsetzte.

»Einer für alle, alle für einen …«, wollte Philip am liebsten rüberrufen, unterließ es dann aber; denn Mut und Klugheit von Athos, Porthos und Aramis waren wohl nicht mit dem Trio am Nachbartisch gleichzusetzen. Und so ließ Philip die Musketiere Musketiere bleiben und die Bernds Bernds.

Philip hatte keine Ahnung, ob das Trio *Calls* oder *Puts* gekauft hatte und vor allem nicht, auf welche Idee der Trade sich berief. Er konnte auch nicht unterscheiden, ob aus Fachwissen heraus getradet wurde oder ob die drei sich dem allgemein bekannten Zocken zugehörig fühlten. Okay, okay. Die Börse macht bei der Auszahlung der Gewinne und dem Einzug der Verluste diesbezüglich keine Unterschiede. Während der eine Trader das Plus oder Minus eines Trades mit fachlichen Fähigkeiten beschreiben konnte, galt es bei dem anderen eher als Glück. Man könnte vielleicht auch sagen: Das eine war Zufall, das andere Bestimmung.

Philip wusste nach seinen Lehrjahren mittlerweile sehr wohl zwischen Wahrscheinlichkeit und Sicherheit auf der einen und Glaube und Mutmaßung auf der anderen Seite zu unterscheiden. Kurz und knapp: Er wusste, ob ein Trade einer Prognose oder einer Prophezeiung entstammte. Wenn es einen Grund für die Verwechslung der beiden Begriffe gab, dann den der Unfähigkeit mancher Menschen, kritisch zu denken – es machte so manchem Trader anscheinend richtiggehend Spaß, Mutmaßungen als Wahrheiten zu verkaufen. Auf diese Weise fassten viele Trading-Anfänger, ohne sich etwas dabei zu denken, schnelle Entschlüsse, die sie oft später in endlosen Stunden bitter bereuten. Hier irgendwo steckte vermutlich eines der vielen Dilemmas aller Trading-Anfänger: Sie waren in der Einbahnstraße der schnell vergehenden Zeit und Charts gefangen; durch die vom Chart kreierte Spannung unfähig, mal für einige Minuten, besser Stunden, aus sich herauszutreten, um ihr Trading aus einem umfassenderen Blickwinkel zu überschauen. Nicht das *Bewusstsein* über die noch kommenden Trading-Möglichkeiten war somit das Problem, sondern eher der Mangel eines solchen Bewusstseins. Bei solchen Tradern bestand der Tagesablauf aus einer rasanten Folge zahlreicher Trading-Entscheidungen, über die wenig oder gar nicht reflektiert wurde, da das *Hier und Jetzt* wichtiger war als der beruhigende Gedanke, dass es auch noch ein »Morgen« an der Börse gab. Der Börsenhandel bot dem Trader leider keine Pralinenschachtel an, sondern immer den Griff in eine Glückstrommel mit unzähligen fest eingewickelten Losen. In manchen steckte ein Gewinn, in anderen eine Minibombe. Und doch griffen gerade die Trading-Anfänger meistens vollkommen gedankenlos hinein.

Philip linste zum Nachbartisch hinüber. Ihm schwante, dass die Jungs das Spiel der Spiele aus den Reihen der Zocker spielten. Diesmal hatten sie wahrscheinlich ein tickendes Päckchen gezogen und es in ihrem Depot verstaut, wo es später detonieren würde.

»Hab den Schein zu 0,11 Euro bekommen«, quietschte Bernd 13 entzückt, und Bernd L bestätigte mit einem Handzeichen auch seinen Kauf.

»Meine Bank ruft *gleich* zurück«, wusste der Astrologe natürlich im Voraus, und schon klingelte sein Handy.

»Ja?« Er hatte mittlerweile sein Headset auf. »Ja. Wirklich?« Bernd 13 schnitt Grimassen; er wollte vom Astrologen durch Zeichen wissen, was los war. Aber der Astrologe starrte konzentriert nach oben auf den riesigen Bildschirm über ihnen. Endlich schaute der Astrologe die beiden Bernds an, und ein Lächeln umspielte seine Mundwinkel. »Ich hab die Scheine auch zu 0,11.«

»Das wird ein genialer Urlaub …«, sagten alle Musketiere zeitgleich.

Sie prosteten sich zu: »Auf dass die Scheiß-Aktie auf 50 *fällt*!«

Hmpf …

Wie war das?

WIE WAR DAS? Die Aktie soll F-A-L-L-E-N?

Philip gefror das Lächeln im Gesicht. Er hatte gehofft, dass die Jungs einen *Call* kaufen und auf eine Fortsetzung des Anstiegs spekulieren würden. Aber einen *Put* in einem stabilen Aufwärtstrend innerhalb einer fortgeschrittenen Korrektur? *Eieiei.* Hoffentlich ist der Basispreis wenigstens so hoch, dass ihre Einsätze nicht mit null ausgebucht werden, dachte Philip und versuchte, sich von dem Schreck zu erholen, als er auch schon die für diesen Trade tödliche Information bekam.

»Besser, sie fällt nicht nur auf 50, sondern gleich auf 40«, prostete Bernd 13 den anderen zu. »Dann kommt sie an ihren Basispreis ran.«

Autsch …

Philip verschluckte sich so sehr an seinem Kaffee, dass es auch das Trio mitbekam. Mit Handzeichen gaben sie ihm zu verstehen, es wäre besser, langsamer zu trinken.

Sicher doch. Sicher.

Philip war geistreiche Überlegungen zu Trades gewohnt; aber der Trade am Nachbartisch war absurd. Diese paradoxen Aussagen ließen das Trio unreif erscheinen und erregten in Philip das Bedürfnis, diese Jungs auf den Ernst der Wirklichkeit hinzuweisen, der dem großen Unternehmen Trading sowohl Würde als auch Verantwortung verlieh. Das Trio spekulierte innerhalb eines stabilen Aufwärtstrends auf fallende Kurse! Das wäre, mit 1.000 zugedrückten Augen, einem Trading-Anfänger, und nur dem, ja noch zu verzeihen, sofern die Aktie gerade neue Hochpunkte erreicht hatte und man daher nun auf die einsetzende Korrektur hoffen konnte. Aber innerhalb einer bereits erfolgten Korrektur auf einen weiter fallenden Markt zu setzen? *Mannomann.* Die drei blendeten die Realität völlig aus, da sie diese scheinbar nicht kannten. So war das also mit Athos, Porthos und Aramis. Drei Mal 4.000 Euro würden mit sehr hoher Wahrscheinlichkeit ihre Besitzer von einst nicht mehr wiedersehen. Philip zog sein Trading-Tagebuch aus der Tasche und beobachtete das Trio noch eine Weile, ehe er, von diesen Anti-Musketieren inspiriert, schrieb:

> *Die Beobachtung der vielfältigen Unwägbarkeiten, welche die Umstände eines Kursverlaufs hervorrufen und begleiten, verbietet eigentlich jedem, trotz der gegenwärtigen Annehmlichkeiten des schnellen Tradings träge zu werden oder das Glück eines Zockers zu bewundern, welches sich im weiteren Zeitverlauf jederzeit ändern kann. Die unsichere Zukunft der Kurse mit ihren vielfältigen Möglichkeiten ist noch nicht eingetreten, und man kann nur denjenigen Zocker als wahrhaft glücklich bezeichnen, dem die Götter bis ans Ende seiner Trading-Tage fortgesetztes Glück gewährt haben. Doch wer glaubt schon an ewiges Glück oder gar an Götter?*

Was durch Glück gewonnen wurde, kann einem auch vom Zufall wieder genommen werden, und dies noch dazu schnell und unerwartet. Anders und aus der Sicht eines jeden Berufshändlers ausgedrückt: Trades, bei denen das Glück eine untergeordnete Rolle spielt, sind Zufälligkeiten gegenüber resistenter …

Er schaute erneut zu dem Trio hinüber und fügte schnell noch eine Notiz hinzu: *Es spielt keine Rolle, wie oft man erfolgreich ist, wenn ein einziges Scheitern unerträglich teuer wird. Wer diese Spielregel nicht beachtet, der fliegt eher früher als später raus.*

Philip ließ das Tagebuch wieder in seine Tasche rutschen, schaute auf die n-tv-Moderatorin zwei Meter über ihm, dann auf das Trio einen Meter neben sich und musste, während er seinen Kaffee umrührte, durch den Nachbartisch inspiriert an seine eigene Anfängerzeit denken: Es hatte Jahre gedauert, bis er verstand, dass es Trades gab, beruhend auf irgendwelchen haltlosen

Annahmen und Trades, die ursächlich auf der wahren Bedeutung der Markttechnik beruhten. Oft hatte er einfach so hirnloserweise angenommen, eine Strategie oder fundamentale Aussage sei brillant, der Verfasser demnach ein Visionär und er als der umsetzende Händler ein wahres Genie, nur um hinterher, wenn er ganz, ganz ehrlich war, erkennen zu müssen, dass ein Großteil seiner damaligen positiven Trades eigentlich die Folge puren Zufalls waren. Natürlich fand er jedes Mal tiefsinnige und schlüssig überzeugende Interpretationen seiner Ergebnisse: Der Markt konnte ja nur diese eine Richtung einschlagen, weil … *bla, bla, laber, laber*. Jetzt, Jahre später, versuchte Philip bei jedem Trade, sich nicht vom Zufall und Marktrauschen täuschen zu lassen, und konnte fast immer verhindern, sich von den mit Unsicherheiten verbundenen Emotionen austricksen zu lassen. Er würde nie wieder bereit sein, sich irgendwelchem Unsinn hinzugeben, nur weil dieser geschliffen formuliert, raffiniert, originell und geschmackvoll verpackt wurde.

Na ja.

Ein Paar mittleren Alters an einem der anderen Nachbartische, ihrem Dialekt nach aus dem hohen Norden, schaute nun ebenfalls gespannt auf das Laufband von n-tv und die aktuell eingeblendete Grafik der Gewinner des gestrigen Tages.

… *Solarworld +15 %*

… *Medion +12 %*

Der Mann zeigte auf die Bildschirme. »Sollten wir auch mal probieren, das mit dem Aktienhandel. *Manfred* hat mir neulich gesagt, es sei irre einfach.«

»Lieber nicht, das ist doch sooo gefährlich …«, steuerte die Frau dagegen, »und außerdem schimpfen doch alle drüber!«

Der Mann winkte lässig ab. »Wenn Manfred das hinbekommt, dann wir doch allemal«, verfolgte Philip das Gespräch, umgeben vom Menschengetümmel des Flughafens. »Wenn wir zurückkommen, gehen wir mal zur Bank und fragen nach der Rendite von Aktien. So schwer kann das nicht sein!«

»Na, wenn du meinst, Schatz …«

Oh nein!

»Leute, ihr wisst es vielleicht nicht, aber ich arbeite im Börsenhandel, also in dem Laden, über den alle ständig schimpfen. Ich übrigens des Öfteren auch. Und ich arbeite trotzdem täglich dort«, flüsterte Philip leise vor sich hin und setzte sein imaginäres Selbstgespräch mit norddeutschem Akzent fort: »Sagen Sie, haben Sie diesen einfachen, aber sehr erfolgreichen Börsenhandel, von dem man jetzt so viel spricht?« – »Das tut mir leid, den letzten erfolgreichen Börsenhandel habe ich grade verkauft!« – »Wissen Sie vielleicht, wann Sie wieder einen reinbekommen?« – »Schwer zu sagen, morgen kriegen wir wieder eine Ladung Rendite, vielleicht ist da was dabei.« – »Dann komme ich morgen noch mal!« – »Das wäre toll. Und am besten fragen Sie dann direkt Herrn Brandt, der ist für den einfachen, aber umso erfolgreicheren Börsenhandel zuständig.« – »Danke schön.« – »Gern geschehen!«

Wie gesagt: Manchmal hasste Philip seinen Job, weil er wusste, dass viele Neulinge sich nicht nur die Finger, sondern oft auch ihr ganzes Vermögen dabei verbrannten. Manchmal glaubte er ernsthaft, der Börsenhandel sei nur erfunden worden, um ganze Heerscharen mit enormen Gehältern zu beschäftigen und um eine ganze Industrie reich zu machen, die dem unwissenden Anleger den Börsenhandel als *extrem einfach* verkaufte und um deren Gelder und Herzen warb, ungeachtet dessen, dass ein Großteil dieser Anleger nach leider viel zu kurzer Zeit in der Geschäftshistorie der Börse nur noch als Fußnote auftauchte.

Philip blickte erst auf die große Anzeigetafel, dann auf die beiden Nachbartische. Gern hätte er den Jungs zu seiner Rechten, die sich gerade über die fundamentalen Details weiterer Aktien die Haare rauften, und dem norddeutschen Ehepaar zu seiner Linken erklärt, dass der Börsenhandel nicht ganz so leicht war, wie sie vielleicht dachten, und dass das Trading viel Zeit, Übung, Hingabe und schlussendlich klare Grundsätze erforderte, wenn man sein Geld nicht zum Fenster hinauswerfen wollte.

»Ihr müsst euch als Trader ein großes Maß an Selbstständigkeit erwerben!«, hätte er ihnen gerne mitgegeben. »Natürlich gibt es Hilfe, seien es Bücher, Seminare oder Coachings. Aber es darf nicht zu viel und nicht zu wenig sein, damit für jeden ein vernünftiger Anteil an selbstständiger Arbeit bleibt. Außerdem müsst ihr lernen, dass jeder Trader ab dem ersten Trade zum Autodidaktentum verpflichtet ist. Dennoch, liebe Tischnachbarn, will ich euch auch nicht glauben lassen, dass das Trading eine rein verstandesmäßige Angelegenheit sei. Denn das entspräche nicht ganz der Wahrheit. Entschlossenheit, Gefühlsregungen und ein starker Wille spielen für euch künftig eine wichtige Rolle. Laue Entschlusskraft und die schläfrige Einwilligung, ein bisschen was zu tun, mögen ausreichen für ein einigermaßen ausreichendes Ergebnis bei einer Schulaufgabe. Aber um später beständig Geld zu verdienen, ist eine Willenskraft erforderlich, die Jahre mühsamer Arbeit und bitterer Enttäuschungen zu überstehen vermag.[20] Die Entschlusskraft wird von widerstreitenden Gefühlen wie Hoffnung und Verzweiflung, Befriedigung und Enttäuschung immer wieder ins Wanken gebracht werden. Aber der Lohn der Mühe wird sich einstellen. Es wird möglich sein, vom naiven Glauben zum wirklichen Wissen fortzuschreiten. Nicht hier. Nicht jetzt. Dies geht nicht sofort und auf einmal. Nicht in Wochen oder Monaten, sondern frühestens in ein paar Jahren. Aber was sind schon drei, vier Jahre? Ich denke, nichts!«

Gelächter am Nebentisch holte Philip zurück in die Gegenwart. »Los jetzt, der Flieger geht gleich«, ermahnte Bernd 13 seine beiden Freunde, worauf der Bernd L meinte, ob man nicht doch noch mal schnell nach dem Kurs des Scheines sehen sollte, woraufhin der Habs-doch-gewusst-Astrologe fand: »Schluss jetzt, wir können jetzt eh nichts mehr ändern«, womit er ja auch recht hatte, denn anscheinend wurde für den Flug der drei gerade zum Boarding aufgerufen.

Philip konnte das Orakeln über die fundamentalen Einzelheiten, KGVs, Innovationen und Kurszielbestimmungen der einzelnen Aktien am Nachbartisch ohnehin schon nicht mehr hören und schielte nach der Boardingzeit für den von ihm gebuchten Flug. 15 Minuten – Gate 18 zeigte die riesige Infotafel rechts über ihm. Auf dem Weg zum Gate erblickte Philip in einer herumliegenden Tageszeitung in großer bunter Schrift gedruckt die Information, dass ein bekannter Starbörsianer und Massenguru demnächst in der Frankfurter Messe gastieren würde. Hunderte, wenn nicht gar Tausende von Anhängern wurden erwartet.

---

20 Ausführliche praktische Hinweise hierzu sind in DER HÄNDLER, Band 6 nachlesbar.

Himmel!

Noch 13 Minuten bis zum Boarding.

Noch wenige Tage bis zum CFD-Power-Vortrag des Aktien-Massen-Gurus.

Ach, Freud und Leid lagen manchmal so eng beisammen …

*

Philip war sehr erleichtert, als er kurze Zeit später in die Maschine nach Bangkok einsteigen konnte. »Willkommen an Bord«, lautete die gebetsmühlenhaft freundliche Begrüßung der zu stark geschminkten Stewardessen. Scheinbar eine Einstellungsvoraussetzung der Airline. Ein Gedrängel, schlimmer als bei einem Schulbus begann, sodass Philip sich fragte, warum sich erwachsene Menschen nicht ein wenig gesitteter benehmen konnten.

Er fand seinen Platz neben einem Herrn so um die Ende vierzig in Jeans und hellblauem Hemd. Der Typ hatte dunkle, kurze, gestylte Haare und roch angenehm nach teurem Rasierwasser. Auf seinem Schoß lag eine zerknautschte Zeitung. Auch dem Herrn in der Reihe hinter Philip war es inzwischen gelungen, sich aus seiner Jacke zu pellen. Der Versuch, diese noch im Gepäckfach unterzubringen, stellte sich allerdings als schwieriges Unterfangen heraus, da der Mann doch um einiges voluminöser war, als er wirkte.

Mittlerweile hatten die meisten Leute ihren Platz gefunden, und das Paar in der Reihe hinter Philip begann sich zu unterhalten. Die Frau machte ein paar Bemerkungen zum bevorstehenden Flug, und Philip hätte am liebsten weggehört. *Wie war es nur möglich, dass ein einzelner Mensch so doof sein konnte?* Aber nein, stellte er erleichtert fest, die Erwiderung, die der Mann gab, klang genauso dämlich, und damit waren es schon zwei Doofe.

Philips Nachbar mit dem sportlichen Erscheinungsbild hatte ebenfalls ungewollt mitgehört und verdrehte die Augen. Verschwörerisch grinsend, deutete Philip auf eine kleine Tür, über der groß und deutlich Notausgang geschrieben stand. Der Nachbar pulte eine Schachtel mit Tic Tac aus der Tasche und bot Philip davon an.

»Wegen dem Ohrensausen beim Start«, erklärte er.

»Klingt gut, danke!«, erwiderte Philip.

Philip schaute nach vorne, und sein Blick blieb plötzlich an einem Kopf, von dem er nur ein paar über die Sitzlehne ragende Haarzipfel sah, hängen. Der Besitzer dieses Kopfes fummelte schon seit geraumer Zeit an der Lüftung, probierte alle vorhandenen Knöpfe – es gab nur zwei, nämlich für jeden Sitz einen Lichtschalter – und versuchte sogar, die Lämpchen auszuschrauben. Weiß der Himmel, was der Bursche sich unter dem Knopf für eine Funktion ausmalte; vielleicht dachte er, das sei die Dusche?

Die Stewardessen begannen bereits, einige der vollgestopften Gepäckfächer zu schließen, da hörte Philip direkt vor sich: »… wie kriegen wir jetzt während des Fluges den Kurs unserer Scheine mit?«

Oh …

Oh nein! NEIN!

Himmel, bitte nicht …

Doch!

Ein vorsichtiger Blick um die Ecke des vorderen Sitzes, und Philips Vorahnung bestätigte sich: Bernd 13 saß direkt vor ihm. 8.960 km lang! Herr Hab-ich-doch-gewusst-Astrologe und Bernd L. hatten zwei Reihen weiter vorne Platz genommen.

Philip schloss leicht genervt die Augen, wurde aber durch das Zusteigen der letzten Passagiere wieder in die Realität zurückgeholt. Eine Gruppe jugendlicher Partyimitatoren senkte alleine durch ihr Zusteigen den Durchschnitts-IQ im Flieger um geschätzte 20 Punkte, zumindest soweit es die Qualität ihrer Sprachverwendung betraf. Als Trade an der Börse wäre das super gewesen: Im DAX-Future ergäben 20 Punkte *short* schließlich 500 Euro pro Kontrakt. Immerhin. Aber in diesem Fall war es wohl eher als Fehltrade auszubuchen.

Philip wollte gerade etwas zu seinem Nachbarn sagen, als das Handy des *Das-hab-ich-doch-gewusst*-Astrologen laut und für alle Passagiere deutlich vernehmbar bimmelte. Er zog es aus der Tasche, aber schon beugte sich die Stewardess über ihn.

»Entschuldigung, aber das dürfen Sie nun nicht mehr benutzen!«

»Ach ja?« *Der Habs-doch-gewusst*-Astrologe runzelte die Stirn, als er auf dem Display die Nummer erkannte. »Das ist meine Bank, ist vielleicht wichtig!«

»Tut mir leid!«, sagte die Stewardess bedauernd, aber entschieden.

»Bestimmt unser Schein …«, wimmerte Bernd 13 direkt vor Philip.

Die Stewardess war gerade mit ihrer kurzen Sicherheitseinführung fertig, als Philip durch einen Ruck leicht in den Sitz gedrückt wurde. Während der Tic-Tac-Nachbar ebenfalls sein Handy hastig ausmachte und wegsteckte und Bernd 13 halb ängstlich, halb gebannt nach draußen blickte, wurde das Flugzeug aus der Parkposition gezogen.

Ruckelnd und ratternd erreichte es die Startbahn. Erleichtert atmete Philip aus, rutschte tief in seinen Sitz, schaute aus dem Fenster und war froh, dass es jetzt ein paar Wochen in die Wärme ging. Bereits viermal war Philip jeweils für mehrere Wochen in Bangkok gewesen, um von dort aus zu traden; schließlich musste ja wenigstens einer aus dem Büro den unschlagbaren Vorteil dieses Berufes – die räumliche Unabhängigkeit – ausnutzen. Er hatte Land und Menschen lieben gelernt und wusste um den Widerstreit zwischen Tradition und Moderne in Thailand. Auf der einen Seite waren selbst die einfachsten Dinge des Alltagslebens durch strenge Verhaltensnormen und Tabus geregelt, deren Sinn oder Notwendigkeit zwar kaum jemand erklären konnte, die aber trotzdem niemand infrage stellte. Auf der anderen Seite war Bangkok in den vergangenen Jahren zu einer Metropole des westlichen Kapitalismus geworden, mit allen negativen Aspekten: der krassen Kluft zwischen Arm und Reich, steigender Kriminalität, rücksichtsloser Ausbeutung und vor allem Verschwendung der vorhandenen Umweltressourcen.

Philips Sitznachbar überprüfte seinen Gurt. »Endlich ab unter die Palmen!«, seufzte er zufrieden.

»Sie machen Urlaub?«

»Mein erster seit zwei Jahren«, erwiderte der Nachbar. »Drei Wochen Ko Samui. Sonne tanken. Drinks mit bunten Schirmchen schlürfen. Na, Sie wissen schon, einfach mal den Stecker ziehen und abschalten.«

Philip stellte ihm ein paar Fragen, um die wichtigsten Infos einzuholen. Der Sitznachbar hieß Norbert, war Bayer und stammte ursprünglich aus Wien. Große Familie. Leidenschaftlicher Hobbykoch, Kajakfahrer und Fußballspieler. Trainierte jeden Samstag eine Jugendmannschaft im Park. Im Großen und Ganzen ein richtig netter Kerl. Bald waren beide beim Du.

»Und was machst du in Thailand?«, kam nun die Gegenfrage.

»Ich?« Philip schaute ihn grinsend an. »Bei mir ruft die Arbeit. Hab leider keinen Urlaub.« Philip wusste, dass das ein wenig übertrieben war, und eine fragende Kopfbewegung deutete ihm an, dass Norbert mehr wissen wollte.

»Als was arbeitest du?«

Ein einziger Begriff hätte Auskunft gegeben, aber der Flug war lang, also rief Philip zur Ratestunde auf. Warum auch nicht? »Nun ...«, Philip überlegte, wie er den Beruf eines Traders umschreiben könnte. »Ich bin sozusagen Praktiker in Sachen Ungewissheit.«

»Ah, habe die Ehre. Ein Arzt«, schoss Norbert sofort nach.

»Nein. Kein Doc.«

Während die Turbinen plötzlich laut aufheulten und die schwerfällige Maschine mit sagenhafter Geschwindigkeit über die Startbahn sauste, musste Philip auch die Antworten *Polizist*, *Richter* und *Anwalt* ablehnen. Nach einigem Überlegen kam noch: »... Beamter?«

He? Also, diese Lösung erschien Philip nun alles andere als logisch. Wie kam Norbert denn darauf? »Jemand, der sein Leben lang versucht, sich nicht vom Zufall täuschen zu lassen«, fügte Philip als weiteren Tipp hinzu und wurde durch den steilen Anstieg des Fliegers fest in die Lehne gedrückt.

Diesmal musste Philip sich als Antwort mit einer gerunzelten Stirn zufriedengeben. *Na ja. Ist ja auch schwer zu erraten.* »Jemand, der versucht, die durch Unsicherheit verbundenen Emotionen auszutricksen«, gab er noch preis, obwohl er wusste, dass dies die Chancen auf eine richtige Antwort auch nicht gerade erhöhte.

»*Unsicherheit ... Emotionen? Keine Ahnung. Psychologe?*«

Na ja, fast.

Philip präsentierte die Lösung. »Börsenhändler!«

Stille.

»*H-Ä-N-D-L-E-R ...!*« Norbert schloss die Augen. »Ist nicht dein Ernst.« Er machte die Augen wieder auf und starrte Philip so entgeistert an, als habe dieser gerade von der schlimmsten Ruchlosigkeit der Menschheitsgeschichte erzählt. »Du willst mich doch veräppeln? Klar, du willst mich veräppeln!« Er wollte es einfach nicht glauben.

»Doch. Echt!« Philip kniff die Augen zu und fing innerlich an zu zählen.

Eins, zwei, drei ... In der Regel kam nun zwischen »eins und zehn« vom Gegenüber die Frage nach den geheimen Zukunftsaussichten einer im Depot enthaltenen Aktie oder eines tollen Fonds

– natürlich mit der felsenfesten Zusage, dass der erhaltene Tipp des Fachmanns auch nicht weitergegeben würde. Echt, versprochen, Ehrenwort!

Neun, zehn, elf …

Nichts.

Philip wurde stutzig. *Wie jetzt? Hatte er einen Fachmann oder gar Kollegen neben sich? Oh … oder einen von der Sorte DAX? – Ich dachte, das sei ein Tier!*

Aber es kam schlimmer. Viel schlimmer.

»*Händler! …*«, rief Norbert erneut und klatschte sich auf den Schenkel, dass Philip vor Schreck zusammenzuckte. »Das ist es! Das ist genau das Richtige für mich!«.

Philip konnte Norberts Enthusiasmus nicht ganz folgen und blickte seinen Sitznachbarn verblüfft an. Norbert erklärte im Folgenden, dass er sich gerade in einer beruflichen Selbstfindungsphase befand und vor Kurzem einen spannenden Artikel über das Handeln an den Börsen gelesen hatte.

Es hatte sich ihm schon beim Lesen ein Vergleich zwischen seinem bisherigen und momentanen Leben und der Alternative Börsenhändler aufgedrängt. Nach dem Abschluss an der Uni hatte Norbert zwar einen guten Job in einem Hightech-Unternehmen erhalten und sich im Laufe der darauffolgenden Jahre in eine angenehme Stellung, verbunden mit zum Teil hochwissenschaftlichem Arbeitsfeld, emporgearbeitet, aber die tägliche Arbeit mit Kollegen, die zwar durchgestylt und nach der neuesten Mode gekleidet waren, ansonsten aber weder selbstständiges noch wirklich wissenschaftliches Arbeiten gewohnt waren; ruppige Vorzimmerdamen der Geschäftsführung, die es mit Mühe und Not fertigbrachten, sich in ganzen Sätzen auszudrücken, ansonsten aber auch ein komisches Sozialverhalten an den Tag legten; Auftraggeber, die zu wichtigen Verhandlungen blutjunge und schnöselige Gesprächspartner schickten, deren einziger Vorzug die direkte Abstammung von den Auftraggebern war … Davon hatte Norbert mittlerweile die Nase mehr als gestrichen voll …

Der Vergleich zwischen dem gelesenen Artikel und dem eigenen Arbeitsleben führte bei Norbert zu der Vorstellung, dass kein legaler Beruf unserer Tage so spannend sein konnte wie der des Börsenhändlers. Halb im Ernst, halb im Scherz gab er zum Besten, selbst jetzt, in ansteigenden 7.758 Metern Höhe und bei knapp tausend Stundenkilometern, sei er davon überzeugt, dass er selbst als Mafioso mehr langweilige Augenblicke erleben würde als im Börsenhandel, auch wenn er beides noch nicht ausprobiert habe.

Norbert lutschte aufgeregt an einem Tic Tac rum und begann, laut von einem – besser zwei – schnellen Porsche zu träumen, von schönen Frauen, Champagner, Jachten und teuren, so richtig sündhaft teuren Swimmingpools. Dabei wechselte sein Tonfall ständig zwischen »abgeklärtem Lebensgenießer« und »hartgesottenem Livestyle-Trader«.

Während Norberts »Traumreise« wurden Philips Augen immer größer. Von der Seite erklang plötzlich klirrendes Scheppern, und eine Stimme fragte: »Was möchten die Herren trinken?« Beim Anblick der Stewardess und deren Make-up schrumpften Philips Augen wieder auf Normalgröße, was aber nicht von langer Dauer sein sollte. Ohne einen Blick in die Karte zu werfen, bestellte Philip ein stilles Wasser und einen Tee: »… bitte ohne Zucker«. Die Stewardess nahm seine Bestellung entgegen und balancierte die Getränke auf das kleine Aufklapptischchen.

»Und für Sie …?«, lächelte die Stewardess Norbert an.

Der unschlüssige Blick Norberts in die Bordgetränkekarte passte nun so gar nicht zum Hardcore-Trader, dachte Philip. Auf der einen Seite träumte er davon, binnen Sekunden Millionen Dollars zu verdienen und, nicht zu vergessen, die unzähligen Frauen hin und her zu jonglieren, auf der anderen Seite war er nun mehr als eine Minute unentschlossen, welches Getränk er auswählen sollte. Wenn auch viel zu stark geschminkt, war die Stewardess hervorragend ausgebildet und behandelte auch diesen Gast mit allergrößter Geduld:

»Darf es eine Cola sein?« … *Mhm, weiß noch nicht.*

»Vielleicht lieber eine Fanta?« … *Och, nee.*

»Wir haben auch Wasser?« … *Mhm, glaub nicht.*

»Vielleicht bevorzugen Sie ein warmes Getränk?« *Oh, Sie haben auch Kaffee! … Ach, nee, der ist immer so heiß.*

Soso, dachte Philip, aber Trader werden wollen … ah ja …! Traden? Ja! Das geht ganz einfach.

Philip konnte momentan nicht viel Begeisterung für seinen Nachbarn aufbringen, dem anscheinend ein ganztägiges Seminar in Sachen Gleichmut gut täte, um sich vom Stress einer einfachen Getränkebestellung zu erholen. Er sah sich stattdessen im Flieger um. In den meisten Gesichtern glänzte friedliche Urlaubserwartung. Das Flugzeug flog gerade einen leichten Bogen und die Sonne schien hell durch die kleinen Bullaugenfenster auf der anderen Seite der Maschine. Philip schloss geblendet die Augen. Als er sie wieder öffnete, sah er an der Stelle, an der ihn eben noch das gleißende Sonnenlicht geblendet hatte, eine Frau. Mit ihren langen Haaren, perfekten, glänzenden Lippen und strahlend weißen Zähne sah sie einfach … umwerfend … aus. Die Frau in den dunkelblauen Jeans und dem weißen Sweatshirt drehte sich abrupt, fast erschrocken um, doch der Anflug von Irritation verschwand sofort wieder und machte einem Lächeln Platz, das tiefe Grübchen in ihre Wangen zeichnete.

Sie griff in ihre halblange Jeansjacke, vergewisserte sich, dass ihr Portemonnaie noch in der Seitentasche steckte. Ihre schmalen Hände mit den langen Fingern, die in unlackierten Fingernägeln endeten, fuhren durch die schwarz gelockten Haare, um einen Rest von Frisur wiederherzustellen, die sie am Beginn des Fluges gehabt hatte. Die Frau bemerkte Philips Blick und sah ihn direkt an. Doch nicht nur das: Sie schaute ihm die entscheidenden zwei Sekunden länger in die Augen als Frauen, die nicht flirten.

Heiliger Bimbam …

Ertappt versuchte Philip den Eindruck zu vermitteln, interessiert die Gepäckfächer über den Sitzen zu studieren. Doch schnell fiel sein Blick wieder zurück auf die Frau. Sie lächelte Philip kurz erneut an, und für den Bruchteil einer Sekunde setzte sein Herz aus, doch er fing sich schnell wieder, und auf einmal freute er sich darüber, dass der Flug so lange dauern würde.

Norbert hatte sich zwischenzeitlich nun endlich für einen Tomatensaft entschieden – für Philip ein unerklärliches Phänomen: Die Leute trinken irre gerne diesen Kram. Aber nur im Flugzeug. In Philips gesamtem Freundes- und Bekanntenkreis befand sich niemand, der im heimischen Kühlschrank je Tomatensaft vorrätig hatte, und seiner Erinnerung nach hatte er noch nie jemanden in einem Restaurant das Zeug bestellen sehen.

Philips Gedanken wanderten auf einmal zu der Wärme und Ruhe Thailands. Viele Erstbesucher hoben bei jeder Gelegenheit die fröhliche Natur der Thais hervor. Das typische Lächeln, das einem fast überall begegnete. Dennoch war es für Deutsche mit ihrem anerzogenen Sinn für Arbeit, Ordnung und Sauberkeit manchmal nicht einfach, diese Menschen zu verstehen. Vielleicht konnte mancher Tourist trotzdem etwas von der leichten Art, mit dem Leben fertig zu werden, von ihnen lernen. *Sanuk* traf es auf den Punkt: *Sanuk*, eines der wichtigsten Wörter in der Thai-Sprache. Wörtlich übersetzt bedeutete es »Spaß« oder »Freude«.

Tatsächlich aber umfasst es sehr viel mehr, es steht für Freude am Leben, die typische Fähigkeit der Thais, auch aus ärmlichen oder widrigen Lebensverhältnissen noch ein Optimum an Lebensfreude herauszuzaubern. Dazu gehört selbstverständlich ein gerüttelt Maß an Pragmatismus und auch Schlitzohrigkeit, vor allem aber eine entsprechende Gemütsverfassung, die sich vielleicht am besten mit dem schönen deutschen Begriff »Frohnatur« bezeichnen lässt. Es ist letztlich nichts anderes als die angeborene oder auch erlernte Fähigkeit, dieses Leben nicht zu ernst zu nehmen und, wenn alle Dinge schon mindestens zwei Seiten haben, sich lieber die gute als die schlechte anzusehen. Ganz wie im Börsenhandel …

»Wieso willst du eigentlich deinen Beruf wechseln?«, nahm Philip das Gespräch mit Norbert wieder auf und rührte seinen Tee um, »schließlich verdienst du doch bestimmt ganz gut!«

»Früher konnte man sich dort eine goldene Nase verdienen, aber jetzt nicht mehr. Zu viel Konkurrenz. Aber das ist nicht der Hauptgrund, warum ich etwas anderes machen will …«

Philip konnte sich die Antwort denken und fragte daher nur rein rhetorisch: »Sondern?«

»Irgendwie zu langweilig. Zu öde! Kenne alles.«

»Dein Job ist dir nicht mehr *unterhaltsam* genug?«, brachte Philip es auf den Punkt.

Norbert nickte: »Yeah …! Genau.« Nach über zwölf Jahren in seinem Job brauchte er unbedingt etwas Action, um der Routine seines Alltagsdaseins zu entrinnen, wobei die energiegeladene Atmosphäre der Börsenkurse sich scheinbar als stimulierend erweisen konnte. Philip musste diese Antwort vorerst gelten lassen, wenngleich nur aus Norberts Sicht. Nicht aus seiner eigenen als Berufstrader. Denn aus Philips Sicht war jeder andere Beruf aufregender als der des Traders, da man mehr Gestaltungsspielraum hatte. Kreativität war im Börsenhandel nur hin und wieder gefragt. Klang unsinnig, war aber so. Aus markttechnisch orientierter Sicht konnte man nicht rumlaufen und seinen Ideen freien Lauf lassen, da man sich immer in die *anderen* Marktteilnehmer hineindenken musste. Der einzige Gestaltungsspielraum im Trading lag in der Auswahl der Handelslogiken, darüber hinaus gab es keinen mehr. Waren die Regeln einmal gewählt und aufgestellt, war es vorbei mit der Kreativität. Vor einem Trade wusste man, was man suchte, *während* eines Trades wusste man, wie der Trade zu führen war. Na ja, und nach dem Trade war vor dem Trade. Das Ganze wiederholte sich einfach. Da man aber – wenn man nicht gerade Trading-Anfänger war – die weitaus meiste Zeit seiner Trading-Karriere mit dem Handel an sich und nicht mit der Erstellung von Handelsregeln verbrachte, war demnach der Börsenhandel inhaltlich gerade nicht kreativ.

Während ein Trading-Anfänger diese Nicht-Kreativität zu umgehen versuchte, nahm der Fortgeschrittene sie dankend an, denn ihm war bewusst: *Je langweiliger der Handel, umso erfolgreicher.*

Trotz fehlender Kreativität im eigentlichen Sinne liebte Philip den Börsenhandel, da er eine Menge kreativer Fähigkeiten im geistigen Bereich erforderte. Tatsächlich konnte er sich nicht mehr vorstellen, einen anderen Job auszuüben. In Konferenzen langweilte er sich gerne, und er konnte nicht gut mit Geschäftsleuten umgehen, insbesondere nicht mit der Spezies, auf deren Stirn »Durchschnitt« geschrieben stand. Philip reagierte schon früher fast allergisch auf das Vokabular *geschäftlicher* Besprechungen, und dies nicht nur aus ästhetischen Gründen. Schlagworten wie »Geschäftstaktiken«, »Wege zum Businessziel« und Slogans wie »Wir liefern die allerbesten Lösungen für unsere Kunden«, »Unsere Mission sind Ihre Ziele« und anderen abgedroschenen Phrasen, die in solchen Meetings an der Tagesordnung waren, fehlten genau die Präzision und Klarheit, für die er eine Vorliebe hatte. Er wusste bei solchen Gesprächen immer nicht, ob die Leute einfach mit leeren Worthülsen die Stille füllen wollten oder ob solche Treffen tatsächlich einem Zweck dienten. Auf jeden Fall war er froh, an solchen Sitzungen nicht teilnehmen zu müssen.

»B-Ö-R-S-E-N-H-Ä-N-D-L-E-R, das ist es …« Norbert bekam wieder einen Anfall von Schwärmerei. »Deals machen, Kohle horten, den ganzen Tag in feinstem Zwirn und Schlips Millionen hin und her schaufeln. Geil!«

Feinster Zwirn und Schlips?

Philip konnte diesem Fantasiepunkt, mal ganz abgesehen von den anderen, erneut nicht folgen. Ein ganz normaler Trader, ja selbst die großen Herrscher der Finanzmärkte, sehen heute anders aus als ihre Vorgänger, die stets in feines Tuch gekleideten Banker der Wall Street. Der Trader von heute trägt Jeans und Kapuzenshirt, fährt einen alten, verbeulten Geländewagen, könnte leicht als Ranger eines Nationalparks durchgehen und gleicht mit seiner kurzen Hose und dem verwaschenen T-Shirt eher einem Wandertouristen. Philip kannte keinen Berufshändler, der sich morgens mit feinstem Zwirn, von einer Krawatte ganz zu schweigen, vor seine Charts setzte. Das Instrument sowie der Mensch, der einen Arbeitsplatz mit Leben erfüllte, zählten. Nicht das Bild, das mitunter einer Vorstellung entsprechen musste, welche von Trading-Anfängern geprägt wurde, die glaubten, dass Trading eine Sache von Anzügen und weißen Hemden sei. Philip ließ seinen Nachbarn dennoch in seinem Glauben, schließlich wollte er kein Spielverderber sein.

»Börsenhändler, das ist es, das trifft meine Erwartungen! Genau. Herrgott, dass ich da nicht schon längst draufgekommen bin …«, ging die Leier schon wieder los.

Philip versuchte Norbert zu stoppen, indem er ihm erwiderte, dass, was die *Erwartungen an diesen Beruf* anbelangte, ein kleiner Bürochef irgendwo im Nirgendwo im Allgemeinen wohl sehr viel reicher war als ein Fernsehstar, der in einer Talkshow nach der andern auftrat; oder reicher als ein Spekulant, der den Preis von Öl von einem Allzeithoch zum nächsten trieb; oder ein *Großunternehmer*, der Gemälde sammelte.

»Das ist doch Quatsch!«, meinte Norbert brüsk.

»So? Dann denke doch mal, statt an die paar super Erfolgreichen, an den Durchschnitt derer, die diesen Beruf ausüben. Wie, glaubst du, verbringen die ihre Zeit? Im Champagnerbad? Im herzförmigen Whirlpool mit acht Blondinen?«, gab Philip zu bedenken. »Es ist doch bescheuert, sich nur auf die Spitze der Pyramide zu konzentrieren!«

Daraufhin herrschte vorübergehend Ruhe.

»Okay. Aber die, die es geschafft haben, die genießen das Leben!« Norbert beschwor mit berauschenden Worten, wie er als Trader das Leben und die Freiheit genießen würde. Partys. Reisen. Zwei, drei Tage in der Woche Arbeit, natürlich nur wenige Stunden, aber diese dann vollgepackt mit Spannung. »Das ist doch so, oder nicht?«, fragte er erwartungsfroh, während er wie ein Orchesterdirigent mit den Händen herumfuchtelte.

Philip suchte nachdenklich nach einer angemessenen Erwiderung. Es war unbestritten, dass der Börsenhandel die Chance barg, sämtliche Freiheiten zu genießen, die einem klassischen Arbeitnehmer vorenthalten blieben. Dennoch hatte Philip sich schon oft und zu Recht bei dem bedauernden Gedanken ertappt, dass er die Freiheiten des Tradings viel zu selten richtig auskostete, viel zu wenig die Gegenwart des Trader-Daseins genoss. Sich noch nie gesagt hatte: »Das ist es, jener Zeitpunkt, dieser Tag – das ist es, was ich immer gewollt habe! Genieße deine Freiheit! Genau jetzt! Ich will in diesem Augenblick verharren, ich will mich ewig an diesen Tag erinnern!«

Auch jetzt, nach vielen Jahren als Trader, befiel Philip gelegentlich noch immer, nur nicht mehr so häufig wie früher, das Gefühl, das saftige Fleisch des Lebens als Trader noch immer nicht gefunden zu haben. Es hatte ihn deshalb früher täglich nach der entfernten Zukunft gezogen – nach den Jahren, in denen er älter, klüger, größer, mächtiger wäre und noch reifer im und für das Trading. In diesen Momenten fragte er sich, wann denn der Umbruch kommen und er endlich beginnen würde, das freie Leben als freier Trader in allen Zügen und Schattierungen zu genießen. Und es war damit nicht die Höhe seines Kontostands gemeint, denn dass Geld allein nicht glücklich macht, war hinreichend bekannt. Komisch, trotzdem träumen viele von immensem Reichtum, gleich einem Sechser im Lotto, und sind davon überzeugt, dass ein größeres Auto, das größere Häuschen im Grünen oder auch nur der Anblick eines ständig wachsenden Bankpolsters sie endlich glücklich machen würde. An sich ja auch nachvollziehbar, würden da nicht regelmäßig Medienberichte über arme Drittweltländer wie etwa Bangladesch oder den kleinen Inselstaat Vanuatu, die die weltweiten Glücksranglisten anführten, diesen Traum zerstören. Geld und Glück teilen offenbar nur ihren Anfangsbuchstaben und haben ansonsten nicht viel miteinander gemein. Wie sonst wäre zu erklären, dass sich das Durchschnittseinkommen in den vergangenen 50 Jahren in vielen Ländern verdreifacht hat, die Zufriedenheit jedoch um keinen Deut? Scheinbar war Glück relativ und der Börsenhandel für sich allein genommen ein ungeeignetes Medium, um dieses zu finden. Philips Sehnsucht nach dem Umbruch galt seiner *Tages- und Lebensgestaltung*.

Die sehnliche Frage, wann endlich innerer Gleichmut an die Stelle der goldenen Verheißung immensen Reichtums durch die noch kommenden Trades treten würde, die Zeit der großen Umkehr, die Entidealisierung des nächsten Trading-Tags, stellte sich bei Philip aber seltsamerweise nicht nach Tagen mit verlustreichen Trades ein, an denen er Zehntausende von Euros und Dollars »einzahlte«. Die Frage tauchte entgegen aller Erwartungen auch nicht nach einer Serie von Gewinntagen auf, an denen er Tausende von Punkten erhandelte; und seltsamerweise auch nicht während der vielen Stunden und Tage, an denen er, vor dem Rechner dösend, auf ein vernünftiges Set-up wartete. Vielmehr kam die Frage nach dem innerlichen und abgeschlossenen Umbruch still und heimlich, beispielsweise während vergangener Urlaubstage mit einer damaligen Freundin, die zwar seinen Beruf Trading nicht verstanden, es aber immerhin respektiert hatte, wenn er mal wieder tief in Gedanken darüber versunken war. Die Frage kam, wenn sich Philip, abseits von Charts und Kursen, bei anstrengenden Wanderungen in den Bergen oder während scheinbar endloser Spaziergänge an weißen Stränden der Bedeutung von *Beständigkeit* immer deutlicher bewusst wurde.

Hofner meinte, als Philip ihm irgendwann einmal diese Gedanken offenbarte, dass ein Trader die ihm zustehenden Freiheiten seines Berufs erst dann einfordern und genießen könne, wenn er nicht mehr vom Hier und Jetzt des Chartverlaufs gefangen genommen wurde; wenn das große Ziel, also das »Wofür«, wichtiger wurde als der einzelne Chartverlauf.[21] Philip hatte damals für solche Äußerungen kein Verständnis, denn für ihn gab es kein Morgen. Der rettende Gedanke, dass Börsenhandel auch noch am nächsten Tag, kommende Woche und nächstes Jahr möglich sei, wollte damals nicht so recht an ihn heran. Er hatte schlichtweg eine falsche Vorstellung davon, mit was er es zu tun hatte: Das *Schnelle* und das *Ungewisse* der Charts, die Hektik der Märkte und die Unterschiede der Intermarket-Beziehungen, das Gefühl des »Hetzens des Wildes«, die Herausforderung des Jagdtriebes sprachen ihn einst sooo sehr an und ließen andere »Brotjobs« *sooo* langweilig erscheinen und ihn das erste Traden und das »Jetzt als Trader« sooo sehr genießen. Vielleicht gibt es deswegen relativ wenig weibliche Profihändlerinnen? Wegen der Adrenalinausschüttung durch den angesprochenen Jagdtrieb?

Philip blieb bei dem Bild mit der Jagd. Der Trading-Anfänger als aktiver Jäger hetzte das Wild und war hinter ihm her. Viel Adrenalin im Blut, totales Hochgefühl während der Jagd und danach einsetzende Erschöpfung waren das Ergebnis. Dennoch blieb er so als Jäger ziemlich hungrig. Irgendwann hatte der Jäger die Schnauze voll und fing an, statt Bären Beeren zu sammeln. Weil er sich aber das Versagen als Jäger nicht wirklich eingestehen darf – geht schon rein stammesgeschichtlich nicht – erklärt so mancher Jäger die Jagd kurzum als »nur für Bekloppte …«.

Anders der erfahrene, passive Jäger, auch bekannt als Fallensteller. Dessen Erkenntnis lautet, nur wenn das Wild sehr überrascht wird, kommt er zur Beute. Er beschaut sich die Wege des Wildes und legt Fallen aus – Stopps – für genau das Wild, das er erbeuten will. Der erfahrene Hasenjäger legt kleine Schlingen aus, der erfahrene Bärenjäger dagegen große Tellereisen. Und keiner der beiden versucht auch gar nicht erst, hier etwas zu verwechseln … von wegen mit Hasendraht einen Grizzly fangen … Umso erfreuter ist der Hasenjäger, wenn der Zufall mal ein größeres Wild erbeuten lässt als erwartet. So lebt er mit dem Ergebnis, dass viele kleine Hasen ihn am Leben halten, er die einzelnen Trophäen zwar nicht über den Wohnzimmertisch hängen kann, aber mit der Zeit wird schon ein schöner Mantel und eine schöne Zudecke daraus: Nix zum Angeben, aber schön warm hält es. Und geschmeckt hat es auch …

Philip grübelte kurz. Könnte man anhand dieses Gleichnisses die Erwartungshaltung, das Verhalten und die Einstellung beschreiben? Etwa so: Erfahrene Erwartung an die Börse: Überleben.

21 Ausführliche praktische Hinweise hierzu sind in DER HÄNDLER, Band 5 nachlesbar.

Verhalten: Wenige und kleine Schritte. Jägertypus: Fallensteller. Innere Einstellung: Gelassenheit. Gewissheit: Es gibt viele Hasen ...

Hingegen unerfahrene Erwartung an die Börse: Spannende Jagd und Trophäen an der Wand, Schlachtenlenker. Verhalten: Viele und vor allem viel zu große Schritte. Jägertypus: Beutehetzer. Innere Einstellung: Freude an Adrenalin, Bewegung bis hin zur Rastlosigkeit. Gewissheit: Mit einem großen Gewehr schießt man bestimmt auch ein großes Wild ... und das wiegt am meisten. Und da Kraft mal Weg gleich Arbeit, trägt man dies umso kürzer, je schwerer das Gewehr ist. Und dann ... kurz nachdem das Gewehr weggeworfen wurde, oder besser die Flinte ins Korn, kommt das Wild auf die Lichtung und beginnt in Ruhe zu äsen ...

Obwohl jeder Trader von dem Moment an, an dem er sich zum ersten Mal auf die Idee der *Wiederholbarkeit* und *Beständigkeit* einlässt, die sich daraus ergebende Verheißung innerer Ausgeglichenheit erstrebenswert finden wird, nimmt er es dem Gedanken an die *Beständigkeit* zugleich übel, dass diese ein Hindernis auf seinem Weg zu jener großen Anzahl von Trades ist, an deren Menge zu erfreuen er sich berechtigt fühlt.

Es dauerte eine gewisse Zeit, bis Philip akzeptierte, dass bei Anwendung eines *beständigen* Handels seine innere Suche vorbei war, ohne dass seine Freiheit, seiner Lust am Trading zu folgen, auch nur im Geringsten beschnitten war. Einen Trader in der Welt von *Duplizierbarkeit* und *Beständigkeit* verlangte es nicht mehr nach ständiger Marktkontrolle – danach, präsent und wichtig zu sein, sekündlich Trading-Entscheidungen zu fällen, verlorene Trades zu retten, Minustrades zu rächen, sich die eiserne Ich-kämpfe-mit-jeder-Bewegung-Tracht anzuziehen, um permanent von Aktionismus getriebene Trades durch jede erdenkliche Marktphase zu schippern und nach sinnlosen Trades mentale Notoperationen an sich vornehmen zu müssen.

Philip streckte sich, so gut das mit dem für die Business Class optimierten Sitzabstand ging, und seufzte resigniert bei dem Gedanken, dass aufgrund seiner übergroßen Verliebtheit in das Trading die wahrhaft idyllischen, *die wirklich erhebenden Augenblicke* des Lebens jahrelang auch an ihm vorbeigeflossen waren. Nun waren sie vergangen, ohne dass er sie vollständig erfasst hatte.

Aber ein paar Sekunden später bekam Philip die Gelegenheit, einen anderen, wahrhaft erhebenden Augenblick zu erleben.

»Howdy!«, donnerte es von vorn. Norbert stutzte und blickte vorsichtig in Richtung der Sitzlehnen vor ihnen. Vor Philip wackelte es und das runde Gesicht von Bernd 13 schaute über die Sitzlehne.

»Ich bin der Bernd. Ihr redet nicht zufällig die ganze Zeit über die Börse?«

Bernd 13, der offensichtlich ein paar Jahre älter war als Philip, musste sich mit einem verhaltenen Kopfnicken begnügen. »Doch!«

»Wow, das ist ja mal ein Anblick für meine müden Augen. Dann können wir ja schon fast einen kleinen Börsenclub aufmachen!« Bernd trommelte fröhlich auf die Rücklehne. »Ich stelle euch mal mich und meine Jungs vor!«

Oh mein Gott.

So erfuhren Norbert und Philip, ob sie es wollten oder nicht, dass die Bernds, beide Buchhalter, in München wohnten, der *Habs-doch-gewusst*-Astrologe war Einzelhandelskaufmann und wohnte irgendwo außerhalb in Dingsda. Mal abgesehen von der Frage, wer da das größere Pech hatte, war das Entscheidende, dass sich Bernd 13 nun berufen fühlte, sein Können und sein Wissen über die Börse in das bis dahin noch ruhig verlaufene Gespräch einzubringen und Norbert diese Chance, sichtlich dankbar und zum Nachteil Philips, annahm.

»Wie bist du denn zum Handel gekommen?«, wollte Norbert wissen, verbunden mit dem Wunsch, mehr über seinen heute ausgesuchten zukünftigen Beruf zu erfahren.

»Nun, meine Frau kam eines Tages zu mir: ›Schatz, wir haben Geld …‹, hieß es damals. ›Wir haben was?‹ ›Geld.‹« Bernd 13 grinste Norbert und Philip an. »Die Frage nach dem Warum ist nicht so einfach zu beantworten. Die Kurzfassung lautet so: Tante tot. Geld an Familie vererbt. Familie teilt es auf.«

Dass Alkohol während eines Fluges auf den Organismus schätzungsweise dreimal so stark wie unter normalen Umständen wirkt, ist nichts Neues und drückt sich bei den meisten Passagieren in einem Dauergähnen aus. Die zwei Bier bei Bernd 13 wirkten zu Norberts Freude hingegen eher anregend für die Konversation. So erfuhren Philip und Norbert in der folgenden Stunde alles über Bernds 13 ersten großen Trade, einen »heißen« und »todsicheren« Tipp seiner Bank. Da er, als er sich zu diesem Abenteuer beschwatzen ließ, so naiv wie Bambi gewesen war, musste seine Frau sich in der Folge jeden Abend beim Essen anhören, wie es *Intershop* ergangen war. Die Aktie schien nicht steigen zu wollen. Zwar hatte Bernd 13 auch mal einen Chart dazu gesehen, diesen aber nicht eindeutig interpretieren können. Der Chart verzeichnete auf seinem Weg in die Vergessenheit ein paar sanfte Anstiege, so wie sich damals der gesamte Neue Markt nach dem anfänglich imposanten Anstieg in einen der stabilsten Abwärtstrendmärkte zwischen hier und Alpha Centauri bewegte, aber Bernd 13 konnte sich an keine einzige Unterhaltung aus jener Zeit erinnern, die sich nicht um »diesen Dreckswert« drehte. Die Aktie fiel und fiel und fiel. Es kam so weit, dass Bernd 13 schon Angst hatte, bevor er im Radio den Börsenbericht über die wichtigsten Aktienbewertungen einschaltete; und diese Sendung hörte er jeden Tag kurz nach fünf Uhr nachmittags, um mitzubekommen, wie es gelaufen war. Schließlich überwog der Schmerz, den die Aktie bereitete, die Freude am Spekulieren. Gespräche über die Börse wurden vom Familientisch verbannt, weil sich sowohl seine Frau als auch er dann zu sehr aufregten.

Bernd 13 sprach die letzten Sätze etwas abgehackt und ließ dadurch immer noch eine gewisse Verletztheit erkennen. Vielleicht lag das aber auch am Bier. Wer weiß? Das Ganze war ja nun bereits einige Jahre her, und inzwischen hatte Bernd den Banker, der ihn in diese Aktie hineingeritten hatte, so gut wie vergessen. Dafür erinnerte er sich noch gut an einen anderen – äußerst dubiosen – Anlageverkäufer, einen von vielen, die einer ganzen Generation die Börse verleidet hatten. Bernd 13 hasste diesen Scharlatan immer noch so, als sei es gestern gewesen, denn durch ihn und den Banker hatten sie nicht nur so ziemlich alles verloren, was er und seine Frau geerbt hatten, sondern auch das ruiniert, was sie selbst aufgebaut hatten. Deshalb hielt er es damals für klüger, seine Börsengroßtaten zugunsten seiner Fähigkeiten auf dem Gebiet der Buchhaltung herunterzuschrauben. Dennoch bekam er lange danach noch jedes Mal, wenn er seine Frau ansah, ein schlechtes Gewissen wegen der »verlorenen Kohle«, und er versprach ihr, den Rest des Geldes zurückzuholen und jeden Job zu erledigen, den sie verlangte.

»›Die Aktien werden schon steigen. Nur Geduld …‹ Super Aussage! Dann weiß man ja voll Bescheid. Danke. Und wenn man seinen Bankberater dann später mal sucht, haben die immer die Dübeldingskrankheit. Die verschwinden hinter jeder Wand, wenn man kommt. Die meisten Menschen wissen gar nicht, was das bedeutet, Börsenverluste …«, schluchzte Bernd 13. »Man kann diese Riesenverluste noch nicht mal absetzen, sondern nur mit Gewinnen verrechnen. Aber welche Gewinne? Ich hatte keine Gewinne, nur Verluste, denn Gewinne hatte ich vorher noch keine realisiert. Mein Geld hatte sich verabschiedet. Goodbye …«

Die Ehrlichkeit von Bernd 13 rührte Philip. Kein Armer ist so arm wie ein ehemaliger Reicher, wusste Philip. Das tat weh. *Mannomann.* Er musste daran denken, dass sich die Star-Aktien von damals – als noch ein Rest Leben in der Neuen-Markt-Leiche war – sich nie wieder erholten, genauso wenig wie viele Trader dieses Marktes, und damit blieb auch Bernds Portfolio am Boden.

Doch nach einem Jahr Börsenpause, erzählte Bernd 13, sei er wieder aktiv geworden. *United Internet* hieß das Ding. »Binnen einer Woche 12.000 Euro Plus. *Wahnsinn!* Dieser Trade war ein Tipp eines Freundes gewesen.« Von diesem Trade entzündet, loderte bei Bernd 13 die Flamme des Börsenhandels nun wieder hell und kräftig. Während Philip Bernd 13 mit seinem Wasser zuprostete, blies Norbert langsam die Luft aus den Backen. »12.000 Euro … *wow.*« Ganz offensichtlich fühlte er sich in seinem Vorhaben, erfolgreicher Trader werden zu wollen, mehr als bestätigt.

Doch Bernd 13 bremste ihn: »Du wirst es nicht glauben, aber ich hab die gesamten zwölf Scheine eine Woche später wieder verloren; eine Neuemission, die ich aus irgendeiner Zeitung herausgepickt hatte, spießte mich auf. Zwölf Scheine haben sich binnen weniger Tage – *bums* – in Luft aufgelöst.« Und schon war es bei Norbert wieder vorbei mit dem Traum vom schnellen Geschäft. Bernd 13 kratzte sich am Ohr und nahm einen Schluck von seinem Bier. Dies lockerte seine Zunge weiter, und Norbert machte große Augen, als er erfuhr, dass Bernd 13 noch einmal um die 20.000 Euro mit einem CD-Hersteller namens Singulus verlor, der Wochen zuvor noch einen riesigen Buchgewinn auswies. »20.000 Euro; einfach so verschwunden. Bums, wieder alles in Luft aufgelöst. *Zack!* Einfach weg.« Bernd 13 zerknautschte seinen leeren Plastikbecher. »Tja, Jungs, so war das …«

Philip schmunzelte. »Es gibt nur eine Möglichkeit, um aus diesem Schlamassel herauszukommen. Man muss weitermachen, muss besser werden, muss lernen, lernen, lernen. Volle Kanone arbeiten und die Verluste durch neue klügere Trades, Trades, Trades kompensieren. Gas geben bis zum Umfallen. Und das klappt dann, wenn man lernt, jede Chartsituation genauestens zu bewerten und nicht jeden Candle oder Bar, der bei drei nicht auf den Bäumen ist, zu traden.« Philip schaute Bernd 13 tief in seine kleinen runden Augen. »Jeder Trader fällt mal hin. Man muss nur wieder aufstehen, aus seinen Fehlern lernen und kämpfen, bis der Arzt kommt.«

Bernd 13 nahm den Blick und das Stichwort auf. »Die entscheidende Frage aber ist: Wie schafft man es nach oben? Und *anschließend*: Wie bleibt man dort?«

»Warum die meisten Trader, wenn sie ihr Tages- oder ihr Monatsziel erreicht haben, schon wieder auf dem Weg nach unten sind? Wie ein Bergsteiger, dessen größter Wunsch es ist, auf dem Gipfel zu stehen und der in dem Moment, in dem er oben ist, nur eine Sekunde die Aussicht genießt und in der nächsten schon wieder seinen Abstieg beginnt?«

»Ja, ja genau.«

»Die Antwort ist relativ einfach«, sagte Philip. »Trader, die gar nicht wissen, wie ihr Konto nach oben gekommen ist, werden genauso schnell wieder nach unten gelangen. Sie hatten Glück oder die Gunst der Chartstunde hat sie nach oben geschleudert. Wenn einer nicht weiß, wie er dahin gekommen ist, wie soll der arme Hund dann wissen, wie er seinen Kontostand hält? Er muss, weil er keine Ahnung hat, seinem Bauch vertrauen. Und damit beginnt der unabwendbare Abstieg. Verständnis um die Herleitung von Signalen und die Tradeausrichtung erhöhen auch die Verweildauer auf dem Gipfel. Verständnis ist die Mutter der *Beständigkeit*. Wenn man sich blind auf etwaige Regelwerke, Tipps verlässt, was passiert dann? Richtig, man ist verlassen. Man muss wissen *warum*, um dann beurteilen zu können, was richtig und was falsch ist. Das ist der Schlüssel.« Philip wusste natürlich, dass das an dieser Stelle nur nichtssagende Rhetorik war.

»Und wie kommt man dahin?«, wagte Norbert zu fragen.

»Tja, das ist die große Frage. Du musst dich intensiv mit dem Handel beschäftigen. Die Frage ist nur: Tun das wirklich alle?«

»Ja, klar!«, nickte Bernd 13.

»Ja, klar, was?«, hakte Philip nach.

»Freilich beschäftigt sich jeder Trader intensiv mit seinem Handel!«, tönte Bernd 13.

»Moment ...«, unterbrach Philip. »Du meinst, *alle* betrachten ihre Charts?«

»Na ja ... sag ich doch«, bekräftigte Bernd 13 dieses.

»Aber es stellt sich die Frage, ob Chartbetrachten Lernen ist oder nur Kino. Also davorsitzen und sich ständig zu fragen, was macht die Börse wohl als Nächstes?« Philip sprach damit an, dass zwischen dem Davorsitzen und effektivem Lernen immer noch Welten lagen. Wie viele Trader gab es, die einem aus dem Stegreif die Kurse Tausender Werte runterbeten konnten, die zu jedem Zeitpunkt wussten, was wo wie notiert? Aber war das wichtig? Philip hatte Trader kennengelernt, die sich nach eigenen Angaben seit über zehn Jahren und mehr mit dem Handel beschäftigten und alle Marktverläufe kannten. Aber Fachwissen, Zusammenhänge und – das ist ja das Entscheidende – Rückschlüsse? Fehlanzeige. Zehn Jahre lang ein Dauer-Kinoticket gelöst für den Film: *Das Grauen des Charts*.

»Und genau das ist der Grund, warum so unheimlich viele für kurze Zeit Erfolg haben, sehr viel Geld verdienen und nach ein paar weiteren Trades schlimmer dastehen als je zuvor. Jeder Trader führt einen Kampf. Entscheidend ist, wer gewinnt: der innere Schweinehund, der der Spannung des Charts unterliegt, auch Aktionismus genannt, oder der Wille, dass die Börse nur ein Mittel zum Zweck ist und dieser Zweck ist die eigene Zielvorgabe?« Philip wusste aus seinen jahrelangen Lehrjahren, dass diese Worte leicht gesprochen waren, deren Umsetzung aber Jahre harter Arbeit bedurften. Alle wissen, dass man mit dem eigenen Willen Berge versetzen kann, was also hält uns dann auf? Tja, es ist einfach bequemer und kuscheliger, den inneren Schweinehund siegen zu lassen. Aktionismus, Gier, hier noch fix ein Trade, da noch schnell eine Order in den Markt, dort sind auch noch schnell 20 Punkte drin ... Obwohl ein Trader so viel Befriedigung durch den Gedanken an Beständigkeit erfahren könnte, rafft er sich nicht dazu auf. Warum? Ganz einfach: Der Wille ist auf die Zukunft ausgerichtet. Er muss sich jetzt quälen – im Börsenhandel auch Verzicht genannt –, um später etwas zu erreichen. Der innere Schweinehund hingegen liegt in der Gegenwart beziehungsweise auf dem Mausklick neben ihm, schaut permanent auf jeden hereinkommenden Kurs und frisst nebenbei Süßigkeiten in sich hinein.

Nachdenkliche Stille machte sich breit. Norbert wandte sich an Philip und fragte: »Wie war es denn bei dir im Detail? Erging es dir auch so wie Bernd?«

Philip überlegte, ob er die Frage geschickt umgehen und nur so *lala* antworten oder ob er, wie Bernd 13, einige Details preisgeben sollte. »Ich will euch jetzt gar nicht mit dem ganzen Scheiß langweilen, wie ich gegen alle Hindernisse gekämpft habe und so weiter.« Ein paar wenige Worte hätten genügt, um zu sagen, dass er den Börsenhandel unter wenig romanhaften Umständen kennengelernt hatte, diesem vom ersten Augenblick wie einer Leidenschaft zum Opfer fiel, die als Mitgefühl begann, nach kurzem, aber heftigem Kampf in verbotene Heimlichkeiten überging und sich als Wechselspiel von Sünde und Reue fortsetzte.

»Och, komm schon!«, klang es im Chor.

Okay, was soll's.

Philip entschied sich nun doch für die Details und stimmte den Worten von Bernd 13 zu. »Ich wollte es zu Beginn auch nicht glauben. Nachdem ich in den ersten zwei Wochen für mich selbst Tag für Tag schönes Geld verdient hatte, schaffte ich es kurz darauf, innerhalb von zwei Tagen aus 5.000 Euro 500 zu machen. Was war ich für ein Idiot! Ich hatte null Ahnung vom Trading und habe meine ganzen Ersparnisse verballert. Das waren erschreckende Verluste. Echt schlimm.« Philip hob den Finger. »Ich habe damals die ersten meiner schlaflosen Nächte erlebt; ich bin mitten in der Nacht aufgewacht und habe gegrübelt, wie ich mein Geld wiederbeschaffen könnte.«

Bernd 13 grinste breit und bestätigte Philip damit mal wieder, dass es wenig gab, was einen anderen Trader so sicher in gute Laune versetzte, wie wenn man ihm ein beträchtliches Unglück in Sachen Trading, kürzlich oder vor längerer Zeit erlebt, erzählte oder unverhohlen eine persönliche Schwäche offenbarte.

Philip erinnerte sich noch genau an jene Zeit. Er war damals durchschnittlich groß, durchschnittlich schlank und durchschnittlich gut aussehend. Er brachte durchschnittliche Noten nach Hause und hatte sich an den Gedanken an ein durchschnittliches Leben zu gewöhnen. Mit Kindern, Frau und Haus, welche sich allesamt ebenfalls mit diesem Prädikat beschreiben ließen. Bis zu dem Tag, als er den ersten richtig professionellen Kontakt zur Börse bekam. Sein Vater verhalf ihm damals zu einer Praktikumsstelle in dem Handelsbüro, in dem er jetzt arbeitete. Hofner war ein guter Freund seines Vaters. »Schnupper mal die Luft, damit du siehst, ob dir der Kram liegt …«, meinte sein Daddy damals.

Okay, Philip wusste, dass man mit *long* auf steigende und mit *short* auf fallende Kurse setzte. Er wusste, was Aktien waren und dass der DAX-Future an der damaligen Deutschen Terminbörse DTB gehandelt wurde. Damit erschöpfte sich zwar damals sein Wissen, aber es reichte völlig aus, damit ihm Hofner ein größeres und *scharfes* Handelskonto zur Verfügung stellte und ihn traden ließ, wie er wollte. Ohne Tipps und ohne Fachwissen. Philip konnte tun, wozu er Lust hatte, niemand griff so richtig in seinen Handel und seine Ideen ein. Philip musste beim Gedanken daran schmunzeln. Damals war der Börsenhandel für ihn wie das Wetten auf einer riesigen Pferderennbahn gewesen: Hopp oder topp. Er war ein echter Chart-Cowboy.

Bernd 13 nickte Philip mitleidig zu. »Ich glaube, da konnte jemand auch nicht genug bekommen von der aktiengeschwängerten Luft der damaligen Zeit!«

Genau so war es gewesen. Philip zockte wie ein Irrer, setzte mal auf dieses Pferd, mal auf jenes. Hinter jedem Trade sah er den riesigen Jackpot. Es war wie in einer riesigen Lottobude und da Lotto bekanntlich kein Fachwissen erfordert, ging Philip in manchen Momenten davon aus, dass er genauso viel Wissen hatte wie jeder erfahrene Händler in diesem Büro. Damals hatte er, in dem Glauben, dass er dadurch um Meilen besser über den Marktverlauf informiert sei als jeder andere im Büro, jede Börsenzeitung, jeden Newsletter und sämtliche Musterdepots abonniert.

Philip erinnerte sich an einen seiner Tage von einst:

Er schob unmerklich die Maus auf das Ordermenü, bis der Zeiger direkt auf »SELL« stand. Jetzt musste er nur noch den richtigen Zeitpunkt abwar… *Ach Scheiß. Zack!* Eine schnelle Handbewegung und die Order zur Positionseröffnung segelte zum Broker.

»Gott, bitte fall!«, keuchte Philip und sah auf den Kontostand.

Name	Position	Traded	P/L Points	P/L	Time	Last Quote	Bid	Ask
FDAX	–5K	6.808	+02	+250 €	11:40:12	6.806	6.806,0	6.806,5

Mit einem Grinsen nahm Philip jede weitere Periode zur Kenntnis.

… 6.804; … 6.802; … 6.802; … 6.799; …

Sein Freudenpegel an diesem Tag erreichte locker die 100-Prozent-Marke, vielleicht waren es sogar 102 Prozent. »Ich kann nicht fassen, dass ich das war!« Und – *schwupp!* – schon tauchte das nächste fallende Bar auf Philips 30-Sekunden-Chart auf. Wenn ihn nicht alles täuschte, stand der DAX-Future nun wenige Punkte vor dem Durchbruch irgendeiner wahllos eingepinselten Unterstützungslinie! *Ja, ganz eindeutig.* Es war die reinste Augenweide. *Die wird er knacken! Das klappte ja hervorragend!* Philip klatschte entzückt in die Hände. Seine Zauberkräfte wirkten! Er war eben doch der geborene Trader.

Alles wird ganz wunderprächtig!

Beeindruckend. Sah doch eindeutig wie eine Glücksserie aus. Philip hörte schon die Nachrichtensprecherin sagen: »Ein junger Trader namens Philip hat den Chart-Jackpot von etwa zehn Millionen Euro gewonnen. Yeahhh.«

Zwanzig Minuten später bekam Philip kaum noch Luft. *Ahhh*! Dieser Chart sah ja immer umwerfender aus. Philip ließ seine Augen unmerklich über den enorm fallenden Chart gleiten; über die letzten Candles, die Time-and-Sales-Liste und den zappelnden Auszug aus dem Orderbuch. Wow. Dieser Markt lief und lief. Die Position war die reinste Party. Philip entschied sich trotzdem, den Stopp noch weit oben, pauschal irgendwo bei 6.840, zu lassen. *Man weiß ja nie!* Unterdessen sah der DAX immer besser aus.

Name	Position	Traded	P/L Points	P/L	Time	Last Quote	Bid	Ask
FDAX	–5K	6.808	+38	+4750 €	12:04:21	6.770	6.770	6.677,5

Philip betrachtete gleichzeitig den Dow-Future. *Holla, der funkelt aber auch ganz ordentlich!* Mit dem Gewinn von 38 Punkten, die er im Handumdrehen sofort vom Tisch nahm, überlegte er, mit welchem Killer-Trade er mit dem Dow-Future Zwiesprache halten könnte, entschied dann aber, besser im DAX-Future zu verbleiben, und investierte dort nun die doppelte Kontraktanzahl. Diesmal *long*. Schließlich muss das Ding nach dem vorherigen Kursrutsch ja wieder ansteigen!

Einige Minuten später betrachtete Philip den Chart und begann, an einem Fingernagel zu knabbern.

Ahhh!

Bloß nicht hinsehen …

Da ist mein Stopp!

Philip hatte den DAX-Future *long* gekauft, nur um jetzt panisch mit Minus auszusteigen, als dieser mal kurzzeitig ein Stück zurückkam. Tja, wie war das: *Bewegungen* laufen sauber, *Korrekturen* hingegen unsauber. Der funkelnde Profit aus dem Shorttrade war zusammengeschrumpft. Philip hatte das Gefühl, sein Herz müsste ihm gleich bei den Ohren herausquellen, so heftig pochte es. Ist *das zu fassen? Was denkt sich diese scheiß Börse eigentlich? Wie kann die nur?*

Philip wurde mehr als wütend, als er sah, dass der DAX-Future plötzlich doch noch weitere 20 Punkte anstieg.

Okay. Drecksmarkt!

Dann halt noch mal:

Order Filled Long

FDAXJN10@6792 id=7263468.

Das war eine verfeinerte Version von »Vorsicht Kamera« für Trader. Denn, kann es noch schlimmer kommen? Es konnte. Es konnte noch viel, viel schlimmer kommen. Der Markt nahm nun endgültig wieder südliche Fahrt in Trendrichtung auf, worauf Philip in seiner zweiten Long-Position erneut rote Zahlen sah.

Okay.

Keine Panik.

Das ist bloß ein Chart.

Ein gottverdammter SCHEISS CHART.

Nur ein paar Zahlen. Ich meine – ein paar lächerliche Zahlen. »FU-CK!«, jammerte Philip entsetzt. *Oh Gott, ich glaube, ich bekomme eine Panikattacke.*

Los! Denk nach!

Mit trotzig vorgeschobenem Kinn stellte er in der nächsten Periode die Long-Position glatt, machte reinen Tisch, stoppte die Blutung bei 6.762 Punkten und änderte sein Trading-Modell auf die Methode, die er bisher angewandt hatte: rumballern. So eine Art »Moorhuhn schießen« auf Bars, einen Wettlauf; den er aber regelmäßig verlor.

Doch sollte Philip angenommen haben, er hätte es damit überstanden, täuschte er sich über alle Maßen. Der Markt rauschte weiter zügig gen Süden ... und die beiden letzten nervenzerfetzenden Verluste waren damit beileibe noch nicht zu Ende. Dies war erst der erste Akt. Der zweite folgte sogleich. Nun war der Schweizer Markt, der SMI, dran. Ein Markt allein reichte ja nicht. Leider zwang ihn dieser Trade, auf das Rendezvous mit seiner Freundin um halb zwei zu verzichten. Nein, lieber in den sauren Apfel beißen und hinterher einen möglichen Anranzer einkassieren. Was war schon ein *Rüffler gegen den Verzicht auf auch nur einen einzigen Punkt? Mhm. An sich gar nichts.*

Philip wurde auch bei diesem Trade im SMI das Gefühl nicht los, dass auch das ein voller Griff ins Klo war. *Long* in einen intakten Abwärtstrend, *tja* ... Ein weiterer Scheiß-Trade sozusagen.

Name	Position	Traded	P/L Points	P/L	Time	Last Quote	Bid	Ask
FSMI	+5K	7.203	+08	–400Sfr	13:01:08	7.195	7.194	7.195

Der Gedanke an seine Trades der letzten Stunden machte ihn ganz krank! Aber er war fest entschlossen, Licht in diese Angelegenheit zu bringen. Er wusste nur noch nicht genau, wie.

Konzentration, Philip! Nicht abschweifen. Philip legte die Stirn in Falten und zog den Stopp pauschal um weitere 60 Punkte weiter nach unten, schließlich braucht ein Trade Luft, und versuchte ein Gefühl der Kontrolle zurückzugewinnen, indem er in den aktuellen Marktbericht von n-tv hörte. Doch das erwies sich als fruchtlos – es machte sogar alles noch viel schlimmer. *Mhm ... schlechte Ausblicke. Schlechte Analyse? Steht nicht ganz im Sinne meiner Position.*

Philip starrte auf den Chart. *Ich fasse es nicht! Der Markt muss doch mal drehen ... Das ist bestimmt nur ein Bluff! Aber diesmal nicht mit mir!*

»Die IDIOTEN sehen nicht, dass dort eine Unterstützungslinie ist!«

»Die?«, fragte Hofner leicht gereizt von Philips Rumgebrülle. »Wer sind denn die?« Hofner schlenderte zu Philip hinüber.

Mist. Schnauze halten, Philip!

Und stell um Himmels willen keine so verzweifelte Miene zur Schau! Denn das könnte die Sache unnötig verkomplizieren. Philip sah vorsichtig hoch und hob eine Augenbraue. »Guter Trade, guter Trade!«, plapperte er dabei. »Eine richtig gute Partie!«

»Ach, wirklich?« Hofner wirkte belustigt. »Was rechtfertigt dein Long-Engagement?«

»Ja, also ... äh ...« Philip lächelte mühsam und zupfte an seinen Haaren, um Zeit zu gewinnen. *Oje, oje!* »Der Chart ist extrem ... äh ... du weißt schon. Er ermöglicht, dort ... eine Linie einzuzeichnen.« Philip stieß ein schrecklich gekünsteltes Lachen aus und klatschte nervös mit der flachen Hand auf den Tisch. »Ich hab da so ein unheimliches Gespür für diesen ganzen ... Kram.« Hofner lächelte ungläubig. »Ja, ganz recht, ich hab da wirklich ein Händchen dafür. Und dann sind da noch die ... die ... Candlestick-Elliot-Indikatoren.«

Candlestick-Elliot-Indikatoren? *Heiliger Bimbam, Philip! Wie kommst du nur auf so einen Blödsinn? Das lässt er dir nie durchgehen …*

»Richtig, die Candle-Indikatoren-Dingsda, meine große Leidenschaft«, stimmte ihm Hofner todernst zu.

»Yep!«, quetschte Philip heraus und nahm freudestrahlend den plötzlichen Kursanstieg entgegen. »Ich bin gut, hab ich das schon erwähnt?« Seine SMI-Position lag nun drei Punkte vorn. Bei fünf Kontrakten ergab das 150 Sfr.

»Du bist sogar sehr gut. Schließlich handelst du mal wieder innerhalb eines Abwärtstrends *long* die Korrektur … Ein toller Plan«, neckte er Philip.

Korrektur?!

Abwärtstrend?!

Alles Quatsch.

»Hast du verstanden, was ich damit meine? Oder willst du es einfach nicht wahrhaben?«, fragte Hofner.

»Doch! Ich meine, nein! Hör zu, wir stehen hier kurz vor einer dicken Unterstützungslinie. Ich musste den Long-Trade machen …«

»Na ja. Mach nur. Aber ich glaube, du kannst das Spiel abpfeifen …«, meinte Hofer daraufhin und zeigte auf Philips eingezeichnete Unterstützungslinie, welche nur Verbindung zu einem Punkt hatte: einem nahe liegenden lokalen Tiefpunkt, einem weiteren übergeordneten *Punkt 2*. Philip schaute verblüfft auf die eingezeichnete Linie. »Ich meinte damit, dass dein Trade wohl in die Hose gehen wird …«

»Ja. Ja. Ich habe die Sportmetapher verstanden …«, brummelte Philip. Hofner entfernte sich und ließ Philip am Rechner alleine. Philip sah den Chart lange und prüfend an. Er hatte bereits von diesen markttechnischen Signalen gehört; von Trends und der ihnen beigemessenen Bedeutung. Für seine Ohren besaß dies allerdings eine leichte Schattierung von Übertreibung, aber egal. Es war schon schlimm genug, dass Philip heute Morgen mit dem Euro-FX in einer nicht empfohlenen Chartsituation eine Menge Dollar verdient hatte, aber gerade einen Haufen Geld dadurch zu verdienen, dass man gegen einen, wenn auch ungebetenen, Rat Hofners spekulierte, das grenzte nun allerdings an Ketzerei. Doch plötzlich haute es den Markt zusammen:

… 7.197; … 7.193; … 7.191; … 7.187; …

Die SMI-Position geriet unter den Hammer, und es war, als ob Philips Epizentrum seiner Existenz der Moment war, als der Markt binnen Sekunden 40 Punkte fiel. Jetzt hatte Philip zwei Finger im Mund. Der Schweiß rann ihm die Stirn hinunter, als der Markt sich immer weiter in die falsche Richtung von seinem Einstiegskurs entfernte und er auf sein aktuelles Minus sah. Philip rang nach Luft. Der Markt rauschte weitere zehn Punkte nach unten. Jetzt hatte Philip vier Finger im Mund und bekam Gänsehaut am ganzen Oberkörper. Der Markt stand vor der bereits zweimal wahllos zurückgesetzten Stopp-Order.

Name	Position	Traded	P/L Points	P/L	Time	Last Quote	Bid	Ask
FSMI	+5K	7203	–55	–2750SFr	13:18:12	7.148	7.148	7.149

In Philips Augen loderte ein gefährliches Feuer. Der Markt fiel und fiel. Eine große Kerze. *Pling.* Dann eine weitere riesige Kerze. *Pling.* Und der aktuelle rote Balken sah aus, als würde er unten auf dem Rand des Bildschirms aufschlagen wollen. *Pling. Pling.*

Oh, Mist! Ganz dummer Anfängerfehler, Philip. MERKE: IMMER ERST … ABCHECKEN … Aber was? … Philip kam auf keine schlüssige Antwort und seufzte brunnentief. »Der sch… Markt hat auf der ganzen Linie versagt!«

»He, Philip!« Hofner lachte. »Ich amüsiere mich gerade königlich. Ich liege gut vorn. Und du?«

»Ach, ja?«, fragte Philip ungläubig. »Vielleicht sollte ich mein Geld von dir zurückverlangen!«

»Vielleicht überlege ich es mir.« Hofner zwinkerte gut gelaunt.

Sekunden später: »Aaaaarrgghhhh!«, schrie Philip auf, als er aus seinem vegetativen Zustand erwachte und vom Stuhl aufsprang. »Scheiß Markt!« Wenn Philip unter Stress stand, schien sein Hirn wie leer gefegt, was ihm leider während seiner kürzlich begonnenen Meditations- und Yogaübungen nie gelang. Er schüttelte den Kopf, um den Denkapparat wieder in Gang zu bringen, versuchte, den Chart noch mal von vorn zu lesen. Aber es war zu spät: Sein Trade erreichte die vorhin wahllos in den Markt gestellte Stopp-Order und wurde punktlandungsmäßig aus dem Markt genommen.

Ah, ja. Alles klar. Zu Befehl.

Dann hol ich meine Verluste eben mit short raus!

Order Filled Short

FSMIJN 5@7138 id=7269454.

Philip kratzte sich schweigend am Kinn. Jetzt musste er erst mal kurz verschnaufen. Die Hände auf die Knie gestützt, hielt er kurz inne, um wieder zu Atem zu kommen. Philip fühlte sich unwohl in seiner Haut. Er spürte, dass er irgendwie in Gefahr war, die Orientierung komplett zu verlieren. Oder war das schon passiert?

Scheiße, warum habe ich den Stopp nicht rangezogen?

Was mach ich hier eigentlich? Ich höre den Markt schreien »STEIGEN« und geh long. Und was macht der Markt? Er fällt! Dann schreit der Markt »FALLEN«, und ich hüpf short rein. Das kann doch nicht normal sein?

Sein überlegenes Selbst umschwebte ihn wie ein Gespenst, und Philip wurde das Gefühl nicht los, als würde ihm sein Selbst einen Spiegel vorhalten: »Was treibst du hier…?« Er spürte seine Gegenwart und seinen Durst nach einem anderen Leben. Einem ohne Börse. Er fühlte sich schwindelig und schwach, und sein T-Shirt war durchgeschwitzt, als hätte er damit unter der Dusche gestanden. Ganz durcheinander suchte Philip die Zusammenfassung der heutigen Ergebnisse seiner Trades: zwölf Trades. Fünf Minus und sieben Plus, wobei Letztere das Minus dennoch nicht ausgleichen konnten.

PIEP. PIEP.

Oh Sch …!

Philips Short-Position wurde diesmal durch den viel zu eng gesetzten Stopp aus dem Markt genommen. Dreizehn Trades in rund sechs Stunden, und die Zusammenfassung ergab nun ein stolzes Minus von fast 3.800 Euro.

Ihr könnt mich alle mal!

Philip schnappte sich seinen Rucksack und versuchte, sich möglichst unauffällig aus dem Büro zu verdrücken.

»Kann ich dir weiterhelfen?«, erkundigte sich Claudia mit metallic-rosa Schmollmund.

»Glaub nicht …«, japste Philip. Ein Schweißtropfen rann ihm über die Wange. Vielleicht war es aber auch eine Träne. Gleich darauf taumelte Philip hechelnd durch die Bürotür nach draußen. *Puh.* Im Laufschritt hastete er durch die Straßen nach Hause.

Damals hatte Philip abends fast immer ein flaues Gefühl im Magen, und das den ganzen Abend lang. Auch morgens, wenn er aufwachte, war es immer noch da. Es nagte so hartnäckig an ihm, dass er nicht mal durch den Sonnenschein des Tages davon abgelenkt wurde. So vergingen die Tage, Wochen und Monate. Er schob weiter täglich Geld über den Tresen und in das Trading. Es wurde immer trauriger für Philip. Heute wusste er, dass die damaligen Trades die sinnlosesten seines Lebens waren! In dieser Zeit steigerte sich Philips Trading fast bis zur Besessenheit, und er wusste damals selbst nicht, wohin ihn dies letztendlich führen würde. Seine Beziehung zu den Märkten hatte definitiv eine Intensität erreicht, die rund um die Uhr absolute Konzentration erforderte, und das Traden wurde für ihn zum 24-Stunden-Job.

Genau das aber war ein grundlegender und daher gewollter Bestandteil des Praktikums. Nur so war es möglich, die anfängliche Überheblichkeit Philips gegenüber dem Trading abzubauen. Denn solange diese Überheblichkeit anhielt, dies wussten die Jungs im Handelsbüro nur zu gut, war es fast *unmöglich*, dem Anfänger notwendiges Wissen zu vermitteln. Nur so konnte Philip aus sich selbst heraus und in ersten Ansätzen erkennen, dass das Handeln weit mehr an Fachwissen erforderte, als er zunächst gedacht hatte. Aber so geht es jedem Trading-Anfänger, weshalb dieser Teil einer Trading-Karriere niemandem vorenthalten werden sollte.

Die Boeing flog eine leichte Rechtskurve, während Norbert aufgeregt wissen wollte, wie das Ganze ausging.

»Was das Ergebnis war, willst du wissen?« Philip schnalzte mit der Zunge. »Ganz einfach: Mein Konto hat sich in den ersten Wochen halbiert.« Norbert war fassungslos; und das erst recht, nachdem er hörte, dass sich Philips Konto in den darauffolgenden zwei Wochen nochmals um 50 Prozent verringerte.

»Ja, musstest du da nicht deine Koffer packen?«, wollte er wissen.

»Nein, das ging so weit in Ordnung. Niemand hat sich über den schleichenden Tod meines Kontos groß aufgeregt. Schließlich hatten sie mir das sozusagen als *Lehrgeld* zur Verfügung gestellt.« Tatsächlich hatte Philips Vater damals dem Chef des Büros eine Art Schadensbegrenzungsabkommen angeboten. Aber davon hatte Philip erst einige Jahre später erfahren. Philip erinnerte sich an einen Streit, bei dem er seinem Vater, aus seiner damaligen Sicht zu Recht, vorgeworfen hatte, dass er ihm zwar dieses Praktikum vermittelt habe, aber dass ihn das ja auch nicht mehr als einen Anruf bei seinem Schulfreund gekostet habe und dass ihm scheinbar herzlich egal gewesen sei, wie es seinem Sohn dort nun erging. Philips Mutter hatte ihm daraufhin erzählt, dass sein Vater dort nicht nur angeboten habe, für seinen Mist geradezustehen, sondern auch, dass er von Hofner wöchentliche, später monatliche Berichte über seinen Werdegang gefordert und erhalten habe. Darin ging es übrigens nur ganz am Rand um den Kontoverlauf. In der Hauptsache drehte sich darin fast alles um seine persönliche Entwicklung. Als Trader und als Mensch.

»Und wie ging's dann weiter?«, fragten Norbert und Bernd 13 fast gleichzeitig.

»Mit meinem Vater? Bei dem habe ich mich danach bei nächster Gelegenheit entschuldigt«, schmunzelte Philip. »Aber ihr meint wahrscheinlich eher, wie es mit mir und meinem Konto weiterging …« Und Philip erzählte, dass er auf dem Weg zur Beerdigung seines Kontos wirklich törichte Schnitzer gemacht und diese tagein, tagaus wiederholt habe. Auf Norberts Frage nach dem Warum erklärte er, dass der Grund in der Regel immer der gleiche gewesen sei: Er hatte zu Beginn seines Praktikums einfach nicht begriffen, dass es darum ging zu lernen, den Börsenhandel in seinen Zusammenhängen richtig zu verstehen.

»Dann kam der Tag, an dem ich auf einen Schlag alles aus meinem verfluchten Depot rausgeworfen habe. Alles!«, fuhr Philip fort.

»Alles?«

»Alles. Mein Konto hatte nur noch so um die 15 Prozent des Ausgangsstands, also musste ich anfangen, mich zurück in die schwarzen Zahlen zu traden, indem ich andere Märkte zur Hilfe nahm, anstatt einfach nur sinnlos Aktien und Futures zu handeln und das Beste zu hoffen.«

»Optionsscheine?« Bernd 13 rutschte aufgeregt auf seinem Sitz hin und her.

»Noch besser. Optionen.« Philip öffnete unter lautem Zischen eine Coladose, die er sich beim letzten Durchgang der Stewardess hatte geben lassen. »Ich platzierte kleinere Beträge in Call-Optionen auf irgendwelche Internetaktien. So genau wusste ich zwar auch nicht, was ich da tat, aber ich hatte damit den Turbo eingeschaltet und innerhalb kürzester Zeit etwa die Hälfte des Verlustes wieder eingefahren.«

»Call-Optionen?« Norbert verstand nicht so recht.

Philip entschied sich für die grobe Kurzfassung. »Na, einfach solche hochgetunten Anlagen, mit denen man viel mehr Aktienwerte kontrollieren kann, als man sich für das gleiche Geld tatsächlich am Kassamarkt kaufen könnte. Bis zum Ausübungsdatum kann man entsprechend dem Optionswert traden, der steigt, wenn die zugrunde liegende Aktie steigt.«

»Alles klar.«

Philip wusste, *nichts* war klar, und fügte deshalb noch hinzu: »Es kommt aber die Zeit, da eine Option ausgeübt werden muss, und wenn die Aktie zwischenzeitlich nicht gestiegen ist, verliert man schlichtweg alles.« Philip sah Bernd 13 eindringlich an, der, mit dem Kinn auf der Rückenlehne seines Sitzes, Philips Worten lauschte. »Calls kauft man nicht, um sie zu behalten; wegen ihrer Volatilität sollte man mit ihnen *traden*, und zwar ständig.«

Bernd 13 nickte, seine Augen leuchteten. »Die Dinger machen süchtig, und wenn man auf die richtigen gesetzt hat, bringen sie schneller Geld als alles andere auf der Welt!«

Aber nicht bei deinem Trade heute Morgen im Flughafen!, dachte Philip, ließ das aber unausgesprochen und erzählte stattdessen von einem Trade, den er damals gemacht hatte. »Ich wechselte aggressiv auf die Short-Seite und spekulierte damit gegen einige dieser Neuen-Markt-Aktien und irgendwelche Ami-Werte, weil ich dachte, das Momentum des Mega-Anstiegs müsste seinen vorläufigen Höhepunkt längst überschritten haben.«

»Short ist cool«, quietschte Bernd 13 dazwischen. »Das ist genau so, wie wenn man beim Sport gegen eine Mannschaft wettet. Man bekommt den Gewinn, wenn es abwärts geht, nicht aufwärts. Das ist genau so, als würde man für seine Schadenfreude belohnt.«

Philip grinste. Der Vergleich passte. »Die Werte, die ich von der Short-Seite angerempelt hatte, stiefelten mit riesigen Schritten nach Norden. Scheiße, Herrgott, ich hatte ungeheure Summen gesetzt!« Philip erinnerte sich, dass sich der Markt täglich weiter gegen ihn richtete. Während Philip das Wasser bis zum Hals stand, suchte er dringend nach Anhaltspunkten, um in seiner Short-Position zu bleiben. Bernd 13 nickte ständig, er kannte dieses Gefühl anscheinend auch. Philip beschrieb, wie alle Ecken seines Schreibtischs mit Stapeln von Informationsmaterial und Haufen von Zeitungen ausgelegt waren und er, statt die Positionen zu schließen, immer weiter Puts kaufte, weil er hoffte, der Markt würde fallen. Und während der Markt weiter anstieg, walzte es ihn so langsam um. »Der Schweiß ist mir nur so runtergelaufen, wenn ich morgens auf die Börseneröffnung wartete. Jedes Mal musste ich nach Luft schnappen, wenn eines meiner Aktiensymbole mit einem Pluszeichen auftauchte. Am liebsten hätte ich den kleinen Rest meines Depots wieder zu Barem gemacht, damit ich das nicht auch noch verlor, aber ich wartete doch immer ›nur diesen einen Tag noch‹ ab.«

Philip konnte sich noch sehr gut an jene Märzwochen erinnern, in denen der Markt so zügig anstieg, es ihn erwischte und er offen unter den Hammer geriet. Er trank die Dose in einem Zug aus. »Ich hätte danach sofort als Postbote angefangen oder nebenbei gekellnert, nur um meine Ausgangssumme wiederzusehen!«

»Hast du etwa alles verloren?«, fragte Norbert bestürzt.

»So ziemlich. Ein paar Monate später hatte ich es wieder zurückgeholt, und zwar ohne Tellerwaschen, aber es war mir eine erste Lektion.« Philip blickte Bernd 13 direkt an. »Das waren echt wilde Nächte.«

Bernd 13 bestätigte Philips Worte, denn ihm war es nicht anders ergangen, wenn auch in anderen Märkten und auf etwas andere Art. Auch er erschrak in den ersten Monaten bis in die Knochen, dass er so viel echtes Geld verlieren konnte; woraufhin Philip einwarf, dass ein Trader unter anderem erst dann ein Trader sei, wenn er Zeiten erlebt habe, in denen er wahrhaftige Angst vor den Kurstabellen hatte und sich dennoch zwang, weiter zu traden. »Man fürchtet in seiner Naivität, die Börse könnte möglicherweise abgeschafft werden, ehe man sein Konto wieder in die Höhe gehievt hat«, fügte Philip hinzu, und so erfuhren Norbert und Bernd 13 in 10.000 Metern Höhe, wie Philip im Laufe der Zeit immer klarer erkannte, dass das Trading etliche Probleme aufwarf und daher weit mehr an Wissen erforderte, als er zu Beginn geglaubt hatte. »Jetzt, Jahre später, weiß ich, dass ausnahmslos jeder angehende Trader, der sich dem Abenteuer Trading verschreibt, diese erste Phase durchläuft, genau genommen sogar durchlaufen *muss.*«

Irritiert fragte Norbert, ob sein neuer Traumberuf am Ende womöglich lebensbedrohlich sei. »Eine direkte Frage. Die direkte Antwort ist: ›Ja!‹«, erwiderte Philip schmunzelnd, aber offen. »Trading ist definitiv lebensbedrohlich. Die Chancen stehen gut, dass dieser Zeitvertreib dich irgendwann erwischt.«

Norberts Augen wurden nach den Ausführungen und der Offenheit von Philip und Bernd 13 immer größer, seine Begeisterung für den Beruf des Traders schwand zusehends. Er hatte erwartet, sich auf einer Bühne mit welterschütternden Trading-Abenteuern wiederzufinden, deren Held er sein würde. Stattdessen sah er sich auf einmal als hilfloser Trader mit einem Konto, dem nur die Verlusttrades antworteten. Als er begriff, wie schwierig der Job in Wirklichkeit war, nahm er vorerst Abschied von der Idee, diese anscheinend doch undankbare Laufbahn einzuschlagen. Er stellte seinen imaginären Sportwagen und die schönen Frauen erst einmal in die Garage und ins Haus seiner Fantasien, wollte aber trotzdem von Philip wissen, was seine Chefs zu seinem missglückten Start gesagt hatten.

»Sie haben über den Verlust gelacht«, erwiderte Philip, »und meinten, ich solle versuchen, es einfach an der Börse wieder reinzuholen, denn ihr Glaube an mich sei ungebrochen.«

Die Frage von Bernd 13, ob denn seine Einstiege schlecht gewesen seien, verneinte Philip kopfschüttelnd. »Ich hatte *keine schlechten,* ich hatte *gar keine* Einstiege! Ich hatte einfach nur Analysen von Banken und in Börsenbriefen gelesen, also einzelne Ideen genommen und diese gehandelt. Ich hörte immer sehr auf das, was die Analysten über die Aktivitäten der Aktien oder der Märkte erzählten.« Philip war damals noch meilenweit davon entfernt zu erkennen, dass es – wenn man schon Analysen von Dritten zum Trading heranzog – entscheidend war, das Warum und Wieso von Tipps und Empfehlungen zu hinterfragen und dies mit dem abzugleichen, was der Chart momentan zu sagen hatte. »Ich musste das Trading auf die harte Tour lernen. Eines Abends, im vierten oder fünften Monat meines elenden Daseins im Handelsbüro, wurde mir nach einer besonders heftigen Prügelschlacht am Markt bewusst, wo ich stand. Ich stellte fest, dass ich nur noch wenige Prozent meines Kontos hatte und praktisch nur noch Zentimeter von der totalen Auflösung entfernt war. Ich war erst seit Kurzem im Geschäft und wurde schon zermalmt. Die ganze Zeit über hatte mich Hofner – ein legendärer Händler, der ebenfalls in diesem Handelsbüro handelt – täglich angesprochen und sich erkundigt, wie es bei mir lief. Ich behauptete immer, es liefe gut. Gerade an diesem einen Abend, wo mir eh schon fast zum Heulen zumute war, meinte er dann, er habe mit allen anderen gewettet, dass ich echt tief drinstecken würde, und sei froh zu hören, dass er die Wette verlieren würde. Das fand ich ziemlich merkwürdig damals. Der freute sich, eine Wette zu verlieren?«

Philip erinnerte sich, dass Sander, ein anderer Händler, ihn regelmäßig gehänselt hatte. Sander meinte immer, Philip sei viel zu belesen, um das Trading zu bewältigen. Natürlich wollte er auch deswegen nicht mit Hofner über den Zustand seines Kontos reden, da die Vermutung auf der Hand lag, dass diese Information wie ein Lauffeuer im Büro herumgehen würde und Sander erst recht Wasser auf die Spottmühlen bekäme. »Noch dazu dachte ich fälschlicherweise, Hofner würde mich vielleicht gnadenlos auflaufen lassen, wenn er hörte, dass ich so schnell so viel Geld verloren hatte«, erklärte Philip. »Was ich damals nicht wusste, war, dass Hofner und Sander mein Konto tatsächlich jederzeit einsehen konnten.«

»Wisst ihr übrigens, warum der Börsenhandel eines der ehrlichsten Geschäfte ist?«, fuhr Philip nach kurzer Pause fort, wartete jedoch eine Antwort gar nicht erst ab. »Die Performance ist etwas, das man in diesem Geschäft einfach nicht verbergen kann. Vor niemandem. Man kann niemanden täuschen, wenn es schlecht läuft.«

»Du hast es ihnen also gesagt?«, wollte Bernd 13 wissen.

»Genau, ich habe ihnen schlussendlich die Wahrheit gesagt bzw. sie haben es ja ohnehin gesehen«, erwiderte Philip. »Tage später wurde ich dann zu Herzer gerufen, dem Chef des Büros. Ich hatte keine Ahnung, was mit mir passieren würde, hatte feuchte Hände und zitterte am ganzen Körper. Als ich ihm mein total abgebranntes Konto zeigte, stand er auf, kam um seinen Schreibtisch herum und versetzte mir einen Klaps auf den Kopf.«

»Er hat dich geschlagen?« Bernd 13 war außer sich.

»Quatsch. Das war symbolisch. Das verbrannte Konto war Absicht. Es gehörte zu ihrem Plan.«

»Sie ließen dich BEWUSST Minus zu machen?« Bernd 13 verstand nun gar nichts mehr.

Mphfff ... Philip nickte nur.

»Sie wollten nicht, dass du ihnen das Geld zurückgibst?«

»Nein. Ich schuldete ihnen das Verlorene nicht. Sie gaben mir jetzt sogar noch mehr, stockten mein Konto um weitere 100.000 Dollar auf, nur um mir zu beweisen, dass sie Vertrauen in mich hatten, und bestanden darauf, ich würde später ein Vielfaches verdienen, wenn ich mehr Gefühl für die Kurse und später auch für große Konten bekommen hätte. Keiner von den anderen Händlern wollte auch nur ernsthaft mit mir reden, ehe mein erstes Konto nicht richtig tief im Minus, *besser auf null* stand. Denn nur das konnte helfen, meine Neugier anzustacheln und dadurch in mir das Verlangen zu wecken, Aufgaben und anstehende Fragen rund um den Börsenhandel *selbstständig* zu lösen. Ich habe erst am eigenen Leib spüren müssen, dass niemals ich, sondern immer nur der Markt recht hat.«

Norbert dachte sich in Philips Kollegen hinein. »Du solltest also deinen Kopf klar kriegen und dann neu anfangen?«

»Genau. ›Geh und hol dir das Geld zurück‹, sagte Herzer nur. Und das habe ich dann auch getan.«

Jetzt, Jahre später, verstand Philip auch, warum beim Trading nur dieser Weg zum Ziel führen konnte. Ein Lehrer sollte dem Schüler immer etwas Zeit einräumen, damit der das Lernen selbst als Teil seiner Lebensaufgabe erkennen konnte. Denn wenn der Trading-Anfänger das Fachwissen und dessen Erlernen lediglich als *notwendiges Übel* ansah, war das zu verwaltende Geld besser bei anderen aufgehoben.

Ein Blick aus dem Fenster ließ schwach die Strände des östlichen Mittelmeers erkennen, während Philip berichtete, wie er in den folgenden Wochen die Grundlagen des Tradings vermittelt bekommen hatte, immer unter der Maßgabe, ihm genügend Zeit und Möglichkeiten zu geben, die einzelnen Stufen des Wissens in Übungsphasen praktisch umzusetzen. »Beim Trading erwächst die Theorie aus der Praxis«, erklärte Philip seinen Zuhörern. »Herzer verlangte von mir, dass ich von den beiden erfahrenen Tradern Hofner und Sander lernen sollte, weil sie mir alles beibringen könnten, was ich wissen musste. Beide versprachen, sie würden mir zeigen, wie man einen Trade abschloss, Gewinne kassierte und das Verhalten anderer Marktteilnehmer für sich arbeiten ließ – so wie sie selbst es einst von erfahrenen Tradern gelernt hatten. Und Hofner versprach mir, dass ich mich, wenn ich auf ihn und seine Erfahrung vertraute, auf null zurücktraden könnte.«

»Und, hat es gestimmt?«, wollte Bernd 13 wissen, der mittlerweile rücklings auf seinem Sitz kniete und wie ein Kind im Ferienlager aufmerksam den Geschichten der Großen im knisternden Schein des Lagerfeuers lauschte.

»Es hat gestimmt. In den ersten Wochen musste ich Hofners Trades begleiten. Die Diskussionen um die Trades liefen allerdings in der Regel ins Leere, denn meine Gedankengänge waren viel zu einfach, mir fehlte schlichtweg jeglicher Sachverstand.«

»Was ja nach deiner bisherigen Erzählung verständlich ist«, sagte Norbert.

»Das Problem war nur, mir das *Warum*, das *Wie* und das *Wofür* zu erklären. Aber das haben die beiden auch erst mal nicht, sondern sie fingen damit an, mir zu Beginn das Wissen zu vermitteln, *wie ein Kurs entsteht*. Für sich allein genommen, konnte ich damit zwar noch nichts anfangen und auch noch nicht den Bezug zum Trading herstellen. Dennoch war es der zwar kleinste, aber wichtigste Grundbaustein für das weitere Wissen.«

Philip erinnerte die beiden anderen daran, wie viele Menschen heute Früh auf dem Flughafen zu den zwei riesigen Fernsehbildschirmen heraufgeschaut hatten. Vielleicht neunzig, hundert? *Egal*. Er fragte Norbert und Bernd 13, wie viele von denen wohl ganz konkret wussten, warum sich die Aktien und Märkte auf dem Laufband änderten? Wie viele konnten wohl beim Blick in ein Orderbuch den Kurs ganz grob nachrechnen? Drei, vier, wenn überhaupt. Und dennoch starrten sie alle auf die Veränderungen auf dem Laufband. *Ulkig*.

Mit dem Wissen um die Kursfeststellung konnten Hofner und Sander Philip dann das Fachwissen rund um den Trend, um dessen Aufbau und die Marktteilnehmer innerhalb eines Trends erschließen lassen. Innerhalb dieser umfangreichen Thematik wurden ihm in den kommenden Monaten viele wichtige Randbedingungen und Gegebenheiten des Tradings bewusst. Hofner und Sander sprachen mit ihm die Einstiegs- und Stoppregeln für das markttechnisch orientierte Trading durch und leiteten sie, eingebettet in Hunderte von Randbedingungen und praktische Hinweise, vor allem aus dem bisherigen Wissen ab. Sie gingen täglich die verschiedensten Trades mit ihm durch und vermittelten ihm so anhand der Praxis die Theorie. Im Zuge dieser Auswertungen wiesen sie ihn auf etliche Trading-Fehler hin, die ihm aber erst durch den Vergleich zwischen praktischer Anwendung und Theorie bewusst wurden.

In den folgenden Monaten landete Philip mithilfe seines neu erworbenen Fachwissens seine ersten größeren Treffer, und Hofner hoffte jetzt zu Recht, er könnte Philip etwas Geduld einimpfen, indem er diesen immer wieder die gleichen Umstände im Chart für einen Trade abwarten ließ. Und während die Boeing gerade mit fast 1.000 Stundenkilometern ihrem Ziel entgegenraste, wurde Philip damals symbolisch mit einem Kilometer pro Stunde durch die praktische Anwendung von Fachwissen die mentale und psychische Komponente des Tradens erst so richtig deutlich. Durch Hofners und Sanders Unterstützung wurde er ständig zum Nach- und Überdenken angeregt, und sie zeigten ihm in den folgenden Monaten eine *qualitative* Herangehensweise an das Trading auf. Philip lernte, dass ein ernsthaftes, markttechnisch orientiertes Trading nicht nur aus der Nachahmung von Regeln bestand, sondern einer Logik entsprang, welche aus dem Grundwissen um die Börse und aus den Einsichten in Bezug auf das eigene Trading erwuchs. Der höchste Berg, den er dabei erklimmen musste, hieß Geldmanagement.[22] Dieser Berg war nicht nur hoch, sondern die Aufstiegswege waren auch vielfältig und jedes Mal anders.

Auf Norberts Frage, ob ihm das viele Nachdenken über das Trading denn Spaß gemacht habe, eröffnete ihm Philip, dass das schrittweise Lernen, das Erkennen eines Trading-Problems und die Lösung der ständig neu auftauchenden Fragen in der Summe eine wahrhaft große Entdeckung gewesen seien. Denn jeder einzelne Fortschritt, jede noch so kleine Lösung stellten für ihn von nun an einen Erfolg dar. DAS war der Reiz des Tradings.

»Die eigene Psyche zergliedern und dennoch das Ziel – warum, weshalb Trading – nicht aus den Augen verlieren! Das ist kein leichtes Unterfangen«, zitierte Philip Hofner. »Doch es ist eines, bei dem die Begleitung durch einen objektiven, erfahrenen Führer mit absoluter Gewissheit hilfreich ist. Eine Aufgabe mag noch so bescheiden sein, wenn sie aber das eigene Interesse weckt, die eigene Erfindungsgabe anregt und man diese Aufgabe aus sich selbst heraus löst, dann wird man die Spannung und den Triumph eines Entdeckers erfahren. Um das und um nichts anderes geht es beim Trading.«

Philip berichtete weiter, er habe allerdings erst herausfinden müssen, dass er überhaupt eine Begabung für das Lösen von geistigen Trading-Abschnitten hatte. Denn Theorie kann die Praxis nur vorbereiten, aber niemals ersetzen. Jetzt, viele Jahre nach diesen ersten Gehversuchen im Trading, wusste er, dass ihm das Lösen der geistigen, psychologischen und sogar philosophischen Fragen im Trading so viel Vergnügen bereitete wie ein schönes Buch oder so viel Anregung wie eine Schachpartie.

Norbert fragte: »Wann hast du denn den Entschluss gefasst, den Börsenhandel gänzlich zu deinem Beruf zu machen?«, und Philip antwortete nach einem kurzen Moment der Überlegung: »An dem Tag, als ich die Freude an der *geistigen Hürde* des Tradens entdeckt habe.«

Bernd 13 konnte es nicht glauben. Auch er hatte viel verloren, aber statt »Freude am geistigen Traden« zu entwickeln, brachte ihn das nur auf die Idee, ganz mit dem Börsenhandel aufzuhören und dazu, die Hoffnung zu begraben, dass er jemals mehr als schlaflose Nächte aus dem Trading herausholen könnte.

»Der bittere Geschmack des Tradings hat mir Perspektive und Mut gegeben.« Als Reaktion auf diesen Satz musste Philip in vier ungläubige Augen schauen, deren Besitzer nicht verstehen konnten oder wollten, wie die Vernichtung eines großen Kontos Mut verleihen sollte. Philip half darum nach. »Der Mut, ich selbst zu werden und zu bleiben, das war das Wesentliche.« Die Blicke wurden noch irritierter. »Ich schulde der Börse Dank. Der Dialog mit ihr hat mir Tag für Tag größere Klarheit verschafft. Ja, ich muss sie sogar segnen dafür, dass sie mich zum Nachdenken und damit zur Besinnung gebracht hat.«

---

22 Ausführliche praktische Hinweise hierzu sind in DER HÄNDLER, Band 4 nachlesbar.

»Für einen Trader ist das eigene Leiden ein *Segen*?« Norbert schüttelte den Kopf. »Was treibt ihr Börsenheinis da nur? Seelenzergliederung? Das ist ja echt schräg!« Innerlich legte er die Bewerbungsmappe für seinen neuen Beruf gerade beiseite und dachte: »Lieber einen Monat in der Hölle, als einen Tag Trader sein!«

Mit erhobenem Zeigefinger flüsterte Philip: »Das Leiden, es ist die Kriegsschule. Die Kriegsschule des Börsenhandels.« Er wusste, dass es leicht übertrieben war.

Norbert verstand nur noch Bahnhof. »Und warum machen dann eigentlich so viele bei dem Scheiß mit?«

»Ich glaube, die Lösung ist relativ einfach. Den Kandidaten macht es einfach Spaß, teilzunehmen. Aber man sollte nicht vergessen: Sie wollen einen Traumberuf, und den gibt es am Marktplatz der Eitelkeiten eben nicht für lau. Sorry. So ist das. So bleibt das. So wird es immer sein.« Philip blickte in große Augen. »Tut mir leid, Leute, aber es ist und bleibt wahr, es gibt nur eine Wahrheit im Trading, und die nennt sich die eigene *Wiederholbarkeit*. Ich weiß, allein das Wort treibt viele Trading-Neulinge in den Komplettwahnsinn. Mir ging es ja am Anfang selbst auch so. Ich wollte mit einem Trade stinkreich werden. Aber sich richtig ins Zeug zu legen, sprich: Fünf Handelstage die Woche, Stunde um Stunde, Trade um Trade, zu arbeiten? Das ist hart, wirklich hart; und vor allem *vollkommen* unabenteuerlich, *vollkommen* unromantisch. Aber: Ohne Arbeit, und ich meine weit mehr Arbeit, als sich zum Beispiel ein typischer Angestellter, ohne zu kündigen, aufhalsen lassen würde, kann man seine Börsenträume beerdigen. Und zwar ruck, zuck! Ihr kennt den Film *Die Glücksritter*? Mit Eddie Murphy, Dan Aykroyd und Jamie Lee Curtis? Wer nur auf Jamie geguckt hat – und in diesem Film ist sie es wert, sehr lange hinzugucken – hat vielleicht am besten getan, denn ...«, Philip blickte Norbert direkt an, »wessen Traum es ist, möglichst wenig zu arbeiten, der tut besser daran, seine Ansprüche herunterzuschrauben, bis er so wenig braucht, dass er sich auch so auf die faule Haut legen kann. Mit etwas Glück findet er jemanden wie die Jamie im Film. Oder er oder sie sucht sich, wie die reiche Verlobte von Dan, einen Depp, der für den erstrebten Lebensstandard bezahlt. Wer aber stattdessen im Handel wirklich etwas erreichen will, für den fängt alles mit diesem einen, sich wie ein Mantra wiederholenden, grässlichen Wort an: Üben, Üben, Üben.« Philip gab natürlich auch die gute Nachricht bekannt, denn wenn man ein persönliches Ziel erreichen will, wird zum einen die Einstellung zur Arbeit natürlich wesentlich motivierter und zum anderen wird einen die Arbeit an sich selbst als Trader auch glücklich machen. Vom Geld mal ganz abgesehen. Okay, vielleicht nicht am Anfang.

*

Wer die Redewendung »Die Zeit vergeht wie im Fluge« geprägt hat, hat mit Sicherheit noch nie in einem Flugzeug nach Thailand gesessen. Denn seltsamerweise vergeht die Zeit beim Fliegen überhaupt nicht. Hier schien sie zu kriechen. Wenn Philip aus dem Fenster sah, erblickte er undefinierbare Landmassen unter sich, Wüsten und Flüsse, die sich wie glitzernde Bänder durch das Land schlängelten. Auf Seen, so groß wie Centstücke, funkelte die Sonne, die sich hinter dem

Flugzeug langsam dem Horizont entgegensenkte. Durch die Zeitverschiebung hatte die Zeit als Ansatzpunkt sowieso jeden Hauch von Wirklichkeit verloren.

Nachdem die Stewardess das Essen serviert hatte und im Flieger etwas Ruhe einkehrte, wollte Norbert von Philip wissen, was er denn in dem Handelsbüro den ganzen Tag so mache. Er erfuhr, dass die Trader hier als eigenständige Einheit gesehen wurden. Man ließ ihnen freie Hand, vorausgesetzt natürlich, ihre Ergebnisse stellten die Mandantschaft zufrieden. »Der Name Eigenhandel dagegen rührt daher, dass Händler mit dem eigenen Geld des Büros arbeiten«, erläuterte Philip. »Somit genießt der einzelne Trader alle Vorteile einer selbstständigen Tätigkeit, ohne sich mit den profanen Einzelheiten einer tatsächlichen Selbstständigkeit beschäftigen zu müssen.«

»Du bestimmst deine Arbeitszeit selbst?«[23]

»Ja, ich kann nach Lust und Laune reisen und mich meinen persönlichen Interessen widmen«, erwiderte Philip. Er wusste, dass Trading für Menschen, denen manuelle Arbeit nicht lag und die außerplanmäßige Meditationen liebten, ein Paradies war. Philip liebte die Anonymität des Börsenhandels, denn sie entsprach seinem Wesen. Er wollte nur seinen Spaß haben und nicht im Wettbewerb mit Hunderten von anderen Leuten stehen. Er schätzte sich zutiefst glücklich, dass ihm jeglicher wettbewerbsorientierte Machthunger fehlte.

»Und da macht ihr den ganzen Tag Analysen von Nachrichten?«

Philip winkte kategorisch ab. »Nix da. Nur Technische Analyse«, und schaute hinüber zu seiner Göttin.

Bernd 13 hatte sich rücklings auf seinen Sitz gekniet und klärte Norbert auf: »Technische Analyse, das ist das mit diesen *Trendlinien* und *Indikatoren*.« Er reckte beide Daumen nach oben. »Hey, diesmal hab ich dir was beigebracht!«

Philip schmunzelte. Es war doch immer wieder nett, dass ein Börsenneuling, wie er selbst einst auch, die Technische Analyse grundsätzlich nur mit Widerstand und Unterstützung in Verbindung brachte und dann sofort an diese »Indikatoren-Dinger« dachte.

»Na, nicht ganz. Aber so in die Richtung ...« Philip versuchte, um weitere Fragen herumzukommen, konnte jedoch Norberts verständnislosem Blick nicht ganz standhalten. »Wir handeln nach Markttechnik.«

»Nach *Markttechnik*, aha?!« Norbert blickte fragend Bernd 13 an, aber der konnte diesmal auch nicht aushelfen und zuckte nur mit den Schultern. »Und was soll das sein?«

»Na ja, das Fundament der ganzen Technischen Analyse.«

»Ah so, das Fundament! Ja dann ...« Norbert deutete auf die Fluginformationen auf dem kleinen Bildschirm im Vordersitz und bettelte: »Wir haben ja noch etliche Kilometer lang Zeit. Da gibt es doch bestimmt das eine oder andere tolle Signal, das auf deinem Fundament aufbaut und das du uns beibringen könntest, oder? Bitte!«

Bernd 13 nickte und fand anscheinend auch, dass ein superheißer Tipp in Sachen Technische Analyse nichts schaden könnte.

Ein paar Minuten lang zierte Philip sich noch, dann ließ er sich schließlich erweichen und spuckte es aus, das große Trader-Geheimnis. Kategorie: *Heiliger Gral*! Geheimnistuerisch flüsterte

---

23 Ausführliche praktische Hinweise hierzu sind in DER HÄNDLER, Band 6 nachlesbar.

er Norbert und Bernd 13 zu: »Okay, aber ihr dürft es keiner Menschenseele sonst verraten!« Philip schaute sich um und raunte – absichtlich übertrieben – verschwörerisch: »Dieses Rezept wurde über viele Generationen von einer Trader-Generation zur nächsten weitergegeben. Hiermit seid ihr offiziell eingeweiht.«

»Ja, ja! Kannst dich auf uns verlassen«, wisperte Bernd 13.

»Da wir nur noch ein paar Stunden Flugzeit haben, müssen wir zur verschärften ultrakonzentrierten Version, quasi zur Essenz der Essenzen greifen. Also, hört gut zu – «

»Yep«, kam es im Doppelpack.

»Ihr müsst – «

»Jaaaa?«

»Ihr müsst lernen, euch zu fragen – «

»– Jaaa?«

»– warum nach eurer Positionseröffnung andere Marktteilnehmer ebenfalls in eure Richtung handeln sollten!«

»Moment mal, wie jetzt? *D-A-S ist alles?*« Philip erntete nachdenkliche Blicke.

Überraschenderweise klang das große Trader-Geheimnis längst nicht so geheimnisvoll, wie von Bernd 13 erwartet. Trotzdem bedankte er sich überschwänglich, ohne dass er mit der Aussage konkret etwas anfangen konnte.

Lieber Himmel! Wir reden hier vom Börsenhandel, nicht von einer Atombombe.

Beide drängten Philip schließlich zu erklären, was er damit meinte. Philip war inzwischen etwas verärgert darüber, mit welcher Selbstverständlichkeit die beiden ihn mit Beschlag belegten und über seine Zeit verfügten. Andererseits erinnerte er sich an seine ersten Treffen mit einem, der Bescheid wusste. Auch er war damals neugierig gewesen, und diese Neugierde lag in den weißen Flecken in Hofners Ausführungen begründet, die ihn genauso stark beschäftigten wie die weißen Stellen auf der Landkarte Afrikas die Entdecker des 19. Jahrhunderts.

»*Hmm* ...« Philip wiegte den Kopf. »Das ist nicht mal eben so zu erklären«

»Komm schon«, unterbrach ihn Norbert. »Was willst du sonst die nächsten Stunden machen?«

Schlafen, essen, mein Buch lesen, aus dem Fenster schauen, Tagebuch vervollständigen ... Philip sah zu seiner Angebeteten auf der anderen Seite der Maschine hinüber, die gelangweilt in einem Magazin blätterte ... *vielleicht mit einer interessanten – oder gar interessierten? – Frau flirten* ... »Los, komm schon, mir ist langweilig. Dir doch bestimmt auch?«

Geister, die ich rief ... Na, was soll's. Ich hätte ja auch den Mund halten können eben. Selbst schuld also ...

»Charts kennt ihr?«, fing Philip seine Minilektion hoch über den Wolken an.

»Klar.« Eifrig beugten sich Norbert und Bernd 13 vor.

Philip wandte sich direkt an Bernd 13. »Und warum schaust du drauf?«

»Wie, warum schau ich drauf?« Bernd 13 verstand nicht recht.

Okay, anders.

»Hast du dich mal gefragt, was du beim Betrachten eines Charts suchst?«

»Den aktuellen Kurs.«

»Dafür brauchst du keinen Chart!«

»Nicht?«

»Nein.«

Stille.

»Ja, wie jetzt? Wo kriege ich denn dann die aktuellen Kurse her?«

Bernd 13 ahnte nicht, worauf Philip hinaus wollte.

»Na, dafür könntest du auch den Fernseher benutzen oder Internet oder Kurslisten ...«

»Verstehe, verstehe«, unterbrach Bernd 13 Philips Aufzählung.

»Na ja, ich schau mir das Ding an und sehe, wo der Kurs schon mal war«, gab Norbert nun zum Besten.

»Das geht noch genauer!«

Alle Antworten – zum Beispiel, um an der Historie Signale abzugreifen, um Indikatoren zu errechnen oder wiederkehrende Kursmuster aufzustöbern – quittierte Philip mit einem Kopfschütteln. Schließlich brach Philip das Ratespiel ab und wollte stattdessen Auskunft darüber haben, was nun das Endziel jeglicher Technischen Analyse sei; denn jeder, der einen Chart betrachtete, betrieb diese ja in irgendeiner Form.

»Mannomann. Um Trendlinien einzuzeichnen, um dann zu wissen, wo es hingeht!«, flog auf einmal als Antwort zu Philip herüber.

»Brecht das weiter auf den Ursprung herunter«, forderte Philip und wollte Bernd 13 weiter zur Quelle aller Anwendungen der Technischen Analyse führen. Philip merkte aber, dass das *so nichts wurde* und dass er Schwierigkeiten haben würde, die Fragen zur Technischen Analyse in aller Schnelle zu beantworten, ohne die notwendigen, überlebenswichtigen Hintergrundinformationen zu liefern. Er brauchte eine bessere Veranschaulichungsmethode. Eine bildlichere. Er musste die Thematik bündiger und umgangssprachlicher präsentieren, sonst wäre er selbst auf dem Rückflug noch nicht fertig. Mit diesen Gedanken schaute Philip halb bedauernd, halb sehnsüchtig hinüber zu der hübschen Frau im Gang rechts vor ihm.

Philip kam eine Idee und er deutete auf die Stewardess, die gerade mit ihrem Wagen Parfums und irgendwelchen Klimbim aus dem Bordmagazin zum Kauf anbot – zur großen Freude eines Ehepaars in der Reihe rechts von ihnen. Die Frau strahlte über die aus ihrer Sicht ach so großen Ersparnisse, während ihrem Mann der Kaufrausch sichtlich immer peinlicher wurde.

»Angenommen, die Passagiere könnten die Waren bei der Stewardess nicht nur kaufen«, Philip deutete auf die rechte Reihe, in der die kauffreudige Frau saß, »sondern die Waren auch bei ihr verkaufen.« Philip deutete auf die mittlere Reihe.

»Und wir drei?«

»Wir sitzen hier rum und schauen uns das Treiben aus der Ferne an. Wir sind nur Beobachter.«

»Die Stewardess stellt die Kurse?«, griff Bernd vorweg und beäugte die gut aussehende Blondine.

»Sie ist die Börse. Genau.«

»Also, bei ihr können die anderen kaufen und verkaufen, während wir drei hier nur so rumsitzen?«

Philip nickte. »Genau. Wir drei wollen nicht die Börse sein.«

»Nicht die Börse?«

»Keine Börse. Nur Zuschauer.« Philip überlegte kurz und fuhr dann fort: »Und was müssten wir drei tun, um als unbeteiligte Dritte eine Aussage darüber treffen zu können, wie weit bzw. wohin die Preise bei der Stewardess gehen werden?«

Philip gab den beiden einen Moment Zeit, sich das kurz bildlich vorzustellen.

»Ich würde die Passagiere in der Käufer- und in der Verkäuferreihe fragen, was sie wissen, denn wir müssen ja nur erfahren, *warum* sie kaufen oder eben verkaufen wollen«, meinte Bernd 13 selbstbewusst. Norbert pflichtete ihm durch kräftiges Kopfnicken bei.

»Aber bringt es uns denn einen wirklichen Mehrwert, wenn wir wissen, *warum* der eine oder andere in einer der beiden Reihen ist?«, gab Philip zu bedenken. Er bekam sofort ein zweifaches »Klar doch!« um die Ohren gehauen, was nicht verwunderlich war, war er doch früher selbst auch der Meinung gewesen, dass es zu den wichtigsten Aufgaben eines Händlers gehörte, das Warum eines Kursanstiegs und das Wieso eines Kursrutsches zu erforschen.

Einmal – Philip war gerade wieder dabei, in den unendlichen Weiten des Internets das »Warum wurde meine Position gerade in den Boden gestampft?« zu recherchieren – kam Hofner an Philips Schreibtisch und fragte ihn, ob er in einem Ordermenü jemals eine Abfragezeile gesehen habe, in die der *Grund* des Kaufes oder der Positionsschließung eingegeben werden musste. Philips verblüfftes »Nein!« nahm Hofner mit einem Kopfnicken entgegen und zog das Internetkabel aus Philips Laptop, nahm wortlos einen mit Anmerkungen gespickten Zeitschriftenstapel von Philips Schreibtisch und warf diesen mit einem lauten Knall in den Müll. Auf dem Weg zurück an seinen Arbeitsplatz sagte Hofner wie beiläufig: »Dann hör auf, so zu tun, als hätten die anderen so ein Fenster oder so eine Abfragezeile.«

Auch wenn ihn diese rüde Live-Beerdigung seiner kostbaren Zeitungsartikel mopste, musste Philip, nachdem Hofner und Sander ihm die Preisstellung an der Börse erklärt hatten, zugeben, dass das *Wieso* nicht den geringsten Mehrwert für das Zustandekommen eines Preises bei der Börse hatte! Seinen beiden Zuhörern gab er nun zu bedenken, dass die Stewardess – also die Börse – die Preise ja auch völlig unabhängig vom »Warum« stellte und die Beweggründe doch auch keinerlei Bedeutung für die Preisstellung hätten.

»Also, noch mal: Ihr wisst nichts, ihr hört nichts, ihr könnt *nur* sehen. Stellt euch vor, ihr wollt einen Preisanstieg oder einen Preisrutsch vorausahnen. Was müsste am Wagen der Stewardess passieren?«

»Na ja, in dem Fall müssten wir sehen, welche Reihe besser besetzt ist, die der Käufer oder die der Verkäufer«, schlug Bernd 13 vor. »Vielleicht wäre es sogar noch einfacher, wenn man sich statt der Sitzreihen die Leute hintereinander gereiht vorstellen würde, da bräuchte man doch nur die Reihenlänge vergleichen und würde gleich sehen können, welche länger ist: die der Käufer oder die der Verkäufer«, spann Bernd 13 seinen Gedanken weiter, bemerkte aber gleich selbst, dass es ja auch sein könnte, dass fünfzig Verkäufer jeweils ein Klimbim verkaufen wollten, in der Schlange der Käufer hingegen nur einer stand, der aber hundert Stück dieses Klimbims kaufen wollte. Daher konnte man an der *Länge* der Schlange wohl doch nichts ablesen.

»Da hast du allerdings recht«, meinte Philip und schlug, um die Erklärung zu vereinfachen, vor, dass jeder Käufer und jeder Verkäufer immer nur dieselbe Einheit, sprich Menge, ordern dürfe. So blieb das Beispiel für alle praktikabel.

»Na gut, dann würde es ja passen«, schaltete sich Norbert nun ein. »Je nach Länge der Schlange sehen wir jetzt, ob der Preis steigt oder fällt.«

Philip nickte Norbert anerkennend zu. »Die Antwort auf die Frage, ob ein Wert steigt oder fällt, liegt im Angebot oder der Nachfrage. Je nachdem, was überwiegt.« Philip zog erneut das Beispiel der Stewardess heran. »Stellt euch jetzt mal vor, dass die Schlange der Käufer länger ist. Würde das für uns unbeteiligte Dritte als Hinweis ausreichen, um einen Trade durchzuführen?«

»Na, Ha-l-l-o. *Logisch!* Ich würde Haus und Hof, am besten noch meine Frau dazu, auf long verwetten.«

Philip kannte die Frau von Bernd 13 zwar nicht, ging dennoch erst mal davon aus, dass dieser sie nicht verlieren wollte, und fragte daher, ob er sich einmal überlegt habe, warum er in einer Aktie oder einem Markt long ging.

»Ich will Plus machen.«

»Genauer bitte. Viel genauer!«

»Weil man davon ausgeht, dass der Wert steigt«, sagte Norbert, woraufhin Philip aber gleich die Frage in den Raum stellte, ob dieser momentane und vermutete Zustand wirklich für einen Trade reichen würde.

Bernd 13 wackelte mit dem Kopf und überlegte, während Norbert die Stewardess mit ihrem Servierwagen fixierte und sich das Ganze bildlich vorzustellen versuchte.

Nachdem Philip den beiden eine kleine Denkpause gegönnt hatte, erklärte er, dass ein spekulativ orientierter Trader sich nur deshalb in einen Wert *long* positioniert, weil er weiß, dass *nach ihm* noch weitere Trader diese Werte kaufen wollen. Philip musste davon ausgehen, dass das als Erklärung noch nicht ausreichte, und schob deshalb noch nach, dass der Auftrag eines *Interessenten*, der auf der Tribüne oder auf der Auswechselbank steht, für die Börse nichts anderes darstellt als den hochgereckten Zeigefinger und den Zuruf: »Ich will mitspielen!«. Mit einer Positionszuweisung wurde dieser Ruf erhört, und der ehemalige Interessent steht nun als Mitspieler irgendwo auf dem Spielfeld des Marktes »positioniert«. Und dies so lange, wie er diese Position nicht abgibt. Fälschlicherweise hat er das Gefühl, dabei zu sein und mitzumachen, auch wenn er am Handel während seiner Zeit auf dem Spielfeld tatsächlich nicht teilnimmt. »Wenn ich einen Wert gekauft habe, bin ich *kein* Bestandteil des Börsenhandels mehr. Jetzt entscheiden einzig und allein die *anderen* Trader, die noch im Spiel sind und Positionen abgeben, oder Interessenten mit hochgerecktem Zeigefinger darüber, ob der Wert steigt oder fällt. *Nur* die anderen. Ich selbst bin draußen. Ich muss mich jetzt in die verbleibenden Spieler hineindenken, und damit sind meine *eigenen* Gedanken rund um den Trade belanglos. Es wird nur noch von den anderen Marktteilnehmern entschieden, wohin die Reise geht.«

»Wenn ich also sehen würde«, begann Norbert daraufhin seine Gedanken langsam zu ordnen, »dass von dort«, er zeigte auf das Ende des Flugzeugs, »noch weitere Käufer kommen, dann wäre der Trade sinnvoll, weil ich davon ausgehen kann, dass die Käufer nach mir den Preis hochtreiben.«

Philip nickte bestätigend. »Wenn du aus dem Fenster schaust und siehst noch so eine Riesen-Mega-Boeing, randvoll mit Käufern, rankommen, dann kannst du hier und jetzt beruhigt kaufen und dich zurücklehnen.«

Norbert schlug sich leicht an die Stirn, und Bernd 13 tat es ihm nach. »Klingt einleuchtend.«

Klar, aber Philip wusste, dass die wenigsten spekulativ orientierten Trader ihre Aufgaben so formulierten. »Es heißt entweder: ›Wer kauft nach mir?‹ oder: ›Wer verkauft nach mir?‹ und somit: ›Aus welcher Richtung und in welcher Höhe kommt der Flieger?‹ Diese Frage ist das Überlebenselixier!«, fasste Philip zusammen.

Bernd 13 saß nun irgendwie versteinert da. Nicht, dass Philips Aussage ihm auf einmal eine gänzlich neue Welt eröffnet hätte. Nein, was ihn so tief in seinen Sitz rutschen ließ, war die Tatsache, dass er sein Trading bisher noch kein einziges Mal unter diesem an sich *selbstverständlichen* Gesichtspunkt durchgeführt hatte. Die gemütliche, die bisher scheinbar sichere Welt von Bernd 13 zerbrach in Stücke, und das direkt vor den lebhaften Blicken von Norbert und Philip. Bernd 13 verstand urplötzlich, dass er lediglich zockte und nie nach der Bedeutung eines Trades gefragt hatte. Ihm wurde plötzlich klar, dass er immer nur auf Zeit gespielt hatte: »Das wird schon steigen, du wirst sehen …! Keine Angst, das steigt schon …«, und sich nie, aber auch wirklich niemals mit der Frage der anfliegenden Boeings, sprich der kommenden Marktteilnehmer und ihrer Anflugrichtung, auseinandergesetzt hatte.

Philip versuchte, Bernd 13 aufzumuntern, indem er sagte: »Solange eine Katze jung ist, spielt sie mit Papierkügelchen, weil sie die für lebendig hält. Aber wenn sie älter geworden ist, weiß sie dann, was das ist, und lässt sie links liegen. So ist es auch mit der Anwendung von Tipps und Signalen. Irgendwann ist man so weit, dass man fragt: Was will mir dieses Signal eigentlich sagen? Wo steckt der tiefere Sinn? Was soll oder wird an dieser Stelle, zu diesem Zeitpunkt des Signals mit den Marktteilnehmern passieren? *Wieso* sollten nach dem Signalpunkt *weitere* Käufer oder Verkäufer in den Markt treten? Was soll sich dort im Orderbuch nach meiner Order noch verändern?«

Bernd 13 saß da wie betäubt und spielte geistesabwesend mit den Tasten seiner TV-Bedienung. Es war deutlich zu erkennen, dass er angestrengt über Philips Worte nachdachte. »Du hast wahrscheinlich recht. Weißt du, noch während ich das getan habe, hatte ich gerade in letzter Zeit öfter das Gefühl, dass meine Überlegungen zu meinen Trades möglicherweise nicht ohne Fehler sind.«

Der meist nüchterne, an sich aber verlässliche Verstand eines Trading-Anfängers richtet seine Aufmerksamkeit zu Beginn unwillkürlich immer nur auf die Definition von Analysen und Signalen. Er beschäftigt sich also nur mit den Handelsmöglichkeiten. Daher handelt der Neuling oft vollkommen arglos, aber wie ein feuchtes Schwämmchen, welches nur das wieder von sich gibt, was es *ohne* besonders tiefgründiges Hinterfragen in sich aufgespeichert hat, indem er, sobald er etwas im Chart wahrnimmt, was zu den aufgesaugten vielen Bildern und Regelwerken passt, dieses mit großer Freude in seine Begründung für einen Trade einfließen lässt.

Norbert versuchte, das Beispiel mit der Stewardess auf den reellen Börsenhandel anzuwenden. Lachend hob Philip beide Hände zu einer abwehrenden Geste. »Kümmert euch nicht um die theoretischen Hintergründe dessen, was den Markt auf bestimmte Niveaus treiben könnte oder fallen gelassen hat oder umgekehrt. Kümmert euch eher darum, welche Chartkonstellationen Trader dazu gebracht haben könnten, den Markt zu kaufen oder zu verkaufen – und damit meine ich die Orderlage. Also, wo könnten Orders von Marktteilnehmern liegen? Wo werden Trader ausgestoppt, wo könnten sie Positionen drehen? Wo und wann entstehen neue Positionseröffnungen? Und all diese Fragen müssen wir dann immer noch im elementaren Zusammenspiel der Zeiteinheiten und Handelsausrichtungen betrachten.« Philip unterstrich seine Aussage, indem er die beiden eindringlich darauf hinwies, sie sollten eines niemals vergessen: Hinter dem Geld an der Börse stehen Menschen; und Menschen sind gierig. Diese Gier ist wie ein wildes Tier. Wenn der passende Zeitpunkt kommt und die Gier so groß wird, dass sie sich von der Kette losreißen kann, lässt sie die Menschen fast alles Greifbare kaufen; egal, wo der Markt vorher gestanden hat und wie hoch er steigt oder wie tief er fällt. Die Gier bringt Menschen dazu, dass sie nur noch eines wollen: Mehr Geld, noch mehr Geld, noch viel mehr Geld.«

Bernd 13 wagte die Frage an Philip, ob das Traden mit dieser Markttechnik auch in den neuen Reverse-Bonus-Zertifikaten möglich sei?

… *Zertifikate-Bonus-Was?*

»Keine Ahnung, die Dinger kenne ich nicht«, erwiderte Philip. »Aber eigentlich musst du ja nur auf den zugrunde liegenden Basiswert schauen und dort dann die Markttechnik anwenden.«

»Wie jetzt?« Bernd 13 war offensichtlich vollkommen unverständlich, dass Philip diese neue Art Zertifikate nicht kannte. »Ich denke, du machst den ganzen Tag Börsenhandel?«

»Tut mir leid, mit diesen Dingern kenne ich mich wirklich nicht aus!«

Bernd 13 schaute Philip schief an, waren doch exakt diese Zertifikate aufgrund ihrer Beschaffenheit zurzeit in aller Munde. Norbert wurde jetzt auch hellhörig. Hatte Bernd 13 womöglich gerade einen Hochstapler entlarvt? Bernd 13 startete einen weiteren Test, um Philips Glaubwürdigkeit zu überprüfen. Doch auch bei seiner Frage nach einer bestimmten Fondsart musste Philip passen.

»Jungs!«, Philips atmete tief aus, »wisst ihr, wie voll das Universum mit Börsenplätzen ist?«

Zweimal zögerliches Kopfschütteln.

»Wisst ihr, wie groß das Universum mit *börsengehandelten Papieren* ist?«

Etwas weniger zögerliches Schütteln zweier Köpfe.

»Dann wisst ihr wohl auch nicht«, bohrte Philip weiter, »wie groß das Universum mit *synthetischen*, also zusammengebastelten Produkten ist, die sich wiederum auf dieses Universum börsengehandelter Papiere beziehen?«

Zwei Achselpaare zuckten.

»Wie viele Bücher über den Börsenhandel gibt es schätzungsweise?«, sprach Philip Bernd 13 jetzt direkt an.

Bernd 13 winkte ab. »Hunderte. Wenn wir den amerikanischen Markt dazu nehmen, Tausende.«

Philip fasste mit verkniffenen Mundwinkeln und rollenden Augen zusammen. »Mal angenommen, es gäbe eine Menge Börsenplätze, in denen jeweils sehr viele Märkte abgedeckt werden, die wiederum aus einer wahnsinnig großen Anzahl von verschiedenen gehandelten Basiswerten bestehen. Wenn nun über dieses Universum noch ein viel größeres Paralleluniversum von synthetischen Produkten geschnürt wird und dieser ungeheure Riesenhaufen von Märkten, Werten, Papieren und Produkten wiederum mit jeweils Tausenden von unterschiedlichen Methoden, Signalen, Systemen und Überlegungen gehandelt werden kann …« Philip holte tief Luft. »Denkt ihr beiden da ernsthaft, dass ich der Dompteur in diesem Zirkus bin, der über jede kleinste Neuerung Bescheid weiß und dass mein Arbeitstag wirklich darin besteht, mich mit dem Geraune und Gemunkel, der Werbung und dem Tratsch über die neuesten Ideen auseinanderzusetzen?«

Bernd 13 wollte schon nicken, schließlich hatte Philip gerade dessen eigenen Arbeitstag beschrieben. Im letzten Moment unterließ er es dann aber lieber.

Philip konnte Bernds Skepsis gegenüber Philips scheinbarem Mangel an Fachwissen dennoch nachvollziehen. War er doch in seinen Praktikumsjahren genauso damit beschäftigt gewesen, sich sämtliche Neuerungen und scheinbares Fachwissen über alle Arten von handelbaren Werten, Märkten und Produkten, sozusagen über Gott und die Welt, reinzuziehen.

Norbert und Bernd 13 hielten kurzzeitig Ruhe, und Philip betrachtete die anderen Passagiere der Business Class. Betont unbeteiligt nahm er dann die einlaminierten Sicherheitshinweise zur Hand und ließ seinen Blick darüber wandern: Notausgänge, Sitzposition bei Notlandung, wenn Schwimmwesten benötigt werden, helfen Sie bitte zunächst älteren Menschen und Kindern. *Oh Gott.* Warum sehe ich mir das überhaupt an? Was habe ich davon, mir kleine Strichmännchen anzugucken, die ins Meer springen, während hinter ihnen das Flugzeug explodiert?

Schnell stopfte er die Sicherheitshinweise wieder in die Tasche an der Rückenlehne vor sich und trank noch einen letzten Schluck Cola. Dabei wanderte sein Blick wieder auf die andere Seite des Fliegers, aber die attraktive Frau schien sich leider sehr intensiv für das Entertainmentprogramm des Fluges zu interessieren.

Unter den neidischen Blicken eines vorbeigehenden Passagiers mümmelte Philip den Rest seines Sandwichs, dann versuchte er zu schlafen. Wie er an den diversen Schnarchgeräuschen in seiner Umgebung deutlich vernehmen konnte, schien das seinen Mitreisenden recht gut zu gelingen, nur ihm nicht. Er hatte im Flugzeug noch nie gut schlafen können, was aber nicht heißen sollte, dass er kein Vertrauen in die Flugkünste der Piloten hatte.

Philip schaute hinüber zu seiner Angebeteten, musste aber enttäuscht feststellen, dass auch sie mittlerweile friedlich schlummerte.

Ach, was soll's.

Philip war gerade am Wegdämmern, da hörte er, dass Bernd 13 sich angeregt mit seinem Sitznachbarn, einem jungen Österreicher, unterhielt.

»… ha, du musst dir mal Öl anschauen!«

Philip drehte sich auf die andere Seite, nur um plötzlich von der Frau in der Nachbarreihe angesprochen zu werden: »Sie sind doch Börsenhändler?«

Ja, Himmelarschundzwirn! Hört das denn gar nicht mehr auf? Gleich heißt es, Visitenkarten austauschen! Nein, so geht das einfach nicht. Dass Trader immer wie Exoten behandelt werden, wusste Philip nur allzu gut. Ihm war es mittlerweile nur noch peinlich. *Das ist ja wohl die Höhe! Gibt es denn gar keinen Respekt mehr? Wenn ich jetzt noch mal anfangen muss … Nee, am besten einfach Understatement, die Unterhaltung in eine andere Richtung lenken und hoffen, dass dann Ruhe einkehrt.*

»Ach, hin und wieder mal ein Trade. Aber am liebsten reise ich durch die Weltgeschichte«, sülzte er gähnend und legte, Enthusiasmus heuchelnd, die Hand aufs Herz. »Thailand hat es mir einfach angetan. Ich liebe das Flair dort!« Die Frau hob eine Augenbraue. Nach Philips Einschätzung musste sie so um die sechzig sein. »Fliegen Sie auch in den Urlaub?« Philip versuchte, weiter vom Thema abzulenken. Sie nickte unbeeindruckt, und ihre riesigen Silberohrringe begannen zu baumeln. Philip spürte, dass der Themenwechsel nicht zog.

»Ich höre Ihnen notgedrungen schon die ganze Zeit zu«, erklärte sie resolut, schüttelte den Kopf und schaute ihn verächtlich an. »Und wie ich gerade hören musste«, sie schaute in Bernd 13s Richtung, »habt ihr Spekulanten nach Hightech-Aktien und Immobilienkrediten ja nun auch den Rohstoffmarkt entdeckt. SCHÄMEN Sie sich eigentlich nicht?«

Was? OH GOTT, was ist denn in die gefahren?

Während Philips Kinnlade nach unten klappte, zog die Frau demonstrativ ihre Handtasche näher zu sich heran. »Ihre Orders und Milliarden treiben die Preise in astronomische Höhen, mit bösen Folgen für die Menschen.« Sie wartete gar nicht erst auf eine Reaktion. »Im vergangenen Jahr stand das Öl noch bei 70 Dollar, Anfang März kletterte es auf über 100, vergangene Woche schloss es bei der neuen Rekordmarke von 140. Wo soll das denn noch hinführen?«

Während Philip den Kloß in seiner Kehle hinunterschluckte, drehte sich Bernd 13 um, klinkte sich in das Gespräch ein und erinnerte, die aktuelle Situation völlig fehlinterpretierend, stolz an die letzten Stunden: »Angebot und Nachfrage. Alles Angebot und Nachfrage!«

Ogottogottogott.

Philip stöhnte innerlich. Die Dinge, die die Frau angesprochen hatte, waren sehr kompliziert und mit dem einfachen, wenngleich richtigen Verweis auf Angebot und Nachfrage nicht befriedigend zu beantworten. Aber in dieses Kreuzfeuer wollte Philip nicht geraten, da er wusste, dass bei dem Thema richtig schwere Geschütze aufgefahren werden konnten.

»*Aha, Angebot und Nachfrage!* Na, da machen Sie es sich aber verdammt einfach!«, mischte sich nun, aufgrund der Antwort von Bernd 13 sichtlich aufgebracht, auch der Ehemann der Silberohrringe in die Unterhaltung ein. »Nehmen wir mal den Kakao. Der Preis ist 2007 um mehr als die Hälfte gestiegen, obwohl es genügend davon gibt. Mit Angebot und Nachfrage kann das ja kaum noch etwas zu tun haben. Und ein Sack Reis kostet heute fast dreimal so viel wie zu Jahresbeginn. Weizen, Mais und Sojabohnen erzielten dieses Jahr ebenfalls Spitzenpreise.«

Themenwechsel. Themenwechsel. Aber dalli!

Während Philip mit großen Augen den Ehemann mit seinem marineblauen Anzug, dem weißen Hemd, der roten Seidenkrawatte und dem vollen, fein säuberlich gescheitelten, silbergrauen Haar betrachtete, legte Norbert in seiner Unwissenheit noch einen drauf.

»Gold soll ja auch so seine wilde Achterbahnfahrt durchmachen!«

Autsch!

»Und den Kram braucht ja nun wirklich kaum jemand!«, redete sich der Ehemann jetzt in Rage. »Öl hingegen ist der Schmierstoff der Wirtschaft. Wenn es immer teurer wird, gerät der Konjunkturmotor ins Stottern – «

»Ganz zu schweigen von Weizen und Reis!«, unterbrach ihn seine Frau. »Das sind, im wahrsten Sinne des Wortes, Lebensmittel: Wenn die immer mehr kosten, müssen arme Menschen hungern, vielleicht sogar verhungern. Wo soll das nur hinführen?«

Beruhigend streichelte ihr Mann ihre Hand. »Reg dich nicht auf, Erna. Das hat doch keinen Sinn!«

»Sie sind alle so skrupellos!«, musste sie noch loswerden und warf Philip, Norbert und Bernd 13 tief verächtliche Blicke zu.

Du lieber Himmel.

Philip linste zu ihr hinüber. Die Muskeln an ihrem Unterkiefer zuckten. *Ist sie etwa sauer auf mich?* Die Spannung zwischen dem älteren Ehepaar und den dreien war inzwischen fast körperlich spürbar. Philip war sich nicht sicher, wie er sie entschärfen sollte, denn er hatte eine gute Vorstellung davon, worauf dieses Gespräch hinauslaufen würde.

Kredite für Schrottimmobilien waren gestern der Hit, heute lockten Gold und Zinn, Weizen und Soja, Reis und Öl. Philip wusste, dass das Barrel Öl jahrzehntelang grade mal um die zehn Dollar gekostet hatte. Natürlich hatten aufstrebende Staaten wie China, Indien oder Brasilien die Nachfrage angeheizt und den Preis für den Rohstoff nach oben getrieben. Aber richtig grundlegend wurde dieser Markt durch die großen Pensions- und Investmentfonds verändert. Auf der Suche nach sicheren und langfristigen Renditen investierten diese Großanleger nun auch in Rohstoff-Indizes. Diese Anlagen versprachen eine vielfach höhere Rendite als Aktieninvestments. Je mehr die Fonds investierten, desto stärker stiegen die Preise – zumal der Markt für spekulative Rohstoffpapiere sehr klein war. Schon geringe Umschichtungen in den Portfolios der großen Fondsgesellschaften konnten den Ölpreis in die Höhe schnellen lassen. Allein am Tag vor Philips Abflug war er etwa zwölf Dollar gestiegen. Früher hätte der Markt für denselben Preisanstieg Jahre gebraucht.

Auf der anderen Seite, so wusste Philip, konnten oder wollten viele Trader die spezifischen Regeln ihres jüngsten Spielzeugs, des Rohstoffmarktes, oft nur oberflächlich verstehen. Sie handelten wegen Nachrichten, die keine Bedeutung hatten, und neuerdings reichte bereits ein Regenschauer aus, um beim Reis eine Kursrallye auszulösen – eine schlechte Ernte könnte ja das Angebot verknappen: Gut fürs Geschäft, Preise also rauf. Beim Öl sorgte mitunter schon Nebel in irgendeinem Hafen für Panik am Markt – weil einige Tanker ihre Ladung dann nicht löschen konnten.

»Das Verhältnis von Fördermengen und Verbrauch, die seit Jahren wachsende Nachfrage in China oder Unruhen im Nahen Osten: Nichts davon konnte die aktuelle Preisexplosion beim Öl verständlich machen«, redete sich der Ehemann noch weiter in Rage. »Dafür tragen allein die Spekulanten die Verantwortung! Die schüren absichtlich die pure Hysterie und nutzen jeden Vorwand aus, um die Preise nach oben zu treiben.« Der Ehemann tätschelte die Hand seiner

Frau. »Und am aggressivsten sind diese Hedgefonds, die riesige Summen einsammeln, um sie dann auf extrem spekulative Weise einzusetzen. Wenn alles gut geht, erwirtschaften die für ihre Anleger Traumrenditen – und für ihre Manager unvorstellbare Gehälter.«

Der Ehemann kam jetzt vom Hundertsten ins Tausendste und schimpfte auch auf das Börsenfernsehen, welches wieder zur Hochform auflief, denn die Businesskanäle heizten die Stimmung nach Kräften zusätzlich an. Wo früher Wetternachrichten kamen, liefen jetzt aktuelle Kurswerte für Gold, Silber, Gas und Öl über die Bildschirme. Unter Hochspannung diskutierten Moderatoren, Investoren und Analysten, denen es natürlich darum ging, wie sich am besten davon profitieren ließ. Wütend beendete er seinen Monolog mit den Worten: »Der Finanzindustrie wird durch fehlende Regulierung erlaubt, viel zu profitabel und viel zu groß zu werden. Damit bietet sie den idealen Nährboden für diesen globalen Gaga-Kapitalismus.«

Gaga-Kapitalismus … Philip musste grinsen.

»Wo soll das nur hinführen, wenn ihr Spekulanten euch alle durch den Preisanstieg beim Öl die Taschen vollstopft und euch bereichert?«, schimpfte die Frau. Ihre riesigen Ohrringe baumelten wieder hin und her.

Bereichern?

Philip kam einer seiner letzten Trades im Öl in den Sinn. Da konnte, weiß Gott, nicht von Bereicherung die Rede sein:

Es muss vor einigen Tagen so gegen 14 Uhr gewesen sein. Sein Traderherz tat einen riesigen Sprung. *Mann! Der Chart war einfach zum Anbeißen!* Der Öl-Future bog sich nach einer ausgedehnten Korrektur langsam nach oben und stand kurz vor dem Allzeithoch, welches in der Woche zuvor bei 139,15 Dollar gelegen hatte.

Order Filled

Buy CrudeOilSEP08 10@136,20 id=2863168.

Philip kaufte auf dem Weg nach oben in Richtung neuer Schlagzeilen wie »Ölpreis-Schock« zehn Kontrakte in der Hoffnung, dass die einsetzende zügige Bewegung den Markt über das noch knapp drei Dollar entfernte Hoch schieben würde. Den Stopp für diesen Trade legte er an ein zurückliegendes Korrekturtief bei 134,20 Dollar.

Nach Positionseröffnung ging Philip seiner normalen Arbeit nach, das hieß: Er blödelte ein bisschen mit Claudia rum. Eine halbe Stunde später stieß er beim Betrachten seiner Positionen einen lauten Pfiff aus.

Name	Position	Traded	P/L Points	P/L	Time	Last Quote	Bid	Ask
CrudeOil	+10K	136,20	+1,20	+12.500 $	14:40:07	137,40	137,425	137,430

Seine Augen begannen zu leuchten. »Holla, das ging aber fix!« Er schnippte mit den Fingern. »Andererseits …«, er schaute angestrengt auf den Bildschirm, und seine Miene wurde skeptisch und nachdenklich. Als Hofner fragte, was mit ihm sei, antwortete Philip, er wisse nicht recht und stellte die Gegenfrage, ob es normal sei, dass Freude aufkomme, wenn der Ölmarkt steige.

Dies sei eine moralisch korrekte Frage, gab Hofner zurück, deren Antwort jedoch nicht so ohne Weiteres klar auf der Hand liege, denn Trader müssten traden, unabhängig davon, ob der Preis dies noch rechtfertigte oder sich die Leute aufregten. Da er von Philip hierauf verdutzte Blicke erntete, konkretisierte er: »Sind wir ehrlich, würde sich, im Gegensatz zu steigenden Preisen, kaum jemand bei einem Trader beschweren, wenn dieser die Preise eines Marktes weiter fallen ließe, sofern beispielsweise ein entstandener Abwärtstrend nur noch weitere Short-Positionen zur Folge hätte.« Wo Hofner recht hatte, hatte er recht. »Dennoch bleibt die Frage der Moral«, fuhr Hofner fort. »Hier müssten gesetzliche Regelungen her, die aber zum einen schwer definierbar und zum anderen noch schwerer in die Tat umzusetzen wären. Aber«, so betonte Hofner, »ich wäre der Erste, der sich moralisch dazu verpflichtet fühlen würde, diese auch einzuhalten.«

»So. Aber jetzt den Stopp nachziehen. Dalli, dalli ...«, drängte Hofner Philip mit Blick auf dessen Öl-Trade.

Name	Position	Traded	P/L Points	P/L	Time	Last Quote	Bid	Ask
CrudeOil	+10K	136,20	+1,30	+12.900$	14:45:07	137,50	137,525	137,60

Philip hatte die automatische Stoppführung des Computers ausgeschaltet und zog daher den Stopp von Hand an die 135,50, dem gerade deutlich ausgeprägten Korrekturtief auf dem zusammenskalierten Tickchart. Anschließend schlenderte er zu Sander hinüber.

Die beiden quatschten über Gott und die Welt, und Philip ahnte nicht, dass ihm bei seinem Stopp ein fataler Fehler unterlaufen war. Während sie an Sanders Arbeitsplatz die Weiten des Internets nach einem bestimmten Roman absurften, begann der Ölmarkt zu fallen und näherte sich der Schwelle von 135,50 Dollar. Genau der Marke, die Philip für seinen Ausstieg und die Verwandlung in Bargeld festgelegt hatte. Philip konnte den Chart des Öl-Futures auch auf Sanders Bildschirmen sehen; er hatte daher keine Veranlassung, an seinen Platz zurückzukehren, und nahm zwei Minuten später ungerührt zur Kenntnis, dass das Öl in einem Rutsch auf 135,00 Dollar und damit unter seinen Stopp fiel. Durch das Gespräch mit Sander abgelenkt, bemerkte Philip jedoch nicht, dass das gewohnte akustische Signal zur Bestätigung einer ausgeführten Order nicht erklang. Es konnte auch gar nicht kommen, denn Philip hatte statt einer *Stopp-Order* eine *Stopp-Limit-Order* aufgegeben. Das war im Grunde eine Unterart der klassischen *Stopp-Order*, nur mit der weiteren Bedingung, dass die Order dann nicht üblicherweise bestens, sondern nur zu einem Mindest- beziehungsweise Höchstkurs ausgeführt werden durfte. Genau dieses Verkaufslimit hatte Philip fälschlicherweise so belassen wie den eigentlichen Stopp-Kurs selbst, also auf 135,50 Dollar. Dies führte nun dazu, dass, als der Markt fiel, seine Stopp-Order zwar ausgelöst, das nachfolgende Limit zum eigentlichen Verkauf jedoch vom Markt bereits unterschritten war. Damit behielt Philip, trotz fallenden Marktes, seine Long-Positionen, und trotz Stopp-Order kam es zu einem herben Verlust. Von dem Philip nur noch nichts ahnte.

»Toll!« Philip zeigte auf Sanders obersten rechten der acht Bildschirme. »Da hat's mich angepisst. Na ja, Gott sei Dank bin ich raus.« Beide sahen, wie das Öl gerade zügig die 133,20 Dollar passierte.

»Phi-lip, Te-le-fon!«, quietschte Claudia und bedeutete ihm, das Gespräch an seinen Platz durchzustellen. Es war André, der Programmierer, der seit Tagen daran arbeitete, für Philip eine Filterlogik in die Sprache von Bits und Bytes umzusetzen. Während Philip ein paar Details mit ihm diskutierte, fiel sein Blick ganz nebenbei auf seinen Öl-Chart. Komisch, die Stopp-Order ist im Chart noch eingezeichnet …

Wieso das denn?

Was sagt denn mein Orderbu-?

Ach du … SCHRECK!!

Name	Position	Traded	P/L Points	P/L	Time	Last Quote	Bid	Ask
CrudeOil	+10K	136,20	–3,00	–30.000$	14:57:11	133,20	133,225	133,230

»Sorry, André. Muss Schluss machen jetzt, ich rufe dich später oder morgen zurück!«, beendete Philip das Telefonat. Er fühlte sich, als hätte ihm gerade ein Riese die Faust in den Magen gerammt.

Das gibt es doch nicht!

Ich bin noch drin? Wieso bin ich noch drin?!

Während er noch nach einer Erklärung suchte, rauschte der Markt um einen weiteren Dollar nach unten, und sein Selbstwertgefühl als Trader sank in diesem Moment in sich zusammen wie ein zu schnell aus dem Ofen genommenes Soufflé. Philip stützte den Kopf in die Hand, schloss seine Augen und versuchte, gegen das Adrenalin in seinem Blut anzukämpfen. Seine Gedanken rasten.

Scheiße, Herrgott! Was jetzt?

Was tun? Position halten und hoffen? Oder raus?

Nichts da!

Philip kippte die Hoffnung über Bord und schloss ohne zu zögern die Position mit einem Klick.

Order Filled

Sell CrudeOilSEP08 10@133,20 id=2918186.

Sander erkannte an Philips Kopfschütteln und seinem wütenden: »Das Scheiß-Limit klemmt noch im Markt!«, dass es Zeit war, diesen Markt genauer unter die Lupe zu nehmen. Er erkannte auf seinem 10-Minuten-Chart, dass der Öl-Future den Hochpunkt der letzten Woche nicht erreicht, sondern ein Stück vorher abgedreht und daher einen tieferen Hochpunkt ausgebildet hatte und nun kurz vor dem letzten größeren Korrekturtief stand.

»Geh und tu's, Philip!«, meinte Sander nach einem nochmaligen, prüfenden Blick auf den Chart. »Du musst das Ding jetzt auf der Short-Seite traden, dann kannst du einen Teil vielleicht wieder gutmachen.«

Philip war klar, dass Sander diesen Trade nicht aus Frust über ein Minus vorschlug, sondern einzig und allein wegen des bevorstehenden Durchbruchs des zurückliegenden Tiefpunkts, der in dieser Chartsituation, einem kleineren 1-2-3- auf 10-Minuten innerhalb des übergeordneten nach wie vor intakten Aufwärtstrends, entstand.

Philip war damit einverstanden, sich beim Bruch des einstigen Korrekturtiefs *short* einstoppen zu lassen und den Versuch zu starten, das entstandene Minus herauszuhandeln. Der Markt rutschte wenige Minuten später unter dieses Tief, stoppte die Position ein und fiel mit einem einzigen Ruck um einen weiteren Dollar. Philip schloss die Position in die laufende Bewegung hinein. Dieser Trade lief gegen die übergeordnete Zeiteinheit, daher war Vorsicht geboten, die sich in einer geringen Kontraktanzahl und im Verzicht auf den *Handel des Trends* in dieser Zeiteinheit niederschlug. Das Öl fiel um weitere 50 Cent, legte dann kurz vor 16 Uhr wieder zwei Dollar zu, nur um anschließend neue Tagestiefs zu erreichen. Philip ließ sich beim Durchbruch durch diese Tiefs weitere Male *short* einstoppen, schlug auch hier die jeweils fünf Kontrakte, die er leerverkauft hatte, jedes Mal mit einem netten Gewinn von circa einem Dollar los, hatte aber damit den Verlust aus dem ersten Trade gerade mal unter 5.000 Dollar gedrückt. Philip tradete auf dem Tickchart weiter, und bis 18 Uhr hatte er das Minus auf 3.000 Dollar verringert.

So viel zu dem Vorwurf: »Jeder Trade im Öl bringt Reichtum.« Okay, die eingefahrenen 40.000 Dollar plus beim vorangegangenen Anstieg des Öl-Futures von 130 auf 134 verschwieg Philip jetzt mal besser.

Philip nahm eine bequemere Position in dem engen Flugzeugsitz ein und versuchte, mit wohlbedachten und trotzdem ehrlichen Worten der Dame mit den Silberohrringen zu erklären, worum es aus seiner Sicht beim Handel mit Öl ging: »Ich gebe Ihnen Recht. Wir verdienen an der Bewegung des Ölmarktes. Auch ich als Berufshändler frage mich wie Hunderte Millionen von Verbrauchern auf der ganzen Welt, wohin dieser Preisanstieg eigentlich noch führen soll. Auch wenn wir mit Rohstoffen handeln, gehen die hohen Nahrungsmittelpreise und die dadurch verursachten Unruhen in zahlreichen Ländern nicht ganz spurlos an uns vorbei – «

»Und was tun Sie dagegen?«, fiel ihm der Ehemann ins Wort. »In Indonesien fordern Demonstranten mehr Geld für die Bauern. Die Bürger von Haiti haben ihren Premierminister wegen der Lebensmittelpreise zum Teufel gejagt, und die Menschen in Burkina Faso legten ihr Land tagelang durch einen Generalstreik lahm. In Somalia feuern Soldaten, um die Lage in den Griff zu bekommen, auf Zehntausende ihrer aufgebrachten Mitbürger. Mais hat sich extrem verteuert, ist aber in Mexiko ein Grundnahrungsmittel. Der mexikanische Präsident lässt den Ärmsten im Land Geld auszahlen, um das Elend zu lindern. Überall in Europa protestieren Betroffene gegen die hohen Spritpreise. Bauern, Fischer, Taxi- und Fernfahrer – ihnen allen bleibt am Ende des Monats trotzdem immer weniger zum Leben!«

Philip nickte stumm. Der Mann hatte recht und Philip saß auf verlorenem Posten, denn bei der Frage, die hier im Raum stand, ging es nicht um die Funktionsweise der Börse, sondern um den Sinn ihres Bestehens. Philip nippte an seiner Coladose. *Leer, na, das passt ja ...*

»Aber die Börse ist doch fair, da kann doch keiner bescheißen!«, quatschte Bernd 13 sich mal wieder ins Unglück.

»Sie finden es also fair«, fauchte der Ehemann ihn an, »dass immer mehr Menschen um ihre Existenz fürchten müssen und gleichzeitig die Lebenshaltungskosten immer weiter steigen? Die Bundesbank hat die Inflationsprognose drastisch angehoben!«

Au Scheiße … Tumult auf Flug AL2349.

Während Philip tiefer in seinen Sitz rutschte und gedanklich nach einem Fallschirm Ausschau hielt, legte die Ehefrau noch einen drauf: »Ich glaube nicht, dass die Preise zwangsläufig, quasi naturgegeben, so steigen, weil das Angebot hinter der Nachfrage herhinkt, sondern dass da andere, heimliche Kräfte am Werk sind.« Sie schaute Bernd 13 und Philip böse an. »Solche Spekulanten wie ihr, die sich die zunehmende Knappheit von Ressourcen zunutze machen, um schnell viel Geld zu verdienen. Es ist nicht einfach, solche Argumente rübergeschickt zu kriegen, stimmt's?«

Pfffhhhh … da sag mal einer was dazu …

Philip wurde aber doch neugierig. »Sagen Sie, sind Sie vom Fach?«, fragte er die Dame mit den Silberohrringen und deren Ehemann direkt.

Der ältere Herr grinste, wenn auch etwas halbherzig, nun zum ersten Mal und schüttelte verneinend den Kopf. »Nein, ganz im Gegenteil! Meine Frau und ich arbeiten bei einem internationalen Kinderhilfswerk.«

Philip schaute leicht betrübt. Er hatte so etwas wie eine Vorahnung gehabt, dass beide irgendwie direkt von den Preisanstiegen betroffen sein mussten, sonst wären sie nicht so offensichtlich wütend gewesen. Aber ein internationales Kinderhilfswerk? Das wäre ihm nicht im Traum eingefallen. Er betete innerlich nur, dass sie nicht die Frage aufwarfen, die ihn selbst und so manchen anderen ihm bekannten Trader bereits seit Längerem beschäftigte. Aber zu spät! Da kam sie schon:

»Das Ganze hier ist nicht nur eine ökonomische, sondern auch eine ethische und höchst moralische Frage. Von der Antwort hängt eine Menge ab. Unter anderem die Glaubwürdigkeit unseres Wirtschaftssystems!«, betonte der Ehemann.

Autsch!

Da war sie! Die Frage, die Philip auch schon Hofner gestellt hatte. Auf der einen Seite die Moral, auf der anderen Seite war er nun mal Trader. Und schlimmer noch: Ein anderer Job würde bedeuten, um sechs Uhr aufzustehen, um in irgendeine Firma zu tappen und sich im Laufe des Tages vom Chef runterputzen zu lassen. Als Treppenwitz der Geschichte hätte dieser dann noch eine ansehnliche Lebensversicherung für seine Mitarbeiter laufen, haha …

Vier fragende Augenpaare blickten Philip an. Das Ehepaar, das offensichtlich auf eine Entschuldigung wartete, sowie Bernd 13 und Norbert, die anscheinend auf eine knackige Verteidigungsrede im Namen aller Trader dieser Welt warteten.

Warum kann am Flugzeug jetzt nicht mal eine Turbine ausfallen? Nur so. Wir müssen ja nicht gleich abstürzen. Ein ordentliches Luftloch würde auch schon weiterhelfen …

Während Philip noch überlegte, wie er die Brisanz dieser Frage unauffällig entschärfen könnte, bekämpfte Bernd 13 das Feuer tapfer mit Benzin: »Ich gebe zu, dass wir Spekulanten mitunter auf den Rohstoffmärkten zugange sind, aber gleichzeitig behaupte ich, wir haben wenig Einfluss auf die Preise. Und wenn doch, dann ist das im Ganzen betrachtet nur positiv, weil sich die Menschheit damit umso schneller auf das Unausweichliche, nämlich die zunehmende Knappheit der Ressourcen, vorbereiten kann. Das Angebot ist knapp und wird langfristig die Nachfrage nicht decken können. Und darauf haben Spekulanten nun wirklich keinen Einfluss.«

Au Backe …

Philip verdeckte seine Augen mit der Hand, rieb dabei leicht seine Stirn und tat so, als würde er über die Worte von Bernd 13 nachdenken. Das Ehepaar kannte sich aus, das stand durch den bisherigen Verlauf des Gesprächs fest. Jetzt wird es erst richtig losgehen.

Der Ehemann schoss sofort scharf zurück. »Das ist doch nicht wahr! Im Gegenteil! Die Geldschwemme von den Börsen treibt die Preise nach oben – und zwar mit einer potenziell zerstörerischen Wirkung! Je weiter sich die Preise von der Realität entfernen, desto stärker wächst eine andere Gefahr: Dass sich eine Blase bildet, vergleichbar mit den Börsenkursen am Neuen Markt. Ein Crash wäre unvermeidlich!«

»Na, das wäre doch für die Autofahrer und die Hungernden in Afrika eine gute Botschaft«, erwiderte Bernd 13 nonchalant.

Großartig.

Echt GROSSARTIG.

Ja, spinnt der denn total?

Oder … meint er das vielleicht auch noch ernst?!

Wenn die Blicke der Ehefrau würden töten können, Bernd 13 wäre jetzt erledigt gewesen. Philip machte Bernd 13 mit dem Zeichen des Kehledurchschneidens unmissverständlich deutlich, er solle einfach die Klappe halten, denn dessen Aussagen waren nur oberflächlich betrachtet richtig. Bei einem Crash würden die Finanzmärkte erneut in Turbulenzen geraten und somit Fonds und Banken in Schwierigkeiten. Philip wusste, sagte es aber nicht, dass Spekulationen zu aberwitzigen Übertreibungen mit realen Folgen für die Wirtschaft führen konnten, weil Spekulanten und Hedgefonds dann nicht mehr nur auf Aktien oder Haushypotheken, die beiden letzten großen Lieblinge der Szene, wetten würden, sondern auch gezielt auf die Rohstoffmärkte. Denen war gleichgültig, ob Preise stiegen oder fielen, solange sie sich nur bewegten. Daran wurde verdient. Dass dadurch die Preisschwankungen an den oft wenig liquiden Märkten verstärkt wurden, nahmen alle in Kauf. Kurz gesagt: Die Wirkung war Teil der Strategie. Tag für Tag würde eine weitere bzw. zusätzliche Milliarde Dollar in die Rohstoffmärkte drängen; an manchen Tagen sogar mehr als das.

Philip fand, vielleicht wegen dieser Gedanken, keinen rechten Einstieg in das Gespräch.

»Ihr alle seid die Auswüchse der modernen Finanzmärkte, die die Weltwirtschaft erschüttern!«, hielt der Ehemann das Feuer aufrecht. »Meiner Meinung nach wird dadurch wieder einmal bestätigt, dass sich die Finanzmärkte zu einem Monster entwickelt haben, das in die Schranken gewiesen werden muss. Die Finanzwirtschaft hat sich komplett von der Realwirtschaft abgekoppelt!«

Das Stichwort griff Philip auf. »Das ist richtig, ein Großteil der Trades, die in diesem Sektor gemacht werden, hat mit realen Gütern nichts mehr zu tun. Hier werden Erwartungen gehandelt. Zum Teil sogar Erwartungen über Erwartungen, und das oft auf Pump, weil das Geld, das hier verdient werden kann, alle Dimensionen sprengt – «

»Ganz meine Rede!«, fühlte sich die Dame mit den Silberohrringen bestätigt.

»Aber ich sehe es nicht so, dass sich diese Geschäfte *komplett* von der Realwirtschaft abkoppeln«, hielt Philip dagegen. Während die Frau ein wenig verdutzt dreinschaute, strahlte Bernd 13 bereits voller Vorfreude in der Erwartung, dass Philip das Ehepaar nun schachmatt setzen würde. Doch das Gegenteil trat ein. Philip musste, wollte er fair bleiben, seinen Berufsstand *gleichermaßen* loben und tadeln. »Ich finde, dass diese Geschäfte doch auf die reale Wirtschaft durchschlagen. Sie können sie zum einen beflügeln – wie in den Jahren des jüngsten Aufschwungs. Aber sie können die Realwirtschaft auch in den Abgrund reißen – wie wir es im Zuge der jüngsten Kreditkrise sehen.«

»Oder nehmen wir Russland.« Der Ehemann zog noch ein weiteres Beispiel aus seiner Trickkiste. »In Moskau zockten Spekulanten so lange mit kurzfristigen russischen Schuldverschreibungen, bis Russland zahlungsunfähig war. So kommt es, dass sich eine Krise nach der anderen anbahnt, während die letzte noch gar nicht ausgestanden ist: Nach der Blase ist vor der Blase. Wieder sind wir bei den Rohstoffen. Alle setzen auf alles, was Geld bringt.« Seine Frau nickte so zustimmend, dass die großen Ohrringe wieder hin und her baumelten.

»Moment, Moment.« Philip beugte sich vor. »Ist es nicht so, dass in den Reihen des großen Beschwerdechors auch eine große Einheitsfront unzähliger Kleinanleger enthalten ist, die in Rohstoffe investiert, in Indexfonds, die die Rohstoffpreise nachbilden, oder in Zertifikate? Sie alle wollten ein bisschen am großen Rad mitdrehen, oder etwa nicht?«

»Na, die paar Euro ...«, wiegelte der Ehemann ab, wohl wissend, dass Philip nicht ganz unrecht hatte.

Philip legte nach. »Aber nicht nur sie: Beteiligt sind auch Pensionsfonds, die etwa das Geld für die Alterssicherung verwalten. Also nur auf den einzelnen institutionellen Trader zu schimpfen, wäre ungerecht, mal ganz zu schweigen von den Investmentfonds.«

»Was soll denn damit sein?«, fragte der Ehemann. Seine Augen blinzelten unter den buschigen Brauen.

»Investmentfonds bedeuten Millionen Kleinanleger, die ihr Geld, statt selbst beim Onlinebroker zu handeln, einem Fonds anvertraut haben. Erst steckten diese Fonds das Geld der Anleger in Internetfirmen, dann in Immobilien und jetzt sind Landwirtschaft und die Energiemärkte an der Reihe. Spekulation ist natürlich nicht nur das Geschäft der großen Finanzjongleure. Millionen Kleinanleger sind, bewusst oder unbewusst, Teil des Spiels. Rohstoffwetten sichern – wenn nichts danebengeht – ihre Altersvorsorge ab, sie gehören zur Diversifizierungsstrategie ihrer Lebensversicherungen und Investmentfonds, sogar mit ihren vermögenswirksamen Leistungen können Arbeitnehmer in Deutschland in einen Fonds einzahlen und werden dafür noch vom Staat belohnt. Und längst ist es auch kleinen Anlegern möglich, konkrete Einsätze auf den Öl- oder Weizenkurs mit Zertifikaten zu platzieren.«

Die Miene der Ehefrau umwölkte sich nachdenklich. Ihr Mann hingegen wollte Philips Einwurf nicht gelten lassen und verwies auf die boomende Zertifikate-Industrie: »Erst mit über 300.000 täglich an den Börsen gehandelten synthetischen Papieren kann doch jeder Kleinanleger auch auf die Entwicklung des Preises für Super bleifrei, Zink oder Sojamehl wetten. Aus meiner Sicht kommt das Rohstoffthema der Zertifikate-Industrie wie gerufen, um noch einmal ordentlich Kunden anzulocken, da die Aktienmärkte zurzeit ohnehin nicht so gut laufen!«

Mit einem kleinen Nicken bestätigte Philip, dass ethische Bedenken in der Regel nicht in den Werbeprospekten standen. Dort war auch nicht vermerkt, dass der Privatanleger für seinen Einsatz an anderer Stelle bezahlte, etwa beim Tanken oder in der Bäckerei. Und kaum jemand sprach offen davon, dass mit den lukrativen Fondskursen auch die Lebensmittelpreise in Afrika stiegen.

Beide, Philip und der Ehemann, waren sich darin einig, dass zurzeit jeder auf einen weiteren Anstieg der Rohstoffpreise spekulieren würde, weil auch die Nachfrage stieg und das Angebot begrenzt war. Ohne Öl lief nun mal nichts in der Weltwirtschaft: Die aufstrebenden Länder Asiens brauchen immer mehr davon. Oder bei Lebensmitteln: In China etwa können sich mehr und mehr Menschen Fleisch leisten; um ein Kilo Schweinefleisch zu erzeugen, braucht man aber drei Kilogramm Futter. Und gleichzeitig werden auf vielen Äckern Pflanzen angebaut, die sich in Biodiesel umwandeln lassen. Der Trend ist also eindeutig und doch erklärt er den steilen Preisanstieg nur ansatzweise. Denn so kurzfristig ändern sich Lebensgewohnheiten und mit ihr die Nachfrage nicht. So kurzfristig verändern sich nur Erwartungen – und die treiben die Preise immer weiter.

»Aber niemand weiß«, entgegnete der Ehemann, »was Öl kosten würde, wenn es die Spekulationen nicht gäbe. Eins ist allerdings ganz sicher: Billiger wäre es auf jeden Fall. Wenn es aber billiger wäre, müssten alle weniger für Benzin zahlen und für Heizung und warmes Wasser. Dann hätten die Menschen mehr zum Leben und zum Konsumieren, dann würde nicht immer mehr Geld dem Wirtschaftskreislauf entzogen.«

Philip war sprachlos. Die Aufmerksamkeit aller blieb auf ihn gerichtet, und er atmete mit einem lauten »Pfffff« aus. Eigentlich hatte er genug. Ermattet lehnte er sich in seinen Sitz zurück, holte ein Taschentuch hervor und wischte sich Gesicht und Nacken ab. Er sehnte sich nach einem entspannenden Flirt mit dem Objekt seines Interesses auf der anderen Gangseite. Das Gespräch mit seinen Sitznachbarn glich bisher jedenfalls eher einer Schachpartie denn einem zufälligen Smalltalk hoch über den Wolken auf dem Weg in den Urlaub. Das Ehepaar hatte seine Figuren eingesetzt und diese ihrem Plan gemäß gezogen. Philip hatte sofort pariert und anschließend versucht, Einwand um Einwand zu entkräften, nur um sich dem nächsten messerscharfen Argument gegenüberzusehen. Eine Glanzleistung! Wieder eine Linie auf dem Schachbrett abgeschnitten.

»Der Punkt geht an Sie«, gab Philip zu. »Wenn Öl billiger wäre, gäbe es weniger Inflation und man müsste die Zinsen nicht so hoch halten. Niedrigere Zinsen würden die Wirtschaft stimulieren und den Höhenflug des Euro bremsen, was wiederum der Konjunktur zugutekäme – schlussendlich mit positiven Folgen für den Arbeitsmarkt. So aber ist der Aufschwung in Gefahr und viele Jobs sind es auch.«

Genau wie Philip wussten auch seine beiden Kontrahenten, dass Inflation nicht nur Waren verteuert, sondern den Wohlstand umverteilt, weil sie den Armen mehr schadet als den Reichen. Philip hielt das Gespräch für beendet und wollte sich gerade zurücklehnen. Doch die Silberohrringe ließen immer noch nicht locker: »Und trotzdem ist das alles vergleichsweise harmlos gegen eure Spekulationen mit Nahrungsmitteln!« Ihre Augen blitzten wieder auf. »Da geht es nicht nur um Lebenshaltungskosten, da geht es, im Extremfall, um Leben. Wenn die Preise steigen, können sich die Armen die Nahrungsmittel nicht mehr leisten. Herrgott noch mal, sie hungern!«

Philip schaute verlegen zu Boden. Welche Antwortzüge blieben ihm noch? Keine Argumentation der Welt hielt einem solchen moralischen Feuersturm stand, im Gegenteil, jedes fachliche Argument würde versengen, wenn nicht gar in ihm verbrennen. *Puh.*

Stille. Nun komm schon, Philip, lass dir was einfallen!

»Ja, da kommt plötzlich nichts mehr«, fuhr die Frau fort. »Das ist genau die Seite, die ihr Spekulanten gern verdrängt. Ihr seht nur die schnell verdienten Dollars und überseht, was ihr damit anrichtet.« Damit hatte sie zweifellos recht. Es war klar, dass der Fantasiekosmos eines Traders und die Realwirtschaft nicht mit ein paar Sätzen unter einen Hut zu bringen waren und es daher fast zwangsläufig zu Verzerrungen an den Märkten kam.

Grundsätzlich konnte Philip sich als Börsenhändler jedoch nichts vorwerfen. Die in einen Markt strömenden spekulativen Gelder konnten in seinen Augen den Handel durchaus zum Vorteil aller beflügeln, außerdem trug der einzelne Trader nicht die Verantwortung für die Auswirkungen auf die Marktwirtschaft. Doch ihm war sonnenklar, dass die Erfolgsgeschichte der Globalisierung stockte. Zu Beginn hatte sie Millionen Menschen aus der Armut geholfen, aber jetzt zeigte sich ihr hässliches Doppelgesicht: Auf einer Hälfte des Globus wuchs der Hunger wieder und auf der anderen der Profit.

Philip wusste, dass Wissenschaftler seit geraumer Zeit warnten, in Zukunft sei mit immer mehr hungernden Menschen zu rechnen. Doch davon wollte er jetzt lieber nicht sprechen, um die Stimmung nicht noch mehr anzuheizen. Die Spekulanten wurden durch diese Nachricht allerdings erst richtig aufgeweckt. Vor allem Reis, zuvor ein an den Warenterminbörsen eher wenig beachtetes Nischenprodukt, geriet ins Visier. Schnell machten Zahlen die Runde, dass sich die Hälfte der Menschheit, vor allem in Asien und Afrika, hauptsächlich von Reis ernährte. Die Banken reagierten ebenfalls prompt. »Partizipieren Sie an dem Nahrungsmittel Nummer eins in Asien«, las er in einer Zertifikatswerbung. Da Indien den Export von Reis verboten hatte, würden »die weltweiten Vorräte auf ein Minimum sinken«, beschrieb der Werbetext – und implizierte damit eine tolle Anlagechance.

Na ja, manchmal ist die Welt schon verrückt. Aber so ist das halt.

»Der Scheffel Weizen, eine biblische Größe, wird in den Spekulantenbüros rund um die Welt zur abstrakten Zahl, auf die sich gut wetten lässt – und hat nichts mehr mit dem echten Wert des Grundnahrungsmittels zu tun«, setzte die Frau ihre Argumentation fort.

Nun ist es doch aber auch mal gut mit dem Thema!

Philip beschloss jetzt, einen geordneten Rückzug zu blasen. Es war klar, dass hier zwei Welten aufeinanderprallten: Für die eine stand er selbst als Händler – und aus Sicht des älteren Herren damit für alle Hedgefonds und Investmentgesellschaften –, für die andere stand der Ehemann als Sachwalter der Bauern und Getreidehändler. Für Philip und gleichzeitig für jeden Händler der Welt waren Ölfässer oder Baumwollballen nur abstrakte Begriffe. Für den Ehemann hingegen waren es reale Produkte, die man anfassen und im wahrsten Sinn des Wortes, begreifen konnte; und mit denen man sich ganz real die Hände schmutzig machte, wenn man sie handelte, wie die Spekulanten es taten.

Einen, wenn auch kleinen Versuch hast du noch, dachte sich Philip und schnappte nach dem letzten Strohhalm: »Aber über die Warenterminbörse und den Einsatz von *Futures* können doch alle Bauern, Farmer und Getreidegroßhändler ihre Produkte bereits verkaufen und Menge, Preis und Liefertermin fest vereinbaren, selbst wenn ihre Ähren noch im Wind auf dem Acker wehen. Sie können sich so gegen Unwetter absichern. Ebenso hilft der Terminmarkt ihnen, allzu große Preisschwankungen abzufedern und die Lieferung ihrer Ware zu steuern. Das gilt nicht nur bei Agrarprodukten, sondern auch für Metalle und Energie.« Obwohl Philip wusste, dass die Warenterminbörsen ein perfektes Casino für Spekulanten darstellten, die allein durch ihre Masse das Geschehen bestimmten, hoffte er, das Ehepaar damit etwas milder zu stimmen.

»Ein berechtigter Einwand«, gab der Ehemann zu. »Trotzdem werden die Preise für Weizen, Reis oder Schweinefleisch von jeher zwischen Bauern, Händlern und ihren Kunden ausgemacht. Auch an den Rohstoffbörsen läuft das normalerweise so. Stimmt doch, oder?«

Philip nickte.

Okay, das war's dann … Wenn er jetzt noch mit dem Thema der realen Lieferungen weitermacht, ist Kapitulation angesagt.

Und so kam es denn auch: »Irgendwann kommt es bei Termingeschäften am Ende zur tatsächlichen Lieferung der Ware. Zumindest sollte es so sein. Aber damit ist es weitgehend vorbei. Mittlerweile wird allein in Chicago, an der weltgrößten Warenterminbörse, mit Future-Scheinen das 30-Fache der US-Jahresproduktion an Getreide gehandelt. Das ist doch irre! Und nehmen wir Baumwolle: Ihr Preis ist binnen weniger Wochen um mehr als die Hälfte angestiegen! Dabei konnten die Farmer bisher noch nicht mal die Hälfte ihrer Ernte vom Vorjahr verkaufen. Die Lager sind so voll wie zuletzt vor 50 Jahren. Eigentlich stehen alle Zeichen auf Preisverfall. Der Realtausch ist zu einem Ausnahmefall an den Börsen geworden. Beim Weizen etwa wechseln an den Laufzeitenden nur noch fünf Prozent der gehandelten Menge tatsächlich den Besitzer.«

Herrgott noch mal, wo ist die weiße Fahne?

»Ihr Spekulanten und Finanzjongleure bestimmt jetzt die Preise«, sagte der Ehemann grimmig. »Blöd ist nur, dass ihr keinerlei Interesse habt, den Unmengen Getreide in eurer Verfügungsgewalt auch nur nahe zu kommen oder sie physisch auszuliefern!«

Schachmatt! Vielleicht im falschen Ton. Aber mit richtigen Fakten.

»Ein klassisches Lehrstück hierzu ist die Tulpenmanie im Holland des 17. Jahrhunderts …«, begann nun der Ehemann in der Börsenhistorie zu stöbern.

Oh je, jetzt auch noch diese urururalte Geschichte! Aber vielleicht für Bernd 13 und Norbert ganz lehrreich.

Der Ehemann berichtete unter der ungeteilten Aufmerksamkeit genau der beiden, dass besonders begehrte Zwiebeln etwa der Sorten »Viceroy« im Jahr 1636, auf dem Höhepunkt der Blase, Preise im Gegenwert eines ganzen Hauses erzielten. Alle Bevölkerungsschichten waren der Hysterie verfallen. Dann aber brach der Glaube an eine dauerhaft goldene Zukunft der Tulpe ohne erkennbaren Grund zusammen. Bei einer Tulpenauktion in Haarlem im Februar 1637 hob sich, als die erste Zwiebel unter den Hammer kam, kein einziger Finger. Der Auktionator senkte den Preis – doch niemand rührte sich. Dann setzte ein Verkaufsrun ein, der die Preise völlig zusammenbrechen ließ. Ein ganzes Land stürzte in eine tiefe Depression. Sogar der Staat musste, wie so oft nach heißen Spekulationen, eingreifen: Der damals schon gängige Terminhandel wurde verboten. Von der Kanzel herab geißelten die Pfarrer die Spekulanten. Sie sahen in dem Geschehen eine Strafe Gottes für die lästerliche Geldgier und Dummheit der Massen.

»Gescheiterte Spekulationen, denen Not und Elend folgten, gab es«, so der Ehemann, »seit die Menschen Handel treiben. Und immer ist es jener verhängnisvolle Zweiklang aus überbordender Liquidität und Spekulantentum, der einen Markt erst steigen, dann explodieren und anschließend in sich zusammenbrechen lässt.«

Mit einem heftigen Ruck sackte das Flugzeug plötzlich für einen Moment nach unten, stabilisierte sich aber danach sofort wieder. Ein Raunen ging durch die Passagiere, in den vorderen Reihen fing ein Baby an zu schreien. »Ein Luftloch«, bemerkte Norbert nüchtern.

Philip nutzte die Gunst der Stunde, um Reue zu demonstrieren. »Spekulanten gab es schon immer, das zeigt der Blick in die Geschichte ganz richtig. Spekulationsblasen sind daher keine Eigenart der heutigen Zeit. Jede Generation«, so Philip weiter, »hat ihre eigene Spekulation zu bewältigen, hat selbst zu erleben, wie grenzenloser Optimismus in Verzweiflung umschlägt und todsichere Investitionsgelegenheiten binnen kürzester Zeit zum Straßenwitz verkommen. Der Bogen reicht vom Run auf die South Sea Company im Jahre 1720 über die britische Eisenbahnblase 1846 und die – der Weltwirtschaftskrise von 1929 vorangehende – Aktienrallye bis zur New Economy.«

»Der dem zugrunde liegende verbrecherische Wahnsinn offenbart sich immer erst hinterher«, schimpfte der Ehemann dazwischen.

Nun ja, das konnte man so oder so sehen, dachte Philip für sich, denn die kühnsten Spekulanten stoßen je nach ihrer »Großtat« entweder auf Spott oder auf Bewunderung. Zum Beispiel begründete George Soros erfolgreiche Milliardenwette gegen das britische Pfund im Jahr 1992 dauerhaft dessen Ruhm als eiskalter Zocker. Andere dagegen landeten im Knast. Wie zum Beispiel Nick Leeson, jener junge englische Aktienhändler, der Mitte der Neunzigerjahre über 800 Millionen Pfund verzockte. *Autsch.* Als die Verluste nicht mehr zu verbergen waren, hinterließ er am Arbeitsplatz die kurze Notiz »Tut mir leid« und machte sich davon. Wenig später brach sein Arbeitgeber Barings, Englands älteste Investmentbank, zusammen. *Eieiei.*

Philip lenkte ein. »Dass sich die Milliardenwetten so häufen wie in den vergangenen Jahren, ist wirklich neu, das muss ich zugeben. Mit daran schuld sind ohne Frage die modernen Finanzinstrumente …«

»… die der Großinvestor Warren Buffett schon seit Langem und zu Recht als Massenvernichtungswaffen bezeichnet!«, fiel der Ehemann Philip ins Wort.

Meine Güte, woher weiß er DAS denn nun schon wieder?

Den Gedanken, der ihn wenigstens teilweise hätte retten können, nämlich dass diese Waffen ihre Wirkung doch nur entfalten konnten, weil staatliche Notenbanken das notwendige Umfeld schufen, behielt Philip für sich. Denn Fakt ist, dass noch nie zuvor in der Geschichte die Welt von einer derartigen Geldflut überschwemmt wurde. Dies lag in der von den großen Volkswirtschaften im Trend nach unten zeigenden Zinskurve begründet; mit der Folge, dass die Geldmenge entsprechend wuchs. Denn: Wenn mehr Kapital weniger Zinseinkommen bringt, sucht das Kapital automatisch nach ertragsstärkeren Investitionen. Es ist relativ leicht, der Spur dieses Kapitals zu folgen – denn dieser, zusammengefasst riesige, Geldstrom hinterlässt ein breites Flussbett in jedem Markt, den er überflutet.

Wieder sackte das Flugzeug durch. Die Frau befragte, direkt nachdem sie alle angeschnallt waren, Philip zu seinem Einkommen. Philip erwiderte, dass dies doch hier nichts zur Sache tue, und sie hakte ironisch nach, ob es sich erst im oberen sechsstelligen oder bereits im siebenstelligen Bereich bewege und wie sich so ein Leben in Saus und Braus denn anfühle.

Mein lieber Scholli! Wo lebt die denn? Ich bin doch nicht Onkel Dagobert, der in seinem Geld schwimmt.

Als sie noch einmal fragte, ob er denn nicht so viel Geld verdiene, dass er sich alles kaufen könne, was er wolle, weigerte er sich erneut, Zahlen zu nennen. *Es war eindeutig Zeit, das Thema zu wechseln.* Philip erklärte der Runde, dass er in einem kleinen und älteren Haus mit Garten wohne, dass er seit drei Jahren den gleichen Wagen fahre und dass er kein Sommerhaus, keine 60-Meter-Jacht, keine Kunstsammlung und auch sonst keine ausgefallenen Hobbys habe, sondern sein Geld teils spare und teils wieder in die Börse investiere. »Wenn ich in einen normalen Laden gehe und etwas sehe, das mir gefällt, dann kann ich es mir wahrscheinlich kaufen. Aber ich war schon immer ein eher genügsamer Mensch und neige mehr zum Sparen als zum sinnlosen Geldausgeben.«

»Trotzdem. Bei euch Spekulanten sollte der Staat eingreifen ...«, zischte sie verbittert.

»Bringen wir es auf den Punkt«, meinte Philip, um der Diskussion nun endlich ein Ende zu bereiten. »Wir brauchen keine Eingriffe des Staates, keine Gesetze, keine Regelwerke, keine regulierenden Wirtschaftssysteme, wenn alles, was geschieht, schlichtweg dem Diktat der Vernunft genügen würde. Nicht mehr und nicht weniger.«

Mit diesem kleinsten gemeinsamen, wenn auch utopischen und dies sicherlich auch bleibenden Nenner mussten und konnten sich alle einverstanden erklären und widmeten sich nun ihren Gurten.

»Sehr geehrte Fluggäste«, erklang eine Stimme aus dem Lautsprecher, und alle hoben ihre Köpfe, »hier spricht der Kapitän. Wir erleben soeben Clear-Air-Turbulenzen. Möglicherweise bleibt es weiterhin etwas unruhig. Wir haben die ›Anschnallen‹-Schilder wieder angeschaltet und bitten Sie, sich schnellstmöglich zu Ihren Sitzen zu begeben und dieser Aufforderung Folge zu leisten.«

Nach einigen Minuten kehrte in allen Sitzreihen langsam Ruhe ein. Nach sieben Stunden Flug wurden nun die ersten Decken über müde, verspannte Körper gebreitet. Norbert hatte sich nach der »Wirtschaftsdiskussion« eine Schlaftablette eingeworfen. »Die First Class des kleinen Mannes«, hatte er dazu gegrinst und die Tablette mit dem schalen Rest aus seiner Dose Bier heruntergespült.

*

Philip blätterte gelangweilt in einer der von den Stewardessen zu Beginn des Fluges verteilten Zeitschriften. Zufällig war es ein Börsenmagazin. Darin war auch nichts Neues über den konkreten Handel zu erfahren. Nur dass man dringend in Aktien investieren sollte, so wie das eigentlich schon seit Jahren in fast jeder Ausgabe nahezu jeder börsenbezogenen Illustrierten gepredigt wurde. Wie hätte es auch anders sein sollen? Würden die Herausgeber den Redakteuren wohl erlauben zu schreiben: »Bitte kaufen Sie heute und die nächsten drei Monate dieses Magazin nicht, denn der DAX befindet sich in einem Abwärtstrend und eine mittelfristige Anlage wäre daher momentan eher geldvernichtend. Dieser Tipp ist ebenso kostenlos wie der Tipp, diese Zeitung nicht zu kaufen.« Eher nicht.

Gelangweilt legte Philip das Magazin beiseite, streckte sich und schaute sich ein wenig in der Kabine um. Die meisten Fluggäste waren inzwischen in ihren Economy-Schlaf gesunken: die Reisegruppe rechts hinter ihm, das ältere Ehepaar mit den jetzt vielen Decken neben ihm und Bernd 13 vor ihm. Norbert hatte die Augen ebenfalls geschlossen, auch wenn sein Atemrhythmus verriet, dass er noch nicht eingeschlafen war.

Philips Herz flüsterte: »Guck doch mal!«, und das heimelige Gefühl pirschte sich heran. »Philip, jetzt guck doch mal, wie süß die Lady schläft«, zischte sein Herz. *JAHAAA!!! Ich guck ja schon!*

Er fischte aus der Tasche unter seinem Sitz behutsam sein Trading-Tagebuch hervor. Beim wahllosen Durchblättern erkannte er mal wieder, dass er sich der unglaublichen Bedeutung der Gedanken und Worte, die ihm sein Geist zu Beginn seiner Aufzeichnungen rund um einen Trade in die Feder geschoben hatte, definitiv nicht bewusst gewesen war. Oh ja, Philip dachte viel an das Trading; meistens voller Begeisterung und dennoch manchmal zutiefst angewidert.

Seit längerer Zeit schon hatte er mit jeder Zeile, die er schrieb, immer besser begriffen, wie eng sein ganzes Leben mit Charts, Kursen und Trades – kurzum: mit dem ganzen Börsenschlamassel – verflochten war. Sander hatte es vor Jahren einmal so zusammengefasst: Die Börse machte es ihm, gerade in seinen ersten Jahren, schier unmöglich, sie auch nur eine Stunde zu vergessen. Vor allem abends, häufig sogar nachts beschäftigte sie ihn, er konnte einfach nicht loslassen. Hin und wieder bedauerte er es zutiefst, einen solch verlässlichen Begleiter sein eigen zu nennen. Genau deswegen schrieb er besonders abends sehr überschwängliche Zeilen, denn irgendwie musste er seinen Gefühlen ein Ventil verschaffen.

Als Philip nun gezielt wieder die ersten Seiten überflog, musste er schmunzeln. Diese beinhalteten seine To-do-Liste als Trader. Immer, wenn ein Tagebuch voll war und er ein neues begann, übernahm er diese Liste und führte sie fort. Die ersten Einträge stammten also noch vom Beginn seiner Trading-Laufbahn:

1. *Hör endlich auf, Verluste so ansteigen zu lassen.*
2. *Lies mehr! Hol mehr Analysen ein.*
3. *Widme dem Handel mehr Zeit!!! Die Börse hat fast rund um die Uhr auf!!*
4. *Informiere dich gründlicher. Recherchiere mehr!*

…

…

7. Mach auch mal eine Pause.

Die Punkte 8 bis 11 waren auch nicht schlecht, denn sie lauteten erneut wie Punkt 1-4.

...

...

14. Such dir schon mal einen neuen Job. Das wird so nichts mit dem Handel.

15. Wann bestehst du endlich all die Prüfungen, die dir deine Emotionalität auferlegt?

...

...

35. Stell dich niiie mehr gegen den Trend. (Geschrieben ungefähr im dritten Jahr seiner Lehrzeit.)

...

...

40. Der Tod des Kontos ist die Unmöglichkeit weiterer Möglichkeiten, meinte Hofner heute.

Philip schaute auf. »Der Tod des Kontos als die Unmöglichkeit weiterer Möglichkeiten«, wiederholte er halblaut. Ein starker Gedanke. Er blätterte weiter und las die neueren Einträge der vergangenen Jahre.

80. Wann hörst du auf, den ganzen Tag davor zu hocken???

81. Weniger ist mehr, wann hörst du auf, den ganzen Tag vor der Kiste zu sitzen?[24]

Interessant, wie sich im Lauf der Jahre die To-do-Liste eines Traders ändern konnte. Während Philips Horizont vom Gegensatz der Stichpunkte 3 und 81 wie von zwei allmählich ineinanderfließenden Wolkenzügen verfinstert wurde, genoss er in 10.000 Metern Flughöhe die Freiheit, seinen Gedanken nachzuhängen – und er wunderte sich: Es gab Menschen, die *verdammten* das Trading! Philip schaute bei dieser Überlegung mit schweren Augenlidern zu dem älteren Ehepaar hinüber, das jetzt *Gott sei Dank* friedlich schlief. Dann gab es Menschen, die *missverstanden* das Trading. Philip blickte auf den Sitz vor sich und freute sich über Bernd 13s Schnarchen. Interessanterweise gab es Menschen, die das Trading *bewunderten*, ohne in der Materie drinzustecken, wie zum Beispiel Norbert. Und zu guter Letzt gab es Menschen wie Philip, die gelernt hatten, das Trading als eine Art des Geldverdienens zu lieben. Dies bewies, dass der Gefühlskatalog rund um das Thema »Börsenhandel« breit gefächert war. Aus diesem Blickwinkel waren die letzten Gespräche eigentlich interessant, da Philip die Möglichkeit hatte, allen drei Ansichten zum Thema Trading-*Bewunderung*, Trading-*Verdammnis*, Trading-*Missverständnis* und Trading-*Liebe* zeitgleich zu begegnen.

Philip kniff die Augen zusammen. Wieder einmal stellte er sich die Frage: *Trading? Was ist Trading eigentlich? Und was läuft dabei eigentlich gedanklich ab*? Er überlegte: Auf der einen Seite war da das Bewusstsein eines Traders mit dessen eigenen Gedanken – ob diese nun gezielt gesteuert waren oder nicht. Auf der anderen Seite war da nur ein Chart. Also so betrachtet, eine innere und eine äußere Welt, die sich beide erst im Kopf des Traders zusammenfügten.

---

24 Ausführliche praktische Hinweise hierzu sind in DER HÄNDLER, Band 4 nachlesbar.

Die auf den Trader einströmende äußere Seite, der Chart, war an sich nur eine mathematische, in Formeln gehüllte Zahlenmenge. Damit war das Urbild aller Kurse, physikalisch gesehen, im Grunde gar nicht mehr einem Menschen zuzuordnen, sondern entweder eine positive oder eine negative Zahl irgendwo in den Untiefen der Rechentechnik. Diese Zahlenmenge löste sich als Ganzes in Systemen von untereinander irgendwie zusammenhängenden Bits und Bytes und Computerprogrammen auf, um weltweit zum selben Zeitpunkt auf den Bildschirmen ein eindeutiges Bild, eben jenen Chart, zu ergeben. Bemerkenswert war dabei, dass es in der weiten Welt selbst bei einem so einfach darzustellenden Ding wie einem Chart nur wenige Trader gab, die zum selben Zeitpunkt dasselbe über dessen Verlauf dachten. *Irre.* Man musste folglich konstatieren: Ein Trader, wenn er nur ein bisschen nachdachte, geriet gewissermaßen in recht unordentliche Gesellschaft, da er nie wusste, was die anderen Trader gerade wohl denken mochten!

Komplizierter wurde es beim Punkt der sich nach außen richtenden inneren Seite, dem Bewusstsein und den Gedanken. Es war unglaublich schwer, Nicht-Tradern und Trading-Anfängern zu vermitteln, wie ein erfahrener Trader eigentlich dachte. *Echt.* Bernd 13 hatte ihn vorhin in einer ruhigen Minute gefragt, wie Philip denn während seiner Lehrjahre die Unterbindung seiner Emotionen gelungen war. Philip hatte darauf geantwortet: Indem er penetrant darauf hingewiesen wurde, unablässig daran zu denken, sich selbst zu beobachten! Das bedeutet für die *ausgehende Seite*, dass sich die positivsten Einfälle und überlebensnotwendigen Einsichten durch nichts anderes einstellten, als dass man sie erwartete. In dieser Hinsicht vollzogen sich die Lösungen der geistigen Aufgaben im Trading nicht viel anders als bei einem Hund, der mit einem Stock im Maul durch eine schmale Tür will. Der Hund dreht den Kopf so lange, bis der Stock hindurchgeht – und ganz ähnlich muss es der Trader machen; bloß mit dem Unterschied, dass er mit zunehmender Erfahrung schon ungefähr weiß, wie er es anzustellen hat. Dies wiederum hat zur Folge, dass man nicht studiert haben muss, um die äußere ein- und die innere ausgehende Seite im Handel erfolgreich zu interpretieren. Auch wenn ein kluger Kopf wahrscheinlich weit mehr Geschick und Erfahrungen in den *Drehungen* entwickeln wird als ein dummer, so kommt das »Durchrutschen« für jeden gleich überraschend, egal ob studiert oder nicht. Die Lösung ist auf einmal da, und man empfindet innerlich deutliche Verblüffung darüber, dass sich die Gedanken wie von selbst entwickelt haben.

Moment. Philip kniff die Augen zusammen. Was für ein Wortspiel: Aus »sich Gedanken machen« entwickelt sich »die Gedanken machen sich«. Ist das so im Börsenhandel? Machen sich die Gedanken selbst?

Ja klar. Irgendwie schon.

Wie viele Trades gab es in Philips Historie, die gar nicht auf seiner Urheberschaft beruhten? Dieses verdutzte Gefühl fernab eigenen Denkens, auch *Intuition* genannt, war im Trading gut und schlecht gleichermaßen. Gut, ja fast schon perfekt war es, wenn die Intuition auf eine Vielzahl gleichwertiger Signale angewandt wurde, um daraus einige Märkte zu favorisieren. Schlecht war es dagegen, wenn die Intuition anstelle eines Signals zur Positionierung herangezogen wurde.

Philip ließ seinen Blick geistesabwesend durch die Kabine wandern, bis er am friedlich und mit offenem Mund schlummernden Norbert hängen blieb. Er überlegte, was seinen Nachbarn denn eigentlich von ihm unterschied. Mal abgesehen von den unterschiedlichen Biografien war es vielleicht die Tatsache, dass Philip durch seine Arbeit die Möglichkeit erhalten hatte, mit seinem Selbst und seinem Ego in Beziehung zu treten. In dieser Hinsicht zwang der aktive Börsenhandel geradezu zu einer Art *digitaler Meditation*; man musste mit sich selbst gelegentlich hart ins Gericht gehen und in den Keller der eigenen Gefühlswelt hinabsteigen. In anderen Berufen war dies seines Wissens nach eher unüblich, es sei denn, man machte es freiwillig. Aber wer wollte das schon? Ein Trader wurde jedoch dazu regelrecht gezwungen. Das war auch der Grund dafür, dass sich Philips Gedanken, als er sprichwörtlich noch Frischfleisch war und jeden Morgen bei der Börseneröffnung sein Geld und seine Seele zu Markte trug, rund um einen Trade eigentlich immer in jämmerlichem Zustand befanden, denn sie bezogen ihn nicht mit ein.

Philip starrte durch eines der kleinen Flugzeugfenster auf ein paar weit entfernt rosa leuchtende Wolkenformationen und dachte dabei über die vielen Fragen von Bernd 13 und Norbert nach. Herrgott, warum ist es so schwer, gegenüber einem Nicht-Trader das Wesentliche im Trading in Worte zu fassen? Er kritzelte in sein Tagebuch die Frage: *Wie läuft eigentlich so ein Gedanke rund um einen Trade ab?* Philip überlegte.

Dann schrieb er:

> *In der Sekunde, in der eine Order ausgeführt und eine Position eröffnet wird, haben die Gedanken schon nicht mehr die Form, die sie eine Sekunde vor dem Einstieg hatten. Sie sind bereits Gedachtes und die Gedanken rund um das Warum, Wie, Wann für den Trade sind nach außen gewandt und als Mitteilung sowie Begründung an die Umwelt gerichtet. Man kann demnach sagen: Wenn ein Trader denkt, gelingt es ihm kaum, den Moment zwischen dem Persönlichen und dem Unpersönlichen – dem Warum, Wie, Wann – zu erwischen. Liegt etwa hierin der Grund für die Schwierigkeiten, einem Nicht-Trader das Denken rund um einen Trade zu erklären?*

Philip steckte seinen Stift in die Tasche zurück, als beim Zuklappen des Tagebuchs lose Blätter zum Vorschein kamen. Er erinnerte sich: Es waren Hofners Anmerkungen, in denen dieser sowohl das sich ständig drehende Fragekarussell zu der nun besten Analysemethode als auch die Bedeutung des »großen Radarbildes« beschrieb. Philip hatte diese Zeilen von Hofner vor einiger Zeit zugesteckt bekommen, als Stan gerade die ersten Wochen seines Praktikums absolviert hatte.

Philip begann zu lesen ...

FACHTEIL DER HÄNDLER

Notizzettel: Hofner, Donnerstag, 21:12 Uhr
Betreff Vier Hochzeiten und Kühlschränke in der Antarktis

Hallo Philip,

nachdem Stan in Bangkok nun fast vier Wochen lang einen Rachefeldzug nach dem anderen gegen alle möglichen Chartverläufe unternommen hat, rief er mich nach einem weiteren total vergeigten Handelstag heute an und fragte: »In was für einer Welt lebt ein Trader eigentlich?« Ich antwortete, dass es für ihn momentan zweifellos noch eine Welt sei, die, soweit es den Umgang mit der Technischen Analyse betrifft, vor allem von falschen Leitbildern bestimmt würde. »Doch was für eine Art von Welt ist das?«, bohrte Stan weiter nach. Ich erklärte ihm, dass die Technische Analyse für ihn noch zu sehr großen Uhrwerken gleiche, die sich nach *seinem* Verständnis aus einer geordneten Anzahl von Kniffchen und Regelchen – gleich Zahnrädern und Federn – zusammensetzen und, vor dem Hintergrund einer wunderbar sprudelnden Geldquelle für schnellen Reichtum weitgehend festgelegt, nach logischer Manier funktionieren müssten.

Wir beide, du, Philip, und ich indes wissen: Unser Bambino Stan ist nun an einem Punkt angelangt, an dem er sich immer öfter dabei ertappt, über die Macken und Tücken der von ihm angewandten Technischen Analyse nachzudenken. Das ist auch gut so, denn ein Trader ist einfach so beschaffen – andauernd muss er nachdenken, überlegen, grübeln, brüten. Daher werden die Tage, an denen sich Stan den Kopf zerbricht und stundenlang, wenn nicht gar ganze Tage, rumsinniert, immer mehr zunehmen. Auslöser hierfür kann so ziemlich alles sein, beispielsweise solche Aspekte wie: »Komisch ist dieser Chartverlauf schon …« oder »Ich frage mich, wieso der Markt nun schon wieder …« oder »Wie kommt es, dass …?«. Stan wird auf der einen Seite somit ein großer Verfechter der Vision sein, dass die Anwendung der Technischen Analyse der Funktionsweise eben der erwähnten großen Uhr entspricht, bei der jedes Teil des Mechanismus einen voraussagbaren Effekt auf das nächste hat. Auf der anderen Seite hingegen wird er genau diesen Umstand verteufeln und zu dem Schluss kommen wollen, dass der Börsenhandel vielmehr einem riesigen Spielcasino ähnele und viel offener für das verflixte Walten des Zufalls sei.

Im Verlauf der folgenden Wochen und Monate ist zu erwarten, dass Stan einzelne Trades – also einen winzigen Teil der Myriade von Trades – herauspickt und diese als Indiz für das Ganze wertet. Daraufhin wird er anspruchsvoller werden und sich nicht mehr zu so profanen Aussagen wie »Mensch Meier, schon wieder ging der Trade ins Minus …« oder »Da schau einer her, ich dachte, ich sähe einen Abwärtstrend – und jetzt steigt das Ding« hinreißen lassen. Wie damals auch du, lieber Philip, wird er dann aufs Metaphysische umsteigen: »Das ist mal wieder typisch …«, »Irgendwas hab ich an mir, was auch immer …«, »Man sagt ja immer: Niemand wird je reich mit der Technischen Analyse, warum also ich?«.

Aufgrund seiner noch unausgereiften Ansichten zum Thema »Trading« ist die Spannbreite seiner Gefühle – vom leicht zu erlernenden Ablauf eines Uhrwerks bis hin zur absoluten Unberechenbarkeit einer Spielhölle – nicht verwunderlich. Es muss daher sanft, dennoch gezielt darauf hingearbeitet werden, dass unser Bambino seine bisherige Erwartungshaltung an die Leistungsfähigkeit der Technischen Analyse brav beiseitelegt und sich stattdessen mit geordneteren Ansichten und noch zielführenderen Fragen beschäftigt. Dadurch sollte er zum Verständnis gelangen, dass Trading weder ein vorhersehbares Uhrwerk noch eine unberechenbare Spielhölle, sondern genau in der Mitte von beidem angesiedelt ist. Dies ist allgemein auch unter dem Begriff »Spekulation« bekannt ..., aber dazu später mehr.

… Sinn dieses Schreibens

Im Nachgang betrachtet, gilt es festzuhalten, dass auch du, Philip, damals, einer Biene gleich, von Blüte zu Blüte – in unserem Fall von Trading-Ansicht zu Trading-Ansicht – geflogen bist. Da sich unser Bambino aktuell ebenfalls auf dieser von übermäßigem Fleiß charakterisierten Rundflugstrecke befindet, möchte ich dir für den Umgang mit ihm einige Tipps mit auf den Weg geben und halte es für sinnvoll, dazu einfach einige deiner eigenen Stationen auf dem Weg ins Heute zu beleuchten. Ich möchte dir diese erneut in Erinnerung rufen, um dich zum einen im Umgang mit unserem Bambino sensibler zu machen und um dich zum anderen, solange du fernab meiner »Aufsicht« woanders weilst, immer wieder auf die Hauptaufgabe eines Spekulanten hinzuweisen.

Untersuchen wir also deine bereits durchlaufenen Stationen nach wichtigen Anhaltspunkten, beginnend mit der Anwendung der fundamentalen Nachrichten hin zur kreativen Anwendung der Technischen Analyse, gefolgt vom blinden Nachahmen guruhafter Regelwerke und schlussendlich gipfelnd in der ersten echten Begegnung mit der Markttechnik, deren Höhepunkt sich vor Jahren in den Treffen mit Jack, Tim, Alex und Vanessa widerspiegelte. *Gott, hast du damals dumm aus der Wäsche geschaut!* Auf diesen Tag werde ich später sehr ausführlich eingehen, jetzt will ich aber von vorne beginnen, dann macht es mehr Spaß …

… ich sehe auch zu, dass ich dich nicht langweile, und bin gespannt, ob du dich wiedererkennen wirst!

… deine erste Ehe

»Die fundamentalen Berichte sind nüchtern und forschend. Sie ziehen die Firma und deren Zahlen aktiv in Betracht. Sie verhören sie im Scheinwerferlicht des Datenmaterials und suchen ständig nach Beweisen für eine Über- oder Unterbewertung.« So in etwa lautete sinngemäß deine Begründung für die hohen Stapel von Berichten auf deinem Arbeitsplatz. Erinnerst du dich an deine ersten Wochen im Büro? Sobald ich auf Hinweise der Technischen Analyse zu sprechen kam, hast du jede Diskussion abgeblockt, und zwar jedes Mal mit demselben Argument: »Euer

Chartgefummel – alles Kaffeesatzleserei.« Dabei zeigtest du jedes Mal stolz auf deine unzähligen ausgedruckten Nachrichten. Herrgott, dein Schreibtisch sah aus. Du hast dich zu Beginn deiner Karriere mit den »harten Fakten« verheiratet und wolltest keine Liaison mit bunten Strichen zwischen irgendwelchen x- und y-Achsen.

Dass fundamentale oder zumindest fundamental angehauchte Berichte eine sehr beliebte Sache sind, ist nichts Neues. In nahezu allen Zeitungen, Newslettern, Börsenseiten und -briefen haben diese einen Stammplatz, Fernsehberichte über die Börsen bestehen fast vollständig aus ihnen, und die meisten Leute geben sich mit diesen pauschalen Aussagen ja auch zufrieden. Du hast sie jedenfalls damals über alles geliebt, jede Aussage todernst genommen und jede Menge Börsenbriefe abonniert, je teurer desto besser.

So vergingen die Monate und mit ihnen deine Hoffnung, diese fundamentalen Aussagen mit dem Zeithorizont deines Tradings synchronisieren zu können. Nach der einst vorschnellen Hochzeit hieß es nun plötzlich: Scheidung. Diese deine – interessanterweise – *freiwillige* Trennung war nicht ganz der neuen, vermeintlich besseren Liebe geschuldet, sondern vielmehr der von dir so empfundenen fehlenden Zärtlichkeit und der tatsächlichen fehlenden finanziellen Ausbeute in dieser ersten Ehe.

... deine zweite Ehe

Die Suche nach kurzfristig profitableren Möglichkeiten ließ also deine Liebe zu den harten Fakten von Bilanzen, News & Co. erkalten. Plötzlich lösten sich deine einstigen Attacken gegen die Technische Analyse und die Begründung, sie stelle ein Spiel mit dem Teufel dar, in Luft auf. Stattdessen versuchtest du plötzlich mit aller Kraft und weit entfernt von KGV und Umsatzprognosen, mittels Stift, Lineal und wilden Linien die Dämonen aus den Charts zu vertreiben.

Diese zweite Hochzeit wurde von dir groß gefeiert. Schließlich erlaubte die neue Ehefrau dem Göttergatten, seine Regelwerke selbst zusammenzustellen. Du durftest nehmen, wovon du wolltest: Zwei Candlestickmuster von diesen, fünf von jenen, eine – nein, besser doch erst mal nur eine halbe – von dem komischen Ding namens Elliot-Welle. Die Auswahl war bunt und vielfältig: »Lust auf ein bisschen Fibonacci?« »Ja, aber nur ganz, ganz wenig ... Und tun Sie ruhig auch noch etwas Schulter-Kopf-Schulter-Formation in die Tüte, für den Future-Handel ... ach ja, und bitte noch ein paar von den Flaggen und Wimpeln, die sollen ja auch viel Geld bringen; schließlich haben wir ja bald wieder Weihnachten ... und dann bräuchte ich noch etwas mit viel Rendite und engen Stopps. Trendkanal-Trading? Okay, das sieht in den Beispieltrades der Zeitungen ohnehin immer ziemlich cool aus ... und was ist sonst noch im Angebot? ... Das Point-&-Figure-Trading sieht aber auch interessant aus ... Na gut, probier ich davon auch mal ein wenig. Ach, und bevor ich es vergesse: Bitte noch etwas von diesen super wichtigen und unbestechlichen 100- und 200-Tage-Linien.«

So oder so ähnlich decktest du dich einst im »Supermarkt der Börsenweisheiten« mit Werten und Wahrheiten ein, eigentlich mit allem, worauf du gerade Lust hattest. Was dir als Trader auch nur irgendwie oder vielleicht würde schmecken können, stopftest du in die Tüte mit der Werbeaufschrift »Kreative Anwendung technischer Analyse«. Gleich einem Kind, das im Kaufhaus an der Süßwarentheke seine Bonbontüte aus den großen, verheißungsvollen Gläsern selbst zusammenstellen darf. Ein bisschen hiervon und ein bisschen davon. Eigentlich von allem, woran man Gefallen findet. Ob das gesund war, war vollkommen gleichgültig, Hauptsache, es war schön bunt …

Der Reiz der Mischen-Sie-selbst-Abteilung der Technischen Analyse leuchtete dir, als Hyperaktivist in Sachen Trading, sofort ein, und es hieß: »Nur mal eben probieren, ob das den Chart weich kocht ...« In der Tat, etliche der damals von dir verschlungenen Bücher übers Traden behaupteten, durch das fixe Zeichnen von Linien, Erkennen von Dojis oder Anklicken von Indikatoren würde für den Trading-Anfänger ein neues und großartiges Zeitalter anbrechen. Wen wundert es da, dass deine wahllos angebrachten Striche im Chart von dir als irre wichtige Trendlinien gedeutet wurden und diese Deutungen durch so manches Buch auch noch als »Hohe Kunst der Technischen Analyse« bestätigt wurden; und dass du deine Deutungen von betoniertem Widerstand und Unterstützungen wie auch die optisch irre anmutenden Formationen als wesentliche Bestandteile dieser Zunft ansahst.

So mancher Autor, der wahrscheinlich noch keine hundert Trades in seinem Leben gemacht hat, schreibt nicht nur über Themengebiete von Candlestick bis Fibonacci sowie deren Anwendung mit dem Ziel, die Frage zu beantworten »Wohin geht der Markt …?«, sondern ebenfalls über die Unsterblichkeit schnellsten Reichtums durch deren Anwendung. Ohne verstärktes Hinterfragen und ungefiltert hast du sämtliche Aussagen in jeder Chartsituation gelten gelassen, und natürlich zeigten ebenso Indikatoren Anteilnahme an dem ganzen Chartgeschehen und waren daher gleichsam eng mit deiner Seelenrettung verbunden. Für dich bestand in dieser Zeit ein erfülltes Traderleben in der vermeintlichen Macht durch die Beantwortung der jeder der Technischen Analyse innewohnenden Frage: »Wo geht der Markt hin …?«

Aufgrund vieler falscher Fragestellungen gab es aber schnell Ärger im Paradies, und die Kurzfassung deines zweiten Ehelebens lautet pauschal wie folgt: Du konntest den Chart noch so sorgfältig mit den Inhalten deiner selbst zusammengestellten Wundertüte analysieren, wie du wolltest – Hast du dann eine Richtung getradet, verhielt sich der Markt unter Garantie anders. Und gerade wenn du meintest, den Stopp an der richtigen Stelle gesetzt zu haben, glitt der Markt elegant zu diesem Punkt, schmiss dich aus dem Markt und drehte dann mit riesigen Schritten zurück in die angedachte Traderrichtung. Oder: Der Markt verweigerte – trotz Wundertüte & Co. – so lange eine Bewegung, bis du endlich vom Schreibtisch weggingst, weil es an der Tür geklingelt hat. Typisch!

In der Archäologie heißt die goldenen Regel: »Grab hier und der Schatz liegt dort drüben. Wenn du hingegen da drüben gräbst, liegt er hier …« Deine Erlebnisse mit deinen Trades deuteten für dich als technischen Hobbyanalysten damals auf eine Welt hin, die mit finsterer Entschlossenheit dafür sorgte, dass du deine wohlverdiente Strafe für die Teilnahme am kreativen Börsenhandel erhältst.(All das hast du dann zu deiner eigenen Ehephilosophie erhoben, deren Motto einst ungefähr so lautete: »*Fuck*, die Börse ist gegen mich. Alles, was ich beim Traden anpacke, verschwört sich beständig gegen mich. Wann immer ich in den Markt gehe, macht dieser genau das Gegenteil …«

Aus jetziger Sicht war diese Reaktion zwar verständlich, aber ziemlich kindisch. Oder vielleicht besser gesagt: paranoid. Aufgrund deiner noch falschen Fragen und fehlenden Einsichten war es für dich damals unerklärlich, dass du, trotz der Anwendung der vielen Verzweigungen der Technischen Analyse, unterm Strich in diese Ehe nur einbezahlt hast. Noch mal: Mithilfe der kompliziertesten Indikatoren hast du gegen die »Ungewissheit des Charts« gekämpft und mit den am komischsten klingenden Candlestick-Formations-Regeln die »finsteren dämonischen Mächte der bösen Candlestick-Charts« entmachten und besiegen wollen, und dennoch gab's kein dauerhaft friedliches Eheleben. Im Gegenteil, Gedanken wie: »Wenn Regel A recht hat, dann hat Regel B unrecht«, trieben dich fast in den Wahnsinn.

... und das Resultat?

Ob nun beim Warten darauf, dass der seitwärts laufende Trade sich endlich mal bewegen wird oder in den Stunden vor Bekanntgabe eines Sitzungsergebnisses der EZB oder vor einer Hauptversammlung, in den Minuten vor der Veröffentlichung des Ölmarktberichtes oder aber in den bangen Sekunden vor den 14:30-Uhr-Zahlen sagtest du häufig, dass trotz Wundertüten-Intensivanalyse das Warten beinahe schlimmer sei als der nachfolgende Kursverlauf oder das Ereignis selbst. Kurzum: Was ging, war das Geld; was blieb, war »die Schrecklichkeit der ständigen Ungewissheit«! Dies hätte doch den Schluss nahelegen können, dass dein Horror vor dem Handelstag – zum Teil Horror trotz oder erst recht wegen deiner kreativen Auslegung der Technischen Analyse – Horror vor dem *Unbekannten* war. Wie oft hörte ich dich stöhnen: »Wenn ich nur wüsste, was geschieht, was als Nächstes kommt ...« Ja, was dann? Dann wärst du vorgewarnt und dafür gewappnet gewesen? Oder hättest du dann einfach das Gefühl gehabt, besser »Herr der Lage« zu sein; selbst wenn du höchstwahrscheinlich doch nichts hättest machen können, um den zukünftigen Marktverlauf zu ändern? Außer vielleicht ... den ganzen Tag im Bett zu bleiben?

Was nach den ersten Flitterwochen also folgte, war eine totale Reizüberflutung. Jeden Tag prasselten derart viele Informationen, Logiken, »Regelchen hier und Formatiönchen da« auf dich ein, dass du fast ohnmächtig davon wurdest. Ich musste schon kräftig in den Wald hineinschreien, um überhaupt noch eine Antwort von dir zu bekommen, so durcheinander warst du an manchen Tagen. Deine Ehe verlief von Woche zu Woche immer weniger zufriedenstellend, denn sie konnte deinen Wunsch, die nächste Seite deiner ganzen Lebensgeschichte als Trader aufzuschlagen oder wenigstens den nächsten Trade detailliert lesen zu können, nicht erfüllen. Aus deiner Sicht sollte sie dies aber – war das geradezu ihre eheliche Pflicht –, denn so erschiene sie dir eher wie eine zusammenhängende Geschichte. Anstatt nur aus einem zufälligen Ereignis nach dem anderen zu bestehen, hätte dein Trading dann vielleicht einen, nennen wir es an dieser Stelle mal, *sinnfälligeren* Handlungsverlauf. Wenn aber das Lesen von Glaskugeln oder Sternbildern oder das Zusammentreffen jedes dritten Bars mit dem Schnittpunkt des 12-fachen gleitenden Durchschnitts und der Wurzel der 17er-Stochastik auf einem 23,4-Minuten-Chart Einfluss auf dein Trading haben soll oder es dadurch für dich endlich *sinnfälliger* würde – nun, dann musste deine Sehnsucht nach einer neuen Ehe mit dem »Supi-Mega-Zauber-Regelwerk« zwingend Teil deiner Lebensgeschichte und du wiederum ein Teil derselben werden.

Beleuchtet man folglich im »Supermarkt der Börsenweisheiten« deine immer größer werdende Sehnsucht nach einer »sorglosen Trading-Zukunft« etwas näher, wird automatisch der Bogen zu den Auswirkungen dieser Sehnsucht gespannt, in deren Folge du das Aufgebot für deine dritte Hochzeit bestellt hast.

So wie mir damals schon, ist hoffentlich auch dir heute klar, dass dein einstiges nachvollziehbares Verlangen nach einer neuen Ehe mit dem Supi-nie-Verlust-bringenden-Mega-Zauber-Regelwerk zugleich eine Sehnsucht nach *Bedeutung* verkörperte.

... deine dritte Ehe

»Wissen«, so heißt es, »ist Macht.« So könnte der Scheidungsgrund für die zweite und das Empfehlungsschreiben für die dritte Ehe lauten. Und wenn du irgendwann einmal in die Zukunft schauen könntest – um dabei zu erkennen, wo beispielsweise der Markt in einem Tag, einer Stunde, in den nächsten 30 Sekunden denn nun genau stünde, welche Aktie heute am meisten zulegt oder wie die Wirtschaftszahlen ausfallen –, dann würdest du jene Macht besitzen, zu der dir deine kreativen Einkäufe im Supermarkt der Technischen Analyse nicht verhelfen konnten.

Deine Ansprüche an dieses neue und dritte Eheleben waren daher klar: Durch echtes Vorherwissen könntest du viel besser für deine Trades und damit dich selbst als Trader sorgen. Deiner vorherigen Ansicht nach könntest du in deinem Tun viel »sorgloser« sein, wenn du wüsstest, wohin dich dies führt. Dies ist die Art von *Herrschaft* über das eigene Trading und das Los, nach dem du dich damals – wie gerade aktuell auch unser Bambino Stan – verzweifelt gesehnt hast. Diese Herrschaft ist der Grund dafür, warum du damals gerne über die Zukunft Bescheid gewusst hättest, zur Not sogar unter Zuhilfenahme selbst der absurdesten und wild zusammengestrickten Signallogiken von irgendwelchen Signalanbietern oder aus Internetforen & Co. Denn die Zukunft zu kennen oder dies wenigstens glauben zu dürfen, hat dir zu diesem Zeitpunkt und für eine Weile die Angst vor dem *Unbekannten* nehmen können.

Du sprachst sogar von der göttlichen »Vorsehung«, dem heiligen Gral. Das Supi-Mega-Zauber-Regelwerk, so hattest du gehofft, muss doch vorhersehen können, was als Nächstes geschehen wird. Du wusstest zwar nicht, was die Zukunft des Charts birgt, aber du wusstest, dass das Supi-Mega-Zauber-Regelwerk dies wissen sollte. Dies einfach wissen *musste*. Und du könntest damit Vorkehrungen für jede erdenkliche Chartzukunft treffen: Das Regelwerk würde sich um dich kümmern und für dich sorgen. Das wilde, weil kreative Rumgefummel im Chart, die rastlosen Bastelstunden an Indikatorenkombinationen, all dies würde ein Ende haben. Deine Zukunft war damit des Zauberregelwerks Zukunft. Du wusstest nicht, was geschehen würde, und konntest dich, wenn schon nicht auf dich selbst, so doch zumindest auf das Regelwerk verlassen. (Damit konntest du der ungewissen Zukunft endlich voller Vertrauen und Hoffnung ins Auge blicken ...)

Während dieser Ehe habe ich von dir häufig die Äußerung vernommen, dass du – bedingt durch deine bisherigen Anstrengungen – schlichtweg das Recht besitzt, dir einen Teil vom leckeren Börsenkuchen abzuschneiden. Vielleicht war das ultimative Supi-Mega-Zauber-Regelwerk für dich nur eine Variante der gleichen Botschaft: »Du bist endlich von Bedeutung! Du bist ein wichtiger Teil des allumfassenden Börsenhandels!« Aber wie hoch war der Preis, den du für diese vermutete Bedeutung und die Befreiung von Angst vor dem Unbekannten gezahlt hast? Ich erinnere mich noch gut, dass es sogar Momente gab, in denen du dein Schicksal eher aus der suggeriert blendenden Zukunft nach dem Gesetz des Schicksals eines Horoskops herauszulesen versucht und folglich einen fürsorglichen Kosmos deiner eigenen Überlegung vorgezogen hast. *Mondphasen wären ja noch okay gewesen, aber mussten es wirklich Horoskope sein?*

Auch unserem Bambino Stan stehen Handelstage bevor, an denen es ihm wahrscheinlich lieber wäre, die Realität würde ihm zärtlich über die Wange streicheln und ihm sanft ins Ohr hauchen: »Ich liebe dich! Keine Angst, mein lieber kleiner Trading-Anfänger. Fürchte dich nicht vor dem Chart. Alles wird gut.« Doch in Ermangelung dessen wird er sich danach sehnen, sie zumindest flüstern zu hören: »Ich nehme von deinen Trades Notiz. Fürchte dich ruhig ein wenig. Ach ja, und morgen Früh wirst du übrigens Pech mit deinen DAX-Trades haben.«

Wenn es so weit ist, beschrifte bitte einen von diesen Klebezetteln mit dem Spruch der heiligen Teresa von Avila und klebe ihm den an seinen Bildschirm:

Lasse dich durch nichts beunruhigen,
nichts dir Angst machen.
Alles ist im Wandel, Gott alleine ist unwandelbar.
Geduld führt zum Ziel.
Wer sich an Gott hält, dem gelingt alles …

Die vorausschauende Sorge, die das Zauber-Regelwerk zuwege bringen sollte, ist insofern ein charakteristisches Merkmal, als es auch das Merkmal eines guten Vaters ist. Dass für einen gesorgt wird, berührt bei allen Menschen jenen Kern des Gefühls von Sicherheit, welches uns die Freiheit verleiht, wir selbst zu sein; so also auch bei dir. Doch wie ein guter Vater packte dich auch keines deiner Zauber-Regelwerke – wo auch immer du sie aufgetrieben hattest – in Watte, um so den Schmerz der Wirklichkeit zu dämpfen. Demzufolge währte auch diese Ehe nicht allzu lange.

Als die Trennung nahte, wiesen die Scheidungspapiere auf etwas Kniffeliges hin: Dieses Vorhersagen der Zukunft, in welcher das Schicksal vom Zauber-Regelwerk beinahe hundertprozentig bestimmt werden konnte, war zwar das, was du dachtest zu wollen, aber … das »Was-wäre-wenn«-Spiel mit den Charts wolltest du dennoch ebenfalls spielen. Auf der einen Seite die »schreckliche Ungewissheit«, die du mittels jedes noch so erdenklichen Quatsches besiegen wolltest – an deine Ergebnisse diesbezüglich brauche ich dich sicher nicht zu erinnern, und auf der anderen Seite der unbezähmbare Wunsch, zu einem jener Magier der Märkte zu avancieren, die ihr Geld nicht geschenkt bekamen, sondern dank eigener Fähigkeiten *verdienten*.

Das trifft es doch auf den Punkt, oder?

Gegenüber manch anderen Trading-Anfängern war dir am Scheidungstermin das Glück jedoch hold, denn neben Geld hattest du auch noch Laune übrig, um weiter am Spiel der Spiele teilzunehmen. Dementsprechend warst du aufgrund deiner drei gescheiterten Ehen nun bereit dafür, an deiner Tür das Klingeln der Markttechnik und deren Bitte um Einlass zu vernehmen. Nun warst du *offen* für die Fragen der Markttechnik …

... *die vierte Ehe*

Dass du dich Hals über Kopf in diese vierte Ehe gestürzt hast, sorgte bei keinem von uns im Handelsbüro wirklich für Überraschung, stellte die markttechnische Analyse – du nanntest sie damals vorerst noch Trading-Anschauung – doch die umfassendste und erhellendste, weil grundlegendste Erklärung des Börsenverlaufs dar. Unser Verweis auf die Herkunft und zentrale Bedeutung der wesentlichen Wahrheit – auch Orderbuch genannt –, von welcher die Markttechnik ihre Resultate ableitet, schien sich für dich irgendwie als Erleichterung zu erweisen. Wenn dir deine vorangegangenen gescheiterten Ehen auch nur irgendetwas vor Augen führten, dann zumindest die tiefe Unzufriedenheit mit der Darbietung deines bisherigen Handels. Hier war in der Einschätzung allzu häufig die Frage: »Wo kann überhaupt Bewegung entstehen ...?« nicht berücksichtigt worden. Gleichwohl war dir doch der simple Ablauf eines Orderbuches und damit alles, was du grundlegend über das Trading wissen musstest, erklärt worden, und die resultierenden Schlussfolgerungen und Einsichten hätten auf etwas reduziert werden können, das sich auf einem einzelnen Blatt Papier, vielleicht sogar auf einem Bierdeckel, darstellen ließe.

Nachdem du aus den letzten Ehen ausgehungert hervorgingst, verkörperte die Markttechnik nun also zum einen eine tiefe Sehnsucht danach, dass deine bisher sinnlich erfahrbare Welt des Tradings – Gott sei Dank – doch nicht das letzte Wort ist. Zum anderen stand sie für die nun immer mehr durchsickernde, grundlegende Gewissheit Pate, dass die Wirklichkeit des Börsenhandels in ihrem Kern auf dem Orderbuch, den Merkmalen des Trendaufbaus, dem Orderverhalten und den zur Darstellung gewählten Zeiteinheiten beruhte. Ähnlich den physikalischen Grundgesetzen hat die Markttechnik Auswirkung auf und Erklärung für jede Facette des Börsenhandels – angefangen bei der Bedeutung einer Korrektur bis hin zum verschachtelten Trendaufbau und dessen wundersamen optischen Verzerrmöglichkeiten in den verschiedenen Zeiteinheiten. Für dich, der in seiner letzten Ehe Trading-Ansätze wie diesen bevorzugte: »Kauf um 11:13 Uhr und verkaufe um 14:07 Uhr, wenn die Sonne auf deinen linken Arm scheint«, war das zu Beginn sehr irritierend, doch so sind grundlegende Zusammenhänge nun einmal. Sie sind wie Bilderrahmen. Im Bild ist und bleibt alles drin, und nichts kann aus dem Rahmen fallen. Wenn doch etwas herausfiele, wäre die Interpretation nicht umfassend und bedürfte so lange der Überarbeitung, bis nichts mehr herausfiele.

Du hast also brav alle Themen erlernt, hast auf Anhieb nun Innen- und Umkehrstäbe erkannt, und die *Punkte 1, 2 und* 3 sollten auch bald keine Schwierigkeit mehr darstellen; ebenso wurde dir das Zusammenspiel der Zeiteinheiten klar, und genauso schnell hast du die Bedeutung von Tageshochs und -tiefs erkannt. All dies wurde von dir folgerichtig und als logisches Resultat in die drei Handelsausrichtungen implementiert: Handel des Trends, Handel der Bewegung und Handel des Ausbruchs. Damit war der Ehevertrag fertig und besiegelt.

Nach Monaten des Übens und der ersten Anwendungen schlich sich jedoch erneut bei dir der Eindruck ein, dass sich der Erfolg im Grunde ganz weit weg befände und weitestgehend sich selbst überlassen sei. Aus deiner Sicht waren Sander, ich und die anderen Kollegen permanent damit beschäftigt, Profite aus dem markttechnisch orientierten Handel einzustreichen und du hast dich stets gefragt: »Ob sich der Erfolg wohl irgendwann auch mal in meine Angelegenheiten einmischt? Und wenn ja, wann ist es endlich so weit?«

Mit den Monaten verhielt sich die Markttechnik und deren Anwendung für dich wie ein Vater, der seinen Kindern zwar die Welt erklärt, sich aber hinter der Zeitung versteckt, sobald die Kinder mit ihm in dieser Welt spielen wollen. Das heißt, die Markttechnik lieferte dir zwar interessante und teilweise sogar richtig gute Ideen für tolle Spielzeuge und sah dir interessiert und vergnügt dabei zu, mit welch großer Aufmerksamkeit du dich ihr widmetest, enthielt sich dabei dennoch jeglicher positiver Einmischung …

… und genau an dieser Stelle hattest du das besondere Glück, einer Erweiterungs- beziehungsweise einer Überarbeitungsmöglichkeit deines bestehenden Ehevertrages zu begegnen, und nach anfänglicher Skepsis und einiger Überlegung warst du glücklicherweise klug genug, sie als solche zu erkennen und anzunehmen.

An den Tag, an dem dir dies begegnete, erinnere ich mich immer noch mit großem Vergnügen. Begonnen hatte alles damit, dass mich einige meiner Freunde nach einem anstrengenden Tag noch auf ein Glas Wein abholten …

Aber das will und muss ich dir gerne noch mal etwas ausführlicher in Erinnerung rufen …

… eine neue Liebeserklärung ist wie ein Schachzug: Die Konsequenzen sind unüberschaubar.

Jack, Tim, Vanessa und Alex hatten ein Lieblingsthema: Sie alle waren gleichermaßen vom Börsenhandel fasziniert, einer Berufung, die es wert war, sich ein Leben lang damit zu beschäftigen. So wie ich hielten auch meine vier Freunde Rationalität und Beständigkeit für die höchsten Tugenden im Handel.

Auch wenn Jack, ein Großinvestor und daher Verfechter der fundamentalen Analyse, Tim der Arbitrageur und Vanessa, eine Händlerin aus der Hedging-Abteilung eines Weltkonzerns, zu Recht proklamierten, nicht viel für Technische Analyse übrig zu haben – diese sei bestenfalls zeitaufwendig und in ihrem Alltag wenig praktikabel –, verfolgten wir dennoch alle ein gemeinsames Ziel: im Hagel der Orders Geld zu verdienen.

Für jeden der drei bestand daher theoretisch konkreter Grund zum Neid, denn jeder hatte mit seiner Handelsausrichtung für sich das große Los gezogen. Und so ertappten wir uns während unserer gelegentlichen Treffen immer wieder dabei, wie jeder die Daseinsberechtigung seines speziellen Tradings in den Himmel lobte, ohne jedoch auf dessen alleinige Wahrheit zu pochen; schließlich war allen klar, dass die anderen erst durch ihre Teilnahme am Markt die jeweils eigene Existenz ermöglichten, was Alex, Skontoführer an der Frankfurter Börse, vehement unterstrich. Es verhielt sich folglich so, dass meine vier Freunde nicht nur umwerfend aussahen, gut leben konnten, sondern auch noch Verständnis für das jeweilige Tun der anderen aufbrachten – und das nicht zu knapp.

Und so dachten wir fünf immer gerne über die Ursachen von Fehlern nach, um daraus – jeder für sich – die Gesetze des Erfolges abzuleiten. Ihrer Meinung nach waren erhöhter Puls, Selbsttäuschung und Selbstüberschätzung die wichtigsten Ursachen für Fehler.

Jack, dessen öffentliches Erscheinungsbild dasjenige eines einfachen Mannes war – und dies erschien tatsächlich glaubwürdig –, führte als Großinvestor dennoch ein kompliziertes Leben. Im Laufe der Jahre war es ihm gelungen, den Ruf eines harten, gelegentlich sogar eiskalten Geschäftsmannes zu erwerben. Seine Lehr- und die ersten Berufsjahre als Trader hatte er im selben Büro absolviert, in dem auch ich einst tätig war, wechselte aber dann das Spielfeld, heuerte bei einem Aktienfonds an und blieb dann von Haus aus der fundamentalen Analyse treu. Mittlerweile verfügte er über ein eigenes, großes Analystenteam und hatte viele gute Freunde in namhaften Börsenkreisen. Sein braun gebranntes Gesicht war umrahmt von weißem Kopf- und Barthaar, und stets bedachte er seine Gegenüber mit einem freundlichen Zwinkern aus seinen tiefliegenden stahlblauen Augen. Er war viel im Lande unterwegs und besuchte Firmen, die ihn interessierten. Sein Erfolg beruhte, seiner Meinung nach, auf einigen wenigen simplen Investmentideen und darauf, jeden Tag mit Leidenschaft bei der Sache zu sein. Als Dienstältester der Runde hatte er, wie ich auch, Spekulieren von der Pike auf erlernt und pflegte in der Runde immer zu sagen: »Man muss die Dinge im Börsenhandel immer von der anderen Seite betrachten.« Seine Überlebensstrategie lautete: »Sag mir, wo ich verlieren werde. Dann gehe ich dort nicht hin.«

Auch der 44-jährige Tim hatte aufgrund seiner jahrelangen Berufserfahrung den anfänglichen Traum, eine Geldmaschine zu entdecken, die den Zaster schön gleichmäßig und in großen Mengen auf sein damals noch jungfräuliches Konto spucken sollte, längst aufgegeben. Stattdessen hieß es heute bei ihm: viele, viele kleine Orders in allen möglichen Märkten, an manchen Tagen gar mehrere Tausende. Solche Leute wie Tim waren, unter anderem, die Ursache dafür, dass das Handelsvolumen ab Mitte der Neunzigerjahre stark anschwoll. Als Arbitrageur war er der Einzige in unserer Runde, der mit nahezu null Risiko tagtäglich Unsummen in die Ausnutzung sowohl räumlicher als auch zeitlicher Preisunterschiede platzierte; woraus resultierte, dass eine sehr beachtliche Anzahl der ratternden Times&Sales-Zeilen auf sein Konto ging. Ob es sich dabei um räumliche Notierungsdifferenzen an den Regionalbörsen oder am Xetra-Handel oder die Differenz zwischen Kassa- und Terminmarkt handelte, egal – Tim handelte alles, was laut Orderbuch und Mathematik Sinn ergab. Das Ergebnis seiner Arbeit war tagein, tagaus erkennbar, wenn auch nicht offensichtlich – trotz jeweils eigener Orderbücher drifteten Kursnotierungen, zum Beispiel beim gleichzeitigen Handel eines Wertes an mehreren Börsen, nicht auseinander. In diesem Zusammenhang schwärmte Tim gern von den Neunzigern und den damals neu aufkommenden Turbo-Optionsscheinen auf Aktien. Alleine an dem Schein auf die VW-Aktie hatte er sich eine goldene Nase verdient. Nicht zu vergessen die wunderbaren Chancen, die sich mit japanischen Aktien damals wahrnehmen ließen. Es gab Jahre, da kannten die Japaner nur eine Richtung, Tim konnte also in Deutschland alles kaufen, was der Markt diesseitig hergab und es, kurz bevor er zu Bett ging, in Japan mit erheblichen Gewinnen abstoßen. *Betthupferl* nannte er diese Gewinne. Als dann mit den Jahren die heutige EUREX – hervorgegangen aus der DTB, der Deutschen Terminbörse – an Bedeutung gewann und mehr und mehr Umsatz auf sich zog, wurde diese für Tim umso mehr zu einer richtigen Cash Cow. Er arbitrierte, sprich: Er nutzte den Preisunterschied für gleiche Waren auf verschiedenen Märkten, zum Beispiel Optionen auf Aktien, synthetisch gegeneinander, indem er sogenannte Boxen bildete, die ihm seinen Gewinn einfroren. Er musste nur bis zum Verfall abwarten und aus der Box fiel ihm der eingefrorene Gewinn direkt auf sein Konto. Am liebsten war ihm die Zeit, in der die amerikanischen Unternehmen ihre Quartalszahlen veröffentlichten. Das war die Zeit für Cross-Border-Arbitrage. Meist gerieten die amerikanischen Werte bereits vorbörslich schon massiv in Bewegung, und Tim konnte sich noch zu deutlich günstigeren Kursen in Frankfurt eindecken und seine Positionen mit der Eröffnung der amerikanischen Börsen mit deutlichem Gewinn schließen. Das Phänomenale an seinen Erzählungen war, dass uns allen klar war, wie viele Leute es da draußen gab, die einfach nicht schauten, wo sie ein Produkt am günstigsten erwerben und zeitgleich verkaufen konnten. Denn nichts anderes tut ein Arbitrageur. Für jene vollmundigen, dennoch traurigen Behauptungen so mancher notorisch kleinkarierter »Börsenfachmänner«, die recht vollmundig verkündeten, dass Börsenhandel lediglich eine reine Lehre geheimnisvoller Kniffchen sei, hatte er daher stets nur ein Lächeln und den Kommentar übrig: »Sieh dir all die Helden an: Die ahnen nicht, was um sie herum passiert, während sie mittendrin stecken ...«

Ebenso wie Jack und Tim hatte auch die Dame der Runde bereits mehr als genug Besserwisser kennengelernt, die dachten, sie wären die großen Checker. »Vergesst mich mal bitte nicht! Meine Orders tauchen noch auf ...«, bat sie allzu oft, wenn sie – fernab dieser Runde – Gespräche über das Trading hören musste, deren Schilderungen ihr unverständlich und nicht nachvollziehbar blieben. Die Aufgabe ihres Teams bestand darin, den Konzern, für den es arbeitete, sowohl vor Währungsdifferenzen als auch vor Preisschwankungen bei den für die Produktion benötigten Rohstoffen abzusichern. Ihr attraktiver Körper und ihre geschmeidigen Bewegungen ließen zahlreiche im Fitnessraum verbrachte Stunden erkennen. Gleichwohl war ihre Fitness nur eine willkommene Zugabe, nicht das entscheidende Merkmal ihres Erscheinungsbildes. Vielmehr konnte sie jederzeit das Gewicht ihrer persönlichen Ausstrahlung einsetzen, um jeden Raum, den sie betrat, restlos auszufüllen. Aber viel bedeutungsvoller war, dass sie ein Zahlengenie war; und viel, viel klüger, als es ihr Äußeres vermuten ließ. Über die Jahre hatte sie sich folgende Devise zu eigen gemacht: Mit einem zufälligen Gewinntrade kommt man zwar um die halbe Welt, aber nicht mehr zurück.

Alle Rezepte der hier versammelten Händler funktionierten. Jedes für sich allein betrachtet, sah elegant, fast schon mühelos aus und enthielt dennoch die gesamte Realität des Börsenhandels, dessen Aufbau und Wirkungsweise. Diese scheinbare Mühelosigkeit erreichten alle jedoch nur durch jahreslanges Üben – genau wie beim leichten Strich eines Malers, den eleganten Noten eines Liedes, dem schlichten Gedicht. Hierauf aufbauend, benutzten alle Anwesenden die gewaltige Macht ihrer jeweiligen Kontogrößen zur Generierung eines kaum vorstellbaren Wohlstandes.

Dieses besondere Treffen verlief jedoch anders als die bisherigen. Während ich noch einige Telefonate erledigen wollte, machten es sich die vier bequem und plauschten in aller Ruhe über die Märkte, als sie von einem Tornado der Gefühle aus ihrer Plauderei gerissen wurden. Dein Fluchen aus dem Handelsraum war laut und deutlich wahrnehmbar. Scheinbar wollte einer deiner Trades wieder einmal nicht so recht anspringen.

Jack sah um die Ecke, dann verstört zu mir. »Sag mal, betet Philip da etwa?«

Ich beendete mein Telefonat und sah dich an den Monitor gerichtet betteln und gleichzeitig fluchen. »Oh Gott, lass mich bitte nicht schon wieder am *Punkt* 2 Minus machen«, und kurz drauf: »Lieber Gott, was immer auch getan werden muss, damit dieser Markt an dem scheiß *Punkt 2* nun endlich mal einen sauberen anhaltenden Trend ausbildet – tu es! Bitte!«

Alex, der sein Geld als Kursmakler verdiente, flüsterte hinter vorgehaltener Hand: »In *meinem* Börsenuniversum strebt die Wahrscheinlichkeit, dass am anderen Ende meiner DSL-Leitung ein gutmütiger Gott zuhört und eingreift, eher gegen null.« Seine tagtägliche Arbeit bildete für ihn, wie auch jeden anderen erfahrenen Händler, logischerweise einen gewichtigen Einwand gegen die Existenz eines persönlichen und vor allem fürsorglichen Trading-Gottes oder die Wirksamkeit des Streichelns eines neben der Handelstastatur baumelnden Glücksbringer-Talisman-Bärchens. In den vergangenen 20 Jahren hatte er für eine große Anzahl verschiedenster Aktien die Kurse gestellt und wurde zu Recht von uns »Zoodirektor unseres Affenstalls« genannt. Gleich an seinem ersten Arbeitstag und binnen Minuten, so hatte er einmal erzählt, musste er damals die Hoffnung begraben, dass Börsenhandel eine profane Lehre darstelle, die einzig und allein etwas mit der technischen oder fundamentalen Analyse zu tun habe. Aus diesem Grund bezeichnete er auch alle Versuche, den Börsenhandel in statistisch auswertbaren Tabellen erfassen zu wollen, stets als idiotische Irrwege, die die Realität seiner Arbeit in keiner Weise wiederzugeben vermochten: »Nie wird je eine Tabelle die Börse wirklich erfassen können, weil Menschen und ihre Emotionen und Entscheidungen sich nun mal nicht gänzlich in Tabellen quetschen lassen.«

»Hör auf zu beten!«, rief er dir zu, »bring deinen Trade wie ein *Mann* zu Ende und dann komm mal auf einen Sprung hier rüber!« Anschließend fragte er mit einem Flüstern in meine Richtung: »Philip, oder?« Ich nickte.

»Lass aber um Gottes willen deinen lieben Gott vorher Feierabend machen ...«, spöttelte Jack dazu. Deinerseits folgte zunächst ein Brummeln, dann erst mal gar nichts mehr.

Jack wollte schließlich von mir wissen, wie es um dein Trading derzeit stehe, und ich schilderte deine Fortschritte und verwies etwas stolz auf deine vier gescheiterten Ehen. »Wer das übersteht, hat schon eine Prüfung bestanden.«

Vanessa fragte, ob du den selbst auferlegten Druck, permanent vor dem Schirm zu sitzen, Trade um Trade durch die Kante zu schieben und von morgens bis abends erfolgreich sein zu wollen, bereits abgelegt hättest. Auch hierzu nickte ich stolz und erklärte, du seist bereits so stabil, dass selbst einige Verlusttrades in Folge bei dir nicht mehr zum Empfehlungsschreiben würden, das dein Herz geneigt macht, sofort neue Logiken auszuprobieren.

Tim, der Arbitrageur, ließ einen beifälligen Pfiff hören. »Das ist eine wichtige Lektion. Wenn dein Philip es schafft, dass die momentane Meinung der Börse über seine Tradelogik ihn selbst nicht mehr beeinflusst – nicht beeinflussen darf –, dann ist er wirklich ein großes Stück vorangekommen.«

»Dat klingt ja mechanisch. Nit so janz menschlich ...«, ahmte daraufhin Vanessa einen ihrer eigenen neuen Praktikanten nach. Dann verdrehte sie die Augen gen Himmel.

Jack nahm ihren Gedanken auf. »Das Einzige, was ich am Handel wahrhaft unmenschlich fand, war die Zeit, in der ich zuließ, dass mein Selbstwertgefühl auf und ab schnellte wie ein Korken, je nachdem, wie viel Zuspruch ich von einem einzelnen und damit irrelevanten Trade bekam.« Auch er musste in seiner Karriere, als er noch selbst direkt im Handel als Fondsmanager stand, vielen Händlern immer wieder verdeutlichen, dass Börsenhandel nichts für zarte Gemüter ist und dass man dies bei der Berufswahl berücksichtigen sollte. Börsenhandel ist nicht die heile Welt, wie sie von Brokern und Büchern übers Traden gerne dargestellt wird oder wie es sich blauäugige Trading-Anfänger vielleicht vorstellen. Stets sagte er damals zu seinen Schützlingen: »Wenn du es nicht mal aushältst, mehrere mickrige Fehltrades in Folge um die Ohren zu kriegen, bist du hier fehl am Platz. Wie sollst du arme Wurst es denn später mit den großen Konten gebacken bekommen?«

Jacks Worte wurden erneut durch dein Stöhnen unterbrochen. Dein Chart war nun nicht mehr länger ein unpersönliches »Es«, sondern ein eigensinniges »Du«, dem kurz darauf nur noch mit Anbrüllen beizukommen war. Jack lugte erneut um die Ecke und schüttelte zum Spaß den Kopf. »Diese wahnsinnige Aufmerksamkeit, die jedem noch so unbedeutenden Signal gewidmet wird, bläst manchem einfach das Resthirn heraus.« Damit sprach er eine weitere *bedeutsame* Hürde an.

Ich stand auf und begann, auf und ab zu gehen. »Was Philip noch fehlt, ist das Verständnis für das Gesamtbild des Charts. Er steht sozusagen vor der letzten Stufe, auf der das markttechnische Fachwissen auf den Sinn und das Wesen einer Spekulation zurückgeführt, oder anders gesagt, damit verbunden wird.«

Alle waren mit meinem weiteren Hinweis einverstanden, dass die wenigsten *spekulativ* ausgerichteten Trading-Anfänger es zu Beginn als hilfreich empfanden – und wohl auch gar nicht dazu in der Lage waren –, dem markttechnischen Trendaufbau mit klassischen Signalen entgegenzuwirken. In den Augen aller Anwesenden, die ja in ihrem Job ernsthaft und langjährig ausgebildet waren, erforderte die generelle »Meisterschaft« dieses Berufsstandes eine ungeheure und hingebungsvolle Unterwerfung unter eine Autorität namens »Großwetterlage«. Dieses Gesamtbild, so die einhellige Meinung, könne allein durch die ungeteilte und neutrale Absicht, es zu erlangen, erreicht werden. Eine grundlegende Voraussetzung hierzu besteht im Verständnis, dass Set-up und Signal sehr verschieden voneinander sein können. Ein Signal geht in erster Linie der Frage »Wann genau ...« nach; der Fokus der Großwetterlage hingegen gibt Auskunft darüber, ob eine Handelsausrichtung, also Trend, Bewegung oder Ausbruch, nun einen vorteilhaften Sinn ergibt und verleiht einem Signal damit erst die dringend notwendige *Wertigkeit*.

Ich erzählte, dass beispielsweise der *Punkt 2* bei dir bisweilen in merkwürdigen Zusammenhängen auftaucht. Zu selten wird diesem *Punkt 2* dabei eine aktive Rolle im großen Fragekontext zugebilligt. Redewendungen wie: »Wo sind denn nun die Orders derer, die dort verkaufen, Positionen drehen und neu eröffnen?« oder »Dort ist ja gar kein Mega-Kursschub ...« und »Hilfe, ich werde schon wieder am *Punkt 3* ausgestoppt!« ließen häufig erahnen, dass du den konkreten *Punkt 2* wieder mal als allgemeingültiges Regelwerk betrachtet hattest, ohne nach dem »Wo taucht es auf?« zu fragen. Für dich repräsentierte die Markttechnik damit noch zu sehr ein klassisches Regelwerk wie auch eine Signalsammlung – gleich deiner zweiten Ehe – und noch viel zu selten Ursprung und Quelle der Technischen Analyse. »Fachlich gesehen, sind seine Signale richtig«, fuhr ich fort und lobte diesbezüglich deine Fortschritte. »Philips missliche Lage resultiert aus der Tatsache, dass er noch zu sehr mit dem Signal *allein* lebt. Er geht zwar mit dem markttechnischen Signal der primären Frage ›Was überwiegt, Angebot oder Nachfrage?‹ bereits richtig nach, dennoch läuft er immer wieder in eine Falle, vergisst allzu oft die zweite Frage: ›Kann sich dieser Überhang auch nach dem Signal fortsetzen?‹ und wühlt sich derzeit durch einen Tunnel, der selbst mit dem Fachwissen um die markttechnischen Zusammenhänge in Stöhnen und Verzweiflung endet. Er erkennt noch nicht, dass seine Sicht zu stark verkürzt ist und dass er diese noch weiten muss.«

Es war an diesem Abend schön zu sehen, dass die anderen, trotz der Tatsache, dass die Technische Analyse bei keinem von ihnen im Arbeitsvertrag verankert war, das Problem sofort verstanden. Tim fasste zusammen, dass nicht das Grundverständnis der Markttechnik, sondern dessen Resultate bei jedem Trader optimiert werden müssten. Er musste in dieser Runde nicht besonders erwähnen, dass die Untersuchung eines Signals auf einen hierdurch möglichen Ein- oder Ausstiegspunkt immer im Zusammenhang mit der »Lehre von der Tücke des Signals« zu betrachten war und dies zwangsläufig zu einer Art Katalogisierung von Signalen führte. Aus der Sicht aller Anwesenden mussten Trader, wollten sie Erfolg haben und behalten, also nicht nur die besagte »Großwetterlage« erkennen können, sondern auch den ihnen durch ihr jeweiliges Regelwerk ausgewählten beziehungsweise ihrer jeweiligen Handelslogik entspringenden angebotenen Signalen stets äußerst kritisch gegenüberstehen. Sie müssen herauszufinden versuchen, ob ihre Signale richtig sind, indem sie zunächst überprüfen, ob sie nicht vielleicht falsch sind; dabei müssen sie rigoros bestrebt sein, ihre eigenen Vermutungen durch den Abgleich mit der »Großwetterlage« zu widerlegen. Kurz: Sie lassen keine ungefilterte Haltung zu und begreifen, dass Einstiegssignale schlussendlich sogar eher nebensächlicher Natur sind, wenn nur das übergeordnete Bild stimmt.

Vanessa wandelte dies in eine Analogie mit sinnlichem Hintergrund um: »Einen Kuss einzig als ›Kontakt des Mundes mit einem Mann‹ zu beschreiben, ist wohl etwas dürftig. Ein komplexes System von Zeichen verrät uns, ob dieser spezielle Kuss ein mechanischer, flüchtiger Kuss, eine geistesabwesende Begrüßung, ein schuldbewusster Versuch, einen vergessenen Hochzeitstag wettzumachen, ein Ausdruck von Zuneigung, ob bereits von Liebe erfüllt oder erst der Beginn eines erotischen, knisternden Geschehens ist. Irgendeine Bedeutung werden wir schon herauslesen. Gleiches«, sie deutete in deine Richtung, »gilt für den Durchbruch des letzten lokalen Hochpunktes eines Trends zum Beispiel auf einem 10-Minuten-Chart: Dieser kann nun einen Trend abbilden, der gleichgerichtet innerhalb eines übergeordneten Trends auf einer größeren Zeiteinheit wie zum Beispiel auf einem Stunden- oder Tages-Chart liegt, oder aber er stellt *nur* die Korrektur eines übergeordneten Abwärtstrends dar.«

»Der Durchbruch könnte aber ebenso dazu führen, dass ein übergeordneter Abwärtstrend gerade gebrochen wird«, nahm Tim den Faden auf. Woraufhin Alex auf die Möglichkeit verwies, dass der Trend auf zehn Minuten im Rahmen eines übergeordneten Abwärtstrends auch zu einem Trendwechsel führen könnte.

Jack schlug vor, den Abend nicht wie ursprünglich beabsichtigt in der Bar, sondern stattdessen hier zu verbringen. Da alle zustimmten, wurde vom Lieferservice des besten Italieners im Ort Essen und Rotwein bestellt und anschließend rief Jack dich zu uns: »Lernstunde!«

Du standest in der Tür, noch leicht blass vom Ergebnis deines letzten Trades, dessen Begründungen lauteten: Handel des Trends, schließlich war ein *Punkt* 2 durchbrochen, der Trend daher intakt. Den darauffolgenden Kursrutsch unter *Punkt* 3 nahmst du zähneknirschend hin. Beim nächsten Trade war plötzlich *Ausbruchshandel* angesagt. Auch hier, vom reinen Ablauf und Stopp-Verhalten her hattest du eigentlich alles richtig gemacht. Zermürbendes Resultat: Dieses Mal hingegen lief und lief der Markt.« Verzweifelt hast du gemeint, die Markttechnik sei zu distanziert, irgendwie nicht persönlich, nicht konkret, nicht eindeutig genug, da sie parallel immer mehrere Überlegungen zulasse. Auf Grundlage derselben Überlegung könne man in jedem Chart long *oder* short gehen, irgendwie immer den *Trend* oder die *Bewegung* oder den *Ausbruch* handeln oder all das gleichzeitig ...

Jack schüttelte den Kopf. »Ich glaube eher, dass du das mit der Aufgabe der Markttechnik noch etwas falsch interpretierst und daraufhin Fehltrades falsch bewertest.« Während dieser Worte hatten seine Finger mit einem Kugelschreiber herumgespielt, das Folgende unterstrich er nun mit entsprechenden Zeichnungen in der Luft: »Du siehst im Chart einen *Punkt* 2, oder Umkehrstäbe springen dich geradezu an? Tolle Trends, riesige Bewegungen, langatmige Korrekturen und die Dinger namens Innenstäbe, die selbst ja nichts anderes sind als die Darstellung eines sich auf einer tieferen Zeiteinheit abbildenden Trends.« Jack zwinkerte belustigt mit den Augen. »Klar sieht das toll aus. Nun noch fix ausgelost, ob man den Trend, die *Bewegung* oder den *Ausbruch* handelt – und fertig. Das wollen alle. Aber die Wirklichkeit ist, dass du bei jedem Trade damit rechnen musst, dass es mit diesem vorbei ist. Es ist wie in einer Schlacht. Du als technischer Yogi gegen die anderen drei: Die Arbitrage – *Hallo, Tim*. Das Hedging – Hallo, *Madame Vanessa*. Und mich – den Fundamentalisten – *Yeah* ...« Jack nickte allen dankend zu. »Ich bin hinter dir her, weil ich einen möglichst geilen Kaufkurs für meine Investitionen haben will. Tim läuft der Kassamarkt davon, deswegen dreht er nun an der Terminmarktschraube ein bisserl *long* herum, zeitgleich positioniert er sich *short* im dazugehörigen Kassamarkt, arbitriert die Märkte auf zeitlicher Ebene, oder aber: Vanessa hüpft im Dreieck, da neue Hochs am Kassamarkt Umsatzerlöse, Erträge- und Einstandspreise ihres Konzerns gefährden, sie daher gezwungen ist, *long* Positionen am Terminmarkt zu eröffnen, diese Futures jedoch in der Regel vor Terminfälligkeit innerhalb der Restlaufzeit wieder auflösen wird, mit dem angestrebten Effekt, dass Kursgewinne und Kursverluste sich bis zum tatsächlichen Glattstellungszeitpunkt in etwa die Waage halten.« Jack nannte ein weiteres einfaches Beispiel. »Wenn im großen Volumen des DAX-Futures beispielsweise 500 Kontrakte reinkommen und diese sofort zu ein paar Pünktchen Anstieg führen, woher willst du wissen, ob der Käufer wirklich *long* geht? Vielleicht ist es ja auch nur unser arbitragehungriger Tim, der den Future kauft, um eine riesige Position in seinem Skontro zu arbitrieren. Du denkst, der Markt muss mit dieser Order steil gehen, gehst *long*, und dabei ist der Kauf für Tim nur das *Closing*, also der fehlende Arm seines Arbitragegeschäftes. Okay?«

Nach einer Pause fügte Jack hinzu: »Jedem muss klar sein, dass er Spuren im Orderbuch hinterlässt. Jeder will am liebsten in Korrekturen kaufen oder in diese hinein verkaufen, was wiederum Trends entstehen und vergehen lässt. Alle, die in einem Chart gefangen sind, werden rund um die Uhr gejagt. Wobei nicht immer klar ist, wer Jäger und wer Gejagter ist. Daher, Philip, musst du lernen, dass sich dies sekündlich ändern kann. Eben noch bist du Räuber – *zack* – und plötzlich bist du Beute.« Jack unterstrich seine Worte mit einem Beispiel aus der Tierwelt: »Stell dir mal vor, du bist ein Bär und lebst in der Nähe eines Flusses. In diesem Jahr gibt es viele Lachse und wenig Bären. Alle Bären werden satt, nur die Lachse werden weniger. Im nächsten Jahr genauso. Im übernächsten Jahr gibt es bereits so wenig Lachse, dass die Bären nicht mehr satt werden und deswegen aggressiv aufeinander losgehen. Du hattest das Pech, zufällig neben dem stärksten Bär am Fluss zu stehen. Der hat dich so vermöbelt, dass du dich nächstes und übernächstes Jahr nicht mehr an den Fluss traust. So geht es auch noch anderen Bären, wobei manche diese Schlägereien nicht überleben. Beides vermindert die Anzahl der Bären an diesem Fluss. Dadurch werden im nächsten Jahr weniger Lachse gefressen. Irgendwann gibt es dann wieder so viele Lachse, dass die stärksten Bären zu satt sind, um fremde Bären zu vertreiben. Bis in irgendeinem zukünftigen Jahr wieder so viele Bären Lachs fangen wollen, dass nicht mehr alle satt werden. Ach ja, falls du an diesem Fluss zufällig der stärkste Bär bist und die anderen vertreiben kannst: Auch für dich wird das Jahr kommen, in dem ein anderer stärker sein wird ... Für euch technische Yogis gilt das umso mehr, als ihr auch noch die Vielfalt der Zeiteinheiten im Rücken habt.« Jack tauschte einen schmunzelnden Blick mit den anderen. »Leider kann man während der Börsenöffnungszeiten niemandem vertrauen, weil jeder in erster Linie selbst Kohle scheffeln will und sich nur überlegt, was für sein eigenes Bankkonto gut ist und was nicht. Alle wollen nur ihr Bestes: IHREN Gewinn. Ob Philip vielleicht mal einen Plus-Trade bräuchte und ob es nicht besser wäre, die Korrektur einer Bewegung ihm zuliebe wegzulassen, überlegt hier leider keiner.«

Alex stimmte Jack zu. »Eigentlich muss man schon bekloppt sein, um in diesem Geschäft normal zu bleiben. Wie soll man es denn aushalten, wenn jedes Kursgezappel quasi millionenfach bewertet wird und man das auch noch vor allen Augen sichtbar machen muss! Dabei will im Börsenhandel doch jeder jedem eins auf die Birne dreschen.«

»Und wenn einer genügend Geld hat, geschieht dies auch – unter der Anteilnahme aller anderen. Nichts bleibt geheim.« Jack machte eine Pause, legte den Kopf etwas schief. »Wenn ich meinen Industriestaubsauger anmache und alle Aktien, die der Markt hergibt, einsauge, dann könnt ihr euch alle ohnehin jegliche Analyse in den ... ihr wisst schon schieben.« Da war es wieder, sein berühmtes Augenzwinkern.

»Und während Jack auf eine Korrektur wartet, um sich weiter billig einzudecken, erhalte ich schlichtweg den Befehl, den Preisanstieg zu hedgen, und schon fliegt euch euer schöner Chart ein paar Minuten später erneut um die Ohren«, triumphierte Vanessa und hob ihr noch leeres Glas wie zum Toast.

Jack, immerhin fast 40 Jahre Handelserfahrung in sich vereinend, klopfte dir auf die Schulter und fasste zusammen: »Du meinst also, deine Handelslogik müsse dir gegenüber fürsorglicher sein und dir den Dank dafür, dass du sie und keine andere anwendest, auf eine bessere Art und Weise mehr beweisen, als dich durch die Vielfalt der Markttechnik verzweifeln zu lassen?«

Ein zögerndes Nicken.

»Wie würdest du deinen Beruf beschreiben?«

»Händler ...«

»So, so … und was macht ein Händler so den ganzen Tag?«

»Er handelt …«

Raunen.

»Tradet …?«

Staunen.

»Will schnell Geld verdienen …?«

Raunen und Staunen.

Jack hob die Hand, um seine Worte zu unterstreichen: »Er S-P-E-K-U-L-I-E-R-T …«, und zog sein Jackett aus. »Und jetzt zeige ich dir mal, was das heißt!« Er hängte sein Jackett über den Ledersessel und krempelte seine Ärmel hoch: »Mitkommen!«

Mit strahlenden Augen und riesigen Schritten hüpftest du zurück zu deinem Rechner. Jack allerdings ging an dir vorbei bis zur Küchentür und drehte sich dort zu dir um. »Hier rein!«

In diesem Moment klingelte auch der Lieferservice. Während ich den Lieferservice bezahlte, trug Vanessa unsere Gläser und Tim und Alex brachten den Wein und die Antipasti hinüber auf den Küchentresen. Anschließend schob ich beide Flipcharts an Ort und Stelle. Ich wusste um Jacks Vorhaben. Ursprünglich hatte ich vorgehabt, diese Nummer in den kommenden Tagen selbst mit dir durchzuziehen, andererseits hielt ich es für viel besser, dass sich die vier deiner annahmen. Denn so würde das, was nun kommen sollte, für dich umso eindrucksvoller sein.

Nachdem es sich alle gemütlich gemacht hatten, zeigte Jack auf unseren Kühlschrank. »Was ist das?«

Mit gerunzelter Stirn erwidertest du: »… ein Kühlschrank?!«

»Genauer, Philip, genauer! Beschreib ihn.«

»Groß ... grau… schwer … Edelstahl …«, brachtest du irritiert heraus.

»Okay. Nehmen wir nun an, du würdest dich dem Studium der Gebrauchsanleitung dieses Dings widmen, dann könntest du auch noch Fakten zu Kühlschranktyp, Energieeffizienzklasse, Verbrauch, Nutzinhalt, Gefriervermögen etc. dazupacken. Na, du weißt schon, diesen ganzen technischen Kram ...« Ein bedächtiges Nicken deinerseits folgte. »Weiter angenommen, ich buche nun für dich noch ein Kühlschranktechniker-Seminar, dann könnest du das Ding nach zwei Wochen im Handumdrehen in seine Einzelteile zerlegen und uns deren Aufbau und Funktionsweise einzeln runterbeten ...«

Dein Blick machte allen klar, dass du keinerlei Vorstellung davon hattest, worauf er damit hinaus wollte; dass aber deine Verzweiflung hinsichtlich der Markttechnik hierdurch nicht nur nicht besänftigt wurde, sondern deine Verwirrung immer mehr zunahm. Du suchtest vorsichtig den Blick zu mir. Ich nickte beruhigend und gab dir damit zu verstehen, dass Jack seine Sache gut machen würde. Das tat er dann auch: Er schickte dich im weiteren Verlauf auf eine Kühlschrankuniversität und ließ dich anschließend noch ein Diplom in Betriebswirtschaft und mehrere Verkaufstrainings machen. In den Augen aller warst du damit nun nicht nur der *beste* Kühlschrankingenieur und -sachverständige des Landes, sondern auch der beste Unternehmer des Jahres. Du warst damit nicht nur versiert im Umgang mit geschäftlichen Zahlen, sondern konntest jeden, der deinen Laden betrat, sowohl fachlich exzellent beraten als auch ihm auf jeden Fall ein Gerät verkaufen.

Jack zog sich einen Flipchart heran und zeichnete mit wenigen Strichen einen markttechnischen Trend auf. »Was ein *Punkt 2* ist, muss ich dir nicht erklären.« Mit Grau deutete er jene drei daraus resultierenden Handelsausrichtungen an. »Ebenso weißt du um die Verfahrensweise und Bedeutung von Handel des Trends, der Bewegung und des Ausbruchs. Deine Hausaufgaben sind gemacht. Kurzum, du kennst dich mit den Details aus; ganz wie bei den Kühlschränken.«

Jack zeigte auf den Flipchart (1) und fragte dich, was du in dieser Marktsituation handeln würdest – den *Trend* (T), die *Bewegung* (B) oder nur den *Ausbruch* (A)[25] – und wollte zusätzlich eine Aussage über deren Wertigkeit hören.

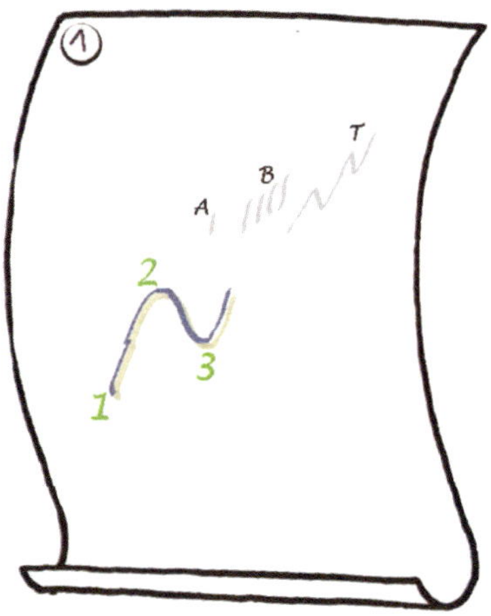

Du betrachtetest das Schema: »Nun … die Korrektur läuft sauber in die Bewegung hinein, und bei Durchbruch des letzten lokalen Hochpunktes ist ja mit schnellem Schub aufgrund von Positionsschließungen, -eröffnungen und drehungen zu rechnen«, schoss es aus dir heraus. »Es ist daher egal, was man handelt …« Dies wurde von dir mit dem Verweis auf nun zu erwartende Bars, welche durch ihre Größe und Deutlichkeit klar hervorstächen, jedoch in der Anzahl sehr gering seien und einen hohen Punkteverlauf erreichten, begründet.[26]

»Junger Mann! Genau hier liegt der Hund begraben …!« Jack stellte sich wieder vor den Kühlschrank und wendete sich erneut seiner Analogie zu. »Angenommen, du bist Kühlschrankfanatiker und kommst in mein Büro gestürzt, krachst mir deine 1.000 Diplome und weiß der Teufel was auf den Tisch und bettelst mich auf Knien an, dir zwei Millionen zu geben, weil du den geilsten Kühlschrankladen, den es weltweit und jemals gab, aufmachen willst. Was, glaubst du, werde ich dazu sagen?«

Von dir kam für mehrere Sekunden … fragende Stille.

»Hilft jemand von euch unserem Kühlschranksupermann?«, fragte Jack in die Runde. »Alex, du vielleicht?«

»Wo?«, gab Alex zurück, und alle schmunzelten Alex und dich an.

»Wo?!« Tim wiederholte Alex Antwort und drohte spielerisch mit dem Finger.

»Was, wo?«, hast du die beiden zurückgefragt.

Jack zog die Vorführung wieder an sich: »Ich werde fragen, wo du den Laden aufmachen willst. Wenn du Kühlschränke in der Wüste verkaufen willst, dann sind dir meine zwei, besser vier Millionen möglicherweise gewiss. Wenn du die Dinger aber in der Antarktis verscherbeln willst, dann steht als Nächstes der Rauswurf aus meinem Büro an.« Jack setzte bewusst eine Kunstpause. »… und das, obwohl du laut den von dir vorgelegten Zeugnissen und Diplomen der Überhaupt-Ober-Kühlschrank-Yogi bist.«

---

25 Siehe Erläuterungen ab S. 209
26 Ebd.

Jack schnappte sich ein Antipasto. »So, mein Junge ...« Mit betonter Langsamkeit verlieh er seiner Frage Gewicht. »Also, was hat es in diesem Zusammenhang nun mit dem Begriff der Spekulation auf sich?«

Du standest etwas versteinert da, aber die Worte der anderen rüttelten dich wach.

»... du kannst der Kühlschrank-Ober-Ober-Yogi sein, achtzehn Stunden im Laden stehen und die restlichen sechs Stunden weiter ans Geschäft denken, dennoch, in der Antarktis bleibt dein Laden leer ...!«, ermahnte dich Vanessa mit einem zuckersüßen Lächeln, worauf Tim meinte, dass die Entscheidung, den Laden besser in der Wüste zu eröffnen, dem einfachsten Nachdenken geschuldet sei. Daraufhin meinte Alex: »... und selbst dann kannst du, wenn du morgens verschlafen deinen Laden betrittst und der riesige Schatten des über Nacht neu erbauten ›Mediamarkt-Tempels‹ auf dich niederfällt, trotzdem pleitegehen ...« Damit hatte er ja schließlich auch recht, denn bei Anwendung gesunden Menschenverstandes muss man auch mit dem Unbekannten rechnen, wodurch also eine klar umrissene und eindeutige Idee dennoch zu einer Spekulation werden kann. Die *Spekulation* in diesem Beispiel entspringt damit nicht der Wahl zwischen *Wüste* oder *Antarktis*, sondern dem Wissen, dass trotz des vernünftigen und nahe liegenden Gedankens, dass Kühlschränke unter der brennenden Äquatorsonne leichter zu verkaufen sind, dieses Vorhaben trotzdem ein Restrisiko enthält.

»Zurück zu meinem Schreibtisch, vor dem du, nach Startkapital bettelnd, stehst. Wie wird das Gespräch denn nun wirklich ausgehen? Dass du dir deine ganzen Diplome und dein auswendig gelerntes Fachwissen in den ... na, wir wissen schon ... schieben kannst, wenn du mir also im selben Atemzug erklärst, dass ich Kühlschränke in der Antarktis finanzieren soll, das hatten wir ja schon ...« Jack ließ seinen Blick durch die Küche schweifen. Wir alle wussten, dass die eigentliche Aussage erst jetzt folgte. »Wedelst du hingegen mit deinen Diplomen und schreist ›Wüste! Wüste!‹, schmeiß ich dich nach zehn, na, wenn ich ehrlich bin, nach fünf Sekunden dennoch raus ...«

»Ich kriege das Geld auch für den Laden in der Wüste nicht?« Deinem Blick nach zu urteilen, war deine Verwirrung nun komplett.

»Ja. Und das, obwohl du der Kühlschrank-Ober-Yogi bist!« Jack ließ dich grübeln und trommelte mit den Fingern auf den Kühlschrank. Schließlich sagte er: »Für was brauch ich dich und deine Diplome, um Kühlschränke in der Wüste zu verkaufen? Das kann ich, der ich nicht mal den Unterschied zwischen Gleich- und Wechselstrom weiß und noch nie einen Kühlschrankladen von innen gesehen habe, doch genauso gut selbst. Dein detailliertes Wissen ist doch aufgrund der massiven Nachfrage in der Wüste gar nicht vonnöten! Die Dinger werden sich doch quasi von selbst verkaufen. Also im Ernst, wozu einem hoch ausgebildeten Fachidioten meine Millionen geben, wo doch unter diesen Umständen jeder ungelernte Wüstensohn so einen Laden führen könnte?!«

In all den Monaten unserer Zusammenarbeit hatte ich dein Schweigen bereits häufig erlebt. Aber als Jack damit klarmachte, dass Details nicht mehr von Belang sind, wenn das Set-up stimmt, zeigte sich ein völlig anderes Schweigen bei dir. Es war nicht das Schweigen, das mit starken Emotionen einhergeht. Oder ein Schweigen, das Unterordnung, Verlegenheit oder Verblüffung signalisiert. Nein, dieses Schweigen war anders. Als wärst du über eine völlig neue Spezies gestolpert, eine neue Lebensform, welche du jetzt langsam und mit äußerster Vorsicht und Besonnenheit umkreist. Du rümpftest die Nase, musstest aber nach kurzer Zeit zugeben, dass mit oder ohne Diplome so ein Laden in der Wüste immer brummen würde und eine Geschäftspleite durch den Besuch des Mediamarktes selbst dann nicht abwendbar wäre, wenn du vor lauter Fachwissen selbst schon wie ein Kühlschrank wärst.

Alex nickte. »Ich habe bereits viele Trader getroffen, für welche die Bretter, die die Welt bedeuten, der absolute Holzweg waren und die das Holz meistens nur vorm Kopf hatten. Weil sie nämlich trotz ihrer ständigen neuen Ach-so-mega-super-Einstiegsformeln nur *Kühlschränke in der Antarktis* verkauften.«

Vanessa stupste Alex an. »Das ist so wie neuer Sex. So etwas gibt es einfach nicht. Punkt. Aus. Basta.«

Jack zog den Flipchart (1) noch mal heran. »Nun zum Wesentlichen: Das Sachverständnis um die markttechnische Bedeutung des Trends und dessen *Punkt* 2 und 3 hast du – gleich dem Kühlschrank-Yogi, der weiß, was zu tun ist, wenn die Ladentür bimmelt. Was dir fehlt, ist die Bewertung des Signals, also die Antwort auf die Frage ›Verkaufst du Kühlschränke in der Wüste oder in der Antarktis?‹ Wenn du anfängst, dich ›jenseits des Signals‹ zu begeben, heißt das, du beginnst Aussagen zu treffen über alles, was da draußen wahrhaft als Spekulation bekannt ist, war und jemals sein wird.« Jack wollte damit aufzeigen, dass sich bei jedem beliebigen Feld-Wald-und-Wiesen-Signal, jeder Trendlinie oder Candlestick-Formation, jedem *Punkt* 2 oder, oder, oder … dessen Nutzen allein aus dem Gesamtbild herauslesen lässt. Wie bei einer Immobilie erschließt sich die Qualität nicht durch ein angenehm zu lesendes Exposé, also eine cool oder schön klingende Definition, sondern einzig und allein durch die Lage.

»Für dich ist die Markttechnik noch zu sehr ein Akt der speziellen Vorsehung: dass beim *Punkt* 2 ein Trend entsteht und ab diesem Moment nur noch die Sonne scheint«, fasste Jack schlussendlich zusammen.

Du standest da und konntest mit diesen für dich neuen Ideen noch nicht so recht etwas anzufangen. Verzweifelt und verwirrt hast du mich angeschaut. »Verstanden hast du alles«, beruhigte ich dich. »Dir fehlt nur noch die richtige Deutung der Wirkungsweise der Gesetze der Markttechnik. Du musst lernen, es richtig zu gewichten. Eine Schwalbe macht noch lange keinen Sommer … oder wie ging der Spruch? Genauso ist es hier: Ein Durchbruch durch einen *Punkt* 2 macht noch lange keinen Trend.«

Jack zog den zweiten Flipchart zu sich und erklärte: »Der linke Flipchart (2a) zeigt die große, übergeordnete Zeiteinheit, der rechte Flipchart hingegen ist identisch mit dem Flipchart (1) und zeigt die von dir für deinen Trade beabsichtigte Zeiteinheit. Ob das nun beispielsweise ein Tick- und 10-Minuten-Chart oder ein 10-Minuten- und 60-Minuten- oder ein 60-Minuten- und Tages-Chart sein sollte, ist völlig nebensächlich. Das Schema gilt für alle Zeiteinheiten gleichermaßen. Deine erste zu suchende Antwort findest du mit der Frage: ›Liegt in der großen Zeiteinheit ein Trend vor?‹ Die Markttechnik gibt hierzu klare Antworten. Hofner hat dich ja sicher schon monatelang mit den entsprechenden Definitionen und Besonderheiten gequält.«

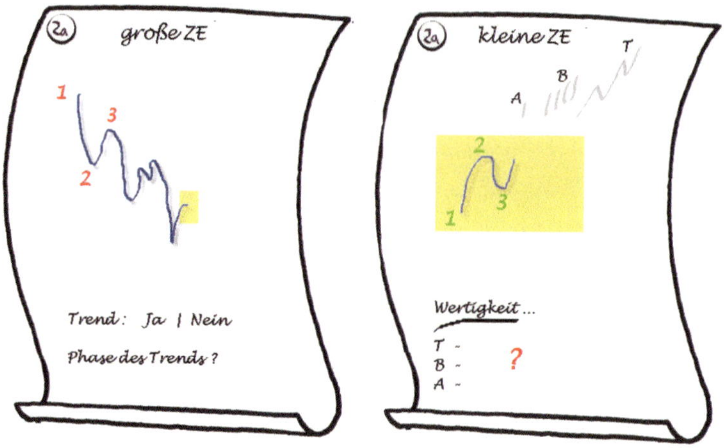

Jack schrieb diese Frage in den Flipchart und fuhr fort: »Sollte ein Trend vorliegen, steht nun die alles entscheidende Frage nach dessen *aktueller* Phase an. Aber vorher noch etwas anderes ...« Jack tippte auf den rechten Flipchart. »Erst zu deiner gehandelten Zeiteinheit: Hier besteht für dich jederzeit die Möglichkeit für *Trend-*, *Bewegungs-* und *Ausbruchshandel*. Womit wir bei der dritten Frage, jener der Wertigkeit, angelangt wären.« Jack deutete auf dem Flipchart die drei Handelsausrichtungen an und sagte: »Vorhin war – wie auf dem Flipchart (1) – keine Aussage über die Wertigkeiten der einzelnen Handelsausrichtungen möglich. Jetzt sieht das schon anders aus!«, womit er dich erneut um eine Aussage bat, und du erkanntest auf der übergeordneten, der großen Zeiteinheit zielsicher den Trend.

»Okay. Treffen wir nun eine Aussage über dessen Phase ...«

Deine Augen verengten sich zu messerscharfen Schlitzen. *Phase ...?? Phase ...?? Phase ...???* Jack erinnerte dich an den Trendaufbau und, darauf aufbauend, an die Merkmale von *Bewegung* und *Korrektur*: »Denk an: Geschwindigkeit, sauberer Ablauf, Momentum!«

»... die – im Detail sicherlich langatmige, unsaubere – Korrektur ist fortgeschritten, daher könnte sich die nachfolgende Bewegung demnächst mal melden. Diese wiederum geht sauber, mit schnellen Kursschüben und demzufolge sauberen Bars einher.«

»Nun gib der Phase eine Wertigkeit.« Jack schlug vor, es den Hotelkategorien gleichzutun, also einen Stern für die unterste bis fünf Sterne für die höchste, die Luxuskategorie, zu vergeben.

Fünf tödliche Blick trafen dich, als du lediglich drei Sterne vergabst. »... wir sind ja noch nicht am *Punkt 2*!«, lautete deine Rechtfertigung.

»Wie oft haben wir darüber schon geredet ...?«, ermahnte ich dich. »*Punkt 2* ist bedeutsam hinsichtlich der Schieflagen von Marktteilnehmern, aber wenn du dessen Funktion wirklich verstanden hast, wirst du die Korrektur eines intakten Trends immer bevorzugen.«

Es war dir sichtbar peinlich, unter Vanessas funkelnden Augen das deutlich bessere Chance-Risiko-Verhältnis vergessen zu haben. Deine Gesichtsfarbe glich mittlerweile der einer überreifen

Tomate. »Tschuldigung. Ihr habt recht. Also dann: Fünf Sterne.« Für diese Entscheidung konntest du rundum Zustimmung ernten.

»Das hätten wir also. Nun zu deiner Zeiteinheit.« Jack zeigte wieder auf den rechten Flipchart (2b), kratzte sich am Kopf, und während du überlegtest, was jetzt käme, fasste er die Auswahl mit den klassischen Worten eines Trading-Anfängers zusammen: »Lust auf einen Trade? Ja, warum nicht … *Punkt 2* sieht fantastisch aus, zum anderen sitz ich schon den halben Tag davor … Also: Trend, Bewegung, Ausbruch? Okay, ich habe die letzten Trades schon nur eingezahlt … mhm … ich handle mal den Trend, das Signal soll ja schließlich einen Megaanstieg zur Folge haben, und ich brauch Geld. Viel Geld.« Jack brachte damit auf den Punkt, dass man viel zu vorschnell mit Leib und Seele an den markttechnischen Spielen teilhaben will, ohne sich selbst auf die Verletzungsgefahren hinzuweisen.

Jack bat dich, den drei Handelsausrichtungen eine neutrale Wertigkeit zu geben. Du sagtest, dem reinen Signal nach wäre der Trendhandel möglich, unter dem Gesichtspunkt der Wertigkeit wäre der Trade aber nur einen Stern wert. Jack bestätigte deine Antwort: »Denn wieso einen Stopp weit weg setzen – wie es der Trendhandel nun einmal vorgibt –, wenn doch damit zu rechnen ist, dass der Markt demnächst dreht?« Er erinnerte an die 5-Sterne-Phase der großen Zeiteinheit. »Ein einziger Blick auf die große Zeiteinheit zeigt, dass die Lage des Signals der Signalrichtung widerspricht.«

»Würdest du dennoch den Trend traden, würdest du damit Kühlschränke in der Antarktis verkaufen …«, bestätigte Alex, der die Analogie sehr passend fand.

Deine Schlussfolgerung war richtig, dass der *Handel der Bewegung* daher zwar weit angebrachter wäre – weil der Stopp näher gesetzt und in kürzeren Abständen nachgezogen werden könnte –, dennoch aber nicht mal einen 3-Sterne-Trade abgäbe. Die 5-Sterne-Phase der hohen Zeiteinheit spräche generell dagegen. Unter dem Gesichtspunkt der Wertigkeit betrachtet, wäre – wenn überhaupt – der *Handel des Ausbruchs* ein möglicher Ausweg, da hierbei die Stopps eng und die Kursziele nahe lagen. Dennoch wäre auch das bei Weiten kein 5-Sterne-Trade, indes allemal besser als der *Handel des Trends*.

Jack trug dies alles auf den Blättern (2b) ein.

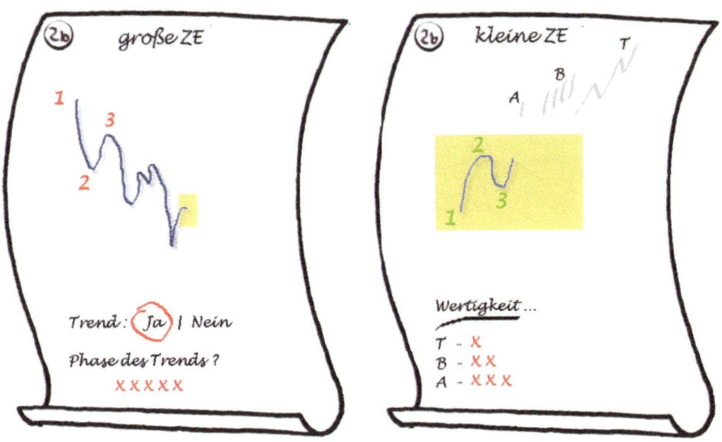

»So oder so ähnlich sieht das aus, wenn man trotz fachlich richtigem Signal nicht tut, worauf man Lust hat«, sagte Jack und warf dir einen bedeutungsvollen Blick zu.

»Was, wenn aber an meinem *Punkt 2* nun doch der Supertrend anfängt?«

»Verzeih mir, Philip, doch wir anderen haben uns schon vor Jahren darauf geeinigt, offen miteinander reden zu wollen. Und da ich dich zu uns gebeten habe, werde ich dies – sofern dein Mentor, unser alter Freund Hofner, keine Einwände dagegen hat – mit dir genauso halten: Du sprichst mit einem derart heiligen Eifer von deinen Signalen, als könnten diese eine Religion durch eine andere ersetzen. Ich für meinen Teil verzichte *gern* auf einen möglicherweise sogar großartigen Gewinn, wenn dieser aus dem Erlös von Kühlschränken in der Antarktis stammen sollte.« Mit stolzer Brust verwies Jack darauf, dass er auf keinen Fall jeden erdenklichen Scheiß handelte. »Das ist unter meiner Würde!«, proklamierte er und drückte damit unmissverständlich aus, dass er keine der drei Ausrichtungen aus dem rechten Flipchart (2b) *long* handeln würde, wenn die übergeordnete Zeiteinheit aussähe wie im linken Flipchart (2b). Zwar war es nicht an ihm als Großinvestor, die markttechnische Analyse zu verteidigen. Aber er wusste aus seiner jahrelangen Erfahrung, die er im Rahmen hitzigster Debatten mit Trading-Anfängern gesammelt hatte, dass diese Debütanten solche Argumentationsstränge wie ein glühendes Schüreisen fallen ließen, da sie allzu oft fälschlicherweise glaubten, dass die klassischen Signale der Technischen Analyse bereits eine Wertigkeit beinhalteten; darüber hinaus interpretierten sie den Sinn der *Spekulation* falsch. *Welch glühende Signalliebe!*

Jack skizzierte für Philip ein teilweise neues Szenario (Flipchart 3).

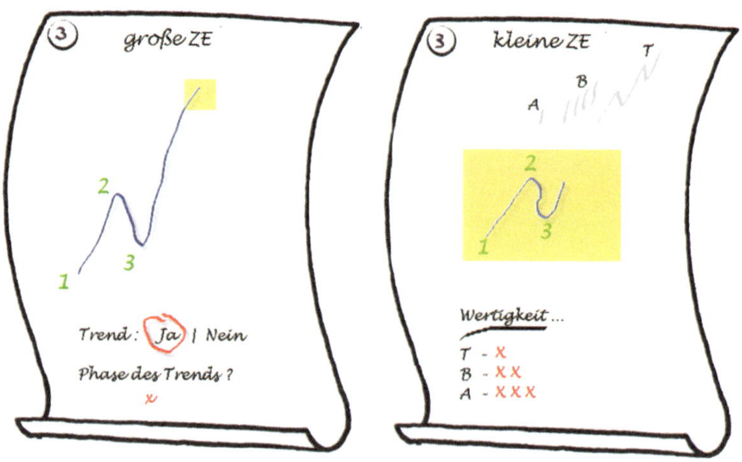

Jack zeigte auf die übergeordnete Zeiteinheit und schaute dich fragend an. »Trend?«

»Yep, vorhanden.«

»Phase?«

Nach kurzem Zögern kam von dir als Antwort: »Ein Stern, wenn überhaupt ...« Deine Begründung lautete, dass der starke Kursanstieg vielen Marktteilnehmern das Konto vergoldete und niemand ihnen übel nehmen könne, wenn nun die Gewinne eingefahren werden und damit die Korrektur eingeläutet wird. Du hast es mit einem alten Mann verglichen, der nicht mehr ganz im Saft steht. Vanessas Luftkuss traf dich zu Recht. Man konnte sehen, wie du am Abwägen warst, in welchem Kontext dieser stand. Schließlich hatte sie ja vor einer halben Stunde was von der Anatomie des Küssens erzählt.

»Jetzt noch auf den schon lange fahrenden Zug aufzuspringen, ist schlichtweg dämlich.« Jack hielt seinen Daumen hoch. »Die Party ist voll im Gange. Möglich, dass sie noch weitergeht und richtig gefeiert wird, aber du kommst zu spät.«

Wir fünf waren damit einverstanden, dass, obwohl das Signal der kleinen Zeiteinheit in Richtung des übergeordneten Trends lief, dennoch alle drei Handelsausrichtungen von geringer Wertigkeit seien. Am günstigsten erschien der Bewegungshandel, besser noch der Ausbruchshandel, da auch hier, gleich Flipchart (2b), die Stopps eng gesetzt werden konnten.

Als Jack dein Zögern bemerkte, fügte er hinzu: »Du verkaufst bei diesem Chartbild zwar deine Kühlschränke in der Wüste und nicht in der Antarktis, aber du setzt deinen Laden genau neben den Mediamarkt und hoffst trotzdem, dass dein Laden brummen wird …«

Einer der anderen brachte es auf den Punkt: »Wenn du so einen Scheiß tradest, dann hast du es einfach nur *nötig*.«

Jack blätterte eine Seite auf dem Flipchart um, skizzierte eine neue Situation und bat dich, auch hier die Handelsmöglichkeiten zu bewerten.

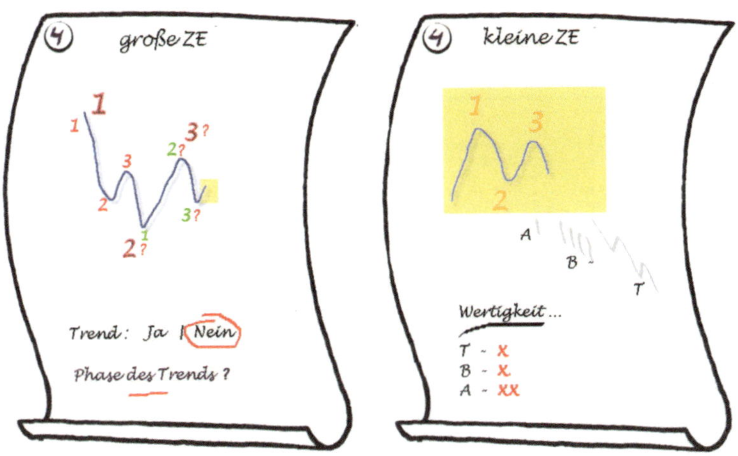

Du betrachtetest den neuen Flipchart (4) und erkanntest, dass die große Zeiteinheit momentan zwar Kursbewegungen, aber keinen Trend aufwies und sich Fragen nach der Phase des Trends damit erübrigten.

Jack bestätigte dies. »Damit haben sich die Wertigkeiten deiner Zeiteinheit ohnehin schon geklärt. Da können niemals 5-Sterne-Trades entstehen, wenn der Rückenwind der großen Zeiteinheit fehlt.«

Dein zögernder Einwand lautete, dass, sollte in der kleinen Zeiteinheit der Abwärtstrend einsetzen, dieser doch dazu führen könne, dass der in der übergeordneten Zeiteinheit fehlende Trend nun doch noch entstünde.

Ich bestätigte deine Beurteilung. »Das könnte passieren. Dennoch ist es immer von höherer Wertigkeit, im Rahmen der großen Zeiteinheit auf die *Fortsetzung* statt auf die *Entstehung* eines Trends zu spekulieren.« Ich bat Jack, er solle doch einfach mal verschiedene Großwetterlagen skizzieren.

Jack kam dieser Bitte nach und präsentierte seine Malkünste auf dem Flipchart (5).

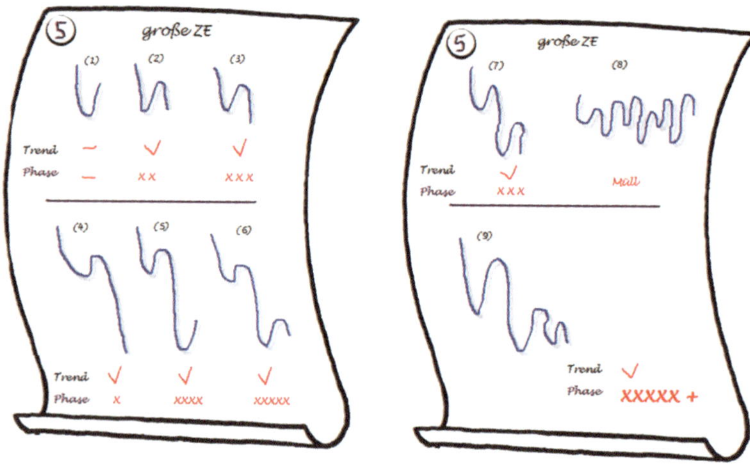

»*Punkt 2* nicht als Signal, sondern als reinen Trendaufbau gesehen, lässt die unterschiedlichsten Wertungen zu. Der Verlauf (2) ist zwar ganz toll, bei näherer Überlegung dennoch schlechter als der Verlauf (7), da hier der Trend bereits jedem Marktteilnehmer augenscheinlich ist. Hier *ticken* die Marktteilnehmer also bereits einheitlich …«, sagte Jack. »Verlauf (9) ist in seiner Deutlichkeit unübertroffen und schreit, durch die Verschachtelung zweier 1-2-3s und deren kurz bevorstehenden Durchbrüchen, geradezu nach einem Trade. Dort fix die kleine Zeiteinheit aufgemacht, existiert die Frage nach dem Signal nicht mehr. Ob das nun ein Durchbruch durch irgendeine Trendlinie, eine bestimmte Candlestick-Formation, ein gleitender Durchschnitt oder ein *Punkt 2* ist, besitzt keine Bedeutung. Was ich stattdessen wirklich brauche, ist die Antwort auf die Frage, welches Verhalten des Trades ich innerhalb meiner Positionierung zulasse: *Trend*, *Bewegung* oder *Ausbruch*!« Jack legte eine bedeutungsvolle Pause ein. »Wenn ich so ein 5-Sterne-Setup habe, wie im Verlauf (9), dann brauche ich kein Signal mehr, dann reicht es mir völlig aus, dass ich mich einfach unter einer Periode *eintriggern* lasse und meinen Stopp entsprechend Trend und Bewegung versetzen und nachziehen bzw. beim Ausbruch nur setzen kann.«

Jacks Begeisterung über diese Handelssituation erfüllte den ganzen Raum und war förmlich körperlich spürbar. Ich habe mich schon immer gefragt, wo er diese Energie hernahm. Ich weiß nicht, wie es den anderen gerade ging, ich bin mir jedenfalls sicher: Säßen wir in einem abgedunkelten Raum, Jack würde gerade leuchten. Aber schon machte Jack weiter: »Das Set-up ist so geil, dass sich die Frage nach einem Einstiegssignal *nicht* stellt. Nur eintriggern lassen. Fertig! Und dann Stopps entsprechend *Punkt 3* oder dem klassischen Bewegungshandel.«

Ich fügte hinzu, dass die Order für den Ausbruchshandel dann auch schnell klar sei: einfach auf die große Zeiteinheit auf den kleinen *Punkt 2*. »Das wird ein wundervoller Trade!«, und ich verwies darauf, dass die Details hierzu noch behandelt würden.

»Fraglich ist also allein, welche Trades du dir als Händler wert bist«, übernahm Alex und umschrieb dies mit dem Bild *Camping- oder Luxusklasse* … »Du musst all die Vorsehungs- und Wunderlehren da draußen genau wie die markttechnischen Signale stets im Kontext der traditionellen Frage »*Wer kauft nach mir?*« beleuchten. Das wiederum funktioniert am besten, indem du die Phasen eines Trends bewertest.«

Im weiteren Verlauf von Jacks Einführung wurde dir klar, dass du dich viel zu lange um die Belange des jeweils aktuellen Bars gekümmert hast, zu lange dafür gesorgt hast, dass du immer irgendwelche Regelwerke zur Hand hast, um dir im steten Wechsel der reinkommenden Bars nur ja die Frage: »Ja, wo geht der Markt denn nun als Nächstes hin?« finden zu können.

»Üblicherweise bleiben die Trades eines Trading-Anfängers innerhalb ziemlich berechenbarer Grenzen«, sagte Alex und meinte damit, dass bei dieser Art des Chartgefummels sowohl die fortdauernde Erschöpfung der Psyche als auch des Kontos vorhersehbar ist. »Erschwerend kommt dann noch der Irrtum hinzu, dass die Märkte statt durch die Großwetterlage durch die zwar rührende, nichtsdestotrotz aber unausgereifte Liebe zu einem Lieblingssignal gesteuert werden könnten«, fuhr er fort. »Wenn du die Markttechnik verstehst als das, was sie ist, nämlich ein Mittel zur genauen Bestimmung des großen Radarbildes, resultieren aus diesem Verständnis nun konkrete Verfahrensweisen, sprich *Stopp-Techniken*.«

Jack zeigte auf den Verlauf (9) des Flipcharts (5) und meinte: »Was schätzt du, wie wichtig bei dieser 5-Sterne-Plus-Bewertung noch ein einzelnes Signal ist? Im Ernst, das ist das letzte und unwichtigste Glied dieser Kette. Wenn du zum Beispiel Ruderer werden willst, musst und wirst du schnell lernen, dass du dein Boot zwar hierhin und dorthin lenken kannst – dies aber wird bestimmt durch die vorgegebenen Grenzen der Flussufer sowie durch die natürliche, keiner Veränderung von deiner Hand zugängliche Lage des Flusses und seiner Fließrichtung. Nur mal so zum weiteren Grübeln: Wie lange, glaubst du, kann ein Weltmeister am Stück und ohne Unterbrechung gegen die Fließrichtung rudern, bis er ermüdet? Zehn Minuten? Zwei Stunden? Von der Morgen- bis zur Abenddämmerung? Und du? Wie lange kannst du als Nichtweltmeister das? Oder in anderen Worten: Wie weit kommst du und wie kommst du wieder zurück ans Ufer? Und was passiert, wenn du keine Kraft mehr hast zu rudern, aber das Ufer weit und breit keine Anlegemöglichkeiten bietet?«

Sehr nachdenklich gabst du Vanessa anschließend recht, als sie, Jack ergänzend, sagte: »Der Abgleich mit dem großen Bild ist der einzige Weg zur Wahrheit. Man muss Wertigkeiten festlegen und diese dann suchen und aufhören mit dem kindlichen Wünschen! Der Wunsch, vom Markt endlich ein tolles Signal gezeigt zu bekommen, hat nichts mit der Wahrheit zu tun. Es ist vielmehr der Wunsch eines Trading-Anfängers nach mehr Taschengeld, weiter nichts! Da ist der

Wunsch, keine Verlusttrades erleben zu müssen, die Sehnsucht nach der ewigen Mutterbrust und bedeutet nur: Ich will die 100 Prozent-Trefferquote oder Ich habe keine Lust abzuwarten!«

Ich erinnerte dich an etliche unserer mit Gesprächen verbrachten Stunden. »Unabhängig davon, dass er nicht existiert, hat die korrekte Anwendung markttechnischer Überlegungen hinreichend belegt, dass auf den heiligen Gral verzichtet werden kann – nun musst du nur noch den Mut besitzen, diesem Beweismaterial zu dessen redlichem Schluss zu folgen. Du musst erkennen, dass es für dich zuallererst um die Frage gehen muss: *Wer kauft nach mir?* Deine reinen Signale beantworten jedoch nur die Frage: *Was überwiegt hier und jetzt?* Du musst beides kombinieren.«

Da die Markttechnik immer mehrere Sichtweisen, also *long* und *short*, zulässt, skizzierte Jack stellvertretend für die vielen, indes – wie er betonte – dennoch *endlichen* Möglichkeiten ein weiteres Schema.

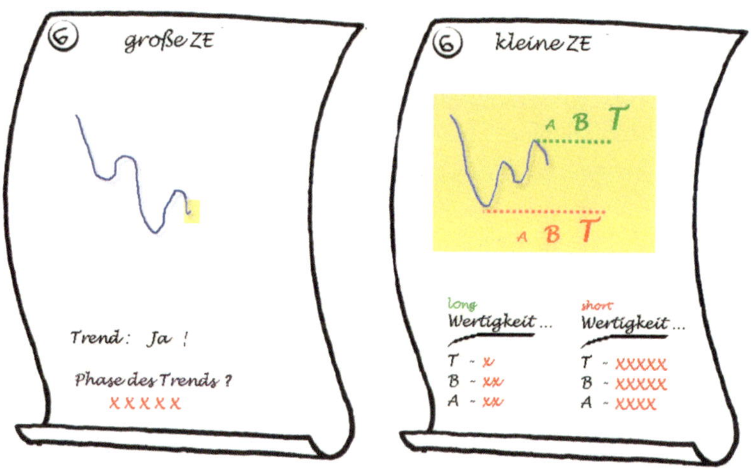

Deine Prüfung ergab, dass die Long-Seite mit den zur Verfügung stehenden Waffen, wenn überhaupt, nur mit der kürzesten Ausrichtung angegangen werden darf.

»Nicht das Signal als solches ist heilig, sondern die Suche nach dessen Lage. Welche Handlung wäre im Trading heilvoller?« Jack deutete auf den rechten Flipchart (6). »Hurra, wir setzen auf beide Seiten Orders und handeln jetzt beide Trends … yep, und fertig ist der komplette Schwachsinn: Damit würdest du sowohl Kühlschränke in der Arktis als auch in der Wüste verkaufen. In solchen Situationen *long* zu gehen … *autsch*. Solche Trades sind auf Treibsand gebaut.« Jack zeigte auf den lokalen Tiefpunkt der kleinen Zeiteinheit. »Das sind fünf Sterne! Sollte der Markt nun durchrutschen, sich aber vor dem Erreichen des lokalen Tiefs noch mal korrigieren, mithin einen erneuten *Punkt 2* hinterlassen – ja, das wäre dann ein Trade zum Niederknien …«

»… und um Gott zu danken, den du vorhin so verzweifelt angefleht hast«, warf Vanessa ein und faltete ihre Hände wie zum Gebet. Dabei blickte sie andächtig gen Himmel. Als das daraufhin einsetzende Lachen wieder langsam verebbte, fuhr Jack fort:

»Der Markt steht nie still, weswegen deine Betrachtungen – genauso wie der Chart – ebenfalls variabel sein müssen, da du die Varianten der kommenden Verläufe in Gedanken vorwegzunehmen hast.«

Auf zwei neuen Blättern zeichnete Jack links einen beliebigen übergeordneten Marktverlauf und dessen tiefere Zeiteinheit und rechts einige der möglichen Fortläufe (rot) des kleineren Marktverlaufs auf, wobei du wieder gefordert warst, die einzelnen Wertigkeiten zu bestimmen.

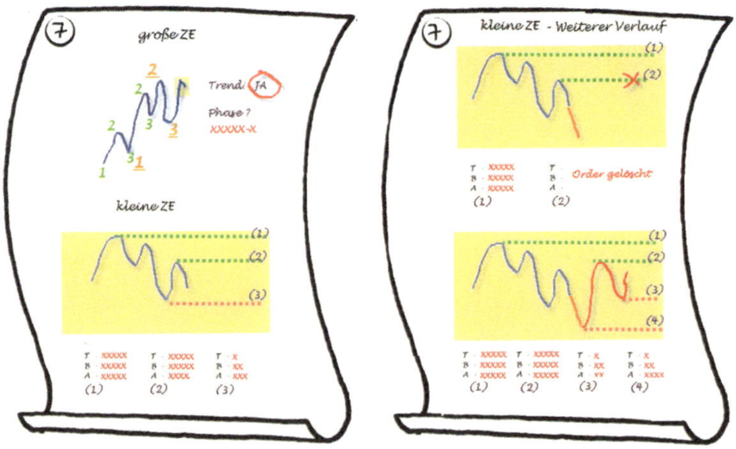

Deine Einschätzungen offenbarten, dass du es nun verstanden hattest: Die große Zeiteinheit wies einen kurzzeitig gebrochenen Trend auf, der durch den zügigen Anstieg aber kurz davor stand, wieder bestätigt zu werden. Der Trend stellte sich dadurch breiter auf, wurde *stärker*.

»Kurz vor dem Durchbruch durch diesen großen, rot gekennzeichneten *Punkt* 2 repräsentierte der stabile Abwärtstrend auf der untergeordneten Zeiteinheit daher allein die Korrektur«, sagte Jack. »Eine dort am lokalen Tiefpunkt platzierte *Short*-Order (3) würde folglich – wenn überhaupt – nur einen Ausbruchshandel mit niedriger Wertigkeit zulassen. An dieser Stelle und Richtung die beiden verbleibenden Ausrichtungen *Bewegung* oder *Trend* handeln zu wollen, gehörte dagegen eindeutig zur Kategorie: *Da hat es mal wieder einer nötig ...*«

Jack deutete im linken Flipchart auf das letzte lokale Hoch in der kleinen Zeiteinheit. »Hier dagegen eine *Long*-Order (2) platziert, wäre schlau und clever.«

Deine Begründung für Jacks Tipp kam sofort: Sollte der Markt, ohne den lokalen Tiefpunkt vorher zu unterschreiten, ansteigen und die Order (2) erreichen, würde dies auf dieser Zeiteinheit einen Aufwärtstrend einleiten. Dieser läge innerhalb der übergeordneten Zeiteinheit ideal. Zusätzliche Wertigkeit erhielte dieser mögliche Trade durch den nahe liegenden lokalen Hochpunkt der kleinen Zeiteinheit. Kurz darüber läge der große *Punkt 2* der übergeordneten Zeiteinheit und verwandelte diesen Trade in eine ideale »Kühlschrank-Wüsten-Spekulation«.

»In der Order (2) den Ausbruch zu handeln, wäre nicht verkehrt; gekrönt wird dieser Ausbruchshandel aber noch durch die Order (1), da dort, bezogen auf das große Radarbild, mit erheblich größeren Orders zu rechnen wäre«, fügte ich noch hinzu.

Deine Frage, ob es denn Sinn machen würde, die geplante Position zu teilen und gleichzeitig an (2) und (1) Orders zu legen, wurde mit Beifall bejaht. »Hierauf kommen wir noch gesondert zu sprechen«, sagte ich; hierzu warteten bereits Ausarbeitungen auf dich, aber das war ein anderes Kapitel. Eins nach dem anderen. Erst mal galt es für dich, die Sache mit den Wertigkeiten zu verinnerlichen und in deinen Handel einfließen zu lassen.

»Sollte der Markt die Order (2) nicht erreichen, sondern stattdessen unter den lokalen Tiefpunkt fallen ...«, Jack stellte sich neben den rechten Flipchart (7), »dann kannst du diese Order getrost löschen. Aber nicht die Order (1)! Die bleibt drin, egal, was der Markt da unten noch veranstaltet.«

»Okay. Denn dieser Punkt bildet ja immer noch den Knackpunkt des ganzen Chartbildes. Ich müsste dann geduldig auf den unteren Marktverlauf warten.« Diese Erkenntnis brachte dir einen weiteren Luftkuss von Vanessa ein, dem sogleich ein zweiter folgte, als du erklärtest, dass, selbst wenn der Markt gleich durch die Order (1) schießen und die untere Variante einer Korrektur nicht eintreten sollte, dies kein Grund zur Panik sei, da deine Order (1) ja bereits im Markt liege.

Auch die Begründung, weshalb die *Short*-Orders im unteren Schema des rechten Flipcharts unterschiedliche Wertigkeiten aufwiesen, war schnell gefunden: »Je deutlicher ein Punkt ist, umso sicherer für den Ausbruchshandel ...«, meinte Jack und verwies abschließend noch darauf, dass das Thema Wertigkeiten und deren Abstufungen jedoch nicht zu penibel betrachtet werden sollte.

»Ja wie jetzt? Was? Ja, aber ...? Deswegen machen wir doch die ganze Veranstaltung?« Eine größere Menge an Verblüffung als jetzt bei dir hatte ich in einem einzelnen Gesicht vorher noch niemals gesehen.

»Ja schon, Philip.« Jack zeigte nochmals auf die Orders (1) und (2) rechts unten. »Aber in der Hauptsache geht es doch darum, zu erlernen, lediglich 5-Sterne-Trades herauszusuchen. Warum sich also noch unnötig mit Definitionen für Feinabstufungen rumplagen?«

»Ja, aber ...«

»Kein ABER!«, unterbrach dich Jack vehement. »Kein ABER, sondern: WAS BIST DU DIR WERT?«

Deine Erwiderung hatten alle bereits erwartet, und da kam sie auch schon, wie aus der Pistole geschossen. »Aber solche Situationen kommen doch so selten ...« Du unterbrachst mit einem tiefen Seufzen.

Alle außer dir wussten, dass diese Antwort deine noch fehlende Reife mit einem dicken fetten Strich untermalte, dennoch nahm dir das keiner übel. Für die Anwesenden lagst du, was Trading-Erfahrung anging, schließlich noch in den Windeln bzw. hattest gerade erst angefangen zu krabbeln.

Jack neigte seinen Kopf ein wenig zur Seite und zog eine Augenbraue hoch: »... und mit deiner aufgeworfenen Aussage sind wir wieder beim Ursprung angekommen: Was bist du dir WERT? Eine Frage ist allerdings noch offen; hast du eine Ahnung, welche? Nein? Diese hier: Was heißt eigentlich *spekulieren*?« Er holte tief Luft und atmete aus. »Die meisten Leute verwenden diesen Ausdruck abwertend. Zum einen dann, wenn etwas behauptet wird, was man nicht belegen kann, dem also die Grundlage fehlt. Zum anderen, wenn das Streben nach kurzfristigen und lukrativen Investitionsmöglichkeiten gemeint ist. Diese beiden Bedeutungen kennst du. Außerdem wird so eine philosophische Denkweise benannt, in der man zu Erkenntnissen gelangt, indem man über die herkömmliche Erfahrung hinausgeht und sich mit dem Wesen der Dinge und ihren ersten Prinzipien beschäftigt. All diese möglichen und richtigen Bedeutungen entspringen jedoch derselben Quelle: der Herkunft des Wortes und seiner ursprünglichen Übersetzung. Und hier werden wir die gesuchte Antwort finden. Also: Spekulieren wurzelt im lateinischen speculari und bedeutet *beobachten, spähen, sich umsehen*. Und DAS ist, worum es geht: SUCHEN, nicht INTERPRETIEREN! – Das ist dein Job. Nichts anderes.«

Jack gab mir mit einem Blick zu verstehen, dass ich statt seiner die Kernaussage formulieren sollte. »Keinem Trader der Welt, der wirklich Geld verdient, gelingt dies durch permanentes *Betrachten* und *Interpretieren* des Livemarktes. Sobald du anfängst zu interpretieren, hast du schon verloren! Es ist der Griff nach einem jenseits eines 5-Sterne-Deals liegenden Trugbild«, sagte ich also. Jack nickte zustimmend, denn auch er wusste natürlich, dass die ganze Sache mit der 5-Sterne-Großwetterlage einen Haken hatte. Und der hieß: abnehmende Handelsfrequenz. Daher mein Rat: »Du musst SUCHEN. Nur SUCHEN. Und WAS du suchen musst, ist klar – 5-Sterne-Trades. Du darfst nicht zum Schützen werden, der sinnlos in der Gegend rumballert. Das Ziel muss sein, ein Scharfschütze zu werden, der sich von den vielen potenziellen Zielen neben seinem eigentlichen Ziel nicht ablenken lässt und zusätzlich von vielen Hochsitzen aus verschiedene Beute ins Visier nimmt, aber immer erst dann schießt, wenn klar ist, dass er freies Schussfeld hat und deshalb treffen wird. Er verschwendet keine Munition und vor allem nicht seine Energie, er haushaltet auch sehr sparsam mit seinen Emotionen.« Ich brachte damit zum ersten Mal das Thema *Diversifikation* ins Spiel, welches in den kommenden Monaten zu einer wichtigen Lektion deiner weiteren Ausbildung avancierte.

»Ein erfahrener Trader redet nicht über *Einstiege*. Warum auch? Er wäre kein erfahrener Trader, wenn er nicht 5-Sterne-Set-ups hätte. Erfahrene Trader reden darüber, wie man im Universum der Märkte diese Set-ups schnell und zielsicher findet.«[27]

Jack, der so gut wie nie ein Blatt vor den Mund nahm, brachte es auch hier auf den Punkt. »Zu viele Trader starren den ganzen Tag einen Markt an, interpretieren jeden zappelnden Candle oder Bar, bomben alles mit sinnlosen Trades zu und stören einzig und allein den Marktverlauf. Zu viele Trader sitzen mit geröteten Augen vor den flimmernden Charts und fragen sich leider nicht oder nicht mehr: *Bin ich es mir wert, mit 1-, 2- oder 3-Sterne-Trades den Tag zu verbringen?* Wenn wir ehrlich sind, sieht es doch so aus«, Jack räusperte sich, »solche Trader sind einfach faul ... Schon richtig gehört: F-A-U-L!«

»Ja, aber sie verbringen doch den ganzen Tag damit ...«, verteidigtest du dieses Verhalten – schließlich hatte Jack im Großen und Ganzen damit auch deinen üblichen Trading-Tag beschrieben.

»Ja, EBEN! Sie sitzen davor, pfeifen sich eine Schokolade oder einen Kaffee nach dem anderen rein und begeben sich nicht auf die SUCHE. Suchen heißt wirklich arbeiten ... gähn ... heißt, sich

---

27 Ausführliche praktische Hinweise hierzu sind in DER HÄNDLER, Band 4 nachlesbar.

Gedanken machen, heißt, sich mit Set-ups beschäftigen, heißt, die Tür zu neuen Märkten aufzustoßen, heißt, sich eine Arbeitsweise anzugewöhnen, welche mehrere offene Positionen zeitgleich zulässt … und so weiter, und so weiter.« Jack sprach damit indirekt auch das Thema des halb- und vollautomatischen Handels an, welches auch bei dir noch zu einem wichtigen Thema werden sollte. »Wirkliche Trades blühen nur in der Sonne des Suchenden auf. Und du hast die Freiheit, dich zu entscheiden: Willst du ein ewig Interpretierender oder ein Suchender sein …«

Diese Freiheit hattest du natürlich zu dieser damaligen Zeit noch nicht wirklich in Besitz, denn sie war deinem Wollen noch nicht ganz zugänglich. Was aber mit den Jahren seitdem stärker wurde, war das, was dich erhob, das, was dich über dich selbst hinaustrug.

Im weiteren Verlauf des Abends kamen deine vier Ehen zur Sprache, deren Erforderlichkeit jeder der Anwesenden bestätigte und mit eigenen Episoden ihrer Praktikanten untermalte. Plötzlich stand die Frage im Raum, welcher der Marktteilnehmer die möglichen Ausrichtungen – Arbitrage, Hedging, fundamentale oder Technische Analyse – zu Beginn seines Traderlebens bevorzugen würde.

Jack, der ohnehin im Redefluss war, nahm sich des Themas an und tippte auf seine Aktentasche. »Aktuell will ich ein paar Euros in das Thema erneuerbare Energien stecken.« Speziell an dich gerichtet, fügte er noch hinzu: »Der Betrag von 250 Millionen soll 15 Jahre investiert bleiben.« Er schob die Flipcharts beiseite und machte es sich in einem Stuhl bequem. Dann erklärte er, dass er als Investor selten eine konkrete Aktie, sondern – zu deinem Erstaunen – vielmehr eine Branche ins Visier nehme, die innerhalb seines Anlagehorizontes eine Überlebenschance aufwies und aus deren Vielfalt von Einzelwerten nun mittels fundamentaler Analyse gute von schlechten Firmen getrennt würden.

Nach langen Analysen blieben dann schlussendlich beispielsweise drei Topfirmen im Rennen, dem Rest wurde in Bezug auf den Anlagehorizont keine allzu große Überlebenschance attestiert. Nun, so Jack, wurde der faire Wert mit der aktuellen Kursnotiz verglichen. Jack holte drei Aktiencharts aus seinem Aktenkoffer. Das Tüfteln seiner Analysten ergab für die erste Aktie einen fairen Wert von 12,50 Euro, der Chart hingegen zeigte, dass diese derzeit mit 60 Euro notiert war. Vor deinen Augen zerriss Jack lachend den Chart mit den Worten: »Null Kursfantasie mehr übrig. Ihr Jungs von Chart & Co. habt den Wert schon hochgezogen.« Dem nächsten Wert seiner favorisierten Branche wurde ein fairer Wert von 30 Euro unterstellt; der Chart zeigte einen aktuellen Kurs von 30,20 Euro. »Diese Aktie wäre zwar keine Geldvernichtung, wo allerdings bleibt da noch die Kursfantasie?« Der dritte Favorit müsste laut Datenmaterial fair zu 24 Euro notieren; dessen Chart zeigte jedoch einen unterirdischen Kurs zu 1,20 Euro.

Welche Aktien nun mit seinen Millionen überschüttet würden, sei klar, so Jack, woraufhin dein Hinweis auf den stabilen Abwärtstrend und die fehlenden fünf Sterne für ein Schmunzeln in der Runde sorgten. »Diese Beispiele galten nur dir als technischem Chart-Yogi …« Jack erklärte, dass ihm als Investor Markttechnik und deren Fünf-Sterne-Set-ups als Entscheidungsgrundlage nie reichen würde. »Mich interessiert nur eins: Gibt es die Firma in 15 Jahren noch?«

Alex nickte und übernahm. »Und dennoch schwören so viele Trading-Anfänger auf genau jene fundamentalen Analysen und pochen mit eiserner Faust auf diese Berichte … schließlich soll doch der Vorstand ... und hat doch das neue Produkt ... und die Umsatzzahlen sehen doch sooo rosig aus ... Warum wird von den vier Ausrichtungen von den Anfängern dummerweise immer die deinige herangezogen, Jack? Quartalsergebnisse, KGV, Branchenklima und Ergebnisse von Hauptversammlungen stehen in der Hitliste der Analysewahl offenkundig so weit oben, dass nahezu jeder Trader diese Ehe als Erstes eingeht und mancher sich aus den Klauen dieses Ehelebens nicht mehr befreien kann.«

»Nun, das liegt an deren Einfachheit«, kam Vanessa Jack zuvor. »Von meinem Hedging hat keine Sau Ahnung. Hierzu gibt es kaum Literatur, wie auch, liegt doch deren Anwendung in dem zugrunde liegenden Basisgeschäft begründet und kann folglich selten allgemeingültig präsentiert werden. Meine Anwesenheit im Orderbuch wird weniger mit dem Geldverdienen, sondern – wie es der Name ja schon sagt – dem Absichern vor Verlusten begründet. Damit scheidet meine Ausrichtung für den Anfänger aus und wird auch im weiteren Verlauf der meisten Trading-Karrieren häufig nicht mehr beachtet oder gar dauerhaft vergessen.«

Die Blicke fielen nun auf Tim. »Was will der Anfänger mit meiner Arbitrage anfangen? Viel zu komplex, viel zu viel Mathematik und Rechentechnik. Zum anderen: Die, die damit arbeiten, halten nicht viel davon, dies anderen zugänglich zu machen. Dass überwiegend Banken Arbitrage betreiben, ist ja hinlänglich bekannt. Daher weiß ein Trading-Anfänger kaum, was da so gemacht wird. Wenngleich mein permanenter Orderfluss für Liquidität im Termin- und Kassamarkt sorgt und diese überhaupt erst mal miteinander im Gleichgewicht hält. Aber da keiner genau weiß, was ich mache, sitze ich ebenfalls sozusagen unsichtbar auf dem Pferd.«

»Also bleiben nur noch Hofner und ich übrig«, machte Jack wieder weiter. »Und hier fällt die Wahl stets auf mich. Also, was fasziniert den Trading-Anfänger ausgerechnet an meiner Analyseform? Nun, die Antwort ist relativ einfach. Die Faszination geht sicherlich in den allermeisten Fällen nicht von einer Leidenschaft für betriebswirtschaftliche Kennzahlen aus, sondern ist vielmehr in der allerersten Fragestellung eines Trading-Anfängers zu suchen: *Was soll ich kaufen?* Dieser Aspekt wird schließlich par excellence in den Bergen von Berichten, Zeitungen und Börsensendungen bis zum Abwinken beschrieben.«

Jack fragte dich, worin du denn das Endziel seiner Arbeit sähest. Du nuscheltest darauf etwas von Kenntnissen über Kurs-Gewinn-Verhältnisse und Quartalsberichte; Begriffe wie Neuheiten und Produkte fielen auch. Jack übernahm erneut und schilderte, dass neben den *inneren* auch *äußere* Risiken Einflüsse auf die fundamentale Bewertung nähmen. Wenn ein Manager unfähig sei, keine guten Ideen habe oder mit dem Geld nicht wirtschaften könne, dann wäre dies ein inneres Risiko. Wenn hingegen das Branchenklima gerade schlecht sei oder Devisen- und Rohstoffkurse extrem schwankten und Zinsen hoch notierten, könne sich selbst ein äußerst fähiger Manager diesem flauen Marktumfeld nicht entziehen und müsse auf kleiner Flamme kochen.

»Stell dir drei Analysten vor, welche, mit Taschenrechner sowie gespitztem Stift bewaffnet, ausgeschickt wurden, um den fairen Wert einer AG zu ermitteln«, bat dich Jack. »Der eine verkörpert den intellektuellen Lehrertyp – perfekt gebügeltes Hemd, messerscharfe Bundfalte, Inhaber aller Masterstudiengänge; der nächste Analyst hingegen wirkt eher wie ein Spaßvogel – cool und lässig, hat zwei Semester seines BWL-Studiums komplett verpennt, die anderen Semester gerade so mit offenen Augen erlebt; zum Schluss der dritte, welcher das ausgewogene Mittelmaß seiner beiden Kollegen darstellt. Kurzum: So unterschiedlich sie auftreten, so unterschiedlich sind die verwendeten Formalsysteme, Ansätze, Herangehensweisen und Gewichtungen, was zu dem Ergebnis führt, dass am Schluss drei unterschiedliche Aussagen zum fairen Wert der Jack AG vorliegen. Der Lehrertyp schreit *Kaufen!*, der Lässige mit den kunstvoll zerzausten Haaren stöhnt *Verkaufen!*, und der unscheinbare Analyst zuckt mit den Schultern und hat überhaupt keine Meinung, da sein Ergebnis mit dem aktuellen Aktienkurs identisch ist.« Die unterschiedlichen, ja mitunter widersprüchlichen Aussagen zum fairen Wert seiner AG, so Jack, lägen klarerweise sowohl in der Berechnungsgrundlage, in dem zur Verfügung stehenden Datenmaterial, in den unterschiedlichen Anschauungen über eine Branche als auch in globalen Zusammenhängen begründet.

Dich führte seine Aussage wieder zurück zur Ausgangsfrage über die Ausrichtungen. »Trotz dieser unterschiedlichen bis widersprüchlichen Aussagen zum fairen Wert einer Aktie werden diese tagtäglich stapelweise auf Papier gedruckt und zigfach über alle möglichen Medien oder aber Foren verbreitet und damit die Leute aufs Glatteis geführt.«

»Gerade der Fakt der unterschiedlichen Aussagen schafft Spielraum für Pluralismus«, nahm Jack das Fazit seiner weiteren Worte vorweg und erklärte dann: »Da wären jene Personen, die solche Analysen mit vor Aufregung zitternden Händen lesen und in Trades umsetzen wollen – beispielsweise solche wie du anfänglich; dann sind da jene Personen fernab des Marktes, die solche Analysen veröffentlichen – schalte den Fernseher ein, schlage eine Zeitung auf; dann sind da noch jene, leider allzu oft vergessenen Marktteilnehmer, welche fundamentale Untersuchungen in Auftrag geben bzw. mittels riesiger Abteilungen selbst bewerkstelligen – zum Beispiel ich.« Jack spielte damit auf den Unterschied zwischen dem netten Zweizeiler eines Zeitungs- oder Newsletterredakteurs, also der restlos abgespeckten Version dessen, was ein wahrhaft fundamentaler Analyst darunter versteht, und der gigantischen Research-Abteilung seines Büros an.

Um Jacks angesprochenen Pluralismus noch besser zu verdeutlichen, erinnerte Alex zur Freude aller an die *Neue-Markt-Zeiten*. »Das war die Zeit, als Deutschland auf den Straßen tanzte, mit Depotauszügen wedelte und alle nur eine Frage stellten: *WAS soll ich kaufen?*«

Vanessa wusste, worauf Alex hinaus wollte. »Das waren irre Zeiten! Mit großen Hundeaugen wurden die wöchentlichen Börsensendungen geschaut. Jegliche Aktienempfehlungen wurden dem zur Schau gestellten Analysten genauestens von den Lippen abgelesen. Das große Zauberwort hieß: Musterdepot. Die große Zaubertat hieß: nachhandeln. Dass dabei meist Nebenwerte aufgerufen wurden, blieb häufig unbeachtet, wichtig waren Prozentzahlen, am besten in Hunderterschritten. Mit einem Zahnpastalächeln nahm – und ganz Deutschland lauschte hingerissen – Herr Topanalyst die High-Hightech-Aktie in sein Musterdepot; schließlich müsste der Wert laut seinen wochenlangen Analysen eigentlich das Dreifache, der Brisanz seiner Insiderinformation zufolge eigentlich das Fünffache kosten. Was folgte, war zumindest zwei Leuten klar, dem Rest wohl eher nicht: Alex wusste, dass er am nächsten Tag mit Orders – meist Market – zugeschüttet werden würde; dem Analysten war klar, dass er in den Stand eines Gurus erhoben werden würde, schließlich – ach, wie konnte er's nur ahnen – sauste die Aktie mit Windeseile in die prophezeite Himmelsrichtung.«

Alex kamen die Tränen vor Lachen. »*Der Analyst ist gut, seine Analysen sind sorgfältig und seine Insiderinformationen echt insider*, konnte man es noch tagelang durch die Straßen hallen hören. Beim darauffolgenden Fernsehauftritt hört man aus allen Wohnzimmern ein Raunen – oh Gott, oh Gott –, der Topanalyst hat neue Infos zu der Aktie, aufgrund derer diese aus seinem Depot weichen musste. Zumindest zwei Leuten war klar ...« Vanessa prostete Alex zu »kannten die Folgen, der Rest hingegen erhob den Analysten zum Mega-Guru-Titan, denn erneut gelang es diesem, im Vorfeld zielsicher die Kursrichtung der nachfolgenden Tage zu analysieren.«

»Genau. Während ich diese Analyse ernsthaft betreibe und betreiben muss, kann diese Analyseform auch zu einem Wegweiser für Massenbewegungen vergewaltigt werden«, fasste Jack zusammen, was du mit einem Kopfschütteln quittiertest. »Glaubst du nicht?« Jack lachte herzhaft. »Mein Junge, stell dir vor, die Typen hätten damals zu den Massen der Anlegewilligen gesagt: Ich kaufe, da der vorliegende markttechnisch definierte Trend intakt ist, dieser nun sogar bis zu einem Niveau korrigiert hat, welches einer 5-Sterne-Phase entspricht und nun das CRV den Wert über 2 erreicht hat. Wir warten nur noch auf einen Umkehrstab oder einen beginnenden Trend auf der tieferen Zeiteinheit, auch ein Long-Signal eines Indikators wäre jetzt von Vorteil ...«

»He ... Erna, schalt mal um. Die quatschen da irgendwelchen Scheiß. Such mal eine Börsensendung«, vervollständigte Alex Jacks Gag.

»Man muss kein Genie sein, um zu erkennen, dass eine ganze Industrie von der Unwissenheit und von den falschen Fragestellungen der Trading-Anfänger lebt. Leute zahlen richtig satt Geld, um ihnen logisch erscheinende Kauf- oder Verkaufsgründe an die Hand zu bekommen; und das umso lieber, je eher deren Nachvollziehbarkeit ihrem eigenen Alltag zu entspringen scheint, also auch ohne Grundkenntnisse übernommen werden kann.«

Während Jack sich noch etwas Wein einschenkte, stellte er für dich eine Anlegerfamilie vor dem Fernseher nach: »XY-Pharma bringen am Montag ein neues Produkt auf den Markt, welches sich nachhaltig positiv auf Umsatz und Gewinn der nächsten Jahres auswirken wird ... *Du, Herbert, haste des g'hört? Die ham g'sagt, die mache mehr Plus! Subber, oder? Dann muss die Aktie doch steigen, oder? Wie weit? Na, g'sagt ham's, auf 100. Wo sie steht, willste wissen? Na, bei 33 Euro. Wow, da haste recht, da kriege mer ja dreimal mehr raus. Was, du willst nur 1.000 Euro nehm? VERDREIFACHEN, hamse g'sagt! V-E-R-D-R-E-I-F-A-C-H-E-N! Subber dann, nehme mehr 5.000. Okay, du bekommst auch'n neues Angelset. Wann? Na, a paar Tag wird's scho dauern. Kannst ja schon mal rüberlaufen und dir 'ne Angelausrüstung bestellen. Bis die da ist, hammer die Kohle, dös neue Zeug kommt schließlich die Woch auf'n Markt. Okay, lauf scho los ...*«

Dein Nicken ließ leichte Zustimmung erkennen, als Jack es auf den Punkt brachte. »Die Faszination liegt einzig und allein auf dem prognostizierten und damit greifbaren Kursziel. Dieses Kursziel verkörpert einen blinkenden Leuchtturm im tobenden Kursverlauf. Dass damit auch Augenwischerei betrieben wird, muss hier ja nicht weiter erwähnt werden.«

Deinen Einwand, dass die durch Medien oder Musterdepots auf den Tragpfeilern fundamentaler Daten veröffentlichten Kursziele doch auch den Belastungen der Realität standhielten, ließ Jack unbestritten gelten; schließlich weist so manches Musterdepot Renditen auf, welche jeden

Trader vor Neid erblassen lassen. Allerdings, und im Gegensatz zu vielen der Neuer-Markt-Partygängern, war Jack deren Herleitung und damit deren Bedeutung klar.

»Was Jack fehlt, ist solch ein mediales Sprachrohr. Hätte er es, wäre es auch ihm vergönnt, ganze Horden von Anlegern zu bewegen«, sagte Vanessa. »Jedem erfahrenen Trader war klar, dass die Rendite zwar echt, deren Begründung aber falsch war. Zum anderen ist so etwas aufgrund der Vielfalt der zur Verfügung stehenden Informationsmöglichkeiten heutzutage nicht mehr so einfach ...«

»... es sei denn, es handelt sich um irgendwelche illiquiden exotischen Drecks-Nebenwerte!«, meldete sich Jack zu Wort und schwärmte davon, dass, wenn es noch mal eine Neue-Markt-Phase gäbe, er dann auch sein – ach so neues – Analysesystem vorstellen würde.

Tim griff den Gedanken sofort auf. »Das Heilige-Gral-Guru-System. *Bitte einfach bestellen und nachhandeln.*«

»Au ja ... könnt ihr da was Bestimmtes empfehlen?«, grübeltest du laut.

Fünf Stöhner waren die Antwort.

Vanessa gab missbilligend dazu: »Ist doch egal!«

»Egal? Aber das muss doch Sinn machen.«

»Quatsch, muss es nicht! Was du brauchst, sind nur zwei Sachen: Tausende ahnungslose, aber hungrige Neulinge und illiquide Werte. Nimm wegen mir einen Hamster ...«, entsann Vanessa ein Extrembeispiel.

»H-a-m-s-t-e-r-?-!«

»Ja, das *Hamster-System*. Läuft das niedliche Pelztierchen die Leiter rauf, dann muss laut System die Aktie steigen, rutscht er mit seinem dicken Popo die Leiter wieder runter, dann wird die Aktie fallen.« Vanessa war scheinbar in ihrem Element. »Dann noch fix 'ne Kamera auf das Tierchen halten, und ausgestrahlt wird live auf einer Website, Werbeeinnahmen inklusive. Fertig ist das *Millionen-Dollar-Hamster-System*. Und damit uns das Tierchen auch schön die Kosten unserer 100-Meter-Jacht einspielt, findet die Übertragung, ohne dass die Zuschauer dies mitgeteilt bekämen, statt live tatsächlich mit zehn Minuten Verzögerung statt.«

Du musstest zwar einige Minuten über Vanessas Szenario nachdenken, warst dann aber auch an Bord. Dementsprechend wurde nun klar, dass die *erste Ehe* für den Anfänger nahezu unumgänglich dieselbe war. Das Stellen der falschen Frage »Was soll ich kaufen ...?« wurde hervorgerufen von den vielen unbewusst bis aufgrund bereits geweckten Interesses bewusst aufgenommenen Berichten von Börsen und Börsenhandel und traf auf bewusst gesteuerte Antworten wie »Schau mal, da gibt es so ein Hamster-System, das soll wahnsinnige Renditen ...«. Kein Wunder also, dass die meisten Anfänger hierauf reinfielen, auch wenn das nicht das Geringste mit Jacks wahrer Arbeit zu tun hatte oder damit zusammenhing.

Der Abend ging zu Ende. Während die anderen das Geschirr abräumten, hast du nachdenklich Jacks Flipchart-Beispiele betrachtet. »Das sind nur einige wenige ...«, meinte er und gab dir den Tipp, einfach mal auf einem Blatt Papier die große und auf einem anderen Blatt die kleine Zeiteinheit sowie wahllose Marktverläufe einzuzeichnen und dann den Vergleich der Wertigkeiten zu üben.

»Aber trotzdem kann ich doch noch Minus machen ...«

Jack seufzte theatralisch. »Ach ... warum ist das Trading nicht wie die wirkliche Welt: Schön, bunt und gerecht, in Herrlichkeit und Ewigkeit, Amen.«

Dieser Spott ließ dich dein Herz öffnen: »Tatsächlich denke ich manchmal, meine Fehltrades beruhen vielleicht auf einer höheren Ordnung, Ewigkeit oder letzten Gerechtigkeit in einer Sphäre, die irgendwo jenseits von der liegt, die ich mir als Trader erträumt habe.«

»Kein Signal kommt zu dir, klingelt und sagt: *Hallo! Ich bin dein Minus-Trade. Wie hättest du es denn gerne? Roh, durch oder medium?*« Jack schüttelte unwillig seinen Kopf. »Du musst das Ganze stets aus dem Blickwinkel der Spekulation betrachten: Wenn der Mediamarkt in der Wüste nun mal plötzlich neben dir aufmacht, dann ist das halt so. Sowohl die Markttechnik als auch du als technisch orientierter Trader, ihr müsst euch nicht für die allumfassende Andersartigkeit der anderen Marktteilnehmer und deren Gedanken entschuldigen ...«

Du hast Jack angestarrt, als wäre er von einem anderen Planet, als er anschließend sagte, dass du es schaffen musst, das Thema Spekulation von einem allumfassenden Standpunkt aus und auf freundliche und ausgeglichene Weise zu vertreten. Damit wollte er dir verdeutlichen, dass der gleiche 5-Sterne-Trade, unabhängig davon, wo und wie er sich präsentierte, ein Riesenerfolg oder aber ein Desaster werden konnte.

»Ein und derselbe Trade wird vom Markt an dem einen Tag als geniale Tat und an einem anderen als absoluter Bullshit betrachtet.« Jack versuchte, dir klarzumachen, dass er sein Geld, wenn er es schon verliere, dann wenigstens im Sand der Wüste versickern und nicht wie bei einer Investition im Eis sich festfrieren sehen wolle. »Gerechtigkeit gibt es nicht für Trades. Man hat es überall im Börsenhandel mit Menschen und deren Orders zu tun, und so ist jedes Urteil über eine Chartsituation gleichzeitig immer nur eine *Spekulation*.«

Vanessa nahm dir dein leeres Glas aus der Hand. »Wenn dein Trade innerhalb einer 5-Sterne-Wetterlage nicht erfolgreich ist, liegt das nicht an deinem Signal, nicht an deinem Set-up, nicht an der Börse und nicht am Finanzminister, sondern nur an den Marktteilnehmern, die diesen Trend getragen haben. Und wenn diese keine Lust mehr auf diesen Trend oder diesen Markt haben, was ja ihr gutes Recht ist, weil sie selbst bestimmen, welche Daseinsberechtigung und Handelsausrichtung ihre Trades besitzen, dann ist eben Schluss mit lustig. Man ist halt auch als technisch orientierter Trader, wie alle anderen Trader auch, von der Gnade des Publikums abhängig.«

Jack skizzierte auf einem neuen Flipchartblatt (8) kurz den, wie er es nannte, »Irrtum ersten Ranges«. »Minus machen allein ist nicht das Problem. Minus machen und gleichzeitig *diagonales* Handeln betreiben, das ist schlecht. Auch die besten Händler machen Minus, bleiben jedoch ihrem Setup und den daraus resultierenden Handelsausrichtungen treu.« Philip fiel deutlich auf, dass Jack hierbei den Begriff des Einstiegssignals nicht mehr erwähnte. »Händler, die nach Verlusttrades ihr Regelwerk gegen ein – vermeintlich – besseres austauschen«, Jack stellte dies gelb hinterlegt dar, »lassen allzu oft sowohl dessen Historie als auch dessen weiteren Verlauf außer Acht.« Jack zeigte auf den nicht erstrebenswerten, diagonalen Handelsverlauf, dessen Resultat in der Summe negativ war. Betrachtete man hingegen jedes Regelwerk für sich, so ergaben diese unterm Strich häufig einen hervorragenden Handelsstil – mal kleine, daher hart begrenzte Verluste, mal kleine, ausgestoppte, mal große, lang laufende Gewinne. »Man wechselt dann, wenn man die Verlusttrades nicht mehr aushält, und vergisst darüber, dass der Wechsel nur ein Trugbild der eigentlichen Lösung widerspiegelt.«

»Und die sieht wie aus?«, fragtest du.

»Die Lösung liegt im Umgang mit der Kontogröße und den Positionsgrößen sowie den Beträgen, die pro Position riskiert werden. Aber das wird dir Freund Hofner ein anderes Mal noch deutlicher veranschaulichen.«

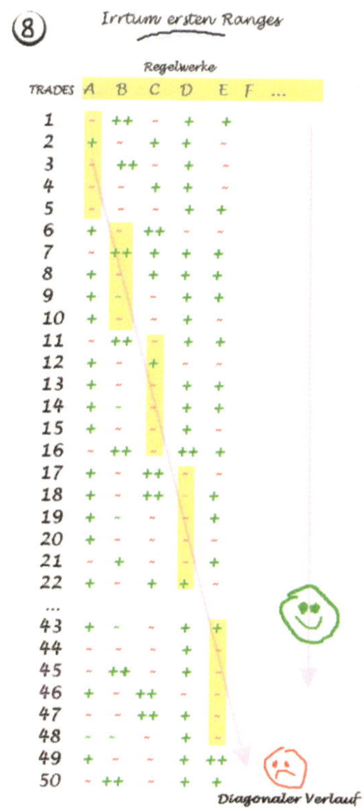

Ich nickte Jack zu, schließlich wussten wir als erfahrene Trader beide, dass alles Reden über Geld- und Risikomanagement, solange ein Trader noch kein ausreichendes Verständnis für 5-Sterne-Set-ups und das Schema der diagonalen Tradeverläufe verinnerlicht hatte, lediglich reine Zeitverschwendung darstellte. Uns war natürlich klar, dass du viele deiner Ergebnisse fehlendem Geld- und Risikomanagement unterstellt hast. Dies war ja auch oftmals zutreffend. Aber mal ehrlich gefragt – und ich meine damit *wirklich ehrlich*: Was sollte es nutzen, tiefer in diese wichtige Materie einzudringen, solange du – dann zwar mit monetär klug verwalteten Trades – noch Kühlschränke in der Antarktis verkaufst?

»Aber erst das eine, dann das andere …«, fuhr Jack fort. »Wir wollen doch nicht, dass du den Fehler vieler Trader wiederholst, die sich hinter Mathematik und schlauen kleinen Formelchen verschanzen und trotzdem nicht wissen, was der Chart sagt.«

Jack blätterte die Seiten des Flipcharts zurück. »Finde erst mal ein durchdachtes *Set-up*, welches das widerspiegelt, was du dir wert bist und welches zu deinem Handelsstil passt. Denk daran: Set-up und Stil sind nicht dasselbe!« Jack betonte dies abschließend nochmals ausdrücklich. »*Set-up* ist die Frage: Wüste oder Antarktis. Der *Stil* ist dann *nur* die Detailfrage: Trend-, Bewegungs- oder Ausbruchshandel; natürlich mit deren jeweiligen Besonderheiten.«

Wenige Minuten danach standen wir auf dem Parkplatz. Die untergehende Sonne malte unsere sechs langen Schatten auf den Boden.

Vanessa umarmte dich und gab dir abschließend auf den Weg: »Sieh zu, dass deine Zukunft nicht durch die Übernahme irgendwelchen Mülls in den Sternen stehen bleibt. Du solltest stattdessen versuchen zu verinnerlichen, dass diese Zukunft ausschließlich in dir selbst liegt. Dann nämlich kannst du anfangen, der Angst vor dem Ungewissen mit – nennen wir es mal – selbstbewusstem Mut ins Auge zu blicken: Dem Mut, mit allen Überraschungen, welche die Zukunft für einen Trader in petto hat, klug, geschickt und *mannhaft* fertig zu werden.« Nach einem freundlichen Kuss auf deine Wange stieg sie in ihren Wagen.

Anschließend schüttelte dir Tim die Hand. »Glaubst du denn wirklich, dass all die gestrauchelten Kreaturen im Trading-Geschäft nur deswegen so hin und her torkeln, weil der Wind so schnell dreht? Das Komische an dieser Branche ist, dass man für jeden noch so simplen anderen Beruf eine Lehre machen muss, aber in unser Geschäft kommt sogar hinein, wer besoffen aus einer anderen Lehrstelle hinausgeflogen ist. Je voller, desto besser. Da man nicht auf allen Gebieten der King-of-the-Chart sein kann, suchst du dir am besten ein Regelwerk aus, wo du durchblicken willst, und dann gib Gas!«

Vanessas Wagen bog, gefolgt von Tims Fahrzeug, bereits um die Ecke, als sich Alex durch das offene Fenster seines Wagens mit einem letzten Rat von dir verabschiedete. »Also, da der Plustrade nicht zu dir kommt, musst du deinen Hintern eben zum Plustrade hin bewegen. Der Mist ist halt manchmal, dass der Plustrade gerade dabei ist, Kühlschränke im Mediamarkt zu verkaufen und deshalb null Komma null Sekunden Zeit hat, sich um dich zu kümmern. Plustrade in der Wüste heute nur im Mediamarkt, alles andere ist abgesagt. Ist kacke, passiert aber. Du musst rauskriegen, ob du damit leben kannst. Wenn ja – Glückwunsch, dann du hast dir den tollsten Beruf ausgesucht; und musst nur noch zusehen, dass ihn dir kein zu großer Minustrade in der Antarktis wegnimmt.« Alex ließ seinen Motor aufheulen und bog kurz darauf ebenfalls um die Ecke.

Jetzt standen nur noch Jack und ich neben dir, und Jack kramte auch bereits nach seinem Autoschlüssel. »Würde mich freuen, junger Mann, wenn wir uns bald mal wiedersehen. Hofner hält mich so lange auf dem Laufenden.« Jack schüttelte kräftig deine Hand und stieg ein. »Reduziere die Markttechnik nicht nur auf ein *Nur-ein-neuer-Teil-der-technischen-Analyse*. Markttechnik ist kein *tolles Geschichtchen* und keine *Ansammlung von Regelwerkchen* – sie spiegelt die dem Zusammenspiel der Börse zugrunde liegende, allumfassende Wahrheit wider. Sie trifft eine Aussage über die Natur der Dinge, die, auf das Wesentliche reduziert, so lautet: Marktteilnehmer mit unterschiedlichen zeitlichen Ausrichtungen – vom Tickhandel bis Methusalem-langfristig reichend – sind draußen unterwegs und treffen sich alle auf ein und demselben Marktplatz – auch Orderbuch genannt – , dessen Aussage nun einmal, simpel ausgedrückt, lautet wie folgt: Angebot und Nachfrage bestimmen den Preis. Die möglichen Ausrichtungen, etwa der vorhin Anwesenden: spekulativ – du und Hofer, Hedging – Vanessa, Arbitrage – Tim und strategisch – ich, spielen hierbei keine Rolle. Jedem Kursanstieg und Kursrutsch muss und wird eine Korrektur folgen, schließlich haben Marktteilnehmer mit ihrem Orderverhalten diese Bewegung ausgelöst; wer will es ihnen – oder den bereits investierten Marktteilnehmern – daher verdenken, wenn die ihre Kohle – der eine früher, der andere später – mitnehmen, was wiederum andere Marktteilnehmer zu weiteren Reaktionen veranlasst oder gar zwingt. Schluss, aus und Ende der Durchsage. Das ist alles. Dass ich mir dieses Verhalten grafisch veranschaulichen kann, also anhand eines Charts, ist dabei ohne Belang. Die Markttechnik bedeutet daher *nicht* die missionarische Verkündung neuer Regelwerke. Markttechnik anzuwenden heißt vielmehr, einen Trade sowohl aus Fachwissen heraus in den Markt zu stellen als auch in der Gewissheit …«, Jack schloss die Tür und sprach beim Anfahren durch das geöffnete Fenster weiter, »dass das letzte Urteil der Markt hat … das ist das Geile an unserem Beruf: Wir sind S-p-e-k-u-l-a-n-t-e-n!«

Nun standen wir beide allein auf dem Parkplatz. »… Kühlschränke in der Antarktis … wenn du das verstehst, bist du einen großen Schritt weiter.«

»Wie viele Schritte habe ich denn noch vor mir?«

»Na … noch einige kleine.«

»Und welcher ist der letzte Schritt?«

Ich überlegte kurz, denn die Antwort auf deine Frage fasste den Sinn des gesamten heutigen Abends zusammen. Ich stieg ebenfalls in meinen Wagen ein und ließ die Scheibe herunter: »Ganz gleich, wie ausgeklügelt all unser Chartgefummel ist und wie gut wir die Chancen verstehen und beherrschen … der letzte Schritt besteht darin zu verstehen, dass das letzte Wort stets der *Zufall* hat.« Ich startete den Motor und rief dir im langsamen Anfahren noch zu: »Doch wer oder was ist das, der *Zufall*? Ruf doch mal Jack, Tim und Vanessa an …«

Liebe Grüße
Hofner

Philip dachte noch ein wenig weiter über die letzten gelesenen Zeilen nach, schmunzelte kurz, da Hofner wie immer das Wesentliche auf den Punkt brachte, und dämmerte dabei in einen ungefähr 250 Kilometer langen leichten Schlaf hinein. Die Kabinenbeleuchtung war ausgeschaltet, als er nach etwa 20 Minuten aufwachte. Er schlurfte auf Socken den Gang entlang nach hinten zur Galley, um sich von einer der Stewardessen ein Wasser geben zu lassen. Auf einigen der ausgeklappten Monitore lief der inzwischen sehr bekannte Spot mit Mr. Bean und dem Fotoshooting mit einem dieser englischen Wachmänner. Auf anderen wurden Landkarten mit der aktuellen Position des Jumbos eingespielt. Demnach befanden sie sich gerade irgendwo über dem Indischen Ozean.

Philip schaute aus dem Fenster, als ob er am mittlerweile nächtlichen Himmel die Position kontrollieren könnte. Er nickte. *Position stimmte.*

»Ganz schön lang der Flug, stimmt's?« Philip blieb fast das Herz stehen, als er aufblickte und die attraktive Frau von der anderen Seite des Flugzeugs vor sich stehen sah. Sie lächelte ihn an. Philip nickte und kramte in seinem plötzlich blutleeren Hirn nach einer intelligenten Antwort. Aber da war keine. »Durch die Zeitverschiebung kommt es einem noch viel länger vor«, hörte er sich sagen und ärgerte sich bereits beim Sprechen über diesen Unsinn.

Ihr Lächeln blieb jedoch. »Wenn man mehrmals im Monat hin und her fliegen muss, kommt es einem noch extrem viel länger vor.«

Philip griff das Stichwort sofort auf. »Was machen Sie denn beruflich, dass sie so oft zwischen Deutschland und Asien oder Australien hin- und herfliegen müssen?«

»Ich bin Anlageberaterin.« Sie hob einen Fuß in die Höhe und lachte.

Och!

Och neeee: Kann sie nicht einfach Krankenschwester, Friseuse oder Lehrerin sein? Ausgerechnet Anlageberaterin?

Philip seufzte innerlich auf. Er hielt nicht viel von diesen Leuten, deren Arbeit größtenteils darin bestand, möglichst erfinderisch immer neue Wege zu beschreiten, damit ihnen möglichst viele Menschen ihr Vermögen anvertrauten. Seltsam fand Philip bei so manchen dieser Berater immer, dass es anscheinend nicht darauf ankam, was diese für ihre Kunden erreichten. Das war abstrakt, darüber sprach man kaum. Ein Anlageberater wurde meistens danach bewertet, wie viel Vermögen er einsammelte und zu welchen Bedingungen. Über die Performance hatte man als Anlageberater und Verkäufer ja ohnehin keine Kontrolle.

Für mich wäre dieser Job weiß Gott nichts, dachte Philip sich zum wiederholten Mal. Leuten die angeblich besten Schürfrechte im Südkongo oder todsichere Aktienoptionen auf Sägemehl, die gerade große Renditen versprechen und eventuell sogar steuerlich anerkannt werden, anzudrehen ... *Nee, nee!*

Er hätte dabei nur allzu oft das Gefühl, dass es eine Überschneidung zwischen dem Wohl des Kunden und seinem eigenen gab, denn wichtig war aus Sicht des Beraters vor allem ein kontinuierlicher Strom neuer Kunden. Zwischen Zahltag und Bewertung zählte lediglich, wie viel Geschäft man brachte, und nicht, ob man seine Kunden zufriedenstellte. Wenig Geschäft bedeutete Scheitern und Entlassung. Die Kunden mussten nach Möglichkeit so reich sein, dass man lediglich darauf achten musste, ihr Vermögen nicht völlig in den Sand zu setzen; das Vermögen zu mehren, war nur der Köder und ansonsten ein oftmals völlig nebensächlicher Gedanke. Kein Anlageberater bekam je Schwierigkeiten, weil er einen Kunden aufgespießt hatte, man bekam jedoch sofort Ärger, wenn man die Lizenz der Firma gefährdete. Wie gesagt, Philip hielt nicht viel von der Arbeit und Arbeitsweise dieser Leute – er hatte so viele dieser schwarzen Schafe kennengelernt, aber bei dieser lächelnden Grazie vor ihm wollte er sich das nun nicht gerade anmerken lassen.

»Wir haben Top-Anlagemodelle, super Produkte und ein *Wahnsinns-fundamentales-Research*«, begann sie ihr Werbesprüchlein aufzusagen, und Philip bereitete sich innerlich darauf vor, sie mit ein paar ausgefeilten Argumenten schwer zu beeindrucken.

»Nun, ich handle selbst und als Trader arbeite ich weniger mit der fundamentalen Analyse, sondern mehr innerhalb der Technischen Analyse, die im Lager der Markttechnik angesiedelt ist«, entgegnete er, nun ebenfalls lächelnd.

Ihr Lächeln vertiefte sich. »Sie sind Trader? Wie interessant!« Doch dann schüttelte sie plötzlich den Kopf und wurde schlagartig ernst. »Der Grundsatz unseres Büros lautet Research, Research, Research. Dafür werden extra Leute eingestellt, die wissen, was sie tun. Und die sehen niemals auf die Charts.«

Okay, dachte Philip und räusperte sich. Es war wohl ein Grundzug der Kultur, dass der Mensch dem außerhalb seines eigenen Kreises lebenden Mitmenschen zutiefst misstraute, dass also nicht nur der Fußballspieler den Klavierspieler, sondern scheinbar auch der Fundamentalist den sich zur Technischen Analyse hingezogenen Trader für ein zumindest unbegreifliches, wenn nicht gar minderwertiges Wesen hielt. Schließlich definierte sich ja jedes Ding, sei es eine Börsenanalyse oder eine Sportart, nur durch seine Grenzen und damit durch einen gewissermaßen feindseligen Akt gegen seine Umgebung. Ohne den Papst hätte es keinen Luther gegeben und ohne die Heiden keinen Papst und so weiter und so fort. Das dachte Philip natürlich nicht so ausführlich; aber er kannte diesen Zustand einer ungewissen, atmosphärischen Feindseligkeit, von der die Luft innerhalb einer Tradergemeinde voll war; und wenn sich das einmal plötzlich innerhalb eines Internetforums oder Messegesprächs zusammenzog, um wie Donner und Blitz auszuschlagen, so war das für so manchen Beteiligten fast schon eine Erleichterung. Aber dieser charmanten Frau würde er auch dies verzeihen.

»Wie oft fliegen Sie denn so hin und her?«, wollte er von ihr wissen und dabei ganz geschickt das Thema wechseln. Doch sie ignorierte seine Frage rigoros und sprach unbeirrt weiter.

»Die Börse wird dieses Jahr noch um mindestens 23 Prozent steigen«, sagte sie stattdessen. »Steigen müssen! Die KGVs fast aller Aktien sind wahnsinnig niedrig.« Sie redete wie ein Wasserfall weiter von Produktpositionierung, Dividenden und Rendite, sodass Philip langsam bereute, diese Frau jemals attraktiv gefunden zu haben. Sie hörte einfach nicht auf, aus seiner Sicht oberflächliches, nicht tiefgreifendes Gefasel und von daher Unsinn von sich zu geben. Und das ist definitiv unverzeihlich, selbst bei diesem Lächeln und den auffallend schönen Beinen. Als Philip sie dann plötzlich sagen hörte: »Sie müssen wissen, ich werde auf eine Hauptversammlung nach der anderen eingeladen...«, musste er grinsen.

Als bringe der Besitz von Aktien so etwas wie ein demokratisches Wahlrecht mit sich! Dabei wusste doch jeder, dass Jahreshauptversammlungen ein ziemlicher Witz, ein schmerzhafter Schautag waren, den alle Führungskräfte als komplette Zeitverschwendung ansahen. Mit schöner Regelmäßigkeit kamen immer dieselben Störenfriede zu den Versammlungen und stellten jedes Jahr erneut dieselben dummen Fragen, die überhaupt nichts mit dem Geschäft zu tun hatten. Alle Angehörigen der Unternehmensleitung verwünschten diese Leute und versuchten, sie wenigstens ein bisschen hochzunehmen für ihre albernen Fragen, aber als Quälerei empfanden sie es trotzdem.

Die junge Lady hatte viel über Aktien gesagt, doch wusste Philip auch nach ihren Ausführungen eigentlich nicht mehr als vorher, sah man davon ab, dass er nun aus erster Hand berichtet bekommen hatte, dass der russische Aktienmarkt unbedingt zu bevorzugen sei und Filmbeteiligungen wahnsinnig tolle Steuersparmodelle darstellten.

»Kennen Sie übrigens die Aktie SWIX?«, fragte die Lady. Philip musste passen. Ob sie ihm helfen oder ihn beeindrucken wollte, konnte Philip nicht genau unterscheiden, auf jeden Fall zählte die Grazie ihre zahlreichen Messageboards auf. Orte, an denen sich die Teilnehmer im Internet über Aktien austauschten und aus denen sie unter anderem ihren geheimen Informationsvorsprung bezog.

Na klar.

»Sie kennen doch solche Chatrooms und Foren?«, fragte sie.

»Eher weniger.«

Nach der nun folgenden Deskription der Anlageberaterin uferte das Internet mit den Jahren derart aus, dass die Investoren oder Anleger einfach online gingen und sich in Foren und Chatrooms über Stärken und Schwächen des fraglichen Unternehmens austauschten. Das war an sich auch logisch, denn wie in jedem Business gab es auch in der Börsenbranche einen harten Verdrängungswettbewerb. Der größte Konkurrent war nun mal das Internet, denn dieses Medium ist schnell und brutal. Jede Nachricht donnert in Sekunden um den Erdball; und wenn die Zeitungen am nächsten Tag Geschichten bringen, die das Publikum, sprich die Käufer, schon 20 Stunden vorher im Internet gelesen hat, wirkt sich das für die Auflage natürlich nicht gerade förderlich aus. »Deshalb wird der Kampf um diesen geheimen Informationsvorsprung immer härter«, fuhr sie fort. »Die fighten da draußen mit stahlharten Bandagen, und wenn man sich da nicht auskennt, sprich: in Foren stöbert, dann gute Nacht!«

»Gute Nacht, genau!«, benutzte Philip dies als Stichwort. »Klar, es ist unglaublich leicht, über die Charts und Foren herauszufinden, welche Unternehmen an interessanten Dingen arbeiten – vorausgesetzt, man ist bereit, Menschen zu trauen, die Pseudonyme benutzen.«

Während die Frau Philips Einwand ganz und gar nicht teilte und das Chatten sogar als aufregenden Undercovereinsatz verteidigte, argumentierte Philip, dass sich viel zu viele Marktteilnehmer in großer Naivität auf die fundamentale Analyse stützten, obwohl diese für ihren Zeithorizont schlichtweg die falsche Analysemethode war, und dachte an seine gelesenen Zeilen von Hofner und die enthaltenen Aussagen von Jack. Der klassische Fehler lautete: kurzfristig handeln wollen, aber hierzu die langfristigen Analysen zurate ziehen. Er gab zu bedenken, dass in der letzten Zeit viele Chatrooms zu Sündenpfuhlen der Aktienwerbung verkommen waren. Zahlreiche Leute nutzten die Foren nur noch, um Aktien so über den grünen Klee zu loben, dass diese dann stiegen und den Arglosen angedreht werden konnten.

Die Frau wiegelte ab und ließ es sich nicht nehmen, ihr fundamentales Wissen an den Mann zu bringen. »Aber Sie kennen doch sicherlich die Aktie Mesto? Psst... das ist der volle Geheimtipp!«

Okay, dann eben auf die harte Tour. Philip begrub damit jegliches, wie auch immer geartetes Abenteuer mit dieser Lady und behauptete, obwohl er die Aktie und die Firma, für die sie stand, überhaupt nicht kannte, dass er den Vorstand gut kenne und daher wisse, dass es um die Firma eher schlecht als recht stehe. Damit wollte er zeigen, dass man Vertrauen in diesem Geschäft lieber nicht als Grundlage ansah. Hofner hatte einmal zu Philip gesagt: »Alle werden schwach, wenn ihre Lieblingsaktie fundamental infrage gestellt wird.«

Bingo. Das Lächeln der Frau erstarb, und Philip konnte sehen, wie ihr Vertrauen in diese Aktie entfleuchte wie Luft aus einem angestochenen Luftballon. Die meisten Menschen klappten bei fundamentalen Andeutungen zusammen, wenn man sie auf die *ernsthafte* Probe stellte.

Ohne weitere Details abzufragen und vor lauter Verunsicherung Philip duzend, wollte sie wissen: »Also seid ihr *short* in dieser Aktie?«

Philip zog statt einer Antwort nur seine Augenbrauen hoch, faltete sein Kaugummipapier ein weiteres Mal, obwohl es schon fast wie ein Würfel aussah, und nippte an seinem Wasser.

»Nein?«

Philip schüttelte den Kopf. »Nicht *short*.«

»Nicht? Trotz eures Insiderwissens?«

»Nein, wegen des CHARTS!«

Sie gab ein kleines, etwas verrücktes Lachen von sich. »Wie, ihr nehmt keine Nachrichten als Grundlage? Aber das geht doch nicht!«

»Warum nicht?«, wollte Philip mit einem Achselzucken wissen. Vor wenigen Minuten hätte er nicht im Traum daran gedacht, dass das passieren könnte, aber jetzt sehnte er sich förmlich nach seinem Platz neben Norbert. Oder nach einem weiteren langen Gespräch mit Bernd 23. Obwohl dieser nicht annähernd so gut aussah, egal...

»Na, weil ich das nicht glaube!«

Oje... Da war sie wieder, die typische sinnlose Argumentationskette, die Philip das Leben seit Jahren schwer machte: Man kann etwas nicht machen, weil es nicht geht und weil man das so nicht kennt und außerdem nicht dran glaubt. Diese Einstellung hörte er von Freunden, von seinen Eltern und sogar von manchem anderen Trader ... Wenn es nur möglich wäre, würden diese Leutchen sogar für ein Gesetz stimmen, das jeden, der etwas machte, das man nicht machen konnte, weil es echt nicht ging, zu einer Geldstrafe verknackte.

»Ach, Charts und so ... alles Papperlapapp! Wissen Sie, was ich mache?«, setzte sein weibliches Gegenüber, Philip nun wieder siezend, das Gespräch fort und zauberte dabei wieder *ihr* Lächeln aufs Gesicht. »Ich lade Sie hiermit ein, mich in meinem Büro zu besuchen! Dort informiere ich Sie über unsere Analysemethoden. Vertrauen Sie uns Ihr Geld an, dann müssen Sie nicht mehr tagein, tagaus irgendwelche Charts betrachten.« Sie kramte in ihrer Handtasche nach einer Visitenkarte, fand aber keine. »Ich gebe Ihnen meine Nummer so. Die ist einfach zu merken ...«

Noch vor nicht mal einer halben Stunde hätte Philip seine linke Hand verkauft, um die Nummer dieser Frau zu erhalten, aber nun interessierte sie ihn nicht mehr. Es gab Wichtigeres als zu wissen, wie man diese Frau erreichte. *Was bildete die sich überhaupt ein?* Hatte sie überhaupt eine Ahnung davon, wie viele Zahlen er sich ohnehin schon merken musste? Seine Kontonummern, seine Hausnummer, mindestens zehn Internetpasswörter und dann noch die Telefon- sowie Durchwahlnummern der Büros. *Das waren bereits entschieden zu viel.* Man stelle sich nur mal vor, *er* würde tatsächlich heute noch seiner Traumfrau begegnen und die würde ihm ihre Telefonnummer geben wollen – und das nicht, um von Aktien zu reden, und er könnte sich die dann nicht merken, weil die Nummer dieser zwar attraktiven, aber dennoch stupiden Anlageberaterin wertvollen Speicherplatz blockierte *...eine Katastrophe!*

Plötzlich wollte sie Philips angebliche Expertenmeinung zur aktuellen Situation auf verschiedenen Finanzmärkten hören. Philip hatte wirklich keine Meinung dazu: »Weder hatte ich mir die Mühe gemacht, mir eine zu bilden, noch war ich im Geringsten an der langfristigen Marktentwicklung interessiert.«

Die gute Frau zog schweigend ihre perfekt gezupften Augenbrauen hoch und bestürmte ihn weiter mit Fragen zur konjunkturellen Lage und zur amerikanischen Zentralbank. Sie stellte Fragen, die zweifellos darauf abzielten, seine Meinung mit den anderen »Experten« ihres Büros zu vergleichen.

Oh Mann!

Philip machte keinen Hehl daraus, dass er keine detaillierte Meinung besaß, was ihm auch keineswegs leid tat. Gar nicht. Meterlange Berichte zu den Lagen der Finanzmärkte interessierten ihn nicht, sagte er, und: »Ja, sicher bin ich ein Börsenhändler.«

»Geben Sie doch mal paar Prognosen ab...«

Auch dies war Philip nicht willens zu tun. Punkt. Dann erklärte sie ihm einige ihrer Thesen zu den Zinsmärkten und Marktvorhersagen. Sie wollte auch präzise Informationen darüber hören, wie sich die europäischen Rentenmärkte bis Herbst dieses Jahres entwickeln würden.

Philip hielt kurz inne bei dem Gedanken, mit dieser Lady den Rest seines Lebens zu verbringen. Jeden Tag über die Märkte quatschen, und das auch noch unter einem offensichtlichen Wettbewerbsdruck. *Nein danke.*

Er gewann den Eindruck, dass sie ihn auf den Arm nehmen wollte – und das zerstörte irgendwie die imaginäre Beziehung zwischen Philip und seiner einst bezaubernden Lady immer mehr.

Plötzlich starrte sie ihn an und beschwerte sich bitterlich: »Wenn ich einem Steuerberater oder Anwalt eine rechtliche Frage stelle, antwortet er mir höflich und präzise. Wenn ich einem Doc eine medizinische Frage stelle, teilt er mir seine Meinung mit. Kein Fachmann bringt mir jemals mangelnden Respekt entgegen. Sie hingegen spielen sich hier auf und weigern sich, mir zu sagen, in welche Richtung sich die Börse bewegen wird.«

Ups.

»Sie müssen daher unbedingt bei uns vorbeikommen! U-N-B-E-D-I-N-G-T! Wir haben wahnsinnig renditeträchtige Modelle«, wiederholte die Frau mit ihrem fast schon aufdringlichen Lächeln.

»Danke, aber nein. Ich denke, ich komme auch so gut zurecht.«

»Tzzz ... Das ist aber sehr unklug von Ihnen«, platzte sie heraus und fing erneut an, kein gutes Haar an der Technischen Analyse zu lassen.

Das ging jetzt doch zu weit, Philip hatte die Nase gestrichen voll. Wenn diese Frau alle Trader der Technischen Analysen, vor allem die Intraday-Trader, als Deppen verunglimpfte, die ihre Trades nur durch Zufall bekamen und weil sie Glück hatten, dann – so gab sich Philip der Vermutung hin – sollte sie verbal auch etwas einstecken können und sich zu der Mutmaßung hinreißen lassen, sie könne unter gewissen Umständen eventuell eine erfolglose Händlerin oder Anlageberaterin bleiben, da sie offensichtlich keine Ahnung vom Zusammenspiel der unterschiedlichen Handelsausrichtungen Fundamentalanalyse, Arbitrage, Hedging und Technische Analyse hatte.

Also teilte ihr Philip mit recht deutlichen Worten mit, was er davon hielt, wenn Ignoranten oder Deppen über Dinge urteilten, von denen sie scheinbar keine Ahnung hatten. Vor allem, wenn diese in ihrer Überheblichkeit dies auch noch als Gipfel der Weisheit verkauften.

Eine sehr beleidigte attraktive Frau ging zurück zu ihrem Platz und nahm ihr nunmehr eingefrorenes Lächeln, ihre schlanken Beine und ihre nicht ausgesprochene Telefonnummer mit. War nicht vielleicht doch Philip der Depp?

*

Aus der Luft sah Bangkok aus, als habe jemand ein gigantisches buntes Lichternetz über die Stadt geworfen. Schon bald würde sich das Flugzeug durch eine der leuchtenden Maschen mogeln und Philip auf thailändischem Boden absetzen.

Philip nahm seine Einreisepapiere wortlos in Empfang und legte sie beiseite, ohne auch nur einen Blick darauf zu werfen. Die Stewardess ging weiter und stolperte ein wenig, als das Flugzeug ruckelte. Philip schaute an Norbert vorbei durch das kleine Flugzeugfenster und erkannte fast schon einzelne Straßenzüge, die scheinbar planlos und wirr durcheinanderliefen. Das ist sie! Die Stadt, in welcher der Wohlstand floriert und das Leben pulsiert. Hier sollte er nun arbeiten und die Jungs beim Handel unterstützen.

Vielleicht fliege ich ja gerade über das Handelsbüro? Oder über mein Hotel?

Während die Stewardessen die Reste des letzten kleinen Snacks vor der Landung einsammelten, waren auch die letzten Fluggäste erwacht: das ältere Ehepaar neben Philip, Bernd 13 vor ihm und die beiden Reisegruppen rechts und links hinter ihm.

Bernd 13 musterte Philip aus großen, vom Schlaf noch ganz verquollenen Augen und fragte kichernd: »Was macht der DAX?«

»Nichts, aber eure Aktie von heute Morgen ist gerade um 12 Prozent gestiegen!«

Mit einem Ruck setzte sich Bernd 13 auf und stellte seine Sitzlehne senkrecht.

»Wie bitte?? Warum denn das?«

Stille.

»Moment ... Du hast doch hier nirgends Internet und Telefon?!«

Philip grinste.

»Das ist wohl einer eurer blöden Börsenwitze?«

Philip sagte nichts. Die Anschnallzeichen leuchteten auf. Der Flug ging nun definitiv seinem Ende entgegen.

Als sich der Flieger aus den ewig sonnenverwöhnten Höhen oberhalb der Zehntausendmetergrenze in den leicht diesigen Himmel herabsenkte, konnte Philip einen Blick auf die Küste Thailands werfen. Es dauerte noch einmal gut 20 Minuten, bis der Jumbo schließlich zum Landeanflug auf den New Bangkok International Airport, einen der modernsten Flughafen Asiens, aufsetzte. Das Rumpeln des Fahrwerks auf der Piste signalisierte: Die Erde hatte Philip wieder. Danach begann der lange Weg zurück, den die Maschine auf der Parallelbahn zum Abfertigungsgebäude holperte. Die Durchsage, dass alle Passagiere auf ihren Plätzen bleiben sollten, bis das Flugzeug am Extender zum Stehen gekommen sei, trieb einige Übereifrige wieder in ihre Sitze zurück. Dies und die Wartezeit nach dem Boarden bis zum Start sind die Teile des Fluges, die am meisten an den Nerven zehren. Man ist schon weg, aber doch nicht ganz, und dann ist man schon da, aber auch noch nicht ganz.

»Gibst du mir noch einen Tipp?«, bat Bernd 13. »Ich habe noch so eine Aktie im Depot und weiß nicht, was ich damit machen soll.«

»Tut mir leid, aber ich kann dir beim besten Willen nicht sagen, was du machen sollst, auch wenn dich das jetzt frustriert. Erstens ist das ganz allein deine Entscheidung, nicht meine. Ein Grund dafür, dass du mit dem Handel angefangen hast, war ja wohl der, dass du selbst Entscheidungen treffen wolltest. Und genau das musst du lernen: deinem eigenen Urteil zu vertrauen. Zweitens habe ich null Einblick in dein Regelwerk, sofern du eines hast. Wenn ich nicht weiß, warum, wie und wann du rein bist, wie soll ich dann entscheiden, ob die Ausgangslage für den Trade noch Bestand hat? Ich kann dir nur raten, dich auf deinen eigenen Anteil an deinem Trading zu konzentrieren. Kurse können wir nicht ändern. Auf deine Gefühle, dein Verhalten kommt es an!«

Bernd 13 schaute etwas verdutzt drein.

Philip wurde deutlicher: »Es sind weder die Ideen, Regelwerke noch Sichtweisen oder gar die Instrumente, die im Handel wirklich zählen. Wenn Händler am Ende eines Handelstags die Stunden zusammenfassen, woran erinnern sie sich dann? Niemals an die Regelwerke – sondern stets an die Emotionen, an ihre persönliche Beziehung zum Markt. Und wenn ich mal raten darf, trifft das auch auf dich zu!«

Wenige Minuten später strömten die Passagiere aus der Maschine. Am Gepäckband trafen sich alle ein letztes Mal.

Philips großer blauer Koffer drehte schon seine Runden. Im Gewühl hielt er nach bekannten Gesichtern Ausschau. *Hey, ist das nicht ...? Tatsächlich!* Ja, das war die süße Anlageberaterin! Als sich ihre Blicke kreuzten, suchte sie blitzartig das Weite. *Ups, war mein Sprüchlein doch zu hart?* Und dann erspähte er auch schon Bernd 13, der aufgeregt mit den Armen fuchtelte. »Hier sind wir, Philip!«

Philip ging zu den dreien hinüber. So viel Zeit musste noch sein. Der *Habs-doch-gewusst*-Astrologe telefonierte aufgeregt. Bernd L erklärte ihm, dass die Aktie während des Fluges tatsächlich gestiegen sei, wenn auch nur um neun Prozent. Ihr Optionsschein honorierte diesen Anstieg mit 35-prozentigem Kursverlust.

Eieiei!

Bernd 13 bedauerte es tatsächlich, dass er Philip nicht schon viel früher kennengelernt hatte, und die Zeit im Flieger war ihm sprichwörtlich »wie im Fluge« vergangen. Während der Diskussion mit Philip hatte er sich lebendig gefühlt. Er fühlte sich verstanden und seine Gedanken in Worte gefasst. Dann fiel ihm ein, was Philip über das gesagt hatte, was man ist, was man hat und was man für andere darstellt. Die Zeit bewegte sich rasend schnell – und mit ihr die Ansichten eines Traders. Die Gedanken rund um den eigenen Handel bewegten sich so schnell wie ein Reitkamel; jeden Tag. Man wusste als Anfänger bloß nicht, wohin sie sich bewegten, konnte noch nicht recht unterscheiden, was oben und unten war, was vor- und zurückging.

»Man kann tun, was man will«, hatte Hofner irgendwann einmal achselzuckend zu Philip gesagt, »es kommt in diesem Gefilz von Marktkräften nicht im Geringsten darauf an! Wichtig ist und bleibt nur eins: Du handelst mit *deinem* nur zu dir passenden Stil *wiederholbar* und deshalb *beständig* und achtest immer schön darauf, keine Kühlschränke in der Antarktis zu verkaufen.« *Man konnte es drehen und wenden wie man wollte – der alte Fuchs hatte einfach recht.*

Fröhlich pfeifend schnappte sich Philip einen Gepäckwagen, lud seinen Koffer darauf, winkte seinen Reisegefährten noch einmal kurz zu und verließ den Flughafen voller Vorfreude und gespannt auf das, was ihn in den nächsten Wochen in Bangkok erwarten würde.

Am Ausgang drehte er sich noch mal zu Norbert, den Bernds, dem Astrologen, dem älteren Ehepaar und der jungen Lady um. Ihre Wege führten meistens hin und zurück. Das Datum und die Uhrzeit auf dem Rückflugticket gaben – anders wie beim Trading – Sicherheit, sich nicht bewähren zu müssen. Ein Überleben war nicht notwendig. Sieben Menschen kamen an – sieben Menschen flogen ab. Stets war das Gleichgewicht gewahrt, die Stadt unverändert. Und umgekehrt?

ERLÄUTERUNGEN

Handelsausrichtungen: Trend | Bewegung | Ausbruch

Eine der wichtigsten Erkenntnisse im Leben eines Traders ist, dass jeder Verlust wie auch jeder Gewinn bei einer Position nur durch den richtigen bzw. falschen Ausstieg, sprich: durch die richtige oder falsche Stoppsetzung, entsteht. Eines der großen Probleme eines Trading-Anfängers ist, dass er nach dem Ein- und dem Ausstieg den weiteren Chartverlauf beobachtet und sich dann immer ärgert, dass er, bezogen auf den weiteren Kursverlauf, den Stopp wieder total falsch gesetzt hat. Um nicht diesem Irrtum der falschen Stopp-Setzung zu unterliegen bzw. um dieses Risiko zu mindern, muss sich ein Trader über das seinem Handel zugrunde liegende Ziel klar werden: Erst wenn er dieses klar definiert hat, also wenn er sich im Klaren ist, ob er seinem Trade den Trend, die Bewegung oder nur den Ausbruch zugrunde legt, kann er die wichtige und vor allem richtige Entscheidung treffen, wie mit den Stopps bei Positionseröffnung sowie im weiteren Verlauf dieses Trades zu verfahren ist. Da jedoch viele Trading-Anfänger wenig Kenntnisse über den Trendaufbau besitzen und sich allein aus diesem Grund über ihre Zielbestimmung im Unklaren sein müssen, machen sie bei den Stopps so viele Fehler. Was ist die Folge? Sie setzen die Stopps oft wahllos und der aktuellen Chartsituation unangemessen.

Stellen wir uns folgende Ausgangsposition, wie in Bild 1a dargestellt, vor: Im beobachteten Markt ist ein 1-2-3 vorhanden, und der aktuelle Kurs steht gerade am *Punkt* 2.

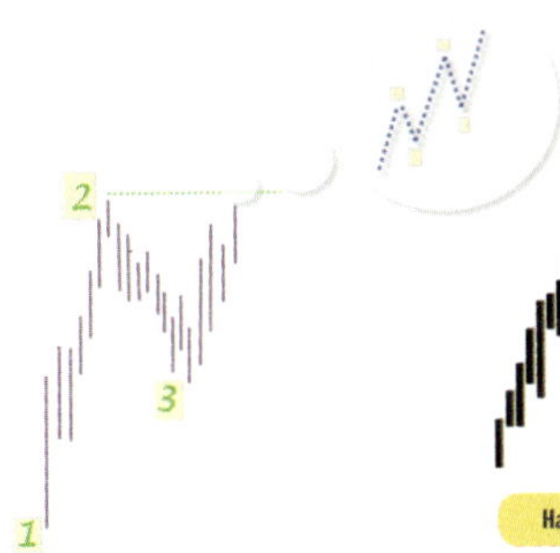

Bild 1a

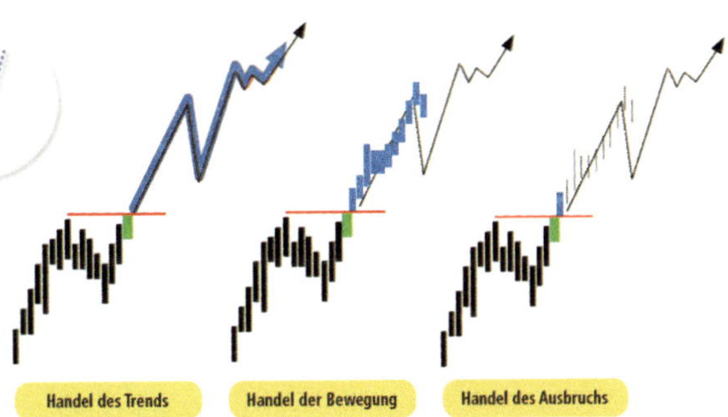

Bild 1b

Dem Trader ist klar, dass unabhängig von der aktuellen Situation im Chart, dem gewünschten oder erwarteten bzw. gewählten Einstiegssignal sowie der zur Betrachtung gewählten Zeiteinheit sich ein Trend stets aus einer *Bewegung* und einer *Korrektur* aufbaut. Es stellt sich nun allerdings die Frage, was der Trader mit diesem Wissen anfangen und wie er die Kenntnisse vom Trendaufbau umsetzen bzw. gewinnbringend anwenden kann. Dies geschieht nur über die Zielfeststellung bzw. Zielausrichtung. Beim markttechnisch orientierten Trading dürfen das grobe Trading-Ziel und die Trading-Ausrichtung nie verwechselt werden. Erst wenn sich der Trader der drei Möglichkeiten, Bild 1b, fachlich bewusst ist und diese vor dem Trade definiert bzw. sich für eine der drei Möglichkeiten entschieden hat, kommt im weiteren Chart- und Handelsverlauf keine mentale Entscheidungsunsicherheit mehr auf.[28]

Bewegung und Korrektur verlaufen unterschiedlich

Die Markttechnik lässt eine wichtige Erkenntnis zu: Wenn wir einen Chart etwas genauer betrachten, erkennen wir, dass ein Candlestick- oder Bar-Chart in saubere und unsaubere Abschnitte unterteilt werden kann, denn die Bars unterscheiden sich in ihrer Form und Lage untereinander. Bild 2 stellt zur besseren Kenntlichmachung ein Schema mit farblicher Ansicht der Unterschiede dar.

Bild 2

Es wird uns generell auffallen, dass es Phasen gibt, in denen die Bars durch ihre Größe und Deutlichkeit klar hervorstechen. Diese Bars sind meistens in der Anzahl sehr gering. Diese wenigen Bars erreichen einen hohen Punkteverlauf. Wenn wir diese Beobachtung auf die Punktezählung übertragen, stellen wir fest, dass die schnellsten und saubersten Bewegungen vom letzten *Punkt 3* zum neuen *Punkt 2* stattfinden. Es entsteht ein hohes Momentum. Hingegen sind die Verläufe vom *Punkt 2* zum neuen *Punkt 3* immer durch unsaubere Bars, viele Dojis und ständige Richtungswechsel geprägt.[29]

---

28 Die genauen Details zu den drei Handelsausrichtungen sind nachzulesen im Fachbuch »Das große Buch der Markttechnik« auf Seite 215 ff.
29 Detailliert nachzulesen im Fachbuch »Das große Buch der Markttechnik« auf Seite 160 ff.

Ich, Trader ____,
stelle mir die folgenden Fragen:

Wen oder was sehe ich, wenn ich mein Spiegelbild am Handelsmonitor sehe?

____

____

____

Welchen genialen Satz (das Trading betreffend) hätte ich gern formuliert?

____

____

____

____

Möchte ich mal in einem Börsen-Werbespot vorkommen? Wenn ja, an welcher Stelle?

____

____

____

____

Was denke ich über die Behauptung: »Ohne Leiden bildet sich kein Charakter?«

____

____

____

____

MICHAEL VOIGT

Der Händler

Band 1–3

Band 1 *Ein ganz normaler Tradingtag und Menschliches, allzu Menschliches*

Band 2 *Lieber einen Monat in der Hölle, als einen Tag Trader sein*

Band 3 *Zurückhaltung ist der bessere Teil von Tapferkeit*

FBV

Vor dem Rechner ist alles anders.
So könnte, reichlich unbekümmert,
der Refrain einer Traderhymne lauten.
Wenn die Charts leuchten,
hört die rationale Welt auf zu existieren,
und es beginnt die dunkle Herrschaft der Geister
und der unheimlichen Emotionen,
die man – doch so gern – aus der sicheren
Abgeschlossenheit seines Büros verbannen würde.

»Fenster und Gardinen zu!«, empfiehlt man sich.
Die Angst vor einem emotionalen Desaster
hat längst nichts mehr mit Aberglauben zu tun.
Interessant ist, dass sich emotionale Muster und Tradingfehler
offensichtlich seit Anbeginn des Börsenhandels zäh
gehalten haben – der Evolutionslehre zum Trotz,
und in Gesprächen mit anderen Menschen
ärgern sich viele Trader dann am meisten,
wenn ihnen Vorträge darüber gehalten werden,
wie sie sich verhalten sollen.
Die meisten von ihnen wissen nämlich recht gut,
wie sie sich verhalten sollten.
Das Problem ist die Umsetzung, nicht etwa die Unwissenheit.

Michael Voigt, 2009

Börsenhandel ohne Hobby, welches parallel die Zeit »totschlägt«, ist kaum durchführbar. Aus diesem Grund gibt es für mich während des Handelns keinen besseren Zeitvertreib als das Schreiben. Mithin kann ich jedem Händler nur raten, das Thema »Hobby« als Renditesteigerung des eigenen Handelskontos zu betrachten.

VORWORT

Die Veranlagung zur Aggression ist scheinbar allen Menschen eigen: Man muss sich nicht im Krieg oder im Kampf befinden, um diese auszuüben. Wenn ihm etwas gegen den Strich geht, zeigt bereits ein zweijähriges Kind, dass es kratzen und beißen kann.

Vor einigen Jahren wurde der Fußballer Vinny Jones vom englischen Fußballverband mit der Begründung, er habe den Fußball in Verruf gebracht, zu einer saftigen Geldstrafe verurteilt. Jones hatte ein Video produziert, in dem die übelsten und schmutzigsten Tricks präsentiert wurden, derer sich Fußballer bedienen, wenn der Schiedsrichter gerade mal nicht hinschaut. England war teils schockiert und teils brüskiert, dass jemand derartig katalogisiert hatte, was jedermann Wochenende für Wochenende in der Sportschau sehen konnte. Möglicherweise war es das Maß an Zynismus, das die Fans dabei erschreckte. Dass Fußballer keine Engel sind, ist hinreichend bekannt, doch Lektionen in der Kunst, seinem Gegenspieler wirksam die Stollen in die Wade zu rammen, schienen nun doch zu abgefeimt.

Doch erst das Traden bringt die übelsten Seiten des Menschen wirklich zutage: Sitzt ein Trader erst mal vor dem Chart, verwandelt sich so mancher in den Römer Maximus, bereit, mit Sicheln an den Streitwagenrädern, jeden noch so starken Gegner mit allen Mitteln zu besiegen; und im Laufe so eines Börsentages steigern sich die jungen Charthelden landesweit in einen – meist männlichen – Gewaltausbruch hinein. Hier machen sich Aggressionen auf ganz subtile Weise bemerkbar, denn bei diesem Kräftemessen ist kein Körperkontakt vonnöten. Hier liefern sich Trader – häufig ohne jede Rücksicht auf die eigene Gesundheit und den Kontostand – ihren ganz persönlichen Schlagabtausch mit sich selbst: Während in Trading-Lehrbüchern und Seminaren notorische Spaßverderber endlos auf Prinzipien herumreiten und damit jegliche sinnvolle Arbeit – gemeint ist: das permanente Betrachten des aktuellen Kurses – zum Erliegen bringen wollen, durchpeitscht der Trader jede Zeiteinheit in der Bestrebung, seinen Gegner namens Chart erbarmungslos niederzuwalzen, und erkennt jeden Tag aufs Neue, dass mit der eigenen Aggression – aktiver wie passiver – häufig schwieriger fertig zu werden ist als mit der Ohrfeige eines guten Freundes.

Wird die eigene Ehre vom Chartverlauf angefochten (was für ein herrlich pompöses Bild!), sieht sich mancher Trader dazu gezwungen, das Gleichgewicht wieder herzustellen, mithin seine verlorene Ehre zurückzuerlangen – das heißt, sich zu rächen –, so, als müsste er eine Schlägertruppe gegen den Chart losschicken, um sich etwas wiederzuholen, was ihm ein anderer geraubt hat. Ein Trading-Anfänger kann »das Gesicht verlieren«, doch wenn das passiert ist, muss er es unbedingt wiederhaben – das heißt, er muss die Maske der Würde, die ihm zeitweilig vom Schlag eines Minustrades schief im Gesicht zu hängen scheint, wieder zurechtrücken.

Gleichwohl bleiben solche Rachefeldzüge zumeist erfolglos. Klar. Man bringt sich in eine noch misslichere Lage, weiß, man sollte besser abhauen, kann aber nicht. Darum landen Leute hinter

Gittern oder unter der Brücke und Trades werden mit großem Minus erst vom Broker ausgestoppt. Tatsächlich entstammt der Ausdruck »das Gesicht verlieren« dem chinesischen Brauch, sein Gesicht mit einem Fächer zu bedecken, wenn man erniedrigt oder beschämt wurde. Gehört daher zu jeder Kontoeröffnung nun besser auch ein Fächer?

Eines ist Fakt: »Diese Sache mit dem Ego …« lässt die Grundidee von der *Beständigkeit* als ausgesprochen unnatürlich erscheinen. »Die andere Wange auch noch hinhalten« bedeutet, »das Gesicht erneut zu verlieren«, und zwar im großen Stil und mit voller Absicht. Bedeutet »Fehltrades zu lieben« nicht, dass diese immer obenauf sind? Und wenn das so ist, dann ist man selbst doch zwangsläufig unterlegen? »Diese ganze Geschichte über die Sanft- und Demütigen war doch schon auf dem Schulhof eine peinliche Sache! Und jetzt dasselbe noch mal im Trading? *»Och nee, bloß nicht …!«*

Aufgrund dieser – nennen wir es mal Schulhoflehre – benötigen viele Trader scheinbar eine *erwachsenere* Konzeption von Trading-Ansichten. Eine Vorstellung von etwas, das groß genug ist, um zu dieser »Frage der Ehre« eine wahrhaft guruhafte, wahrhaft allumfassende Antwort zu liefern: Der empfundenen Größe und Herrlichkeit des Börsenhandels muss ein kniffliges, ein heroisches, ein geheimes Regelwerk zugrunde liegen – ein Regelwerk, das auch von einem Trading-Neuling verstanden wird, sofern dieser es nur finden kann! Und dieses imaginierte »geheime Regelwerk« wird nun als Zeichen für die Größe und Herrlichkeit des zu suchenden Tradings erachtet …

Kurzum: So mancher angehende Händler verkennt noch viel zu sehr, dass er mit seinem vertrauten Bild vom Trading, von dessen Aufbau und Wirkungsweise, als *quasi göttlich voreingestellter* Parameter und einem »Papi aller Regelwerke« gründlich aufräumen muss. Gott mag derjenige sein, gegen dessen Willen »keine Taube tot zur Erde« fällt. Dieser fürsorgliche, persönlich engagierte Gott hat möglicherweise ebenso auch »alle Sternlein« gemacht und »befiehlt« den Regenwolken auf der ganzen weiten Welt, wohin sie ziehen sollen. Doch ist dieser Gott nicht der Schöpfer des Börsenhandels und der oftmals falschen Ansichten in Bezug auf selbigen. Sicherlich mag dieser vertraute »liebe Gott« groß, fürsorglich und komplex genug sein, um die riesige undurchsichtige Ordnung aller Chartverläufe zu beaufsichtigen, aber: Der Marktverlauf wird nun mal durch die Marktteilnehmer bestimmt. Einzig und allein durch deren Orderlage und Reaktion auf ihre Positionen: long, short und natürlich – wie leider viel zu oft vergessen – flat.

Noch eine weitere Anmerkung für den Fortgeschrittenen: Wir sind alle dieser Moralapostel überdrüssig, die uns mit Binsenweisheiten bombardieren, wie beispielsweise: täglich Zahnseide zu benutzen, regelmäßig Äpfel zu essen oder doch endlich das Rauchen sein zu lassen und dafür mehr Sport zu treiben.

Wie im normalen Alltag so auch im Börsenhandel helfen keine Ego-Predigten mit erhobenem Zeigefinger, sondern wir müssen simple Tricks anwenden, um unsere Ziele zu erreichen.

Bevor aber selbst diese gelingen können, müssen wir die Tatsache akzeptieren lernen, dass wir vor dem Chart – auf den Punkt gebracht – grundlegend nur eines sind: wie Tiere. Uns selbst und damit all unseren Begehrlichkeiten, Eitelkeiten, Selbsttäuschungen und Aggressionen hilflos ausgeliefert …

Und somit fangen wir wieder an, das Trading zu erforschen, die seltsame Hartnäckigkeit der Unvernunft zu verstehen, mit der es den Globus der Börsen umspannt. Wir wollen ihm erneut auf die Schliche kommen!

Zudem könnte es sein, dass auch diese Geschichte wieder mit Ihrem Trading – lieber Leser – das eine oder andere zu schaffen hat.

Danksagung

Mein größter Dank gilt den vielen Lesern, die mich nach dem Großen Buch der Markttechnik in Mails ermuntert haben, weiterzumachen. Natürlich danke ich auch meinem Beruf als solchem, dass ich auch bei diesem Band jederzeit während der Arbeit auf Tauchstation gehen und schreiben konnte.

Mein Dank gebührt gleichermaßen den Menschen, die das Manuskript lasen, mir gewissenhaft bei der Korrektur von Fehlern halfen und durch nützliche Bemerkungen zur Ausgestaltung des Buches beitrugen: allen voran Holger, der in seiner Rolle als kritischer Leser einen unschätzbaren Beitrag leistete, ebenso wie Erdal. Ein herzliches Dankeschön natürlich an Angela Braun und die vielen Ausflüge nach La Réunion sowie an Ilona Posselt und Grit, welche trotz unzähliger Korrekturen immer schön tapfer blieben.

Auszug aus Hofners Tagebuch:

Langeweile im Trading entsteht,
wenn man nichts mehr 'rumzubasteln hat.
Nichts mehr 'rumzubasteln hat man,
wenn man nichts Neues mehr weiß,
und das kommt davon,
dass es nichts mehr Neues zu erfahren gibt.
Daher ist Trading eine dauernde Abfolge durchdachter Wiederholungen.
Beachtet man dies nicht,
so kann man sich innerhalb von Sekunden
in diesem Geschäft zum Affen machen.

*

Als bei Stan mitten in der Woche gegen 15 Uhr das Handy klingelte, dachte er nicht: *He, wer mag das wohl sein?*, sondern: *Sch…, lasst mich in Frieden*! Stan fragte sich, ob es tatsächlich Trader gab, die sich über einen unangekündigten Anruf freuten – über einen Anrufer, der nur mal kurz hereinbimmelte, um *Hallo* zu sagen oder die Lage zu peilen. Darüber würden sich wohl nur einsame Menschen freuen. Ja, solche Leute waren vermutlich entzückt. Nicht aber Stan! Er betrachtete eine solche Invasion als Affront. Die Stunden während der klassischen Handelszeiten an den Börsen waren ihm heilig und für den Rest der Welt strengstens tabu. Diese Zeit wollte er ganz für sich allein haben und nach ein paar strengen Übungslektionen seinerseits hielten sich inzwischen alle daran. Seine Freunde hatten es bereits während der vergangenen Monate, als Stan noch unter der Lehraufsicht Hofners in Deutschland vor den Charts saß, aufgegeben, irgendwelche Unternehmungen für einen Wochentag vorzuschlagen. Seine Mutter, die am Anfang noch lautstark protestiert hatte, fügte sich inzwischen zähneknirschend ihrem Schicksal und widerstand der Versuchung, zum Telefon zu greifen, denn auch sie hatte mittlerweile eingesehen, dass sie Stan frühestens am Abend an die Strippe bekommen würde – ganz egal, wie oft sie die Wahlwiederholungstaste malträtierte. Sogar John, Stans jetziger Ausbilder und Chef, verzichtete darauf, ihn tagsüber allzu sehr zu belästigen. Genau deshalb war Stan so entgeistert, als sein Handy plötzlich surrte.

Wahrscheinlich wieder der Hausmeister, der den Filter der Klimaanlage zu Hause auswechseln sollte, oder jemand, der sich verwählt hatte …

Wie ein Hund legte er den Kopf lauschend auf die Seite und horchte, darauf hoffend, dass sich dieser telefonische Eindringling wieder verziehen würde. Sein Handy aber vibrierte hartnäckig weiter. Stan wandte sich, mit leicht schwitzigen Händen, wieder seinen Monitoren zu, und sofort war sein Kopf wieder leer und seine Kehle wie zugeschnürt. Er versuchte, langsam und gleichmäßig Luft zu holen, aber seine Atemzüge klangen abgehackt und wurden immer wieder von kleinen Japsern unterbrochen.

Manchmal schien es ihm, als sei dieses Schwitz-Japs-Syndrom bei ihm schon fast zum Gewohnheitsleiden geworden, und zwar auch dann, wenn seine Positionen ausnahmsweise einmal nicht mit Minus endeten. Es passierte immer häufiger, dass er nachts mit Herzrasen aus dem tiefsten Tiefschlaf hochschreckte und pitschnass im durchgeschwitzten Bettzeug lag. Erst am vergangenen Sonntag, mitten während eines ansonsten völlig entspannten Spaziergangs, hatte Stan bei jedem Atemzug einen stechenden Schmerz in der Brust verspürt. Auch wenn er sich morgens in das Taxi zum Büro quetschte, schnürte sich seine Kehle wie auf Kommando zu, und sein Puls begann zu rasen. Dafür schien es nur zwei plausible Erklärungen zu geben, und obwohl Stan gelegentlich nicht frei von hypochondrischen Anwandlungen war, konnte er sich nicht einmal ansatzweise vorstellen, dass er als Kandidat für einen Herzinfarkt infrage käme. Also mussten das schlicht und ergreifend jeweils Panikattacken sein.

Stan presste sich die Fingerspitzen an die Schläfen und drehte den Kopf hin und her. Doch vergeblich, die Panik ließ sich nicht eindämmen. Gestern hatte Stan neun oder zehn Minustrades gemacht, da war es nicht weiter verwunderlich, dass seine Nerven leicht blank lagen. Aber das sollte Stan garantiert nicht noch einmal passieren! Das musste er heute verhindern, *jawohl*. Er zog ein weiteres Mal seinen Stopp zurück. Es war ein Gefühl, als ob seine Lunge nur zehn Prozent der normalen Leistung brächte, und als er sich gerade überlegte, wer wohl seine Leiche finden würde, sah er seine CFD-Position weiter ins Minus rutschen. Stan starrte endlos scheinende Sekunden wie gelähmt auf den Monitor. Wieder einmal mehr hieß es eben nicht: Ende gut, alles gut, sondern: *Ende sch…, alles sch…!*

Stan kauerte mit einem panischen Gesichtsausdruck hinter seiner Wand aus Monitoren und ließ sich mal wieder vom kriminellen Superhirn – so bezeichnete er die Börse häufig – überlisten. Ihm war, als könne er tatsächlich den Chart mit ironischer Stimme sagen hören: »Wow. Jetzt willst du's mir aber zeigen, was? Weißt du was? Ich nehme die Herausforderung an!« Und dabei wirkte Stan doch, wenn er im großen Fenster sein Spiegelbild betrachtete, tatsächlich wie ein Tophändler: Seine Haare waren gut gestylt, er trug ein sauber gebügeltes Hemd wie es die So-bekommen-Sie-Ihren-Traumjob-Artikel der Hochglanzbroschüren immer proklamierten, und vor ihm lag ein Berg von Börsenzeitschriften, ausgedruckten Börsenbriefen und Newslettern neben seiner mit allen nur denkbaren Features ausgestatteten schwarzen Handelstastatur.

»Ich habe keinen Schimmer, was der Scheiß jetzt schon wieder soll«, zischte er, als der Markt weiter anstieg. »Aber keine Sorge, DRECKSMARKT. Ich habe alles unter Kontrolle.« Hatte er auch. Zumindest dachte er das. Aber irgendwie wollte der Markt nicht so recht auf seine Position anbeißen. Stan verfolgte hartnäckig jeden Kurs kreuz und quer durch den Chart, zoomte den Chart auf und zu, verglich ihn mit Charts anderer Märkte und unternahm alle nur erdenklichen weiteren Verrenkungen in dem Versuch, seine Position zu rechtfertigen.

Man muss sich das so vorstellen: Stan allein gegen den Rest der Trader im DAX. Da kriegt auch so ein Mordskerl wie Stan manchmal Muffensausen oder eben Panikattacken. Aber das dauerte höchstens zwei, drei Minuten an. Nachdem Stan irgendwo gelesen hatte, dass man mit der von ihm aktuell verwendeten Indikatorenkombination steinreich werden könne, hoffte er angesichts seines Minus, dass es sich dabei um keinen Druckfehler gehandelt hatte. Doch dann überlegte

Stan es sich – wie immer: »Ach … leckt mich, ich zeig euch, wie's geht!!!« – anders, und das Bewusstsein über die scheinbare Cleverness seiner Position richtete sich stolz in ihm auf, und er kaufte kurzerhand weitere fünf CFDs *short* nach…

Johns braun gebrannte lange Finger strichen entspannt am Rande der Handelstastatur entlang, die einen kleinen Schatten auf die Tischplatte warf. Er wippte, die Beine lässig übereinandergelegt, in seinem Stuhl hinter dem Schreibtisch. Das Jackett seines teuren Anzugs baumelte über der Rückenlehne. Sein gut geschnittenes Poloshirt saß locker und bequem. Während er die Zahlen auf seinen Monitoren studierte, fuhr er sich mit einer Hand durch die weißen Strähnen an seinem Hinterkopf. Nach den Schlusswerten der großen Indizes zu urteilen, war der gestrige Tag ein eher unspektakulärer Handelstag. Der Dow Jones gab mit 50 Punkten so etwa um die 0,5 Prozent ab. Dem NASDAQ erging es ein bisschen besser, mit knapp 30 Punkten gewann der um ein Prozent. Die 30-jährigen Anleihen waren um rund 20 Ticks gefallen, der Anstieg des US-Dollars wurde gestoppt und musste von den Gewinnen des gestrigen Abends wieder ein großes Stück abgeben. Trotzdem verbargen sich hinter diesen Zahlen wichtige Wochen, denn damit setzte sich der üble Abstieg fort, der die Aktien deutlich unter ihre bisherigen diesjährigen Tiefs drückte und dabei einige Indizes bis zu 30 Prozent unter ihre Jahreshochs zog.

Das lichtdurchflutete Büro mit den großen Bildschirmen und dem exquisiten Schreibtisch war perfekt durchgestylt. Krümel, Flecken, leere Verpackungen, Zettelwirtschaft, schmutziges Geschirr – alles Fehlanzeige. Der Raum war so sauber, als ob die Putzfrau gerade ein Übersoll an Anstrengungen geleistet und, nach einem zufriedenen Blick zurück, die Tür geschlossen hatte – alles glänzte wie neu. Wenn es möglich war, dass ein Büro die Persönlichkeit seines Besitzers widerzuspiegeln vermochte, so waren John und sein Büro eineiige Zwillinge.

Der Zeiger der Uhr klebte immer noch auf kurz nach drei Uhr nachmittags, als der letzte 10-Minuten-Candle der ersten Handelsstunde des DAX-Futures hereinkam. John liebte die sechsstündige Zeitverschiebung. Da er morgens selten in Bestform war – sonst wäre er wahrscheinlich eher Postbote geworden –, konnte er einige seiner präferierten Märkte intraday handeln sowie dennoch ausschlafen und den Tag in aller Ruhe und Gelassenheit angehen. John betrachtete seine Overnight-Positionen: Er handelte im Bund-Future den am deutlichsten im 60-Minuten-Chart sichtbaren Trend und seit Tagen im DAX-, im Dow-Future und im Britischen Pfund die jeweiligen deutlich sichtbaren Trends auf Tagesbasis.

Name	Position	Traded	P/L Points	P/L	Time (MEZ)	Last Quote	Bid	Ask
FDAX	-10 K	6901	+81	+20.250 €	08:50:12	6820	6820,0	6820,5
FGBL	+50 K	113,20	-0,48	-24.000 €	08:50:12	112,72	112,72	112,73
POUND	+20 K	1,9655	+0,0100	+6.250 $	08:50:12	1,9655	1,9655	1,9657
FDOW	-20 K	11604	+816	+81.600 $	08:50:12	10788	10788	10789

Nach der gestrigen Bekanntgabe der 14:30-Uhr-Zahlen kam es anschließend im Bund-Future zu einem imposanten Kursanstieg von 120 Ticks, welcher diesen Markt an dem lokalen Hochpunkt des intakten Aufwärtstrends des 60-Minuten-Charts hatte vorbeiziehen lassen. Da dort Johns Stopp-Buy-Orders auf eine Ausführung warteten, war er hier nun mit 50 Long-Kontrakten engagiert, was ihm durch ein Eröffnungs-Gap heute gleich in der ersten Minute der ersten Handelsstunde ein Minus von 24.000 Euro bescherte. Dass dieses Eröffnungs-Gap die Kurse unter den letzten *Punkt* 2 und damit unter seinen gestrigen Einstiegskurs drückte, ließ diesen ursprünglich aus einem kleinen Dörfchen im französischen Département Ariège stammenden Händler nicht einmal eine Sekunde an der Richtigkeit seiner Position zweifeln. Im Gegenteil: Da John dieses Gap als das wahrnahm, was es tatsächlich darstellte, nämlich einfach als eine *Korrektur*, legte er gestaffelt fünf weitere Orders unter den letzten Hochpunkt, der zeitgleich das Tageshoch des gestrigen Handelstages markierte. Er hoffte aber insgeheim, der Bund-Future würde noch weitere Ticks fallen, da dies in Bezug auf die angedachte Positionserhöhung ein besseres Chancen-Risiko-Verhältnis für den Trendhandel bedeuten würde. Damit könnte er seine angedachte Positionserhöhung billiger und klüger vornehmen.

John war schon überall auf der Welt gewesen und immer wieder gerne hielt er sich auch für kurze Zeit in seiner geliebten Heimat auf – indes nur zum Entspannen und um sich von seiner noch verbliebenen Familie verwöhnen zu lassen. Diese war ihren Wurzeln treu geblieben und hatte das kleine Dörfchen nie verlassen. Seine Eltern hatten in der Vergangenheit, gemeinsam mit seiner jüngeren Schwester Colette, ein kleines, aber feines Restaurant eröffnet, welches Colette nach dem Tod der Eltern vor wenigen Jahren in Eigenregie weiter betrieb – und dies sehr erfolgreich. Während sich der Rest seiner Familie also der Kulinarik verschrieben hatte, schlug Johns Herz seit jeher für den Börsenhandel. Er bezeichnete sich auch als leidenschaftlichen Hochseeangler, übergab seine Beute aber stets fachkundigem Personal, welches die Köstlichkeiten dementsprechend auf den Tisch zu bringen vermochte. Dagegen symbolisierten die für andere Leute trocken anmutenden Zahlen, mit denen er tagtäglich hantierte, in seinen Augen exquisite Zutaten für ein perfektes Mahl, welche es nur noch richtig zu kombinieren galt. So gesehen, konnte man ihn auch als »Maître de Cuisine des Börsenhandels« betrachten. Mehr muss eigentlich nicht erwähnt werden, außer: Wie bei anderen Leuten, die ihren Beruf nicht *nur* für Geld, sondern um der Liebe zur Tätigkeit willen ausüben, näherte sich auch für John der Augenblick, wo die ansteigenden Jahre ins Nichts zu führen schienen.

Einige der wirklich Großen im Börsengeschäft hatte John in seinen Jahren auf dem Chicago-Parkett noch kennenlernen dürfen. Und manchmal, aber immer seltener, erzählte er von den wilden Trades im Jahre 1985 oder dem Hype in 1990, als nach der Internetwelle die ganze Welt auf den Straßen tanzte und er einer der vielen war, die in dieser Zeit immense Summen als Gewinne eingestrichen hatten. Aber während der vergangenen Jahre hatte er dank seiner Ruhe und Gesetztheit einmal den einen oder anderen Trade ausgelassen, ohne dass dies sein Ego tatsächlich tangierte. Er hatte recht schnell erkannt, dass das wirkliche Trading bei ihm schon lange nicht mehr durch das permanente Anstarren seiner Monitore vonstattenging; so etwas, erklärte er den jungen Händlern stets, machten nur die Leichenfledderer, die Ewig-zu-spät-Gekommenen. Jene, die glaubten, ein PC mit zwei Bildschirmchen und ein noch fix gelesenes Börsenbüchlein wären in der Lage, die Zeit zum schnellen Reichtum vorzudrehen. »Für mich ist die Vorstellung tröstlich, nicht zuzulassen, dass meine innere Gemütsruhe von den Trivialitäten des Marktverlaufs verschlungen wird, von der Unbedeutendheit eines einzelnen Plus- und Minustrades, von dem, was ich besitze, von Fragen der Beliebtheit – wer mag mich, wer mag mich nicht, wie viel Geld habe ich beziehungsweise habe ich nicht. Für mich ist der Zustand tröstlich, frei zu bleiben für die Wahrnehmung des Wunders des Tradings und des Lebens«, gab er stets zum Besten. John wusste, wovon er sprach, war doch auch sein Lebensweg als Händler eine Kette erschütternder Erlebnisse, die selbst seine tiefsten Gewissheiten und Überzeugungen in Zweifel gezogen hatten und denen er sich stellen musste.

Die nach den sinnlosen Trades seiner frühen Jahre nun bis ins kleinste Detail durchdachte Beständigkeit befreite sein Herz von den Belastungen des rastlosen Umherwanderns im scheinbar undurchdringlichen Börsendschungel; das Haus »Duplizierbarkeit«, das er nach Jahren des Leichtsinns bezogen hatte, war wie geschaffen als Domizil für seine innere Ruhe. Seine Anschauungen zu den Märkten hatten mit den Jahren eine außerordentliche Festigkeit und jene Freiheit eines großen Charakters angenommen, welche allein der vollkommenen Abwesenheit von Zweifeln geschuldet waren. John war in *jedem* Markt der Welt unterwegs – Hauptsache, dieser hatte einen Chart – und predigte Disziplin als Gegenmittel zur Fehlbarkeit. Dank seiner jahrelangen Erfahrung hatte sein Handelsstil ein derart hohes Niveau der Spezialisierung erreicht, dass sich nur sehr wenige mit ihm messen konnten.

Johns blaue Augen schweiften ab von seinen vier Monitoren, und beim Blick in Richtung des breiten Bücherregals schossen ihm sehnsüchtige Gedanken und Erinnerungen durch den Kopf. Sein Blick galt nicht den vielen Familienfotos, sondern vielmehr dem Miniaturmodell eines Segelbootes, das derzeit im Bangkoker Hafen vor Anker lag. Jeder Trader braucht einen Gegenpol zum Traden. Einen kleinen Flugplatz, auf dem die Seele ab und zu landen kann und von dem man wieder Anlauf nehmen kann, um noch höher und weiter zu fliegen. Irgendwann muss jeder wieder aufladen. Johns Gegenpole, seine kleinen Flugplätze, fand er, wenn er abends in Ruhe eine seiner Zigarren rauchen durfte und an seine »Mary« dachte, die nach dem Kosenamen seiner zweiten Ehefrau liebevoll benannte Ketch Steffini Mostes 62 – eine Segeljacht Baujahr 1980. Die unendliche Weite des Meeres, der kraftvolle Wind und die Freiheit, ganz ohne Computer, Charts und E-Mails über die schäumenden Wellen des Ozeans zu gleiten, bedeuteten für John Beruhigung des Geistes und waren in der Tat der Grund für diese Anschaffung. Nach manchem wilden Handelstag, nach welchem sein Gemüt einem Schlachtfeld glich, war ein Segeltörn eine willkommene Abwechslung für ihn und, wenn eingeladen, auch für seine vier Kollegen, um die lautstarke, obsessive, aufdringliche Erinnerung an so manchen Marktverlauf zu vertreiben.

Johns Blick glitt weiter, vorbei an dem großen Panoramafenster, hin zu der großen Collage, die über dem Regal hing. Die Weite des Meeres zu erkunden, hatte auf der einjährigen Weltumsegelung, die er gemeinsam mit Hofner – zusammen fast 80 Jahre Trading-Erfahrung vereinend und jahrzehntelang befreundet – unternommen hatte, wie geistige Gartenarbeit gewirkt, bei der unreine Gedanken wie Unkräuter ausgezupft wurden. Beide hatten nicht eine Minute um die Welt gehende Börsengeschichte geschrieben. Nein, sie waren die Vergessenen: diejenigen, die das Trading als solches in ihren Handelsbüros berühmt gemacht hatten, doch sich selbst nie als Berühmtheiten feiern durften. Sie waren die Grundlage gewesen, sozusagen der Mutterboden der Time-&-Sales-Liste, der die Märkte durch Liquidität fruchtbar machte und auf dem dann die ganz Großen und auch die Privaten ihre farbenfrohen Blüten austreiben ließen. Er war als Trader weder in Funk noch Fernsehen oder Internetforen aktiv, er war nichts als ein anonymer Händler.

Neben einem Foto, das die beiden Händler und ihre Ehefrauen zeigte, wie sie vor der Großen Australischen Bucht einen riesigen Thunfisch in den Händen hielten, waren auch einige Notizen und Stichworte in die Collage integriert, welche die Resultate nächtelanger Diskussionen um das Trading an den schönsten Küsten der Welt wiedergaben. Unter den zahlreichen Lektionen, welche die Börse John gelehrt hatte, waren einige der wertvollsten dadurch entstanden, dass er Charts nur beobachtet hatte. Nicht weil er dabei traden wollte oder musste, sondern einfach nur wegen der Beobachtung selbst. Die erste lautete: »Demut entwaffnet.« Die zweite, nach den bekannten Worten Nietzsches: »Nur wer sich wandelt, bleibt mit mir verwandt.«

John schüttelte die linke Hand aus, massierte sich unauffällig die Fingergelenke und wartete die häufig volatile Eröffnungsphase des Schweizer Marktes ab. In dieser wurden Schieflagen und Positionsbereinigungen, die sich über Nacht ergeben hatten, abgearbeitet. John ging zu dem großen Schiebefenster hinüber, öffnete es und ließ die schwülheiße Luft eines Bangkoker Sommertages ins klimatisierte Zimmer strömen, gepaart mit der Erkennungsmelodie dieser Stadt: einem winselnden Tuk-Tuk, einem jener witzigen Motorradrikschas, welches von einem quietschenden Taxi übertönt wurde; in weiter Ferne heulte, seltsam fremd und als Gegenstimme, eine Polizeisirene mit New Yorker-Klangbild. John verweilte nur kurz.

Zurück am Tisch und bei wieder geschlossenem Fenster, betrachtete John noch im Stehen seinen rechten Bildschirm und die knapp 40 aufgelisteten Aktienpositionen eines weiteren Handelskontos sowie die rund zwei Dutzend bereits in den Märkten liegenden, aber noch offenen Orders, welche auch heute noch auf ihren möglichen Auftritt warteten. Seit John sich vor vielen, vielen Jahren von der seltsamen Idee eines »Lieblingsmarktes« verabschiedet und damit für sich und seinen Handel den heilenden Begriff der *Diversifikation* entdeckt hatte, war für ihn der Gedanke richtig tröstlich, dass diese Art des Börsenhandels seinem Trading so plötzlich wie endlich die ersehnte vollendete Gestalt und unbegrenzte Freude verlieh. Er liebte es, wöchentlich knapp 4.000 Werte nach von ihm ausgewählten markttechnisch relevanten Set-ups zu durchsuchen und dann statt viel Geld in *einer* Position – im Verhältnis zu der Gesamtsumme der Handelskonten – wenig Geld in *vielen* Positionen zu handeln. Einst richtig aufwendige Arbeit, reduzierte sich diese heutzutage – dank komplexer Programme und flinker Rechentechnik – auf zwei bis drei Stunden. John verstreute seine Orders in der Hoffnung, dass einige von ihnen wie Samen auf fruchtbarem Boden schnell gedeihen und heranwachsen würden, ehe deren logische Daseinsberechtigung vom Wind des künftigen Marktgeschehens von dannen getragen wurde. Seine Devise an seine jungen Kollegen lautete daher stets: »Statt *Kino vor dem Chart* zu machen, begebt euch lieber auf die *Suche*«! Erst die aktive Suche nach hochwertigen Set-ups erspart einem Händler die vielen Stunden sinnlosen Davorsitzens vor dem Chart eines einzigen Marktes – was bei einem

Anfänger, aber auch bei so manchem Fortgeschrittenen, schlussendlich in purem Aktionismus endete.

John setzte sich auf seinen Lehnstuhl und beugte sich mit einem Elan nach vorn, den man eher bei einem Teenager, der stolz von seiner Liebe erzählen wollte, erwarten würde als von einem 59-jährigen Berufshändler. John registrierte, dass sich der Euro-FX in kurzen Schwüngen innerhalb einer engen Range von 30 Pips bewegte. Er kokettierte kurz mit dem Gedanken, einen Trade einzugehen, vermählte sich jedoch nicht mit ihm. Während John seine Maus über das mit unzähligen Funktionen bedeckte Handelsprogramm führte, dachte er noch mal über den soeben angedachten verworrenen Trade nach und schüttelte mit dem Überlegenheitsgefühl des im Lichte der Vernunft nachdenkenden Traders nachsichtig lächelnd den Kopf über so viel Unsinn. Ein gelachtes »Oh Gott, oh Gott« kam ihm über die Lippen, denn wie jeden Tag seiner fast vierzigjährigen Karriere hatte er in diesem Moment die Wahl zwischen fünf Möglichkeiten: Er konnte in dieser Chartsituation einfach nur um des reinen Spekulierens willen *long* gehen und dem Chart mit großen, treuen Hundebabyaugen signalisieren, doch bitte weit anzusteigen; er konnte aber auch *short* gehen und den Chart mit den gleichen großen Hundebabyaugen anfeuern, doch bitte mit schnellen Schritten zu fallen; er konnte das Chartprogramm kurzzeitig schließen und sich einem Buch widmen; er konnte seine Augen von den Monitoren abwenden und beispielsweise einem angenehmen Gedanken nachhängen, der ihm durch den Kopf geisterte und Takte eines kürzlich im Radio gehörten Songs enthielt; letztlich konnte er einfach vor dem Chart hocken bleiben, auf seine Lieblings-Set-ups warten und damit überhaupt nichts tun, nicht einmal denken.

»Oh M-a-n-n!«, ertönte es lautstark am anderen Ende des L-förmigen Büros hinter sechs Bildschirmen.

John sah sich um: »Stan?« Er tauschte einen fragenden Blick mit der gerade am Büro vorbeilaufenden Kim, einer überdurchschnittlich gut aussehenden jungen Asiatin, erhielt aber nur ein genauso hilfloses Achselzucken zur Antwort.

Kim, eine junge Thailänderin mit zartrosiger Gesichtsfarbe, schwarzem, streng nach hinten frisiertem Haar und einem kleinen Rubin an ihrer schönen Halskette, war seit ihrem ersten Arbeitstag vor sechs Jahren eine beängstigend tüchtige Angestellte, die Johns Terminkalender und Büro bewachte wie ein Rottweiler. Es gab nicht übermäßig viel zu tun, da dem Handelsbüro keine Vermögensverwaltung mit ständig zu- und abfließender Mandantschaft zugrunde lag. Das Büro tradete lediglich ein einzelnes Mandat, dafür ein sehr großes, dessen Auftraggeber seit Jahren in Bangkok saß und daher gab es nur wenig Telefongespräche entgegenzunehmen oder Termine zu vereinbaren. Kim oblag mithin unter anderem auch die Aufgabe, Partyeinladungen zu- oder abzusagen, kleinere Erledigungen zu erfüllen und dabei unheimlich gut auszusehen. Ihr smarter, völlig unasiatisch direkter Humor erhellte dabei so manch düsteren Handelstag.

John lief aus seinem imposanten Büro mit den weiß gehaltenen Wänden und dunklen Antiquitäten, welche Geld und exzellenten Geschmack ausstrahlten, durch den Flur, hinüber in die Küche und schaute durch die große Glasfront zu seinem Schützling Stan, der nagelkauend vor seinen Bildschirmen saß. Die Gedanken eines Traders zu lesen, ist meistens nicht schwer, und hier bei Stan war es besonders leicht. John erriet sofort, woran er dachte: den Marktverlauf und die Jagd nach dem ultimativen Monster-Trade. Jeder Moment im Chart stellte für Stan noch eine Punkt-, Euro- oder Dollar-Wertveränderung dar. Stan hielt es folglich für absolut unmöglich, »gar nichts zu tun« –, denn eine Kursveränderung, egal, wie kurz, konnte Geld bedeuten, und deswegen schaltete sein Gehirn niemals ab.

John hingegen war seit vielen Jahren bereit, *Nein* zu sagen: Er konnte sich vollkommen von allem gierigen, Chart-vorausorakelnden Denken freimachen, konnte wirklich einen Moment lang die Zeit anhalten. Leicht war das nicht, klar, denn kaum war der Markt einige Punkte gelaufen, kamen auch schon wieder weitere Punkte und hätten einem »ach so tollen Trade« Platz gemacht, dessen Verlauf der vorangegangenen Punktbewegung ähnelte, ohne ihr indes zu gleichen. Jeder neue Augenblick katapultierte einen Trader vor ein weiteres Bündel zu erwägender Möglichkeiten, zu treffender Entscheidungen. Aber nach vielen Jahren der Hast neigte John dazu, in Chartsituationen, welche nicht mit seinem Stil harmonierten oder ihm unklar vorkamen, das Unverfänglichste zu wählen: das Nichtstun, das absolute Nicht-Handeln, Nicht-Orakeln, die Weigerung, sich von jedem weiteren hereinbrechenden Kurs zu einer Entscheidung hetzen zu lassen. Darin lag gleichsam die Ursache begründet, weshalb John das Lesen von Büchern sowie die eigene gelegentliche Schreiberei bevorzugte: Es schaltete Denken und Handeln aus und füllte in aller Stille das Händlerdasein, während man so tat, als ob nichts geschähe.

»FU-CK!«, schallte es von Stans Arbeitsplatz herüber, welcher dem von John in keiner Art und Weise ähnelte. Hier herrschten das Chaos und die Unaufgeräumtheit, das heillose Durcheinander spiegelte Stans Gemütsverfassung perfekt wider. Wie nur schon allzu oft war Stan offensichtlich auf hundertachtzig. Er fluchte in einer nicht gerade männlichen Tour und fauchte seinen Bildschirm an: »Nur über meine Leiche! D-r-e-c-k-s-m-a-r-k-t! Das kannst du vergessen, dass ich die Position schließe, und anschließend drehst du in meine Richtung!«

Stans Ringen und Keuchen wie auch sein sonstiges anstößiges Verhalten blieben John nicht verborgen, obwohl er sich aufgrund seiner eigenen Erfahrungen darum bemühte, dies als harmlos zu betrachten. Dabei könnte man Stans Keuchen auch andere Namen geben, zum Beispiel den etwas faden der *fehlenden Einsicht* oder den ernsten, aber schönen der *fehlenden Wahrhaftigkeit* oder, herabsetzend, den der *Wahrheitsunlust* und *Duckmäuserei vor dem eigenen Ich* oder selbst den einer *mystischen Scheu*, aber auch fehlenden Frömmigkeit vor dem Chart – von alldem offenbarte sich etwas in den Geräuschen und Gesten, die Stan da unkontrolliert freisetzte und von sich gab. Physiognomisch drückte sich dies aus in einer Art der Verfinsterung seiner Miene, als dürfe und wolle Stan von dem, was er da vor sich sah, schlussendlich doch nichts wissen. Im Laufe der mittlerweile zweimonatigen Anwesenheit Stans war John wieder bewusst geworden, wie einfach es Tradern durch einen Chart gemacht wurde, zu versinken, sich hineinziehen zu lassen, sich zu binden. Dieser Kampf währte ewig, tagein, tagaus. Denn während der Handelszeiten hält der Chart keinen Augenblick still, er zappelt und windet sich, gerade so wie ein gefangenes Tier sich in der Hand des erfolgreichen Jägers winden würde. Mit der Wirkung eines sich rasend schnell zusammenziehenden Netzes, dessen Umgarnung der Trader in seinem Jagdeifer nicht bemerkt, fängt der Chart den Trader damit ein und hält ihn felsenfest. Für einen Trading-Anfänger wie

Stan bedeutete dies, im Glauben wie im Tun den Chart von diesem Moment an für keine Stunde, keine Minute und keine Sekunde mehr alleine lassen zu können.

Es fällt nicht schwer, Stan, den Trading-Anfänger, in seinen Grundzügen zu beschreiben: Er selbst wusste von sich, dass der Weg zu den bedeutenderen Eigenschaften als Trader immer noch gleich nah beziehungsweise gleich weit war – obwohl er sich bereits seit Wochen hier im Büro befand. Alle Hinweise von John oder Hofner, auf dessen Betreiben Stan nach kurzer Zeit als *Lehrling* in Herzers Handelsbüro für ein halbes Jahr von Deutschland in die Niederlassung nach Bangkok wechseln konnte, ob er diese nun verinnerlicht hatte oder nicht, wurden, sobald er einen vor sich hin zappelnden Chartverlauf erblickte, in einer sonderbaren Weise gleichgültig, gerade so, als würde der zappelnde Chart eine höhere Instanz repräsentieren als Stans *So-sollte-ich-mich-verhalten*-Gedanken. Neben der mentalen Unruhe, die von sehr vielfältig gelagerten Interessen in Verbindung mit einer allgemeinen Neugierde, aber leider noch gepaart mit unzureichendem Sachverständnis über diese spezielle Materie herrührte, zeichnete er sich durch eine leidenschaftliche Angriffslust aus. Er war empfindsam für jede noch so kleine Marktbewegung, fernab von Gedanken, sich in das Trendverhalten und damit in die beteiligten Marktteilnehmer hineinzuversetzen. Zwar kannte er zahlreiche Regelwerke, die er sich unabhängig von John und Hofner angelesen hatte, jedoch nur oberflächlich, und er beachtete weder die angelesenen noch die anderen kaum. Sofern er sie doch hin und wieder, zumindest zum Einstieg, verwendete – und das geschah selten –, verhielt er sich beim Stoppsetzen *trotzdem* schludrig. Wenn Stan ehrlich gewesen wäre, hätte er zugeben müssen, dass sich mit der Zeit eine gewisse Bereitschaft zur Verneinung in ihm breitgemacht hatte – man könnte sagen: eine Art biegsamer Dialektik seines Gefühlslebens, die ihn leicht dazu verleitete, von welcher Seite auch immer an ihn herangetragene Handelsüberlegungen, auch wenn diese sehr durchdacht und allgemein für gut geheißen wurden, als mangelhaft abzulehnen. Im Gegenzug verteidigte er den von ihm als Standard angewendeten diskretionären und nicht logisch nachvollziehbaren Handel und lehnte die in der Branche ansonsten allgemein bekannten und anerkannten Pflichten eines erfolgreichen Traders mit dem Unwillen ab, der aus der Motivation zur Schaffung eigener Spielregeln resultiert. Trotz dieses Willens, sich über die Grundbedingungen des Tradings hinwegzusetzen, überließ er aber seine moralische Führung – mit gewissen Ausnahmen, die er sich gestattete – gerne den erfahrenen Kollegen und führte auf diese Weise, mit demselben Hochmut und derselben Rücksichtslosigkeit sowie Nachlässigkeit eines Trading-Anfängers, der sich zu seiner Tat berufen sah wie einst auch John, das Leben eines Trading-Anfängers, der von seinen Neigungen und Fähigkeiten einen mehr oder weniger gewöhnlichen und nützlichen Gebrauch macht.

Kurzum: Stan war ein vollkommen *normaler* Trading-Anfänger, für den das Thema *Zeit* eine wahnsinnig ernste Herausforderung verkörperte. Stan hatte mit seinen 24 Jahren, wie Demografen versichern, noch rund 55 Jahre zu leben. Da jeder Moment eines Charts ungezählte Möglichkeiten für Trades bereithielt, Stan aber noch mehr als fünf Jahrzehnte voller Chartsituationen vor sich hatte, ließ sich die Menge seiner Entscheidungsmöglichkeiten für oder gegen künftige Trades praktisch kaum berechnen – sie tendierte sicher gegen unendlich. Denselben Demografen zufolge hatte John nur noch 20 Jahre Leben zu erwarten. Für John präsentierte sich die Anzahl der Möglichkeiten als weit geringer und nahm noch dazu rapide ab. Dieses mathematische Grundprinzip wirkte sich auf die Gefühle Stans, der am Beginn – seiner Karriere stand, unbewusst, aber intensiv aus.

Es mag sein, dass der eine oder andere Neuling, der sich dem Börsenhandel verschrieben hat, in einem Wert, der am Vortag zu 100 Euro geschlossen hatte, ein Eröffnungs-Gap von 15 Prozent nicht ohne Taschenrechner herausbekommt; doch was alle Trading-Anfänger bis zur Perfektion beherrschen, ist *Differenzialrechnung* – und diese betreiben sie dann auch pausenlos. Stan leistete ebenfalls unablässig höhere Mathematik, ob er es nun wusste und wahrhaben wollte oder nicht. Im Unterbewusstsein ahnte er dennoch genau, wie schnell die Zeit einer Handelsstunde, eines Handelstages oder einer Woche verging und in welchem Tempo die Wahlmöglichkeiten für ihn abnahmen. Wie alle anderen Trading-Anfänger besaß auch er stets das Gefühl, als rinne ihm die Zeit für mögliche Trades wie Treibsand durch die Finger: »Wenn ich *jetzt* nicht trade, bin ich in fünf Minuten 70 und komme nicht mehr dazu, a) mein Konto aus dem Minus zu hieven, oder b) die ersehnten Millionen auf dem Kontoauszug zu sehen.« Eben diese unbewusste rieselnde Sanduhr verursacht jenen inneren Druck, unter dem das Leben eines Trading-Anfängers oftmals zur unendlichen Qual wird.

»Wir wollen, wir wollen, wir wollen, wir wollen ...«, beliebte John stets zu konstatieren. Denn durch die Höhen und Tiefen seiner eigenen Laufbahn hatte er verinnerlicht: Für jedes Bedürfnis, das in sein Bewusstsein dringt, stehen fünf weitere Bedürfnisse im Unbewussten auf Abruf bereit. »Der Wille treibt einen Trader unbarmherzig an«, äußerte John folglich des Öfteren, »denn sobald ein Trade befriedigt ist, tritt sogleich ein weiteres Verlangen an seine Stelle, und so geht das tagein, tagaus.« In diesem Zusammenhang zitierte John gelegentlich Schopenhauer und den Mythos vom Rad des Ixion oder den des Tantalus, um das Dilemma der ersten Monate eines Trading-Anfängers zu beschreiben. Ixion, ein König und Zeus gegenüber illoyal, wurde zur Strafe an ein glühendes Rad gefesselt, welches sich unaufhörlich drehte. Tantalus, ein Titan, wagte es, Zeus zu trotzen, und büßte seine Hybris damit, dass er ständig Verlockungen ausgesetzt war, diese aber nie befriedigen konnte. Das Leben eines Traders, so John, kreise ebenso, gleichsam in alle Ewigkeit, um eine Achse des Bedürfnisses nach mehr Geld und dessen Sättigung. Ob wir durch diese Sättigung befriedigt seien? Leider nur für kurze Zeit. Fast unverzüglich setze Langeweile ein, und erneut würden wir zum Handeln getrieben, diesmal aber – wenn man ganz, wirklich ganz genau hinschaut – häufig sowie einzig und allein deswegen, um dem Schrecken der Langeweile zu entfliehen. Stans Drang, alles traden zu müssen, wirkte dementsprechend wie ein Gefängnis. Die Gitterstäbe waren unsichtbar und Stan trug sie immer mit sich herum. Stan, so John, lebte noch viel zu sehr in einer unproduktiven Gedankenwelt; häufig verschränkten sich während eines Trades gleich mehrere Gedanken miteinander, manchmal war stattdessen überhaupt keiner vorhanden. An besonders schlimmen Tagen fühlte Stan sich von seinen Eingebungen wie von Dämonen verfolgt, und das ursprüngliche zeitliche Nacheinander seiner Erlebnisse und Empfindungen verwischte und vermischte sich so sehr, dass der Versuch, dieser Verwirrung Herr zu werden, all seiner geistigen Kräfte bedurfte. An den Abenden solcher Tage zeigten sich in seinem Gesicht tiefe Falten der Erschöpfung. Während solcher Handelstage hörte man Stan dann

Sätze sagen wie: »Wenn ich vor mich blicke, sehe ich eine undurchsichtige Wand. Wenn ich nach links und rechts schaue, ein Übermaß wichtiger Geschehnisse, aber ohne erkennbare Richtung.« Im Verlaufe solcher Handelstage merkte er wieder, dass jede Entscheidung für einen Trade – ob long oder short – Konsequenzen für das Konto nach sich zog, die eventuell, nein: *unter Garantie*, den Rest einer Trading-Karriere nachhaltig bestimmen konnten. Zumindest bei einem Trading-Anfänger, der mit *vollem* Risiko durch die Märkte surfte.

»O-gott-o-gott-o-gott …«, stöhnte Stan und zischte gleich darauf fuchsteufelswild: »Die bringen mich um! Schweine, Schweine sind das! Megamaxischweine! Ein Sch… Megamaxischweinemarkt ist das!!!«

John schmunzelte und fragte sich einmal mehr, wie es so ein mickriger Chart nur fertig brachte, dass die Gefühle eines Traders zu tosen vermochten wie ein wütender Sturm und doch ganz und gar das Gegenteil »stürmischer Gefühle« ergaben. Bemerkenswert war, dass, bildlich gesprochen, der eine Trader von einem Sturm des Gefühls ergriffen wurde, der einem Baum die Rinde ächzen und die Äste fliegen lassen würde, bis diese brächen, während ein anderer Trader so wenig einen Sturm empfand wie ein See, auf dem sich nicht einmal die Wasseroberfläche kräuselte.

John, wieder zurück an seinem Platz, blickte lächelnd auf seine Monitore und entdeckte, dass sich der Bund-Future dem letzten Korrekturtief plötzlich mit einem riesigen Kursrutsch näherte. Durch seine Gedanken abgelenkt, hatte er vergessen, in der erhofften fortschreitenden Korrektur seine Long-Position aufzustocken. Jetzt stand der Bund-Future binnen weniger Sekunden direkt vor dem *Punkt 3*, eine Positionserhöhung erübrigte sich, und er blickte dem Ende des Trades entgegen, wie er in seinem ganzen Leben allem entgegenschaute – mit äußerster Gelassenheit. Sicherlich war ein kleiner Augendreher drin. An Gefühlen war nichts falsch, so John; sie zeugten bei einem Trader nicht von mangelnder Würde – Menschen waren schließlich dafür geschaffen, Emotionen zu empfinden. John sah das Ende seines Trades kommen, jedoch ohne feiges *Bitten* und *Flehen*. »Die Theorie des Börsenhandels verlangt einen klaren und scharfen Kopf, dessen Praxis hingegen einen *ganzen* Mann. Das«, so John, »macht den Unterschied aus.«

Seit vielen Jahren erschreckte es ihn nicht mehr, wenn das Ende eines Trades auf der negativen Seite absehbar wurde, nie gab er sich zur Beruhigung dem Glauben an das Übernatürliche hin, sondern blieb auch bis zum Ende solcher Trades der Vernunft verpflichtet. Mittels Vernunft, so seine gewachsene Erkenntnis, nehme ein Händler wahr, dass er zwar seine Sichtweise zum Thema »Was denke ich, was *Spekulieren* und Traden ist?« ändern könne, aber nie den Marktverlauf selbst. Daher, so trichterte er im Laufe seines Lebens jungen Händlern immer wieder ein, gebe es nur *zwei* Möglichkeiten, dem Verlust einer Position zu begegnen: auf dem Weg der Vernunft, und damit Konto und Psyche schonend, oder auf dem Weg der Illusion, verbunden mit der bettelnden Hoffnung auf Wiederkehr der einst angedachten Marktrichtung.

Bereits in den Anfängen seiner Trading-Karriere rang John mit der Allgegenwart des Verlustes. Jeder Trader tut das. Auf seinen ersten Tagebuchseiten in den Siebzigern hatte er zum Beispiel geschrieben: »… Das Leben als angehender Händler ist für mich nur ein fortdauerndes gehemmtes Sterben, irgendwie eine Art aufgeschobener Tod …« In seinen weiteren Aufzeichnungen wimmelte es von Berichten über Minustrades; in seinen weiteren Lehrmonaten beschrieb er seinen bisherigen Zyklus als eine unerbittlich verhängnisvolle Reise: »... Was für ein enormer Abstand liegt doch zwischen den Gefühlen und Gedanken meiner ersten Aktientrades und, wenn das so weitergeht, dem absehbaren Ende: Damals fühlte ich ein Prickeln der Begierde, vergleichbar mit dem Gefühl, das man hat, wenn man das allererste Mal im Leben ein großes Spielcasino betritt. Heute spüre ich, wenn ich an die bisher stattgefundene Zerstörung des Kontos denke, stattdessen ein Frösteln und bilde mir ein, den Leichengeruch meiner sinnlosen Minustrades förmlich riechen zu können! Auch hinsichtlich meines allgemeinen Wohlbefindens und Lebensgenusses verlief der Weg zwischen diesen beiden Stationen stetig bergab: zu Anfang die ungeduldig erwartete Kontoeröffnung und die unbekümmerten ersten Trades, dann die durch erste größere Kontoverluste hervorgerufenen Zweifel, danach die Experimente mit verschiedensten Handelsregeln und weitere Verluste und Zweifel, die ersten mit Grübeln verbrachten Nächte und die mühseligen Versuche, mehr Fachwissen zu erlangen, das stetig größer werdende Misstrauen gegenüber den Charts und den Märkten, zuletzt weiteres kräfte- und geldraubendes Antraden gegen die eigenen Gefühle und das Heute: die Marter der vielen sinnlosen Trades und die Erkenntnis, in ernsten Schwierigkeiten zu stecken, ohne eine Lösung finden zu können. Nur noch ein bisschen mehr davon, und es sieht so aus, als würde mein Dasein als Trader enden. Und zwar als Fehltritt.«

Da es anscheinend noch längere Zeit brauchte, bis sich ein neues vernünftiges und schmackhaftes Intraday-Set-up entwickeln würde, gab John sich weiter seinen Erinnerungen hin: Nachdem John dem damaligen Tod seines Handelskontos gerade noch entgehen konnte und in der Folge der nächsten Jahre als Händler in mehreren Handelsbüros arbeitete, hatte er Anfang der Achtzigerjahre zufällig Hofner kennengelernt. Dieser Kontakt hatte sich über die Jahre so gut entwickelt, dass John schließlich zu Herzer wechselte und mittlerweile nun schon seit mehreren Jahren die Niederlassung in Bangkok leitete. Wie bereits in Deutschland, hatten sich auch dort immer mehr Menschen eingefunden, die seine Nähe suchten. Sein Haus entwickelte sich zu einer Art »Salon«, der in dem Ruf stand, dass »Gesellschaft und kluger Geist« einander dort begegneten. Erst vergangenes Wochenende, auf der Geburtstagsfeier seiner Frau, wurde John von einem Schweizer Chirurgen, der im Bangkok Hospital arbeitete, Folgendes gefragt: »Fürchten Sie als Trader denn nicht tagtäglich den Kontoverlust?«

»In den ersten Jahren, *ja«*, hatte John geantwortet. »In den späteren Jahren bis heute hat sich beim Gedanken an lebensbedrohliche Minustrades hingegen eine große Gelassenheit breitgemacht und bewährt.«

»Woher kommt diese Ruhe?« Der Arzt und auch ein weiterer, an diesem Gespräch teilnehmender Gast fragten sich, wie John das eigene Entsetzen in Schach halten konnte, da die Angst vor dem Kontotod doch allgegenwärtig sein musste, wenn sie einen als Trader ein Leben lang verfolgen und so große Furcht erregen konnte, dass eine unüberschaubare Anzahl verschiedenster Trading-Arten und Weisen verwendet wurden, solange man diese nur jeweils als den *Heiligen Gral* anpries.

»Diese Ruhe beruht auf einer verstandesmäßigen Analyse der *wahren* Ursachen eines Minustrades«, äußerte John. »Fürchtet ein Trader den Geldverlust, weil ihm Verlust generell fremd und unbekannt ist? Falls ja«, so führte John mit seiner ihm typischen Überzeugungskraft aus, »irrt sich ein Trader, denn ein Verlust ist uns viel vertrauter, als wir im Allgemeinen annehmen. Nicht nur bei klassischen Gewinnspielen erhalten wir einen Vorgeschmack auf Verluste, sondern wir kennen das doch auch vom Wertverlust beim Autokauf: Man muss nur vom Hof des Autohauses fahren und schon hat man keinen Neuwagen mehr! Als Kind lernen wir bereits beim Begräbnis des ersten Wellensittichs den Umgang mit Verlusten und als Erwachsener wird das später noch vertieft mit dem Tod eines geliebten Menschen. Den Verlust von Freunden und der ersten großen Liebe darf man ebenfalls nicht vergessen. Der Verlust materieller Werte erscheint im Vergleich damit doch eher nebensächlich, meine ich.« John holte Luft und fuhr fort. »Fürchtet ein Trader vielleicht Verluste, weil seine Handelslogik dann schlecht oder gar sinnlos erscheint? Auch hier täuscht sich ein Trader: Es ist absurd, das Fehlen von Gewinn für ein Übel zu halten, da doch jeder eingegangene Trade das Vorhandensein wiederholbarer Regelwerke voraussetzt und damit zwangsläufig gleichsam das Bewusstsein, dass Trades auch finanzielle Verschlechterung zur Folge haben können. Dementsprechend ist davon auszugehen, dass es sich bei einem Minustrade um einen jener Fehltrades handeln kann, die unumgänglich sind.« Johns Ansicht nach war das innere Wesen eines Regelwerks trotz ausgestoppter Fehltrades und realisierter Verluste unzerstörbar, denn das Regelwerk eines Traders repräsentierte lediglich eine Manifestation seiner Lebenskraft, seines Willens, des Herzschlags eines Traders an sich, der ewig fortbesteht. Demzufolge besaß ein Minustrade keine Macht zur Auslöschung; wenn dieser Trade vorüber war, verband sich der Trader erneut mit jener ursprünglichen Lebenskraft des Regelwerks, die noch dazu *viel* umfassender war, als es die Zeit eines einzigen Handelstages, einer Handelswoche oder gar eines Handelsmonats je sein könnte.

»Ein negativ ausgestoppter Trade«, so John, »muss als Segen betrachtet werden, als eine Erlösung von der sonst nie endenden Qual der Existenz von Trades, die nie einen Stopp sehen und ein viel größeres, schmerzlicheres, die Sinne schwinden lassendes Minus nach sich ziehen oder gar ganze Existenzen vernichten können. Ein Trader muss seinen eigenen Stopps entgegensehen wie erwünschten, ja fast schon erfreulichen Begebenheiten – statt, wie dies meistens geschieht, mit Zagen und Grausen. Ich habe ausreichend angehende Händler kennengelernt, die binnen weniger Monate, nur wegen der Tendenz, mit den eigenen Positionen verheiratet zu sein, ihr ganzes Vermögen verspielten. Es existiert der Spruch, dass schlechte Börsenhändler sich eher von ihrer Frau scheiden lassen, als ihre Positionen zu schließen. Hartnäckiges Festhalten an Ideen ist also nicht gut für Börsenhändler, und klopft man an die Kontogräber »toter« Trader und fragt diese Trader, ob sie nicht wieder aufstehen wollen, so werden die nur verneinend die Köpfe schütteln: Die emotionalen Qualen durch Positionen, die nie einen selbst gesetzten Stopp gesehen haben, sind einfach zu groß für sie gewesen.«

John hatte noch über eine weitere Methode, seine Angst vor dem Kontotod in Schach zu halten, berichtet: »Die Angst vor dem Kontotod ist dort am geringsten, wo die Selbstverwirklichung – die Qualität eines Traders – sich am größten hervortut.« John, der mit vielen Händlern gearbeitet hatte und so manchen von diesen zu einem selbstbewussten Händler heranziehen konnte, war im Laufe der Zeit aufgefallen, dass die Todesangst vor Verlusten bei jenen Tradern stärker ausgeprägt war, die das Gefühl hatten, ein *unerfülltes* Trading zu führen. Das Gefühl, logisch durchdacht und im stillen Einvernehmen mit dem eigenen Stil zu traden, minderte anscheinend diese Angst. Und dieselbe Haltung – Stolz darauf, endlich den eigenen, kreativen und damit qualitativen Weg zu verfolgen – drückte sich in einem kurzen, vor ewigen Zeiten gelesenen Vers aus, der an seinem rechten Bildschirm klebte: »Ermüdet steh ich jetzt am Ziel der Bahn, mein graues Haupt kann kaum den Lorbeer tragen: Doch blick ich froh auf das, was ich getan, stets *unbeirrt* durch das, was andere sagen!«

»HIMMEL-ARSCH-UND-ZWIRN …!«, fluchte Stan erneut und reckte frustriert die Arme gen Himmel.

»Hey, Bambino!? Ich bring dir gleich mal das Beschwerdebuch der Börse«, rief Nick, der gerade das Büro betrat, sechs große Mokka mit fettarmer Milch und extra viel Milchschaum auf einem Tablett balancierend. »Willst du nicht lieber mal Pause machen?« Dann trällerte er lachend ein »Ha-ll-ooo!« quer durch das Büro.

»Seht euch das an! Nick live und in Farbe und vor allem mal halbwegs pünktlich!« Kim klatschte verächtlich kichernd die ausgedruckten Brokerabrechnungen des letzten Tages auf den Tisch und pustete sich kokett ein paar schwarze Haare aus dem Gesicht.

»Hiii!« Nick umarmte Kim, die heute ein schwarzes Kleid im Lingerie-Stil und dazu schwarze Pumps trug. »Wow! Ein Hammer, dein Outfit! Und erst die Schuhe!«

Kim schenkte ihm ein Luftküsschen ob dieser Schmeicheleien.

»Du siehst einfach umwerfend aus! Da traue ich mich ja gar nicht, dich anzufassen, meine Schöne!«

»Oui, oui.« Kim strahlte.

»Bambino, dein Kaffee.« Nick winkte Stan zu sich.

»Nix da. Ich hab 'nen Arsch voll mit meinen Positionen zu tun«, jammerte Stan zurück, und Nick konnte regelrecht sehen, wie Stan sich zusammenriss und seinen Blick fast gewaltsam vom Computer löste.

»Also gut, leg los, Bambino! Zeig dem Markt, dass deiner länger ist …!«

»Und nenn mich nicht immer *Bambino*!«

»Okay, *Bambino*«, erwiderte Nick, der im Übrigen nicht Nick hieß, aber irgendwann in seinen ersten Börsenjahren zu der Erkenntnis gelangte, dass Stefan nicht unbedingt ein passender Name für einen Schrecken des Charts war, und zog eine Grimasse. Nick Leeson war irgendwie sein negatives Vorbild, nicht in dem, was er tat, aber in dem, *warum* er es tat …

»Diesen Markt krieg ich schon noch klein«, wetterte Stan, ohne aufzublicken. »*Wer* bin ich denn?«

»Hör zu, ich kann *dir* sagen, wer du *nicht* bist …«, und noch während Nick das sagte, schickte Stan seine Maus über die Monitore und pfefferte eine weitere Order in den Markt, denn er wollte – anders als der Rest im Büro – nicht nur die Brotkrumen aus einem Chart aufsammeln. Stan wollte sich die dickste und fetteste Scheibe aus dem heutigen Chart schneiden und schien Nicks Ironie daher nicht zu bemerken.

Nick begrüßte die anderen beiden Händler, verteilte seine Mitbringsel und fuhr seinen Laptop hoch. Stan deutete auf den heutigen steilen Anstieg seines DAX-Charts. »Der Markt wird heute tierisch fallen. Der ist am Ende. So was von am Ende!« Nachdem Stan in der ersten Handelsstunde der deutschen Märkte von Verlusten durchgeschüttelt worden war, tat er sein Bestes, um vor der Truppe möglichst zuversichtlich zu erscheinen.

»Natürlich, Bambino. Natürlich ...« Nick ließ sich mit einem seligen Lächeln gegenüber von Kim auf einem schwarzen Lehnstuhl nieder, zog den DAX-Chart auf seinen rechten Bildschirm und lehnte sich zurück. »Wenn auch sonst keiner daran glaubt: Du wirst es uns schon beweisen, dass du mit deiner Meinung Recht hast.« Nick verschränkte die Arme hinter dem Kopf und betrachtete den kleinen Aufwärtstrend, gut ersichtlich beispielsweise in einem 10-Minuten-Chart. Dieser lag zwar zeitgleich innerhalb eines etwas größeren Aufwärtstrends, der sich seit zwei Tagen deutlich erkennbar beispielsweise im zusammengefassten 60-Minuten-Chart abbildete, aber gleichzeitig offenbarte sich auf Tagesbasis, dass dies vermutlich nur die Fortsetzung einer kleineren Korrektur des bis dahin intakten riesigen Abwärtstrends darstellte. Nick registrierte mit einem einzigen Blick und ohne Zuhilfenahme von Indikatoren, Trendlinien oder irgendwelchen anderen Hilfsmitteln einen schlichtweg intakten untergeordneten Trend. Lokal ansteigende Hoch- und Tiefpunkte, welche aufgrund ihres parabelhaften Anstiegs ein Einzeichnen von Trendlinien vorerst sinnlos machten. Ein Blick genügte. Eine Sekunde. Wie viele Jahre harter Arbeit hatte es Nick gekostet, nun gelassen hier zu sitzen und in kleiner Zeiteinheit einen Long-Trade, aber aufgrund des übergeordneten Trendbildes mit kurzem Ziel *Handel der Bewegung* oder *des Ausbruchs* einzugehen und mit dieser puren und grundlegenden Einfachheit tausendmal bessere Ergebnisse zu erlangen, als Stan mit seinen momentan noch verworrenen Ideen je würde erreichen können?

Nick erinnerte sich bei diesem Anblick daran, dass auch er einst Frischfleisch gewesen war und die Börse mit Trades bombardiert hatte, weil er sich durch das reine Chartbetrachten, auch wenn er eigentlich noch nicht verstanden hatte, was er da eigentlich sah, bereits am Ziel seiner Träume wähnte. Statt sich zu überlegen, ob es einen Trade gab, der noch *bessere Konditionen* anbot, hatte es Nick schon gereicht, dass er irgendeinen Trade einfach *nur* gut fand. Er murmelte vor sich hin: »Wie blöd konnte man als Anfänger eigentlich sein? Tja, Tradegeilheit macht blind, aber noch blinder macht es, wenn man glaubt, man hat nach dem Wissen um *long* und *short* und einem bisschen fachlichen Brimborium drumherum endlich sein Ziel erreicht.« Dann wandte er sich an Stan: »Du musst nur immer schön auf deinen kleinen Short-Trade aufpassen, damit sie dir das Ding nicht unter dem Arsch wegschießen. Du musst dich jede Sekunde darum kümmern. Gib deinen Trade nur nicht aus den Händen! Lass ihn nicht unter die Räder kommen, werfe immer ein Auge darauf, denn glaube mir, die anderen wollen nix Gutes damit anstellen«, und zog den armen Bambino wie jeden Tag mal wieder auf.

»Nick!«, rief John ihn zur Ordnung und warf ihm einen bittenden Blick zu, Stan nicht weiter zu veräppeln, obwohl er wusste, dass Nick ja Recht hatte und dies nicht aus Bösartigkeit tat. Nick winkte zum Spaß ab.

Manche Leute waren überrascht, dass sich eine Person wie Nick so ironisch verhielt – schließlich hatte er das Trading damals, ebenso wie Stan heute, mit falschen Ansichten und gänzlich verdrehten Fragestellungen begonnen –, aber Stan war so daran gewöhnt, dass er Nicks Spitzen kaum noch registrierte. Zum anderen hatte Nick Stan während dessen »Fehlern«, »Verirrungen«, »Versehen«, »Unfällen«, »schwachen Momenten« und – nach Nicks Meinung die mit Abstand schönste aller Ausreden – »Rückfällen« dennoch stets mit freundschaftlichem Rat und fachlicher Tat zur Seite gestanden.

Nick schälte sich grinsend aus seinem dünnen Sakko, meldete sich an seinem zweiten Konto an und warf einen kurzen, weil erfahrenen, Blick auf die hereinkommenden Kurse. Da er im Dollar-Yen zwei deutlich ineinanderlaufende *Punkte 2* wahrnahm, legte er mit fast automatisch ablaufenden Klicks eine Order kurz über den kleineren der beiden lokalen Hochpunkte und danach zwei weitere Stopp-Buy-Orders von je zehn Kontrakten jeweils zwei Pips unter und über den großen *Punkt 2*. Zwei weitere Orders, direkt danach als Limit-Sell in den Markt platziert, sollten dafür sorgen, dass nach jeweils fünf Pips seine gemäß Ausbruchshandel angedachten Trades wieder geschlossen wurden. Danach widmete er sich seinem Mp3-Player, seinem Kaffee und einem verträumten Blick in Richtung Kim.

So kannte man Nick – wie immer interessierte er sich nicht besonders für den *detaillierten* Verlauf der Märkte; Börse war für ihn nur ein Mittel zum Zweck. Was ihn wiederum zu einem hervorragenden Händler machte. Auch heute stapelten sich neben seinen Bildschirmen von Bestsellern über Biografien bis hin zu hochkarätiger Belletristik haufenweise Bücher und keines davon hatte auch nur im Entferntesten etwas mit dem Thema *Börsenhandel* zu tun. Die Kollegen flachsten gelegentlich, Nick wäre gar kein Börsenhändler, sondern ein Bibliothekar, der sich mit Echtzeitkursen vom Dauerlesen ablenken müsste. Dabei war Nick – ein geradezu obszön gut aussehender, dunkelhaariger Mann Anfang vierzig mit einem stets identischen Dreitagebart – ein gnadenlos disziplinierter Händler; Devisen waren sein Steckenpferd – und im Gegensatz zu den meisten Leuten mit viel Geld war er auf natürliche Art und Weise charmant. Die Worte, die ihm sein Vater mit auf den Lebensweg gegeben hatte, lauteten: »... und wenn du was darstellen und leben willst, dann musst du ordentlich zuverdienen, das merk dir lieber, mein Sohn.« Nick hatte es sich gemerkt und sich nach einem Beruf umgesehen, mit dem er vor sich selbst und den Leuten bestehen könnte. Er hatte Glück, absolvierte zunächst eine Banklehre und spezialisierte sich dort auf den Wertpapierbereich. Fortan befasste er sich sehr intensiv und geradezu verbissen mit dem Börsenhandel und erkannte, dass Bank und Börsenhandel nicht immer identisch sein müssen. Auf einer Wertpapiermesse hatte er durch Zufall Hofner kennengelernt. Nach einer kurzen Zeit des Beschnupperns und einer Art kurzen Praktikums, das Nick während seines Jahresurlaubs unter Hofners Aufsicht absolvierte, erhielt er von Hofner ein Anstellungsangebot. Damals noch jung und impulsiv, kündigte Nick seinen sicheren Job bei der Bank und wechselte zu Hofner. Aufgrund seiner guten Englischkenntnisse und mittlerweile hervorragenden Ergebnisse im Börsenhandel – natürlich hatte Hofner die Entwicklung Nicks hierbei deutlich beeinflusst – hatte Hofner Nick dann angeboten, zusammen mit John das Büro in Bangkok aufzubauen. Wie der Zufall manchmal spielt, hatte Nick kurz zuvor eine charmante Eroberung gemacht, welche nach seinem Geschmack einen Hauch zu anhänglich wurde, und Hofners Angebot kam ihm damals gerade recht. In Windeseile hatte sich Nick also den Schmutz seiner Kleinstadt von den Schuhen geschleudert, seine Siebensachen gepackt und zusammen mit John den Flieger bestiegen. Neben den Charts und der Literatur galt Nicks große Leidenschaft den Frauen. Eine gute Mischung, wie er immer fand. Nick war sich seiner Wirkung auf Frauen bewusst und nutzte diese mit großem Erfolg aus. Jedes Mal, wenn er auf einer Party eine Frau erblickte, die ihm gefiel, schaute er dieser tief in die Augen und sagte: »Ich würde auf alle diese Frauen verzichten, wenn nur du mich erhörst.« Und natürlich besaß der Satz ähnlich viel Wahrheitsgehalt wie die Aussage: »Ich weiß, wie der Markt morgen verlaufen wird …«

»Pah! Die können mich mal kreuzweise!«, schnaubte Stan, griff nach seinem Becher Mokka und leerte ihn in einem Zug. »Seht euch diese Aufwärtsbewegung an!«, bellte er, ohne jemand Bestimmtes anzusprechen.

»Der muss doch verdammt noch mal zu Ende gehen!«

»Sicher«, murmelte John lächelnd vor sich hin. Er erhob sich langsam von seinem Stuhl, um seinen Gedanken zu Ende zu bringen, verließ sein Zimmer und durchschritt das Büro mit wenigen Schritten zu Kims Schreibtisch. Seine Absätze klapperten auf dem spiegelglatten Boden. Auf Höhe von Stans großem Schreibtisch deutete John nebenbei auf das Tohuwabohu aus Pizzaschachteln, schlampig mit Edding beschmierten CDs, Coladosen und Plastikschachteln mit Resten von Salaten, die in einer wässrigen Pampe schwammen. »Und bring mal das Durcheinander hier …«

»… gleich. Mo… Moment noch!«, nuschelte Stan und kaute auf seiner Unterlippe, ohne aufzublicken. Es sah aus, als würde er gleich in die Luft gehen. Der Countdown lief, denn sein Short-Trade, der das Ende des aufwärts strebenden Marktes vorwegnehmen sollte, kam seinem willkürlich gesetzten Stopp gefährlich nahe.

»So ist es richtig, Bambino! Tob dich aus! Kämpfe mit dem Markt!«, rief Nick und hob seine Faust zur Kampfansage in die Luft. »Sag Bescheid, wenn du ihn in die Knie gezwungen hast!«

Als Antwort erhielt er Johns drohenden Zeigefinger, verbunden mit einem Lächeln und einem Wink, zu John herüberzukommen.

Stan guckte hoch und erschrak, als er merkte, dass John und Nick ihn beobachteten. »Ha, ha … ihr beiden!« Stan blickte sofort wieder zurück auf seine Monitore. »Scheißmarkt! Dreht nicht!« Stan zeigte auf seinen rechten Bildschirm. »Der ist doch schon viel zu weit gelaufen«, wimmerte er, denn der Markt näherte sich dem Stopp seiner Short-Position mittlerweile bis auf acht Punkte, und auf die fragenden Augen Johns seufzte Stan: »Ich will doch nur ein p-a-a-r Punkte. Rein, raus, ihr wisst schon …«

Nick hob ironisch anerkennend den Daumen.

John hingegen fragte, warum Stan mit so *gewichtigen* Aussagen und Ideen wie: »… der Trend *muss* drehen …« an den Start gehe, wo doch sein gerade selbst erklärtes Ziel nur wenige Punkte im Markt sei.

Stan, der den mega Tiefgang der Frage nicht erfasste, antwortete lapidar: »Ist doch egal, wo man sich die Punkte holt. Ob rauf oder runter.«

»Eben«, nickte John. »Wäre es daher nicht besser, diese Punkte in einem Markt zu holen, in dem alle Zeiteinheiten ein in sich passendes Set-up aufweisen? Lieber *mit* als gegen den Trend?«, hakte er nach.

Stan starrte verbissen auf seine Bildschirme: Der Markt hatte unterdessen seine Richtung beibehalten und sich dem im Markt liegenden Stopp von Stans Short-Position um weitere zwei Punkte genähert. »Verdammt, das Ding dreht immer noch nicht!«, stöhnte Stan erneut.

Name	Position	Traded	P/L Points	P/L	Time (MEZ)	Last Quote	Bid	Ask
CFD-DAX-30 K		6830	-16	-480 EUR	09:30:22	6846	6844,0	6849,0

»Wenn du ehrlich bist, regst du dich doch bloß auf, weil du nicht bei dem Trend dabei bist. Du gönnst es doch einfach nur den anderen nicht und revidierst, da deine Position im Minus ist, deinen gewünschten Profit fortlaufend immer weiter nach unten: ›Will doch *nur* ein paar Pünktchen ...‹«, erwiderte John in ruhigem, aufrichtigem Ton und zuckte mit den Schultern. »Bevor du nun deine und unsere Nerven darauf verschwendest, dich in deiner betrachteten und deren übergeordneten Zeiteinheit gegen den Markt zu stellen, frag dich lieber, warum du bei dem *›ach so weit gelaufenen Markt‹* nicht dabei warst! Vielleicht findest du ja den Fehler.« John wusste natürlich, dass das mit der Fehlersuche reine Rhetorik war. Stan war sich letztendlich noch gar nicht so recht bewusst, was er eigentlich machte; mit den in sich verschachtelten Trendverläufen kam er gleich gar nicht zurecht, aber ein bisschen Selbstbetrachtung würde ihm auf keinen Fall schaden.

Stan stierte John zwar an, zuckte aber gleichzeitig mit den Schultern, was John ihm aufgrund seiner altersweisen Lebensjahre einfach nachsah.

Man sollte generell meinen, überlegte John, dass Trader, wenn sie einen Fehler machen oder ein Fiasko erleben, eine neue These kreieren, in der sie die Lektionen verarbeiten, die sie aus ihrem Fehlgriff gelernt haben und dass sie diese neuen Informationen nun in ihren Handelsstil einbauen und eine heldenhafte Erklärung über ihr vorangegangenes Fehlverhalten abgeben, weil sie jetzt wieder etwas über die Praxis gelernt haben. *Falsch gedacht!* Zumindest, soweit es Stan betraf. Okay, dafür war er Anfänger. Stattdessen beklagte Stan sich über das Verhalten des Charts, der, einem Raubvogel gleich, auf dessen Positionen niederstieße und so deren Verluste nur noch verschlimmerte.

Alle Händler dieses Büros wussten, dass es noch einer Menge Zeit bedurfte, bis Stan akzeptieren würde, was im Chartverlauf geschah – und wozu Mut gegen sich selbst vonnöten war. Derzeit trug Stan bei Diskussionen über seine Erlebnisse durch Abgabe von Ad hoc-Erklärungen und Schuldzuweisungen an seltsame und vor allem seltene Ereignisse nur zur weiteren Maskerade seines Handelns bei. Er verwandte seine Energie noch zu sehr darauf, sich zu verteidigen, anstatt mit den gelernten Lektionen Geld zu verdienen. Folglich musste John ihm die Bedeutung des *Leugnens* für das Trading behutsam nahe bringen. Wie jeder Anfänger vor ihm, wollte auch Stan, wenn Verluste eintraten, für diese nicht auch noch selbst die Verantwortung übernehmen und interpretierte fehl. Damit verlor er aber den Bezug gegenüber dem realen Geschehen. Der Versuch, vor der Wahrheit die Augen zu verschließen, gipfelte dann in der Verwendung der üblichen Ausreden: »Das ist nur das Ergebnis von ... das wird schon wieder.« Stan ignorierte damit aber letztendlich die wahren Botschaften.

»Ich hab's doch gewusst! I-C-H H-A-B-E E-S G-E-W-U-S-S-T ...«, jauchzte Stan plötzlich und klatschte triumphierend in die Hände. Der Markt fiel! Die Profit-Loss-Anzeige für seine Short-Position wandelte sich vom Roten ins Grüne. Stan konnte seinen Blick nicht von diesem Chart lösen. *Geil. Wie konnte man nur meine Short-Position als uninteressant bezeichnen?* Stan wartete voller Vorfreude auf den nun beginnenden, großen Gewinn und dachte stolz daran, dass er einen weiten Weg gegangen war: vom Kind in der Plattenbausiedlung, in der man Versace für einen italienischen Fußballer hielt, bis hin zum Juniortrader eines Handelsbüros im fernen Asien, der wahrscheinlich in wenigen Minuten den Mega-Trading-Jackpot in den Händen hielt. In diesem Augenblick klingelte erneut sein Handy. Nach einem kurzen Blick auf das Display warf er John und Nick einen entschuldigenden Blick zu und ging dran:

»Hallo, Lilly ...« Während er mit seiner 26-jährigen Mitbewohnerin die heute unbedingt noch zu erledigende Einkaufsliste durchsprach und sich für sein Vergessen gestern entschuldigte – vorgestern Abend stand nur noch eine letzte Flasche Wasser im Kühlschrank, die Stan gestern Früh mit ins Handelsbüro genommen hatte, weswegen der Kühlschrank seitdem nur noch sich selbst kühlte –, betrachtete er voller Vorfreude seine Position. Und wie er das gerne tat, berichtete er Lilly sofort, welch toller Magier der Märkte er sei – das machte er aber nur bei Plustrades. An negativen Tagen hingegen erklärte er ihr stattdessen, wie beschissen der Markt doch wieder zu ihm gewesen wäre. »Das verstehe ich nicht!«, meinte Stan nur allzu oft nach gut ausgegangenen Trades zu ihr, »ich verstehe es nicht, wie jemand *nicht* traden kann – er bringt sich doch, sozusagen, um des Lebens besten Teil und jedenfalls um ein ganz eminentes Vergnügen!«

Lilly wusste, dass sich Stan beim Aufwachen darauf freute, tagsüber traden zu dürfen; beim Essen freute er sich wieder darauf, ja, man könnte quasi über ihn sagen, dass er eigentlich bloß essen würde, um traden zu können, auch wenn er damit natürlich etwas übertrieb. Aber ein Tag ohne aktuelle Börsenkurse wäre für Stan der Gipfel der Schalheit, ein vollständig öder und reizloser Tag. Müsste er morgens feststellen, dass es nichts zu traden gebe, würde Stan den Mut zum Aufstehen wohl gar nicht erst finden, wahrhaftig, er würde einfach liegen bleiben.

Und während Stan weiter mit Lilly sprach, musste er plötzlich mit ansehen, wie er ausgestoppt wurde, als der Markt schlagartig über seinen letzten Hochpunkt flog.

Order Filled

BUY CFD-DAX 30@6848 id=7261768

Wie große Regentropfen klatschte Stans trauriges Gefühl auf die Tastatur, als er die Orderausführung seines willkürlichen Stopps erblickte. *Die Götter haben es wirklich auf mich abgesehen.* Nachdem er sich mit einem kurzen Seitenblick versichert hatte, dass Nick und John noch an der Fensterfront standen und ihn daher nicht näher beobachteten, ging Stan voller Wut erneut *market short.* Sofort begann sein Puls zu rasen: Der wütende Teil von ihm wollte mit aller Gewalt einen riesigen Plustrade hereinfahren. Ein ängstlicherer Teil betete darum, dass bloß kein weiterer Anstieg kommen möge, um seinen erneut wahllos über den aktuellen Kurs gelegten Stopp auszulösen. Doch größtenteils fragte er sich, wie er die beiden anderen, widerstreitenden, blöden, nervigen, sein Leben irgendwie komplett durcheinander bringenden Teile endlich zum Schweigen bringen und sich einfach mal an irgendein gottverdammtes Regelwerk, irgendeine Logik oder was auch immer würde halten können.

Der Part von ihm, der sich das monströse Plus gewünscht hatte, verfiel rasch in einen ungehemmten Freudentaumel, als der Markt aus heiterem Himmel fünf Punkte gen Süden rutschte. Der zweite Teil in Stan, der darum gebeten hatte, dass kein weiterer Anstieg kommen möge, schwang sich in die Arme von Teil eins und sang nun im Duett: »Oh Happy Day!« Als Teil drei wegen des fehlenden Regelwerks Protest einlegen wollte, wurde er von den beiden anderen Teilen geschnappt, geknebelt und beschimpft mit: »Halt endlich die Schnauze, du olle Spaßbremse!«

»Ich hab's gewusst! ICH HAB'S GEWUSST!«

Stans erneuter Freudentaumel wurde von Nick einmal mehr zum Anlass genommen, Stan als Kontraindikator zu betrachten. Nick schlappte demzufolge in seinen ausgetretenen Turnschuhen zu seinen Monitoren und ging, ohne weiter nachzudenken, im DAX ganz kurzfristig ausgerichtet *long*. Er wusste zwar, dass Stan kein Signal im klassischen Sinne war und es gegenüber dem derzeitigen DAX-Chart *bei Weitem* bessere 5-Sterne-Trades gab, aber der Chart war auch nicht allzu schlecht, und Nick nahm den Bambino daher einfach nur als abschließendes Signal her. Statt Stan hätte Nick auch einen Indikator oder eine Trendlinie verwenden können. Aber das »Bambino-Signal« war irgendwie lustiger. Er sah dies außerdem lediglich als Gag für sich selbst an, was sich in der niedrigen Kontraktgröße widerspiegelte. Für den einen war dieser Kursrutsch der Beginn eines Super-Super-Trades, der den Tod des Trends einläutete, für den anderen war es *nur* die lang ersehnte Korrektur des untergeordneten Aufwärtstrends. Es war schon irre, wie es eine einzige kleine Punktbewegung schaffte, dass zwei Männer sich so unterschiedlich verhielten.

Nick rollte seinen Bürostuhl quer durchs Büro und nahm an Stans *Gefechtsstand* Platz. Bevor Stan die Reise nach Bangkok antrat, hatte er drei Ausbildungsjahre als Hotelfachmann in Frankfurt hinter sich und ein Berufsjahr, das er in Hamburg verbracht hatte. Während dieser Jahre hatte er scharf und anhaltend arbeiten müssen und sah, als er heimkam, immer matter aus, als es eigentlich zu seinem Typus passte. An diesem Punkt nahm sein Weg eine Wendung, denn ein guter Freund der Familie verstand Stans Sorgen, ließ seine Beziehungen spielen, und ohne Glanz und Orchestertusch, aber mit gutem Anstand stieg Stan aus seinem Beruf aus und trat bei E.F.S.I. eine Art Lehrstelle an, um in diesem Handelsbüro eine umfassende Ausbildung zu absolvieren. Stan kam, nachdem er in Deutschland drei Monate unter Aufsicht von Hofner und Sander wilde, aber aussichtslose, Kämpfe mit dem Chart ausgetragen hatte, vor acht Wochen nach Bangkok und sollte von nun an traden, gute Manieren und »im Buche der Welt zu lesen« lernen. Während dieser Monate in Deutschland und Bangkok geschah etwas Wichtiges: Vielleicht zum ersten Mal in seinem Leben, abgesehen mal von den Jahren in seinem Elternhaus, fühlte Stan sich umhegt, genoss das Dasein und lernte diese gesellige Form der Ausbildung zu schätzen.

»Super!«, jubelte Stan, sprang von seinem Stuhl auf und zeigte stolz auf seine Bildschirme.

Nick schaute zu ihm hoch. »Na, jetzt bin ich mal gespannt.«

John musterte beunruhigt Stans Euphorie vom anderen Ende des Büros. »Bist du wirklich schon wieder *short* drin?»

»Klar.« Leicht pikiert stemmte Stan die Fäuste in die Seite. »Warum zweifelt ihr an den Charts?«

»Na dann. Auf geht's!« Nick streckte, wie immer, ermutigend die Daumen nach unten. »Möge der DAX auf null und tiefer fallen ...«

Stan strahlte ihn aufgeregt an. »Macht er! Wird aber nicht nötig sein. Auf der 6845 gehe ich raus!«

Nick verstand nicht recht und rollte seinen Stuhl näher an Stans Bildschirme. »Lass mich mal gucken!«

Stan trat einen Schritt zurück und Nick musterte den DAX-Chart. Für ihn sah das nach wie vor nach einem sauberen Aufwärtstrend aus, dessen letzter *Punkt 2* kurz vor dem Tageshoch des Vortages rangierte. Aktuell befand sich der Markt 25 Punkte unter diesem Tief. Es wirkte also alles ganz annehmbar. Was Nick wunderte, war, dass Stan so eine Art *Ausbruch* handeln wollte, was ohne weiteres Nachfragen daran zu erkennen war, dass Stans Limit-Order zur Positionsschließung einige Punkte unter seinem Einstiegskurs rangierte.

Nick blieb gelassen und betrachtete gemeinsam mit Stan die Monitore. »Du handelst also innerhalb eines stabilen Aufwärtstrends Ausbrüche auf der Short-Seite? ...« Ohne eine Antwort abzuwarten, öffnete Nick die »Orders-History« von Stans Handelsprogramm und verglich die dort gespeicherten Informationen über eingestellte, gelöschte und ausgeführte Orders und deren Uhrzeiten schnell sowie geübt mit den zugehörigen Abschnitten des Charts. »... Und das heute bereits zum vierten Mal hintereinander. Nicht schlecht.« Er äußerte das so charmant, dass Stan ihm beinahe geglaubt hätte, dass er es diesmal aufrichtig meinte.

Stan war dafür aber bereits zu oft auf Nicks Ironie hereingefallen. Er hatte zwar noch nicht viel Ahnung von Markttechnik, aber dass ein Aufwärtstrend sich über ansteigende lokale Hochs und ansteigende lokale Tiefs definierte, war ihm im Ansatz eigentlich klar, und so musste er sich im Stillen eingestehen, dass kurzfristig gesehen die Reise nun mal nicht nach Süden ging.

»Ähm, ja«, entgegnete Stan. Diese Antwort war zwar auch nicht gerade brillant, aber immerhin hatte er zwei Worte sinnvoll aneinandergereiht. In Sachen Souveränität und Erklärung seiner Trades war das schon ein erheblicher Fortschritt.

»Wo ist dein Stopp?«

»Irgendwo da oben. Das entscheide ich besser immer live«, erwiderte Stan mit leichtem Zittern in der Stimme. Denn der Markt stieg, nachdem er in den letzten Minuten zwischen 6.847 und 6.850 gependelt hatte, mit einem Affenzahn an, was sich in seinem Positionsfenster sofort in Zahlen niederschlug.

Name	Position	Traded	P/L Points	P/L	Time (MEZ)	Last Quote	Bid	Ask
CFD-DAX	-30 K	6852	-12	-360 EUR	09:50:27	6846	6863,0	6866,0

Nick zwinkerte mit dem Auge der von Stan abgewandten Seite kurz zu John hinüber.

Dieser nickte, von Stan unbemerkt, schmunzelnd zurück. Da war sie wieder: die bekannte Zusammenhangslosigkeit von Ideen und Trades und deren Ausbreitung ohne Mittelpunkt, die für einen Trading-Anfänger kennzeichnend war und welche die merkwürdige Arithmetik ausmachte, in welcher der Trading-Anfänger vom Hundertsten ins Tausendste kam, ohne dass sich eine geschlossene Einheit bildete und bilden konnte. Das Resultat? Aufgrund der Ergebnisse solcher

Trades wurden die Einfälle zu allen weiteren Trades und deren Stopps immer haltloser und sinnfreier.

»Du würdest doch aber hier auch – trotz steigendem Trend – short gehen, um ein paar Punkte zu holen? ODER? Ich meine, so weit, wie der Trend schon gelaufen ist, muss der doch mal drehen?«, fragte Stan sichtlich verunsichert.

»Öh ... ich weiß nicht«, erwiderte Nick und fügte hinzu: »Ich nehme an, um diesen kurzfristig ausgerichteten Trade zu machen, müsste ich es verdammt nötig haben!«, was ihm einen verständnislosen Blick einbrachte.

»Also, ähm ... Ich spekuliere halt darauf, dass der Markt wieder fallen muss, und schnapp mir davon ein paar Pünktchen. Der Markt ist doch schon *sooo* weit gestiegen ...« Stan hielt die Luft an und hoffte, dass er etwas Richtiges gesagt hatte.

Nick gewährte Stan noch ein paar Augenblicke Bedenkzeit, um diese armselige Aussage neu zu formulieren.

Stan konnte Nicks Gedanken förmlich lesen: *Mehr fällt dir zu diesem Trade nicht ein?* Er hob unglücklich die Schultern. »Ich ... ich habe einfach versucht, *ein paar Punkte* zu bekommen ...«

Nicks Blicke ruhten weiter fest auf ihm.

»Okay. Okay ... eigentlich ohne zu wissen, *warum*.« Stan sah aus, als hätte er Nick gerade eine Todsünde gebeichtet, und komischerweise fühlte er sich auch genauso. Erst nach etlichen Sekunden sprach Stan mit noch leiserer Stimme weiter: »Ich wollte eigentlich gerade mal Pause machen, aber dann habe ich doch noch mal auf den Chart geschaut. Du weißt, einfach noch mal schnell *einen* Blick ...« Stan verstummte, als er Nicks sich immer weiter zusammenziehende Augenbrauen bemerkte. Stan wusste: Nick hatte Recht, ohne etwas zu sagen. Denn es spielte keinerlei Rolle, warum Stan seinen Chart noch mal angeschaut hatte. »Na ja, und ich dachte, das gäbe einen super Trade, und den wollte ich halt eben noch schnell machen«, redete Stan schließlich weiter.

John hatte sich nach dem letzten Blickkontakt mit Nick neben Kims Schreibtisch gestellt, hakte auf Stans Gestammel nun nach, so laut, dass es im ganzen Büro zu hören war: »Wir wünschen uns einen Trade – oder, meinetwegen, Geld. Wir bekommen, was wir wünschen. Wir genießen einen kurzen Moment der Befriedigung, der sich rasch zur Langeweile abschwächt und auf den dann unweigerlich das nächste ›Ich will einen Trade‹ folgt. Das Verlangen zu stillen, ist kein Ausweg. Man muss ganz vom Rad springen«, und machte damit auf geniale Weise wieder mal allen bewusst, dass ein Trader dazu verurteilt ist, sich endlos auf dem Rad des Wollens zu drehen.

»*Vom Rad abspringen?* Was bedeutet das?«, wollte Stan wissen.

»Es bedeutet, sich dem Wollen, also dem Aktionismus, zu entziehen. Es heißt, ganz und gar zu akzeptieren, dass das innerste Wesen eines Traders ein nicht zu befriedigendes Begehren ist. Dass das Leiden eines Traders ihm von Anfang an einprogrammiert ist und dass wir beim Trading durch *genau dieses innerste Wesen* dem Untergang geweiht sind.«

»Jetzt übertreibt er aber ...«, feixte Stan grinsend, an Nick gewandt.

»Nicht wirklich! Die Tatsache, dass 90 Prozent derer, die mit dem Trading anfangen, alles verlieren, spricht doch eine deutliche Sprache, oder?«

»Hm …« Stan fuhr sich beim Gedanken, dass auch sein Konto nur noch 19.000 Euro und damit nur noch 55 Prozent des Anfangsstandes aufwies, nervös mit der Zungenspitze über die Lippen und wusste nicht, was er darauf antworten sollte.

Aber John setzte sich nun zu den beiden und erklärte seine letzten Worte näher. »Das bedeutet, dass wir erst die grundsätzliche Nichtigkeit der Welt unserer eigenen Illusion erfassen und uns dann daran machen müssen, eine Möglichkeit zu finden, unser ständiges und *unüberlegtes Wollen* zu negieren. Wir müssen uns, genau wie die großen Künstler, zum Ziel setzen, in einer Welt der reinen platonischen Idee zu leben; der Idee, *jeden* Trade machen zu können …« Das bedeutete, dass man als Trader gleichzeitig Beobachter und Akteur werden musste. Man musste sich der eigenen Lebenskraft fernab der Charts bewusst werden. Jener Lebenskraft, die überall in der Natur existierte und die sich im Sein jeden Traders individuell manifestierte. An dieses Vorbild, diese Idee, hatte sich John nach seinen ersten turbulenten Jahren als Händler streng gehalten. Seine wichtigsten Beziehungen waren die zu seiner Familie und zu den großen Denkern, deren Werke er jeden Tag verschlang. Er vermied es, seinen Geist mit alltäglichen Dingen zu verstopfen, und übte sich mittels Lesen oder Schreiben in Kontemplation. Um sich körperlich fit zu halten, joggte er, und um nicht den Bezug zu anderen Ebenen des menschlichen Daseins zu verlieren, bereiste er die Welt, wann immer sich eine Gelegenheit bot. Andere Trader wendeten andere Mittel an: Sie spielten nebenbei ein Instrument, freuten sich über Hausarbeit, legten einen schönen Garten an, knechteten sich in Fitnessstudios, sammelten leidenschaftlich Münzen oder taten, was immer sonst ihnen half, um dieses Begehren im Zaum zu halten.

Während Stan sich noch die Schweißtropfen von der Stirn wischte – schließlich war der aktuell laufende Trade echt knifflig –, begann Nick, den Flipchart herzurollen, und wollte von Stan wissen, was aus dessen Sicht die Idee eines Ausbruchhandels im Gegensatz zu den anderen verbleibenden Handelsstilen *Trend und Bewegung* sei.

Stan erklärte, dass es dabei um schnelles Rein-Raus ginge und dies aufgrund der wenigen Punkte keiner irre langen Analyse bedurfte.

Nick erkundigte sich natürlich, ob das alles zu diesem Thema sei, was ihm einfiele.

»Zack, rein. Zack, raus. Ende aus, Micky Maus!« Stan schnipste mit den Fingern und triumphierte: »Ha! So wie eben!« Seine Short-Position war gerade unter seine Limit-Buy-Order gelaufen. *Sieben Punkte plus!*

»Na, okay. Zerbrechen wir uns dennoch mal ein bisschen mehr den Kopf.« Nick bemerkte, dass Stan leicht irritiert auf den Flipchart und dann auf seine Monitore starrte. Die kommende Lektion würde ihn von dem nächsten bevorstehenden Megatrade abhalten.

»Wie lautet der Grundgedanke, den ein Trader verfolgt, wenn er einen *Ausbruch* handelt?«

»Schneller Gewinn«, kam als Antwort. Stan ließ dabei den neu ins Visier geratenen Euro-FX-Chart nicht aus den Augen.

»Okay, was du aussprichst, ist das *Resultat*. Aber was ich meinte, war: Was fasziniert den Trader am aktuellen Börsengeschehen, sodass er darauf mit einem Ausbruchshandel reagiert?«

Teilnahmslos fragte Stan: »Der schnelle Kursrutsch?«

»Okay, anders.« Unter den enttäuschten Blicken Stans schaltete Nick dessen Monitore aus. Die Ablenkung durch das Zucken der Perioden war unerträglich. Sodann ging Nick auf die Funktionalität einer klassischen Stopp-Order ein und deren Eigenschaft, bei Auslösung zu einer Market-Order zu werden, womit der Trader akzeptierte, dass er zum nächsten Preis – wie immer dieser auch ausfallen möge – abgerechnet wurde.

Stan nickte, denn soweit war das nichts Neues für ihn.

Nick bat Stan nun, eben diese Eigenschaft der Stopp-Order in einen sinnvollen Zusammenhang zum Ausbruchshandel zu bringen. Da Stan aber keine schlüssige Lösung parat hatte, beschwor Nick als Beispiel einen Autoverkäufer, der seinen Wagen – letzter Preis laut Liste: 10.000 Euro – auf der Stelle verkaufen musste und dem der Verkaufspreis völlig egal war. »Wohin steigt oder fällt der Wagenpreis, wenn dieser sich auf die Straße stellt und schreit: ›Gebt mir, was ihr wollt, Hauptsache, ich bin die Kiste los‹?«

»Er bekommt die 10.000 Euro«, entgegnete Stan voreilig.

»HALLO!!!«, stöhnte Nick und verwies darauf, dass der Börsenhandel nicht immer nur aus *einer* Lösung bestehe, vielmehr gäbe es stets mehrere Alternativen. Nach einer Weile stimmte Stan mit Nick überein, dass der Verkäufer, sollten sich viele Käufer für den Wagen interessieren, gute Chancen hätte, den Listenpreis von 10.000 Euro zu erzielen. Sollte aber niemand an dem Wagen Interesse bekunden und dann plötzlich ein Einziger auf der Straßenseite gegenüber den Arm für ein Gebot heben, so würde dieser mit seinem aufgerufenen Kauflimit den Preis diktieren. Der Wagen könne zu 100, aber auch zu 20.000 Euro über den Tisch gehen. Auf das Thema *Ausbruchshandel* bezogen, bedeutete dies, dass die Faszination an dieser Handelsausrichtung den Stopp-Orders und deren Umwandlung in eine Market-Order geschuldet wäre, denn: Eine im Markt vorhandene Limit-Order bekäme so die Möglichkeit, den kommenden Kurs in die eine wie auch die andere Richtung zu ziehen.

»Somit ist dein ›ich hüpfe mal in den Markt und gehe nach ganz wenigen Punkten wieder raus‹ zwar eine mögliche Art, dem Markt zu begegnen, hat aber mit dem klassischen *Ausbruchshandel* nichts, aber auch GAR NICHTS gemein«, fasste Nick zusammen.

»Ja, gut – ist doch aber egal, wie man es nennt. Hauptsache, ich habe ein paar Punkte und verschwinde wieder. Oder?«, purzelte es aus Stan heraus.

Nick, der früher von Hofner und John nie mit Definitionen und Das-ist-so-weil-es-eben-so-ist gelangweilt worden war, wollte diese Art und Weise hier und jetzt fortsetzen und Stan daher – genauso wie dies damals auch bei ihm gehandhabt worden war – begreiflich machen, dass die Entscheidung für eine Handelsausrichtung und dann speziell der konkrete Trade immer den gemeinsamen Nenner aus den verschiedensten zu beachtenden Komponenten darstellen sollte. Nick erklärte, aus den drei Handelsausrichtungen auswählen zu können – sofern man selbige nicht ohnehin gleichzeitig handelte –, sei eine Frage von *Risiko im Geld* und *Risiko im Markt*. Es bliebe eine Frage der Bereitschaft, *wie* man sein Ziel, sei das nun ein Tages-, Wochen- oder Jahresziel, erreichen möchte.

Stans Blick verriet, dass er um eine schnelle Antwort Nicks bat, schließlich waren die Bildschirme grau und gaben damit dem Markt die Chance, Mega-Kursschübe zu veranstalten – weit fernab von Stan.

Nick bedachte Stan mit einem ärgerlichen Blick, aber er tat ihm nicht den Gefallen, einer knappen Vorstellung eine ebenso knappe Erklärung folgen zu lassen. Stattdessen deutete er noch einmal, und jetzt eindeutig fordernd, auf den Flipchart. »Auf jetzt! Was gibt es zum Ausbruchshandel zu sagen …?« Stans wiederholter und gequälter Blick Richtung der ausgeschalteten Monitore verriet Nick ziemlich genau, dass Stan sich nichts sehnlicher wünschte, als dass dieses Gespräch zu Ende ginge: Die Märkte veranstalteten sicher jetzt gerade Kursschub auf Kursschub, boten Gelegenheit um Gelegenheit, sich ein Stück vom Kuchen abzuschneiden, und Stan musste währenddessen auf schwarze Bildschirme gucken und sich das öde Gequatsche anhören …

Und mittlerweile fand auch John in Stans bisheriger Reaktion wieder eine Bestätigung seiner These, dass ein Trading-Anfänger das, was er den ganzen Tag machte, nicht in fünf geraden Sätzen erklären konnte, und machte sich auf den Weg, Nick bei dieser Lehrveranstaltung beizustehen. »Das Problem ist doch Folgendes«, formulierte Nick nun einleitend, nachdem Stan ihn nur fragend ansah. »Der klassische Ausbruchshandel hat von Haus aus ein negatives Chancen-Risiko-Verhältnis.« Stan verstand nicht sofort, und Nick wies darauf hin, dass eine unausweichliche Konstante existierte, welche besonders bei dem ganzen Thema des Ausbruchshandels und dessen individuellen Stellschrauben Beachtung finden musste: das *Marktrauschen*.

»Nehmen wir beispielsweise den DAX-Future! Angenommen, du bist auf zwei Punkte aus, so kannst du hierzu nicht einen Stopp von zwei Punkten setzen. Das Rauschen des Marktes – sprich: das Abarbeiten des nie abreißenden Stroms der Market-Orders – lässt den DAX-Future in einer Minispanne von fünf, sechs Punkten – manchmal mehr, manchmal weniger – hin und her zappeln. Solltest du nun da hinein deinen Stopp legen, kannst du auch gleich dein Geld zum Fenster rausschmeißen. Die Chance, dass deine Stopp-Order geholt wird und der Markt trotz alledem in deine Richtung läuft, ist mehr als hoch. Dementsprechend muss die Stoppsetzung eines Ausbruchstrades von Haus aus auf einen Minimumwert festgelegt sein.«

Stan meinte, die Lösung des Problems darin zu sehen, dass er seine Limit-Order, sprich: sein Ziel, einfach erhöhte. »Wenn ich also beispielsweise sechs Punkte auf den Tisch packen muss, damit der Stopp nicht innerhalb des Marktrauschens liegt, so gehe ich dann halt erst nach 14 Punkten Gewinn raus. Dann haben wir wieder ein positives Chance-Risiko-Verhältnis … und Ende aus, Micky Maus.« Stan sah aus, als hätte er gerade eine super knifflige Mathematikaufgabe gelöst und als präsentiere er nun stolz das Ergebnis.

»Tolle Wurst!«, grinste Nick. »Jetzt hast du genau das gemacht, was ein Großteil der Trading-Anfänger tut: Du nimmst dir eine Excel-Tabelle und rechnest dir die Sache mit einem Förmelchen schön, freust dich über die Ergebnisse und bemerkst nicht, dass du dir den Chartverlauf gerade weit von seiner Realität und aller logischen Resultate weg- und zurechtgebogen hast.«

Nick zog das Flipchart heran und zeichnete stichpunktartig die relevanten Zusammenhänge ein, dann zeigte er auf dem Flipchart (1) nach rechts oben. »Das Rauschen des jeweiligen Marktes hat direkten Einfluss auf die Mindeststoppentfernung. Der Ausstieg hingegen hängt direkt von der Frage ab: ›Wie viel Chance gebe ich dem Markt, vor dem Erreichen meiner Limit-Order noch mal zu drehen?‹ Das Risiko, dass der Markt vor Erreichen der Order abdreht und in eine mögliche Korrektur hineinläuft, ist übrigens umso höher, je weiter die Limit-Order entfernt liegt. Daher …«, so betonte Nick, »darf beim Ausbruch nicht, wie leider allzu oft beobachtet, die Frage ›Wie viele Punkte will ich denn nun bei diesem Trade erzielen?‹ im Vordergrund stehen, sondern zielführend kann einzig und allein die Fragestellung sein: ›Wie *nah* muss mein Limit sein, damit ich dem Markt so wenig wie möglich die Chance gebe, vorher zu drehen?‹«

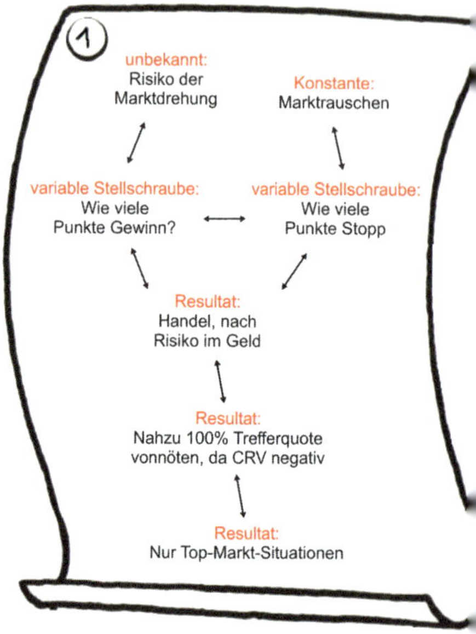

»Und wie nimmt man dem Markt diese Chance?«, schaltete sich John dazu, der nun hinter den beiden stand, und hob mahnend den Zeigefinger.

Stan überlegte kurz, dann war ihm klar: »Je näher am Einstieg ich wieder aus dem Markt verschwinde – im Extremfall nur einen Punkt oder Tick, je nach Markt.«

John nickte. »Weil das so ist, du aber auf der Rückseite deinen Verlustbegrenzungsstopp wegen des Marktrauschens ja nicht nur *einen* Punkt entfernt setzen kannst, hat der richtig durchgeführte Ausbruchshandel ein negatives Chancen-Risiko-Verhältnis.«

Stan überlegte erneut. »Aber … wenn ich nur minimale Punkte anstreben soll …, im Idealfall die kleinste Einheit des Marktes als Limit …, einen Tick, einen Punkt …, dann ist das Ganze ja *sinnlos*?!«, purzelte es aus dem jungen Mann heraus, woraufhin John ihn um etwas Zurückhaltung dahingehend bat, statt vorschneller Weisheiten doch lieber durchdachte Überlegungen und Ideen von sich zu geben. In diesem Zuge erinnerte er an das Thema *Handel mit Risiko im Geld*[30], da dies die logische Konsequenz dieser Überlegung sein sollte, sein musste, sofern man die Idee des Ausbruchshandels *wirklich* verinnerlicht hatte. John verwies auf die unüberlegten Trades vieler Händler, die meinten, einen Ausbruch zu handeln, indem sie wenige Kontrakte orderten, dafür aber – damit es sich dennoch monetär lohnte – zehn Ticks beziehungsweise Punkte oder so haben wollten. »Gerade der Ausbruchshandel ist eine Handelsart, die einfach und logisch aussieht, im Detail aber doch den einen oder anderen Irrweg in sich birgt«, erläuterte John und gab weiter zu verstehen, dass wegen des negativen Chancen-Risiko-Verhältnisses die Trefferquote verdammt hoch sein müsste, da bei einem beispielsweise mit sieben Punkten Verlust ausgestoppten Trade sieben positive Trades mit einem Gewinnziel von je einem Punkt vonnöten wären, nur um wieder die Ausgangssituation herzustellen.

30 Siehe Erläuterungen Seite 338.

»Wenn du wirklich verinnerlicht hast, was es heißt, einen Ausbruch zu handeln, sprich: dir einzig und allein die Markt-Orders der ausgelösten Stopps zunutze zu machen, und gleichzeitig verstanden hast, dass du den Stopp nicht willkürlich setzen kannst, dann fängst du an, den Ausbruchshandel als eine sehr hohe Kunst anzusehen, die neben den fachlichen und technischen auch eine Menge mentaler Voraussetzungen benötigt und abverlangt: unter anderem haufenweise Disziplin. Letztere wird man nur bereit sein, aufrechtzuerhalten, wenn man kapiert hat, dass sich die Trefferquote auf nahezu 100 Prozent belaufen muss.«

»Fast nie ein Fehltrade? Das ist doch kompletter Schwachsinn!«, entrüstete sich Stan.

»Nun ja, nicht ganz«, übernahm Nick jetzt wieder das Ruder. »Die Chance, dass so ein negativer Trade passiert, kann über zwei Stellschrauben verringert werden: zum einen mit den bereits erwähnten Super-Set-ups, sprich: deutlich erkennbare *Punkte 2* von übergeordneten Trends, damit die allgemeine Orderlage den einen Punkt fast *sicher* macht. Zum anderen muss man trotz roten Tuchs, also Risiko im Geld, den Stopp dort hinlegen, wo er hingehört und dort auch lassen: auf den letzten vorangegangenen *Punkt 3* des untergeordneten Trends, im Idealfall auf dem Tickchart.«

Darüber grübelte Stan eine Weile und schlussfolgerte dann richtig, dass demnach der Ausbruch nicht an jeder x-beliebigen Stelle gehandelt werden dürfte, sondern nur an besonderen Marktstellen gehandelt werden könnte und im weiteren Verlauf kam Stan selbstständig folgender wichtiger Gedanke: Wenn er die Order zum Ausstieg, die ja durch den Zusatz *Limit* ohnehin niemals schlechter ausgeführt werden kann, so nah wie möglich an den Einstieg positionieren sollte, um so dem Markt die Chance einer vorzeitigen Korrektur zu nehmen, könnte und würde des Öfteren jener Fall auftreten, dass die Stopp-Order zum Einstieg aufgrund von Slippage schlechter abgerechnet werden würde als der angedachte Kurs zur Positionsschließung.

»Richtig«, lobte ihn Nick. »Dazu ein konkretes Beispiel mit fiktiven Kursen. Stell dir Folgendes vor: Ein deutlicher und aufwärtsgerichteter *Punkt 2* bei einem Kurs von 2.000 Punkten. Du legst deine Stopp-Buy-Order auf die 2.001, willst nur *einen* Punkt holen und legst daher deine Limit-Sell-Order auf die 2.002. Du gibst dem Markt also kaum eine Chance, zwischen angedachtem Ein-und Ausstiegskurs zu drehen. Im weiteren Marktverlauf wird nun die Stopp-Buy-Order erreicht. Du wirst eingestoppt, sprich: deine Stopp-Order wird *market* abgearbeitet, was dazu führt, dass du mit dem nächsten Kurs zu 2.003 abgerechnet wirst. Und nun …?«

Stan kam nicht gleich auf eine Antwort, daher half John nach. »Im *schlechtesten* Fall wirst du auf 2.002, mithin dem von dir limitierten Kurs, abgerechnet, und machst einen Punkt minus.«

»Na prima! Und wie soll ich das je umgehen?« Stan begriff nun das mitunter im *Einzelfall* entstehende Dilemma und Enttäuschung machte sich breit. »Dann wäre es also doch besser, den Zielkurs hochzuneh…«

»Na, na, na!«, unterbrach Nick Stan vehement. »Am Zielkurs kannst du nicht herumspielen! Würdest du das dennoch wagen, dann beweist du damit, dass du den Ausbruchshandel in seiner Tiefe *nicht* verstanden hast.«

»Ja, dann weiß ich auch nicht weiter!« Stan zuckte resignierend mit den Schultern und wollte wissen, wie man denn mit einem Ausbruchshandel, in welchem das Ergebnis der Trades durch eine zufällige Slippage andauernd ins Negative verändert werden könnte, eine fast hundertprozentige Trefferquote erreichen sollte.

»Trotzdem, eine Lösung gibt es!« Nick gab ihm mit einer Handbewegung zu verstehen, dass er immer noch auf eine Antwort wartete. Aber vergebens. Nick half folglich nach: »Du bräuchtest doch nur eine Orderplattform, welche den Zielkurs, sprich: die Limit-Order, nicht als *konkrete* Kursangabe, sondern als Punktdifferenz zulässt.« Nick griff das letzte Beispiel erneut auf. »Du willst bei 2.001 Punkten in den Markt und nach einem Punkt wieder heraus, weißt aber noch nicht, wie du abgerechnet wirst. Okay soweit?« Stans Nicken ließ ihn fortfahren. »Wenn du nun ein Ordersystem hast, das selbstständig erkennen kann, zu *welchem* Kurs die Positionseröffnung erfolgt ist, und daraufhin nun blitzschnell die entsprechende Limit-Order generieren würde, die deiner Vorgabe ›*einen* Punkt Kursgewinn‹ entspricht, dann wäre das Dilemma gelöst. Du würdest bei einer Slippage von beispielsweise zwei Punkten dann zwar zu 2.003 abgerechnet, aber im selben Moment würde die Limit-Order zu 2.004 in den Markt gestellt.«

John merkte an, dass damit die richtige technische Ausstattung unabdingbar wäre, um einen Ausbruch vernünftig zu handeln. »Und«, fügte er hinzu, »ich will *nie wieder* sehen oder erzählt bekommen, dass du den hier beschriebenen *Ausbruchshandel* auf einem CFD-Konto unternimmst. Entweder direkt die Aktien oder direkt die Futures!«

Da Stan mit dieser Rüge, seinem fragenden Gesichtsausdruck nach, anscheinend nichts anzufangen wusste, warf Nick mit theatralischem Stöhnen die Stichwörter »gestellter« und »gehandelter Markt« ein. Wer stellt die Kurse: der Broker oder das Orderbuch?

Im weiteren Verlauf kamen die drei nochmals auf den Stopp zu sprechen, welcher im Idealfall am letzten vorangegangenen *Punkt 3* des Trends auf dem zugehörigen Tickchart lag.

Stan warf ein, dass damit der Stopp von Trade zu Trade unterschiedlich läge.

»Richtig«, antwortete John. »Mal sind das sechs, mal zwanzig Punkte. Je nach Marktlage und jedes Mal verschieden …«

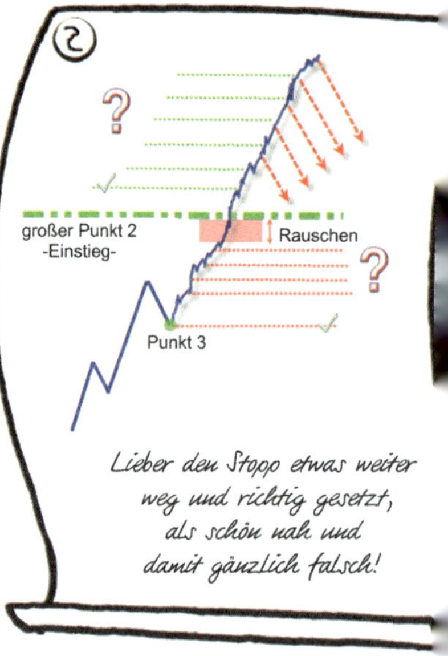

»Aber«, Stan blies die Wangen auf und ließ die Luft langsam entweichen, »wenn ich mit *Risiko im Geld* handle und wenige Punkte zum Ziel habe, und nun …«, Stan fuhr sich nervös durch die Haare »… also im Einzelfall meine ich … bereit sein soll, meinen Stopp 20 und mehr Punkte weit weg zu setzen … H-O-L-L-A!« Ein sehr bedenklicher Blick folgte.

»Was wären denn deine Alternativen?«, hakte John nach.

»Nun ja, wenigstens ein halbwegs näherer Stopp?«, kam als Antwort.

»Okay, nehmen wir uns dieses Gedankens einmal an.« John zeichnete eine Skizze auf dem Flipchart (2) auf. »Die dicke grüne strichpunktierte Linie stellt den Kurs des übergeordneten *Punktes 2* zum Einstieg dar. Der blaue Kursverlauf spiegelt den Tickchart wider. Vor dem Einstieg in die Position, also dem Schneiden der grünen Strichpunktlinie, ist der Trend deutlich ersichtlich. Der letzte *Punkt 3* ist ebenfalls markiert.« John trug zum besseren Verständnis unter den Einstieg als rot schraffierte Fläche das Marktrauschen als jene Punktspanne, die an sich permanent vorlag, aber innerhalb derer eine Stoppsetzung wenig sinnvoll erschien, ein. »Die grünen dünnen Linien symbolisieren den gedanklichen Ringkampf: *zehn, sieben oder drei Punkte Gewinn?* Wenn verstanden, wirst du die unterste Linie, sprich: je nach Markt einen, maximal zwei Ticks oder Punkte, bevorzugen, da du so dem Markt kaum eine Chance gibst, nach deinem Einstieg, aber noch vor deinem Ausstieg in eine Korrektur zu laufen.« John zeichnete zur Darstellung der möglicherweise einsetzenden Korrektur rechts rote Pfeile ein.

Anschließend fixierte John waagerechte rote Striche und illustrierte damit den gedanklichen Ringkampf: *fünf, sieben oder zehn Punkte Stopp?* »So, nun noch mal zu deiner Frage: *Kann man nicht den Stopp näher heranziehen? Der Punkt 3 ist doch s-o-o-o weit weg!«* John wies dabei auf den Abstand zwischen dem Einstieg und dem markierten *Punkt 3*. »Was würde passieren, wenn du ihn hier irgendwo dazwischenlegst?«

Stan lachte. »Ich würde mich echt wohler fühlen!«

Nick gab ihm einen Klaps und John übersetzte diesen in Worte: »Du bist hier an der Börse und nicht in den Armen einer Frau ..., *WOHLER fühlen* ... tzzz! Wenn dein Gehirn bei einer Lady aussetzt, mag das ja verzeihlich sein. Aber wenn dasselbe, nur damit dein Wohlfühlfaktor steigt, beim Handel passiert, dann ist das gefährlich!!!«

Stan konnte dies nicht nachvollziehen und verteidigte seine Meinung mit dem Hinweis auf die immer wieder gehörte Überlebensbotschaft: Verluste sollte man besser begrenzen.

»Na gut ... angenommen, du setzt nach dem Einstieg deinen Stopp hierher«, John wies auf die zweite rote Linie von oben, »und weiter angenommen, dass, obwohl das Limit zum Ausstieg nahe am Markt liegt, dieser dennoch direkt nach dem Einstiegskurs durchsackt ...«

» ... dann«, fiel ihm Stan ins Wort, »bin ich *Gott sei Dank* vorher schon draußen!«

»Und das ist gut?« John spießte ihn mit seinem Blick regelrecht auf.

»Ja, logisch. Weniger Minus kann doch nicht schlecht sein?!«

»Das zwar nicht, aber ... schlecht ist, wenn der Markt im Nachgang wieder dreht und das realisierte Minus gar nicht hätte sein müssen!«

Stan stutzte.

Nick deutete auf den Kursverlauf des Tickcharts. »Frage: Ist der Trend zum Zeitpunkt des Einstiegs intakt? *Ja* oder *nein*?«

»Ja.«

»Wenn du den Stopp wahllos an die zweite, dritte oder eine andere hier nicht eingezeichnete Linie legst und dieser erreicht wird, *was* ist mit dem Trend?«

Stan biss sich auf seine Unterlippe. »Der ist *dennoch* intakt ...«

»Das heißt, du wirst innerhalb *was* ausgestoppt?

»Der *Korrektur*?«, fragte Stan zögerlich.

Nick ließ Stan einen kurzen Moment mit seinen Gedanken alleine und strich ihm ermunternd über den Kopf. »Wenn du den Trend gehandelt hättest, würdest du dir über jene Korrektur ein

Loch in den Bauch freuen, und alles wäre im grünen Bereich. Jetzt handelst du aber den Ausbruch. Frage: Muss daher das Verhalten des Trends anders interpretiert werden?«

John brachte es auf den Punkt: »Lieber den Stopp etwas weiter weg und richtig gesetzt als schön nah und damit gänzlich falsch.«

Stan sammelte seine Gedanken. »Also lieber einen höheren Buchverlust akzeptieren, dies aber verbunden mit der *berechtigten* Hoffnung, dass der Markt die Limit-Order jederzeit doch noch holen kann und die Trefferquote damit erhalten bleibt, als einen kleinen, aber an dieser Stelle nicht zwingend notwendigen Buchverlust zu realisieren, um Sekunden später zu checken, dass der Markt zügig in die gewünschte Richtung läuft.«

»Genau. Das ist das Eklige, aber Unabwendbare am Ausbruchshandel. Und, wie bereits angesprochen, ist dies größtenteils nur dadurch zu umgehen, dass zum einen die Limit-Order nahe am Markt ist, damit dieser angesprochene hohe Buchverlust, ausgelöst durch eine Korrektur, gar nicht erst entstehen kann, und zum anderen, dass man nur an jenen Chartpunkten einen Ausbruch handelt, die groß genug sind, dass selbst jemand mit der Sehschärfe eines Maulwurfs sie erkennen kann. Nur damit ist sichergestellt, dass wirklich viele Orders dort liegen. Und das, mein Junge, erfordert aber *was* …?«

»G-E-D-U-L-D …«, stöhnte Stan die Antwort, und seine Augen wurden immer größer, schließlich hatte er doch bereits einige Monate hinter den Vorhang des Tradings gespäht und war heute einmal mehr niedergeschmettert angesichts der Grenzen und Unwägbarkeiten des von ihm gewählten Berufs. *Geduld, Geduld, Geduld … immer diese auferlegten Schranken!*

Was Stan nicht ahnen konnte, war, dass Philip dieses Thema ohnehin an einer späteren Stelle mit ihm noch sehr detailliert *verfeinern* wollte.

John schaltete die Monitore wieder ein und in den kommenden Stunden hockte Stan einfach nur stumm davor und unterbrach schließlich die Stille. »Bleibt es dabei, dass wir heute Abend alle essen gehen?«

»Ja. Wir gehen ins *Vertigo* und holen auf der Hinfahrt Philip vom Hotel ab«, antwortete John, ging in sein Büro, warf sich sein Jackett über und trank den letzten Schluck Wasser aus seinem Glas.

Nick, der neben Stan saß, gähnte herzhaft und streckte sich dabei. Dann stupste er Stan mit dem Zeigefinger an die Brust. »Hey, Bambino, und sieh zu, dass du dir einen ordentlichen Zwirn überwirfst! Weißt du denn überhaupt, wie ein Windsorknoten geht?«

Stan, der immer noch wie gebannt auf seinen Bildschirm starrte und Nicks Spöttelei gar nicht mitbekommen hatte, zuckte zusammen. »Was? Windsor … eh …?« Verwirrt blickte er von Nick zu John.

Nick hatte bereits Luft geholt, um weitere kleine Gemeinheiten an den Mann zu bringen, schwieg jedoch, als er Johns tadelnden Blick bemerkte.

»Kim hat das Taxi für 21 Uhr bestellt, seid pünktlich!«, sagte John in seinem väterlichsten Tonfall und wandte sich zum Gehen. »Heute werden wir in einer außerordentlichen Umgebung fachsimpeln und vielleicht …«, dabei blickte er sowohl Stan als auch Nick an, »… wirkt sich das ja förderlich auf mancher Leute Benehmen aus.«

Nick winkte ab und lachte. »Ist ja schon gut, Bambino wird den heutigen Abend schon überleben. Oder, Kleiner ...?!«

*

Das Taxi hielt kurz an der Thanon Rama IV/Ecke Silom Road, als die fünf Insassen, unter ihnen nun Philip, entschieden, die letzten Straßen bis zum Restaurant in der South Sathon Road zu Fuß zu gehen. Als sie, mit Ausnahme von Kim, die das Klima ja von Geburt an gewohnt war, blinzelnd, mit durchgeschwitzten Hemden und nach Luft schnappend aus dem Wagen stiegen, stürzte sofort ein kleiner, bunt bemalter Thailänder mit lustigen Federn auf dem Kopf auf sie zu und bot ihnen seine Dienste im Handlesen an.

Kim blaffte den bunt Bemalten auf Thai an, zu verschwinden, aber Stan zeigte Interesse und winkte den Mann zu sich. Der Wahrsager ergriff Stans ausgestreckte Hand, beugte sich über die dargebotene Handfläche und fing an, in Thai vor sich hin zu murmeln.

Kim lächelte spöttisch und fragte Stan in einem Tonfall, den Erwachsene sonst nur bei ganz kleinen Kindern verwenden: »Na? Verstehst du das auch schön?«, während die anderen sich das Spektakel betrachteten und jetzt das Lachen fast nicht mehr halten konnten.

Stan ärgerte sich zwar über Kims Scherz, bat sie aber dennoch um Übersetzung dessen, was der Wahrsager vor sich hin murmelte.

»Na, aber gern, für dich tue ich doch alles, mein Bester! Das wird dich allerdings was kosten! Ach, sagt er. *Ach, ach, ach* ...«, grinste Kim.

Nervös bat Stan, Kim solle fragen, was der Wahrsager denn da sehe. Der wiegte seinen Kopf. »*Es könnte so oder so kommen, meint er. Sicher ist ja ohnehin nichts, jeder ist seines Glückes Schmied. Wer kennt schon die Zukunft*, meint er«, übersetzte Kim mit unbewegter Miene.

»Langes Leben steht da! Bestimmt!«, ließ Stan sich hinreißen.

Der Wahrsager wiegte erneut seltsam seinen Kopf. »Kim!«, rief Stan. Er wollte unbedingt wissen, was dieser Blick, dieses Wiegen des Kopfes, bedeuten sollte.

»*Stress*, sagt er, sieht er. *Stress und noch mal Stress*«, bekam er zu hören. Stan lachte erstaunt auf.

Stress?

In Thailand?

Gewiss nicht!

Es sei denn ...

Stan musste an die letzte Handelsstunde denken. Fünf Plustrades in Folge. *Fünf!* Stan hatte sich gefühlt, als wäre er auf eine Goldader gestoßen. Während er das bereits aufgelaufene Plus der beiden letzten noch offenen Trades beäugte, fühlte es sich an, als würde sich um seinen Kopf gerade ein Heiligenschein materialisieren. Als es Zeit wurde, Philip vom Flughafen abzuholen, hatte er diese beiden Trades, eine CFD-Long-Position im DAX und eine Long-Yahoo-Position, kurzerhand offen gelassen und war mitgefahren, denn die Vorgabe »umwerfend attraktiver Chartverlauf« erfüllten diese beiden Trades allemal. Die anderen würden vor Neid und selbstverständlich gleichzeitig vor Stolz auf Stan bestimmt fast platzen. Beide kurzfristigen Seitwärtsphasen waren einfach sagenhaft ausgeprägt! Und, so fühlte Stan deutlich, der Markt stand mit Sicherheit kurz vor einem Durchbruch. Na, wenn das mal keine Riesenparty werden würde. Stan fand diese Situation einfach *klasse, klasse, klasse*. Eigentlich schade, dass er nicht mehr Stückzahlen gehandelt hatte. Na ja, man kann nicht immer alles haben, seufzte er innerlich. »Aber heute passiert nichts Schlimmes oder Stressiges mehr, oder?«, bat er Kim, den Wahrsager zu fragen.

Der Wahrsager seufzte und hielt, wie um ihm Mut zu machen, noch einen Moment Stans Hand und drückte sie leicht. Dann wandte er sich Philip zu.

Der schüttelte den Kopf.

»Es kostet fast nichts!«, zog Kim ihn auf.

»Nein. Danke«, erwiderte Philip.

Mit einer schnellen Bewegung ergriff der Wahrsager Philips Hand. Der wollte sie wegziehen, aber der Wahrsager war erstaunlich kräftig. Philip, da er keine Szene machen wollte, sah sich also zum Mitspielen gezwungen. Er lächelte leicht säuerlich.

Der Wahrsager runzelte die Stirn und zog die Hand näher zu sich heran. Er beugte sich vor und wieder zurück und kniff die Augen zusammen. *»Du wirst die kommenden Wochen noch zwei wundersame Begegnungen haben!«*, übersetzte Kim den Singsang des Wahrsagers. Alle lachten.

Philip nickte und gab dem seltsamen Mann, der dasselbe auch von Stan einforderte, 50 Baht, umgerechnet ungefähr einen Euro.

Nachdem er sein Geld bekommen hatte, zupfte der Wahrsager Kim am Ärmel und redete in einem Schwall von Worten eindringlich auf sie ein. »*Zwei! Hörst du? Zwei Begegnungen!* Soll ich dir unbedingt noch mal deutlich sagen, Philip.« Mit einem – Kims Gesichtsausdruck und deutlichen Handbewegungen nach zu schließenden – Schwall von Bekräftigungen verscheuchte Kim im Anschluss den Wahrsager, der in der sie umgebenden Menge untertauchte.

Philip nickte nochmals dankend ins Ungewisse, nicht ahnend, dass der Mann sein Trinkgeld zu Recht verdient hatte.

Als die fünf sodann die Hauptgeschäftsstraße Bangkoks Richtung South Sathon Road entlangschlenderten, wurden sie mit jedem Schritt immer weiter in einen Geräuschteppich eingewoben, welcher sich aus den die kleinen Geschäfte und Garküchen umgebenden Klängen buddhistischer Musik, aus Gesprächsfetzen flanierender oder einkaufender Einheimischer und dem Lachen spielender Kinder zusammensetzte. Sie fühlten sich, trotz des Lärms, in eine Art entrückte Gleichförmigkeit eingebettet, die sich scheinbar wellenförmig fortsetzte, um draußen in den gelbbraunen Fluten des Stroms zu versinken. Dort unten, in den Wellen des Chao Phraya, würden der Klang der Glocken und der Geruch der Weihrauchstäbchen erst spät in der Nacht ihre kurze Ruhe finden – nur, um am nächsten Morgen als immerwährende Melodie des Lebens von und mit den vielen Booten wieder nach oben befördert und hinaus in den neuen Tag genommen zu werden.

Wenige Minuten später standen sie vor dem Banyan Tree Hotel. Ihr Lieblingsrestaurant Vertigo thronte auf dem 61. Stock. Für die Händler war ein Abend in dieser Umgebung jedes Mal wieder ein umwerfendes Erlebnis. Das auf drei Plattformen angelegte Freiluftrestaurant bot die wohl beste Aussicht auf die Skyline Bangkoks und die an der Bar servierten erstklassigen Drinks rundeten das Ambiente perfekt ab.

Im Innern des Hotels luden Fahrstühle zu einer Hochgeschwindigkeitsreise gen Himmel ein.

»Bon soir. John Montbard und Gesellschaft, wir hatten reserviert.«

»Ah, ja.« Der Oberkellner sah eine Liste auf seinem Stehpult durch. »Folgen Sie mir bitte!«

Stan stockte der Atem, als er das herrliche Ambiente betrat. Kein Wunder, dass hier die Hollywoodstars dinierten. Was für eine Pracht! Für einen Moment dachte Stan nicht an den Verlauf seiner zwei offenen Positionen. Er war schlicht überwältigt von dem Anblick, der sich ihm bot. So mussten sich die Passagiere auf dem Erste-Klasse-Deck eines Luxusliners fühlen, der sich den Weg durch das Lichtermeer der Stadt bahnt – überspannt von einem funkelnden Firmament. Alles war dekoriert wie für eine königliche Hochzeit. Jeden einzelnen Tisch zierte ein gewaltiges Bouquet duftender Tigerlilien, die Sessel waren mit kostbaren weißen Hussen überzogen, auf deren Rückseite riesige Schleifen prangten. Stan liebte diese Dinger! Dann richtete sich seine Aufmerksamkeit auf etwas anderes.

»Oh, mein Gott! Ist das etwa …? WOW!«, flüsterte Stan Kim zu. »Ich glaube, da drüben sitzt …«

Nick ließ Stan nicht aussprechen. »Ja, ja, er ist in der Stadt und spielt in einem Film mit, jetzt mach den Mund wieder zu und lass das arme Promischwein in Ruhe essen und trinken und seinen Abend genießen!«

Während sie sich an den Tischen vorbeischlängelten, fiel Philip auf, dass, mit Ausnahme von John, der wie immer perfekt und stilvoll gekleidet war, und Kim, die in ihrem edlen Sarong einfach umwerfend aussah, er und die beiden anderen Mitglieder ihrer Gesellschaft in ihren Jeans erheblich underdressed wirkten. Alle anderen Gäste trugen samt und sonders frisch gebügelte und gestärkte Designerfummel von Prada, Escada, Gucci, Yves Saint Laurent, Dior oder was immer gerade angesagt und teuer war. Die reinste Modenschau, inklusive Haarstyling und vollem Schmuckaufgebot von Platin bis Diamanten. Das hier war eben ein echter Nobelschuppen, und jeder, der wollte, konnte seine Kostbarkeiten hier zur Schau stellen. Kurzum: Das Publikum war reich, mächtig und manchmal auch gaga – eine explosive Mischung.

Philip schaute sich schweigend weiter um. Etwa vier von fünf Gästen waren Asiaten, der Rest anscheinend weitgehend Europäer, und von all diesen Gästen waren etwa vier von fünf männlichen Geschlechts – eine entschieden testosteronlastige Versammlung. Die Frauen waren fast durchgängig jung, attraktiv und recht schweigsam, möglicherweise Gespielinnen, Status-Ehefrauen, verliebte Privatsekretärinnen, in Asien alles allgemein anerkannte Titel für Konkubinen.

Philip zupfte noch etwas an seinem Hemd und betrachtete seine auf dem kurzen Stück vom Hotel bis hierher leicht staubig gewordenen Schuhe, dann zuckte er lächelnd mit den Schultern. Auf seinen bisherigen Reisen hatte er rasch mitbekommen, dass man in exklusiven Restaurants oder Hotels als Ausländer häufig eine gewisse Narrenfreiheit genoss, denn Westler kleideten sich oft völlig unangemessen – die Armen motzten sich auf, die Reichen kamen in zerfetzten Jeans daher. Hotelangestellte konnten sich daher nie sicher sein, ob sie einen Rucksacktouristen vor sich hatten oder den Sprössling eines milliardenschweren Bankiers, der die Präsidentensuite im Penthouse bewohnte. Wahrscheinlich konnten die fünf aus diesem Grund erhobenen Hauptes und nach Belieben in einem der nobelsten Hotels der Stadt herumwandern, ohne schief angeschaut zu werden.

An ihrem Tisch angekommen, nahmen alle Platz, und John machte eine ausholende Handbewegung, als würde er die atemberaubende Aussicht willkommen heißen.

Stan beugte sich etwas über den Tisch und flüsterte: »Das ist absolut unglaublich!« Seine Nasenflügel blähten sich dabei in jugendlicher Aufregung.

Kim nickte enthusiastisch. »Sehr … hochseitlich.« Hüstel. Das Wort stand vermutlich nicht im Duden, aber es bewies, dass Kim geistig scheinbar bereits voll auf einen derart großen Abend eingestellt war.

»Finde ich auch!«, schwärmte Nick, strahlte Kim an und hauchte ihr zum Spaß einen kleinen Luftkuss zu.

Während die beiden weiter herumalberten, warf Stan einen heimlichen Blick auf sein iPhone. Von den anderen unbemerkt, tippte er auf dem Touchscreen herum.

Yahoo 24,10 … +2,0 %

DAX 6890 … +1,1 %

Puh, Gott sei Dank!

Beruhigt ließ er das iPhone mit der integrierten Funktion der Realtime-Push-Börsenkurse wieder in seine Hosentasche gleiten und richtete seine Aufmerksamkeit auf die inzwischen rege Unterhaltung.

Philip wurde von den anderen regelrecht mit Fragen bedrängt und stand bereitwillig Rede und Antwort. Nachdem er den neuesten Klatsch und Tratsch aus Deutschland berichtet hatte, brachte der Kellner die Vorspeisen, und es kehrte vorübergehend etwas Ruhe am Tisch ein. John beträufelte seine Austern mit Zitronensaft und löste vorsichtig die erste aus der Schale, als Philip auf Stans erste Monate zu sprechen kam.

Stan erwiderte, dass er fände, ein recht pflegeleichter Lehrling zu sein, schließlich hätte er jede Menge Begabung für das Chartlesen. Dabei zupfte er am Ärmel seines Hemdes herum. *Wenn die Jungs nur von meinen offenen Positionen wüssten, das würde mein Talent untermauern!* Stan schaute sicherheitshalber noch mal verstohlen auf sein iPhone.

Yahoo 23,80 … +1,7 %

DAX 6882 … +0,9 %

Au shit! Fangen die Märkte jetzt an zu fallen?

John griff Stans letzte Worte auf, denn so, wie Stan sich gerade angehört hatte, konnte und wollte er das nicht stehen lassen. »Begabung für das Chartlesen – Blödsinn!« Aus Johns Sicht spielte da mal wieder jemand ein Selbstvertrauen vor, das er gar nicht besaß. »So etwas gibt es nicht!«, sagte er schmunzelnd und gab aus seinen eigenen Anfängen zum Besten: »Auch ich dachte damals, zum Börsenhändler könne man genauso begabt sein wie jemand, der beim Singen immer den richtigen Ton trifft, aber nicht erklären kann, wie er das anstellt. Ich wollte auf jeden Fall Händler werden und ging davon aus, die ganze Welt hätte nur auf jemanden wie mich gewartet.« John brach ein Stück Brot ab und tunkte es in ein Schälchen Olivenöl, bevor er fortfuhr: »Mein Ziel war, geradeheraus gesagt, nahezu unmöglich zu erreichen. So sagten mir das auf jeden Fall alle, die ich damals kannte und kennenlernte. Jeden Tag hörte ich: ›UNMÖGLICH! Wie willst du das schaffen? Du kannst nix, du bist nix, und du wirst niemals Börsenhändler sein‹.«

John war mit Sicherheit nicht der Einzige am Tisch, dem man dies so oder so ähnlich um die Ohren gehauen hatte. »Und zwar nicht nur einmal, nein, die Herren und die Dame, meine gesamten ersten Jahre hindurch. ›Hahaha, ein Börsenhändler willst du werden? Du, John, aus dem kleinen Dorf?‹ Keiner, wirklich keiner, unterstützte mich. Nichts von wegen Seminaren, Büchern oder Internet. Nix, nix und noch mal nix. Doch ich hatte diesen einen Traum: ICH WILL HÄNDLER WERDEN. Doch wie erreicht man so ein Ziel, wenn man eigentlich keine Ahnung hat und auch niemanden, der einem auch nur ansatzweise dabei helfen könnte? Ich dachte, mein Talent würde reichen, dem war aber nicht so. So, und jetzt kommt etwas, das ihr alle zu Beginn nicht hören und auch nicht lesen wolltet: Man erreicht es nur durch harte ARBEIT«, und John erinnerte sich, wie er – damals noch völlig unbedarft – als Clerk bei einer kleinen Firma am Chicagoer Börsenparkett anheuerte.

Geräuschlos wie ein Geist tauchte ein Kellner mit einem blütenweißen Geschirrtuch über dem Arm auf. Der Kellner nahm von John die Bestellung weiterer Getränke entgegen – zwei Flaschen Wein, zwei Flaschen Wasser – und verschwand ebenso geräuschlos, wie er erschienen war.

Stan nutzte den Moment für einen weiteren versteckten Blick auf sein iPhone.

Verdammt!

Yahoo 23,60 … +1,5 %

DAX 6875 … +0,8 %

Als der Kellner kurz darauf den Wein brachte, bemerkte Stan, dass sein Glas leicht zitterte, als er es nach dem Toast mit den anderen an die Lippen führte. Er konnte den ausgezeichneten Tropfen, den John geordert hatte, gar nicht genießen, auch wenn die anderen diesbezüglich in Begeisterungsstürme ausbrachen.

Warum bin ich bloß so nervös? Beruhige dich, Stan, beruhige dich. Tiiief durchatmen! Du bist schließlich ein ausgebildeter Trader – nach so vielen Wochen Traden kann man das schon so nennen. Da darf man auch mal 200 Yahoo-CFDs und zwei DAX-Kontrakte long offen halten. Genau! Keine große Sache.

Stan rutschte unruhig auf seinem Stuhl hin und her und versuchte, das Gedankenkarussell in seinem Kopf anzuhalten.

Was, wenn die Amis und der DAX weiter fallen?

Was, wenn die Kurse durch meine Stopps durchknallen?

Was, wenn der Chart doch weiter massiv ansteigt und ich den Jackpot geknackt habe, während ich hier in das Essen piekse?

Was, wenn …

Aus! Sofort!

Du benimmst dich lächerlich. Es wird alles bestens laufen!

Stan trank einen großen Schluck Wein, in dem Versuch, locker zu werden, und merkte nicht, dass er sein Glas damit in einem Zug leerte.

Noch mal ein schneller Blick:

Yahoo 23,40 … +1,3 %

DAX 6870 … +0,7 %

Stan vernichtete ein weiteres Glas des leckeren Weines, ohne diesem den gebührenden Respekt zu erweisen, dann war er so weit, erneut die Daten des Marktes in Empfang nehmen zu können. *BAH!* Beide Märkte stiegen endlich weiter an. Stan lehnte sich, zufrieden lächelnd und erleichtert, in seinem hussegeschmückten Stuhl zurück. Er wusste, dass im imaginären Handbuch für Trader von wenigen Drinks pro Abend die Rede war, aber man sollte sich ja schließlich auch amüsieren. Vor allem bei einem derart fantastischen Ambiente. Also leerte er noch ein Glas – *lecker!* – und bedeutete Nick, ihm noch einmal nachzuschenken.

Als Hauptgang wurden Hummer serviert. Ein Servierwagen wurde hereingerollt. Auf einem Tablett lagen ungewöhnlich große weibliche Exemplare der Krustentiere. Ihre Scheren hatte man mit rosafarbenem Band verschnürt, ebenso ihre Beine. Trotzdem war es einem Tier gelungen, sich zu befreien. Es krabbelte schräg, aber hurtig über seine Artgenossen hinweg in Richtung Tablettrand, einer ängstlich dreinblickenden Kim und der Freiheit.

Ein Koch fing es ein, bugsierte es auf den Rücken und band es wieder zusammen.

Nachdem sich alle ihr Exemplar herausgesucht hatten, verschwand der Kellner mit dem Servierwagen. Kurze Zeit später kam er mit den Hummern wieder – dieses Mal waren keine Fesseln mehr nötig.

Beleuchtungstechniker hatten das Restaurant mittlerweile in eine geradezu jenseitige Atmosphäre getaucht. Einzeln ausgerichtete Spotlights und Farbakzente tauchten die Terrasse auf der einen Seite in blaues, auf der anderen Seite in rotes Licht. Der sternenübersäte Himmel gab alles und setzte dem Spektakel sozusagen die Krone auf.

Stan wusste indes gar nicht, auf was er sich zuerst konzentrieren sollte: auf das exzellente Essen, die exquisite Atmosphäre – oder seine offenen Positionen.

John musterte Stan aufmerksam. Bereits beim Verlassen des Büros hatte er eine Ahnung, dass Stan noch offene Positionen haben musste. John las dies ab aus der angeregten Zerstreutheit und an der nervösen Wachheit Stans. Und er wusste aufgrund seiner Erfahrung mit Trading-Anfängern gut genug, dass sich diese angeregte Zerstreutheit nicht so einfach schlafen legen würde. Dieser angespannten Erwartungshaltung waren die fehlende Aufmerksamkeit und die ständige geistige Abwesenheit geschuldet. In der Absicht, ihn damit wieder auf die richtige Bahn zu lenken, wandte er sich Stan zu. »Ach ja ...«, begann er unverfänglich, »Prost. Auf die Ernüchterung und die Tugend ...« John griff zu seinem Glas und nahm, Stan zurückprostend, einen Schluck, ehe er fortfuhr: »Tugenden sind noch ebenso *modern* wie dein *iPhone*, oder?«

Das iPhone – Tor zur Welt des 21. Jahrhunderts und wie geschaffen für Börsenjunkies wie Stan. Diesen atemberaubenden Gegenstand mit dem Wort, – *wie war das doch gleich? Oh, Gott, Tugend* –, gleichzusetzen und diese im selben Atemzug als modern zu bezeichnen, diese Behauptung klang für Stan äußerst gewagt. Johns weitere Worte über tugendhafte Händler vernehmend, glaubte sich Stan ins letzte oder vorletzte Jahrhundert zurückversetzt: Er stellte sich einen wohlgescheitelten Knaben vor, einen Klassenprimus, der Streiche verabscheute. Vielleicht trug er auch eine Brille, einen dunklen Konfirmandenanzug und petzte. Ein Tugendbold, der scheinheilig alle – selbst die kleinsten – Sittengesetze befolgte und auf andere hinabblickte.

Stans Gesichtsausdruck sprach Bände, weswegen John das Thema nun erst recht zur Sprache bringen wollte. »Der tugendhafte Händler rennt keinen Trades hinterher, außer denen seines festgelegten Setups, nicht einmal den *ach so* todsicheren. Ein tugendhafter Händler zeichnet sich aus durch Keuschheit in Bezug auf Fremdsignale und vor allem: in Bezug auf vor Langeweile eingegangene Trades.« Als John vor vielen Jahren seinen persönlichen Überlebenskatalog für das Trading aufstellte, zählte er – neben diversen direkten Handelsregeln – darunter ganz selbstverständlich auch einige Tugenden auf und definierte sie in einer Art und Weise, die Stan heute – mit 24-Stunden-Marktzugang via iPhone oder PC – eher verstaubt anmuteten. John beschrieb seine Maxime mit: »Gebrauche Trades selten und nur um deines Zieles willen – nie aus Langeweile und damit zur Schwächung oder Schädigung des eigenen inneren Friedens.«

Alle anderen am Tisch nickten im stillen Einvernehmen.

»Aber wie soll denn diese Tugend«, gab Nick zu bedenken, »noch als Maßstab des Verhaltens gelten, wenn der Börsenneuling, kaum hat er sein Interesse bekundet, binnen zwei Stunden ein Konto eröffnet bekommt, nur nach wenigen weiteren Minuten in die Grundzüge der Nutzung der Handelssoftware eingewiesen ist und dann sofort loslegen soll, will und kann …?«

Stan verdrehte die Augen und schielte unterdessen lieber noch mal auf sein iPhone:

Yahoo 24,60 … +2,5 %

DAX 6895 … +1,1 %

Geil, geil, geil!

Schwafelt ihr ruhig weiter von eurer Tugend-Dingsda. Morgen reden wir dann weiter, wenn ihr dasteht und mir auf die Schultern klopfen dürft!

BITTE fall jetzt nicht!

Stan drückte den Zeigefinger so fest gegen seine Nase, dass er ihre Spitze vollständig umbog.

John wusste um Stans Gedanken und imitierte Stan. »… im strengen Ton einer schwarz gekleideten Lehrerin scheint sie *die Tugend eines Traders* nervend zu ermahnen: *Das gehört sich nicht, Bursche! Stimmt's?*«

»Also, ähm …« Stan prostete den vieren zu. Das sollte scheinbar als unausgesprochene Zustimmung genügen.

Zu sehen, dass er Recht hatte, beruhigte John, und er gab zu bedenken, dass die Trading-Anfänger unter Tugend fälschlicherweise etwas verstünden, das vor allem *einschränken* sollte. Tugend würde, aus deren Sicht, so zu etwas Negativem, zu bloßem unproduktiven Nichtstun. Hinter dem Begriff *Tugend* verberge sich, so empfänden dies viele neue Trader, ein drohender Zeigefinger, wegen dem man nicht zu tun wage, was man eigentlich im Chart gerne täte. »Wer Tugenden im Trading so altertümlich definiert, dem muss dieses Wort natürlich überholt und veraltet vorkommen.« Ähnlich sah dies John auch für den Begriff der Moral. »Die eigene Moral im Trading bestimmt das Verhalten des Händlers zu sich selbst, zu seinen Zielen und zur Effizienz seines Verhaltens. Sie verkörpert also eine Art Philosophie, die sich mit der Idee des Guten in Bezug auf ein sinnvolles, weil zielorientiertes, Trading befasst und die im täglichen Umgang zu wenig – und wenn man ehrlich ist, in der Trading-Werbung gar nicht – benutzt wird. Aber zurück zur Tugend! Selbst langjährige Trader wissen immer seltener eine konkrete Antwort auf die Frage: ›Was ist *tugendhaftes* Trading?‹ Dabei galt vor noch nicht allzu langer Zeit die Bezeichnung *tugendhaft* als ehrenvoll und wurde einem Verstorbenen als höchstes Lob sogar auf den Grabstein gemeißelt.« John machte eine Pause, legte den Kopf etwas schief, als ob er in sich hinein lauschte. »Anscheinend unterliegen mithin auch Begriffe der Mode«, fuhr John mit einem an seine jungen Zuhörer gewandten Lächeln fort. »Diese wechselt zwar nicht so schnell wie die jeweilige Frühlings- oder Herbstkleidung, aber mit den Generationen wohl doch.« John seufzte. Eine halbe Generation reichte schon. *Ach was!* Die Hälfte einer halben Generation reichte heutzutage bereits aus, um Begriffe, Worte, Inhalte unmodern erscheinen zu lassen, und diese mussten nicht einmal historisch belastet sein oder dem Erkenntnisstand einer Gesellschaft entsprechen. John musste aber doch schmunzeln und setzte bewusst noch einen oben drauf. »Wer würde sich an der Schwelle des 21. Jahrhunderts noch trauen, Tapferkeit zu fordern, wie sie bei den alten Griechen als Kardinaltugend galt? Der würde sich doch lächerlich machen. Bei Tapferkeit fallen einem bloß noch Märchen über alte Ritter ein oder Heldenstorys über Soldaten, die sich opfern, damit ihre Kameraden überleben und der ganze sonstige kriegerische Schmarrn.«

Nick gebot John Einhalt, indem er sich gerade hinsetzte und demonstrativ sein Glas erhob. »In göttlichen Funken spritzt das Blut durch die Adern, wenn man zum Kampfe über den Charts sitzt, im klaren Bewusstsein der eigenen Kühnheit … Prost!«, intonierte Nick im Tonfall eines Generals.

Stan schloss kurz die Augen und schüttelte ganz leicht seinen Kopf.

Kinder! Das kann man echt keinem erzählen. Mannomann! Von was reden die da nur? Ich glaube, ich schau noch mal …

Yahoo 25,09 … +3,0 %

DAX 6902 … +1,2 %

Mit halb wegen des anstrengenden Nachmittags, halb wegen des Weines mittlerweile vor Müdigkeit brennenden Augen rechnete Stan sich aus, dass seine Positionen nun um die 4.000 Dollar vorne lagen.

Oh Gott …

Stan schloss für einen Moment die müden Augen. *Vielleicht sollte ich einfach gehen!* In Stan entwickelte sich langsam, trotz des bereits für morgen im Voraus empfundenen Triumphs, ein Gefühl, dass eine Plusposition, auf die man nicht zuzugreifen vermochte, schmerzhafter sein konnte als eine Minusposition, die beendet und damit bekannt war.

John nahm derweil Nicks Versuch, dem Trading etwas überspitzte Nostalgie zu verleihen, dankend auf und prostete allen lachend zu: »Unter dem Sturmschritt des Chartverlaufs verwehen alle Trades wie Blätter im Wind.« Dann fuhr er fort, dass zu seinen Kardinaltugenden auch die *Beständigkeit* gehören würde, und genau diese, von John als Tugend bezeichnete Eigenschaft, verleite seit Bestehen des Börsenhandels zu den heftigsten Auseinandersetzungen. Als Grundpfeiler der Beständigkeit diene die *Duplizierbarkeit,* die heute mit der Bezeichnung *Regelwerk* in aller Munde sei. Aber welcher Händler besäße heute noch den Mut, Beständigkeit beim Namen und eine Tugend zu nennen?

»… aber es gibt doch so viele Regelwerke!«, stöhnte Stan, legte kurz sein iPhone beiseite und entsann sich der Berge von Büchern und der in Fachzeitschriften dutzendweise beworbenen Seminare.

Ah, Stan springt darauf an, dachte John. Prima, na dann … »Okay, bleiben wir bei deiner Aussage!« John winkte dem Kellner und orderte zwei Flaschen Sekt. »Viele der unzählig vorhandenen Regelwerke widersprechen einander oftmals und können trotzdem logisch untermauert werden. Wenn wir ehrlich sind, dann ist es doch so, dass einzig und allein die jeweilige Ausgangslage eines Traders in eine bestimmte Schlussfolgerung mündet, ohne dass die anscheinend entgegengesetzte Meinung eines anderen Regelwerks fachlich falsch sein muss, oder?« John warf gerne Fragen auf, die man nicht mal so eben im Vorbeigehen mit *Ja* oder *Nein* beantworten konnte. Besonders liebte er es, bei einem guten Essen über den Börsenhandel zu philosophieren. Daher fragte er Stan nun ganz konkret, was es denn so schwierig machen würde, zwischen scheinbar gleichwertigen Meinungen und Regelwerken abzuwägen.

»Nun ja, jedes Regelwerk betrachtet den Markt anders. Das eine sagt *long*, das andere schreit *short*; während eines nur 20 Punkte prognostiziert, möchte ein anderes mir zu 100 Punkten verhelfen«, gab Stan zur Antwort.

Oh, schnell einen Blick!

Jesusmaria! Ach du Sch…

Yahoo 25,51 … +3,4 %

DAX 6915 … +1,4 %

Oh Mann, und ich hocke hier 'rum …

Würg!!!

»Gut, das ist jetzt aus der Sicht derer geantwortet, welche die Regelwerke austüfteln. Aber *warum* ist es so schwierig für dich als Endnutzer, dich für eines zu entscheiden?«

Grübeln.

John nahm Stans Schweigen zum Anlass, selbst zu antworten, indem er darauf hinwies, dass die Ursache dafür in den Wertvorstellungen eines jeden Traders liege, die für die entsprechenden Beweisführungen vorausgesetzt würden. Es gäbe jeweils verschiedene Gründe, weshalb ein Trader den einen oder den anderen Wert als Anfang für seine Argumentationskette wählen würde. »Erstens …«, fuhr John fort, »grundsätzlich stehen sich die unterschiedlichen jeweiligen Ausgangslagen gegenüber – etwa der Kontostand, die Risikobereitschaft, die verfügbare Zeit oder jenes oft unerwähnte emotionale Kleidchen. Da die beiden letzten Werte meist am Beginn zu unscharf sind, fehlt dem Trading-Anfänger jener Maßstab, der darüber entscheidet, welches der unzähligen Regelwerke im Streitfall denn nun angewendet werden soll. Obwohl dem Trading-Anfänger also gleich zu Beginn zwei wichtige Informationen nicht zur Verfügung stehen, soll und will er trotzdem darüber entscheiden, welches der unzähligen und sich widerstreitenden Regelwerke er nutzen soll. Der zweite Faktor findet sich verborgen in der Frage nach dem Grund, weshalb ein Trading-Anfänger so und nicht anders handeln sollte. Dieses wird erst schlüssig beantwortet werden können, wenn der Trading-Anfänger eine Antwort auf die folgende Frage gefunden hat: Was zwingt ihn überhaupt in die Pflicht, etwas ›*so … und so … und so zu tun*‹? Der logisch hierauf aufbauende dritte Faktor führt uns zu Folgendem: Moralische Werte und Tugenden können die verschiedensten Wurzeln haben, und dies wird, in Abhängigkeit davon, ob man sich nun auf *Regelwerk A* oder *Regelwerk B* stützt, voraussichtlich unterschiedliche Ergebnisse bedingen. So weit die drei inneren Faktoren! Es gibt aber auch noch einen äußeren Faktor, der gerade zu Beginn einer Karriere nicht unterschätzt werden darf: Die wegen der genannten inneren Faktoren am Anfang aus sich selbst heraus nicht wirklich erfolgreichen Versuche der Beantwortung der Frage nach dem passenden Regelwerk führen den Anfänger besonders dann in die Irre, wenn diejenigen, die für das Trading werben, sich an solch einer Auseinandersetzung beteiligen, als wären sie selbst Trader. Zusammenfassend kann man Folgendes sagen: Die Frage des zu verwendenden Regelwerks ist eine Frage der Stilfindung. Einen *eigenen* Stil wird man aber erst finden und erreichen können, wenn man sich seiner *eigenen* Normen bewusst wird und sich an diesen misst, denn erst dann kann man anfangen, sich über die *eigene Willkür* zu erheben.« John ließ seinen Blick über den Nachthimmel schweifen und fuhr fort. »Selbstverständlich nicht vergessen werden darf, welche Erkenntnisse wir Trade für Trade, Tag für Tag hinzugewinnen! Nur als Beispiel: Das Einzeichnen von willkürlich herbeigedachten Widerstands- und Unterstützungslinien in die Charts lehnen wir heute als Firlefanz ab, während dies etwa für den klassischen Trading-Anfänger einen unbestrittenen Bestandteil des normalen Tradens darstellt. Es sind dementsprechend die persönlichen Normen und selbst auferlegten Grundsätze, die uns zwischen einem *Regelwerk A* und einem *Regelwerk B* unterscheiden lassen, denn von der Befolgung der eigenen Normen hängt letztendlich jede Entscheidung zwischen Gut und Böse oder, auf unseren Fall angewendet, zwischen besser und schlechter geeignet ab. Die auf den Märkten gehandelte Menge an Regelwerken, Tipps, Tricks und Kniffen wird sich in keiner Auflistung jemals vollständig und abschließend aufzählen lassen, die Reaktionen auf sich selbst hingegen schon. Also: Inwieweit spiegeln sich die Erfahrungen aus den vergangenen Trades in den neuen Trades wider? Je nach dem Stand dieser Erkenntnis und dem Zustand des Traders entwickeln sich hieraus neue Überlegungen und Grundsätze, verändern sich alte, wandeln andere ihre Bedeutung. So wird aus dem zu Beginn kindlichen Mut, jeden noch so erbärmlich unüberlegten Trade einzugehen, irgendwann der notwendige Wille zum Antiaktionismus. Begriffe und deren Bedeutung haben sich im Trading mit dessen Bedingungen und deren Verweildauer verändert, der Grundgedanke ist jedoch stets identisch geblieben: Geld!« John sah Stan an und lächelte ihm zu. »*Innere Ausgeglichenheit* sowie *Mut zum freiwilligen Verzicht* sind weitere unverzichtbare Tugenden und stehen in ihrer Bedeutung den Tugenden *Beständigkeit* und *Duplizierbarkeit* nicht nach, werden aber erst durch diese sozusagen ›veredelt‹. Insofern kann man die beiden Letztgenannten durchaus als höchste Tugenden bezeichnen, darf dabei aber nie vergessen, dass all diese Tugenden zusammenhängen und sich gegenseitig beeinflussen und aufeinander einwirken. Bereits das Fehlen auch nur einer beliebigen dieser Tugenden wird die anderen auf lange Sicht zur Wirkungslosigkeit verdammen.«

An dieser Stelle klinkte sich Philip in Johns Ausführungen ein und ergänzte dessen Worte, indem er an Hofners häufige Vorträge zum Thema *Qualität im Trading* erinnerte. Für Hofner wie auch für John war die Qualität die Erziehung eines Trading-Anfängers zu einer vortrefflichen Händlerpersönlichkeit im Sinne der eben angesprochenen Tugenden, denn nur dies bestimmte im qualitativen Sinn richtiges Handeln. Unter Qualität verstand man folglich die Grundhaltung des Händlers, denn: Jeder Trade war eine »Disposition«, eine Veranlagung, die den Trader gleichzeitig befähigte und herausforderte, diesen Trade freiwillig eben jenen tugendhaften Motiven unterzuordnen.

»Tugenden im Trading«, übernahm John wieder, »sind nicht einfach angeboren – und haben schon gleich gar nichts mit dem vorhin erwähnten Talent zu tun, sondern sie werden durch Erfahrung eingeübt und entwickelt.

Dies benötigt Zeit. Wenn ein Trader einen Chart betrachtet, dann veranlasst ihn diese *Qualität* dazu, dass er von den 1.000 möglichen die eine richtige, nur zu ihm passende Entscheidung trifft. Und«, schloss John, »damit meine ich nicht, dass ein eingegangener Trade zwingend als Plustrade zu enden hat.«

Stan seufzte auf. Das war sein Stichwort und unter der weißen Damasttischdecke begann es zu rascheln. Der Kellner kam und füllte die Gläser mit heufarbenem, prickelndem Sekt. Winzige Perlen stiegen auf und platzten an der Oberfläche. Stan bekam davon jedoch nichts mit, denn was er im Schutz des Tischtuchs gerade erkennen konnte, belegte seine komplette Aufnahmefähigkeit: Der DAX stand bei *6.923*, Yahoo bei *25,80*! Oder umgerechnet: Stan war knapp 4.500 Dollar im Plus.

Würg!

Na, fabelhaft. FA-BEL-HAFT!!!

Die quatschen und quatschen und quatschen …, hoffentlich ist das Essen bald zu Ende!

Oh Mann, was gäbe ich dafür, mir jetzt nicht dieses Geseiere über Tugenden und Qualität anhören zu müssen …

Stan fand diese Unterhaltung von Tugend und Qualität gerade zum Aus-der-Haut-Fahren, würde er doch jetzt und sofort am liebsten im Büro oder zu Hause vor dem Rechner sitzen! *Warum passiert stundenlang nichts und dann alles in den zwei Stunden beim Abendessen?*

Stan spürte, wie er langsam unsagbar müde wurde. Er fühlte, wie die Anspannung, die ihn während der letzten Stunden und dem permanenten Abgleichen des Marktes den Tag über zusammengehalten hatte, langsam einer trägen – ja fast schon – Scheißegalstimmung wich. Ganz automatisch sank sein Kopf immer tiefer.

John wusste zwar nicht, wie viele oder welche Positionen Stan offen hatte, aber er wusste, was Stan gerade durch den Kopf ging, daher kam er nicht umhin, ihm auf die Sprünge zu helfen und zu sagen: »Sobald ein Trader über die notwendigen qualitativen Eigenschaften verfügt, wird er nicht nur verstehen, das rechte Maß zu wählen, sondern auch, dass mitunter mitten zwischen zwei falschen Möglichkeiten eine gute, eine richtige Trading-Möglichkeit angetroffen werden kann.« John betonte weiter, dass derartige Möglichkeiten oft entweder durch mangelnde Tugenden oder durch Übermut des Traders zugrunde zu gehen pflegten, denn man müsste vom Sichtbaren auf das Unsichtbare schließen, so wie es bei Kraft und Gesundheit bereits bekannt wäre: »So vernichtet übermäßiger Sport die Kraft genauso wie zu wenig Sport. Ebenso zerstört ein Zuviel oder Zuwenig an Essen und Trinken die Gesundheit; das Angemessene dagegen schafft Gesundheit, mehrt und erhält sie. So verhält es sich auch mit den Tugenden des freiwilligen Verzichts, der inneren Ausgeglichenheit, des Muts und des risikobewussten Handelns. Wer im Trading vor jeder Chartsituation flieht, sich fürchtet und nichts aushält, wird feige. Wer aber vor gar nichts Angst hat, sondern auf jede Kursbewegung losgeht, der wird tollkühn. Wer jede Lust am Trading auskostet und sich niemals enthält, wird sinnlos zügellos; wer aber alle Trades meidet, wird stumpf wie ein Tölpel. So gesehen, gehen freiwilliger Verzicht und risikobewusstes Handeln mithin durch Übermaß genau wie durch Mangel zugrunde, werden aber durch das Mittelmaß bewahrt.« John gestand im Anschluss noch ein, dass nicht jede Tugend Raum für eine Mitte böte. Zwar könnte man sich einen Mangel an Antiaktionismus vorstellen, doch nicht ein Übermaß. Ein Mangel an innerer Ruhe würde häufig beklagt, doch nicht ihre zu starke Anwendung.

Nachdem der Kellner die Bestellung zum Dessert entgegengenommen hatte, gab John weiter zum Besten, dass sich das Verständnis von Tugend unter dem Einfluss des Absolutismus verengt hätte, sodass auch der Gehorsam heute als Tugend im Trading angesehen werden würde – hier gegenüber der Autorität des Regelwerks und dessen Setups. Und die Tapferkeit, die sich als Eigenschaft zwischen Feigheit und Tollkühnheit bewegen würde, um als Tugend für die Beständigkeit und Duplizierbarkeit zu kämpfen, schulde eben diesem Gehorsam ihr Dasein und ihre Kraft. »*Qualität im Trading* besteht demnach aus den Werten, die im Megauniversum der unendlichen Möglichkeiten das Verhalten eines Traders regeln. Die Wahl des Regelwerks selbst ist Ausfluss der qualitativen Vorstellungen eines Traders, doch da die Findung eines Regelwerks häufig sehr mühsam ist und lange dauert, ändern sich qualitative Vorstellungen häufig schneller als Regelwerke. Und je komplizierter die Marktverläufe mit ihren raschen Veränderungen werden, etwa durch steigende Volatilität immer neu aufkeimender Wirtschaftskrisen, umso wichtiger werden qualitative Vorstellungen, die das Handeln des Traders entsprechend der festgestellten persönlichen Eigenheiten und Tugenden bestimmen.«

Nick gönnte John eine Pause: »Voraussetzung für diese Qualität ist also das Streben nach dem Guten für einen selbst – folglich der *inneren Ausgeglichenheit*. Ich weiß, John hat genau das eben bereits als unverzichtbaren Bestandteil der Tugenden genannt, und deswegen klingt das wahrscheinlich verwirrend; aber beides gilt gleichzeitig. Also nicht nur als Bestandteil, sondern gleichermaßen als Voraussetzung, denn: Was gut handeln heißt, definiert sich nicht allein aus der Summe des möglichen Profits, sondern aus der Erkenntnis, welche Zeiteinheiten, Märkte, Stoppverläufe und Handelsansätze – sprich Trend-, Bewegungs- oder Ausbruchshandel – einem Händler liegen.«

Während Nicks Worten ging ein erregtes Raunen um den Tisch. Eine Schar Kellner servierte an einem der größeren Nachbartische prachtvoll aussehende Desserts.

John heftete den Blick auf den gerade vorbeischwebenden Kellner und bestellte noch einen Espresso. »Voraussetzung für ein qualitatives Wertgefüge im Trading ist, dass diese Stellschrauben nicht autoritär festgelegt werden«, prostete John Stan zu, der diesen Wink allem Anschein nach jedoch nicht verstand, »besonders nicht durch einen Glauben an göttliche Beeinflussung eines Marktes oder des Traders, sondern allein durch Wissen, allein durch die Vernunft. Ausschließlich die Reaktion auf sich selbst kann die ideellen Ziele vorgeben, die ideales Handeln bestimmen. Von allein entwickelt sich aber eine solche Qualität nicht, sondern es bedarf gewisser Werkzeuge, um zu überzeugen. Dazu haben bereits die alten Griechen etwas Nettes gesagt: ›Der

Mensch geht lieber seinen Gelüsten nach, als sich maßvoll zu verhalten.‹ Und genau das ist das Thema. Um maßvolles Verhalten zu erreichen, müssen wir uns zweier Werkzeuge bedienen, deren Erwähnung im heutigen Sprachgebrauch üblicherweise das Gegenteil von Begeisterung hervorruft: Einsicht und Gehorsam.«

Unter allgemeiner Freude servierte der Kellner nun auch an ihrem Tisch die Desserts. Sogar Stan machte wieder einen lebhafteren Eindruck; und während John mit dem Löffel genussvoll die Kruste seiner Crème brûlée durchstieß, überlegte er, ob die Wichtigkeit des eben Vorgetragenen Stan wirklich erreicht hatte. Stan musste nicht nur fachlich lernen, sondern vor allem anderen verstehen, dass er nicht alles tun durfte, was er konnte und mochte. John wusste, dass die Vermittlung dieses Inhalts den eigentlichen, den schwierigsten Teil von Stans Praktikum darstellte. So war das auch bei Nicks und Philips Ausbildung gewesen. Tatsächlich war es diesen beiden erheblich leichter gefallen, diversen Vorgaben zu gehorchen, nachdem schließlich Einsicht vorhanden war. Wie leicht das Gehorchen eigentlich ging, hatte John bei seinen Zöglingen in Bezug auf das Thema *Risiko* beobachten können. Zu Anfang sorgten sowohl Nicks als auch Philips Bestrebungen nach dem Riesengewinn pro Trade jeweils für das Aus des Kontos – Jahre später war ihnen die Erhaltung des Kontos stattdessen weit wichtiger als ein noch so großer Gewinn pro Trade. Je länger die Handelskarriere eines Traders dauerte, desto tugendhafter, desto verantwortungsvoller würde er mit seinem Handelskonto umgehen. In der Länge der gewonnenen Erfahrung konnte die Einsicht reifen, dass ein Trader auf bestimmte Weise handeln musste, wenn er sein Geld mehren, aber dennoch schützen wollte. Damit strebte er das Gute an – und gehorchte vielleicht sogar, ohne dies zu bemerken. Er erfüllte somit seine Pflicht und folgte einer Vorgabe, moralischen Befehlen, die da lauteten: »Vermeide sinnloses, weil unüberlegtes Risiko! Es gibt auch morgen noch einen Handelstag! Warte ab, bis dein Lieblings-Setup auftritt.« Allerdings empfand ein erfahrener Trader seine Handlungen nicht als Gehorsam, denn er folgte diesen Befehlen nun ja *freiwillig*.

Über diesen Gedanken hatte John sein Dessert verzehrt und der äußerst aufmerksame Kellner brachte ihm den bestellten Espresso. »Dies ist das Moderne an der Qualität«, fuhr John, den Zucker verrührend, fort, »sie geht von der *Freiwilligkeit* aus. Diese Freiwilligkeit entsteht durch die Einsicht in die Notwendigkeit eines *beständigen* Tradings. Jeder Trader hat die Freiheit, sich für qualitatives Handeln zu entscheiden. Wenn er sich indes entschieden hat, dann weiß er, dass nur er selbst, er ganz allein, auch die Verantwortung für seinen Handel trägt.«

Stan konnte dem Ganzen kaum noch folgen und murmelte: »Einsicht in das Notwendige … Aha!« Notwendig wäre, dass ich hier jetzt endlich verschwinde und mich um meine Positionen kümmere!

John wandte sich jetzt direkt an Kim: »Wie lernt beispielsweise ein Kind tugendhaftes Verhalten?«

»Durch Erziehung«, kam die prompte Antwort.

»Genau. Aber die Erziehung zum tugendhaften Verhalten in der Familie, in der Schule oder allgemein im Gesellschaftsleben fungiert nur als eine Teilstrecke auf dem Weg zur Vollendung eines Menschen zum tugendhaften Charakter. Gelernt wird nicht nur durch die Aufnahme von

Wissen, sondern ebenfalls durch Einüben und, vor allem zu Beginn, durch Zwang«, nahm John Kims Stichwort auf. »Zum einen gibt es so etwas wie einen *internen* Zwang dadurch, dass man sich selbst in die Pflicht nimmt, sobald man eingesehen hat, dass eine andere Entscheidung als ›du sollst‹ nicht vertretbar ist. Zum anderen entsteht auch eine Art äußerer Zwang dadurch, dass untugendhaftes Verhalten durch Minustrades oder, für die Entwicklung eines Traders noch viel folgenschwerer, durch nicht duplizierbare Plustrades bestraft wird.« John erinnerte Stan an eine Situation von gestern Mittag. Stan hatte ihn gefragt, warum er nicht *long* ginge, der Chart auf Johns Monitoren sähe doch eindeutig danach aus! John hatte erwidert, er hätte kein Signal und könnte sich keinesfalls über das mögliche Plus freuen.

Nick nahm plötzlich eine Europäerin ins Visier, die, mit blau gestreiftem Oberteil und einer perfekt gebügelten Stoffhose bekleidet, soeben das Restaurant betrat. Während sein Blick dieser Frau folgte, dachte er an seine Lehrjahre als Trader zurück und warf dann in die Runde: »Was das Kind, genau wie der Trader, im Alltag braucht, ist der – ich nenne es mal – soziale Druck. Ohne ihn stellen sich kein psychischer Zwang, kein schlechtes Gewissen, keine Scham und kein Schuldgefühl ein.« Nicks Aussage sollte belegen, dass eine Moral nicht als etwas Eigenes, von der Umgebung, in der sie wirkt, Abgehobenes agiert. Diese Erkenntnis setze voraus, dass jeder Händler sich über seinen Platz im Handelsbüro oder der auf ihn durch die Familie oder weitere äußere Faktoren einwirkenden Werteskala im Klaren war.

John fixierte aus den Augenwinkeln, dass die eben angekommene Frau Nick beobachtete und amüsiert schmunzelte. *Ich bin zu alt für solche Spielchen*, dachte er zwar lächelnd, konnte sich aber weitere verstohlene Blicke auf die gut aussehende Fremde dennoch nicht verkneifen. Als die Dame sich drei Tische weiter setzte, bestätigte John Nicks Worte: »Wer nicht weiß, wo er steht, ist schwer zu tugendhaftem Verhalten im Trading zu erziehen.« John wusste, dass es noch *eine*, hier bisher nicht genannte Tugend gab, welche ein sehr wichtiger Teil in dem großen Räderwerk war, das zum Gelingen eines guten Handelsablaufs beitrug. Aber um diese zu erwähnen, bedurfte es des passenden Zeitpunktes, und niemand am Tisch konnte ahnen, dass einige Tage später der hierzu passende Moment kommen sollte.

Philip erhob sein Glas und prostete Nick zu. Beiden war aus eigener Erkenntnis mittlerweile absolut verständlich, dass dies für John nicht nur notwendiges, sondern oberstes Anliegen war. Aus eigenem Erleben wussten sie: Wenn es sein musste, war John bereit, dies einem Trading-Anfänger auch Hunderte von Malen mitzuteilen – dies immer in der Hoffnung, dass sein Gegenüber irgendwann anfing, über das Gesagte nach- und hoffentlich auch *umzudenken*. Das Ziel eines Händlers konnte lediglich das *freie* und dennoch verantwortungsvolle Trading sein. Gleichwohl war dieses angestrebte Ergebnis allein dann zu erreichen, wenn sich aus dem tugendhaften Denken eine generelle Meinung herauskristallisierte, die auf kreativem Wege auf sich selbst reagierende Maßnahmen ausbildete.

Stan muteten diese Worte recht hochtrabend an in Anbetracht der Tatsache, dass Yahoo bereits 4,5 Prozent vorne lag, und er überlegte, wie er es einrichten konnte, hier schnellstmöglich zu verschwinden. Für Nick hingegen waren diese Worte wie Musik in den Ohren, denn John traf seinem Empfinden nach stets den richtigen Ton, wenn das Lied der Vernunft angestimmt wurde.

Philip, der Stans wiederholte Undercover-Einsätze mit dem iPhone mittlerweile auch bemerkt hatte, erkannte in diesem sein früheres *Ich* wieder und war sich sicher: Würde Stan hier und jetzt die Möglichkeit auf einen 1.000-Euro-Trade angeboten bekommen, Stan würde sofort seinen Nachtisch beiseiteschieben, um jenem Trade blitzschnell hinterherzujagen. Genau wie er selbst – früher! Nun, nach einigen Jahren Erfahrung mit dem Traden, würde Philip gelassen sitzen bleiben und sich, selbst bei einem lockenden 10.000-Euro-Trade, lieber an solchen Diskussionen beteiligen wie dieser, denn: Es half immens, wenn man wusste, dass es auch noch ein »Morgen« gab und dieses »Morgen« umso besser zu gestalten war, je mehr man *derartigen* Gesprächen frönte.

Stan checkte derweilen sein iPhone erneut, runzelte die Stirn, und dann explodierten ungefähr eine Milliarde Sterne in seinem Kopf. Mit Denken war fürs Erste nicht zu rechnen. Mit leicht zitternden Fingern griff Stan nach seinem Glas und leerte es in einem Zug:

Yahoo 5,2 %.

DAX 1,6 %.

HIMMELHERRGOTT, ich muss an einen Rechner!

Der Laptop zu Hause reicht schon. Nicht zu fassen, dass hier niemand ein Ende findet!

I-C-H W-I-L-L A-N E-I-N-E-N R-E-C-H-N-E-R!

Können die nicht alle schneller essen!

Stan sog so scharf und tief die Luft ein, dass es fast wie ein kleiner Schrei klang. Ein Laut, in dem aller Schmerz und alles Leid zum Ausdruck kamen, welche ein Trader empfinden mochte, wenn er, von seinem Begehren gesteuert, einen kurzfristigen Trade eingegangen war, den er aufgrund anschließender Abwesenheit nicht zu steuern vermochte. Stan fühlte sich am Rande eines Nervenzusammenbruchs stehen. Das Schlimmste daran war, dass er sich noch nicht einmal bei jemandem ausweinen konnte. Kurzum: Stan wurde wegen dieser ganzen bescheuerten Situation langsam aber sicher stinksauer.

John erkannte das lodernde Feuer in Stans Augen, und er wusste, dass Stan das Gefühl hatte, die Dauer dieses Gesprächs würde ihn in seiner monetären Entwicklung hemmen. »Es ist stets eine Kunst zu erkennen«, sagte John daher, »was das Richtige für einen selbst als Trader ist.«

Genau deswegen trugen John und Hofner so große Verantwortung. Denn Fachwissen war lediglich eine der Voraussetzungen für qualitatives Handeln. Ein klassischer Trading-Anfänger mochte zwar dank unbewusster Normen oder zufälliger Ereignisse häufig richtig liegen, doch schlussendlich machte ihn ausschließlich Wissen um die Tugenden frei. Jeder Trader besaß in sich die Neigung, sich von antiqualitativen Triebfedern, von Aktionismus, leiten zu lassen, doch wenn es ihm gelang, sich von der Macht dieses Lasters zu befreien, dann kontrollierte er sich endlich *selbst*. Doch gerade weil der Trading-Anfänger schwach war, stand auf der Geburtsurkunde vieler seiner Trades das Wörtchen *Versuchung*. So trat etwa die als Glückseligkeit getarnte Gier und auch Lust vor den Trading-Anfänger und versprach ihm einen je nach seinem Belieben bequemen oder wollüstigen Trade, während der Tugend nur blieb, die Mühen aufzuzählen, derer es bedurfte, um zum Meister des qualitativ Guten zu avancieren. Ihr leises Flüstern »Je qualitativer du als Trader handelst, desto freier wirst du sein« kam zumindest zu Beginn einer Karriere nicht an gegen das Verführerische der Gier: »Was willst du frei sein? Ach, hör doch auf mit diesem Quatsch! Stell dich lieber gut mit MIR, denn ICH werde dich SCHNELL reich machen! Und bist du erst mal stinkreich, kannst du dir so viel Freiheit kaufen, wie du nur willst.«

»Freiheit muss demzufolge das Hauptziel dessen sein, der sich als Trader selbst verwirklichen will – um das zu erreichen, was eines jeden Traders vielleicht am tiefsten verborgene Sehnsucht ist, nämlich innere Ausgeglichenheit«, fügte John nochmals hinzu.

Nick grinste Stan zu und piekste ihn mit seiner Gabel in die Hand. »Besser gleich noch mal: *innere Ausgeglichenheit*!«

Als Stan sich über den Angriff beschwerte, schnappte sich Nick zur Strafe den Rest von Stans Dessert und verschlang das Bananensoufflé an weißem Kaffeeeis mit einem gewaltigen Biss und spülte es mit einem Glas Wasser hinunter.

Stan verschleierten die Augen. Oh Mann ..., 90 Prozent von dem, was die reden, null Ahnung. Aber in der mündlichen Französischprüfung habe ich damals auch nicht viel verstanden und trotzdem eine Zwei bekommen! Aus Stans Sicht schwafelte John immer noch irgendwas von Tugenden und so einem Kram. So unauffällig wie möglich senkte er den Blick wieder nach unten auf sein iPhone, um erneut die Kurse lesen zu können.

John fuhr fort und erklärte: »... das Streben nach Ausgeglichenheit ist eigentlich in den Rang eines Grundrechts für Trader zu erheben. Wenn der qualitative Trader frei ist, macht es ihn glücklich, den selbst auferlegten Maßstäben zu folgen. Welche aber nun die Maßstäbe für qualitatives Handeln sein sollen, darin unterscheiden sich logischerweise die Geister. Das ist von Trader zu Trader verschieden und muss auch von Trader zu Trader unterschiedlich sein: Handelszeiten, Kontraktanzahlen, Tagesziele, selbst erkannte Schwierigkeiten, um nur ein paar dieser Bereiche zu nennen. Außerdem ändern sich, je nach der bereits getätigten Anzahl von Trades, ebenfalls die Prioritäten eines Traders. Trading-Anfänger und Neulinge nehmen eher Nachrichten, Empfehlungen, Tipps und Musterdepots in Anspruch als die fortgeschritteneren, langjährigen Händler. Wenn ein Börsenbrief einem Trading-Anfänger, der bereits viel verloren hat, den tollsten Gewinn verspricht, dann ist es diesem wahrscheinlich meist gleichgültig, ob die Signallogik zu ihm und seinem Konto passt und worauf die Logik der Signale beruht. Und weil dies so ist, wird die Frage nach der Qualität und inneren Ruhe schlussendlich leider erst dann in einem Trader zu wachsen beginnen, wenn er sich um die eigene Existenz nicht mehr so sehr zu sorgen braucht. Die schwierigste qualitative Frage, vor die ein Trader gestellt werden kann, kehrt indes übrigens immer wieder: Riskiere ich meine eigenen und freiwillig erstellten Regeln, um ein paar Ticks mehr als *nötig* einzufahren? Viele Trader tun genau dies immer wieder. Ein erfahrener Trader wird dagegen lieber seine fachlich korrekte Position ins Minus laufen lassen, als das Geld in einen scheinbar vielversprechenderen Marktverlauf zu stecken, denn er wird es als seine Pflicht ansehen und alles daran setzen, sich selbst treu zu bleiben.«

Nach zustimmendem Nicken von Philip und Nick und einem fragenden Blick von Stan erzählte John von seinem heutigen Bund-Trade: »Ich wurde mit Minus ausgestoppt. Der zeitgleich nicht getätigte Trade in Kanadischen Dollar hätte locker fünfzig Pips gebracht. Aber heute Abend kann ich zufrieden sagen, ich habe meine Pflicht getan. Für dich, Stan, noch mal extra: Ich habe meine Pflicht getan!« rief John Stan lachend zu. Dieser nickte. Die Information kam also an und wurde verarbeitet. Immerhin. »Der Trade in Kanadischen Dollar wäre ein *spontaner* Trade, von dem du nicht verstanden hättest, warum ich ihn nicht mache. Aber so ist das nun mal. Kein Signal, kein Trade. Wenn ich das anders machen würde, würde ich damit letztendlich zum Verräter und Feigling an meinen eigenen Ideen.«

Und so ging es weiter. Während Stan zwischen Verzweiflung und Apathie schwankte und mit schweißnassen Fingern immer wieder sein iPhone drangsalierte, amüsierten sich die anderen köstlich. Doch schließlich war es an der Zeit, auch diesen Abend ausklingen zu lassen. Es war bereits kurz vor Mitternacht. Zwölf Uhr – das bedeutete fast drei Stunden Abendessen in einem immer noch voll besetzten Restaurant und jede Menge Schweiß, der die Hemden der vier durchnässt hatte. Allein Kim sah noch zum Anbeißen frisch aus, was sich Nick nicht nehmen ließ ausführlich zu bewundern.

Da um diese Uhrzeit nur schwer ein Taxi zu bekommen war, wurde beschlossen, noch eine halbe Stunde zu warten, bis die letzten Nachtschwärmer endlich in ihren Hotels oder Wohnungen waren und sich dort unruhig herumwälzten, bis die Nacht der Morgendämmerung weichen würde. Die Stimmung wurde ausgelassener und der Barkeeper servierte noch eine Runde. Dann endlich bestiegen sie die Taxis. Nick ließ den Fahrer erst Kim nach Hause bringen, von dort aus ging es dann zurück in eines der angesagtesten Viertel Bangkoks. Nick konnte es sich dank seiner Disziplin im Trading leisten, eine elegante Wohnung mit sagenhaftem Ausblick zu bewohnen, welche er mit funkelnagelneuem und allem nur erdenklichen Schnickschnack eingerichtet hatte. Wohnzimmer, Esszimmer und Schlafzimmer waren bestückt mit Designermobiliar und einer Reihe von Werken obskurer Künstlerinnen – natürlich lauter Freundinnen von Nick. Und seine Küche war mit den modernsten und teuersten Geräten bestens ausgestattet.

Da John zusammen mit seiner Frau bereits seit Jahren in einem großen Haus am Rande der Stadt wohnte, setzte das Taxi, mit dem sich John und Philip auf den Nachhauseweg gemacht hatten, zuerst Philip ab. Dieser hatte sich für die kommenden Wochen im Oriental Hotel Bangkok eingemietet. Dieses Hotel war ursprünglich im Jahre 1876 von zwei dänischen Kapitänen als einfaches Gasthaus für Seeleute am Fluss Chao Phraya in Bangkok gegründet worden und wurde vom US-Magazin Institutional Investor bereits seit elf Jahren in Folge zum besten Hotel der Welt gekürt; heute war es das Flaggschiff der Hotelgruppe Mandarin Oriental.

Nachdem Philip vor dem Hotel abgesetzt worden war, entfernte sich das Taxi mit John an Bord mit der in Bangkok üblichen Geschwindigkeit Richtung dessen Haus, während Philip sich am Empfang seinen Schlüssel aushändigen ließ und für die Pracht und all die herrlichen Annehmlichkeiten des Hotels keine Blicke mehr erübrigte. Das hatte Zeit bis morgen. Nach dem Flug und dem langen, wenn auch exzellenten Essen wollte Philip nur noch zweierlei: eine kurze Dusche und dann ab ins Bett.

Stans Taxi stand mittlerweile auch vor seinem Haus. Es musste so gegen ein Uhr sein. Lilly schlief schon. Ihr Arbeitstag war für sie recht hart gewesen, und so hatte es die Natur leicht, ihr Recht zu erkämpfen. Stan schlich vor seinen Rechner und betrachtete still seine offenen Positionen. Er empfand es als tröstlich, endlich wieder live vor den Charts zu sitzen, dann aber kam ihm doch auch wieder ein Grund zur Mahnung in den Sinn. John hatte ihm auf dem Heimweg noch abseits den Tipp gegeben, dass Positionen, die im Plus waren, genauso schmerzlich sein konnten wie die mit negativen Vorzeichen, nämlich genau dann, wenn die Dauer der Abwesenheit von der Position nicht zu deren Handelsausrichtung passte. *Ach … Blabla und so blabla weiter blabla und so blabla fort …!*

Stan bestaunte seine zwei Positionen, realisierte beide Gewinne, und in ihm breitete sich ein warmes Kribbeln aus, als er die 3.750 Dollar Tagesgewinn auf seinem Konto bewunderte. In Anbetracht des bisherigen Abends und des totalen Belagerungszustandes in seinem Kopf war dieser Gewinn quasi ein echtes Schmerzensgeld und eigentlich die beste Voraussetzung dafür, noch mehr daraus zu machen. Stan betrachtete seinen Gewinn, schwankte mit seinem Kopf hin und her, wähnte sich nun sicher für weitere Trades, und im Schein seiner Schreibtischlampe ergingen ihm die kommenden Perioden erst spannend, dann unbehaglich, kränkend und bedrückend. Neun Trades, fünf im Dow Jones und vier in der Yahoo-Aktie, bildeten den Sammelpunkt aller Merkwürdigkeiten, Ungeheuerlichkeiten und Gespanntheiten, welche die Atmosphäre seines Zimmers aufzuladen schienen.

Eine Stunde später legte sich Stan fröstelnd in sein Bett. Er befand sich in einem diffusen Schwebezustand. Sein Gesicht trug exakt jenen zwischen Kiffer und Dorfdepp changierenden Ausdruck, der allen Tradern zu eigen war, denen der Abstand zum Markt zu Beginn Gewinne brachte, die die fehlende Nähe jedoch unerträglich fanden und denen die Nähe zum Markt zwar Beruhigung, wegen falscher Anwendung derselben, gleichzeitig aber auch Schmerz, Frust und Enttäuschung einbrachte. Während Stan seine Nachttischlampe ausschaltete und darauf wartete, dass seine Schlaftablette zu wirken begann, nahm er den einzigen Vorteil am heutigen Tumult zur Kenntnis: Die glorreiche Besessenheit von Trading hatte erneut einen Kratzer erhalten – vielleicht hatte John mit seinen vielen Hinweisen ja doch Recht? Über diesem Gedanken schlief Stan mit 980 Dollar Tagesverlust endlich ein.

*

Mit einem schwungvollen »Mahlzeit, Leute!« betrat Nick das Handelsbüro. Nach ihm schlüpfte Philip durch die Tür, den Nick zuvor im Hotel abgeholt hatte. »Ist ja ein wahnsinnig geiles Teil, in dem Philip da logiert. Dafür würde ich glatt mein Penthouse eintauschen! Na ja, fast«, kicherte Nick und steuerte auf seinen Arbeitsplatz zu. Nick winkte Philip an seine Seite. »Du sitzt hier drüben, neben meinem Tisch!«

Philip ging schnellen Schrittes zu dem freien Arbeitsplatz, ließ sich in die Lehne des weißen Lederstuhls fallen – sehr ausgeruht fühlte er sich nicht – und packte fein säuberlich seine Trading-Utensilien aus: sein Notizbuch, einen Apfel vom Hotelbüfett und das Buch, welches er während des Fluges angefangen hatte zu lesen. Das Notizbuch brauchte er, weil es die Rufnummern enthielt, die er heute noch wählen wollte. Zum reinen Zeitvertreib. Den Apfel wegen der Vitamine und dem Zeitvertreib. Das Buch zum Schmökern. Also auch zum Zeitvertreib.

Philip schob die schwarze Tastatur des Handelsrechners beiseite, zog die dahinter stehende glänzende weiße Tastatur zu sich und tippte – wie auch zu Hause jeden Morgen – n-tv.de in die

Adresszeile des Browsers. Ja, Philip war n-tv-süchtig. Seit den Terroranschlägen vom 11. September quälte ihn die ständige Angst, dass gerade irgendwas Schreckliches passieren und er nichts davon mitbekommen würde: *Heute war ...???, noch, nichts passiert. Gott sei Dank!*

Von einem auf der anderen Raumseite gelegenen Handelsplatz drangen Fetzen unwissentlich geführter Selbstgespräche und unbeherrschter Kommentare eines ebenfalls von der langen Nacht noch nicht gänzlich erholten Stan zu Nick und Philip herüber.

»Was, zum Himmel ... komm schon, komm schon, komm schon ... Alter, sieh dir das an ...!«, murmelte Stan gerade vor sich hin. Auf seinen linken Bildschirm hatte sich Stan den Chart des britischen Pfunds geholt, dessen komplizierter Verlauf ihm zunächst aber nichts sagte. Dann wurden seine Augen groß. Stan betrachtete fassungslos den Chart, dessen Verlauf sein Konto bedrohte. Seine Lungen fühlten sich urplötzlich an, als würden sie in Flammen stehen. *War das medizinisch überhaupt möglich?* Er entsann sich des roten Feuerlöschers im Flur.

Name	Position	Traded	P/L Points	P/L	Time (MEZ)	Last Quote	Bid	Ask
USD/GBP	-5 K	1,9585	-0,0020	-625 $	10:01:05	1,9605	1,9605	1,9607

Philip sah von Stan nur denselben kurzen Haarschnitt, mit dem er Stan bereits in Deutschland kennengelernt hatte. »Ist das dort täglicher Standard oder heute was Besonderes?«, fragte er Nick und deutete auf Stan.

Nick schmunzelte. »Bis jetzt ist das Standard. Kann sich aber in jede Richtung noch entwickeln.«

Mit einem kurzen Kopfnicken und einem Lächeln auf den Lippen stand Philip auf und näherte sich Stans Schreibtisch, ohne dass dieser davon etwas mitbekam. Philip registrierte, wie Stan den Chart fixierte. Stans Schreibtisch war ein einziges Durcheinander aus CDs, Computerausdrucken verschiedenster Foren-Threads, aufgeschlagenen Trading-Büchern, Schreibutensilien, diversen USB-Sticks und allem möglichen anderen Krempel. Dieser Anblick schien zu beweisen, was John, wenn auch lächelnd, jedem, also auch Hofner und Philip, erzählte, wenn das Gespräch auf Stan kam: nämlich, dass dieser praktizierender Anhänger des Chaos sei. Was, ins Ernsthafte übersetzt, bedeutete: Stan war vermutlich der unordentlichste Mensch, den John bisher erlebt hatte – was Philip bereits aus Deutschland kannte und hier auch wieder bestätigt fand. »HIMMEL-ARSCH-UND-ZWIRN, der Markt wird doch jetzt nicht ...?«, drang es erneut zu Philip durch, und er sah, dass Stan sich geistesabwesend am Kinn kratzte. *Ha, hier bin ich zu Hause*, dachte Philip, und hervorgerufen durch Stans aufsteigende Gereiztheit erinnerte sich Philip daran, wie kindisch er selbst früher gewesen war und durch nicht geforderten Mut, übertriebene Stärke und tödlichen Aktionismus aus allen Marktbewegungen göttliche Trades zaubern wollte, welche sich im Nachgang jedes Mal lebensbedrohlich auf sein Konto auswirkten.

Philip hatte sich eigentlich vorgenommen, über die letzten Zeilen seines Buches nachzudenken, was ihm aber angesichts Stans Gereiztheit nicht wirklich gelang, denn in ihm stiegen Erinnerungen auf wie Gasblasen an die Oberfläche eines großen Tümpels und fingen an ihn einzufangen: Was er in Stan erblickte, waren seltsamerweise seine eigenen ersten Gehversuche; er erinnerte sich an die tiefen seelischen Gefahren von einst, die er spiegelbildlich nun in Stan wiedererkannte und die ihm ins Gedächtnis gerufen wurden. Es mochte wohl daran liegen, dass es bei ihm damals, so wie bei Stan heute, immer den Anschein hatte, als kommunizierte er mit den aktuell zappelnden Bars. Jeder Trading-Anfänger trug anscheinend mit Beginn seiner ersten Trades seinen eigenen Abenteuerspender mit sich herum, und dieser war darauf abgerichtet, Endorphine auszuschütten, sobald ein Chart flackerte! Philip verstand durch seine eigenen Lehrjahre nur allzu gut, warum Stan sozusagen süchtig nach Börsenkursen war und warum er lange Zeit brauchen würde, um sich vom Ausgang der einzelnen Periode nicht mehr mitreißen zu lassen. Es würde Monate, sogar mehrere Jahre dauern, bis er sich beim Traden langweilte. In Philip entstand ein Bild, bei dem er erst Belustigung empfand, über das er aber anschließend sofort erschrak, da dies eigentlich kein Scherz war: Er hatte sich Stan gerade als kleinen Wurm vorgestellt, der von einem großen Huhn namens Chart aufmerksam betrachtet wurde. Und, während Stan noch glaubte, dieses Huhn wüsste um seine besondere persönliche Ungenießbarkeit und darum, dass es sich an ihm verschlucken würde, ahnte Philip bereits, dass dieses Huhn namens Chart vollkommen geil nach dieser Art Wurm war. Die Aufforderung musste also lauten: »Um Gottes willen, lass dich von diesen kleinen sch... Perioden nicht zu großen Schandtaten herausfordern!« Stan musste lernen, sein »zu nahes« Verhältnis zum Chart, genau wie die Hoffnung auf den Megatrade, aufzugeben und sich äußerste Zurückhaltung zur Pflicht zu machen, welche nur noch die Suche nach dem Lieblingssetup zur Folge haben durfte. Aber alles zu seiner Zeit ...

Philip hätte anschließend nicht mehr genau sagen können, ob das Folgende durch einen Lichtreflex oder eine Veränderung in Stans Körperhaltung ausgelöst wurde oder durch die fast hypnotisch wirkende Verbindung der zuckenden Charts mit dem Chaos auf Stans Schreibtisch oder durch alles zusammen. Vielleicht war auch etwas gänzlich anderes der Auslöser dafür, dass sich seine Gedanken plötzlich losrissen, wie sich ein Hund von der Leine reißt, und nun umhertollten und Philip plötzlich seine ehemalige kleine Wohnung vor sich zu sehen glaubte, eingetaucht in sanftes Licht, in dem er seine allerersten eigenen Trades gemacht hatte ... *ja, genau an diesem Schreibtisch!* Nur erblickte er aber nicht den Philip vor sich, sondern einen älteren Mann, der sich mit den Ellenbogen, das Gesicht dicht vor dem Bildschirm, schwer auf den Tisch stützte. Die Person tat so, als würde sie das unablässige Vor-dem-Chart-Sitzen mögen, und als fände sie die Aufgabe, den Ausgang jeder einzelnen Periode zu erraten, erstrebenswert. Plötzlich wechselte die Szene, und der Mann kauerte erschöpft und kopfschüttelnd auf seiner Couch, während im Fernsehen eine Nachrichtensprecherin den Handelstag an den Börsen zusammenfasste. Später aß der Mann in seiner Wohnung zu Abend, war sehr müde, gähnte und ging zu Bett. Philip hatte ein Gefühl großer Erschöpfung, wenn nicht sogar Ausgebranntheit, von dem Mann empfangen. Ob das genau der folgende Tag war, was Philip anschließend sah, oder irgendein späterer Zeitpunkt, hätte er nicht mit Bestimmtheit sagen können. Der Mann saß jedenfalls wieder an seinem Schreibtisch, die Nase dicht an den Bildschirmen, und fixierte mit hochrotem Kopf jeden zuckenden Chart, jede scheinbar bedeutungsschwangere Zahl – und davon gab es eine Menge. Die Szene blieb gleich und veränderte sich doch: Wie im Zeitraffer betrachtet, wurden Schreibtisch und

Umfeld langsam aber sicher immer unordentlicher. Und während dieser Zeit trank die Person immer mehr Bier. Philip bemerkte, wie die Person dicker und älter wurde. Das intensive Trading ließ die Stunden kurz und die Emotionen stark erscheinen, und der immer blasser werdenden Person wurde tagtäglich bewusster, dass all jene Stunden vor dem Rechner nur wenig Raum beanspruchten, als hätten sie eine ganz kurze Zeit ausgefüllt, während sie sich doch in Wahrheit zu etlichen Monaten summiert hatten. Der Mann wirkte zunehmend erschöpfter und zeigte, so kam es Philip zumindest vor, mehr und mehr dessen deutliches Empfinden der viel zu schnell verstreichenden Zeit. Plötzlich ein Szenenwechsel: Philip sah die Person, wie sie plötzlich in einer tristen Stadt ankam, in der es eine Menge großer Wohnblocks gab, und er sah ein großes Restaurant, in welchem der Mann inmitten vieler anderer Tellerwäscher zehn bis zwölf Stunden in einer fensterlosen Küche stand, in der nur das Gebrüll der Kellner und das Klappern der Töpfe daran erinnerte, dass er nicht in der Hölle gelandet war.

Bevor diese Illusion zu zerfasern begann und Philip wieder in die Wirklichkeit zurückfand, hatte er den Mann abends noch ein Haus betreten sehen. Anscheinend anlässlich einer Familienfeier. Nicht nur die Eltern des Mannes waren anwesend, sondern auch seine Geschwister und Freunde. Alle waren verheiratet oder hatten feste Beziehungen. Aber der Mann hatte keine glückliche Frau, keine lachenden Kinder, denn niemand hatte einen Mann nehmen wollen, der nicht mehr ganz jung war, zu viel Zeit vor Charts verbracht und all sein Geld und seine Ausgeglichenheit verloren hatte, für den ohne Ausgeglichenheit kaum Hoffnung bestand, jemals die Kraft wiederfinden zu können, die es bräuchte, seine Zukunft noch einmal anders zu gestalten.

Philip begriff, dass er gerade sein eigenes Leben visualisiert hatte. Dieses Leben hätte durchaus real werden können. Und in dem Augenblick, als sich sein Herz zusammenkrampfte beim Anblick seines traurigen Gesichts, desjenigen, der jenes Leben weiterleben musste, wusste er nicht, wem er zuerst dafür danken sollte, dass er Hofner, Sander und John begegnet war. Von Nick und Stan unbemerkt, erwies er der großen Figur auf dem Fenstersims einen Gruß, indem er seine Hände faltete und den Kopf neigte – so wie man es im Land der Mönche vor der Statur jenes Mannes, den man den Buddha nannte, tat.

Philip schaute erst zum vor sich hin stöhnenden Bambino, dann zurück zum Buddha auf der Fensterbank, und es war ihm plötzlich, als lächelte der Buddha zurück. Philip verstand: Hätte er nach seinen Lehrjahren zwischen den Kulissen der flackernden Charts weiterhin tagtäglich eine megawichtige Rolle im Trading spielen wollen, dann wäre er eines Trading-Tages sowohl mit einem Riesenminus auf dem Konto als auch mit der festen Überzeugung erwacht, dieses Minus mit jedem noch so unsinnigen Trade ausgleichen zu müssen. Was selbstverständlich misslungen wäre und er hätte anschließend die Idee des Tradings mangels weiterer Möglichkeiten gänzlich aufgeben müssen.

Doch glücklicherweise hatten inzwischen über die Jahre all die Stichworte und Hinweise, die an ihn herangetragen wurden und bei denen er vorerst gedacht hatte, sie gingen ihn nichts an, doch ihre Wirkung erreicht. Das einst von flimmerndem Lampenfieber ausgefüllte Ego hatte sich, zusammen mit seinen naiven Erwartungen, gewandelt, und Philip war ein großes Stück seines Weges zum erfolgreichen und dennoch ausgeglichenen Händler vorangekommen. *Vielleicht stehe ich ja sogar schon am Ende dieses Weges? Auf jeden Fall werde ich über kurz oder lang von meiner Rolle als Trader sagen: »Die Pferde sind gesattelt, ich habe den Börsenhandel mit all seinen wahren Feinheiten verstanden.* Möge sämtliches andere Wissen da draußen der Teufel holen!«

Diese Gedanken an seine Zukunft ließen Philip lächeln. Ihm fehlte zur hundertprozentigen Beständigkeit eigentlich nur noch das letzte kleine Steinchen: den letzten Teil von sich selbst, der immer noch versuchte, der Beständigkeit ein Schnäppchen zu schlagen, zur Vernunft zu bringen. Dieser Teil entsprang dem Keim, aus dem der eben imaginierte alternative Philip hätte werden können. Dieser alternative Philip versuchte, sich ständig zu befreien, um dem eigentlichen Geist der Beständigkeit, dem Gefängnis aus Vernunft zu entgehen. Hierzu nutzte er jede Möglichkeit, jeden Griff, den er packen konnte, um zu verhindern, dass sich der nur noch minimal offene Kreis endgültig schloss. Die beste Angriffsstelle hierzu boten jene Tage, an denen mehrere Minustrades in Folge auftraten, und dann rüttelte dieser alternative Philip am heftigsten an seinen Gitterstäben. Dann bemühte er sich, Philip mit den Verheißungen einer nie Minus machenden Beschwörungsformel oder mit dem tödlichen Sinnlos-Aktionismus in Versuchung zu führen, und ließ Philips Finger an der Grenze zwischen Absicht und Versehen auf der Handelstastatur entlangbalancieren.

Auf seinem Weg zur Beständigkeit hatte Philip nach seinem Gefühl bereits 99 Prozent erreicht und er empfand jedes Mal aufs Neue Schmerz und Zorn über diese hin und wieder immer noch aufkeimenden Versuchungen durch emotional geladene Positionserhöhungen und zusammenhanglose Stoppversetzungen.

Ein Klingeln störte Philips Gedankenreise und riss ihn unsanft zurück in die Realität. Es dauerte allerdings ein paar Sekunden, bis er erkannte, dass das Klingeln nicht von Stans Chaosschreibtisch oder dessen Handelsplattform ausging, sondern von seinem auf Nicks Schreibtisch liegen gelassenen Handy. Nick hielt es bereits in die Höhe. Philip eilte hinüber und stellte sich anschließend an das Fenster zum Garten, bevor er das Gespräch eines Freundes aus der Heimat entgegennahm. Nach dem Ende des Telefonats schlenderte Philip zurück an seinen Schreibtisch, um die Notizen einzugeben, die er auf einen zerknitterten Zettel gekritzelt hatte. Beruhigt meldete er sich auf seinem Laptop bei Outlook an, beantwortete ein paar Mails und drehte sich anschließend zu Nick um, doch der hing in sich zusammengesunken in seinem Sessel und starrte halb dösend, halb lesend ungerührt in sein Buch.

Stan dagegen saß energisch gerade, ungefähr wie eine Dressurreiterin bei den Olympischen Spielen, und musterte Nick mit leichter Verachtung.

Ein »PIEP, PIEP!« holte Nick, Hugo von Payens sowie dessen acht Kameraden aus Jerusalem und damit aus dem Buch zurück. Nick legte sein Buch beiseite, schob den Mauspfeil über seine Bildschirme und presste für zehn Sekunden seine Nase an die Scheibe. Und tatsächlich: Das lärmende Tuten stammte von seiner in den DAX-Chart eingezeichneten Signallinie, welche vom Markt gerade überschritten wurde.

»Willkommen bei Papa!«, salutierte Nick gähnend. Stan schaute kurz auf und bedachte Nick mit fragenden Blicken. »Philip, schau mal her!« Nick zeigte auf den bestehenden Abwärtstrend des DAX-Futures, der in der letzten halben Stunde, nach einem vorangegangenen 80-Punkte-Ritt gen Süden, wieder nach oben abgeschwenkt war und jetzt gerade etwas über 50 Prozent der vorherigen

Abwärtsbewegung korrigiert hatte. Nick liebte diese Trades, bei denen er sich innerhalb einer weit fortgeschrittenen Korrektur in die Gegenrichtung positionierte. Seinen Stopp setzte er dazu auf den letzten *Punkt 3* der lokalen Korrektur – beziehungsweise bei kleinen, nur auf dem Tickchart sichtbaren Trends sogar auf den vorletzten – und wartete dann auf die zügige Wiederaufnahme der Trendrichtung. Nick war sich selbstverständlich vollkommen im Klaren drüber, dass der Handel eines Trends – sei es am *Punkt 2* oder wie aktuell innerhalb der fortgeschrittenen Korrektur eröffnet – zahlreiche negativ ausgestoppte Trades zur Folge haben konnte und nur wenige Einstiege im Nachgang wirklich saubere Trendverläufe erlebten. Dennoch: Trotz der, durch durchdachte Setups bereits optimierten, unabwendbar geringen Trefferquote war Nick sich der hohen Gewinnerwartung dieses Handelsstils bewusst und daher gerne zu mehreren Anläufen bereit.

Nick öffnete das Ordermenü. »Perfektion ist alles …« Er stellte die Orderanzahl auf zehn Kontrakte ein. »Nun noch ein Gruß an die Götter!« Nick nickte zum Spaß gen Himmel.

Stan schielte über seine Bildschirme hinweg. »Ein Gruß an die G-Ö-T-T-E-R?«

»Ja. Weil Perfektion im Trendhandel unerreichbar ist!«, meinte Nick, immer noch nach oben blickend, und jagte seine Market-Order zur Positionseröffnung hinaus auf den Datenhighway. »Und fertig ist die Symphonie!«

Order Filled

Sell FDAX 10@6878 id=7294168

Stan kam nun angeschlichen und schaute über Nicks Schulter auf den Chart. »Cool! Gehst du long?«

Nick drehte sich um. »Bambino, wieso *long*?«

»Boaaahhh! Der Markt geht doch rauf!«

Nick erhob sich und forderte Stan auf, sich auf den jetzt freien Stuhl zu setzen und noch mal ganz genau hinzuschauen.

»Ups. Wir kommen von oben …?«, murmelte Stan mehr zu sich selbst als zu den anderen beiden.

»Mhm!«

»Und du gehst jetzt *blind* short?«, wollte Stan wissen. »Ich sehe da gar keinen Umkehrstab!?«

Nick erinnerte ihn daran, dass *Umkehrstäbe* ebenso wie *Innenstäbe* nur für den Bewegungshandel wichtig waren, nicht hingegen für diesen Trade, da es sich hier um die Fortführung des gesamten Trends handelte. Während dieser Worte stieg der Markt um weitere neun Punkte an, und Nicks Positionsfenster quittierte dies für den gerade eröffneten Trade mit einem Buchverlust von 2.250 Euro.

Stan feixte ironisch. Scheinbar war seine zuvor geäußerte Ansicht, der Markt würde steigen, doch nicht *sooo* schlecht.

Nick bemerkte jedoch gelangweilt: »Meinetwegen kann das Ding sogar noch weiter bis knapp an den letzten *Punkt 3* klettern«, knipste unter den verdutzten Blicken Stans seine Bildschirme aus, machte es sich auf seinem Stuhl bequem und nahm sein Buch wieder zur Hand.

»Wir hassen das Sitzen vor den Bildschirmen, aber wir lieben das Trading. Was soll man da machen?«, übersetzte Philip Nicks Geste für Stan. Philip hätte auch sagen können: »Wir machen lieber nichts und sind glücklich, als dass wir etwas machen, das wir nicht mögen.«

Nun doch irgendwie beeindruckt, schlenderte Stan zu seinem Arbeitsplatz zurück, schloss seinen letzten Trade und nahm sich dabei vor, ebenfalls den Abwärtstrend im DAX-Future zu handeln. *Wenn Nick sogar seinen Schirm ausmacht, ist er sich seiner Sache anscheinend ja hundertprozentig sicher.* Stan betrachtete den Chart noch einmal prüfend. »Ihr habt Recht, super Trend«, murmelte er und ging auf 6.881 zwei Kontrakte short. Stolz begutachtete er seinen Trade und machte es sich vor den Bildschirmen bequem. »Yep, ich bin auch beim Trend dabei.«

Stan hatte seine letzten Worte lauter ausgesprochen, als ihm bewusst war, und Nick schaute kurz von seinem Buch auf. »*Wow, du tradest auch den Trend?* Das ist ja hoch interessant.« *Endlich wieder mal was Lustiges,* dachte er. »Und du willst direkt davor sitzen bleiben? Ja, wie geil ist das denn …« Nick bedachte Stan mit einem ungläubigen Blick, knautschte einen Notizzettel aus seinem Buch zusammen und warf diesen über die Schulter hinter sich – zielsicher einen Meter neben den Papierkorb. Nick wusste, dass der Trendhandel – trotz seiner kinderleichten Handhabung: Verlustbegrenzungsstopp an *Punkt 3* und den immer brav nachziehen und so … – für den Bambino dennoch aus *emotionaler* Sicht noch viel zu früh war. »Ich hab Respekt vor Männern, die ihr Bestes geben. Die nicht nur rumjammern, sondern kämpfen.« Er hob den Daumen in die Luft und blätterte seine Buchseite um.

Es war offensichtlich, dass Nicks Ironie bei Stan nicht ankam, daher dolmetschte Philip erneut: »Stan, tu dir einen Gefallen, und mach deine Bildschirme aus! Du handelst schließlich den T-R-E-N-D.« Philip und Nick wechselten einen Blick. Beide wussten, was der jeweils andere dachte.

Stan wollte gerade antworten, als er vom Verlauf der aktuellen Periode in den Bann gezogen wurde: Seine Position war eben zwölf Punkte nach vorn geschleudert worden. Stan fühlte sich prächtig, und da er vom effektiven Trendhandel noch immer viel zu geringe Kenntnisse besaß, war er, wie immer zu Beginn eines Trades, auch dieses Mal bereit, solch einen Anfang köstlich zu finden.

Name	Position	Traded	P/L Points	P/L	Time (MEZ)	Last Quote	Bid	Ask
FDAX	-2 K	6.881	+12	+ 600 EUR	11:40:12	6.869	6.869,0	6.869,5

Die mit ihrem sinnlosen »Wir machen einen auf Langeweile«- Geblubber! Ein wahrer Mann bleibt davor sitzen!

Was Nick betraf, so las er weiter in seinem Buch, derweil der Markt innerhalb Stans Einstiegsperiode in dessen 10-Minuten-Chart weiter abfiel und damit nun knapp 20 Punkte vor dem letzten lokalen Tiefpunkt des Trends, dem *Punkt 2,* stand. Stan stieß einen lauten Pfiff aus, worauf Nick ohne jegliche Gemütsregung und ohne auch nur den Blick von den Seiten zu heben, Stan aufforderte, endlich die Bildschirme auszumachen. Statt die alberne Periodenshow zu verfolgen, wäre Stan wesentlich besser beraten, seine Zeit mit einem Spaziergang, einem Anruf bei seiner Freundin, sinnlosem oder sinnreichem Shopping, einem Nickerchen, dem Zählen der Käfer an der Hauswand, mit einem Buch, einem Video oder mit Rasenmähen zu verbringen. »Oder hol für uns alle lecker Kuchen!«

Stan winkte angesäuert ab. *Essen holen? Grrr …* »Ich bleib hier und tu mein Bestes!«

»*Dein Bestes?*« Nick schüttelte, ohne aufzublicken, ungläubig den Kopf. *Nicht zu fassen, der Kerl.* »Denkt wohl, wir sind in einem Laden für Herrenoberbekleidung? ›*Sein Bestes …* ‹«, grunzte Nick in sich hinein. »Mach die Kiste aus!«, wiederholte Nick, sich gleichsam über den Eifer, mit dem Stan seine Observation des Trends zum Besten gab, belustigend, und gab, die kurze, aus grüblerischer Unschlüssigkeit Stans entstehende Pause nutzend, seinem Zweifel Ausdruck, ob die Nähe zum Markt, sei es in ihren Absichten, sei es in der Praxis, im Trendhandel überhaupt vonnöten sei.

Stan weigerte sich trotzdem. Was sich, seiner Meinung nach, auch direkt im Anschluss als goldrichtig erwies, denn plötzlich ruckelte die aktuelle Periode verdächtig. Unter seinen aufmerksamen Blicken fing der Markt plötzlich an zu steigen. Der Durchbruch durch die 6.829, den *Punkt 2*, rückte damit scheinbar in weite Ferne. Stan starrte die Periode an und merkte, wie sein Lächeln langsam einfror.

Mist!

Klar, das war bestimmt nur ein Bluff mit dem Trend-Dingsda. Hab ja gleich gesagt, dass es raufgeht! Aber mir glaubt hier ja keiner!

Stan drehte seine Position vorausschauend von *short* auf *long* und nahm das kleine verbleibende Plus von sechs Punkten noch dankend mit. Vor seinem inneren Auge sah er, wie ihm John die »Wir traden einen Trend«-Medaille vom Hals riss, um ihm anschließend die in Stans Augen weit geachtetere »Den Trendwechsel super vorweggenommen«-Medaille umzuhängen.

… 6.875; … 6.874; … 6.872; … 6.872

Nur zwölf Minuten später wurde Stans glorreiches inneres Bild der Würdigung seiner Verdienste um das Traden durch ein gänzlich anderes ersetzt: John riss Stan wutentbrannt die »Den Trendwechsel super vorweggenommen«-Medaille vom Hals und ersetzte sie gleichzeitig gegen die größte und schäbigste »Haben wir uns mal wieder total vom Chart verarschen lassen«-Medaille. Der Markt stand vier Punkte vor dem lokalen Tiefpunkt und damit der Bestätigung der Fortsetzung des Trends.

Stan machte mit schweißfeuchten Händen einen Situationscheck: Kursbewegung des Marktes seit Positionseröffnung: 48 Punkte. Sein Ergebnis des letzten abgeschlossenen Trades: sechs Punkte Plus, aktuelle Position: 42 Punkte Minus. Problem: *Habe die besch… Long-Position immer noch offen. Lösung: erneute Positionsdrehung. Scheinbar will der Markt wirklich nach unten. F-U-C-K!*

Wie dem auch sei, log Stan sich dies mit einem verspannten Achselzucken schön, wenn einem alles, was man später weiß, bereits zum richtigen Zeitpunkt einfallen würde, dann gäbe es mit Sicherheit sowohl keine Fehltrades als auch kein einziges Unglück mehr in der Welt.

Order Filled

Sell FDAX 4@6833 id=7321168

Verstohlen schaute Stan auf die Uhr: Knapp 50 Minuten waren seit seinem ersten Einstieg in den Trend vergangen und sein gerade eingegangener Short-Trade … *das gibt's doch nicht!* … lag schon wieder einige Punkte im Minus.

»Alles klar?«, fragte Philip, der aus Stans Körperhaltung schloss, dass dieser sich grauenvoll fühlte.

»Ja, ja!«, log Stan lapidar und heftete seinen Blick wieder auf den Bildschirm. Plötzlich schoss der Markt mit einem gewaltigen Rutsch unter den *Punkt 2,* und Stan fühlte sich, als würde er vor Freude jeden Moment in Tränen ausbrechen.

Name	Position	Traded	P/L Points	P/L	Time (MEZ)	Last Quote	Bid	Ask
FDAX	-2 K	6.833	+14	+ 700 EUR	12:30:07	6.819	6.819,0	6.819,5

Doch dann stutzte Stan. *Wäre doch blöd, wenn das jetzt erneut schiefgeht. Besser diesmal einen Stopp …?! Aber, das ist doch …*

Wahnsinn.

W-A-H-N-S-I-N-N!

In diesem großen Trend zu sitzen …, und ich muss den Stopp Tausende Euro weit weg oben an den neu entstandenen Punkt 3 setzen? Gibt es denn keine Fluchtmöglichkeit in der Nähe? Stan hatte plötzlich das überwältigende Bedürfnis, mit jemandem zu sprechen. Jemand Beruhigendem. Jemand Sicherem.

Nick erhaschte zufällig Stans hilfesuchenden Blick, und ihm gelang es, Stans mentales Chaos unbeabsichtigterweise noch etwas zu verstärken. »Na, Bambino, hast du Spaß beim Trendhandel?«

Ausgerechnet Nick. Nö, lieber ersticke ich, als dass ich vor ihm eine Schwäche zugebe … »Yep. Alles bes…« Stan kam nicht dazu, seinen Satz zu beenden, sah er doch gerade, dass der Markt plötzlich scharf anstieg und anscheinend den *Punkt 2* doch nicht nachhaltig knacken würde. *Am abwärtsgerichteten Punkt 2 eine steigende Periode?* Eben dachte Stan noch, er hätte das System mit dem Trendhandel kapiert, und dann so was. Der Markt stieg weiter an und rutschte wieder nach oben zurück über die 6.829, den *Punkt 2*.

Name	Position	Traded	P/L Points	P/L	Time (MEZ)	Last Quote	Bid	Ask
FDAX	-2 K	6.833	+1	+ 500 EUR	12:32:12	6.832	6.832,0	6.832,5

Stan lugte zu Philip und Nick hinüber, welche sich mittlerweile herzlich lachend Fotos auf Philips Laptop betrachteten, und zog seinen Stopp geschwind hinunter auf die 6.848. *Drecksmarkt! F-A-L-L!* Stan wurde das Gefühl nicht los, dass dieser Trendhandel offensichtlich ein einziges großes Missverständnis war. Sozusagen eine gigantische, von Nick und Philip angezettelte *Truman-Show.* Der Markt schien weiter ansteigen zu wollen, und um das Erreichen seiner Stopp-Order zu umgehen, nahm Stan in stiller Vorwegnahme der Notwendigkeit das kleine Minus von fünf Punkten pro Kontrakt mit, löschte anschließend seine Stopp-Order und redete sich zum wiederholten Mal ein, auf den erneuten Rückzug des Marktes optimal reagiert zu haben. Stan fing nun sogar an, heimlich dafür zu beten, dass der Trend gebrochen würde. Schließlich galt es, besser zu sein als Nick, und das ging nur, wenn der »längst fällige« Trendwechsel endlich eintrat und Nicks goldene Zahlen sich in ein negatives Ergebnis verwandeln würden. Stan überlegte, ob er es einfach noch mal wagen sollte, long in den Markt reinzugehen. *Eine Überlegung wert wäre das allemal ...* Als der Markt jedoch vier weitere Perioden später den *Punkt 2* weit hinter sich gelassen hatte und dem unteren Bildschirmrand zusteuerte, nahm Stan den Marktverlauf nur noch als Halluzination zur Kenntnis, aber nicht mehr als Tatsache.

Was ist das nur für ein Gott, der so was zulässt?

Vergeblich versuchte Stan, seine vorhandenen Gedankenflüge über seine Theorie aufrechtzuerhalten, mit der er beweisen wollte, dass der Abwärtstrend kein Abwärtstrend war, dass das alles gerade ein verlogenes Marktverhalten war, was sich nur in einer Lüge sonnte, und dass dies nun mal die ganze Wahrheit war. Aber vergebens! Ohne dass Stan positioniert war, fiel der Markt weiter und weiter. Stan hätte seinen Rechner am liebsten mit einem Stein zerhauen. Er warf einen Blick auf die Uhr. 14 Uhr. *Waaas? Erst? Das darf doch nicht wahr sein! Diese Qualen halte ich nie im Leben noch den ganzen restlichen Tag durch! Auf keinen Fall!*

Stan beäugte Nick und Philip, die beiden durchtrainierten Langeweileprinzen. Nick hatte die Kaltschnäuzigkeit besessen, in der vergangenen Viertelstunde sogar Desserts holen zu gehen! Jetzt saßen die beiden da, steckten die Köpfe über irgendwelchen Urlaubsfotos zusammen und schaufelten *kow neeo ma muang* – jenen leckeren süßen, klebrigen Reis mit Mangostücken – in sich hinein. Und an beiden war, im Gegensatz zu Stan, weit und breit nicht der Hauch einer Schweißperle zu entdecken.

Ich hasse sie.

Nein, ich hasse A-L-L-E Trader.

In Stan keimte eine Idee: Wie wäre es, diese Höllenmaschine vielleicht doch einfach mal auszumachen und so zu tun, als wollte er kurz verschnaufen oder einen Schluck Wasser trinken gehen? *Es würde bestimmt niemandem auffallen, wenn ich nicht zurückkomme. Das wäre doch ein würdevoller Rückzug!* Vorsichtig näherte er den Zeiger seiner Maus dem Button mit der Aufschrift »Programm schließen«. *Soll ich den Trend wirklich einfach aufgeben und abhauen?*

Nein, ausgeschlossen! Stan hatte plötzlich Angst davor, womöglich für einen Hochstapler gehalten zu werden, sollten ihn die anderen beiden dabei beobachten. Für einen dieser Händler, die erst eine große Klappe haben und in einem Trendtrade dann doch nach zehn Minuten schon mental zusammenklappen. *Mann, ist das entwürdigend!* Dabei hieß es doch immer, Trading würde das Wohlbefinden verbessern und das Selbstbewusstsein steigern, ja, geradezu euphorisch stimmen. *Von wegen!*

»Na, wo steht der Markt?«, fragte Philip, dem Stans Grübeln bei einem Seitenblick aufgefallen war. Philip hätte nicht einmal ein besonderer Kenner solcher Szenen sein müssen, um festzustellen, dass Stan ordentlichen Mist zusammengehandelt hatte. »Weit unter dem *Punkt 2*«, erwiderte Stan. »Auf der 6.804«, fügte er noch hinzu und gab sich den Anschein einer Zerstreutheit, die Philip ihm aber nicht abkaufte.

Philip beobachtete Stan daher weiter aus den Augenwinkeln. »Na, da funkelt's aber ganz ordentlich bei dir!«, sagte er wie nebenbei.

»Mhm«, knurrte Stan leise, schaute reichlich sparsam aus seinem blauen, hochgekrempelten Hemd und erkannte, dass es Zeit für einen erneuten kurzen Situationscheck war: Kursbewegung des Marktes seit erster Positionseröffnung in dem Markt: 77 Punkte. Sein Ergebnis: realisierte 41 Punkte Minus, offene Position: keine. Problem: *Drecksmarkt fällt weiter. Von einem Trendbruch weit und breit kein Anzeichen.*

Stan rang sich dazu durch, erneut eine Position zu eröffnen, und mit eisernem Willen und zusammengeballten Fäusten erlebte er, wie diese erneute Short-Position, trotz verspäteten Einstiegs und zwischenzeitlich zwei kleinen ansteigenden Perioden, nun endlich beruhigende Zahlen auswarf.

Name	Position	Traded	P/L Points	P/L	Time (MEZ)	Last Quote	Bid	Ask
FDAX	-2 K	6.802	+12	+ 600 EUR	14:24:41	6.790	6.790,0	6.791,0

Verstand Philip Stans Anspannung recht, so unterlag Stan bei seinem angedachten Trendhandel noch viel zu sehr der Negativität seiner angriffslustigen Kampfposition. Philip erinnerte sich, dass auch er damals vom »Nicht-permanent-anwesend-Sein« seelisch nicht leben konnte und das Gewicht seines ganzen Daseins und sein Recht auf Anwesenheit als Trader in die Waagschale warf. Einen Trade einfach unbeobachtet zu lassen, war als angehender Trader für ihn kein Lebensinhalt. Deswegen erkannte sich Philip in Stan wieder: Unter Zuhilfenahme seiner Augen und seines von ihm immer angenommenen Fingerspitzengefühls hatte auch er beim Trendhandel damals gegenüber Hofner die merkwürdigsten, unverständlichsten, in keiner Form nachvollziehbaren, um nicht zu sagen, die abstrusesten Zusammenhänge entdeckt.

Während Nick die benutzten Teller in die Küche hinübertrug, kramte Philip sein Tagebuch aus seiner Ledertasche und vervollständigte seinen letzten Eintrag über Stan:

Stan sieht das, was er sehen will, und nicht das, was er sehen soll. Er stellt willkürliche Zusammenhänge her zwischen dem Trendverlauf, der Anordnung von Eröffnungs- und Schlusskursen, dem Trendverlauf, dem Aussehen der Kerzenkörper, deren Zuordnung untereinander, dem Verhalten ihres Entstehens, ihrer Größe, ihrer Art, sich zu formen, sowie zwischen der Schnelligkeit oder Langsamkeit ihrer Kursschübe. Für Stan fließen im Trendhandel Wesentliches und Unwesentliches wie in einem dichten Nebel ineinander, überlappen sich Perioden und Dojis, Umkehrstäbe und Innenstäbe, kleine und große lokale Hoch- und Tiefpunkte, Tageshochs und -tiefs, Pivotpunkte und Fibonacciverhältnisse sowie Candlestickformationen – demzufolge ist die Gefahr eines Irrtums für Stan umso stärker. Er kann während des Trendhandels den »inneren« optisch noch nicht so scharf vom »äußeren Verlauf« trennen. Er muss also lernen, die äußeren Zwänge einer einzelnen Periode besser von seinen inneren Intentionen getrennt zu halten, und verstehen, dass einem die Gewöhnung an den Verlauf einzelner Perioden im Trendhandel absolut nicht weiterhilft.

Philip legte seinen Stift beiseite, dachte aber weiter über Stan nach: Der Handel eines Trends war, unabhängig von dessen Größe, in seinem rein fachlichen Ablauf das an sich Harmloseste, was es im Trading gab. Stans zwanghafte Begeisterung und Faszination für jede einzelne Periode wie auch die permanenten Kursveränderungen war allerdings schon regelrecht beunruhigend. Die fehlende Beschränkung auf das absolut Wesentliche, nämlich allein die lokalen Hoch- und Tiefpunkte, versetzte Stan in den paradiesischen Zustand, den aktuell laufenden Markt mit einer fast kindlichen, leidenschaftlichen Anschauung, mit sowohl der Lust auf als auch dem Zwang zu sekündlichen Entdeckungen, betrachten zu dürfen – *welch glückliche Verantwortungslosigkeit!*

Nicks Worte rissen Philip aus seinen Gedanken. Nun stünde Stan der schwierigste Teil im Trendhandel bevor, sagte Nick, nachdem er kurzzeitig seinen Chart betrachtet und seinen Stopp nachgezogen hatte. Philip tauschte mit Nick erneut einen Blick. Ein paar Mal wollten beide ansetzen, um mit Stan über die nun zu erwartende *deutliche* Korrektur zu reden, schwiegen dann aber doch lieber. Es war, als wären die beiden nonverbal übereingekommen, dass Worte an dieser Stelle nicht sonderlich hilfreich waren. Stan musste es selbst, einmal mehr, am eigenen Leib erleben.

In diesem Zusammenhang musste Philip an frühere Dialoge zwischen Hofner und ihm zum Schluss vieler Handelswochen denken. Hofner hatte häufig gesagt: »Du hörst die Hälfte von dem, was ich sage. Du begreifst die Hälfte vom dem, was du gehört hast. Du behältst die Hälfte von dem, was du begriffen hast, und du nutzt die Hälfte von dem, was du behalten hast – also letzten Endes herzlich wenig.« Und Philip hatte, statt die Anregung aufzunehmen, erwidert: »Dann hilf mir doch mehr.« Was Hofner konterte mit: »Wenn ich dir zu sehr helfe, gehst du nicht mehr auf die geistige Jagd und wirst einer dieser unselbstständigen Sozialfälle: Du tradest und scheiterst, tradest weiter und scheiterst weiter, der Alkoholkonsum steigt, und das so lange, bis du entweder freiwillig zum Psychiater gehst oder man dich dazu abholen kommt.«

Beide lugten zu Stan, wie er total ausgelaugt vor seinen Bildschirmen kauerte. Sie bedauerten ihn beide und wussten, dass er lange brauchen würde, um sich im Trendhandel aus den Klauen seines permanenten Observationsbedürfnisses befreien zu können. Ob dies Wochen, Monate oder Jahre in Anspruch nehmen würde, würde sich erst in der Zukunft herausstellen. Erst danach könnte er fortan die Momente heiterer Gelassenheit auskosten, in denen er fähig sein würde, die Märkte in aller Ruhe und mit dem gebührenden Abstand, also nur hin und wieder, zu betrachten. Erst dann würde er *wirklich* Trendhandel betreiben können; fernab von Charts und trotz der jederzeit vorhandenen Möglichkeit, jede einzelne Periode des Trends vorherzusagen, die aber schlussendlich doch nur sein körperliches Selbst quälte.

Der Markt lief, unbemerkt von Stan – er hatte die Funktion nicht aktiviert –, einige Punkte unter die zweite Pivotunterstützung, um sich dann in eine leicht ansteigende Korrekturphase zu begeben. Philip und Nick bedienten sich gerne Pivotlinien in ihrer Standarddefinition als zulässiges Hilfsmittel. Aber nicht um an diesen Positionen zu eröffnen, sondern um bei Intraday-Trades, die bereits *sehr weit* ins Plus gelaufen waren, im Einzelfall Positionsteilungen an diesen Linien vorzunehmen.

Stan sah wiederholt einen Gewinn, jetzt den der weit unter dem *Punkt 2* eröffneten Position, dahinschmelzen und stutzte. »Hallo? Geht's noch? Was, bitte, soll denn jetzt diese Nummer?«, knurrte Stan los, bevor er wütend den Stopp weiter heranzog. Ihm war zwar schon klar, dass es eine Korrektur geben musste, aber diese live mitzuerleben, bedeutete für ihn eine nur schwer zu ertragende Belastung, denn: Ausgestoppt wurde er zwar nicht, aber weiter in Positions- und damit Trendrichtung lief der Markt auch nicht. Stan beäugte den Chart, traute der ganzen Sache nicht so recht und entschied daher zwanzig Minuten später, dass es sich dabei momentan um so eine Art *Sinnlos-seitwärts-rumdümpel*-Phase der Korrektur handeln musste. Da er sich an deren oberen Ende aber auch nicht *sinnlos* ausstoppen lassen wollte, nahm er seinen Stopp kurzerhand wieder ein paar Punkte zurück.

Zeitgleich entschloss sich Philip dazu, Jani, einem Händler des im ersten Stock befindlichen Handelsbüros, einen Besuch abzustatten. Philip wollte *Hallo* sagen.

Nick warf einen kurzen Blick auf seine Charts, entdeckte keinerlei Anzeichen, welche sein Eingreifen erforderlich machten, und entschied sich, mitzukommen. Beim Hinausgehen beobachtete Philip nochmals kurz aus der Entfernung, wie Stan erneut mit einer scheinbar echt fiesen Periode kämpfte, die ihn jeden Moment erneut aus der Bahn zu schießen drohte, denn: Stan starrte seinen Chart mit vorgeschobenem Kopf an. Die roten Flecken um seine Augen hatten sich scheinbar vergrößert und wirkten wie aufgemalt. Philip hatte so etwas bisher noch nicht gesehen. Er merkte aber auch, dass Stan, wenn auch schon schweißüberströmt, standhaft blieb.

Philip dankte dem Himmel, dass er durch Stans permanenten und zu gleichen Teilen bewundernden wie ängstlichen Blick auf den rasanten Kursstrom daran erinnert wurde, wie grotesk und gleichzeitig tragisch es tatsächlich war, einen Trend *live* vor dem Chart sitzend zu handeln und dass das Dasein eines solchen Live-Trendhändlers nur unwesentlich angenehmer war als fünf Jahre Zwangsarbeit im Bergwerk. Auf der Treppe nach unten fragte er Nick aus Interesse, ob dieser zu Beginn auch eine derart harte Schule durchlaufen hätte, um den rechten Schliff in Sachen *Nähe* und *Abwesenheit* zu den Kursen zu bekommen, und ob er das Ganze irgendwie schneller kapiert hätte als andere.

»... ich hatte nicht nur große Probleme damit, zwischen *beidem* zu unterscheiden, sondern es ist mir noch dazu extrem schwergefallen, Abwesenheit überhaupt in meinen Arbeits- und Lebensalltag zu integrieren. Damit meine ich natürlich *klug angewendete* Abwesenheit«, antwortete Nick und bestätigte in seinen weiteren Worten, dass das Geheimnis des Erfolges mit Trendtrades neben dem richtigen Setup vielmehr in der Fähigkeit liegen würde, je nach gehandelter Trendgröße – statt nach dem klassischen Muster: verquere Blicke auf den Chart ohne Pause, Verwirrung und Auflösung des Ganzen mit mehreren Knalleffekten auf dem Konto – mal mehr, mal weniger Abwesenheit aushalten zu können.

Seine eigenen Anfänge vor Augen, konnte Philip nur beipflichtend nicken und musste schmunzeln, denn Hofner hatte Recht gehabt. Er hatte Philip genau das vermittelt, was er versprochen hatte: Gelassenheit und Ruhe, oder wie er es gerne ausdrückte, *inneres Gleichgewicht*. Aber um welchen Preis? Den Preis der Langeweile im Handel. Ob Stan je an diesem Punkt ankommen würde?

Beide begrüßten Jani, einen großen, gut aussehenden Vierziger, bei dem Philip immer das Gefühl hatte, er würde mit einem General sprechen. Jani machte auf Philip den Eindruck eines jener Menschen, die ihrem Auftreten nach gut und gerne im Außenministerium sitzen könnten, wenn sie denn wollten. Er trug klassisch geschnittene Anzüge, lächelte, hatte einen schwarzen Haarschopf und legte eine Selbstsicherheit an den Tag, um die ihn mancher Politiker beneidet hätte. Jani meinte, die Zukunft des Tradings liege in Computerprogrammen: »Diese wissen zwar auch nicht, wo der Markt hinsteuert und wie der Markt dorthin gekommen ist, aber deren Qualifikation besteht einfach darin, dass sie mehrere Märkte zeitgleich, emotionslos und mit unterschiedlichsten Setups bearbeiten können.« Jani verkörperte damit den intellektuellen, mathematischen Tradertyp. Mit seinem Fachwissen um die Zahlenakrobatik seiner mechanischen Handelssysteme würde er auch ebenso gut in den Vorlesungssaal einer Uni passen. Auf der anderen Seite besaß er in seiner Freizeit oder im Kreise guter Freunde den Ruf eines Spaßvogels. Auch jetzt funkelten seine Augen fröhlich.

Nach der Begrüßungszeremonie erkundigte sich Jani nach Stan und erfuhr, dass dieser einen Trend handelte und vor dem Bildschirm klebte. »Wie originell!«, kommentierte Jani dies.

Nick und Philip schilderten das Problem, und Jani gab daraufhin von selbst zum Besten, wie er als Anfänger den Trendhandel erlebt hatte. Und siehe da, auch für ihn war ein erfolgreicher Trendhandel nur dann – mehr oder weniger deutlich – zustande gekommen, wenn ein unvorhersehbares Ereignis, ein plötzlicher Termin oder gar ein Stromausfall über den Trade hereingebrochen war. Denn nur dann wurde das ebenso aktive wie streng beobachtende Wesen Janis mit einem Mal in eine Art stilles Wesen mit Zwangsabstinenz verwandelt, gepaart mit der Verwunderung, dass diese Trades oftmals die besten Ergebnisse einfuhren.

Jani hielt das Problem für interessant, und alle drei gelangten nach einem kurzen Gespräch gemeinsam zu der Erkenntnis, dass Stan entsprechend seiner aktuellen fachlichen Kenntnisse noch nicht so sehr auf das achtete, was der Marktverlauf durch seine Anatomie überhaupt hergeben konnte, sondern eher versuchte, sich durch das optische Aussehen der einzelnen Perioden die für ihn verräterischen Stilelemente einzuverleiben. Mithilfe damit einhergehender, seltsam verkrampfter Gedankengänge und eines, durch Ironie des Chartverlaufs, verfremdeten Bauchgefühls versuchte Stan, durch viel zu wildes Interpretieren den Trend in seiner an sich *einfachen* Gesamtheit zu verstehen. Dabei war er ständig auf die Entdeckung eines Umkehrpunktes im Trend ausgerichtet, dem es aus seiner Sicht auszuweichen galt, um dann – ausgehend von diesem überaus seichten Gelände seiner Gedanken – jede einzelne Periode in Bezug auf Charakter und Verlauf als möglichen Wendepunkt und beginnenden Trendwechsel zu enträtseln. Auf diese Weise, sprich: jedem Kursgezappel Wichtigkeit zu unterstellen, dachte Stan, sich und sein Konto zu beschützen. Gleichwohl täuschte er sich leider gerade in dem, was er als etwas Gutes wahrnahm. Während er sich durch die Beobachtung der augenblicklichen Periode im Besitz der Kontrolle wähnte und gleichzeitig an die Lust der augenblicklichen Periode klammerte, hielt genau hierdurch – wie sich bisher gezeigt hatte und immer wieder zeigen würde – unter dem Deckmantel der *optischen Täuschungen* das Böse auf seinem Konto Einzug.

Alle drei Händler wussten aus eigener Erfahrung, dass der Widerstand gegen das Unterlassen der optischen Begleitung eines Trendhandels schwer zu brechen, die Abscheu vor einem möglichen Kontrollverlust nicht ohne Weiteres zu überwinden war. Die zwingende Neugier für den aktuellen Kurs, die von einem Live-Chart ausgehende Ansteckungskraft und das Schutzempfinden gegenüber der Position verdrängte, dass dies erst gelingen konnte, nachdem der Trader erkannt hatte, dass er sein Orientierungsbedürfnis gegen ein Zerstreuungsbedürfnis vertauschen musste.

Während Nick, Philip und Jani weiter über die Märkte redeten, krabbelte der Markt eine Etage über ihnen in ganz leichten und unsauberen Schritten immer näher an Stans Stopp heran. »Jetzt bringe ich die Scheißbörse um!«, presste Stan zwischen schmalen Lippen hervor. Aber was Stan im Anschluss tat, brachte nur ihn selbst um: Er verlor total die Nerven, zog innerlich eine imaginäre Pumpgun und ballerte los. In der Wirklichkeit schloss er dabei, ohne jegliche weitere Chartbetrachtung, seine beiden offenen Short-Kontrakte. Ergebnis: sechs Punkte Minus. Danach folgten noch zwei weitere Minustrades, einer long, der andere daraufhin erneut short. Aber Stan war sich keines Handelns bewusst. Er tradete nicht, sondern er ließ sich traden. Es war ihm, als wären ihm beide Trades aus Schwäche passiert. Nicht er wollte diese Trades eingehen, sondern diese Trades wollten von ihm eingegangen werden, ohne dass er dies bemerkt hätte. Er fühlte sich, als wäre sein überlegter Wille mit einem mächtigen, wortlosen, aus seinem tiefsten Innern stammenden Befehl in einen unguten Widerstreit geraten und dabei unterlegen. Wie in Trance stand Stan auf, ging zum Fenster, öffnete es und atmete tief ein.

Der Trend BRINGT MICH UM.

Das ist doch sicher nicht normal, oder?

Die zwar warme, aber wegen der Mischung der unterschiedlichsten Gerüche die Sinne belebende Bangkoker Luft ließ ihn binnen einer Viertelstunde ein Stück weit runterkommen. Immer noch leicht in Trance, hörte er Nick und Philip wieder zurückkommen und mit ihm sprechen. Stan verstand nicht alles, aber immerhin die Satzfetzen »Korrektur vorbei« und »weiter geht's«. In Höchstgeschwindigkeit schloss Stan das Fenster und eilte zurück an seinen Platz.

W-A-S?

Herzlichen Glückwunsch!

Ich Idiot, da hat sich meine Geduld ja wieder mal voll ausgezahlt!

Stan wollte plötzlich einfach nur nach Hause. Zurück in sein Bett und sich irgendwelchen Tagträumen hingeben! Stattdessen musste er sich mit diesem Drecksmarkt herumschlagen. *Ich muss.* Der Markt stand kurz vor dem Durchbruch durch den vorangegangenen *Punkt 2* und Stans Konto hatte noch keinen Cent zugelegt. Im Gegenteil. Das Einzige, was zahlenmäßig wirklich zugelegt hatte, waren die roten Flecken unter Stans Augen!

Stan knallte im weiter fallenden DAX-Future *market* zwei Short-Kontrakte ins System, legte den Stopp aus lauter Frust an das obere Ende seines Charts und ließ sich mit dem Gefühl tiefer Kränkung und Entwürdigung auf seinen Sitz fallen. Seine Augen brannten, sein ganzes Gesicht war rot angelaufen.

Ich hasse den Chart.

Ich hasse alle Charts. Ich hasse, hasse, hasse sie.

Dieser ganzer Trendscheiß ist anscheinend ein Werkzeug des Teufels …

*

Vor den dunklen Fensterhöhlen des Büros zeigte sich vom hereinbrechenden Abend Bangkoks nur noch bleierne Schwärze, als gegen 19 Uhr Ortszeit alle außer Philip und Nick das Büro verlassen hatten. Stan hatte seinen Trendhandel überstanden und nach seiner letzten Positionseröffnung den folgenden Kursrutsch unter den neuen *Punkt 2* ohne weitere Zwischenfälle miterlebt.

Was allerdings weniger seiner Disziplin als vielmehr Kims letztem Urlaubsvideo zuzuschreiben war, welches sie den Jungs mit allen Episoden ausführlich vorgespielt hatte. Es war eine Bestätigung für Philip, zu sehen, dass Stan durch die Ablenkung offenbar innerlich wohler zumute war als während des Observierens seiner Positionen. Im weiteren Verlauf dieses Trendtrades bildete sich zwar ein neues Tief, aber der Markt stieg zurück über sein lokales Hoch und beendete den Trend. Sowohl Stans als auch Nicks Position wurden ausgestoppt. Bei Stan mit einem Ergebnis von 67 Punkten Minus. Nick hingegen hatte 57 Punkte Plus, zuzüglich 50 gelesenen Buchseiten, konnte Kims letzte Urlaubsreise nahezu lückenlos nacherzählen und war in den Genuss leckeren Kuchens gekommen. Zum anderen, und das war viel wichtiger, war er entspannt genug, jeden neuen Trend zu handeln; und seine 57 Pluspunkte konnte er nun gelassen zur Bezahlung kommender Fehltrades einsetzen, denn: Wer wusste das schon, vielleicht waren ja die nächsten vier, fünf Trades Verlierer? Aber das war ja eine der großen Gerechtigkeiten der Börsenwelt: Absolut niemand kannte die Reihenfolge, in welcher Plus- und Minustrades auftraten …

Nick räumte seine Bücher in die Schreibtischschublade. Nur die Tastatur blieb verwaist auf der kleinen Bühne zurück, während Philip die Jalousien vor den Fenstern schloss. »Und jetzt«, sagte Nick, als er die Tür hinter sich zuzog und den Schlüssel umdrehte, »gehen wir erst mal was essen. Ich bin halb verhungert …« So beschlossen Nick und Philip, ein kleines Restaurant in der Nähe aufzusuchen. Damit ging eine alte Tradition einher, welche sich Trader auf der ganzen Welt, so spät es auch sein mochte, nicht nehmen ließen, nämlich am Schluss des Handelstages im Kreise der Kollegen irgendwo einzukehren, um der Börsen und Charts zu gedenken, die diesen Tag ermöglicht hatten.

Die Hitze außerhalb der klimatisierten Räume war wirklich mörderisch, und schon nach den wenigen Metern zum Wagen war Philip schweißgebadet.

Nick kurbelte das Fahrerfenster herunter und ließ, lässig wie ein Zwanzigjähriger, der seiner Angebeteten imponieren will, den Arm herausbaumeln. Philip stieg ein und sofort ruckte der Wagen an.

Nick steuerte den Daimler mit Geschick durch den Linksverkehr der, wie immer verstopften, Soi Wattana Road hinunter. Mit der einen Hand eine Zigarette rauchend, während er mit der anderen virtuos sämtliche Handgriffe tätigte, die der Wagen beziehungsweise der Verkehr ihm abverlangte. Gelegentlich verrenkte er sich auf schier unglaubliche Art, wenn er mit der linken Hand den Blinker auf der rechten Seite des Lenkrads bediente. Wenn er dies tat oder von einem Gang in den anderen schaltete, musste er das Lenkrad sich selbst überlassen, denn es kam anscheinend nicht infrage, dass die rechte Hand zu etwas anderem benutzt wurde, als in regelmäßigen Abständen die Zigarette zum Mund zu führen. Wie Philip an den Lenkern anderer Fahrzeuge beobachten konnte, schien dies der hier übliche Fahrstil zu sein.

Kurz darauf ließen sich die beiden Händler in die Bambusstühle eines Restaurants fallen. Der Sternenhimmel schien durch die großen, offenen Schiebefenster. Der uralten Jukebox entströmte westliche Popmusik der Achtzigerjahre, begleitet vom Zischen einer Espressomaschine, welche Milch für Cappuccini aufschäumte. Das Lokal hatte Nick vor geraumer Zeit entdeckt, und nun saßen die beiden an Nicks Lieblingstisch, an dem er schon etliche Male mit sich selbst oder mit Freunden abends über Gott und die Welt philosophiert hatte.

Nick unterbrach ihr Gespräch, um einem Lied zu lauschen und mitzusummen. »Mmmh, das war mal eines meiner Lieblingslieder«, sagte er, ihre Unterhaltung wieder aufnehmend. »Erinnert mich an meine erste große Liebe«, fügte er mit einem kleinen Augenzwinkern hinzu. Dann kam das Gespräch auf Stan und in Stans Intensität des Tradens erkannten sich beide selbst wieder. »Angesichts seiner Sturheit sind Stan bis jetzt ja allzu schlimme Depressionen erspart geblieben«, begann Nick und zupfte an seinem engen schwarzen T-Shirt herum. »Aber trotzdem hat er es irgendwie schwer. Mit verbissenem Eifer rafft er jeden Trade zusammen, obgleich seine Trades eher über die Überlegenheit des *Rumdillerns* als über die Klugheit Bände sprechen.«

Philip erinnerte sich bei Nicks Worten an seinen letzten Tagebucheintrag, nachdem Stan das Büro verlassen hatte:

Stans Verhalten beim Trendhandel zeigt, dass er auf beeindruckende Art und Weise fest entschlossen ist, zwei Gegebenheiten auf eine Reihe zu bringen, die von ihm als voneinander getrennt empfunden werden: Zeiteinheiten und Trends. Die Schuld hieran ist seinem offensichtlich fehlenden Verständnis über Entstehungs- und Funktionsweise eines Charts zuzuschreiben. Solange Stan weiter stur jede einzelne Periode einer Zeiteinheit anstarrt, ohne dass er sich in übergeordnete und vor allem in untergeordnete Trendverläufe hineinzudenken und zu wenig mit den Zeiteinheiten als solchen zu spielen vermag, wird er weiterhin, durch ansonsten leicht vermeidbare Trades, tagtäglich Geld in die Börse pumpen. Also ist es zu einem guten Teil den scheinbaren optischen Missverständnissen geschuldet, dass Stan, von seinem Recht auf skrupellosen Umgang mit dem Trading auf diese dumme Art und Weise Gebrauch machend, sein Trading-Konto in eine emotional belastete Müllkippe verwandelt. Zurückhaltung ist halt der bessere Teil von Tapferkeit!

Nick und Philip wussten, dass es nichts bringen würde, Stan über Gebühr zu drängen. Philip nahm sich vor, in den kommenden Tagen hierüber mit John oder, falls möglich, mit Hofner zu sprechen. Sich in seinem Stuhl vorbeugend, betrachtete er die braunen Slipper an seinen Füßen und gestand: »Dieser Zwang, keinen Bar unbeobachtet zu lassen, hat bei mir am Anfang auch dermaßen tief drin gesessen, dass in meinem damaligen Dasein überhaupt kein Platz mehr blieb für solche Nichtigkeiten wie Hobbys, Lesen, lange Beziehungen oder Ähnliches.«

Nick schmunzelte und nickte, denn auch ihm hatte damals jede Geduld für Tätigkeiten, die nichts mit einem Chart zu tun hatten, gefehlt – er analysierte, orakelte und betrachtete nur allzu gerne. Seine ersten Börsenjahre über war er, was Hobbys betraf, nahezu verarmt gewesen. Was ihn antrieb, war der zähe Wille, so viel wie möglich Chartverläufe vorherzusagen und binnen weniger Trades so weit zu kommen, nie mehr arm werden zu können. Beide einigten sich darauf, dass die ersten Trading-Jahre und deren Armut an positiven Trades freilich auch manche Vorteile für die beiden mit sich gebracht hatten. Nicht zuletzt deswegen wurden die beiden hierdurch seelisch vorzüglich gegen Rückschläge gewappnet und konnten ihren Geist schärfen, der früher in Krisensituationen zu leicht klein beigegeben hatte.

Im weiteren Gespräch kamen die beiden vom Hundertsten ins Tausendste und landeten schließlich bei einem, mit Handelsregeln gar nichts gemein habenden, aber dennoch ungemein wichtigen Thema: bei ihrer Beziehung zum *Geld*. Da jeder der beiden im Laufe der Zeit ganz eigene und bestimmte Glaubenssätze über das »liebe Geld« entwickelt hatte und diese die Beziehungen zu Plus- und Minustrades eindeutig beeinflussten, standen plötzlich folgende beiden Fragen im Raum: Gehörte ein *erfolgreicher* Händler eher zu jenen Menschen, die sagten: »Geld interessiert mich eigentlich nicht«, oder aber gelangte er zu dem Ergebnis: »Zu viel Geld verdirbt den Charakter und macht nicht glücklich«? Philip und Nick hatten über die Jahre erfahren, dass bei jedem Händler – ob nun sparsam oder seinen Gewinn sofort wieder ausgebend oder niemals genug davon bekommend – der Umgang mit dem »lieben Geld« viel über die Persönlichkeit des Traders verriet.

Der Kellner, ein kleiner und bereits etwas älterer Thai mit einem verschmitzten Lächeln auf dem Gesicht, trat an den Tisch und servierte das Essen. Grünes Curry mit Hühnchenfleisch und Auberginen, gebratenen Fisch mit Knoblauch und Pfeffer sowie eine Schüssel mit dampfendem Reis. Nick rieb sich in freudiger Erwartung des anstehenden Genusses die Hände, griff zu seinen Essstäbchen und schnappte sich ein Stückchen Fisch.

Nachdem beide ihren Hunger gestillt hatten, orderte Philip noch zwei Bier, und die beiden Händler lehnten sich in ihren Stühlen zurück.

Während des Essens hatte Nick über seine eigenen Anfänge nachgedacht. So wie gerade der Bambino, hatte auch er sein Geld auf dem Handelskonto tatsächlich als ein fast schon persönliches Wesen aufgefasst, zu dem er eine ausgesprochen enge Beziehung unterhielt: in Nicks Fall sogar eine schon qualvolle. Vielleicht konnte man »das geliebte Geld« mit Ehrfurcht und Entgegenkommen gewinnen, aber Nick war dafür zu Beginn zu gleichgültig und zu naiv gewesen und hatte es sich daraufhin vollständig mit ihm verdorben. Nick seufzte. »Sch…, ich ließ die Dollars kommen und gehen, wie es gerade im Chart kam und ging. Als ich dann merkte, dass das Geld anfing, eine immer feindlichere Gesinnung mir gegenüber einzunehmen, hat mich das irgendwie in noch sinnlosere Trades gelockt. 110.000 Dollar habe ich so innerhalb von vier Monaten plattgemacht. Woraus folgende Erkenntnis gewachsen ist: Verkauf deine Haut so überlegt wie nur irgend möglich und so gut, wie es nur geht, denn *dein* Geld gibt es nur *einmal*.«

Das Gedankenspiel, ein Handelskonto oder einen Chart als ein Wesen zu betrachten, mit dem man eine glückliche, verkorkste, leidenschaftliche oder nüchterne Beziehung führen konnte, fanden beide hoch interessant. Jeder Trader, unabhängig davon, ob zu Beginn armer Schlucker, Gerade-so-über-die-Runden-Kommender, wohlhabend oder gar reich, hatte seine ganz eigene Beziehungsgeschichte mit dem unsichtbaren und geheimnisvollen, häufig herbeigesehnten, manchmal verfluchten Lebenspartner namens *Geld* – der sich, scheinbar unerklärlichen Gesetzmäßigkeiten folgend, mal rarmachte, mal überraschend potent auftauchte und immer wieder Druck auf ihn ausübte.

Nick und Philip hatten im Laufe ihrer Karrieren gelernt, dass die bloße Erwähnung der Worte »Dollar« oder »Euro« bei ihnen Sorgenfalten auf der Stirn, sehnsüchtiges Augenverdrehen, verächtliches Grinsen oder eine stolz geschwellte Brust provozierte, Triumphgefühle weckte oder Versagens- und Verarmungsängste schüren konnte – je nach gefühltem Reifegrad und innerer Einstellung zum Thema *Geld*. Der Kontostand ließ keinen Trader kalt, egal, wie viel oder wenig er zur Verfügung hatte – ob 5.000 oder 50 Millionen. Die digitalen Dollars und Euros waren emotional hoch aufgeladen, standen sie doch gerade bei privaten Tradern für Sicherheit, Anerkennung,

Macht, Lebensqualität, Autonomie, Wahlfreiheit, Erfolg und Kontrolle über die eigenen Lebensbedingungen. In einer Gesellschaft wie der heutigen, in der fast alle fast alles nur noch über Geld abwickelten, konnte es sich niemand – und erst recht kein Trader – mehr leisten, kein Verhältnis zu dem Stoff zu haben, aus dem Transaktionen bestanden. Der Satz »Geld interessiert mich nicht« bedeutete im innersten Kern: »Ich interessiere mich nicht für meine Lebensgrundlage.«

»In der Art und Weise, wie ich damals mit meinem Geld umgegangen bin, kamen – im Nachhinein betrachtet – meine ganzen, bis dahin aufgehäuften, lebensgeschichtlichen Konflikte zum Ausdruck«, äußerte Nick nachdenklich. »Da Geld – jetzt mal ganz allgemein gesprochen – nur durch andere Menschen zu uns fließt, kann man doch sagen, dass alle Probleme mit Geld im Kern Beziehungsprobleme sind.« Nick sprach damit an, dass ihm in seinen Anfängen dieser Zusammenhang kaum bewusst war, weil Gewinn und Verlust von ihm nur als abstrakte Zahlen auf dem Kontoauszug wahrgenommen wurden und weil ihm sowohl durch Trading als auch durch Onlinebanking, Kartenzahlung und Internetshopping sein haptischer, sein sinnlicher Bezug zum Geld mehr und mehr verloren ging. »Und jetzt stell dir mal vor, der individuelle Umgang mit den Finanzen wäre ein Spiegel, der die Licht- und Schattenseiten des Betreffenden und seine Konflikte mit sich selbst und anderen reflektiert … Was hätte da noch Positives rauskommen sollen oder können?«

Philip gab ihm Recht und erzählte Nick von seiner Begegnung und dem Telefonat mit Ecki am Tag vor dem Abflug[31]. Da war er doch: der lebende Beweis dafür, dass es für den souveränen Umgang mit Geld nicht ausreichte, über Regelwerke und Börsenkurse Bescheid zu wissen und/oder im Privaten Haushaltsbücher zu führen. Das Wissen über das einfache Einmaleins der Börse und darüber, wie Zins und Zinseszins funktionierten, konnte zwar davor schützen, sich heillos zu verschulden, wie auch das Wissen um Regelwerke ein Verständnis von Marktzusammenhängen aufzeigen konnte, aber: Philips Erlebnisse mit Ecki und dessen Umgang mit seinen Verlusten zeigten klar, dass das Erfassen von etwaigen tradingtechnischen Gesetzmäßigkeiten noch keine Garantie für einen glücklichen Umgang mit denselben bildete.

»Kompetenz als Trader verlangt unter anderem, jene emotionale Fähigkeit, oder nennen wir es: Selbsterkenntnis, auszuhalten, wie das Thema *Geld*, unabhängig und losgelöst von einem laufenden Trade, in den eigenen Gefühlshaushalt eingreift«, äußerte Philip unter der aufmerksamen Miene Nicks.

Beide schlürften an ihrem Bier und kamen zu dem Schluss, dass ihre zu Beginn ihrer Handelskarrieren chronisch überzogenen Girokonten wie auch ihr Gefühl, finanziell permanent zu kurz zu kommen, eigentlich nicht im mangelnden Wissen über Chart & Co. wurzelten. Bei Philip lag das wohl eher an einem fast zwanghaften Hang zum Geiz, bei Nick dagegen an übertriebenen Verarmungsängsten. Die tollsten Handelsregeln und Kniffe nutzten anscheinend so lange nichts, wie ein Trader ein schlechtes oder ambivalentes Verhältnis zu Geld hatte. Im kurzfristigen Trading war dies sogar noch viel ausgeprägter. Ein entscheidender Schlüssel zu einem generell souveränen Umgang eines Traders mit Geld lag, Philips Ansicht nach, offensichtlich in der Erkundung der eigenen verinnerlichten Glaubenssätze über Geld und der damit verbundenen Gefühle. Phi-

31 Siehe DER HÄNDLER Band 1

lip bezeichnete dies wie folgt: »Es gibt nicht nur einen *Handelsstil,* sondern dazu gehört auch die Reflexion über den eigenen privaten *Geldstil.*«

Nick ergänzte Philips eben geäußerte Gedanken, indem er einige klassische, jedem bekannte Sprichwörter zum Thema *Geld* zitierte: »Beim Geld hört die Freundschaft auf«, »Geld macht nicht glücklich, aber es beruhigt die Nerven«, »Ich kann ganz schlecht mit Geld umgehen« oder: »Geld ist nicht meine Welt«, »Spare in der Zeit, dann hast du in der Not«, »Schulden halten wach« und fügte hinzu, dass man in jedem Kontoeröffnungsformular spaßeshalber so eine Spalte einfügen sollte, in welche der Trading-Anfänger eintragen muss, welche persönliche Überzeugung er zum Thema *Geld* vertrat. »Sollte da diese kollektive Spruchweisheit auftauchen, ›Geld verdirbt den Charakter‹, dann wird es wohl auf lange Sicht nichts werden mit dem Trading«, beeumelte sich Nick vor Lachen.

Philip lächelte hierzu nur verkniffen und erklärte anschließend, dass dummerweise genau *diese* Botschaft ihm von seinen Großeltern tagtäglich, ja sogar noch auf dem Sterbebett, als wichtige Lebensweisheit mit auf den Lebensweg gegeben worden war. Philip unterbrach sich kurz, um seine Gedanken zu sammeln, und bemerkte nachdenklich: »Die Erfahrung zeigt also: Auch ich habe mindestens eine Geldbotschaft verinnerlicht, die in der Kindheit für mich prägend war und an der ich mich im Erwachsenenalter bewusst oder unbewusst lange orientiert habe oder gar immer noch orientiere.«

»Du meinst, was dir als Kind von deinen Eltern oder Großeltern beigebracht wurde oder du dir abgeschaut hast, hat dein eigenes Geldverhalten beeinflusst?«, fragte Nick und zündete sich eine Zigarette an.

»Jetzt nicht mehr oder nicht mehr so arg. Aber früher war das für mich absolut richtig.«

Nick schaute auf die Straße, sog an seiner Zigarette. Der Lärm dreier Tuk-Tuks und eines vorbeifahrenden Kleinbusses vermischten sich mit den aus den Geschäften und Garküchen strömenden Klängen. »Aber …«, meinte Nick kurz und wartete, bis das letzte Tuk-Tuk knatternd um die Ecke eines kleinen Friseursalons gebogen war, »… neben dem, was Großeltern oder Eltern über das Geld sagen, ist auch wichtig, was sie verschweigen.«

Philip verstand nicht auf Anhieb, und Nick erklärte, dass beispielsweise in seiner Familie Geld schon immer ein absolutes Tabuthema gewesen sei. So etwas konnte generell nur zwei Gründe haben: entweder weil zu viel oder zu wenig da war oder ist. In Nicks Elternhaus war davon zu wenig da gewesen, und damit wurde das, was seine Eltern ihm an Erklärungen vorenthalten wollten, viel stärker vermittelt als das, was sie tatsächlich dazu mitteilten.

Philip stierte dem Rauch von Nicks Zigarette nach. »Das heißt, es geht um das Vorhandensein gegensätzlicher Gefühle, die langfristig weiterwirken.« Mit einem tiefen Seufzer erwähnte Philip seine eigene Kindheit. Er hatte zwar auch Taschengeld bekommen, aber später fiel ihm auf, dass seine Eltern damit Doppelbotschaften verknüpften. Sie hatten versprochen: »Du kriegst jede Woche ein paar Mark, und damit darfst du machen, was du willst.« Wenn Philip aber tatsächlich mit einer riesigen Eistüte oder einem Matchbox-Auto strahlend nach Hause kam, hieß es: »Gib doch das Geld nicht für so einen Quatsch aus!«

Beim Taschengeld begannen also bereits die Widersprüche zwischen den über Geld geäußerten Ansichten und der tatsächlich gelebten Praxis. Was sich im Übrigen recht leicht beweisen ließ, man musste einen Trader nur nach seinen ersten Gelderinnerungen fragen. Fast immer spielte das Taschengeld dabei eine zentrale Rolle. Wer hat es verteilt? Wie wurde die Höhe begründet? Waren Auflagen damit verbunden? Mitunter traten Widersprüchlichkeiten im ersten Umgang mit Geld auf, welche die Eltern möglicherweise gar nicht selbst bemerkten; diese waren damit womöglich prägender als das, was die Eltern sprachlich in der Gelderziehung vermittelten. »Also«, sinnierte Philip, »gibt es, grob gesagt, für einen Trader demnach nur zwei Möglichkeiten, auf den von den Eltern geprägten Geldstil zu reagieren: Man will auf keinen Fall so knauserig, verschwenderisch, materialistisch oder sicherheitsfixiert werden wie Mami oder Papi und tut alles, um sich von dem, was diese vorgelebt haben, abzugrenzen. Oder man übernimmt den Geldstil der Eltern, weil er sich bewährt hat, und macht es später genauso.«

Nick, der Philips Worten aufmerksam gelauscht hatte, nahm einen weiteren tiefen Zug, blies den Rauch Richtung Straße und strich sich dabei über die Stirn. »Hm, bestimmt gibt es zwischen totaler Ablehnung und kritikfreier Kopie noch viele andere Varianten, aber so irgendwie wird es schon sein.« Auch er erinnerte sich an seine eigene Kindheit, und da in seiner Familie jeder Pfennig zweimal umgedreht werden musste, tagte der Familienrat oft nächtelang und plante dabei minutiös die Aufteilung des Haushaltsbudgets. Als Kind hatte er sich oft geschämt, dass er aufgrund dieses Geldmangels bei vielen Freizeitaktivitäten seiner Freunde nicht mithalten konnte, und sich geschworen, später niemals im Mangel leben zu müssen. Seit er ein erfahrener Händler war, konnte er endlich den ersehnten krassen Gegenentwurf leben. Es fiel ihm zwar nach wie vor äußerst schwer, über sein Geld zu sprechen, aber es war stets da. Nick hatte über die Jahre des aktiven Handelns für sich ein Klima des Überflusses geschaffen und schöpfte immer aus dem Vollen.

Philip brachte, als krassen Gegenpart zu Nicks Geldstil, das Gespräch auf Arnold, einen befreundeten Händler, der sich nach Mallorca zurückgezogen hatte. Arnold traktierte seine Frau und die beiden Töchter, indem er von ihnen Rechenschaft über jeden Cent forderte und sie ständig kontrollierte, da er, im Gegensatz zu Nick, in seiner Kindheit die in der Familie vorhandene Geldknappheit als engen Zusammenhalt, als stabilisierend und gemeinschaftsfördernd erlebt hatte. Da Arnold mit der Geldbotschaft seiner Herkunftsfamilie also ein angenehmes Gefühl verband, trat er in seiner eigenen Familie ebenfalls als Kleinkrämer und Buchhalter auf, obwohl er als Fondsmanager mehr als hervorragend verdiente und daher keinerlei Notwendigkeit bestand, buchstäblich jeden Cent zu kontrollieren.

In diesem Zusammenhang erinnerte sich Philip an eine besondere Situation mit Hofner. Über den Lärm der schwatzenden und gestikulierenden Menge vom Nachbartisch hinweg, erzählte er Nick von jenem super Handelstag, an dem er, mit einem einzigen disziplinierten Trendtrade im Euro-Dollar, mehr verdient hatte als seine Eltern zusammen in einem halben Jahr tagtäglicher harter Arbeit. Hofner hatte Philips unausgesprochene Gewissensbisse erkannt, ihn angesprochen und es auf den Punkt gebracht: »Das Motiv, die Eltern finanziell nicht überflügeln zu wollen oder zu dürfen, taucht in Händlerkreisen nahezu regelmäßig auf. Viele Trader, die aus dem finanziellen Rahmen, den die Eltern gesteckt hatten, herausgewachsen sind, oder aber mit ihren Handelsregeln eigentlich die Möglichkeit dazu hätten, deutlich mehr zu verdienen, quälen sich mit einem inneren Verbot und haben ein Problem damit, ihr Herkunftsmilieu zu verlassen und sich mehr Wohlstand zu erlauben.« Hofner hatte es mal wieder genau auf den Punkt gebracht, indem er sagte, um ein dauerhaft gutes Verhältnis zu Geld und Trading zu entwickeln, sei viel Arbeit fernab von Regelwerken nötig, denn solche nicht gelösten oder unausgesprochenen Probleme wie beispielsweise *Geld* und die *eigene Herkunft* kosteten den Trading-Anfänger wertvolle Energie. Geld gelte auf der einen Seite als sichtbarer Beweis dafür, dass man leistungsfähig sei und sich auf dem Markt positionieren könne. Gelänge dieser Nachweis nur schlecht oder gar nicht, fühle man sich als Versager. Auf der anderen Seite stünde nur allzu oft der Aspekt – verbunden mit der finanziellen Herkunft des Einzelnen –, mit einem einzigen Tastendruck mehr Geld zu verdienen, als die Eltern mühsam Monat für Monat erarbeitet hatten, um den Sprössling großzuziehen. Dieser Gedanke hatte auch Philip in den ersten Jahren nach so manchem Handelstag heftigst gequält und erschüttert. Während Kindheit und Jugend hieß das Leistungsideal: »Ich arbeite für mein Geld.« Wie konnte er seinen Eltern da mit stolzer Brust die Devise »Mein Geld arbeitet für mich« vermitteln? Philip war in diesem Loyalitätskonflikt lange Zeit gefangen und hatte unbewusst Strategien entwickelt, um sein Geld, damit es nicht sichtbar wurde, zu vernichten.

Philip erörterte mit Nick die klassischen Grundmuster, auf die sich, nach Hofners Ansicht, viele Probleme angehender Händler zurückführen ließen: »Ich habe es nicht verdient, Geld zu haben, und erst recht nicht, dieses zu genießen« oder: »Ich bin nicht gut genug, um genügend Geld zu verdienen und im Wohlstand zu leben« sowie der extreme Gegensatz: »Ich habe es ja wirklich mehr als verdient, aber die böse, böse Welt, die anderen, das Leben oder die Charts lassen es nicht zu, dass ich Erfolg habe und zu Geld komme.« Nach Ansicht Hofners bestand dementsprechend keine echte Trennlinie zwischen Geld- und Trading-Problemen.

Beiden Händlern wurde durch das Gespräch in dieser Nacht einmal mehr klar, dass sich beide damals als private Trading-Anfänger die eine Frage zu wenig beziehungsweise eigentlich gar nicht gestellt hatten: »Börsenhandel kann nur ein Mittel zum Zweck sein. Welcher Zweck ist es bei mir?« Beide hatten zu Beginn gleichermaßen nicht begriffen, dass das Verhältnis zum Geld sowohl extrem überhöht als auch tabuisiert sein konnte. Kurzum: dass Trading wie Geld hoch emotional besetzt und belastet waren und beide noch keine realistische Einstellung dazu besaßen. Diese gewannen sie erst, als sie anfingen, beide Themen zu entzaubern und, vor allem: hin und wieder mal offen darüber zu sprechen und – gerade in ihrem privaten Bereich – dem Geld die Rolle zuzuweisen, die es hat und auch haben sollte: *nur* ein Mittel zur Lebensbewältigung zu sein. Nicht mehr und nicht weniger. So wie die Liebe eine Kunst ist, die es zu lernen gilt, offenbart sich auch der Umgang mit Geld im Trading als ständiger Lernprozess.

Nick zeigte dezent auf eine süße, einer zierlichen Porzellanpuppe gleichenden Thaifrau drei Tische weiter: perfekte reine Haut, perfekte lange Wimpern, perfekte rosa Wangen. »Darin muss wohl der Grund liegen, warum sich so wenig Frauen dazu entscheiden, Händlerinnen zu werden: Mädchen werden noch immer mehr zur Bescheidenheit erzogen und für Sparsamkeit gelobt. Auf der weiblichen Werteskala rangieren, anders als oftmals bei uns, Beziehungen ganz oben, und Frauen fürchten Geld daher als Beziehungskiller und geben sich lieber mit weniger zufrieden, um die Harmonie nicht zu gefährden.«

»Also müssen wir Männer ran«, vollendete Philip den Gedanken, kratzte sich nachdenklich am Kopf und starrte weit hinaus in die Dunkelheit. Mittlerweile war es spät geworden, was sich am nachlassenden Geräuschpegel der vorher so lärmenden Umgebung bemerkbar machte. Viele Tische waren mittlerweile leer und Philip guckte auf seine Uhr. »In Deutschland läuft gerade das Sandmännchen«, scherzte er, und beide verstanden, dass es Zeit war.

Nick legte 300 Bath auf den Tisch: »Das geht auf mich.«

Aufgekratzt und gleichzeitig erschöpft, traten beide schweigsam und den jeweils eigenen Gedanken um die angesprochenen Themen nachhängend, ihren Heimweg an. Und das Wunder geschah: Am nächsten Straßeneck bekam Philip ein freies Taxi ... Um diese Uhrzeit!

*

Der Frühstückssaal war bis auf ganz wenige Frühaufsteher leer, und das Büffet quoll über von all den Nahrungsmitteln, mit der jeder noch so exotische Geschmack befriedigt werden konnte. Gestern hatte sich Philip beim Frühstück lediglich mit einer Tasse Tee begnügt. Die ihm in den Gliedern steckende Zeitverschiebung ließ ihn morgens nicht so recht in die Gänge kommen. Heute jedoch wollte Philip den Überfluss, der da geboten wurde, bis zur Neige auskosten. Kaum hatte er den Saal betreten, kam ihm ein junger Thai entgegen, führte ihn an einen Zweiertisch und rückte ihm den Stuhl zurecht.

Eine Stunde später hatte sich Philip systematisch durch das überreiche Angebot gearbeitet und nur die Sparte mit den thailändischen Frühstücksgenüssen ausgelassen, als da waren kalter Reis mit Gemüse, verschiedene Suppen und Sojasoße. Er quittierte die Rechnung und ging zu den Lifts hinüber, aus denen jetzt die Vorhut der Langschläfer drängte, um sich über das Büffet herzumachen.

Vor Jahren noch hätte Philip sofort nach dem Aufstehen die neuesten Kurse seiner offenen Positionen abgefragt, sein Handy eingeschaltet und umgehend im Büro oder bei Freunden angerufen. Mittlerweile störte ihn seine kurzzeitige Unwissenheit überhaupt nicht mehr. Nicht, dass ihm der Markt oder offene Positionen egal waren – nein, natürlich nicht! Aber für was denn, außer genau zu diesem Zweck, gab es diese Orderart: den *Stopp*. Setz den Stopp, und du kannst machen, was du willst. Egal was, egal wo. Sogar ein ausgedehntes Frühstück in Bangkok genießen. Einzige zwingende Voraussetzung: Die Ausrichtung des Trades musste mit der Dauer der Abwesenheit harmonieren.

Nach diesem zeitigen Frühstück schlenderte Philip noch durch die umliegenden Gassen und konnte verstehen, dass das Epizentrum des weltbewegenden Umbruchs in Richtung Globalisierung, sozusagen der diesen Umbruch antreibende Motor, in Asien lag. Durch Handel, Kriege und Reisen standen die Menschen zwar schon immer miteinander in Verbindung, aber inzwischen waren die globalen Verflechtungen derart komplex, dass sie einem undurchdringlichen Dschungel glichen. In seinem gestrigen Gespräch mit John hatte dieser seinem Bedauern Ausdruck verliehen, dass die wirtschaftliche Globalisierung in Asien der politischen und sozialen mit solch großen Schritten vorauseilte, jedoch im selben Atemzug hinzugefügt, dass diese Entwicklung mit geradezu beängstigender Verlässlichkeit im Wesentlichen von drei Faktoren beeinflusst würde: Zum einen fließe das Geld dorthin, wo es am meisten zu verdienen gab, und verschwinde wieder, wenn die Margen sanken. Zum anderen strebten Unternehmen nach Marktanteilen, um ihr Ansehen in der Welt zu mehren und sich zukünftige Gewinne zu sichern, und schlussendlich waren Unternehmen durch neue Medien oder schnelle Transportwege zunehmend weniger an bestimmte Orte gebunden.

Durch sein Leben in Thailand und seine regelmäßigen Reisen durch Asien hatte John das Gefühl erworben, dass dieser Kontinent auf diese neuen Herausforderungen bestens eingestellt war. Die Asiaten hatten aus der Not eine Tugend gemacht und ein feines Gespür für *die* Strömungen entwickelt, von denen sie abhängig waren. Sie lernten zu akzeptieren, dass Globalisierung zwar von Menschen erzeugt, doch von niemandem erfunden wurde. Ebenso wie kein einzelner Trader für den Verlauf der Börse verantwortlich zeichnete, hatte auch kein einzelner Mensch den »Bauplan« der Globalisierung entworfen. Beides war aus der Verflechtung vieler Absichten entstanden. Mit einer gewissen Erleichterung stellten die Asiaten deshalb fest, dass selbst die mächtigsten Länder der Erde die Globalisierung höchstens beeinflussen, nicht aber steuern oder gar kontrollieren konnten.

Nach Johns Auffassung funktionierte Asien gemäß einem eigenen Geheimrezept. Wollte man wissen, wie sich die Welt zukünftig verändern würde, müsste man dieses Rezept zu entschlüsseln versuchen. Grundvoraussetzung hierfür müsste sein, sich in die Lage der Asiaten, vor allem die der Chinesen, hineinzuversetzen, deren gesamtes Trachten darauf abzielte, die Differenz zwischen Anspruch und Wirklichkeit zu verringern. Der größte Fehler, der einem hierbei unterlaufen könnte, wäre folgender: anzunehmen, dass alle Länder und Menschen in derselben Weise »ticken«. Zu viele Unternehmer und Unternehmen glaubten indessen, dass alles, was in ihrem jeweiligen Land funktionierte, auch richtig und gut für Asien sei. Dabei »tickte« und »steuerte« dieser Kontinent gänzlich anders. »Pauschal formuliert, funktionieren die *Globalisierung* und das *Trading* nach denselben Prinzipien«, hatte John erklärt. »Weil alle gleichzeitig agieren, aber unterschiedliche Ziele verfolgen, stören sie sich gegenseitig. Man muss also deshalb die eigenen Ideen und Handlungen ständig korrigieren.« John hatte damit angesprochen, dass die Asiaten ihre Handlungen ganz anders beurteilen als Amerikaner oder Europäer. Was schließlich auch ihr gutes Recht war und ist. »Es handelt mithin gewissermaßen niemand außer Konkurrenz. Weder als Börsenhändler noch als Unternehmer. Als Konsequenz hieraus ergibt sich, dass Unternehmer und Unternehmen verschiedenster Erdteile wie auch wir Trader durch die Konfrontation mit anderen Marktteilnehmern lernen können, wie haltbar und allgemeingültig die jeweils eigenen Werte und Maßstäbe sind«, hatte John abschließend konstatiert.

Nach zwei Stunden war es für Philip an der Zeit, die verstopften Straßen und engen Gassen zu verlassen, da Nick in gut einer Viertelstunde am Hoteleingang vorfahren würde. Im Hotel zurück, ließ sich Philip in einen Sessel plumpsen, von dem aus er den Eingang des Hotels gut übersehen konnte, und wartete geduldig auf seinen Kollegen. Kurz darauf betrat selbiger die Lobby.

Philip stand auf und schlängelte sich durch eine Gruppe von Neuankömmlingen, in deren übermüdeten Gesichtern deutlich die Spuren eines Langstreckenfluges geschrieben standen, hinüber zu Nick. Nach einer kurzen Begrüßung verließen beide das Hotel und schlenderten zu Nicks Wagen.

Ungefähr zur gleichen Zeit – das Thermometer zeigte momentan noch akzeptable 27 Grad – schlüpfte Stan nach einem Kaffee in der Soi Nana Road ins Taxi, fuhr ins Büro und begab sich nach einem Luftkuss in Richtung Kim an seinen Platz.

14:00 Uhr Ortszeit. Pünktlich eröffnete der Handel des DAX-Futures in Frankfurt. Bereits wenige Minuten später hatte Stan die erste Entscheidung für einen Trade in diesem Markt getroffen.

Order Filled.

Sell FDAX 2@6750 id=8161168

Die ersten Minuten in seinem Short-Trade liefen richtig gut. Stans Rhythmus schien im selben Takt zu schlagen wie derjenige des Marktes. Stan fühlte sich toll. So ein bisschen wie Rocky, nur halt ohne Musik. Schade, dass er keinen mp3-Player zur Hand hatte.

Neun Minuten später. Die neue Periode seines 10-Minuten-Charts, bei welchem er davon ausging, dass dieser weiter in Richtung 6.700 führte, begann sich ebenfalls rot zu präsentieren. In der zweiten Minute dieser Periode hatte Stan allerdings das Gefühl, dass der Markt für seinen momentanen Rocky-Trainingszustand zu schnell lief.

... 6.745; ... 6.742; ... 6.739; ... 6.734

Wo drosselte man nur das Tempo?

Dennoch: Die Sonnenstrahlen per se hätten vielleicht bereits ausgereicht, aber allein die Tatsache, dass Stan tatsächlich gleich zu Beginn einen riesigen positiven Trade am Laufen hatte, erhöhte seine Laune immens. Bis er direkt hinter sich zwei ihm wohlbekannte Stimmen hörte.

»Hey!«, wurde er von Nick und Philip begrüßt.

Stan riss seinen Kopf herum. »Hallo, ihr beiden.«

Philip klopfte ihm im Vorbeigehen von hinten auf die rechte Schulter. »Gleich zur Markteröffnung am Traden? Ist ja klasse.« Nachdem Philip seine Sachen an seinem Arbeitsplatz abgelegt hatte, kehrte er zu Stan zurück und schaute auf dessen Bildschirme und die offene Position.

Name	Position	Traded	P/L Points	P/L	Time (MEZ)	Last Quote	Bid	Ask
FDAX	-2 K	6.750	+12	+ 600 EUR	08:07:13	6.738	6.738,0	6.738,5

»Warum nimmst du nicht noch *mehr* Kontrakte? Dein Konto gibt es doch her, oder?«

»Okay!«

Was als teils witzige, hauptsächlich aber ironisch gemeinte Fangfrage den Start der morgigen Konversation einleiten sollte, wurde von Stan als Hinweis aufgefasst und so dankbar wie prompt direkt in die Tat umgesetzt. Schneller als Philip zwinkern konnte, sah er die Bestätigung.

Order Filled.

Sell FDAX 2@6837 id=8263741

Was sagt man dazu?, dachte Philip. *Am besten nichts.*

»Hast du Zeit? Setz dich doch!«, meinte Stan. Schließlich lag er vorn, und ein – wenn auch kleines – applaudierendes Publikum konnte nicht schaden.

Philip dachte kurz nach und gelangte zu dem Entschluss, diesen Trade mit Stan gemeinsam zu verfolgen. »Klar, warum nicht.« Philip nahm seine Sonnenbrille ab, holte sich einen Tee und setzte sich verkehrt herum auf einen von Stan herbeigeholten Stuhl. Wie hieß es doch in den reißerischen Reportagen im Fernsehen immer: Es sollte ein ganz normaler Tag werden, doch es wurde die Hölle pur!

Wenige Augenblicke, nachdem Philip dieser voreiligen Einladung gefolgt war und Platz genommen hatte, fühlte Stan sich bereits wie Bruce Willis in »Stirb langsam«. *Spannung pur!* Der DAX-Future rauschte wie ein ICE, mit Stan als vierfachem Short-Passagier an Bord, gen Süden.

Philip rührte geruhsam seinen Tee um und fragte, ohne aufzuschauen und so beiläufig wie möglich: »Sag mal, wo gehst du eigentlich raus?«

Stan blieb eine Antwort schuldig. *Unfassbar. Der DAX geht irre ab und Philip denkt ans Aussteigen? Jetzt, wo endlich mal Geld verdient wird?*

... 6.724; ... 6.720; ... 6.715; ... 6.712

»Guck doch mal, die ganzen Spinner drehen durch!«, keuchte Stan vor Freude, als er den ausgewiesenen Gewinn seiner, durch den Nachkauf im Einstandspreis gemittelten, Position erblickte.

Name	Position	Traded	P/L Points	P/L	Time (MEZ)	Last Quote	Bid	Ask
FDAX	-4 K	6.743,5	+30	+ 3.000 EUR	08:15:02	6.713,5	6.713,5	6.714,0

Die Situation war für Stan so unfassbar, da er sich gleichzeitig davor fürchtete, dem süßen Traum vom Monstertrade würde, wie gewohnt, ein trauriges Erwachen folgen.

... 6.713; ... 6.715; ... 6.711; ... 6.708

Selbstverständlich tradete Stan nicht so, wie das durchschnittliche Trader tun würden! Vielmehr praktizierte er ein spezielles, von ihm selbst entwickeltes Kamikaze-Trading. »Das Trading ist schon geil!«, schwärmte er, als der DAX-Future auf dem 10-Minuten-Chart die 6.700 passierte und sein Gewinn auf stolze 4.350 Euro stieg. Er konnte die anerkennenden bis neidischen Blicke der anderen förmlich schon auf sich spüren.

»Wo ist dein Stopp?«, fragte Philip, nun deutlicher werdend.

»Stopp?! Ich habe den Finger am Abzug!«, grinste Stan und wackelte kurz mit der rechten Hand, wodurch der Mauszeiger auf dem Bildschirm hin und her sauste.

Das wird schwieriger werden als erwartet, dachte Philip, und setzte daher zu einem zweiten Versuch an. »Was denkst du, *wie* der Markt fällt?«, fragte Philip und betrachtete Stan von der Seite. Er registrierte einen begeisterten Trader mit substanzlos flammender Gier. Es war immer wieder der Wahnsinn, welche geheimnisvollen Fähigkeiten ein Chart besaß. Philip fragte Stan nochmals, ob er sich Gedanken über das *Wie* gemacht hätte.

Nach etlichen Sekunden erwiderte Stan: »Ähm … wie meinst du das?« Stan war viel zu abgelenkt von dem gerade eben festzustellenden Schrumpfen seines Punktgewinns, als dass er sich Gedanken über die mangelnde Schlagfertigkeit seiner Antwort gemacht hätte. Sein Herz pochte plötzlich so heftig, dass er das Gefühl bekam, es würde ihm gleich bei den Ohren herausquellen.

»Hallo?! Guten Morgen! *Trend, Bewegung* oder *Ausbruch …?*«, sagte Philip halb gelangweilt, halb verärgert. Das war doch schließlich alles schon einige Male durchgesprochen worden.

Durch Philips Stichworte war Stan jetzt klar, worauf Philip hinaus wollte, und er antwortete beiläufig, das Ziel dieses Trades sei *Handel der Bewegung*. Trendhandel, so Stan, sei nach dem gestrigen Desaster heute nicht sein Ding.

»Okay.« Philip wusste, dass Stans Antwort – so wie früher seine Antworten gegenüber Hofner – nicht wirklich ernsthaft gegeben wurde, sondern nur, um den Fragesteller ruhig zu stellen. Stan stand einfach viel zu sehr im Bann des zappelnden Kursverlaufs. Er zog die Augenbrauen hoch und deutete mit einem leichten Kopfnicken, locker geöffneter Hand und nach oben zeigender Handfläche in die ungefähre Richtung des Charts, was bedeuten sollte, dass er immer noch keinen passenden Stopp im System erkennen konnte. Mit einem stillen Seufzer platzierte Stan einen Stopp auf die 6.748, das Hoch des letzten abgeschlossenen Bars. Mit einem Lächeln nahm Philip die Differenz von 50 Punkten zwischen dem Stoppkurs und dem aktuellen Marktstand wahr und dachte an die in seinem Tagebuch eingetragenen letzten Anmerkungen zu Stan. Philip nahm sich vor, zu prüfen, ob bei diesem Trade mit Ausrichtung *Handel der Bewegung* das bei Stan beobachtete fehlende Verständnis für den Verlauf der Zeiteinheiten ebenso zum Tragen kam wie beim vergangenen Handel des Trends.

»Jetzt raus?!«, schlug Philip vor, als der Markt innerhalb weniger Sekunden weitere 30 Punkte abrutschte.

»W-A-S …?«

»Der erste Teilverkauf.« Philip deutete auf den Gewinn. »Wäre doch nicht schlecht …«

»Häh?« Stan ließ den Bildschirm nicht aus den Augen.

»Teilgewinne realisieren?!«

»Ja … ja, gleich!« Stan war wie hypnotisiert. Der ICE kannte kein Halten und er saß in der richtigen Richtung. *Teilgewinne, so ein Quatsch!* Die nachfolgenden Worte Philips erreichten Stans Ohren nur undeutlich. Sie wurden von den Geräuschen des ICE übertönt.

»Und W-A-N-N soll das sein?« Philip guckte Stan an. Der schien nicht zugehört zu haben oder nicht ansprechbar zu sein, und plötzlich kreisten Philips Gedanken um die Trägheit während des Handels: Ein Außenstehender könnte meinen, dass Trading-Anfänger Theater spielten oder mentalen Ritualen anhingen, die sie verpflichteten, immer erst nach einer kurzen Pause, sozusagen zeitverzögert, zu antworten und zu reagieren. Manchmal konnte man sich daran anpassen, aber manchmal war diese Trägheit einfach nicht auszuhalten.

Nur ein erfahrener Händler kam dahinter, dass Trading-Anfänger diese Pausen brauchten. Warum? Vielleicht dachten sie so langsam, so schwer und mühevoll, während der Chart live auf sie niederprasselte? Es war, als würden die Gedanken um den Chart von einer Maschine hervorgebracht, die man zuvor anwerfen und in Gang kurbeln musste. Diese Zeitverzögerungen rührten daher, dass in einem Trading-Anfänger vor einem Chart ungefähr dasselbe passierte wie in einem

Computer bei einem Programmupdate. Genau wie beim Programmupdate der Prozessor nahezu seine gesamte Leistungskapazität für die Abarbeitung des Updates zur Verfügung stellte und währenddessen sämtliche sonstigen eingehenden Systemanfragen immer nur in kleinsten Bröckchen zur Verarbeitung zuließ, war das Gehirn des Trading-Anfängers durch die Verarbeitung des andauernden optischen Updates – also die sich ständig verändernde Entwicklung der aktuellen Periode – in seiner Kapazität so gut wie vollkommen ausgelastet. Weitere Anfragen nach Systemressourcen wie beispielsweise durch akustische Fragen wurden lediglich in kleinen Zwischenblocks abgearbeitet, sodass die zwischen dem Hören, Verstehen und Beantworten vergehende Zeit dem Fragesteller unangenehm lang anmutete. Erfahrene Händler wussten außerdem, warum Trading-Anfänger sich in der Regel ärgerten und häufig unwirsch reagierten, wenn durch Außenstehende während ihres Tradings Fragen an sie gerichtet wurden: Dies rührte her von der Differenz der vom Trading-Anfänger als überlebensnotwendig eingestuften korrekten Verarbeitung des andauernden optischen Updates und der im Vergleich dazu relativen Unwichtigkeit der als periphere Systemanfragen und damit als unnötig bewerteten Beanspruchung anderweitig dringend benötigter Verarbeitungskapazität durch an ihn gerichtete Fragestellungen oder sonstige Ablenkungen.

Philip erkannte, dass Stans Augen sich in einer fixen und für alles außerhalb blinden Einstellung festgefressen hatten, und Stan war bereits völlig in der Welt dieses Charts gefangen, während er spöttisch nachdenklich »Wow, Wow, WOW« ausstieß und, mit scharfem s-Laut: »Sieh an, sieh an, SIEH AN!«

… 6.678; … 6.677; … 6.675; … 6.676

»Da, es gehen noch ein paar Punkte …« Stan war plötzlich wieder im Hier und Jetzt und zeigte auf den rasant fallenden Chart. »Wirst sehen!«, prophezeite er, und sein Gesicht glühte vor vorweggenommenem Triumph.

Genau diese Einstellung in Verbindung mit einem Tunnelblick auf den aktuellen Kurs würde in wenigen Minuten ein mentales Desaster zur Folge haben, wusste Philip aus eigener Erfahrung nur zu gut abzuschätzen und fragte Stan daher: »Warum zögerst du nach einem solchen Kursrutsch, die Position zu halbieren? Du musst sie ja nicht ganz schließen, nur halbieren, und bist anschließend ja immer noch im Markt.« Philip hätte die Position nach diesem enormen Kursrutsch – es fand *selbst* auf dem Tickchart nicht mal die klitzekleinste Korrektur statt – schon längst in die laufende Bewegung hinein halbiert. Nach diesem Kursverlauf war sehr bald mit einer größeren Korrektur zu rechnen.

Schön, dachte sich Stan, als der Future mit einem Schlag auf 6.656 stand, da lass ich endlich mal Gewinne laufen und dann kommt so ein Spruch daher. *Unfassbar!* Stan wandte seine Aufmerksamkeit wieder dem aktuellen Bar zu. »G-l-e-e-i-c-h. Nur noch ein paar Punkte«, meinte er, Philip beruhigen zu müssen.

Zehn Sekunden später:

Name	Position	Traded	P/L Points	P/L	Time (MEZ)	Last Quote	Bid	Ask
FDAX	-4 K	6.743,5	+82	+8.200 EUR	08:26:12	6.661,5	6.661,5	6.662,5

Zwanzig Sekunden später:

Name	Position	Traded	P/L Points	P/L	Time (MEZ)	Last Quote	Bid	Ask
FDAX	-4 K	6.743,5	+71	+7.100 EUR	08:26:32	6.672,5	6.672,0	6.672,5

Vierzig Sekunden später:

Name	Position	Traded	P/L Points	P/L	Time (MEZ)	Last Quote	Bid	Ask
FDAX	-4 K	6.743,5	+65	+6.500 EUR	08:27:12	6.678,5	6.678,5	6.679,0

Eine Minute später:

Name	Position	Traded	P/L Points	P/L	Time (MEZ)	Last Quote	Bid	Ask
FDAX	-4 K	6.743,5	+59	+5.900 EUR	08:28:12	6.684,5	6.685,0	6.685,5

Philip wusste genau, was Stan gerade dachte: *Ich will den Tiefkurs noch mal sehen. Wenn ich rausgehe, dann Minimum mit dem Plus, das ich eben schon mal hatte …* Dieser Gedanke vom »Raus ja, aber erst zu einem noch besseren Kurs« war fast immer der Auslöser eines großen Durcheinanders. So entstand der Albtraum derjenigen Trader, die unbedingt noch mit dem letzten Punkt einen Zweikampf austragen mussten. »Einen Punkt, nur noch einen Punkt …«, lautete deren Mantra, aber dann kam nur zu häufig eben nicht jener herbeigebetene Punkt, sondern der Markt schlug in die andere Richtung um. Im Kopf an diesem Fixpunkt verankert, sah man starr vor Schreck und mit Blei in den Armen zu, wie der Gewinn Punkt für Punkt, Euro für Euro, Dollar für Dollar dahinschmolz.

»Du willst die 56 noch mal sehen, stimmt's?«, fragte Philip.

Ist ja gruselig, dachte Stan. Woher weiß er … ach egal …

Name	Position	Traded	P/L Points	P/L	Time (MEZ)	Last Quote	Bid	Ask
FDAX	-4 K	6.743,5	+50	+5.000 EUR	08:28:22	6.693,5	6.693,5	6.694,5

… Komm! Komm! Komm!

Name	Position	Traded	P/L Points	P/L	Time (MEZ)	Last Quote	Bid	Ask
FDAX	-4 K	6.743,5	+45	+4.500 EUR	08:28:27	6.698,5	6.698,5	6.699,0

... Oh nein. Bitte. Neeein. Nicht noch weiter steigen! N-I-C-H-T!

Der Markt stand bei 6.698, und Stan hatte vor Anspannung vollkommen vergessen, dass seine rechte Hand auf der Maus lag. Der DAX überquerte die 6.700 und zog weiter steil nach oben in Richtung von Stans Stopp, der auf dem Hochkurs der vorangegangenen Periode lag.

Name	Position	Traded	P/L Points	P/L	Time (MEZ)	Last Quote	Bid	Ask
FDAX	-4 K	6.743,5	+42	+4.200 EUR	08:28:40	6.701,5	6.701,5	6.702,5

... Oh Mann, wäre ich nur vorhin raus. F-U-C-K!

Name	Position	Traded	P/L Points	P/L	Time (MEZ)	Last Quote	Bid	Ask
FDAX	-4 K	6.743,5	+38	+3.800 EUR	08:28:59	6.705,5	6.705,5	6.706,5

... Oh, ich A-R-S-C-H!

»FUCK. Scheiße ..., ich meine ..., in Wirklichkeit meine ich: Was macht der Markt denn da?«, stammelte Stan, und während er noch so stammelte, schoss ihm das Blut in den Kopf. Er glaubte förmlich, fühlen zu können, wie gerade lauter Adern und Gefäße und andere bedeutende Dinge in seinem Gehirn zerplatzten. Was aber nicht so schlimm war, da es ja scheinbar sowieso nicht mehr richtig funktionierte.

Diese Gratisvorstellung beantwortete ungewollt die Vermutung, die Philip mit der zuvor angedachten Prüfung von Stans Verständnis bereits ins Auge gefasst hatte: Stan besaß keinerlei durchdachte Vorstellung vom Ablauf des reinen Tickcharts, aus dessen Ursprung der vor ihm ablaufende 10-Minuten-Chart und mit diesem die Idee, *Bewegung* zu handeln, entsprangen. Der DAX-Future beschleunigte, und Philip wusste, dass Stan bei diesem Kursverlauf nie im Leben – und wenn doch, dann nur unter enormer mentaler Anstrengung – die fehlende eine Minute bis zum Periodenende und damit dem ersehnten wie notwendigen Nachziehen des Stopps durchhalten würde. Obwohl Stan sich richtig anstrengte, konnte er kaum Schritt halten. Er prustete und schnaubte und gab stilistisch nicht gerade die beste Figur ab. Stan fühlte sich ungefähr um eine Stunde gealtert, als sein Blick auf die Uhr ihm verriet, dass erst die Hälfte der einen Minute geschafft war und er seinen Stopp immer noch nicht nachziehen konnte. Aufgrund seines fehlenden Verständnisses um die Zeiteinheiten beziehungsweise deren Ursprung kam Stan überhaupt nicht auf die Idee, sich einen kleinen Aufwärtstrend im Tickchart vorzustellen, in welchen sich Philip trotz der Darstellung eines 10-Minuten-Charts jedoch deutlich hineindenken konnte.

Philip erkannte den stechenden Schmerz in Stans Augen und dass er sich bei diesem Trade definitiv noch nicht einen einzigen Augenblick ernsthaft mit der Frage: *Wie darf der Markt verlaufen?* beschäftigt hatte, obwohl er deren Bedeutung kennen sollte. Philip rührte gelassen in seiner Tasse und fragte Stan, ob bei ihm alles okay wäre; dabei schaute er auf den großen Flachbildschirm an einer der seitlichen Bürowände. Der Ton war abgestellt, aber die Textzeilen am unteren

Bildschirmrand versorgten die Trader des Büros, die dies wünschten, den ganzen Tag über stumm mit aktuellen Nachrichten von CNBC.

»Wieso?«, fragte Stan, so kleinlaut wie misstrauisch, zurück. »Was soll denn sein?«

»Du bist krebsrot im Gesicht!«

»Ich … ich werde immer rot beim Traden!« Stan versuchte sich an einem Lächeln, was indes eher eine Grimasse wurde, aber der nervöse Unterton in Stans Stimme entging Philip ebenfalls nicht.

»Sicher?«

»Sicher!«, bekräftigte Stan.

»Wenn du meinst. Was sagst du eigentlich zum *Yen*?«, erkundigte sich Philip und wollte damit für Ablenkung sorgen.

Stan hatte keine Ahnung. Schließlich hatte er den Yen heute noch nicht angeschaut. Aufgrund seiner fast zwangsläufigen Fokussierung auf einen einzelnen Markt entgingen ihm die Verläufe der anderen Märkte. Weil er aber trotz seiner mangelnden Kenntnisse ein echter Trader sein wollte, entgegnete er: »Ich glaube, der sieht ganz gut aus.«

»So, so …«

Noch nie hatte Stan sich auf das Ende einer Periode so gefreut wie jetzt. Der Markt war in der letzten Minute wieder um zwölf Punkte gefallen, und Stan würde endlich die Möglichkeit bekommen, seinen Stopp nachzuziehen.

Hätte ich die Position doch nur vorhin geschlossen …

Mein Gewinn ist um mehr als die Hälfte geschrumpft! Wieso nur bin ich nicht früher raus?

»Sicher, dass alles okay ist bei dir, Stan?«

»Alles … herrlich.«

»Supi. Biste bereit?«

»Bereit? Zu was?«

»I-n-n-e-n-s-t-ä-b-e.«

Stan atmete tief durch, um Kraft für seine Frage zu sammeln. »Wann … wann wird das sein, nur so grob?«

»Jetzt!«

Als Stan das Wort »jetzt« vernahm, hörte er auf, auf den Chart zu schielen, und schaute Philip direkt ins Gesicht. »Ja, schon … aber …« Stan starrte wieder auf den Monitor. »Das ist irgendwie gerade total unpassend …«

»Was mach…«, unterbrach ihn Philip, brach dann aber selbst mitten im Wort ab und riss ungläubig die Augen auf, als er Stans Finger sich auf die Tastatur senken und die Stopporder, statt auf das Hoch der Vorperiode vor dem Außenstab, *mitten* in die Chartlandschaft legen sah. »Wir haben I-N-N-E-N-S-T-Ä-B-E. Schließlich handelst du die *Bewegung.*« Philip sprach damit jenes Zusammenspiel, jene Phase an, in der alle gerade auftretenden Bars mit ihren Schlusskursen innerhalb der Spanne eines bestimmten vorhergehenden Bar lagen. Dieser, das Zusammenspiel einleitende, Bar wurde *Außenstab* genannt. Die folgenden Bars nannte man *Innenstäbe*, solange diese Bars diese eine, gerade genannte, spezielle Bedingung erfüllten. Obwohl Innenstäbe sowohl auf Tagesbasis als auch innerhalb eines Handelstages den Handel zu zwei Drittel begleiten, sollte dieses Zusammenspiel nicht mit einer Seitwärtsphase oder einer Trading-Range verwechselt werden. Dennoch galt es, der Lage dieser Bars zueinander besondere Aufmerksamkeit zu schenken.

Stotternd begründete Stan seinen jetzigen wahllos platzierten Stopp damit, dass aufgrund des *enormen* Abstandes zwischen dem Stopp, wenn man ihn *richtig* setzte, und dem aktuellen Kurs es doch viel besser wäre, den Stopp einfach mittig in die letzte Periodenspanne zu positionieren. »So hätte ich meinen Gewinn etwas abgesichert und wäre trotzdem noch im Markt!« *Sch... Innenstab-Geblubber!*

»Mehr fällt dir zu der aktuellen Situation nicht ein?« Philip hatte zwar *vollstes* Verständnis für Stans Zwiespalt, wollte aber durch sein Nachhaken prüfen, ob Stan nicht doch in der Lage war, eine *fachliche Alternative* vorzulegen. Doch Stan schüttelte den Kopf, woraufhin sich bei Philip Enttäuschung breitmachte. Okay, dachte Philip, dann halt erst einige Griffe auf die heiße Herdplatte und zu einem späteren Zeitpunkt die Lektionen ...

Als Stan erkannte, dass von Philip keine Unterstützung zu erwarten war, und ihm die stattdessen offensichtliche Ungeduld, mit der Philip seine Stoppsetzung hinterfragte, nicht entging, gab er seine unglückliche Idee verloren. Mit Armen aus Blei wollte Stan, des bemerkenswert locker laufenden DAX ungeachtet, den Stopp zurückziehen. Er hätte seine Mausbewegungen gerne beschleunigt, doch es ging nicht. Es war wie in einem Alptraum, in dem man nicht von der Stelle kam. Er kämpfte und arbeitete und bemühte sich, holte tief Luft und schnaufte und nahm Anlauf und wurde doch immer langsamer. Stan brauchte geschlagene 20 Sekunden, um den Stopp zurückzunehmen. Das lag daran, dass er zum einen kaum noch klar denken konnte, zum anderen ums Verrecken nicht wusste, wieso er Philips Anregung nicht gefolgt war und zumindest einen Teil des Gewinns mitgenommen hatte. Der Stopp lag nun am Hoch der Eröffnungsperiode des heutigen Tages und damit 62 Punkte vom aktuellen Kurs entfernt. Vorhin noch 8.000 Euro Profit, die durch Positionsteilung zum Teil hätten realisiert werden können und damit mehr als jeder normal laufende Trade gebracht hätten, und nun ein Stopp ... – der sooo weit weg war.

Philip nahm sein Notizbuch zur Hand, blätterte auf die To-do-Liste mit der Überschrift *Stan* und schrieb: ... *unbedingt mit ihm über den Dreiklang von Trend – Optik – Zeiteinheiten reden.*

Wenige Minuten später, noch innerhalb der ersten *Innenstabperiode*, wurde es Stan eiskalt. Er saß vor den Monitoren, still, frustriert und anscheinend trotz seines tagtäglichen Umgangs mit den Zeiteinheiten aus diesen überhaupt nicht schlau geworden, und musste mitansehen, wie der Markt über den Eröffnungskurs hinwegsauste, seine Position mit insgesamt 700 Euro Minus ausstoppte und anschließend weitere Tageshochs markierte.

Philip merkte, wie Stan das Blut aus dem Gesicht wich. »Alles okay, Stan?« Stan antwortete weder noch rührte er sich. Es war nur Stans Kopf, der nickte, nicht er, dann lehnte er sich zurück und betrachtete abwechselnd den Chart und dann Philip, wobei er schnell blinzelte und einen ganz unerklärlichen Gesichtsausdruck trug. Am liebsten würde er sich jetzt entweder schwallweise übergeben oder verenden. Wäre eigentlich auch eine schöne Spielshow eines dieser privaten Krawallfernsehprogramme: *Trade oder stirb!* Aber Stan war nicht wirklich zum Lachen zumute, sondern vielmehr danach, sich an Philips buntgestreiftes Hemd zu werfen und loszuheulen. Hemmungslos, wie ein Siebenjähriger, dessen Hund im Gartenteich ertrunken war und der gerade zum ersten Mal begriffen hatte, dass eben nicht immer alles wieder gut werden würde. Aber Stan kämpfte stumm mit sich und behielt die Kontrolle, während Philip neben ihm lauerte und ihn so Anteil nehmend wie grimmig betrachtete. Denn das war es ja, was man, und zwar aus zahlreichen Gründen, beim Traden vor allem lernen musste: Demut und Geduld! Aber um das zu erreichen, musste Stan unter anderem begreifen, was es eigentlich bedeutete, Bewegungen unter *Beachtung von Innenstäben zu handeln*. Nur dann würde er erkennen können, dass bei diesem Trade der Fehler nicht in der *Beachtung* der Innenstäbe lag, sondern das optische Verwirrspiel der Zeiteinheiten der Trugschluss war.

Mit dem eben von Stan durchlebten Bewegungshandel hatte Philip in seiner Sammlung einen weiteren Beweis für die *optische Verwirrung*, die durch die Verwendung von Charts und Zeiteinheiten, hier wie auch beim Trendhandel, auftreten konnte. Philip entschied sich, seinen To-do-Liste-Eintrag zum Thema *Stan* zu erweitern:

Vorteilhafter scheint es zu sein, Stan noch ein paar Tage im Hinblick auf die Auswirkungen seiner letzten Trades zu beobachten und erst dann über den Dreiklang zu sprechen und damit zu beginnen, konkrete Abhilfe zu schaffen. Zum anderen muss ich zu einem späteren Zeitpunkt unbedingt mit Stan über einen weiteren wichtigen Dreiklang sprechen: Handelsstil und zeitliche Nähe zum Markt und Risiko- und Geldmanagement. Aber alles zu seiner Zeit!

*

So vergingen einige Handelstage, an denen Philip Stans Trading weiter unter die Lupe nahm. Dabei musste er immer wieder feststellen, dass Stans angespanntes und überspanntes Betrachten der Charts ihn bei jedem Trade komplett überwältigte. Die Augen – ein in Sachen Trading im Grunde ziemlich verwirrendes menschliches Organ, das, einer Hundeschnauze gleich, alles betastete, aber eigentlich Disziplin, Ruhe und Gelassenheit ausstrahlen sollte. Während dieser Handelstage fühlte Philip sich an eine wieder einmal Bestätigung findende Vermutung Hofners erinnert, dass anscheinend *jeder* Trading-Anfänger eine Art Schallverstärker für das kleine Glück und Unglück in sich trug.

Abends dann, wenn alle Rechner heruntergefahren waren, die Bildschirme nur noch die verblassenden Nachtschatten der Perioden zeigten, sich vom Geflacker der Charts erholten und Stans Körper vor Glückshormonen bebte oder aber sich wie erfroren, wie versteinert, anfühlte, schien es Philip, als könnte er Stans Herz förmlich schlagen hören: hektisch und bedrohlich unrhythmisch.

Eine neue Woche begann, und endlich einmal, um die Mittagszeit herum, bedeckte sich der Himmel. Nicht, dass es dadurch frischer geworden wäre, aber die offene, unbarmherzige Glut der Sonne, die seit Philips Ankunft geherrscht hatte, wich einer stickigen Schwüle, und ein schwächlicher Regen benetzte Bangkok und so auch das Nationalmuseum, in dem Philip gerade seinen Kulturhunger stillte. Während er den legendären Phra Phuttha Sihing musterte, eine üppig vergoldete Buddhastatue, klingelte sein Handy.

»Hallo, Philip! Grüße aus Deutschland …« Es war Hofner, der sich nach Philips Befinden erkundigte. Sie hatten sich etwa zehn Minuten unterhalten, und Philip erklärte Hofner gerade die von ihm bei Stan erkannten Probleme im Trend- und Bewegungshandel, als der Akku seines Handys den Geist aufgab. Das war mal wieder typisch: Globale Kommunikation mangels Saft unterbrochen. Philip ließ das bis zur nächsten Aufladung nutzlose Teil in seine Tasche gleiten und setzte in aller Ruhe seinen Rundgang durchs Museum fort. Nach etlichen weiteren Buddhastatuen, königlichen Bestattungswagen und zahlreichen Pavillons fühlte er sich völlig klebrig vor Schweiß und ziemlich erschöpft. Philip begab sich zurück Richtung Büro. Das schwül-heiße Klima machte aber nicht nur Philip schwer zu schaffen, sogar die Straßenköter rührten sich nicht. Japsend und um die Wette hechelnd, lagen sie im Schatten, zu erschöpft, um zu kläffen.

Selbst im Büro ließ die schwüle Hitze des Flussdeltas des Chao Phraya auf den Gesichtern der Trader kleine Schweißperlen entstehen. Doch sie verbrachten gelassen die Stunden hinter ihren Bildschirmen und Tastaturen, in denen sie in das Refugium aus Charts und Zahlen verschwanden, bekleidet mit T-Shirts und im nie enden wollenden Wettstreit mit unzähligen anderen Tradern in ähnlichen Etablissements.

Philip begutachtete gerade den Inhalt des Kühlschranks, als er vom Piepsen seines soeben wieder einsatzbereit gewordenen Handys unterbrochen wurde. Eine SMS von Hofner, die ihm nur kurz mitteilte, dass eine E-Mail an ihn unterwegs war. Philip setzte sich, klappte sein Laptop auf und ging online …

FACHTEIL

DER HÄNDLER

E-MAIL: hofner@yahoo.de
Heute, 09:15 Uhr MEZ
BETREFF: Zeiteinheiten und die Versteckspiele von *Bewegung* und *Korrektur*

Hallo Philip,

schade, dass wir vorhin unterbrochen wurden. Aber da an den deutschen Märkten gerade tote Hose herrscht und ich ohnehin während des Tradings viel Zeit habe, anbei ein paar Zeilen. Zu unserem Sorgenkind Stan will ich dir Folgendes mitteilen:

Wie du zu Recht im heutigen Telefonat festgestellt hast, präsentieren die neuen Handelsplattformen mit den unzähligen bunten Knöpfchen, verschachtelten Untermenüs, modernen Indikatoren und sonstigem Klimbim für Stan eine sehr komplexe und irgendwie verwirrende Welt. Stan kann sich aufgrund der schnell voranschreitenden Technik und der immer volatileren Märkte daher unmöglich einen häuslichen, Pantoffel tragenden, eher trägen Trader vorstellen, der ohne all das auskommt. Es wundert mich daher kein bisschen, dass unser Bambino – wie du damals auch – in seinem Handelsprogramm ständig auf die Suche nach den tollsten Tricks und Klicks geht und dabei über so allerhand Probleme stolpert.

Es freut mich zu hören, dass du bei ihm schon erstes Problembewusstsein beobachtest und er dich mit vielen seiner noch ungeklärten Fragen konfrontiert. Die bisher von dir berichteten *vier* großen Fragen Stans will ich hier noch mal, genau wie seine *beiden* aktuellen Haupttradingfehler, kurz skizzieren, denn es scheint ein Fazit dazu zu geben. Aber sieh selbst:

Seitdem ich dich damit beauftragt habe, Stan ein wenig unter die Fittiche zu nehmen, hat Stan dich hinsichtlich des *Trendhandels* mehrmals gefragt, welche der *1-2-3s* er aus den unzählig sichtbaren denn auswählen soll. Dabei wird Stan auf seinen Chart gedeutet haben, auf die großen, dann auf die mittleren und zu guter Letzt wiederum auf die vielen kleinen Trends, und, genau wie du damals, wird auch er geseufzt haben: »Welcher ist denn nun bloß der Richtige?«

Außerdem hast du berichtet, dass unser Bambino permanent die Zeiteinheiten seiner sämtlichen Charts ändert. Erst größer, dann kleiner und dann wieder größer. Mal 10 Minuten, mal 7, dann 20 und 45 Minuten, um dann sofort wieder auf 2, besser 3 Minuten, zu springen. Dir habe ich in deinen Anfängen genauso irritiert zugeschaut wie du jetzt Stan. Auf meine Fragen nach dem Sinn dieser Änderungen hattest du geantwortet: »Ich weiß noch nicht, welche die beste, die gängigste Zeiteinheit ist. Was ist besser: 10 Minuten oder lieber höhere Zeiteinheiten? Ich habe mal gehört, dass ein 27-Minuten-Chart super sein soll?!«

Diese beiden Fragen lauten in der Übersetzung: »Welches ist denn nun das *signifikante* 1-2-3 und welche ist denn nun die *renditeträchtigste* Zeiteinheit?«, und da erstaunt es mich nicht, dass Stan als Nächstes begonnen hat, dich damit zu löchern, welche über- und untergeordnete Zeiteinheit nun passend zu der von ihm gehandelten Zeiteinheit gehört. Ich habe fast seine Stimme im Ohr: »Ist jetzt der 60- oder doch eher der 35-Minuten-Chart die übergeordnete zu meiner gehandelten 10-Minuten-Zeiteinheit? Oder vielleicht doch besser nur der 15-Minuten-Chart? Und welches ist die beste untergeordnete …? Oh Mann, ich blick' überhaupt nichts mehr!«

Die nächste und vierte quälende Frage drängte sich Stan hinsichtlich des *Bewegungshandels* auf, nachdem er sich in Erwartung eines Megaschubs mehrmals hintereinander an einem *Punkt 2* hat einstoppen lassen, nur, um dann live und traurig dem Ausstoppen seiner Trades auf der Verlustseite beizuwohnen: »Immer diese sch… Fehlausbrüche am *Punkt 2*. Da handelt man schon nur die *Bewegung* und wird nach ein oder zwei Perioden, manchmal sogar noch innerhalb der Einstiegsperiode, wieder ausgestoppt. *Shit!* Wie kann man bloß diese ewigen Fehlausbrüche umgehen …?!«

Darüber hinaus ist er noch nicht gefeit gegen die Versuchung, den Ausgang des aktuell laufenden Bars oder Candles vorwegnehmen zu wollen. »Hilfe, Hilfe, der Markt dreht! Der Candle d-r-e-h-t. Ich muss R-E-A-G-I-E-R-E-N!« Nach deinem Bericht macht unser Bambino das ständig.

Schlussendlich – und wen wundert das bei dem Vorangegangenen – platziert unser Bambino in volatilen Marktphasen, in denen sein Stopp mitunter weit weg vom aktuellen Markt hätte liegen müssen, seinen Stopp, statt überlegt, lieber wahllos in die Chartlandschaft. Motto: »Hauptsache, immer schön nah am Markt!« Und hinterher gibt es Gefluche, weil er aus selbigem sinnlos rausgeschmissen wurde.

Beim Nachdenken über die von dir geschilderten Begebenheiten ist mir aufgefallen, dass bei genauerer Betrachtung all dies ein und denselben Ursprung hat, der aber von Stan bislang lediglich unzureichend verstanden wird. Mein Fazit ist, das will ich an dieser Stelle ausdrücklich betonen, dass sich diese konkreten Fragen und Gegebenheiten, auch wenn es Stan im Moment noch nicht von selbst ersichtlich sein mag, alle um den Themenkomplex der *Zeiteinheiten* drehen. Um Stan dies begreiflich zu machen, hilft wahrscheinlich am besten, wenn du dir eine Matroschka besorgst und ihm die auf den Schreibtisch stellst. Du erinnerst dich? Diese russischen Holzpuppen, die alle ineinander stecken? Gut. Damit bietest du ihm nämlich die jederzeit greifbare Illustration einer Realität, die sowohl beinhaltet als auch umfasst wird. Genau so ist das nämlich auch mit den Zeiteinheiten. Eine umfasst die andere und wird selbst von einer weiteren umfasst, und so weiter und so fort; es ist prinzipiell vollkommen gleichgültig, wo du dabei beginnst oder aufhörst.

Sobald Stan dieses Konzept beziehungsweise diese Wahrheit wirklich kapiert hat, werden die Fragen und Anfechtungen, denen er derzeit ausgesetzt ist, von ganz alleine aufhören, ihn zu quälen.

Philip, du erinnerst dich: In den ersten Jahren deiner Ausbildung bei uns musste ich dich fast täglich ermahnen: »In jedem Chart steckt ein *optischer Irrglaube*.« Heute hast du mir das durch dein

Hineindenken in Stans aktuelle Fehler wieder bestätigt und dein eigenes Fehlverhalten von einst wiederentdeckt: Wenn ich mich recht erinnere, brachte dich ein Großteil deiner damals gesammelten Erfahrungen dazu, rätselhafte Kräfte und Magie am Werk zu vermuten, statt endlich zu erkennen, dass zwischen den *Zeiteinheiten* und deren *Optik* eine direkte Verbindung existierte. In deinem konkreten Fall hieß das, dass du bereits unmittelbar beim ersten Anklicken eines Charts Fehlerquellen erzeugt hast, diese Fehler beim unmittelbaren Trading am Sein erhieltest oder gar verstärkt hast. Deswegen war es notwendig, dein Augenmerk verstärkt auf die visuelle Darstellung von Bewegung und Korrektur zu lenken. Jene Teile eines Charts, die ihn wirklich und wesenhaft machen. Erst in der Folge, mit wachsendem Verständnis dieses Zusammenhangs, konnte dir klar werden, dass die Erzeugung optischer Fehler von dir selbst ausgeht und die allermeisten deiner eingegangenen falschen Trades sowie dein gesamtes anschließendes und meistens unzureichendes Verhalten innerhalb eines Trades direkte Folgen des ersten optischen Fehlers waren. Deren Vermeidung ist es also, was einem Trader – und aktuell nun Stan – am meisten am Herzen liegen muss.

... Sinn dieses Schreibens

In dem Stadium, in dem Stan sich gerade befindet, kannst du mit schnellen Antworten zwar sein Bedürfnis nach Lösungen befriedigen, wirst ihn aber bei falscher Herangehensweise schlecht für seine Zukunft ausrichten. Dasselbe Problem haben beispielsweise Psychotherapeuten: Jeder Patient will nur so wenig Zeit wie möglich opfern, wünscht sich eine Blitzantwort wie von einem Spielautomaten: Oben wirft man Geld ein und unten kommt eine Lösung für alle Probleme heraus.

Ohne dass ich selbst neben euren Monitoren stehe, kann ich mir trotzdem gut vorstellen, welche Art von Antworten Stan gerne hören würde – sinngemäß wohl solche:

1. »Welcher Trend ist denn nun der signifikante?« – »Aha ... Trends, die Minimum schon 45 Minuten laufen. Supi.«
2. »Welche Zeiteinheit ist denn nun die gängigste?« – »Der 62-Minuten-Chart? So, so, guck an, ich dachte, der 30-Minuten-Chart.«
3. »Welche über- und untergeordnete Zeiteinheit gehört zu meinem 10-Minuten-Chart?« – »Der 33-Minuten- und 4-Minuten-Chart, okay. Danke, Philip, lieb von dir!«
4. »Wie kann ich meine Fehlausbrüche am *Punkt* 2 besser umgehen?« – »Ach was ... Am *Punkt* 2 erst nach 16:30 Uhr *Bewegung* handeln, die restliche Zeit besser nur *Ausbrüche*, außer donnerstags, dort bereits ab 15:10 Uhr? Super, wäre ich nie drauf gekommen. Danke, dass ich von deinen langjährigen Erfahrungen profitieren darf.«
5. »Wenn der Candle innerhalb seiner Entstehungsphase dreht, was soll ich dann mach ...« – »Echt? Ich muss nur warten, bis der Candle 47,4 Prozent seines bisherigen Kerzenkörpers getriggert hat, und dann kann ich den Schlusskurs vorwegnehmen? Geil! Das merk ich mir!«
6. »Ähm, Philip, noch eine Frage wegen der Stopps in volatilen Phasen: Wenn mir der Stopp zu weit weg ist, da kann ich doch sicherlich den Stopp auch einfach ranziehen, oder?« – »... Ich muss nur sehen, dass ich mindestens 23 Punkte vorne liege? Ja klasse, dann mache ich das. Cool! Vielen, vielen Dank.«

Alle Antworten, die du Stan über das hinaus gibst, was er zu hören erwartet, wird er für ein durchgeknalltes Fachsimpelgeschwätz halten, da aus seiner Sicht – und das ist das Interessante – die Signale *innerhalb des Charts* auftauchen und für ihn deshalb das Thema *Zeiteinheiten* nur das *kleinere* Puzzle innerhalb seines Gesamtbildes darstellt. Von dir habe ich damals an gleicher Stelle zu hören bekommen: »Der Trend- und Bewegungshandel vor und am *Punkt 2* ist eine gute Story mit einer starken Pointe – warum dann irgendwelches Kauderwelsch über Optik? Lasst uns lieber nach höheren Dingen trachten, sag mir einfach nur fix die Antworten und fertig ...« Was du also hören wolltest, waren noch bessere Einstiege oder – wenn es hochkam – noch tollere Stopplogiken. Kurzum: Auch für dich war der Chart damals nur Beiwerk, nur die Bühne, auf deren Boden das eigentliche Theaterstück – sprich: die Signale – gespielt wird. Deshalb möchte ich dir zur Beantwortung von Stans Fragen einige Tipps mit auf den Weg geben.

... Grundproblem

Wie von dir richtig festgestellt, kann Stan in seinem derzeitigen Kenntnisstand gar nicht anders, als das rein grafische Verhalten von *Bewegung* und *Korrektur* – dies darf nicht mit der markttechnischen Begründung verwechselt werden – und die sich ewig wiederholende Gestalt dieser beiden – sprich: die sich ständig neu bildenden und vergehenden Trends – fehlzuinterpretieren und daher falsch zu bewerten.

Genau wie du früher, glaubt Stan heute, dass er mit einer neuen Zeiteinheit auch einen neuen Chartinhalt zur Verfügung gestellt bekommt. Stan fasst höhere oder tiefere Zeiteinheiten als die von ihm ursprünglich gewählten als eine Art zweites Universum auf – als ein alternatives Raum-Zeit-Kontinuum nach dem Motto: Tagestrader traden den Tageschart, Daytrader den 10-Minten-Chart und Heavy Trader den Tickchart. Nachts im Bett weiß er zwar, dass alle denselben Markt traden, aber vor seinem Chart glaubt er trotzdem, jeder mache sein eigenes Ding und bleibe von den anderen unbeeinflusst. Daher ist für unseren Bambino eine neue Zeiteinheit nicht nur ein anderer, sondern ein auf wundersame Weise *verwandelter*, ein *vollkommen neuer* Chartaufbau.

Durch Stans aufgeworfene Fragen wird offensichtlich, dass er vom wesentlichen Kern des Dreiklangs *Trendaufbau & Zeiteinheiten & visuelle Darstellung* eine völlig falsche Vorstellung besitzt. Stan betrachtet den überlebensnotwendigen Zusammenhang nur oberflächlich, ohne diesem Tiefgang zu verleihen. Warum auch? Für ihn steht dieser Dreiklang – wie bereits erwähnt – in keinem direkten Zusammenhang zum Thema *Ein- und Ausstiegssignal*.

Auch du hast lange Zeit ähnliche Positionen vertreten, hast Ausführungen zu Zeiteinheiten und deren Darstellungsweise als sinnloses Gelaber abgetan, weil: »Es ist doch alles klar: 10-, 60-Minuten-Chart ... *laber, laber* ..., was soll ich dazu großartig noch lesen?!«, und sahst solche Ausführungen als sinnlose Knechtschaft, mit dem Resultat, dass du die mentalen und monetären Konsequenzen daraufhin deutlich zu spüren bekamst.

Stan ist folglich eine der Grundwahrheiten des Trader-Daseins noch unbewusst, die da lautet: »Ein rein optisch arbeitender Trader verfügt über einen natürlichen Hang zur Selbstverarschung!« Möglich, dass Stan zwar die Handelstage der kommenden Monate überleben wird; ein wirklich und vollständig in sich ruhender Trader aber kann er nicht sein, da sein Irrglaube und seine orthodoxe

Sichtweise, ein Chart und dessen Zeiteinheiten seien jeweils eigene feste Konstrukte, dies nicht zulassen werden. Er erkennt noch nicht, dass ein Chart, allein durch seinen Aufbau und seine damit verbundene Beschaffenheit, ein optisches Verwirrspiel mit Grenzen und Beschränkungen widerspiegelt. Je nach eingestellter Zeiteinheit und Größe der Darstellung eines Charts kann es geschehen, dass *Marktverläufe* »verbogen«, »versteckt« oder, noch schlimmer, »aufgeblasen« werden. Ohne dass er es ahnt, wird es für Stan immens wichtig zu verstehen, dass er zu jedem Zeitpunkt – vor und während eines Trades – zu den *Marktverläufen* »durchdringt«. Stan muss es schaffen, den Chart nicht nach seinem Äußeren zu beurteilen – es muss ihm gelingen herauszufinden, was *in* ihm steckt.

... Trader, ein digitaler Zeichenkünstler?

Stan ist nicht nur ein angehender Händler, zumindest in der Welt der technischen Analyse muss er sich stets als eine Art *digitaler Zeichenkünstler* und Architekt verstehen. Er handelt mit seinen Augen, durch sie erfährt er die Charts und die Börsenwelt und baut auf die so gewonnenen Informationen seine Interpretation von Trades auf. Darum ist er – unabhängig von den Parametern eines wie auch immer gearteten Regelwerks – selbst ein Teil dieses Regelwerks.

Infolgedessen lautet die alles überspannende Einsicht, die sich hinter dem Thema *Chart & Zeiteinheiten* verbirgt: Welchen Chart auch immer wir benutzen, gleich, ob zeitbasiert oder auf anderer Basis (beispielsweise Point & Figure), der Chart fungiert bloß als Hilfsmittel, dessen Funktionsweisen nicht nur nicht eingeschränkt sind, sondern sogar willkürlich angewendet werden dürfen. Ja, sogar werden müssen! Stan benötigt folglich ein besonderes optisches Verständnis, um sich von den Zeiteinheiten als dogmatischer Arbeitsgrundlage zu lösen.

Kannst du dich, lieber Philip, noch an meine damaligen Worte erinnern? Falls nicht, frische ich hiermit dein Gedächtnis gerne noch mal auf: »Wenn das Verständnis für die Entstehung eines Charts nicht deine eigene optische Sichtweise heranreifen lässt, dann wirst auch du als Trader nicht heranreifen. Ein – egal wie geartetes – Trading ohne tiefgreifendes Verständnis der Zeiteinheiten ist unvollständig. Ein Teil, herausgenommen aus einem Ganzen.«

Eine Frage: Kennst du Kippbilder, auch Vexierbilder genannt? Eine faszinierende Sache, für Kinder wie für Erwachsene. Nehmen wir beispielsweise nebenstehendes Bild 1[32]. Einer sieht nur einen Baum, andere einen Männerkopf, wieder andere eine Mehrzahl von Männerköpfen. Anhand eines so einfachen Bildes wird deutlich, wie sehr wir alle – ob klug oder dumm, ob groß oder Knirps, ob reich oder arm, ob langfristiger Anleger oder Heavy Trader, der am Tag 1.000 Trades durch die Märkte schaukelt – einzig und allein durch Interpretation bestimmen, was wir wahrnehmen.

Stan begreift noch nicht, dass der Börsenhandel genau solch ein Kippbild ist: Während der eine Trader sein komplettes Konto darauf setzt, dass der Markt hier und jetzt steigt, ent-

Bild 1

32 Bildquelle-Buch: Optische Illusionen von Martin Simon

deckt ein anderer Trader etwas gänzlich anderes und würde Haus und Hof darauf verwetten, dass gerade ein Crash bis auf die Nulllinie bevorsteht. Und neben der Frage »Wo geht der Markt hin?« reflektiert das ganze Thema *Zeiteinheiten* die grundlegenden Eigenschaften eines Kippbildes. Wie wir gleich merken werden, verleiten genau diese Eigenschaften sehr leicht zur falschen Anwendung, und zwar sowohl in optischer als auch in mentaler Hinsicht.

... Landschaftszeichner sind die besseren Trader

Jeder Trader, der auf einen Chart starrt, betreibt im einfachsten Sinne Optik: Er betrachtet ein Bild. Ein sich bewegendes, dynamisches noch dazu. Als Einführung in die Lösung von Stans Problemen könnte daher ein Landschaftszeichner dienen. Dieser wäre zwar ausnahmsweise mal kein Trader, würde aber einen sehr guten Lehrer zu dem aktuellen Thema abgeben. Ein Landschaftszeichner fällt durch seine besondere Fähigkeit auf: Er vermag die Natur oder die Städte, die er zeichnet, so zu Papier zu bringen, dass wir, sobald wir seine Bilder mit der Wirklichkeit vergleichen, die Stellen wiedererkennen können, an denen sie entstanden. Wenn wir ein Bild in einem Museum betrachten, soll es genauso aussehen, wie wir es in Wirklichkeit sehen würden. Seine Bilder sind also *echte* Abbilder der Wirklichkeit. Andere Zeichner hingegen reizte es, bei ihren *Abbildern* die Perspektiven zu verschieben. Weltbekannt hierfür ist beispielsweise M. C. Escher. Dieser rückt Fernliegendes in den Vordergrund und schiebt Naheliegendes weit zurück oder er lässt den Betrachter am selben Punkt gleichzeitig Höhe und Tiefe erleben. Kurzum: Er spielt mit dem, was man *Perspektive* nennt. Tipp: Mit Eschers Bildern solltet ihr euch beide unter den Aspekten meiner Ausführungen ruhig mal beschäftigen! Um aber dem Betrachter einen wie auch immer gestalteten räumlichen Eindruck zu verschaffen, müssen beim Zeichnen eines Bildes einige Regeln Beachtung finden.

Ich will dir selbstverständlich hiermit keinen Zeichenkurs geben, und auch ein Trader betrachtet ja kein räumliches Bild, aber – und damit sind wir beim Hauptgedanken dieser Zeilen – jeder uns gegönnte Trading-Tag ist im Ergebnis ein intellektuelles Verwirrspiel mit optischen Dimensionen und Perspektiven, welches einem Trader die Gewohnheiten und Grenzen unserer Sinne vor Augen führt. Folglich kann erst die Frage »Was ist *Wirklichkeit* und was ist *Abbild*?« uns davon befreien.

»*Was ist die Wirklichkeit eines Charts?*« Selbst unser Bambino wird nach einiger Stotterei sicherlich die Antwort liefern können: die Time-&-Sales-Liste. Diese Antwort ist zwar richtig, aber unser kleiner Stotterer hat dazu Folgendes noch nicht begriffen: Alles an einem Chart – seien das nun die Darstellungsweisen von Zeiteinheiten[33], also zum Beispiel ein Tages- oder ein 10-Minuten-Chart, ist lediglich eine *Abbildung* der Wirklichkeit, ein Hilfsmittel, eine Art optische Zusammenfassung sozusagen, und gleicht einem gemalten Bild, welches die wahre Landschaft jedoch nur subsumiert, ihm als dem betrachtenden Trader aber das Gefühl vermittelt, vor Ort anwesend zu sein.

Das heißt, mit Zeichnungen werden aus realen Welten, genau wie aus der Time-&-Sales-Liste durch einen Großteil unserer Charts, – ich nenne es vorab einfach mal – irreale »Scheinwelten«.

33 Siehe Erläuterungen ab Seite 338

Das bedeutet in beiden Fällen, dass Merkmale bestimmter Gegebenheiten sowohl in den Bildern als auch in den Charts zwar erhalten bleiben, doch deren Formen so verändert erscheinen können, dass zwischen Wirklichkeit und Abbild auf den ersten Blick kein natürlicher Kontext mehr existiert.

Zurück zu unserem vorhin erwähnten Zeichner Escher: Escher versucht, durch seine Bilder auf unterschiedlichste Weise die *Unendlichkeit* zu erfassen, und gibt dem Betrachter das Gefühl, die Figuren und Objekte würden im Bild verschwinden. Diese Botschaft soll den Betrachter fesseln, ihn mit dem komplexen Thema der *Unendlichkeit* bewusst konfrontieren und – jetzt kommt es – seine *Fantasie* anregen.

Jetzt aber wieder zurück zum Börsenhandel, lieber Philip: Ist es bei Stan nicht auch so, wenn er einen Chart betrachtet? Nur dass Stan sich noch nicht gefragt hat: »Will ich meine *Fantasie* beflügeln und *Kreativität* ausleben oder will ich traden?« Fakt ist jedenfalls eines: Beides zusammen – und damit endet die Ähnlichkeit mit der Malerei – ist im Trading nicht machbar. Genau das ist der Nährboden, aus dem seine sechs Fragen emporsprießen, auch wenn Stan dies noch nicht bewusst ist: Er will trotz der Unendlichkeit der Interpretationsmöglichkeiten eines Charts und der vielfältigen Möglichkeiten einer Chartdarstellung *auf die Schnelle* genau dort einen Anhaltspunkt finden.

Somit scheint, wie du in den kommenden Zeilen noch deutlicher registrieren wirst, der erwähnte Vergleich mit einem Kippbild eine schöne Ausgangsbasis für die »Heilung« für das von dir bei Stan beobachtete Verhalten zu sein. Wäre doch klasse, wenn Stan es schafft, so schnell wie möglich zu erkennen, was Wirklichkeit und was Abbild ist. Denn die technische Analyse im Allgemeinen und die Markttechnik im Speziellen muss stets als der Versuch gelten, hier *beides*, mithin Wirklichkeit und Abbildung, zu denken und damit auch zu sehen.

Nachfolgend möchte ich dir noch ein paar weitere Tipps zu Stans Fragestellungen geben. Du erhältst diese allerdings in einer etwas anderen Reihenfolge, als du vielleicht erwartest. Du wirst erkennen, dass sich auf diese Art die Antworten sinnvoll ergänzen, da jede neue Antwort die vorangegangene Frage beinhaltet beziehungsweise auf dieser aufbaut. Ich beginne mit den Fragen zum Trendhandel, bevor ich dann auf diejenigen zum Bewegungshandel übergehe.

Trendhandel: »Welche der vielen Trends in meiner Zeiteinheit soll ich denn nun handeln, Himmel-Arsch-und-Zwirn?«

… warum in Feindschaft leben?

Woher rührt eigentlich die Vorstellung, das *richtige* 1-2-3 zu suchen und mit dem Rest der anderen 1-2-3s in ewiger Feindschaft leben zu müssen? Wie in meinen ersten Zeilen bereits erwähnt, hat Stan noch nicht verstanden, dass jeder Chart – genau wie jeder Trade, mit dem der Trend gehandelt werden soll – von vornherein aus einem existenziellen optischen Labyrinth aus Bausteinen ineinander verschachtelter *Bewegungen* und *Korrekturen* aufgebaut ist. Solange Stan sich nicht aus diesem Labyrinth befreit, wird sein Trendhandel über die Qualität des Versuchs, Irrlichter zu erhaschen, nicht hinauskommen. Dazu muss Stan allerdings zuerst kapieren, woraus dieses Gefängnis besteht. Dies wiederum erfordert eine nüchterne Bewertung dessen, was Zeiteinheiten mit den endlos langen Kursstellungen einer Time-&-Sales-Liste anstellen. Sollte Stan dies nicht nachhaltig verstehen, droht er, früher oder später in einer Krise zu versinken. Ihm werden die in den Zeiteinheiten sichtbaren Trends Tag für Tag rätselhafter, ja mitunter geheimnisvoller und schwerer definierbar vorkommen, wenn er nicht von seiner Überzeugung ablassen kann, dass markttechnisch *definierte Trends* stets mit bilderbuchhaften, wenn nicht gar göttlichen Verläufen auf einem Chart zu erscheinen haben.

… kurzer Rückblick

Die markttechnische Grundwahrheit eines Trends schließt – so sie richtig verstanden wird – den naiven Standpunkt aus, dass verschiedene Zeiteinheiten unterschiedliche Inhalte vermitteln. Wie soll das auch gehen? Markttechnischer Handel ist vielmehr eine Feier des Orderbuches und damit des Wissens, dass jede Zeiteinheit ihre Inhalte von der Time-&-Sales-Liste beziehungsweise deren grafischer Abbildung, dem *Tickchart,* geerbt hat und nur die Existenz dieser Time-&-Sales-Liste für das Entstehen von Zeiteinheiten verantwortlich ist, deren kleinste und ursprünglichste Einheit der Tickchart bildet. Oder anders, treffender ausgedrückt: Da Darstellungen in den Zeitebenen nicht börsenseitig von Haus aus geliefert werden, werden diese vom Computer lediglich entsprechend »*vorgegaukelt*«.

Dieser Grundzusammenhang ist erfahrenen Tradern bei jedem Blick auf einen wie auch immer sich darstellenden Chart im Großen und Ganzen bewusst, wohingegen unser Bambino dies, genau wie du in deinen Anfängen, lieber Philip, noch nicht in seiner Tiefe verinnerlicht hat. Und dadurch, dass er nur *das* bewertet, was optisch visualisiert, also ihm sichtbar ist, legt er den Grundbaustein dafür, dass er, sowohl aktuell als auch in seiner bisherigen wie weiteren Trading-Geschichte, von der Wirklichkeit ziemlich abweichenden exotischen Interpretationen seiner Charts und damit von den Trendverläufen beeinflusst wird.

Eine *schnelle* Antwort auf Stans Frage: »Welchen Trend nehme ich denn nun jetzt in meiner Zeiteinheit?« müsste dementsprechend lauten: »Nimm doch, welchen auch immer du willst!« Stan muss sich vorab lediglich zwei Fragen stellen: zum einen, ob der ausgesuchte Trend in seinen Ausmaßen zu seinem Portemonnaie passt, denn schlussendlich deklariert die Höhe der letzten Korrektur das Risiko eines bevorstehenden Trendhandels: große Trends beispielsweise 200 bis 500 Punkte, kleine Trends beispielsweise 15 Punkte, was sich natürlich im Verlaufe des Trends ändern kann. Zum anderen muss er klären, ob die Größe des Trends zu der von ihm hier gewidmeten Zeit passt: Große Trends, deren Korrekturen sich über mehrere Stunden, Tage, mitunter Wochen hinziehen können, bedürfen insgesamt einer geringeren Aufmerksamkeit als Minitrends, welche in ihrer Gesamtheit vielleicht knapp eine Stunde andauern und bei denen Korrekturen fast schon in Sekunden messbar ablaufen. Dass bei einem kleineren Trend mithilfe des »großen Radarbildes« vorab die Frage beantwortet werden muss, ob dieser innerhalb des übergeordneten Trends die *Bewegung* signalisiert, damit der anvisierte Trend a) eine lange Lebensdauer und b) durch das hohe Momentum einen sauberen Verlauf aufweist, ist eine der so grundlegenden Überlegungen und Vorgehensweisen, dass du Stan ohne Tipps von mir auf den rechten Pfad führen kannst und daher vermutlich – und nach meiner Einschätzung deiner Fähigkeiten vollkommen zu Recht – ernstlich beleidigt wärest, würde ich über das bereits Gesagte hinaus unsere Zeit verschwenden. Kurzum: Die gesamte Betrachtung setzt dies generell voraus.

… was hat denn ein *Trend* mit dem Thema *Zeiteinheiten* zu schaffen?

Also, auf den Punkt gebracht: Stans Fragestellung nach dem auf seiner Zeiteinheit *richtigen* Trend löst sich, sobald er sich über einen sowohl zu seinem Konto als auch zu der von ihm zu opfernden Zeit passenden Trend klar geworden ist, in jenem Moment in Schall und Rauch auf, in dem er nur noch peinlichst genau darauf achtet, ob die optische Darstellung zu dem von ihm definierten Trend passt.

In Bild 2 und Bild 3 hierzu ein Beispiel: Beide skizzieren denselben Ausschnitt eines 60-Minuten-Charts, stellvertretend für alle anderen darüber und darunter liegenden Zeiteinheiten. In Bild 3 habe ich darin nur drei möglicherweise bevorstehende Trends markiert. Wir gehen mal davon aus, dass der Einstieg am Durchbruch durch den *Punkt 2* erfolgt.

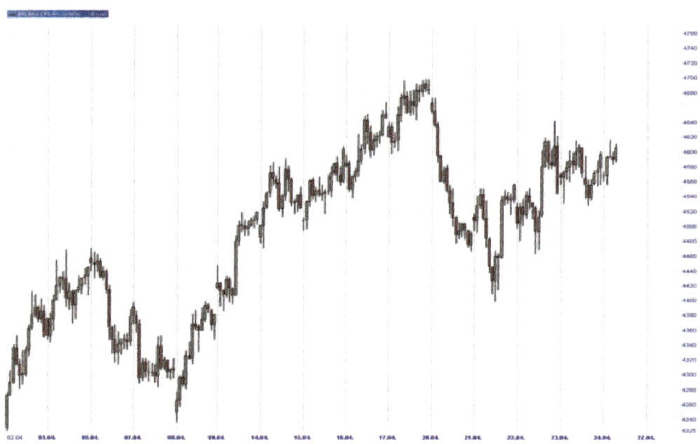

Bild 2

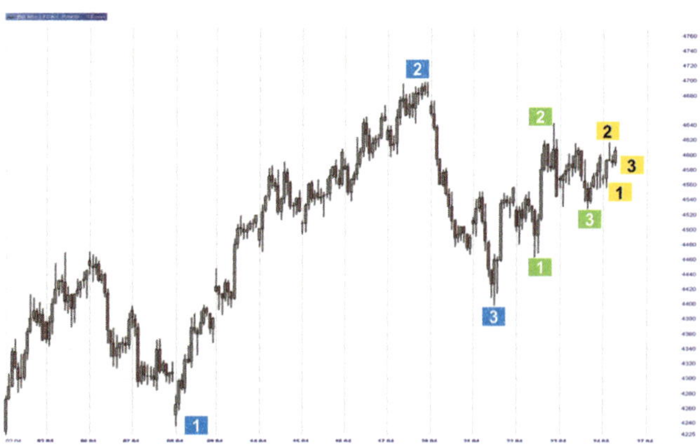

Bild 3

Hätte Stan diesen Chartverlauf auf seinem Bildschirm, dann würde euer Gespräch vermutlich ungefähr so ablaufen:

»Ja, welchen der Trends dieses 60-Minuten-Charts nehme ich denn nun? Den großen, blau dargestellten?«

»Okay, darfst du. Diesen zu handeln, bedeutet viel Freizeit, diese wird aber, durch den notwendigen Verlustbegrenzungsstopp am *Punkt 3*, erkauft durch einen eventuellen größeren Griff ins Konto.«

»Aha, also vielleicht lieber den grünen Trend?«

»Okay, den darfst du auch handeln. Diesen zu handeln, bedeutet etwas weniger Freizeit als beim blauen, da die überlebensnotwendigen Korrekturen in schnelleren Abläufen erscheinen werden, im Gegenzug dazu aber auch einen etwas weniger großen Griff ins Konto, wenn der Markt plötzlich gegen dich läuft.«

»Mhm. Also besser den gelben? Der ist schön klein und hat somit ein viel geringeres Risiko. Ich verliere doch *sooo* ungern Geld.«

»S-T-O-P-P, den darfst du *hier* nicht handeln!«

»Also, jetzt verstehe ich gar nichts mehr! Erst heißt es, ich soll mir einen Trend überlegen, den ich handeln will, und dann, nachdem ich die beiden großen wegen des mir zu hohen Risikos aussortiert habe, darf ich den kleinen gelben, wo mir das Risiko besser passt, *hier nicht handeln*? Das heißt also, das ist gar kein Trend? Also haben Trends *doch* was mit den Zeiteinheiten zu tun?! Na, wenn nur die beiden großen Trends übrig bleiben, nehme ich halt den grünen.«

Deine Antwort: »Diesen Trend darfst du auf *diesem* Chart *nicht* handeln!«, wird bei Stan also das klassische Missverständnis erwecken: »Ah, dieser gelbe Trend *gehört nicht* auf meine Zeiteinheit. Daher lasse ich diesen mal besser sein und nehme zähneknirschend den blauen oder den grünen Trend, denn *diese* passen zu meiner Zeiteinheit.« Ob dieser Gedanke richtig oder falsch ist, kann Stan nicht beurteilen, aber er wird deine Worte so deuten, als gäbe es für jede Zeiteinheit *eigene* Trends, was daraufhin eine Suche nach Trends mithilfe der Suche in den verschiedenen Zeiteinheiten verursachen könnte.

Du musst Stan folglich unbedingt verdeutlichen, dass er natürlich auch den gelben, also den kleinen und auf den ersten Blick kaum sichtbaren Trend handeln darf, er aber im Verlauf dieses Trades mit höchster Wahrscheinlichkeit dem *optischen Verwirrspiel* des Chartaufbaus erliegen wird. Wie würde das angefangene Gespräch also weiter verlaufen?

»Du willst also den gelben Trend handeln?«

»Na klar, da verliere ich nicht so viel, wenn es schiefgeht. Aber ich darf ja nicht, hast du doch gerade eben gesagt.«

»Nö, ich habe nicht gesagt, *du darfst nicht*. Meine Worte lauteten: Du darfst *hier* nicht! Schalte doch mal runter auf 30, besser noch auf 10 Minuten!«

»Ja, aber … ich will doch gar keine 10-Minuten-Charts handeln. Du hast doch gesagt, ich soll mir eine Zeit aussuchen, die zu mir passt! Und dauernd an mir rumgemault, dass ich *willkürlich* die Zeiteinheiten wechseln würde. Und was ist das jetzt? Na, auf diese Erklärung bin ja mal sehr gespannt!«

Spätestens hier höre ich dich aufstöhnen und gequält fragen: »Bambino! Junge, was hat denn das Thema *Trend* mit dem Thema *Zeiteinheiten* zu schaffen?«

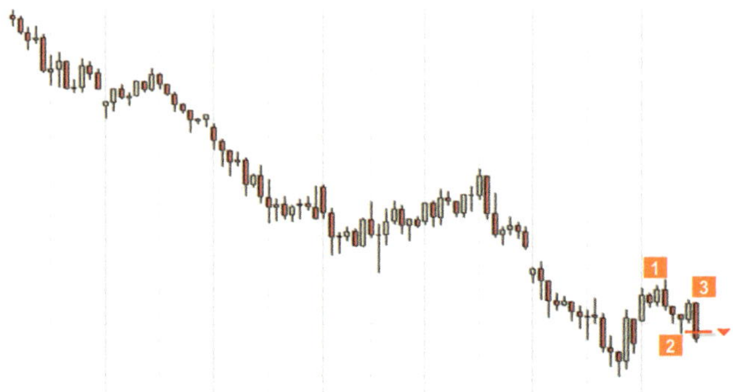

Bild 4

Damit klarer wird, worauf ich hinaus will, schauen wir uns am besten Bild 4 an. Dieses veranschaulicht einen Abwärtstrend, ob auf einer Zeiteinheit von 60 oder 10 Minuten ist hier nicht weiter wichtig, und ein markiertes kleines 1-2-3, das lediglich eine einzige kleine weiße Korrekturperiode aufweist.

Auch du, lieber Philip, hast den Trendhandel lange Zeit *nicht* als Kippbild betrachtet und daraufhin jedes gerade noch so sichtbare 1-2-3 gehandelt, frei nach dem Motto: »Schön *preiswert* ist dieser Trend ja allemal.« Also hast du auch so was wie den in Bild 4 markierten Trend gehandelt, und, obwohl es so banal ist, lieber Philip, hast auch du lange Zeit gebraucht, um wirklich zu verinnerlichen, dass der hier markierte kleine, dennoch sichtbare Abwärtstrend in diesem Chartbild eher *zufälligerweise* sichtbar wurde und dementsprechend nicht davon ausgegangen werden darf, dass die Größe solch eines Trends auch *weiterhin* sichtbar bleibt. Das nächste Schema wird uns dies demonstrieren.

… viele Trades werden an der gänzlich falschen Stelle beendet

Betrachten wir nun Bild 5: Hier ist, über den Chartverlauf von Bild 4, das kleine 1-2-3 durch den weißen Ausschnitt zusätzlich nochmals *deutlich* hervorgehoben. Die drei breiten, rot und grün angedeuteten Perioden unterstreichen schematisch die Darstellung des weiteren Verlaufs nach einer Positionseröffnung in diesem Chart: zwei fallende und eine stark, sogar über den Einstiegspunkt hinaus, ansteigende Periode. Letztere rutscht selbst über den *Punkt* 3 des kleinen markierten Trends und löst den dort wartenden Verlustbegrenzungsstopp aus. Innerhalb der breiten Perioden ist als rote Linie zur Verdeutlichung der tatsächliche Verlauf – ich nenne es mal *Urablauf* – der Time-&-Sales-Liste, sprich: der Tickchart, eingezeichnet. Die Darstellung des kleinen Marktrauschens wurde jedoch geglättet, damit das Gesamtbild klarer hervortritt.

Nochmal: Auch von dir wurden solche kleinen 1-2-3s wie in Bild 4 ständig gehandelt. Gleichwohl, ohne dass du die nachfolgend auftretenden Korrekturen, welche sogar *häufig größer* waren als diejenigen, mittels derer du deinen Einstieg (Korrekturhöhe des 1-2-3) definiert hast, als solche identifiziert hättest. Da der weitere Trendverlauf innerhalb der weiteren, vom Computer nach deinen Vorgaben optisch zusammengefassten Perioden verschluckt wurde – siehe schematische Candlesticks in Bild 5 –, blieb dieser nicht nur von dir unbemerkt, sondern häufig entstanden sogar Gegensignale – sprich: ein gegenläufiger Trend, der in seiner Deutlichkeit deinem Einstiegs-1-2-3 in nichts nachstand. Auf die durch die beiden oberen gepunkteten Linien angezeigten *Punkte 3* hättest du also deine Stopps nachziehen können und müssen (!) und wärest so mit einem Gewinn- statt mit einem Verlusttrade nach Hause gegangen.

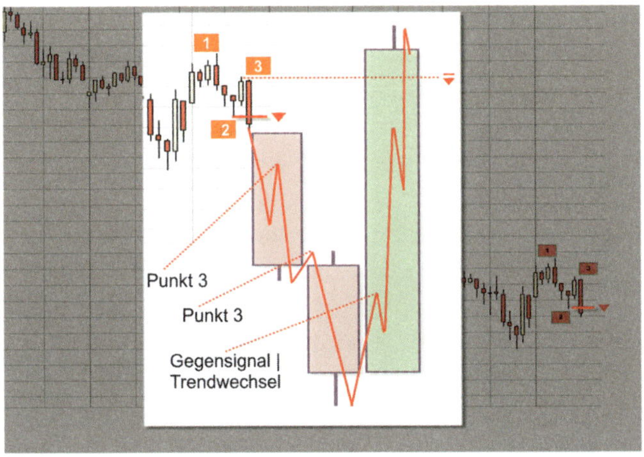

Bild 5

Für unseren Bambino sieht die Welt momentan nicht anders aus: Er handelt für seine betrachtete Zeiteinheit viel zu kleine Trends, starrt auf seinen Chart, bleibt in seinen Positionen kleben und wartet darauf, dass doch »Himmelherrgott, endlich ein sch... neuer *Punkt 3* entsteht«, denn er »will endlich den Stopp auf den nächsten lokalen Korrekturpunkt N-A-C-H-Z-I-E-H-E-N«. Dabei entgeht ihm, dass er bereits *mittendrin* steht. Angesichts seiner ausgestoppten Trendtrades, der langen, schleichenden Schmerzen eines erneut »ach so unglücklichen Verlaufs« mag *diese* Zeiteinheit, auf welcher der Trend für ihn sichtbar und gehandelt wurde, in Stans Augen leicht den Anschein erwecken, *dieser Trend habe versagt.* In seinen Augen war dieser Trend ein undurchschaubarer Betrüger, mit Sorgen und Nöten beladen, in dessen weiterem Verlauf – siehe Schema von Bild 5 – der am markierten *Punkt 3* schlummernde Stopp drei Perioden später seinen schmerzhaften Auftritt bekommt. Mit der Idee des Kippbildes vor Augen betrachtet, sieht dieser Trade indes so aus: Zwischenzeitlich hätte Stan den Stopp bereits zweimal nachziehen können und müssen (!) und den Markt beim Auftreten des Gegensignals (Durchbruch durch das mit der dritten gepunkteten Linie markierte lokale Hoch innerhalb der grünen Periode) verlassen können. Dies ist ihm jedoch, genau wie dir früher, aufgrund der optischen Darstellung *verborgen* geblieben.

Es wird demzufolge dringend notwendig, dass Stan innerhalb des Trendhandels die Zeiteinheiten stets als Kippbilder erachtet. Sollte er einmal das zweite, »das gekippte«, sprich: nicht zusammengefasste Bild gedanklich nicht nachvollziehen können, so hat er im Trading – anders als im ursprünglichen

Kippbild aus Bild 1 (Baum und Männerköpfe) – *immer* die Chance, sich ein besseres, ein detaillierteres Bild aufzurufen. Allein muss Stan dazu, statt Charts lediglich zu observieren, die Zeiteinheiten in ihrer wahren Bedeutung nutzen. Die Lösung liegt, wie so häufig im Trading, nur einen Mausklick entfernt.

Damit er das wirklich verinnerlicht, musst du Stan zwingen, mehrere Tage, besser Wochen, seine Trends zwar mit den in der übergeordneten Zeiteinheit fixierten Signalen zu handeln, für die Überwachung seiner Trades jedoch von vornherein nur noch viel kleinere Zeiteinheiten heranzuziehen – genügend geladene Datenhistorie vorausgesetzt. Stan wird lernen, dass er auch so die übergeordneten Trends betrachten und sich gleichzeitig in die Darstellungsweise eines Charts mit zeitlich zusammengefassten Perioden hineindenken kann. Wenn Stan anhand dieser Handelstage zu einer befriedigenden »optischen Sichtweise des Marktes« gelangt, er mithin die Kippbilder mit *einem* Blick erkennen kann, wird ihm über die kommenden Wochen und Monate immer besser bewusst werden, warum wir zwischen dem Funktionellen eines Stopps und der optisch zusammengefassten Chartdarstellung des Marktes im Trendhandel *grundsätzlich* trennen müssen. Sprich: Im Trendhandel kann, nein, *muss* Stan des Öfteren in die kleinere Zeiteinheit wechseln, auch wenn er – derzeit noch unbegründeterweise – das Gefühl hat, dann ja nicht mehr *diesen*, sondern einen »*irgendwie anderen*« Trend zu handeln ... ☺ An diesem Gedanken hattest du, wenn du ehrlich bist, während deiner Anfänge auch eine ganze Zeit zu knabbern.

Auf den Punkt gebracht: Wir müssen verhindern, dass Stan deswegen »kleine Trends auf hohen Zeiteinheiten« handelt, weil er mit den »kleinen Trends« den *großen Griff* ins Portemonnaie umgehen will, aber durch die Wahl der »hohen« Zeiteinheit zum einen an eine höhere Signalwertigkeit glaubt und zum anderen den ersehnten »Abstand« zum Markt registriert.

Sobald Stan das Schema aus Bild 5 verinnerlicht hat, wird er begreifen, weshalb beim Trendhandel keine Wertigkeit im Sinne von *besseren* oder *schlechteren Trends* innerhalb eines Charts existiert. Sofern es unserem Bambino gelingt, der optischen Täuschung *zeitlich* zusammengefasster Charts zu entrinnen, kann er »Ja« zu *jedem* Trend sagen. Natürlich immer vorausgesetzt – aber das ist hier gerade nicht Gegenstand –, dass dieser Trend in sein Gesamtbild passt und Stan damit nicht »Kühlschränke in der Antarktis« (siehe unseren letzten Briefwechsel[34]) verkauft.

Dementsprechend gilt es zusammenfassend zu konstatieren, dass durch das erforderliche Arbeiten *mit* den Zeiteinheiten jeder Trend optisch klar sichtbar gemacht werden kann und dass bei Nichtbeachtung der optischen Kippbilder so mancher Trendhandel in einem *totalen* Desaster enden wird.

Handel der Bewegung: »Immer diese gottverdammten Fehlausbrüche am Punkt 2 ...«

Hätte ich bei dir damals eine Umfrage zu deiner Nervenzusammenbruchsskala gestartet, hätte *Handel der Bewegung* am *Punkt 2* ganz weit oben rangiert. Ich weiß, du wirst nicht gerne daran erinnert, denn all das brennt immer noch im kleinen Philip-Herzchen. ☺ Genau wie Stan heute, dachtest du damals vor dem *Punkt 2* immer, du gewinnst Minimum einen Oscar oder wirst Börsenpräsident. Wie aber sah das Resultat aus? Tausende Euro minus. *Au Backe!* Einer ist halt immer der Loser – am *Punkt 2* warst das komischerweise ganz oft du –, und von dir war ständig zu hören: »Scheiß-Dreck-Herrgott, schon wieder nur eine Verarsche ...« Aber auch bei dem Erleb-

34 Siehe Fachteil DER HÄNDLER Band 2

nis eines echten Durchbruchs durch irgendeinen, warum auch immer als relevant erachteten Chartpunkt – wohlgemerkt, keine misslungenen oder gar schrecklichen Verläufe, nur ganz normale *Punkte 2, Tageshoch oder -tiefs, Trendlinien* und *Formationen* mit schönem Schub – warst du so vollkommen angespannt, dass wir dir jedes Mal fast eine Kur beantragt hätten.

Dass man keine Theorien entwickeln soll, bevor man die Fakten kennt, hat bereits Sherlock Holmes seinem Assistenten geraten, als die beiden sich aufmachten, um ihren ersten Fall zu lösen. Und so sind dein damaliges Fehlverhalten am *Punkt* 2 und deine damalige Argumentation, ebenso wie die von Stan aufgebrachte Frage »Welcher Trend im Chart …?«, Beweis genug dafür, dass die Optik einst dich und nun Stan *fest* in ihrem Würgegriff hält.

… die Unberechenbarkeit lokaler Hoch- und Tiefpunkte

Was euch beiden also fehlt beziehungsweise fehlte, dir damals und Stan aktuell, ist die angemessene Einschätzung dessen, was sich bei einem Durchbruch – oder meinetwegen bei eurem »*vermeintlichen Fehlausbruch*« – durch einen *Punkt* 2 eigentlich optisch abspielt. Aus diesem Grund illustriere ich in Bild 6 vorab und stellvertretend ein Beispiel für die fehlerhaften Gedanken innerhalb des *Bewegungshandels*:

Bild 6

Lange Zeit hast du geglaubt, ein nicht über dem *Punkt* 2 schließender Bar und/oder eine nach der Durchbruchsperiode entgegengesetzt laufende Periode sei mal wieder ein erneuter *Fehlausbruch* oder ein Einschwenken des Marktes, was sogar einen möglichen Trendbruch nach sich ziehen könnte. Du hast also den *Fehlausbruch* mit dem *Fehlen* der erwarteten Megabewegung am *Punkt* 2 gleichgesetzt, und damit repräsentierten der *Fehlausbruch* und ein nachfolgendes Ausstoppen am Tief der Periode, wie in Bild 6 bewiesen, für dich mal wieder einen Sonderfall von Gottes Einfluss darauf, wie die Dinge im markttechnischen *Bewegungshandel* funktionieren. Denn nach erfolgter Positionseröffnung am *Punkt 2,* siehe Bild 6, wird der Stopp auf die Vorperiode gesetzt, um ihn dann nach Beendigung der Einstiegsperiode auf diese nachzuziehen. Die kommende Periode bremst den Trade bei Unterschreiten des Vorperiodentiefs aus.

»Ohne nachvollziehbaren Grund tut der Drecksmarkt dauernd etwas, was nicht nur unerwartet, sondern auch nicht voraussagbar und mit keinerlei Regeln zu erklären ist ... Fuck!«, hast du ständig rumgeflucht, lieber Philip, und wusstest nicht so recht, was du von diesem »sinnlosen Verhalten des Marktes« halten solltest. Deiner Ansicht nach wurde dadurch sämtliches markttechnisch orientierte Trading launenhaft, um nicht zu sagen, unberechenbar. Ein Börsenuniversum, in welches der Zufall andauernd »eben mal kurz reinschaute«, um die markttechnischen Vorgänge am *Punkt 2* so zu verändern, dass du ständig aus dem Markt flogst, reduzierte für dich die Möglichkeit verantwortlichen und duplizierbaren Handelns. »Wenn mich der Kursverlauf im *Bewegungshandel* sowieso in die Klemme drückt, dann ist es mit einer sinnvollen Stoppversetzung doch vorbei! Oder noch schlimmer – wenn der Handel eines *Punkt 2* immer wieder nicht greift, es aber scheinbar keinen vernünftigen Grund dafür gibt, warum er es einmal doch tut und ein anderes Mal bleiben lässt, wieso soll ich diesen dann überhaupt noch handeln?«, waren deine *viel* zu unüberlegten Worte.

Auch für Stan droht der plötzlich am *Punkt 2 anscheinend* drehende Markt, die Naturgesetze der Markttechnik zu brechen und ihn aus seiner Sicht viel zu oft und ungerechtfertigt am *Punkt 2* auszustoppen (siehe Bild 6).

... ist der Durchbruch durch den Punkt 2 etwa auch ein Kippbild?

Nur allzu oft wird vergessen, dass neben den beiden Ansätzen *Handel des Trends* und *Handel des Ausbruchs* die Existenz der dritten Handelsausrichtung *Handel der Bewegung ausschließlich* aus dem Verständnis der Zeiteinheiten und deren Optik resultiert. *Resultieren kann!*

Demzufolge musst du mit Stan etwas Nachsicht üben, denn für ihn heißt *Handel der Bewegung* vorerst nur schemenhaft »Markt, beweg dich! – Stopp nachsetzen. Markt, beweg dich! – Stopp nachsetzen, Markt, beweg dich! – Stopp nachsetzen!« ABER: Der *Handel der Bewegung* fungiert sozusagen als Huldigung an die Zeiteinheiten und erfordert ein hohes Maß an Kenntnissen über dieselben. Obwohl also Stan *nicht* den Trend selbst, sondern allein dessen bevorzugten Bestandteil *Bewegung* handelt, repräsentiert dieser Bestandteil aber immer noch – wenn auch nur auf einer untergeordneteren Zeiteinheit – selbst einen Trend, was unserem Bambino natürlich völlig entgeht. Dieses ernsthafte Verständnis für dieses neuerliche Kippbild, dass nämlich mit jedem Trade *Handel der Bewegung* schlussendlich *immer* nur das optische *Abbild* eines untergeordneten Trendverlaufs gehandelt wird, ist bei Stan – aufgrund seiner zu hohen Aufmerksamkeit für den jeweils laufenden Trade und *trotz* so mancher Lektion hierzu – wohl noch nicht in aller Tiefe angekommen.

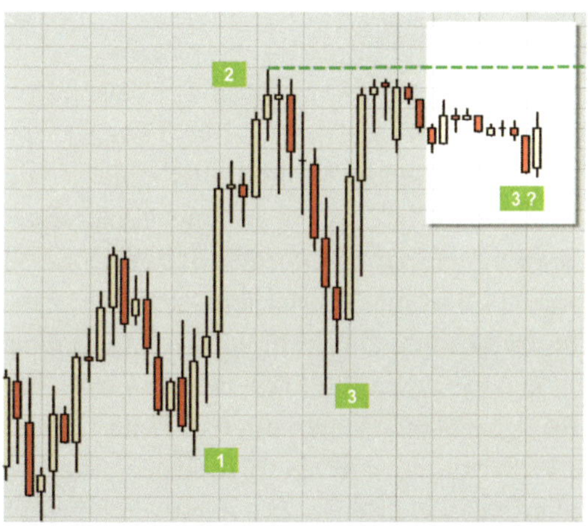

Bild 7

Widmen wir uns zum besseren Verständnis folglich dem Beispiel aus Bild 7: Präzisiert ist, stellvertretend für alle anderen höher liegenden Zeiteinheiten, ein Ausschnitt eines 10-Minuten-Charts. Die möglicherweise bevorstehende Fortsetzung des Trends ist grün markiert, mit folgender Ausgangslage: Einstieg am *Punkt 2*.

Da Stan mangels Verständnis der Time-&-Sales-Liste und deren grafischer Abbildungen zu sehr dazu neigt, die *Punkte 2* als »holden Knaben im lockigen Haar« und »Röslein zart« zu verklären, ärgert es ihn umso mehr, wenn er kurz nach dem Einstieg (siehe Bild 8) wieder aus dem Markt hinauskatapultiert wird – und das, obwohl doch an diesen Stellen der Schub entstehen soll. Bild 8 beleuchtet die Ausgangslage aus Bild 7 ausschnittsweise und um die nachfolgenden Perioden schematisch erweitert. Stan wird demnach am *Punkt 2* eingestoppt – grünes Dreieck. Vorbildlich, und entsprechend der Logik des Bewegungshandels, setzt er seinen Stopp direkt nach der Eröffnung der Position auf die Vorperiode (siehe erste schematische Periode), um dann – sogar noch innerhalb der Einstiegsperiode – vom Marktverlauf auf den Tribünenplatz verwiesen zu werden. »Sch… Markttechnik. Sollte ich nicht vielleicht Indikatoren oder ein anderes Buch zur Hand nehmen?«, hast du ihn bestimmt schon des Öfteren schnauben gehört, nachdem er wütend den weiteren Marktverlauf wahrnehmen musste.

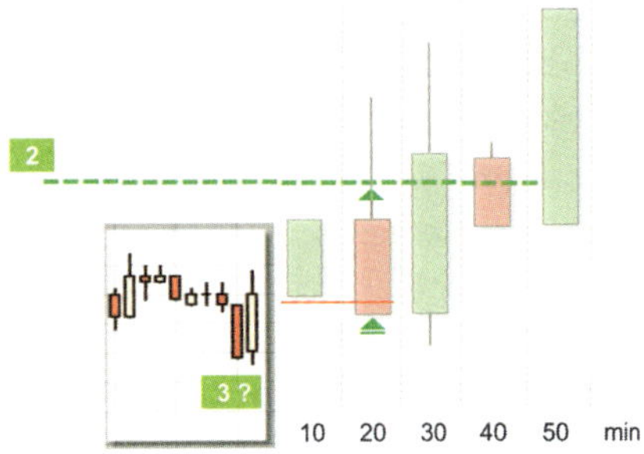

Bild 8

Dass der Bewegungshandel mit Einstieg am *Punkt 2* oder auch in der Korrektur beginnend schwierig ist, wird von niemandem bestritten. Es ist aber wichtig zu erkennen, dass der Marktverlauf der *Bewegung* innerhalb des anvisierten Trends einem Trader nicht böswillig das Leben schwer macht; kein göttlicher Eingriff erfolgt, um einem Trader das Leben zu komplizieren. Da Stan auch hier einfach nur das *zweite* Kippbild fehlt, wird ein Dialog hierzu zwangsläufig so oder ähnlich verlaufen:

»Hey Bambino, wie soll denn der Markt deiner Meinung nach durch den *Punkt 2* laufen?«

»Na, mit einem glatten, sauberen Durchschuss. G-R-Ü-N-E K-E-R-Z-E-N will ich sehen! Dort tummeln sich doch, laut eurem markttechnischen Geblubber, die ganzen Marktteilnehmer mit ihren Orders zur Positionsneueröffnung, den Stopporders zur Positionsschließung und jenen Orders, welche die Positionen drehen.«

»Okay, Bambino, und wie soll denn nun der Verlauf in der Time-&-Sales-Liste aussehen, aus deren Erbschaft in deiner Zeiteinheit schließlich dein angedachter *sauberer Durchschuss* hervorgehen soll?«

»Ähm … «

»Ah, ja …«

Wie du einst, übersieht Stan aktuell, dass jeder Durchbruch durch einen *Punkt 2*, oder einen beliebigen anderen relevanten Punkt, schlussendlich immer mit einem untergeordneten Trend einhergehen muss. Folglich wird Stans Erwartungshaltung über den *Punkt 2* auf dem Niveau eines begrenzten, laienhaften Trading-Anfängers stattfinden, auf dem allein sich der Begriff *Fehlausbruch* sinnvoll verwenden lässt.

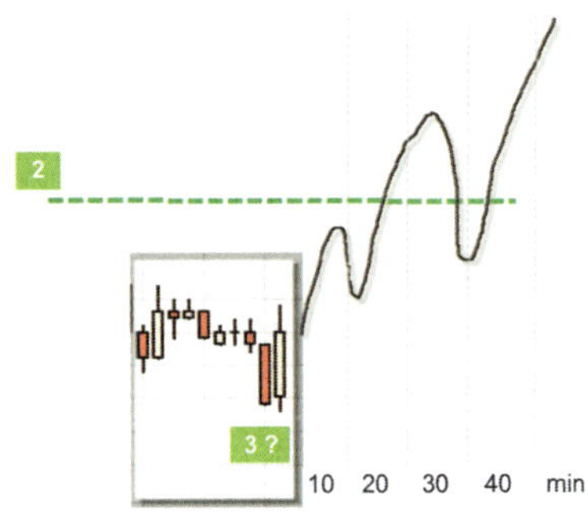

Bild 9

Stan stellt sich den Durchbruch am *Punkt 2 grundsätzlich* in Gestalt megagroßer Perioden vor – buchstäblich als das »göttliche Signal im Charthimmel«, dem *nur noch* entweder grüne oder rote Perioden folgen. Darüber vergisst er vor lauter Faszination für den aktuell zappelnden Bar den Ursprung von allem: den eigentlichen Verlauf der Time-&-Sales-Liste beziehungsweise deren grafisches Abbild, den Tickchart (siehe schematische Linie in Bild 9).

Dass der Durchbruch durch den *Punkt 2* in sicherlich vielen Trades und bis zu einem gewissen Grad »ein glatter Durchschuss« ist, der sich in großen und sauberen Perioden ausdrückt, bleibt unbestritten. Stan muss sich aber, sofern er das optische Zusammenspiel der Zeiteinheiten verstanden hat, stets daran erinnern, dass es nach einem *Punkt 2* eben nur selten wie in Bild 10 schematisiert weitergeht. Dieses Schema symbolisiert tatsächlich nur eine optisch unzulängliche Idealvorstellung jener riesigen und lediglich voranschreitenden Perioden. Stattdessen handelt es sich *auch* bei Darstellungen wie in Bild 11 um wunderschöne, saubere (!) Verläufe.

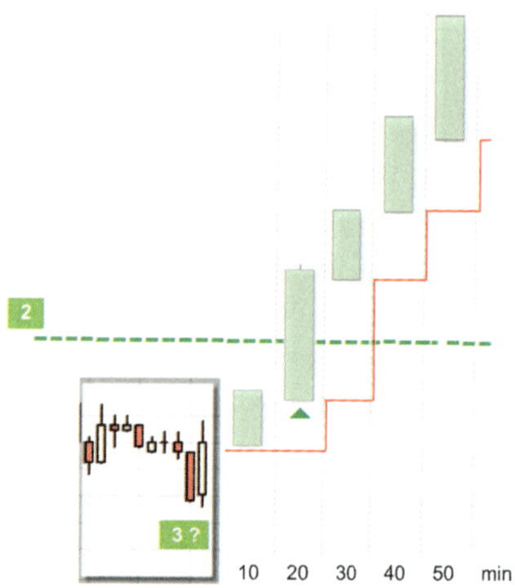

Bild 10

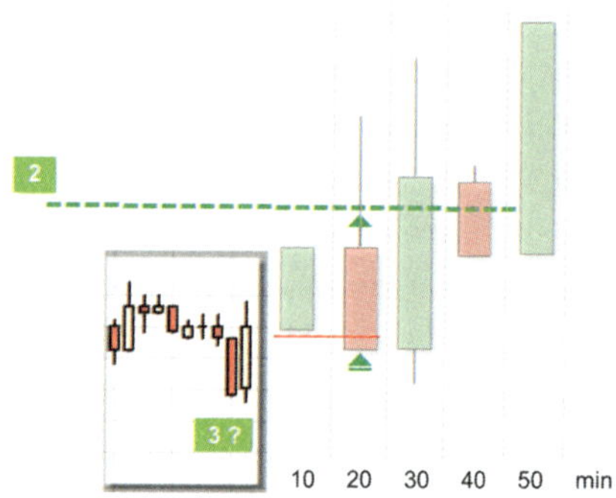

Bild 11

Der Durchbruch durch einen *Punkt 2* »lebt« also durch den Verlauf des Tickcharts und »erschafft« auf diese Weise eine Vielfalt optischer Präsentationen, die der Natur eines *Punktes 2* entspricht. Bild 10 und Bild 11 präsentieren ausschnittsweise (Ausgangsbild hierzu ist immer noch Bild 7) zwei unterschiedliche optische Varianten von Durchbrüchen durch einen *Punkt 2* und den *Stoppverlauf* eines entsprechenden Trades. Bild 10 offenbart den heiß ersehnten, Bild 11 hingegen einen zu einem *Fehltrade* führenden Verlauf.

In die Bilder 12 und 13 integriert, folgen nun die von Stan, und damals dir, nicht erkannten Kippbilder des untergeordneten Trendverlaufs und die Erklärung, weshalb in *beiden* Beispielen von einem *sauberen* Verlauf durch *Punkt 2* zu sprechen ist. Zu sprechen sein *muss!*

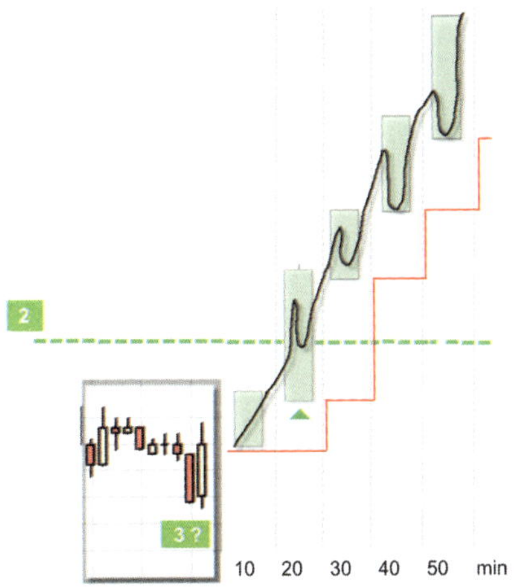

Bild 12

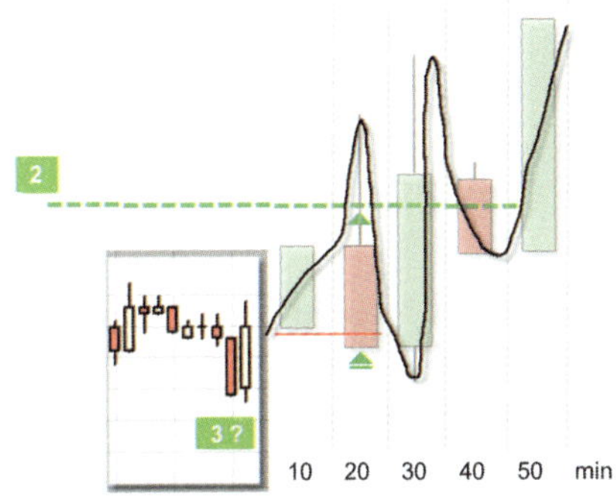

Bild 13

Da es sich nur um Skizzen dreht, hierzu als Hinweis: Die grau gestrichelten senkrechten Linien signalisieren die zeitlichen Abstände der Perioden, in diesem Fall jeweils zehn Minuten. Innerhalb dieser befinden sich per Hand schwarz skizzierte Linien, welche den Tickchartverlauf repräsentieren. Die zeitliche Zusammenfassung des Tickchartverlaufs ergibt den dargestellten Verlauf der Candlesticks. Wie unschwer zu erkennen ist: in beiden Fällen ein *sauberer* Trend – ansteigende Hoch- und Tiefpunkte.

In diesen beiden Bildern wird nun *der* Unterschied zwischen einem Hobbytrader und einem Trader betont: Letzterer besitzt schlichtweg die Fähigkeit, in den unausweichlichen Verlauf von *Bewegung* und *Korrektur* der untergeordneten Marktverläufe und deren Varianten in der zeitlichen *Dauer* und *Größe* beziehungsweise *Höhe* »hineinzusehen«. Ein Unterschied, der beim Gespräch über den Bewegungshandel *immer* beachtet werden muss, will man sich das Kippbild am *Punkt* 2 – und somit die jeweilige optische Andersartigkeit oder Verschiedenheit – bewahren. Denn wer will (oder kann?) schon dem Markt vorschreiben, wie *weit* die Bewegung und wie *tief* die Korrektur und vor allem in welchen *zeitlichen Abläufen* diese zu erfolgen haben ... Wenn Stan hieran zu rütteln versucht, rüttelt er an den Grundmauern der Markttechnik und damit am Aufbau des gesamten Börsenhandels.

Unter diesem Gesichtspunkt betrachtet, müsste so manche Analyse, manches Seminarkapitel oder manche Buchzeile schlichtweg verboten werden, welche ihren Lesern oder Teilnehmern das Thema *Fehl*ausbruch nahebringen wollen. Na ja, aber was soll's ...

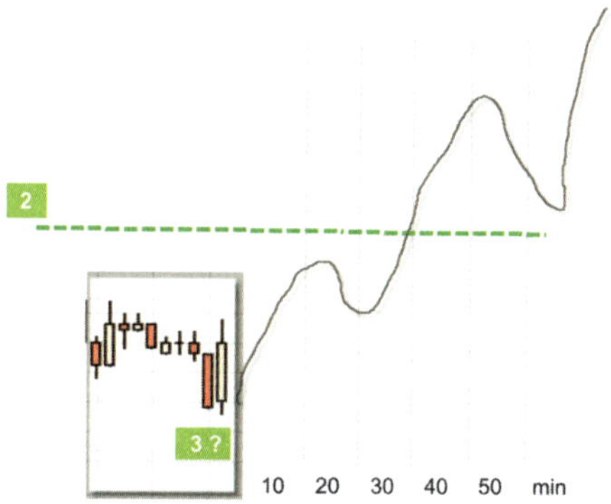

Bild 14

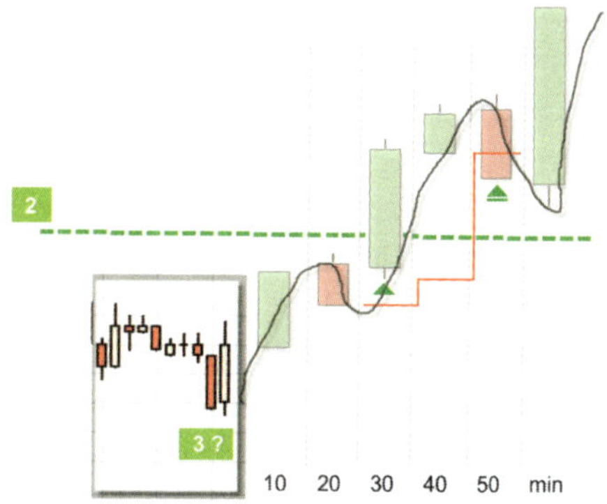

Bild 15

Bild 14 und Bild 15 visualisieren denselben Ausgangspunkt aus Bild 7, aber ein wiederum anderes optisches Bild. Der Trend in seinen Bestandteilen *Bewegung* und *Korrektur* ist bilderbuchmäßig ausgeprägt. Dennoch hebt sich der zeitliche Ablauf hinsichtlich der Größe von Bewegung und Korrektur gegenüber dem aus Bild 13 ab: Der untergeordnete Trend verläuft nicht so volatil, unter anderem daran erkennbar, dass die letzte Korrektur vor Positionseröffnung flacher verläuft. In der vierzigsten Minute findet – bezogen auf die Zeit – nur noch ein geringer Kursanstieg statt, in dessen Konsequenz die Periode nicht an ihrem Hoch schließt und damit den Beginn einer neuen Korrektur einläutet. Die in der Folgeperiode ablaufende Korrektur unterschreitet das Tief der Vorperiode fast sofort und die Position wird nahe am Eröffnungskurs ausgestoppt.

Aber wer ist jetzt an dem »fehlenden Durchschuss« schuld? Der Markt, der – bei genauerer Beleuchtung – in einem Bilderbuchtrend verläuft? Oder der Computer, der die Perioden dummerweise immer genau dann »zerhackt«, wenn es am ungünstigsten für die Stopplogik ist? Oder sind es die Marktteilnehmer, die mit ihren Orders die Bewegungen und Korrekturen zur Unzeit stattfinden lassen? Oder ist es Stan, der meint, dass dem ausgestoppten Trade ein Bündnis, eine geheimnisvolle Verschwörung gegen seine Person zugrunde liegt, und der, statt sofort einen neuen Trade in den Markt zu positionieren, beleidigt schmollt?

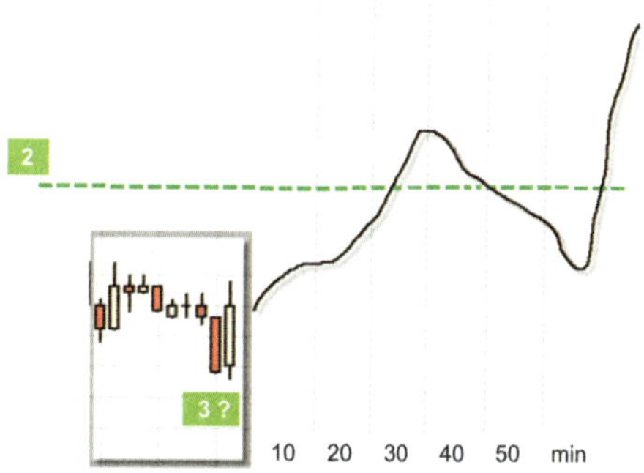

Bild 16

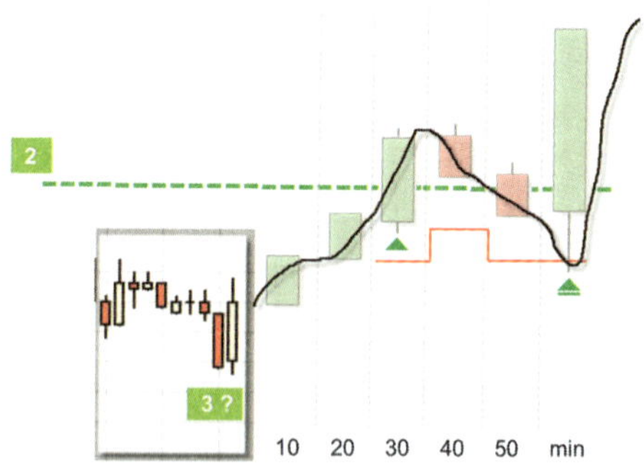

Bild 17

Auch Bild 16 und Bild 17 zeigen, dass der in der untergeordneten Zeiteinheit klar und eindeutig verlaufende Trend dem Betrachter in der periodenhaft zusammengefassten Darstellung einen Großteil der Zeit als Gezappel der laufenden Perioden um den Einstiegspunkt herum erscheinen wird. Ich höre deine Worte noch durch den Handelsraum hallen, als wäre es gestern gewesen: »Das gibt's doch nicht: Der Drecksmarkt hat mich schon wieder in den Abgrund gestoßen! Auf genau diesen *Punkt 2* hatte ich gewartet, und so ein geiler Trade hätte das werden können, aber nein …! Da beachte ich schon die Innenstäbe und ziehe meinen Stopp um eine Periode zurück, genau wie es die Markttechnik vorgibt, und es hat mich trotzdem wieder mit minus rausgeschmissen! Was hat dieser sch… Markt nur gegen meine Trades?« Denselben authentischen Klang unüberlegter Worte vernimmst du bestimmt von Stan, wenn er mit *jedem* zappelnden Bar mitfiebert und bei *jedem* Schlusskurs mit dem Schicksal hadert, jedoch keinen Gedanken an die elementaren optischen Verwirrungen hinsichtlich des Verlaufs des tiefer liegenden Trends verschwendet. Es verhält sich damit wie mit dem Wohnzimmerfußboden, auf dem man gedankenlos rumläuft: Man weiß, er befindet sich i-r-g-e-n-d-w-o d-a u-n-t-e-n – aber dass man ihn sich aus der Nähe betrachtet, kommt doch eher selten vor. Wenn die Dielen indes morsch sind, könnte es passieren, dass man unvermittelt durchbricht und ein Stockwerk tiefer ziemlich im Schlamassel sitzt. Man sollte folglich von Zeit zu Zeit mal nach dem Fußboden schauen … ☺

Lass die Schemata ohne begleitende Worte auf Stan einwirken. Er muss sich in aller Ruhe in den untergeordneten Trendverlauf und den zusammengefassten Periodenverlauf hineindenken, um die Verbindung nachzuvollziehen. Vor allem soll er sich mit der zeitlichen Komponente und deren Periodendarstellung beschäftigen: Was wäre, wenn der ganze Marktverlauf des Tickcharts fünf Minuten eher oder später stattgefunden hätte? … ☺ Du weißt, was ich meine? Nämlich: Wie hätten die Bars dann ausgeschaut? Stan muss diese Schemata, stellvertretend für eine Vielzahl von weiteren Varianten, untereinander vergleichen, um zu lernen, dass *alle* einen sauberen Verlauf widerspiegeln und nur seine fast schon sträflich falsche Sichtweise ihm vorgaukelt, ein Periodenchart sehe eben das eine Mal »schön« und ein anderes Mal »nicht so schön« aus.

Interessant werden nun die Schemata in Bild 18 und Bild 19:

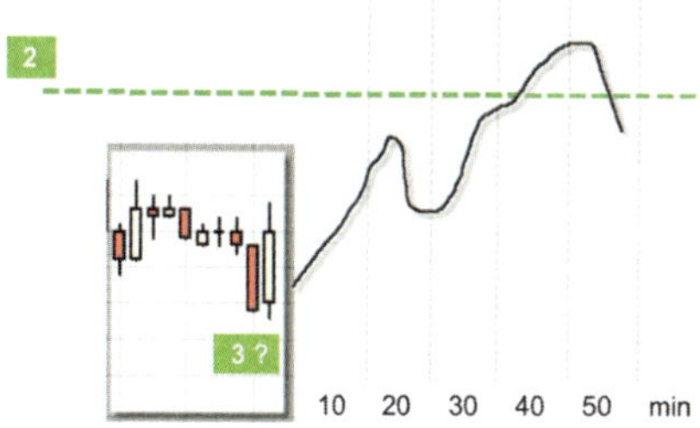

Bild 18

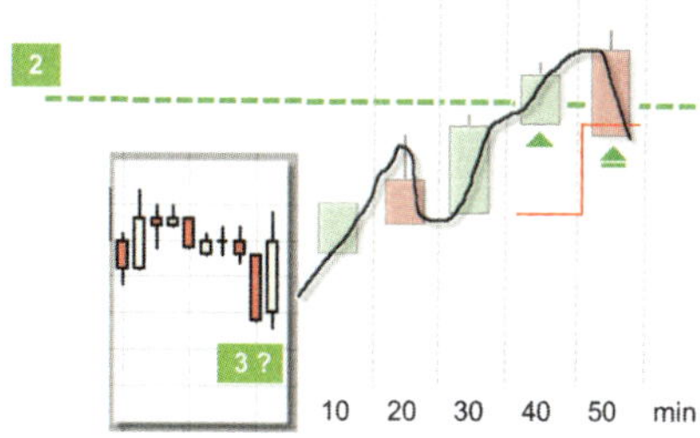

Bild 19

Der untergeordnete Trend mit seinen Bestandteilen *Bewegung* und *Korrektur* ist auch hier wieder deutlich ausgeprägt. Dennoch differenziert sich der Ablauf hinsichtlich Zeit und Größe gegenüber den Bildern 17 oder 15. Der Positionseröffnung folgt sofort die Korrektur und, da der letzte, aber kleinere Teil der vorangegangenen Bewegung innerhalb kurzer Zeit geschehen ist, gestaltet sich die Einstiegsperiode sehr klein. Die einsetzende Korrektur rutscht unter das Tief der Einstiegsperiode. Resultat: Der Trade wird ausgestoppt und damit aus dem Markt genommen.

... Ausgestoppt! Wo bleibt der zweite Versuch?
»Toll, schon wieder ausgestoppt!« Es ist schon komisch, dass all das Wissen um die Zeiteinheiten durch einen solchen Minustrade anscheinend irgendwie auf dem Grund der Ostsee landen kann. Gerade bei dir, lieber Philip, musste ich immer wieder beobachten, dass du danach einfach völlig aufgeschmissen warst. Aus lauter Ehrfurcht vor dem Live-Chart ist es dir nicht gelungen, dein erworbenes Wissen *in die Praxis umzusetzen*; dir sind anschließend die simpelsten Zusammenhänge der Zeiteinheiten derart abhandengekommen, dass du nach einem so ausgestoppten Trade wie Bild 19 brav vorgezogen hast: *Kopp in den Sand, bis du damit fertig warst, dir leid zu tun.*

Stan wird, nachdem er diese Schemata durch permanentes Hinterfragen der Darstellungen seiner Live-Charts erprobt und verinnerlicht hat, ebenfalls erkennen, weshalb es immer (!) so wichtig ist, weitere durchdachte Orders zum Einstieg folgen zu lassen, wenn er am *Punkt 2* ausgestoppt wurde. Im Kino kommt die Auflösung auch nicht in den ersten zehn Minuten, und ein Trade am *Punkt 2*, oder analog an einer Trendlinie oder am Tageshoch/-tief, muss für einen Trader mindestens so schön sein wie ein Kinobesuch. ☺ Ganz ehrlich, das eigenständige Aufrappeln ist wichtig. Nach einem ausgestoppten Trade am *Punkt 2* bewegungslos liegen bleiben, das kann jeder. Okay, liegen bleiben ist zwar für Stans Ego aktuell energiesparend, aber sonst nichts. Mal ehrlich: Da sitzt man in Erwartung eines gescheiten Signals stundenlang vor dem Rechner – Disziplin und ein durchdachtes Einstiegssetup einfach mal vorausgesetzt –, um dann innerhalb weniger darauffolgender Perioden am Tief der vorherigen Periode aus dem Markt genommen zu werden, nur weil die Korrektur des tiefer liegenden Trends »zeitlich blöd« abläuft? Und anschließend sieht man infolge des Frusts enttäuscht und mit eingezogenem Schwanz zu, wie der Markt Punkt für Punkt in die gewünschte Richtung marschiert. Stan entgeht hierbei der Umstand, dass er, bezogen auf den untergeordneten Trend, *lediglich* innerhalb der *lebensnotwendigen* Korrektur ausgestoppt wurde. Sobald er das erkannt und begriffen hat, muss er sich nur noch die Frage stellen, ob er ein Ego-Energiesparprogramm fahren oder ein Trader sein will. Will er Trader sein, muss er, nachdem er den Ringboden geküsst hat, wieder aufstehen, eine neue Stopp-Buy-Order an die markierte Stelle setzen – und weiter geht's. Oder aber er kauft sich mit einem Teil der angedachten Positionsgröße in die Korrektur ein (Limit-Buy Order in Bild 20) und mit dem Rest dann am Hochpunkt des Trends, dem *Punkt 2*, wie in Bild 20 fixiert.

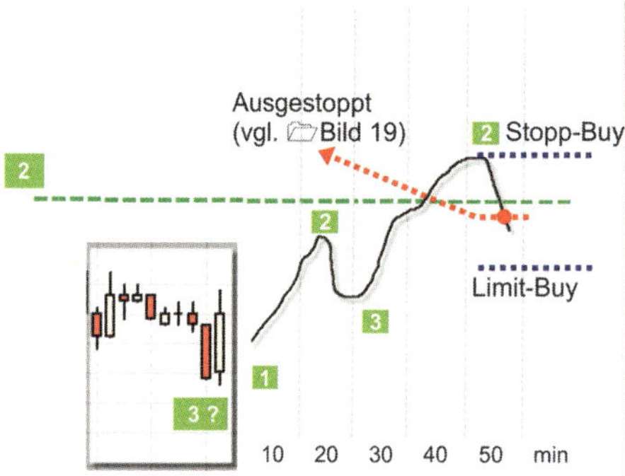

Bild 20

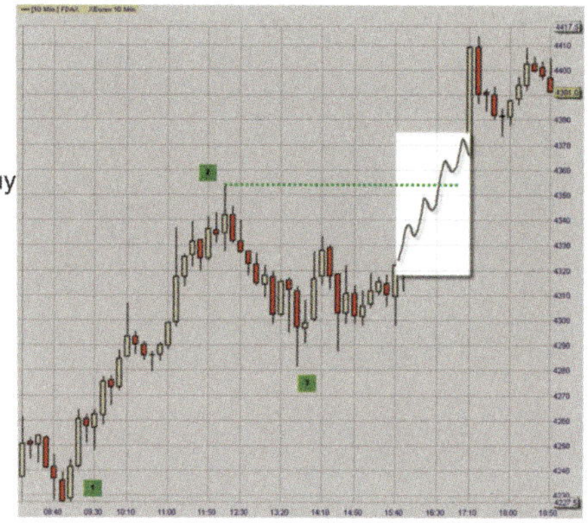

Bild 21

Wenn Stan dieses Kippbild endlich verstanden hat, gib ihm den Tipp mit auf den Weg, den ich dir damals gegeben habe: In der Nähe eines *Punktes 2* – also kurz davor und danach – ist es mitunter von Vorteil, statt der *Bewegung* für den Moment des Durchbruchs den untergeordneten Trend zu handeln, siehe Bild 21. Auf diese Art können für diesen Zeitraum die Perioden und damit auch die *Innenstäbe* komplett vernachlässigt werden. Die Relevanz des Schemas aus Bild 20 vor Augen, hast auch du recht schnell begriffen, für deine Trades mit dem Ziel *Handel der Bewegung* als Angriffspunkt für den Stopp den Weg des geringsten Widerstandes zu wählen. In diesem Kontext muss Stan jedoch dringend checken, dass die Entscheidung, am *Punkt 2* den Markt sozusagen »aufzuklappen« und den Trend zu handeln, innerhalb des halbautomatischen Handels schlecht zu realisieren ist. Für uns als Trader direkt vor dem Chart ein Kinderspiel – aber für die Handelsplattformen eine Hürde. Dieser Kunstgriff muss bei einem *gleichzeitigen Handel mehrerer Märkte* daher außen vor bleiben, denn dies verlangt eine *Nähe zum Markt*, die programmiertechnisch nicht bis ins Detail *befriedigend* verwirklicht werden kann. Aber hierzu wirst du Stan ja noch gesondert einweisen und schulen.

Somit beweist *Punkt 2*, stellvertretend für alle durchdachten Durchbrüche aus etwaigen Linien oder Formationen, dass es gerade dort viele optische Missverständnisse geben kann. Ja, man kann fast sagen, dass sich Missverständnisse nirgends so sehr zu Hause fühlen wie hier. Mit dieser Erkenntnis sollten diese »ach *sooo* schlimmen Fehlausbrüche« am *Punkt 2* für unseren Bambino nicht weiterhin Furcht einflößende und Feigheit hervorrufende, quasi übernatürliche Tradeereignisse sein, die sich vermeintlich durch keines der Gesetze der technischen Analyse erklären lassen. Er muss nur zusehen, dass er sein Sichtfeld hierbei nicht einengt, denn es gilt: Zwischen dem *Bewegungshandel* und dem damit erklärten Ziel, *nicht* den Trend zu handeln, kann so einfach nicht differenziert werden, da beim *Bewegungshandel* in einer tieferen Bedeutungsebene stets von der Anwesenheit eines Trends auszugehen ist. Sollte Stan dies *nicht* verinnerlichen, wird sich das Erleben von *Fehlausbrüchen* in seinem Alltag unvermeidlich fortsetzen …

»Autsch, der aktuelle Candle ist zwar noch nicht fertig, aber ... e-r d-r-e-h-t!!!«
Dass der belustigendste optische Fehlgriff Stans – der Versuch der Vorwegnahme des Ausgangs einer Periode – auch von dir beobachtet wurde, verwundert mich im gesamten Kontext deiner Schilderung nicht. Auch bei dir, lieber Philip, gehörte dies lange Zeit und sogar bei allen drei Handelsstilen *Trend-, Bewegungs- und Ausbruchshandel* zum Alltag. Mit dieser Vorwegnahme hast du genau das unternommen, wovon du dachtest, dass es zur Rettung deines Trades beitragen würde: »Wie, der Markt dreht? Hat der Drecksmarkt meine angedachte Richtung vergessen? Na gut, dann rette ich, was noch zu retten ist ...« Im Klartext hieß das, Gebrauch zu machen von der Freiheit, jederzeit reagieren zu können, gepaart mit der Gewissheit, sich sekündlich auf einen Streit mit der aktuell zappelnden Periode einzulassen. Genau denselben Umständen ist es geschuldet, dass Stan sein digitales Spielkasino so faszinierend findet.

Die Fragestellung: »Ab wann kann ich in einer laufenden Periode den Markt vorwegnehmen?« hast du zwar selbst nie so deutlich aufgeworfen und ausgesprochen, dennoch hat man es dir damals angesehen, dass du innerhalb jeder *laufenden* Periode genau *daran* dachtest. Tagtäglich war dies eine beeindruckende Demonstration deiner Entschlossenheit, die Zusammenhänge von Zeiteinheiten und Trends zu ergründen, obwohl diese von dir fälschlicherweise als voneinander getrennte Tatsachen empfunden wurden. Du hast damals, statt es dir leicht zu machen und auch hier einfach das Kippbild zu sehen, lieber auch darüber gegrübelt: »Kippt der Markt? Ist das jetzt der Wendepunkt?«

Obwohl durch die vorherigen Schemata Stans fehlender Grundgedanke bereits dargelegt wurde, will ich dasselbe Problem nochmals unter einem anderen Gesichtspunkt beleuchten: Bild 22 demonstriert schematisch *zwei* nacheinander auftretende, beispielsweise 10-Minuten-Perioden und wie sich diese innerhalb ihres Verlaufs optisch verändern. Die rot gestrichelten Linien veranschaulichen jeweils den Eröffnungskurs der Periode.

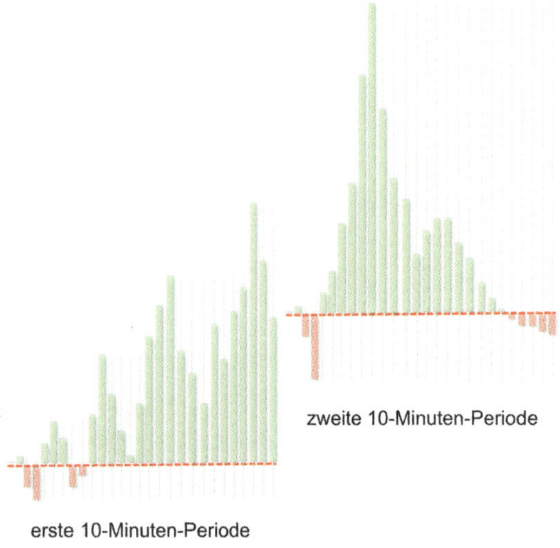

Bild 22

Die jeweils 27 einzelnen Perioden stehen, separat betrachtet, stellvertretend für die fortlaufende Veränderung der Entwicklung der gesamten 10-Minuten-Periode, welche Stan am Monitor live verfolgt. So betrachtet, zeigt uns das Schema circa alle 22 Sekunden jeweils eine Momentaufnahme der sich im Laufe von zehn Minuten entwickelnden Perioden.

Zur Verdeutlichung: Man muss sich einfach vorstellen, man würde nur etwa alle 20 Sekunden auf den Monitor blicken. Jedes Mal erhält die sich entwickelnde Periode ein anderes Aussehen:

Nach der ersten Minute sieht die Periode tiefrot aus (zweite rote Kerze von links), nach ungefähr einer weiteren Minute verläuft sie dagegen mit leicht nachgebenden Kursen im grünen Bereich (Kerze links neben dem zweiten Block der beiden roten Kerzen) usw., usw. …

Für Stan, der nun live davor sitzt, endet so eine Periode daher nachvollziehbar in unendlich vielen Streits. Kaum dass die Periode, weil sie die optische Zusammenfassung des tiefer liegenden Trendverlaufs verkörpert (siehe hierzu Bild 23), von ihren momentanen Maximalständen abkommt, grübelt Stan sofort über die Richtigkeit seiner Position nach und produziert damit innerhalb einer einzigen Periode eine Legion an Begründungen, warum er sich mal wieder den falschen Trade ausgesucht hat.

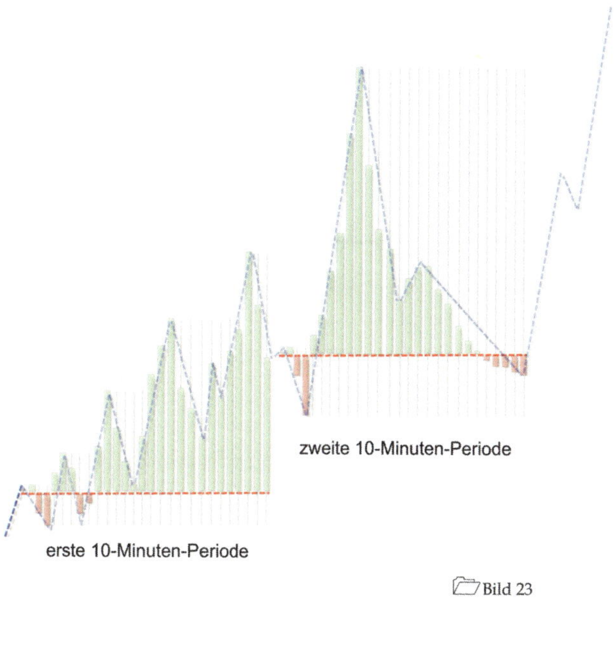

Bild 23

Wenn du während nur einer einzigen 10-Minuten-Periode Stans Gedanken über den zappelnden Kursverlauf niederschreiben könntest, du würdest Seiten, nein: Bücher, nein: Bände füllen! Kurzum: In Stans Kopf herrscht *völliger Belagerungszustand.* ☺

Aus diesem Grund ist Stan gefordert, aufzuwachen und sich an die optische Arbeit zu machen, denn sein gesunder Menschenverstand gewährt ihm ja nicht nur die Freiheit, den aktuellen Bar ohne Umschweife zu observieren, sondern er sollte ihm vielmehr auch dabei helfen, einmal eine tiefere Zeiteinheit aufzuklappen und den *wahren*, nicht den zusammengefassten, Marktverlauf einfach zu *akzeptieren*. Allein die tiefere Zeiteinheit kann Antworten auf so seltsame Fragen geben wie: »Was macht denn diese sch... Periode n-u-n schon wieder?« Könnte sie reden, sie würde aus Liebe und Anteilnahme laut herausschreien: »Junge, was ich mache, ist doch nur gerade eine K-o-r-r-e-k-t-u-r. Was? Du wolltest mit deinem Trade die schnelle Bewegung handeln und nur ansteigende Gewinne sehen? Junge, m-a-c-h die Augen auf, wenn du auf deiner Zeiteinheit die *Bewegung* handelst, bedeutet das hinsichtlich meiner Wenigkeit, der tieferen Zeiteinheit, was? So, du weißt das nicht? Ich sag's dir: Du handelst einen Trend! Und was heißt das? So, das weißt du auch schon wieder nicht?! Junge, was machst du eigentlich hier?! Na, egal, es heißt: *Bewegung* und *Korrektur*! M-e-r-k dir das, und – Himmelherrgott! – und lebe e-n-d-l-i-c-h damit!«

Stan muss demzufolge also lernen, dass – wie es die letzten Bilder bewiesen haben – auch der *Bewegungshandel* generell als eine Art Kippbild zu verstehen ist und *Bewegungshandel* und *Trendhandel* einander in Wirklichkeit immer recht höflich begegnen. Stan gerät lediglich dann in Schwierigkeiten und muss *sinnlose* Trading-Opfer bringen, wenn er durch Tatsachenverdrehung das zweite Kippbild nicht gesehen und »erforscht« hat.

»Welche ist denn nur die richtige Zeiteinheit? Und welche ist die passende über- und untergeordnete Zeiteinheit?«

Der Glaube Stans an einfache und schnelle Antworten auf diese Fragen unterstreicht, trotz aller fachlichen Probleme, welche sich allein durch das Stellen dieser Fragen offenbaren, den lächerlichen Standpunkt einer ausschließlichen Wichtig- und/oder Richtigkeit bestimmter Zeiteinheiten für den Erfolg eines Trades. Neben Stan vertreten viele Trader den Standpunkt, es müsse lediglich *eine*, sozusagen *die* Zeiteinheit geben. Dieser Auffassung nach existiert ausschließlich *eine* Wahrheit, dementsprechend nur *eine* optimale Zeiteinheit. Diese zu suchen, zu erkennen oder zu konstruieren, war lange Zeit auch dein erklärtes Ziel. Und für Stan ist diese Recherche nach der wahren Zeiteinheit momentan ebenfalls eine noch innige Leidenschaft.

Stans Theorie, es herrsche eine Art Rangordnung unter den Zeiteinheiten, repräsentiert eine ganz dem Trading-Anfänger vorbehaltene eigene Erfindung, deren Unsinnigkeit man am einfachsten durch das Stellen folgender Gegenfragen und Feststellungen aufzeigen kann: Steht der 30-Minuten-Chart-Trader in der Hierarchie der Trader tiefer oder höher als der 10-Minuten-Chart-Trader, aus dessen Handeln er schließlich die »Nahrung« für seine Trades zieht? Gehören Tickchart-Trader zur Unterschicht, sind sie die Proletarier der Zeiteinheiten, weil sie auf der kleinsten grafischen Darstellung traden? Wohl wahr, es gibt Nahrungsketten in den Trends, doch es ist schwer zu sagen, wer am Ende daraus als Sieger hervorgeht. Genau genommen dürfte es wohl einfacher sein, alles als gigantische Genossenschaft zu betrachten – wobei die Rollen von Arbeiterschaft und Management allerdings vollkommen wechselnd besetzt werden. Mal macht der kleine dem großen, mal der große dem kleinen Trend das Leben zur Hölle.

Stan wird in diesem Zusammenhang, genau wie du früher, einwenden, dass doch immer gesagt werde, die höheren Zeiteinheiten und deren Signale besäßen eine höhere Wertigkeit. Gemeint ist damit jedoch nur, dass die Wertigkeit der Signale ansteigt, nicht aber die Bedeutung der Zeiteinheiten an sich. Um dies in Zukunft besser zu verstehen, muss Stan generell zwei Arten von Signalen unterscheiden lernen, wobei ich Indikatoren hier jetzt mal außer Acht lasse: den reinen Trend – also lokale Hoch- und Tiefpunkte – und Signale, die sich direkt aus der jeweiligen *Optik* einer oder mehrerer Perioden ergeben, folglich Umkehrstäbe, Candlestick-Formationen etc.

Zum Erreichen besserer und schnellerer Einsicht sollte die Frage nach den richtigen Zeiteinheiten aus den jeweiligen Blickwinkeln der drei Handelsausrichtungen *Trend*, *Bewegung* und *Ausbruch* beleuchtet werden.

… Dogmatik der Zeiteinheiten beim Bewegungshandel?

Dass beim Bewegungshandel die Wertigkeit, sprich: die Signifikanz, eines Signals je nach Größe der Zeiteinheit, in der es beobachtet werden kann, variiert, ist einzig und allein der Unterteilung der grafischen Darstellungsweise in die vom Betrachter gewählten zeitlichen Abschnitte geschuldet. Zugrunde liegt zeitbasierten Darstellungen jedoch stets derselbe *Bauplan*: also Eröffnungs-, Hoch-, Tief- und Schlusskurs. Es ist doch wohl offensichtlich, dass die Form eines Charts eher zufällig zustande kommt, als dass wahrhaftig signifikantes Orderverhalten hinterlegt ist, wenn ein Chart dem »Wachstum« einer Periode nur eine, zwei oder drei Minuten »Zeit gibt«. Dies hatte ich im Übrigen gegenüber Stan bereits mehrfach erwähnt. Solltest du also Stan mal mit einem Candlestick-Buch oder sonstiger Literatur erwischen, deren Periodenmuster einen 3-Minuten-Chart benötigt, nimm ihm das Buch weg und werfe es zerrissen in den nächsten Mülleimer! Wenn du Stan Bewegung auf einem 5-Minuten-Chart handeln oder gar Innenstäbe oder Umkehrstäbe auf kleineren Zeiteinheiten als 10-Minuten-Charts suchen siehst, schalte seine Monitore aus! Sobald er sich von der Überraschung erholt hat, stellst du ihm bitte die Frage: »Was denkst du, wie der einzelne Bar aussieht, wenn der Computer diesem noch 20 Sekunden länger Zeit gegeben hätte?« Wenn Stan darauf antwortet: »Na ja, halt genauso?«, schalte die Monitore wieder an, schließe all seine Positionen und drohe ihm an, im Wiederholungsfalle sein Handelskonto für immer zu sperren! Gibt er Widerworte, schicke ihn zum Nachdenken für zwei Wochen in den Zwangsurlaub!

Ein bisschen anders verhält es sich allerdings bei der Frage, welche über- oder untergeordnete Zeiteinheit denn nun zum Bewegungshandel passt. Hier muss Stan für eine angemessene Beantwortung zwischen Ein- und Ausstieg unterscheiden. Beim Einstieg ist die Zeiteinheit irrelevant. Da der Bewegungshandel innerhalb eines Trends stattfindet, dieser wiederum unabhängig von Zeiteinheiten entsteht, spielt die Zeiteinheit, auf welcher der Trend betrachtet wird, für den Tradebeginn – ganz schlicht gesagt – keine Rolle. Anders dagegen beim Ausstieg: Hier geht es ja primär um die Frage einer angemessenen *Stoppversetzung*, und plötzlich macht es einen Unterschied, ob dieser auf einem 10-Minuten- oder 37-Minuten-Chart nachgezogen wird.

Bildlich gesprochen ist beim Bewegungshandel die Wahl der Zeiteinheiten nach unten wie auch nach oben *gedeckelt*. Nach unten, weil in Zeiteinheiten unter 10-Minuten der Bewegungshandel aufgrund der Zufälligkeit der Periodendarstellung keinen wirklichen Sinn ergibt. Da ist es besser, die gesamte Stopplogik inklusive der Beachtung der *Innenstäbe* komplett links liegen zu lassen und stattdessen *gleich* den tiefer liegenden Trend auf dem Tickchart zu handeln und sich nur auf dessen lokale Hoch- und Tiefpunkte zu konzentrieren. Nach oben wird die Wahl der Zeiteinheiten durch die Deutlichkeit des gehandelten Trends begrenzt. Das heißt, man kann im Bewegungshandel die Zeitperioden maximal so groß zusammenfassen, dass der eigentliche Trend mit seinen Korrekturen immer noch deutlich sichtbar bleibt und nicht von subsumierten Perioden »verschluckt« wird (siehe nochmals Bilder 3 und 5).

... Dogmatik der Zeiteinheiten beim Trendhandel?

Beim Handel des Trends sieht das Ganze nun ein bisschen anders aus. Trends definieren sich ja *nicht* durch die zeitliche Taktung eines Chartprogramms, sondern einzig und allein durch lokale Hoch- und Tiefpunkte. Demzufolge sind Trends, was ihre Entstehung und Definition betrifft, nicht zeiteinheitenabhängig, sondern einzig und allein durch ihre Sichtbarkeit in kleine und große zu unterteilen. Ein Trend von beispielsweise vierzig Punkten mit einigen Korrekturen von jeweils sechs bis sieben Punkten wird auf einem Tageschart genauso wenig erkennbar sein wie auf einem 10-Minuten-Chart, *dennoch* ist er vorhanden und auf dem grafischen Ursprung aller Charts – dem Tickchart – deutlich zu identifizieren. Aus diesem Grund herrscht bei Trends, was deren Darstellung betrifft, keine Rangordnung.

Hinterfragt man die Existenz von Zeiteinheiten indes generell, so erkennt man, dass diese insoweit von Vorteil sind, als dass durch ihre jeweilige Zusammenfassung der geballten Historie besser ins Auge zu sehen ist, sprich: Man kommt mit der Datenflut der Time-&-Sales-Liste besser klar und steht damit letztendlich die Trades mit mehr Abstand zum Marktrauschen durch. Stan dagegen glaubt, in der einen Zeiteinheit bessere oder andere markttechnische Signale wahrnehmen zu können als in einer anderen; beziehungsweise er nimmt an, dort Signale zu sehen, die im Tickchart nicht sichtbar sind oder möglicherweise dort – unterstellt, es ist ausreichend Historie verfügbar – optisch komplett anders aussehen. Für den *Trendhandel* erweist sich die Frage nach *der besten* Zeiteinheit indessen als völlig nebensächlich. Wenn Stan doch unbedingt eine Antwort erhalten muss, kann diese nur lauten: »Nehme einen Tickchart und lade dir zwei Jahre Historie! Da dies datenseitig aber nur selten darstellbar ist, nehme die kleinste mögliche Zeiteinheit und lade die höchstmögliche Anzahl von Historie! Dann skaliere daraus auf einem Bildschirm mit hoher Auflösung einen Chart zusammen!« Dann endlich sind Trends – vom kleinsten bis zum größten – in demselben Chart sichtbar. *Keiner ist versteckt. Keiner ist verbogen. Keiner wird verschluckt.* Zwangsläufig verhindert man auf diese Weise, das fehlende Kippbild aus Bild 5 zu übersehen. Damit erübrigt sich die Frage nach der besten Zeiteinheit im Trendhandel, da es nicht *die* Zeiteinheit mit *den* besten Trends gibt. Vielmehr sieht man die grundsätzlich stets verfügbaren Trends mal deutlicher und mal weniger deutlich. Dies entspricht der Frage eines Briefmarkensammleranfängers »nach der besten Lupe«: Da es schlussendlich bei der Qualitätsprüfung um das zugrunde liegende Briefmarkenmotiv und die vorhandenen Zacken geht, diese sich aber nicht wirklich ändern, gibt es einfach keine »beste« Lupe, sondern nur »Lupen«.

… Dogmatik der Zeiteinheiten beim Ausbruchshandel?
Im *Ausbruchshandel* ist die Frage ebenso völlig nebensächlich, da Stan hier auf die relevanten *Trendpunkte* achten muss, diese allerdings zeiteinheitenunabhängig sind – was ich bereits weiter oben ausgeführt habe und darum hier nicht mehr wiederholen werde. Da allein große, deutlich erkennbare *Punkte* 2 für den Ausbruchshandel herangezogen werden sollten, spielt es keine Rolle, ob diese nun im Tickchart oder im 24,5-Minuten-Chart betrachtet werden. Sollte der angedachte *Punkt* 2 durch einen Wechsel der Zeiteinheiten plötzlich verschwinden, so war dieser zwangsläufig *zu klein*.

Und dann war da ja noch folgende Luxusfrage: »Hilfe, ich liege weit vorne, wohin nun mit den Stopps?«
Wie aus dem zuvor Gesagten und den zugehörigen Schemata hervorgeht, ist es kein Wunder, dass Stan mit dem Chart auf Kriegsfuß steht, da er die von ihm angedachte Herrschaftsdoktrin der Zeiteinheiten zu wenig beziehungsweise überhaupt hinterfragt. Demzufolge nimmt er sich weiterhin und unbekümmert das Recht heraus, seine Trades zu misshandeln und zu wenig aus dem unerschöpflichen Vorrat der Chartveränderungen zu profitieren, die einzig und allein dazu da sind, seine Trades optimal verwalten zu helfen.

Dessen, was wir bisher ansprachen, sich nicht bewusst, glaubt Stan, im Hinblick auf seine Art, Stopps wahllos nachzuziehen, dies sei in allen möglichen und unmöglichen Situationen legitim; schließlich sichert dies ja einen »bereits vorhandenen Gewinn«.

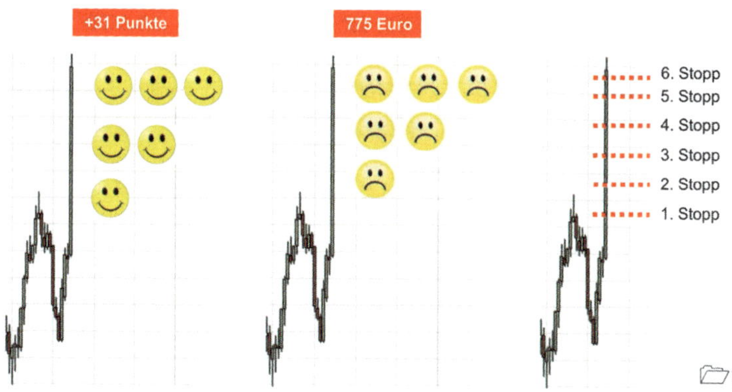

Bild 24

Wenn man die Sache betrachtet, wie in Bild 24 aufgezeigt, dann freut sich Stan auf der einen Seite über den entstandenen Punktgewinn, auf der anderen Seite sabotiert der in Euro oder beliebiger anderer Währung ausgewiesene Gewinn Stans gesunden Traderverstand, was in der wahllosen Stoppversetzung mitten in die Chartlandschaft hinein seinen Höhepunkt findet. Wäre *Trading* eine Religion, entspräche dies einer Blasphemie. Diese Anwendung wahlloser Stoppsetzung – und ich möchte behaupten, eine verdammt große Anzahl von Tradern tut dies – beruht, wie alles in den bisherigen Zeilen, auf dem fehlenden Verständnis für die Komplexität von Zeiteinheiten in Verbindung mit dem Thema *Bewegung* und *Korrektur*. Und interessant ist, dass man *genau jene* große Anzahl von Tradern ausrufen hört: »*Zeiteinheiten*? Ja, klar weiß ich, was das ist. *Bewegung* und *Korrektur*? Markt geht rauf, und Markt geht runter, schon klar. Können wir jetzt endlich mal zum eigentlich Wichtigen kommen, nämlich zu den wirklich guten Einstiegen und den geilen Stopplogiken? ...«

Konzentriert sich Stan auf einzelne Perioden, handelt er damit zwangsläufig die *Bewegung* – ob er dies an der richtigen oder falschen Stelle tut, sei einfach mal dahingestellt – und trägt dementsprechend die Verantwortung dafür, richtig mit diesen Trades umzugehen. Das heißt, in einer Situation, in der sich der aktuelle Kurs offensichtlich zu weit vom korrekten Stopp entfernt, bringt es die Verantwortung mit sich, den Trade nicht mit einem wahllosen Stopp quasi zu missbrauchen, sondern von den tieferen Zeiteinheiten Gebrauch zu machen. Dort findet er den zugrunde liegenden Trend und muss diesen zur korrekten weiteren Stoppsetzung nutzen; an diesem kann er *ehrenhaft* teilhaben, Gewinn aus ihm ziehen und Vergnügen an ihm finden. Oder anders ausgedrückt und, lieber Philip, um diese Aussage in die Tat umzusetzen, hast auch du einst sehr, sehr lange benötigt: Ob man die *Bewegung* handelt, sprich: sich auf die aktuellen Perioden konzentriert, oder die Zeiteinheit aufklappt und dort den *untergeordneten Trend handelt*, ist im Prinzip das Gleiche. Weil es gerade so schön ist, lege ich noch eine Schippe drauf: Dieser Schluss legt also nahe, dass die erschaffene Welt des *Bewegungshandels* schlussendlich immer nur ein *Trendhandel* bleibt, dessen Korrekturen sich unter dem Thema *Innenstäbe* und deren Beachtung in der Definition des Bewegungshandels niederschlagen. Egal, wie man es dreht: Gräbt man ein bisschen in der optischen Darstellung herum, erkennt man, dass alles auf *Bewegung* und *Korrektur* zurückzuführen ist. Alle Optik besteht letztlich aus diesen beiden – siehe Bild 25: Dort sind dem Tickchart die zugehörigen zeitlichen Intervalle von jeweils 10-Minuten in Gelb und Blau hinterlegt. Diese sind selbstredend unterschiedlich breit, da der zugrunde liegende Tickchart in seiner Darstellungsweise keine zeitliche Komponente aufweist. Diese Zeitintervalle sind außerdem in Form von Bars des zugehörigen 10-Minuten-Charts nochmals schematisch zusammengefasst. Ich bitte *ausdrücklich* darum, zu beachten, dass es sich hier, wie auch bei allen anderen Bildern, um Schemata handelt. Eine hundertprozentige Genauigkeit im Detail ist für die grafische Verdeutlichung der Kernaussagen *nicht* erforderlich.

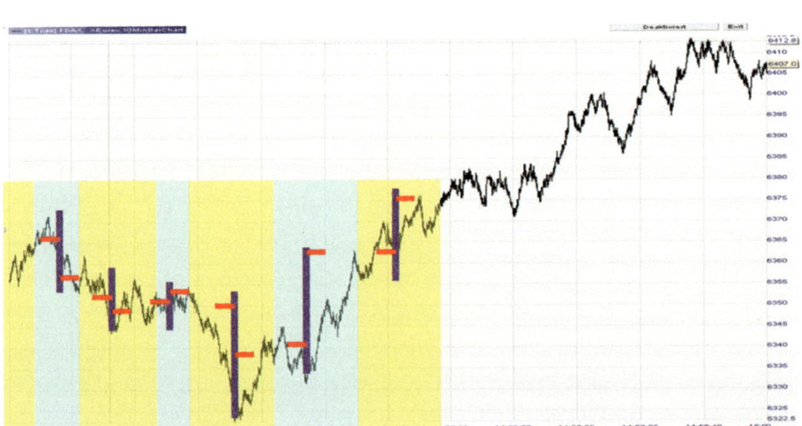

Bild 25

Es muss nicht erwähnt werden, dass zahlreiche Stoppregeln existieren, die schwierig, manche unbeschreiblich, wenige fast unbegreiflich, andere dagegen sehr einfach und dennoch wirkungsvoll, sozusagen fast »allumfassend«, sind. Es wäre indes ein Irrtum, einen Stopp jeglicher Art – vorausgesetzt, dieser bezieht sich auf einzelne Perioden oder den Chartverlauf als solchen – als *starres* Objekt einer Zeiteinheit anzusehen – quasi als ein für alle Ewigkeit feststehendes Ding für sich. Wenn Stan eine wie auch immer geartete Stoppidee *wirklich* verstanden hat, kann er diese auch über die betreffende Zeiteinheit hinaus, wenn ich einmal so sagen darf: abseits vom Hin und Her, vom Fern und Nah, vom Außen und Innen des ursprünglichen Charts, in andere Zeiteinheiten »transformieren«. Denn – richtig verstanden – meint der Stopp im *Bewegungshandel* schlichtweg nämlich nur Folgendes: Die Zusammenfassung der untergeordneten Trends in übergeordnete Perioden bietet dem Händler zum einen mehr Möglichkeiten für eine bewusste *zeitlich definierte Abwesenheit* (!) vom Chartverlauf, zum anderen kann der Computer den Bewegungshandel mit seiner sehr einfachen Definition der Stoppversetzungslogik erheblich einfacher realisieren als die Logiken zur markttechnischen Definition eines Trends.

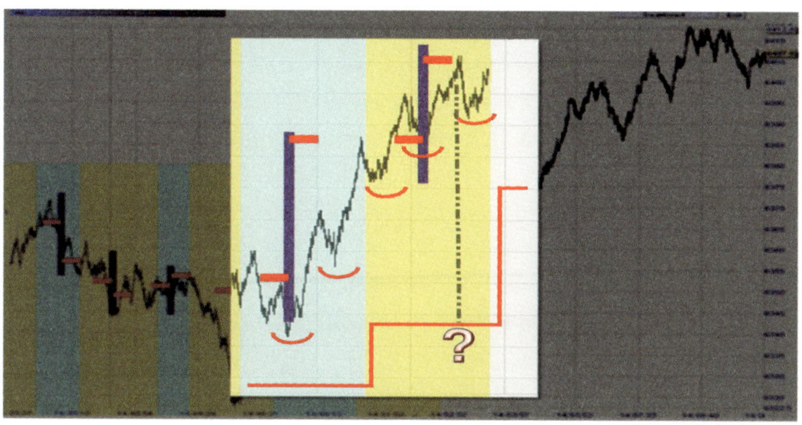

Bild 26

In Bild 26 sind nun die letzten beiden Perioden aus Bild 25 hervorgehoben. Die rote horizontale Linie symbolisiert den Stoppverlauf des Bewegungshandels. Solange die erste dargestellte Periode »entsteht«, liegt der Stopp am Tief der hier nicht mit hervorgehobenen Vorperiode. Nach zehn Minuten beginnt die zweite dokumentierte Periode und der Stopp wird auf das neue Tief der gerade abgeschlossenen Periode nachgezogen. Nun gilt es, sich in den durch das Fragezeichen markierten Zeitpunkt hineinzudenken, denn dieser spiegelt gleichzeitig sowohl Stans Problem als auch dessen Lösung wider: Zum fraglichen Zeitpunkt ist der aktuelle Markt, auf den momentan feststehenden Stopp bezogen, weit entfernt (siehe gestrichelte Linie). Dieser Abstand verleitet Stan nun dazu, seine Gewinne fernab jeglicher Stopplogik »zu sichern« und »sicherheitshalber« den Stopp mitten in den Periodenverlauf zu legen. »Puh! Hauptsache nicht mehr sooo weit weg.« Dieses Verhalten wurde schematisch bereits in Bild 24 rechts präzisiert. Was Stan fehlt, ist auch hier die Sicht auf das Kippbild: Die gerundeten roten Markierungen in Bild 26 zeigen die ansteigenden lokalen

Tiefs des untergeordneten Trends. Anstatt Stopps nun wahllos zu setzen, sollte Stan besser den untergeordneten Trend für sich sichtbar darstellen und dann seinen Stopp an das letzte lokale Tief und somit genau *da* hinsetzen, wo der Stopp auch liegen würde, wenn er statt der Bewegung (rote durchgehende Stopplinie) den untergeordneten Trend gehandelt hätte. Hierbei kann es durchaus möglich werden, dass Stan durch den »nahen« Stopp früher aus dem Markt genommen wird als beim eigentlich angedachten Bewegungshandel mit dessen, unter Beachtung von Innenstäben gesetzten, Stopps an den Periodentiefs. Aber: Sollte sich der Markt in einem solchen Fall gleichwohl immer noch innerhalb eines 5-Sterne-Setups befinden, offenbart sich die Aufgabe eines *wahren* Traders darin, sich in die optische Darstellung seiner Charts zu versenken, die Macht der optischen Auflösungen der Time-&-Sales-Liste für das eigene Schaffen nutzbar zu machen und sich daher am nächsten *Punkt 2* des untergeordneten Trends in Richtung des ursprünglichen Bewegungshandels wieder einstoppen zu lassen – wie in Bild 20 bereits demonstriert. Natürlich ist es auch denkbar, den Trade innerhalb einer fortgeschrittenen Korrektur erneut zu eröffnen.

Indem Stan lernt, ständig zwischen *Bewegungshandel* und *Trendhandel* auf der tieferen Zeiteinheit zu operieren, ist er dem Markt sozusagen viel näher, als er es bei Anwendung nur einer der beiden Verfahren jemals sein könnte. Gib Stan Zeit, er wird es nicht gleich umsetzen! Und obgleich Stan hin und wieder behauptet hat, diese Markttechnik sei keine echte Lehre, da sie nicht konventionell sei, also zu wenig eindeutig »DU MUSST …« verlangt, wird er dennoch in den folgenden Monaten und Jahren den alltäglichen Hintergrund von *Bewegungen* und den ihr folgenden *Korrekturen* sowie deren Ursprung in all seine Überlegungen integrieren lernen.

… Fazit dieses Schreibens

Mögen die Ziele Stans bei jedem Trade verschieden sein, mögen sie mal *Trendhandel*, mal *Handel der Bewegung* oder mal *Ausbruch* heißen, vom Standpunkt der Markttechnik aus läuft alles auf das Gleiche hinaus. Alle drei streben doch danach, in den ihren Vorstellungen angepassten Interessensphären an einer *tendierenden* Entwicklung des Marktes zu partizipieren. Dies bedeutet, die Entwicklung eines Marktes und eines Trades auf das passende Niveau herabzustufen, um damit jede Bestrebung des Marktes hinsichtlich einer rückläufigen, korrigierenden Marktbewegung nicht zur Erfolglosigkeit des eigenen Trades zu verdammen. Stan soll und muss daher darauf achten, sich zu den markttechnischen Prinzipien des emanzipierten Umgangs mit den Zeiteinheiten zu bekennen und darf sich weder ein wild wucherndes Interpretieren der aktuellen Periode noch eine unpraktische Stoppversetzung erlauben.

Stan muss lernen, die Bestrebungen seiner Stopplogiken nicht zu sabotieren oder mit allerlei Firlefanz zu optimieren und stattdessen seine Gedanken an die Kandare der Beständigkeit der untergeordneten Trends zu legen, wozu die Prinzipien des lokale Hoch- und Tiefpunkte betonenden Trendhandels in ihrer Einfachheit bereitwillig Segen spenden werden.

Wichtig ist, dass du Stan hierfür sehr viel Zeit einräumst, um sich diesem Thema zu widmen, denn auch du hast damals meine Einwürfe genau wie unsere ständigen Wortwechsel zu diesem Phänomen einfach beiseitegefegt mit deinem »Gefühl, die kommende Drehung des Marktes förmlich, geradezu deutlich, spüren zu können … « ☺ Nun ja …

… Schlusswort

Die ganzen Schemata und Worte dieses Schreibens belegen, dass wir es als Händler nicht immer vermeiden können, dass der Marktverlauf uns hin und wieder zum Idioten macht, doch können wir diese ausgestoppten Trades auf Gebiete beschränken, in denen sie uns ein gewisses Maß an geschmackvoller Befriedigung *fernab* optischer Täuschungen schenken.

Wenn Stan mit dem Trading erfolgreich sein will, muss er lernen, sich nicht zu sehr von den Zeiteinheiten und den durch sie entstehenden Bars oder Candles beeindrucken zu lassen. Stattdessen sollte er sich so eine Art »optischen Snobismus« aneignen, sonst kommt er in dem Feuer, das ihn wärmen soll, um. Wenn Stan Herzrhythmusstörungen bekommt, nur weil der Markt mal kurz gegen ihn läuft, ist er nicht der Richtige für dieses Business. Wie sonst hätten all die Heerscharen von Berufshändlern das Scheinbare des Tradings, welchem unter anderem die Existenz von Kippbildern im Chartverlauf innewohnt, zu tatsächlichen und beständigen Erfolgen umwandeln können? Nicht, indem sie sich von Zeiteinheiten und deren Wechselspielen gänzlich abwendeten, aber auch nicht, indem sie sich zurücklehnten und das vorüberziehende Schauspiel der Kurse permanent nur aus der Nähe betrachteten.

Ich möchte hier einen Begriff vorschlagen, der diesen großen, dauerhaften und unumstößlichen optischen Fehlerquellen vielleicht am besten Ausdruck verleiht: »Optische Ringsumkontinuität«. Um wahres Wissen zu erlangen, darf Stan nicht davor zurückscheuen, sich die Finger schmutzig zu machen. Er muss sich auf den Weg begeben und hinter die Kulissen all seiner Trades schauen. Wahres Wissen um einen Trade stützt sich nämlich auf das *Hinterfragen* optischer Fehlerquellen; Stan soll sich auf diese Antworten freuen und von ihnen lernen. Bei längerer Anwendung wird er zu einem optischen Geschicklichkeitskünstler heranreifen, dem ein Chart nicht länger Sand in die Augen streuen kann.

Du musst Stan also dazu drängen, von seinem Recht, das ihm das Mandat *Trading* verleiht, nämlich sich die Optik »untertan« zu machen und als Trader ganz allein über die Darstellungsmöglichkeiten seines Rechners zu herrschen, Gebrauch zu machen. Beginnen muss Stan damit, seine Vergangenheit zu durchleuchten, sprich: Er muss seine letzten Trades eben nach genau diesen Fehlerquellen durchforsten. Mal sehen, was dabei herauskommt … ☺

Sonnige Grüße Hofner

*

Nachdem Philip Hofners Mail gelesen hatte, machte er sich daran, eine Antwortmail zu schreiben. Plötzlich änderte er seine Meinung und fuhr seinen Laptop wieder herunter, holte sich eine Cola aus der Küche und genoss nachdenklich das kühle Aroma. Seine Gedanken verfolgten kein spezielles Ziel, außer demjenigen, ein paar Minuten in der Erinnerung an die vergangenen Tage zu schwelgen: Die letzten Handelstage waren sehr volatil gewesen. Der DAX hatte über zehn Prozent abgegeben und damit ausgelöscht, was von den kurzen Korrekturtagen an Kurszuwächsen erreicht worden war. Der Dow Jones war ebenso um die 1.000 Punkte abgetaucht und hatte die bis dahin als undurchdringlich angesehene Barriere von 10.000 Punkten unterschritten. Bei Philip waren, unter anderem, zwei Trades eingestoppt worden. Beide galten dem *Bewegungshandel* auf dem Tageschart. Als Ergebnis hiervon war eine Stoppversetzung jeweils erst nach Handelsschluss beziehungsweise vor Handelsbeginn möglich. Außerdem war er die letzten Tage noch einige Ausbruchstrades eingegangen. Da Philip zum Einstieg ausschließlich die *deutlichen* Punkte in Trendrichtung präferierte, deren *Geburt* jeweils immer weit im Voraus feststand, lagen die Orders hierzu mitunter den ganzen Tag im Markt. Zu guter Letzt waren da auch noch einige Trends auf dem Tickchart handelbar gewesen. Die meisten davon dauerten nur kurz. Zwanzig, vielleicht dreißig Minuten, und diese Trades wurden am *Punkt 3* wieder ausgestoppt, einige mit Minus, einige mit minimalen Punktgewinnen. Einer dieser Trades wurde zwar zu Beginn gleich wieder ausgestoppt, aber kurz darauf mit der darauffolgenden Order zum Wiedereinstieg in Trendrichtung am neu entstandenen *Punkt 2* eingestoppt, dadurch sozusagen fortgesetzt, und war gelaufen und gelaufen und gelaufen.

Philips Gedanken schweiften zurück zu seinen Anfängen als Trader: Wie oft hatte Hofner von einer *goldenen Zeit* gesprochen, die einsetzte, sobald ein Trading-Anfänger die Panik der Erkenntnis überwunden hatte, ständig hier und jetzt traden zu müssen. Hofner meinte, das Leben mit dem Trading habe ihn klüger gemacht, ihn sich selbst näher gebracht. Während andere unter den Spielregeln des Tradings litten, hatte er neue Prioritäten setzen gelernt und war stärker geworden. Er hatte gelernt, *Nein* zu sagen zu Aktivitäten, die ihm nicht wichtig waren, und *Ja* zu solchen, auf die es ankam – wie den liebevollen Umgang mit der Familie und Freunden, den Genuss schöner Dinge oder einfach nur den Wechsel der Jahreszeiten. Wie schade, hatte er viele Trader klagen hören, dass sie erst gelernt hatten, zu leben, als ihre Konten von Minustrades bereits durchsiebt waren.

Philip schlenderte den Flur entlang, nahm einen erneuten Schluck und dachte weiter über seine anfänglichen Handelstage nach. Beim Beobachten Stans war ihm noch einmal deutlich klar geworden, wie viel er Hofner zu verdanken hatte. Als welch ein Vorbild er Philip in seiner Zeit der Not und Unkenntnis gedient hatte. Hofner wusste eine Menge über diese Aktionismus-Panik-Phasen, in denen ein Trader von namenlosem Entsetzen überfallen wurde, gegen das weder Argumente noch Rhetorik halfen. Philip hatte hauptsächlich durch Hofners Anregungen herausgefunden, wie er diese Phasen selbstständig überwinden konnte, wenn er, wie dies Gott sei Dank heute nur noch hin und wieder geschah, hiervon heimgesucht wurde: durch Spaziergänge an der frischen Luft, ein paar Liegestütze oder ein heißes Wannenbad. Es wurde also höchste Zeit, Hofner all dies sowohl in Worten als auch Taten zu vergelten.

»Habe ich mich verändert, bin ich klüger geworden?«, fragte sich Philip beim weiteren Nachdenken über Stan. *Bin ich reif für jene von Hofner erwähnte goldene Zeit? Bin ich ein besserer Trader geworden?* Ja, er war seinen Gefühlen beim Trading näher gekommen, als er das früher war, und ja, definitiv war er über die Jahre ein besserer Trader geworden – er war aufmerksamer geworden, aber nicht dem Markt, sondern sich selbst gegenüber. Philip dachte weiter nach und erkannte, dass er nie mehr sagen würde, er wäre *verliebt* in den Handel oder in die Charts, sondern dass er das Trading *endlich* nur noch als Job betrachtete. Sein anfänglicher Irrglaube, sich für den Mittelpunkt des Chartgeschehens zu halten, war über die Jahre allmählich verschwunden, und Philip war hierdurch seinem wahren *Ich* Stück für Stück näher gekommen. Auch der Glaube, am Erleben der Kursveränderungen sei das Wichtigste, *dass* man es erlebe, und am Beobachten der Märkte, *dass* man sie beobachte, fing in den letzten Jahren immer mehr an, Philip als eine große *Naivität* zu erscheinen. Er verstand heute stetig besser: Es ging *nur* um das Erreichen des festgelegten Zieles und nicht um eine Beschäftigungstherapie.

Philip schaute zu Stan hinüber. Eines war sicher: Stan wollte momentan noch nichts davon hören, nicht mit jedem sich auch nur irgendwie anbietenden und dahergelaufenen Trade durch die Welt der Charts fliegen zu müssen. Da gab es noch echten Widerstand! Die heutige Technik ermöglichte es, dass ein Stan einzig und allein mit dem primitiven Klick auf die Maus in seiner Hand eine Wirklichkeit ins Leben rief, die, heutigen Computerspielen ähnlich, von der echten kaum noch zu unterscheiden war. Im Innern dieser Welt besaß Stan eine Mischung aus Allmacht und sofortiger Wunschbefriedigung. Wer wollte schon, nachdem er die ersten Bekanntschaften mit dem Trading gemacht hatte, wieder in die fade, widerspenstige Wirklichkeit zurückkehren? Wo doch die Ticks der Aktien und Futures ein unhörbares Lied sangen, das die Fasern des Körpers zum Schwingen brachte und die Langeweile des Alltags durch die nie still stehenden, ununterbrochen emporsprudelnden Kursveränderungen wie durch eine Droge scheinbar ausschaltete.

Philip verweilte bei diesem Gedanken, und etwas in seinem tiefsten Inneren brachte ihn zu der Erkenntnis, dass diese Art von Wirklichkeitsflucht damals eine Flucht vor dem »Tradersein« war, eine Flucht vor dem, was er eigentlich mit dem Trading erreichen wollte: *selbstbestimmte Freiheit*. Wäre es legitim, hierzu von sich auf all die anderen Trader zu schließen, bedeutete dies, dass sich ein Trader zwischen Licht und Schatten bewegte, und jede seiner Gesten, jedes seiner erklärenden Worte, sein Lächeln, seine Stimme, schlichtweg sein ganzes Verhalten deutliche Hinweise darauf gaben, dass er auf der einen Seite fast nichts so sehr begehrte wie die Märkte, sich auf der anderen Seite jedoch nicht eingestehen wollte, dass die 24-Stunden-Möglichkeiten der »virtuellen Chartwelt« auch sehr beängstigend sein konnten. Denn sobald ein Trade eröffnet wurde, ereigneten sich interessante Dinge und man nahm 24 Stunden an seinen eigenen Fehlern und an seinen dunklen Seiten teil. Der so durch den Trader selbst heraufbeschworene Druck reichte ohne Weiteres aus, um jederzeit und binnen weniger Augenblicke ein ganzes Konto in die Luft zu jagen – eine Chance auf Wirklichkeitsflucht im Dauerangebot! Demzufolge konnten für jeden Trader aus den meisten Gedanken über Trades, wenn nicht sogar aus allen, Mythen werden – das heißt, sie konnten wirkungsvolles Ausdrucksmittel der innersten Überzeugungen eines Traders dahingehend werden, wie dessen Ansicht nach der Börsenhandel im Kern beschaffen war. Bei Tradern, die diese Gedanken um Trades zum ersten Mal erlebten, weckten sie im Allgemeinen starke Emotionen – und nicht nur, weil sie von Leid erzählten oder den Alptraum des letzten Chartverlaufs ins Gedächtnis zurückriefen. Man sprach auch von der »ungeheuren Kraft« eines Trades und zielte mit einer solchen Aussage auf die Wahrheit über das Trading selbst.

Philip erinnerte sich an das letzte Wochenende. John, Stan und er hatten eine halbe Ewigkeit an einem dieser mit Wasserhyazinthen reichlich bewachsenen Klongs mit ihren verträumten Pfahlhäusern und dem romantischen, halb amphibischen Gemeinschaftsleben gesessen, die Füße ins kühle Nass hängen lassen und gelacht und geredet. John hatte alles erzählt, was er über Bangkok wusste. Einfach alles. Im weiteren Verlauf waren sie fast unvermeidlich auf das Thema *Trading* gestoßen. Stan hatte zugegeben, dass bei dem Gedanken an *Beständigkeit* bei ihm kein rechtes Behagen aufkam. Anschließend hatte er gestanden, dass solche Zusammenstöße wie etwa der törichte Anlass eines ausgestoppten Trades ihm tatsächlich sehr nahe gingen und dass er nur schwer über die von ihm als »ungerechtfertigt« und »ungerecht« empfundenen Minustrades hinwegkam. Sie beschäftigten ihn zu lange und stürzten ihn in ein irritiertes Nachdenken. Stan hatte daher die Frage gestellt: »Bleibt mein Trading letztlich so?«, und damit hinterfragt, ob jede weitere Hoffnung, jemals ein erfolgreicher Trader zu werden, dazu verdammt war, enttäuscht zu werden. Für John war diese Frage nicht unerwartet gekommen, da ihm klar war, dass auf Stans »Welt des Tradings« eine dumpfe Last, eine lauwarme, brütende Stille lag, die durstig nach positiven Trades lechzte. Auch Philip hatte Stans Frage nachempfinden können, hatte doch auch er früher gehofft, von irgendwoher würde irgendeine Befreiung, eine Erlösung, eine stürmische Befriedigung kommen, die sein Konto wieder auf den Anfangsstand bringen und ihn danach endlich die ersehnten monetären Höhenflüge erleben lassen würde. »Minustrades …«, hatte Johns Antwort auf Stans Frage gelautet, »du kannst ihnen nicht entrinnen. In den ersten Jahren werden sie dich verwirren, da sie anscheinend nicht das repräsentieren, wovon du glaubst oder hoffst, dass es die landläufige Wahrheit über das Trading ist. Mit den Jahren werden sich deine Ansichten jedoch ändern: Aus durch leichtgläubigen, unkritischen und naiven Gebrauch der Börse sinnlosen *Minustrades* werden unabwendbare *Fehltrades* werden, und diese wiederum werden Teil deiner innersten Überzeugung sein, alles richtig gemacht zu haben. Sie werden dir nicht nur nicht mehr wie negative Trades erscheinen, sondern zu offensichtlichen und wahren Kennzeichen der Wirklichkeit deines Tradings mutieren! Irgendwann wirst du erkennen, dass die Fruchtlosigkeit deiner Gedanken über die mögliche Verhinderung von Fehltrades der übergroßen Selbstverständlichkeit und Natürlichkeit dieser Erscheinung zu verdanken ist.« John hatte ihm auf die Schulter geklopft und das Thema mit den Worten beendet: »Momentan ist für dich das Trading noch zu sehr wie einer dieser Filme, wo der Gute vom Bösen kaum zu unterscheiden ist und einer der beiden nur siegt, weil er härter zuschlägt und schneller schießt. Aber keine Angst, ich bringe dir schon noch bei, dass ein einzelner Trading-Tag nicht ist wie einer dieser Krimis, bei denen am Schluss alles zufriedenstellend aufgelöst ist.«

Philip nahm den letzten Schluck aus seiner Coladose, warf diese in den Mülleimer und setzte sich wieder hinter seinen Rechner. Gegen 19.30 Uhr thailändischer Zeit, als das letzte Rucken einer bis dahin andauernden Abwärtsbewegung im Dow Jones verklungen war und die Korrektur begann, verbeugte sich John spielerisch vor dem Publikum – der Time-&-Sales-Liste – und ging zur Tür seines Büros. Im Türrahmen klopfte er kurz an das Holz der Zarge und gab damit den Anwesenden das Zeichen, dass es Zeit war, von ihren Stühlen hochzukommen.

Philip schielte aus den Augenwinkeln zu Stan hinüber. Dieser war hundemüde und wirkte, als wäre er am liebsten sitzen geblieben, bis er ausgeschlafen das Büro verlassen konnte. Ein angestrengter Versuch, das vorhergehende Minus auszugleichen, hatte sich an den nächsten gereiht.

Die Erkenntnis, dass, bei diesen von Aktionismus geprägten Trades, seine, noch dazu schlecht platzierten, Stopps vom Markt ausgelöst werden würden, kam Stan meist schon vorher. Doch statt nach den optischen Fehlerquellen zu suchen, hatte er die Augen lieber, um Hilfe flehend, gen Himmel gerichtet und notgedrungen und demütig hingenommen, dass von dort keine Hilfe kam.

Nick klappte sein Buch zu, gab an Handelsprogramme und Rechner die Befehle, herunterzufahren, und ging, während diese ausgeführt wurden, hinüber zu Stan. Er klopfte diesem auf die Schulter. »Na, hat unser Zauberlehrling heute wieder eine Gewalt entfesselt, der er nicht mehr Einhalt gebieten konnte? Nicht vergessen: Zusammen repräsentieren der Markt und deine eigene Psyche den *obersten Gerichtshof*.« Den Markt und die Psyche als »obersten Gerichtshof« zu bezeichnen, war fantastisch – und zutreffend!

Aber Stan schüttelte nur mit einem Ächzen den Kopf. Mit geröteten Augen und von dem vielen Gedränge vor dem Rechner – Stan nannte es Trading, Nick nannte es *grübelndes Interpretieren* – verschwitztem Gesicht verabschiedete er sich von allen.

Während John die Stopps seiner offenen Positionen noch kurz einem prüfenden Blick unterzog, verließ Stan bereits das Büro, um mit Lilly um die Häuser zu ziehen. Die restlichen Trader wollten nicht nach Hause, denn heute war wieder einmal Pokerabend angesagt. Die Luft war an diesem Abend irgendwie anders. Die Nacht lag über dem Chao Phraya, dem »Fluss der Könige«, und alle schienen zu spüren, dass sie in ihren klimatisierten Appartements ohnehin keinen Schlaf finden würden.

Ein letzter Blick von John, kurz bevor die Tür zu den rückwärtigen Räumen hinter ihm zuklappte, ließ einen entspannten Abend erwarten. An die Stelle derer, die für heute das Orderbuch verließen, traten sofort neue Trader, die nicht erst warteten, bis die Ersteren den Platz geräumt hatten, sondern gleich die Plätze erstürmten. Normalerweise streiften um diese Uhrzeit auf der asiatischen Seite der Welt nur noch vereinzelte Trader über die Datenautobahn, und ein jeder, der noch bleiben wollte, würde kurz vor Mitternacht in den noch offenen Märkten sicherlich seinen Trade gefunden haben.

John wollte gerade die Tür schließen, da kam ihm eine Idee auf halbem Weg. Er kehrte kurzerhand noch einmal um, beratschlagte sich mit Nick und Philip und hinterließ auf Stans Schreibtisch eine Notiz:

Wir haben uns kurzfristig dazu entschlossen, für zwei Tage auf eine Segeltour zu gehen. Da Bootfahren nicht so ganz dein Ding ist, lasse ich meine Positionen offen. Du kennst dich mit Programmen und Zugängen aus. Sei so nett und zieh einfach die Stopps auf den großen Konten nach …!

Danke!

John

John grinste und verabschiedete sich – wie jeden Tag – aus dem Büro mit den stumm ausgesprochenen Worten: »Nichts ist im Börsenhandel *so* gewiss wie das eine: Es wird mit Sicherheit einen *neuen* Handelstag geben. Gewiss …!«

ERLÄUTERUNGEN

… Zeiteinheiten entstehen durch die Zusammenfassung der T-&-S-Liste

Im folgenden Beispiel wird kurz und knapp die Entstehung von Zeitfenstern erläutert: Die nachfolgende beispielhafte Time-&-Sales-Liste in Bild 1 wird in einem Chart, Bild 2, abgetragen. Begonnen wird mit der frühesten angeführten Uhrzeit. Es wird jeder neue Kurs aus der Time-&-Sales-Liste im Chart zusammen mit der entsprechenden Uhrzeit erfasst. Es entsteht der *Tickchart*. Diese Time-&-Sales-Liste könnte beispielsweise einer Aktie zugeordnet sein.

Kurs	Zeit
....	.....
108	10:00
104	09:53
105	09:45
110	09:30
120	09:20
115	09:16
112	09:11
110	09:10
109	09:09
105	09:09
103	09:07
99	09:06
96	09:05
96	09:04
97	09:03
98	09:03
99	09:03
102	09:02
101	09:01
100	09:01

Bild 1

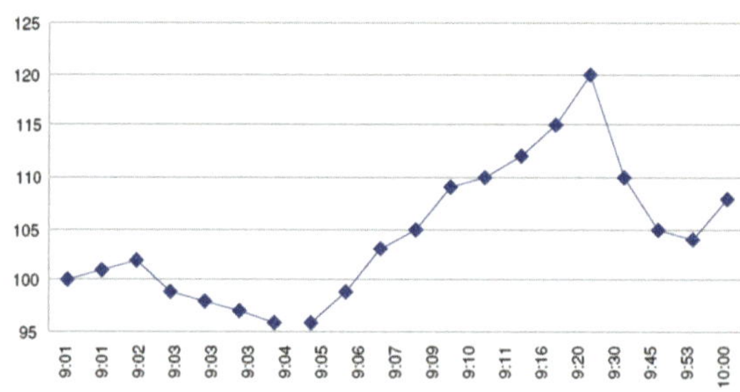

Bild 2

Da die Verwendung solcher Tickcharts schnell an ihre Grenzen stößt, werden diese Time-&-Sales-Listen beziehungsweise die Tickcharts subsumiert und in unterschiedlich großen Zeiteinheiten abgebildet sowie unterteilt. Das bedeutet etwa, dass alle fünf Minuten ein rein optischer Schnitt in der Time-&-Sales-Liste getätigt wird. Das ist gleichbedeutend mit einem 5-Minuten-Schnitt im Tickchart, da dieser die Time-&-Sales-Liste detailgetreu widerspiegelt, siehe Bild 3a. Zur besseren Übersichtlichkeit wurden nur die ersten drei 5-Minuten-Abschnitte farbig hervorgehoben.

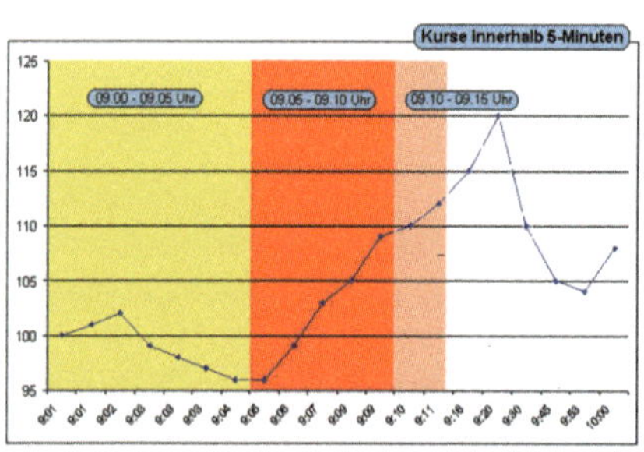

Bild 3a

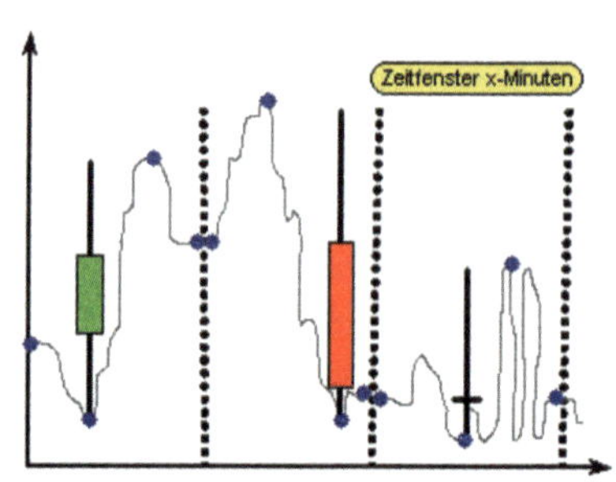

Bild 3b

Was ist wichtig? Obwohl die zeitlichen Abstände hier alle fünf Minuten stets identisch sind, kann die Anzahl der enthaltenen Kurse in jedem Abschnitt divergieren.

Werden nun *diese* Zeitfenster grafisch visualisiert, entstehen die bekannten Bars oder Candlestick-Körper mit ihren vier wichtigen Bestandteilen: Eröffnungskurs, Hoch-, Tief- und Schlusskurs (siehe blaue Markierung Bild 3b). Eröffnungskurs, Hoch-, Tief- und Schlusskurs des Tickcharts im ausgewählten Zeitraum bestimmen nun die drei möglichen Formen von Candlestick-Körpern: steigend (grüner Körper), fallend (roter Körper) und Doji (kein Körper).[35]

… Zeiteinheiten

Marktteilnehmer können sich nicht nur hinsichtlich ihrer Ziele voneinander unterscheiden und somit die Gegenseite im Handel stellen, sondern gleichsam in Bezug auf die gehandelten Zeiteinheiten.

Durch die Betrachtung eines beliebigen Wertes (Future oder Aktie) auf unterschiedlichen Zeiteinheiten kann ein und derselbe Wert unterschiedliche Trends aufweisen. Die Pauschalaussage, ein Markt befinde sich in einem Aufwärts- oder Abwärtstrend, kann in den Märkten so nicht gelten. Es muss stets das zu der Aussage betrachtete Zeitfenster mit erwähnt werden. Für den Neuling auf dem Gebiet sei an dieser Stelle angemerkt, dass in den Zeiteinheiten auch die Antwort auf die häufig aufgeworfene Frage »Wer nimmt in einem fallenden Markt eine Long-Position ein und stellt somit die Gegenseite zum Short-Vertrag? Sehen die anderen denn nicht, dass der Markt nach unten stürzt …?« zu finden ist.

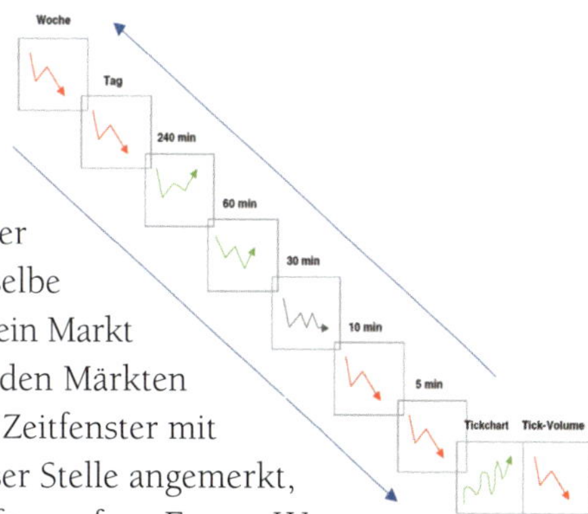

Bild 4

Die Liquidität eines Wertes rührt daher nicht nur von Ordergrößen und den unterschiedlichen Handelszielen der Marktteilnehmer her, sondern kommt in besonderem Maße ebenfalls durch den aktiven Handel in den unterschiedlichen Zeiteinheiten/-ebenen zustande.[36]

… Ausbruchshandel: Risiko im Markt – Risiko im Geld

Es wurde in den Buchbänden bereits mehrfach geäußert, wie wichtig es ist, vor jedem Trade seine Ziele zu definieren. Diese Ziele dürfen jedoch nicht halbherzig und ungenau abgesteckt werden. Im Gegensatz zu Institutionen, die durch das Trading in der Regel eine Rendite per annum erzielen wollen, besteht das Ziel eines privaten Traders oftmals darin, am Monatsende einen bestimmten Betrag zu erreichen. In beiden Fällen, also Rendite per annum und monatlicher Fixbetrag, ist es möglich, auf die zur Verfügung stehenden Handelstage bezogen, einen täglichen durchschnittlichen Zielbetrag zu ermitteln.

Nehmen wir an, ein privater Trader strebt das Ziel an, dass er mit einem täglichen Gewinn von 400 Euro sein anvisiertes Endziel (Monatsbetrag) für das Trading erreichen kann. Sobald eine

35 Die genauen Details zu den drei Handelsausrichtungen sind nachzulesen in Michael Voigts Fachbuch »Das große Buch der Markttechnik« auf Seite 128 ff.

36 Die genauen Details zu den drei Handelsausrichtungen sind nachzulesen in Michael Voigts Fachbuch »Das große Buch der Markttechnik« auf Seite 128 ff.

konkrete Zielgröße vorhanden ist, kann er sich über den Weg zu diesem Ziel Gedanken machen. Und genau an dieser Stelle werden zahlreiche Fehler begangen. Wenn eine definierte Zielgröße beim Trading vorhanden ist, gibt es zwei Wege, um diese zu erreichen. Hierbei wird differenziert zwischen dem Handel mit dem *Risiko im Geld* und dem Handel mit dem *Risiko im Markt*.

Risiko im Geld bedeutet, dass der Trader, um das Ziel zu erreichen, eine sehr hohe Kontraktanzahl pro Trade nimmt, aber im Gegenzug dem Markt nur eine geringe Punktzahl abverlangt. Dafür würde der Trader einen Markt mit hoher Wertigkeit bevorzugen und sich genau an solchen Marktsituationen positionieren, in denen ein Bewegungsschub bzw. kurzfristiger Ausbruch besonders wahrscheinlich ist. Kurz: Der Trader ordert mithin eine hohe Kontraktanzahl, verlangt aber im Gegenzug dem Markt lediglich eine sehr geringe Punktzahl ab und erreicht schnell und zügig sein Ziel, hat indes bezogen auf sein Konto ein hohes Risiko.

Eine andere Möglichkeit, das anvisierte Tagesziel zu erreichen, besteht darin, statt *Risiko im Geld* mit *Risiko im Markt* zu handeln. Dies bedeutet, dass das Risiko vom Konto entfernt wird, der Trader wenige Kontrakte handelt und folglich *mehr* Punkte erzielen muss. Diese Punkte sind wiederum eher mit dem Handel eines Trends zu realisieren als mit dem Handel des Ausbruchs. Auf diese Weise verlangt der Trader seinem Konto ein nur geringes Risiko, beispielsweise einen Kontrakt, ab, muss jedoch dem Markt mehr Punkte, idealerweise über einen längeren Zeitraum, abverlangen.

Zu dem Ergebnis, welches Risiko ihm eher liegt – Risiko im Markt oder Risiko im Geld –, kann der Trader erst gelangen, wenn er eine klare Zieldefinition für sein Trading besitzt. Welcher von beiden der optimale Weg ist, bleibt natürlich abhängig von der Kontogröße, aber auch von der psychischen Handelsmentalität des einzelnen Traders. Sollte es um eine Rendite per annum gehen und dort eine konkrete Zielgröße, also eine definierte Rendite auf die zur Verfügung stehende Summe, feststehen, ist es ebenfalls denkbar, mit kleinerer Kontraktanzahl Trends auf Tagesbasis zu suchen oder aber mit großer Kontraktanzahl auf Tagesbasis Ausbrüche jeglicher Art zu handeln. Diesen Ausbrüchen würden indessen nur geringe Punktzahlen abverlangt werden. Das heißt, insgesamt ist man eine geringere Zeit positioniert und die Haltedauer eines einzelnen Trades ist sehr gering.

Es sei an dieser Stelle erwähnt, dass beide Wege zum Ziel führen und keine der Methoden besser oder schlechter ist, sondern immer nur anders.

Ebenso sei kurz konstatiert, dass es nichts Schlimmeres im Trading gibt, als dass ein Trader aufgrund fehlender Grundüberlegungen »mit Kanonen auf Spatzen schießt«. Was ist damit gemeint? Die Aussage bedeutet, dass der Trader die Chance hat, durch eine genaue Zieldefinition (Rendite pro Jahr auf Kontobetrag oder absoluter Betrag pro Monat etc.) nun sein Risiko *konkret* zu definieren, und es äußerst unüberlegt ist, mit überhöhtem Risiko (Kanonen) sein kleines Tagesziel (Spatzen) zu erreichen.[37]

37 Die genauen Details zu den drei Handelsausrichtungen sind nachzulesen in Michael Voigts Fachbuch »Das große Buch der Markttechnik« auf Seite 215 ff.

Ich, Trader ____,
stelle mir folgende Fragen:

Mit welchem Satz wäre ich gern direkt nach der Kontoeröffnung begrüßt worden?

____

____

____

Gibt es etwas, das ich in meinen Trading-Anfängen unglaublich mochte, heute aber nicht mehr?

____

____

____

Was konnte ich früher bei den ersten Trades nicht ausstehen, finde es aber heute jedoch ganz wunderbar?

____

____

____

Kann mir ein Rückblick in meiner Traderhistorie dabei helfen, nach vorn zu schauen?

____

____

____

Kontaktdaten

Michael Voigt, Berufshändler und Autor

Publikationen:

Das große Buch der Markttechnik

Die Buchreihe DER HÄNDLER Band 1 bis 8

Das große Arbeitsbuch der Markttechnik

Bücher:	www.der-haendler.com
Hörbücher und E-Books:	www.hoerbuch-der-haendler.com
Seminare und Vorträge:	www.der-haendler.com
E-Mail Büro:	info@der-haendler.com
Telefon:	0049.3681.4544-69

Markttechnik-Forum

Das größte Markttechnik-Forum im Internet.
Stellen Sie Ihre Fragen hier!

Treffpunkt für Trader, die nach dem Ansatz der Markttechnik traden. Grundlage sind hierzu „Das große Buch der Markttechnik" und die Buchreihe DER HÄNDLER (Band 1-8) von Michael Voigt und/oder die Teilnahme an seinem Fachseminar.

Herzlich eingeladen sind aber auch Markttechnik-Interessierte, aktive Trader, anderweitige Seminarbesucher und Freunde des aktiven Börsenhandels.

Sie müssen bei Facebook nicht angemeldet sein, um aktiv mitzumachen - das Forum ist für jeden frei zugänglich! Schauen Sie mal rein.

Von Tradern - für Trader!

Hier finden Sie das geballte Trading-Wissen:
www.facebook.com/Markttechnik